Wellington und Süden
Seiten 156–189

Marlborough und Nelson
Seiten 200–221

Canterbury und Westküste
Seiten 222–257

Otago und Southland
Seiten 258–295

VIS-À-VIS

NEUSEELAND

VIS-À-VIS

NEUSEELAND

London • New York • München
Melbourne • Delhi

www.dorlingkindersley.de

Produktion Editions Didier Millet, Kuala Lumpur, Malaysia

Texte Helen Corrigan, Roef Hopman, Gerard Hutching, Rebecca Macfie, Geoff Mercer, Simon Noble, Peter Smith, Michael Ward, Mark Wright

Fotografien Peter Bush, Gerald Lopez, Lloyd Park, Ron Redfern

Illustrationen Yeap Kok Chien, Tan Hong Yew, Denis Chai Kah Yune

Kartografie ERA-Maptec Ltd., Dublin, Irland

Redaktion und Gestaltung
Editions Didier Millet, Kuala Lumpur: Thimothy Auger, Noor Azlina Yunus, Dianne Buerger, Zuraidah Omar, Theivanei Nadaraju, Yong Yoke Lian
Dorling Kindersley, London: Kate Poole, Casper Morris, David Pugh, Neil Lockley, Gillian Allan, Douglas Amrine

Titel der englischen Originalausgabe:
Eyewitness Travel Guide *New Zealand*
Zuerst erschienen 2001 in Großbritannien
bei Dorling Kindersley Ltd., London
A Penguin Random House Company

Für die deutsche Ausgabe:

Ein Unternehmen der Penguin Random House Group

Aktualisierte Neuauflage 2017 / 2018

Programmleitung Dr. Jörg Theilacker, DK Verlag
Projektleitung Stefanie Franz, DK Verlag
Projektassistenz Sonja Baldus, DK Verlag
Übersetzung Brigitte Maier, Konzept & Text, München
Redaktion Gerhard Bruschke, München
Schlussredaktion Philip Anton, Köln
Umschlaggestaltung Ute Berretz, München
Satz und Produktion DK Verlag, München
Druck RR Donnelley Asia Printing Solutions Ltd., China

ISBN 978-3-7342-0126-4
12 13 14 15 19 18 17 16

Dieser Reiseführer wird regelmäßig aktualisiert. Angaben wie Telefonnummern, Öffnungszeiten, Adressen, Preise und Fahrpläne können sich jedoch ändern. Der Verlag kann für fehlerhafte oder veraltete Angaben nicht haftbar gemacht werden. Für Hinweise, Verbesserungsvorschläge und Korrekturen ist der Verlag dankbar. Bitte richten Sie Ihr Schreiben an:

Dorling Kindersley Verlag GmbH
Redaktion Reiseführer
Arnulfstraße 124 • 80636 München
travel@dk-germany.de

Inhalt

Versammlungshaus der Tamatekapua Māori in Rotorua *(siehe S. 138–141)*

Neuseeland stellt sich vor

Pohutukawa-Baum, Oriental Bay in Wellington *(siehe S. 162–173)*

◀ **Tupou Bay, Northland**

◀◀ **Umschlag: Lake Matheson, Mount Tasman und Mount Cook im Westland/Tai Poutini National Park** *(siehe S. 242f)*

Mit dem Boot auf dem Avon River in Christchurch *(siehe S. 227)*

Die Regionen Neuseelands

Nordinsel

Südinsel

Zu Gast in Neuseeland

Fish and Chips *(siehe S. 310f)*

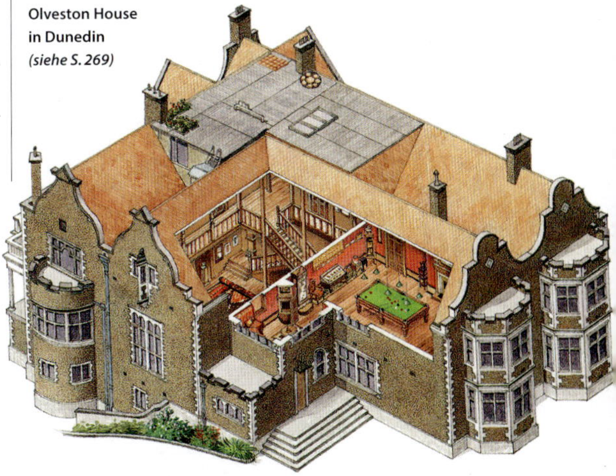

Olveston House in Dunedin *(siehe S. 269)*

Grundinformationen

Rugby-Match am East Cape auf der Nordinsel *(siehe S. 339)*

Benutzerhinweise

Dieser Führer hilft Ihnen, Ihren Aufenthalt in Neuseeland fundiert zu planen und vor Ort spannend zu gestalten. Im Kapitel *Neuseeland stellt sich vor* erfahren Sie alles über das Land und seine historischen Wurzeln. Die sieben Regionen im Kapitel *Die Regionen Neuseelands* beschreiben Sehenswürdigkeiten und Attraktionen mit Fotos, Illustrationen und Karten. Einzelne Abschnitte gehen auf Besonderheiten jeder Region ein. Im Kapitel *Zu Gast in Neuseeland* finden Sie Restaurant- und Hotelempfehlungen, die *Grundinformationen* bieten praktische Tipps und Informationen für (fast) jede Situation.

Die Regionen Neuseelands

Neuseeland ist in sieben Regionen eingeteilt, von denen jede zur schnelleren Orientierung eine eigene Farbmarkierung am Rand des Buches besitzt. Eine Karte mit der Aufteilung und den Farben finden Sie auf den vorderen Umschlaginnenseiten. Die Sehenswürdigkeiten der einzelnen Gebiete sind auf der *Regionalkarte* mit Nummern versehen.

1 Einführung

Hier werden Landschaft, historische Entwicklung und Charakter einer Region beschrieben. Sie lesen zusammengefasst, was die Gegend an Besonderheiten bietet.

Eine Lagekarte zeigt auf einen Blick, wo sich die besprochene Region befindet.

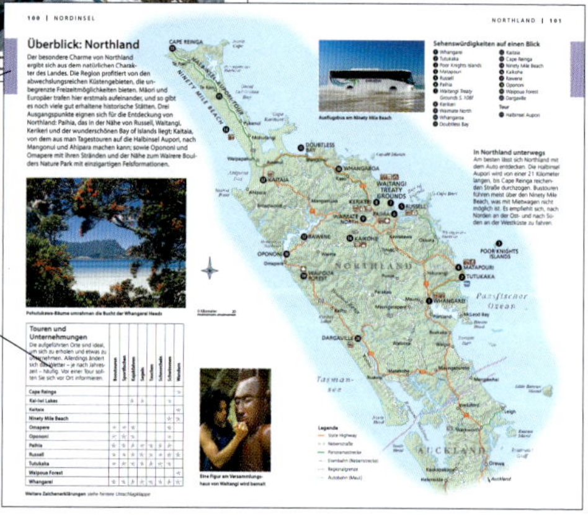

Jede Region Neuseelands ist mit der Farbcodierung schnell nachzuschlagen.

Tabellen informieren Sie über mögliche Touren und Unternehmungen.

2 Regionalkarte

Alle Sehenswürdigkeiten der ganzen Region sind hier mit Nummern eingetragen. Ferner finden Sie Hinweise für die Reise mit dem Auto oder mit öffentlichen Verkehrsmitteln.

3 Detaillierte Informationen

Alles über sehenswerte Städte sowie über einzelne Regionen und Attraktionen ist in den Kapiteln in der Reihenfolge der Nummerierung auf der *Regionalkarte* zu finden.

Infoblöcke bieten praktische Informationen auf einen Blick. Die Erklärung der Symbole finden Sie auf der hinteren Umschlagklappe.

Textkästen liefern Hintergrundgeschichten über die Besonderheiten einer Sehenswürdigkeit.

4 Größere Städte

Alle Sehenswürdigkeiten und interessanten Gebäude der größeren Städte werden über mehrere Seiten detailliert beschrieben. Die *Zentrumskarte* führt Sie direkt zu den Hauptattraktionen.

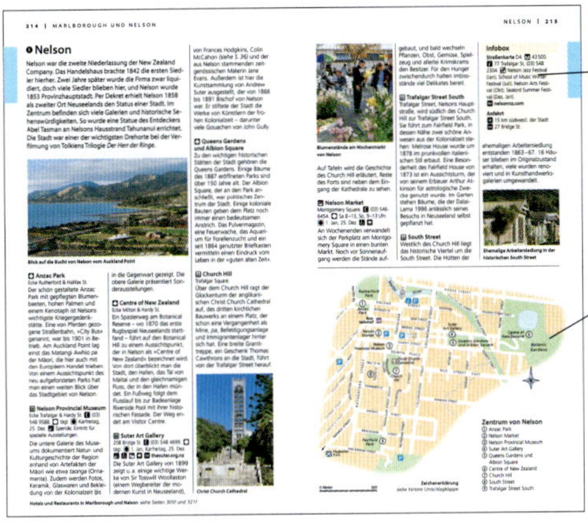

Die Infobox versorgt Sie mit Einzelheiten und Hinweisen, damit Sie Ihren Besuch besser planen können: von der Wegbeschreibung bis zur Adresse der Auskunftsstellen und den Festivalterminen.

Die Zentrumskarte zeigt die Haupt- und Nebenstraßen im Herzen der Stadt. Die wichtigen Sehenswürdigkeiten, Bahnhöfe und Busbahnhöfe, Parkplätze sowie alle Informationsstellen sind eingetragen.

5 Detailkarte

Hier sehen Sie Städte und Stadtteile dreidimensional wie aus der Vogelperspektive – mit vielen Fotos und genauen Beschreibungen der wichtigsten Sehenswürdigkeiten.

Eine Routenempfehlung führt Sie auf einem Spaziergang durch die interessantesten Straßen der Gegend.

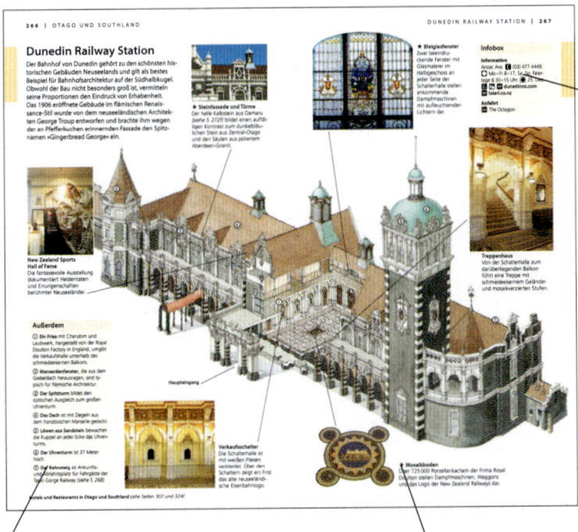

In der Infobox finden Sie praktische Informationen, die für Ihren Besuch hilfreich sind.

6 Hauptsehenswürdigkeiten

Die Highlights Neuseelands werden auf zwei oder mehr Seiten vorgestellt. Historische Gebäude sehen Sie auf der Schnittzeichnung von innen, in den Nationalparks können Sie sich mit Karten orientieren. Durch Museen führt Sie ein farbiger Grundriss.

Der »Außerdem«-Kasten bringt zusätzliche Detailinformationen oder nette Kleinigkeiten.

Sterne markieren die Sehenswürdigkeiten, die Sie auf keinen Fall versäumen sollten.

NEUSEELAND STELLT SICH VOR

Neuseeland entdecken

Die folgenden Touren sind so zusammengestellt worden, dass sie in möglichst kurzen Distanzen so viele neuseeländische Highlights wie möglich abdecken. Idealerweise teilt man seine Zeit gleichmäßig zwischen Nord- und Südinsel auf. Zuerst wird eine einwöchige Tour auf der Nordinsel vorgestellt, die durch einen dreitägigen Ausflug in Northland und ein paar Tage in der Hauptstadt Wellington ergänzt wird. Hat man mehr Zeit, kann man diese Trips ausdehnen, etwa um ein paar Tage rund um das East Cape. Die zweiwöchige Tour rund um die Südinsel deckt alle Highlights ab, es gibt aber auch hier Erweiterungsvorschläge zur Golden Bay und zu Stewart Island. Entscheiden Sie sich für eine Tour, kombinieren Sie Vorschläge oder lassen Sie sich einfach inspirieren.

Wildwasserfahrt auf dem Shotover River, Queenstown
Neuseelands schnell fließende Flüsse eignen sich perfekt für Wildwasserfahrten. Die Oxenbridge Tunnel Rapid auf dem Shotover River führt durch die Stromschnellen des Skippers Canyon.

Legende

- Tour Nordinsel
- Northland
- Tour Südinsel

Zwei Wochen auf der Südinsel

- Beobachten Sie Wale, schwimmen Sie mit Delfinen und sehen Sie sich Seelöwen in **Kaikoura** an.
- Probieren Sie im **Wairau Valley** einen Marlborough Sauvignon und machen Sie eine Fahrt auf dem nahen **Queen Charlotte Sound**.
- Machen Sie im **Abel Tasman National Park** in kristallklarem Wasser eine Kajaktour oder wandern Sie auf dem Küstenweg.
- Bestehen Sie in **Queenstown** selbst Abenteuer oder schauen Sie nur zu.
- Entdecken Sie das von vielen kleinen Wasserwegen durchzogene **Fiordland**.
- Fahren Sie die **Catlins Coast** entlang und bewundern Sie Delfine, den versteinerten Wald und die wilde Küstenlinie.

◀ **Befestigte Māori-Siedlung in Taranaki (Mitte 19. Jh.)**

Drei Tage in Northland

- Tauchen oder schnorcheln Sie bei den **Poor Knights Islands**, Neuseelands bestem Tauchrevier.
- Entdecken Sie die historischen Plätze in der **Bay of Islands**.
- Machen Sie eine Bustour zum **Cape Reinga** via **Ninety Mile Beach**.
- Entspannen Sie in **Rawene** und **Opononi**, zwei Dörfern von Hokianga Harbour.
- Bewundern Sie im **Waipoua Forest** die riesigen Kauri-Bäume.

Cathedral Cove
Ein natürlicher Steinbogen trennt die beiden Sandstrände von Cathedral Cove auf der Halbinsel Coromandel.

Eine Woche auf der Nordinsel

- Sehen Sie sich in den Museen und Galerien **Aucklands** das Beste neuseeländischer Kunst an.
- Erkunden Sie die **Halbinsel Coromandel** und genießen Sie am **Hot Water Beach** die heißen Quellen.
- Bewundern Sie rund um **Rotorua** die Geysire, Silikat-Terrassen und die brodelnden Schlammlöcher.
- Tauchen Sie in den **Waitomo Caves** in die von Glühwürmchen illuminierte Unterwelt ein.
- Entdecken Sie die Vulkanlandschaft im **Tongariro National Park**.
- Spazieren Sie durch die Art-déco-Stadt **Napier** und kosten Sie danach in den Weingütern der **Hawke's Bay** Syrah und Chardonnay.

Eine Woche auf der Nordinsel

- **Anreise** Der Flughafen Auckland liegt 20 Kilometer südlich des Zentrums. In die Stadt fahren Busse und Taxis.
- **Weiterreise** Ein Mietauto oder Wohnmobil ist die beste Wahl, es fahren aber auch überall (teilweise recht selten) Busse hin.

Blick auf den Lake Rotorua vom North Crater, Tongariro Alpine Crossing

Erster Tag: Auckland

Kulturell Interessierte sollten dem **Voyager Maritime Museum** *(S. 77)*, der schön renovierten **Auckland Art Gallery** *(S. 80)* und dem **Auckland War Memorial Museum** *(S. 82f)* einen Besuch abstatten. Alternativ kann man eine Bootsfahrt zu **Rangitoto Island** *(S. 93)* mit dem einmaligen Pohutukawa-Wald, ungewöhnlichen Lavaröhren und einem großartigen Blick auf die Stadt machen.

Zweiter Tag: Halbinsel Coromandel

Erkunden Sie die wunderschöne Halbinsel Coromandel, fahren Sie mit der **Driving Creek Railway** *(S. 128)* in die Hügel, entspannen Sie in den heißen Quellen am **Hot Water Beach** *(S. 129)*, nehmen Sie ein Bad am goldenen **Cathedral Cove** *(S. 129)* und entdecken Sie die lebendige **Kunstszene** *(S. 131)*.

Dritter Tag: Rotorua

Nach Rotorua fährt man etwa vier Stunden mit dem Auto, am besten legt man einen Stopp in **Waihi** *(S. 130)* mit seinem riesigen Goldminenloch mitten im Stadtzentrum ein. Erfahren Sie mehr über die Entstehung von Neuseelands erster touristischer Stadt im **Rotorua Museum** *(S. 138)* und in den **Government Gardens** *(S. 138)*. Spazieren Sie danach am Ufer entlang zur **St Faith's Anglican Church** *(S. 139)* im Māori-Dorf Ohinemutu. Besuchen Sie am Abend das **Tamaki Māori Village** *(S. 141)* und genießen Sie die Māori-Show sowie ein typisches *Hangi*-Essen.

Holzschnitzerei im Auckland War Memorial Museum

Vierter Tag: Rotorua

Fahren Sie so zum **Wai-O-Tapu Thermal Wonderland** *(S. 144)*, dass Sie um 10.15 Uhr die Geysir-Eruption miterleben. Bewundern Sie die Pools mit kochendem Schlamm und spazieren Sie rund um die bunten Champagne Pool, Primrose Terraces und Artist's Palette. Entscheiden Sie sich am Nachmittag zwischen: **Buried Village** *(S. 141)*, Bungee-Jumping in **Agroventures** *(S. 140f)* oder **ZORB® Rotorua** *(S. 140)*. Oder entspannen Sie im **Polynesian Spa** *(S. 134)*.

Tipp zur Verlängerung
Verbringen Sie einige Tage am **East Cape** *(S. 136f)*, Neuseelands am dünnsten besiedelter Ecke. Hier hat man das Gefühl, 30 bis 50 Jahre zurückversetzt zu sein.

Fünfter Tag: Waitomo Caves

Heute geht es in die Unterwelt: In den **Glowworm Caves** *(S. 125)* bei den **Waitomo Caves** *(S. 124f)* kann man bei einer Bootsfahrt Stalaktiten und Unmengen von Glühwürmchen bewundern. Bei dem Abenteuertrip **Lost World** *(S. 125)* seilt man sich im Wetsuit ab, durchquert auf einem Reifen Höhlen und springt in schwarze Pools. Wieder an der Oberfläche, sollte man den Spaziergang zum **Ruakuri Natural Tunnel** *(S. 124)* machen.

Sechster Tag: Tongariro National Park und Taupo

Machen Sie Wanderungen auf den Hängen der Vulkane im **Tongariro National Park** *(S. 146f)* und fahren Sie dann nördlich über das **National Trout Centre** *(S. 145)* nach **Taupo** *(S. 145)*, einem Mekka für Angler. Der gleichnamige See fließt in den Waikato River ab, der sich spektakulär über die **Huka Falls** *(S. 144)* ergießt.

Tipp zur Verlängerung
Machen Sie die Tageswanderung **Tongariro Alpine Crossing** *(S. 147)*.

Siebter Tag: Hawke's Bay

Erkunden Sie die Art-déco-Stadt **Napier** *(S. 150–153)*, bevor Sie die **Weingüter der Hawke's Bay** *(S. 154f)* besuchen. Alternativ können Sie mit dem Traktor zum **Cape Kidnappers** *(S. 153)* fahren und den dort nistenden Gannet-Seeschwalben einen Besuch abstatten. Achtung: Die Tour ist abhängig von den Gezeiten, erkundigen Sie sich daher vorab.

Drei Tage in Northland

- **Anreise** Flughafen Auckland.
- **Weiterreise** Am einfachsten mit dem Auto, aber auch Busse decken die Route ab.

Erster Tag: Poor Knights und Bay of Islands

Taucher und Schnorchler sollten die **Poor Knights Islands** *(S. 103)* und danach die Buchten bei **Matapouri** *(S. 103)* und der **Whale Bay** *(S. 103)* besuchen. Fahren Sie alternativ zur Bay of Islands und zum Städtchen Russell, Heimat der **Pompallier Mission** *(S. 106)*. Auf der anderen Seite der Bucht liegt der Geburtsort des modernen Neuseeland: die **Waitangi Treaty Grounds** *(S. 108f)*. **Stone Store** *(S. 110)* und **Kerikeri Mission Station** *(S. 110)* in Kerikeri gehören zu den ersten europäischen Siedlungen.

Zweiter Tag: Cape Reinga und Ninety Mile Beach

Machen Sie einen Tagesausflug zum Nordende der Nordinsel, zum **Cape Reinga** *(S. 112)*, und fahren Sie den **Ninety Mile Beach** *(S. 112f)* entlang. Ungeübte Fahrer sollten sich einer Bustour anschließen (vorherige Buchung angeraten).

Dritter Tag: Hokianga Harbour und Waipoua

Erkunden Sie die Dörfer **Rawene** *(S. 114)* und **Opononi** *(S. 114)*, bewundern Sie die Erhabenheit der Kauri-Bäume im **Waipoua Forest** *(S. 115)* und besuchen Sie anschließend das interessante **Kauri Museum** *(S. 115)* in Matakohe, bevor Sie nach Auckland zurückkehren.

Der »Beehive« gehört zu den Parlamentsgebäuden Neuseelands

Zwei Tage in Wellington

Die Hauptstadt Neuseelands wartet mit einer lebendigen Kunstszene und vielen interessanten Sehenswürdigkeiten auf.

- **Anreise** Kommen Sie mit dem Auto von Auckland oder fliegen Sie zum Flughafen Wellington, sechs Kilometer vom Zentrum entfernt.
- **Weiterreise** Nehmen Sie die Fähre durch die Cook Strait nach Picton auf der Südinsel. Fahren Sie mit Interislander Ferry Services (*S. 356*) durch Tory Channel und Queen Charlotte Sound *(S. 207)*.

Erster Tag

Beginnen Sie den Tag mit einem Kaffee in einem von Wellingtons modernen **Cafés** *(S. 319–321)*. Besuchen Sie danach das **Museum of New Zealand Te Papa Tongarewa** *(S. 170f)*. Fahren Sie mit der **Wellington Cable Car** *(S. 164)* nach Kelburn und spazieren Sie durch den **Wellington Botanic Garden** *(S. 164)* zu den **Parliament Buildings** *(S. 162)*, den beiden **Kathedralen** *(S. 162)* und zum **Katherine Mansfield Birthplace** *(S. 163)*.

Zweiter Tag

Vogelbeobachter sollten einen Ausflug zum **Kapiti Island Nature Reserve** *(S. 175)* unternehmen, während Fans von Peter Jackson und *Der Herr der Ringe* **Weta Workshop** *(S. 160)* besuchen könnten. Alternativ bietet sich die **Marine-Drive-Tour** *(S. 172f)* an oder ein Besuch der **City Gallery** *(S. 168)*.

Die atemberaubende Whale Bay an der Tutukaka Coast, Northland

Zwei Wochen auf der Südinsel

- **Anreise** Fliegen Sie nach Christchurch oder beginnen Sie die Tour im Fährhafen Picton (dritter Tag) von Wellington (Nordinsel).
- **Weiterreise** Ein Mietwagen ist ideal. Sie können die Tour auch mit Bussen absolvieren, sollten dann aber ein paar Extratage einplanen.
- **Vorab buchen** Buchen Sie ein paar Tage im Voraus die Walbeobachtungsfahrt in Kaikoura. Da Trips aufgrund von schwerer See abgesagt werden müssen, planen Sie – wenn möglich – mindestens einen Tag als Puffer ein.

Wanderer im Abel Tasman National Park

Erster Tag: Christchurch

Sehen Sie sich an, wie sich Christchurch wieder von dem Erdbeben 2011 erholt. Es gibt zwar noch viel zu tun – ein Teil des Zentrums liegt nach wie vor in Trümmern –, aber die Stadt war sehr innovativ, neue Bauten sind entstanden. Besuchen Sie die **Cardboard Cathedral** *(S. 227)* und die **Re:START Shopping Mall** *(S. 229)*. Nicht alles, was schon vorher reizvoll war, wurde zerstört: Spazieren Sie von den **Antigua Boat Sheds** *(S. 231)* durch die **Botanic Gardens** *(S. 232f)* und entdecken Sie die größte Stadt der Südinsel. Fahren Sie am späten Nachmittag nach Kaikoura (2 Std.), um am nächsten Tag früh aufbrechen zu können.

Antigua Boat Sheds am Avon River in Christchurch

Zweiter Tag: Kaikoura

Der Tagesanbruch ist die beste Zeit, um vor **Kaikoura** *(S. 213)* Wale zu Gesicht zu bekommen. Danach können Sie auch noch mit **Delfinen schwimmen** *(S. 213)* oder an der zerklüfteten Küste spazieren gehen. Legen Sie auf dem Weg nach Marlborough eine Pause am **Ohau Point** *(S. 213)* ein. Hier bevölkern Neuseeländische Seebären die Felsen am Highway.

Dritter Tag: Marlborough und Queen Charlotte Sound

Verbringen Sie den Morgen mit der Verkostung von herrlichem Marlborough Sauvignon Blanc in einem der vielen Weingüter im **Wairau Valley** *(S. 210f)*. Einige bieten neben hervorragendem Wein auch exzellentes Mittagessen. Fahren Sie weiter nach **Picton** *(S. 204)*, wo Sie mit einem Wassertaxi zu einer der schönen **Ufer-Lodges** *(S. 299)* neben dem **Queen Charlotte Track** *(S. 207)* fahren können.

Vierter Tag: Nelson

Kehren Sie mit dem Wassertaxi nach Picton zurück und fahren Sie auf dem schönen, kurvenreichen **Queen Charlotte Drive** *(S. 204f)* über **Havelock** *(S. 205)* und das schöne **Pelorus Bridge Scenic Reserve** *(S. 205)* ins entspannte **Nelson** *(S. 214f)*. Besuchen Sie entweder das **Nelson Provincial Museum** *(S. 214)* und die **Suter Art Gallery** *(S. 214)* oder fahren Sie nach Westen zu **Höglund Art Glass** *(S. 216)* und **McGlashen Pottery** *(S. 216)*.

Fünfter Tag: Abel Tasman National Park

Falls es Samstag sein sollte, tauchen für eine Stunde in den **Nelson Market** *(S. 215)* ein. Verbringen Sie den Rest des Tages im **Abel Tasman National Park** *(S. 218f)*. Wandern Sie entweder auf dem **Coast Track** oder machen Sie von **Marahau** *(S. 219)* aus eine **Kajaktour**.

Tipp zur Verlängerung
Genießen Sie die Golden Bay, besuchen Sie **Waikoropupu Springs** und **Farewell Spit** *(S. 221)* von **Takaka** *(S. 220)* aus.

Sechster Tag: Westküste

Heute steht eine längere Distanz auf dem Programm, machen Sie deshalb auf dem Weg zu den Pancake Rocks in **Paparoa National Park** *(S. 240)* einen kurzen Stopp beim **Nelson Lakes National Park** *(S. 216)*. Entdecken Sie, was in Hokitika alles aus **Jade** *(S. 241)* geschnitzt wird, und fahren Sie dann weiter zu Franz Josef und Fox Glacier im **Westland/Tai Poutini National Park** *(S. 242f)*.

Siebter Tag: Wanaka

Bewundern Sie die Reflexionen im **Lake Matheson** *(S. 242)* und fahren Sie danach durch den Regenwald nach **Haast** *(S. 277)* und durch die **Gates of Haast** *(S. 277)* in die hügelige Landschaft rund um **Wanaka** *(S. 274)*. Wenn Sie früh aufbrechen, können Sie noch die **Stuart Landsborough's Puzzling World** *(S. 274)* oder den **Rippon Vineyard** *(S. 274)* besuchen.

Achter Tag: Queenstown
Wenn Sie in wunderbarer Landschaft wandern möchten, fahren Sie zum Matukituki Valley im **Mount Aspiring National Park** *(S. 276f)*. Ansonsten fahren Sie über die Crown Range nach **Arrowtown** *(S. 282)* und weiter nach **Queenstown** *(S. 280f)*. Dort können Sie eine Fahrt mit der TSS *Earnslaw* auf dem **Lake Wakatipu** *(S. 280)* machen oder mit der **Skyline Gondola** *(S. 281)* zu Bob's Peak hochfahren, wo man mit schönem Blick essen kann.

Neunter Tag: Queenstown
Erkunden Sie die **Abenteuerhauptstadt von Neuseeland** *(S. 280f)*. Gehen Sie Bungee-Jumping, machen Sie eine Wildwasser- oder Jetboat-Fahrt, einen Tandem-Fallschirmsprung oder gehen Sie Heli-Biking. Ziehen Sie es ruhiger vor, fahren Sie am See entlang nach **Glenorchy** *(S. 282)* oder entspannen Sie in einem der **Cafés oder Bars** *(S. 324f)*.

Tipp zur Verlängerung
Wenn Sie eine mehrtägige Wanderung unternehmen wollen, nehmen Sie sich drei bis vier Tage Zeit für Milford, Routeburn oder Kepler Track im **Mount Aspiring National Park** *(S. 276f)* oder im **Fiordland National Park** *(S. 284f)*.

Zehnter Tag: Fiordland
Ein beständiges Dilemma für Besucher besteht darin, ob sie den Milford oder den Doubtful Sound besuchen sollen. Beide sind sehenswert, aber der **Milford Sound** *(S. 286f)* ist populärer mit einem riesigen Angebot an Kreuzfahrten und Kajaktouren. Der **Doubtful Sound** *(S. 288f)* liegt dagegen entlegener, es kommen weniger Besucher, und der Weg zu ihm ist schon ein Abenteuer an sich.

Elfter Tag: Catlins Coast
Statten Sie den Brückenechsen in Invercargills **Southland Museum and Art Gallery** *(S. 290)* einen kurzen Besuch ab, bevor Sie zu der spärlich besiedelten

Besucher beobachten einen Paraglider

Gegend **Catlins** *(S. 294f)* aufbrechen. Nehmen Sie sich Zeit, die versteinerten Bäume in der **Curio Bay** *(S. 294)*, die Hectordelfine in der **Porpoise Bay** *(S. 295)* und die zerklüftete Landspitze **Nugget Point** *(S. 294)* anzusehen.

Tipp zur Verlängerung
Verbringen Sie für richtiges Insel-Feeling zwei oder drei Tage auf **Stewart Island** *(S. 292f)*, beobachten Sie die gefährdeten Vögel auf **Ulva Island** *(S. 292)* oder wandern Sie auf dem **Rakiura Track** *(S. 293)*.

Zwölfter Tag: Dunedin und Halbinsel Otago
Auf die Gebäude von **Robert Lawson** *(S. 263)* richtet sich das Hauptaugenmerk bei einem Spaziergang durch **Dunedin** *(S. 262–269)*. Außerdem sollte man die **Dunedin Railway Station** *(S. 266f)* und **Olveston House** *(S. 269)* besuchen. Tierfreunde fahren auf die **Halbinsel Otago** *(S. 270f)* zum **Royal Albatross Centre** *(S. 270)* und zum **Penguin Place** *(S. 271)*. Ein Spaziergang auf dem **Tunnel Beach Walkway** *(S. 268)* ist etwas für Sommerabende.

13. Tag: Oamaru und Mount Cook
Verbringen Sie eine halbe Stunde im **Moeraki Boulders Scenic Reserve** *(S. 271)* und essen Sie dann in Moeraki zu Mittag. Der Spaziergang danach führt Sie durch die Kalkstein-Stadt **Oamaru** *(S. 272f)*. Hierauf geht es zum **Aoraki/Mount Cook National Park** *(S. 256f)*. Zentrum der Parkgemeinde ist das **Hermitage** *(S. 256)*, ein Hotel mit schönem Blick auf Neuseelands höchsten Berg. Wandern Sie auf den **Tracks** *(S. 257)*, sehen Sie sich die Region von oben an *(S. 256)* oder machen Sie eine Kajaktour zum Endsee des **Tasman Glacier** *(S. 256)*.

14. Tag: Christchurch und Akaroa
Sehen Sie sich die seltenen Kakī-Vögel in Twizels **Kakī Visitor Hide** *(S. 255)* an und fahren Sie dann durch das Weideland von Mackenzie Country, wo das türkise Wasser von **Lake Tekapo** *(S. 254)* und **Lake Pukaki** *(S. 254f)* einen Teil des **Wasserkraftwerks von Upper Waitaki** Hydro Development Scheme *(S. 255)* bilden. Fahren Sie weiter nach **Christchurch** *(S. 226–233)* und machen Sie einen Ausflug nach **Lyttelton** *(S. 234)* oder nach **Akaroa** *(S. 235)*.

Nugget Point ist ein Felsvorsprung an der Catlins Coast

Neuseeland auf der Karte: Nordinsel

Neuseeland (New Zealand; NZ) liegt im südlichen Teil des Pazifischen Ozeans und ist etwa 1600 Kilometer östlich von Australien und rund 10 000 Kilometer von San Francisco und Tokyo entfernt. Das Land besteht aus zwei großen und einer Reihe kleinerer Inseln. Mit einer Gesamtfläche von 269 652 Quadratkilometern ist Neuseeland etwa so groß wie Japan oder Großbritannien. Die beiden Hauptinseln werden durch die Cook Strait getrennt, die an ihrer schmalsten Stelle nur 24 Kilometer misst. 75 Prozent der rund 4,5 Millionen Einwohner Neuseelands leben auf der Nordinsel, allein 1,4 Millionen in Auckland, der Stadt mit dem weltweit höchsten polynesischen Bevölkerungsanteil. In Wellington, der Hauptstadt im Süden der Nordinsel, leben etwa 200 000 Menschen (Großraum: 380 000).

0 Kilometer 50

Weitere Zeichenerklärungen
siehe hintere Umschlagklappe

Legende
Stadtgebiet
Autobahn
State Highway
Hauptstraße
Nebenstraße
Eisenbahn
Great Barrier Island
Hauraki Gulf
Wellford
Leigh
Orewa
Auckland siehe Karte rechts
Coromandel
Whitianga
Halbinsel Coromandel
Thames
Waikato
Hamilton
Waihou
Waipa
Tauranga
Cambridge
Bay of Plenty
Lake Rotorua
Rotorua
Otorohanga
Tokoroa
Whakatane
Opotiki
Hicks Bay
Te Araroa
East Cape
Pazifischer Ozean
Whakatane
Tokomaru Bay
Matawai
Te Karaka
Tolaga Bay
Taupo
Lake Taupo
Taumarunui
Turangi
Lake Waikaremoana
Gisborne
Raetihi
Waiouru
Hawke's Bay
Napier
Hastings
Rangitikei
Waipukurau
Palmerston North
Porangahoa
Alfredton
Masterton
Martinborough
Großraum Auckland
Whangarei & Norden
Hauraki Gulf
Motutapu Island
Rangitoto Island
Rangitoto Channel
Takapuna
Birkenhead
Auckland Harbour Bridge
Waitemata Harbour
Auckland City
Henderson
Highland Park
Blockhouse Bay
East Tamaki
Manukau Harbour
Manukau City
Auckland International Airport
0 Kilometer 5
Hamilton & Süden
Großraum Wellington
Levin & Norden
Masterton & Osten
Porirua
Upper Hutt
Silverstream
Tawa
Lower Hutt
Johnsonville
Rimutaka Range
Wellington Harbour
Homedale
WELLINGTON CITY
Wellington International Airport
0 Kilometer 10

Neuseeland auf der Karte: Südinsel

Die Südinsel ist mit einer Fläche von 150 440 Quadratkilometern etwas größer als die Nordinsel Neuseelands. An der Westküste erstrecken sich die Southern Alps, die insgesamt 223 Berge mit mehr als 2300 Meter Höhe aufweisen. Östlich dieses Gebirgszugs ist die Landschaft aufgrund des trockenen Klimas weitgehend unbewaldet, die Westküste ist durch hohe Niederschläge, üppige Vegetation, Seen, Berge und Gletscher geprägt. Christchurch, mit rund 365 000 Einwohnern die größte Stadt der Südinsel, verfügt über gute internationale Verkehrsverbindungen. Weiter im Süden liegt die wichtige Universitätsstadt Dunedin. Stewart Island südlich von Invercargill ist Neuseelands drittgrößte Insel.

Weitere Zeichenerklärungen *siehe hintere Umschlagklappe*

Farewell Spit
Golden Bay
Collingwood
Takaka
60
Tasman Bay
Marlborough Sounds
Motueka
Karamea
Nelson
Picton
Wairau
Westport
6
Murchison
St Arnaud
Blenheim
Awatere
Reefton
Clarence
Springs Junction
ymouth
a Junction
Hanmer Springs
Kaikoura
7
1
73
Waipara
Christchurch siehe Karte rechts
Pegasus Bay
Springfield
Oxford
Rakaia
nburton
Lake Ellesmere
Halbinsel Banks
terbury Bight
Pazifischer Ozean
Palmerston North
Levin
Paraparaumu
Masterton
Upper Hutt
WELLINGTON
Lower Hutt
Rumananga
Cook Strait
Cape Palliser
Großraum Christchurch
Blenheim
Oxford
Rangiora
72
Eyre
Kaiapoi
Pazifischer Ozean
Waimakariri
Belfast
Christchurch International Airport
Christchurch
Darfield
Rollest
Halswell
Lyttelton
Halbinsel Banks
Selwyn
Lincoln
Leesto
Lake Ellesmere
75
Akaroa
Rakaia, Timaru
Rakaia
0 Kilometer 20
Großraum Dunedin
Queenstown
Oamaru
87
Karitane
Blueskin Bay
Waitati
Port Chalmers
88
Lake Mahinerangi
Mosgiel
Fairfield
Dunedin
Halbinsel Otago
Henley
Queenstown
Taieri
Pazifischer Ozean
8
Milton
Invercargill
0 Kilometer 20
Legende
Stadtgebiet
Autobahn
State Highway
Hauptstraße
Nebenstraße
Eisenbahn
Fährlinie
0 Kilometer 50

Ein Porträt Neuseelands

Neuseelands Klima, seine Geschichte und sein Charakter wurden bis heute maßgeblich durch die isolierte Lage des Landes »am schönsten Ende der Welt« geprägt. Die ersten Bewohner, die Māori, nannten ihr Land Aotearoa, das »Land der langen weißen Wolke«, da sie einer Sage nach erst durch eine weiße Wolke auf die große Insel im Pazifischen Ozean aufmerksam wurden. Kulturell ist das Land sowohl mit dem europäisch geprägten Australien als auch mit dem polynesischen Teil Ozeaniens verbunden.

Neuseeland liegt zwischen dem 34. und dem 47. südlichen Breitengrad und somit im Einflussbereich der Roaring Forties. Das sind sturmreiche Westwinde, die diese Region regelmäßig heimsuchen. 1600 Kilometer von der nächsten Landmasse entfernt und direkt gegenüber dem Nullmeridian nimmt Neuseeland für sich in Anspruch, das Land zu sein, in dem die Sonne zuerst aufgeht.

Das Klima reicht von gemäßigt bis subtropisch. Die maritime Lage und damit verbundene hohe Niederschläge bescheren dem Land eine üppige Vegetation. Die Fisch- und Vogelwelt ist artenreich, doch abgesehen von zwei Fledermausarten gibt es hier keine einheimischen Säugetiere. Alle heute in Neuseeland lebenden Säuger wurden von den Māori und später von den Europäern eingeführt. Wegen der relativ späten Besiedlung und der recht geringen Bevölkerungsdichte ist Neuseelands Umwelt noch weitgehend intakt.

Die schneebedeckten Southern Alps mit ihren Gletscherseen und Fjorden bieten einen spektakulären Anblick, auf dem Zentralplateau der Nordinsel beeindrucken Vulkane und heiße Quellen. An der Küste findet man geschützte Buchten, Häfen und herrliche Strände. Die touristische Attraktivität beruht weitgehend auf diesen natürlichen Vorzügen, die Bedeutung der städtischen Kultur ist auf Neuseeland weitaus geringer.

Der Pongafarn, eines der Symbole Neuseelands

◀ **Lake Pukaki** ***(siehe S. 254f)*** **und Mount Cook** ***(siehe S. 256f)***

Blick auf die Küste vom Tunnel Beach, südlich von Dunedin

Besiedlung

Kapitän James Cooks Umseglung und Kartierung der neuseeländischen Hauptinseln im Jahr 1769 ebnete den Weg für die Einführung des industriellen Robben- und Walfangs. Gesetzlose Zustände und die Angst vor Konflikten mit der einheimischen Bevölkerung veranlassten die Briten, mit den Māori zu verhandeln. Bei Waitangi in der Bay of Islands wurde 1840 ein Vertrag zwischen der britischen Krone – repräsentiert durch Captain William Hobson – und einigen Māori-Stammesführern unterzeichnet. Obwohl der Vertrag den Schutz der Māori und ihres Landbesitzes verfügte, kam es noch bis ins 20. Jahrhundert hinein zu Enteignungen. Nachdem in den 1970er Jahren Māori-Führer für Gerechtigkeit in dieser Frage demonstriert hatten, wurde 1975 der *Treaty of Waitangi Act* erlassen: Ein Waitangi-Tribunal sollte die Landansprüche der Māori untersuchen.

Kapitän James Cook

Die Besiedlung nach den 1840er Jahren wurde hauptsächlich von englischen und schottischen Unternehmen gesteuert. Diese Einflüsse sind in Dunedin und Christchurch noch heute zu spüren. In der früheren Hauptstadt Auckland, dem wirtschaftlichen Zentrum des Landes, herrschte hingegen schon immer eine kosmopolitische Atmosphäre. Wellingtons politischer Charakter wurde früh geprägt.

Die frühen Siedler Neuseelands rodeten ausgedehnte Waldgebiete, um die landwirtschaftlichen Nutzflächen zu erweitern. Auch der Handel mit Holz wurde ein herausragender Wirtschaftsfaktor. Der Stolz, das Land kultiviert zu haben, fand Eingang in den Nationalgeist seiner Einwohner.

Die Besiedlung durch Europäer hatte für das Leben der Māori einschneidende Folgen

Gesellschaft

Neuseeland ist eine parlamentarische Monarchie innerhalb des Commonwealth of Nations. Staatsoberhaupt ist die britische Königin, vertreten durch einen Generalgouverneur. Das politische wie das Rechtssystem sind stark am britischen Vorbild orientiert. Bestrebungen, Neuseeland in eine Republik umzuwandeln, finden in der Bevölkerung breite Unterstützung.

Die Neuseeländer sind stolz auf ihre umfassenden Sozialreformen, die schon sehr früh erfolgten. Als erstes Land der Welt gewährte Neuseeland im Jahr 1893 Frauen das Wahlrecht. Bereits 1877 wurde die allgemeine Schulpflicht eingeführt, 1938 etablierte man eine staatlich geförderte Gesundheitsversorgung, eine Altersversorgung sowie ein umfassendes soziales Netz. 1986 erklärte das Land seine Abkehr von der Atomkraft. Neuseeland gehört keinem Militärbündnis an, entsendet aber Friedens- und Trainingstruppen in Krisengebiete weltweit.

Obwohl das Waitangi-Tribunal die Entschädigung von vielen enteigneten Māori ermöglichte, sorgt dieses Thema noch heute für Spannungen. In den 1960er Jahren gab es Programme zur Ansiedlung von Bewohnern der pazifischen Inseln zur

Der »Beehive«, ein Teil der Parlamentsgebäude in Wellington, beherbergt die Büros der Minister

Bekämpfung des Arbeitskräftemangels. Dies sowie der Zuzug vieler Asiaten seit den 1990er Jahren haben die ethnischen Probleme verschärft.

Und dennoch berichten Besucher vor allem von der Gastfreundschaft und Offenheit der Neuseeländer, Eigenschaften, die wohl auf die vergleichsweise guten Lebensbedingungen zurückzuführen sind:

Markt für Kunst und Kunsthandwerk in Nelson

Neuseelands Rugby-Team All Blacks in einem Spiel gegen Italien

geringe Bevölkerungsdichte, hoher Lebensstandard, eher kleine Städte mit wenig Verkehrsproblemen und geringer Kriminalität sowie eine attraktive Landschaft. Doch das Interesse der Neuseeländer bleibt nicht auf ihr eigenes Land beschränkt: Sie sind bekannt als ein äußerst reisefreudiges Volk.

Māori-Kinder hoch zu Ross

Obwohl die Kluft zwischen Arm und Reich auch in Neuseeland immer größer wird, ist das gesellschaftliche Gleichgewicht noch weitgehend intakt, es existiert kein auf Abstammung basierendes Klassensystem. Mit Fleiß und Unternehmergeist lässt sich ein hoher Lebensstandard halten. Beinahe 86 Prozent der Bevölkerung leben in Städten, 75 Prozent auf der Nordinsel. In letzter Zeit nahm der Anteil der Māori wieder zu, er liegt bei rund 17 Prozent der Bevölkerung. Ihr sozialer und wirtschaftlicher Status liegt noch unter dem Durchschnitt, man erwartet aber, dass sich die Situation der Māori aufgrund der Bildungs-, Gesundheits- und Arbeitsprogramme bald verbessern wird.

Arbeitswelt und Wirtschaft

Die Landwirtschaft, hauptsächlich die Vieh- und Forstwirtschaft, ist nach wie vor der bedeutendste Wirtschaftssektor des Landes. Doch auch in der neuseeländischen Wirtschaft macht sich der Zwang zur Diversifizierung bemerkbar. Mit seinen biotechnologischen Entwicklungen gehört Neuseeland zur absoluten Weltspitze. Neuseeländische Weine erfreuen sich großer Beliebtheit, eine breite Palette an Nahrungsmitteln wird in alle Welt exportiert. Auch der Fremdenverkehr stellt eine wichtige Einnahmequelle dar, die touristische Infrastruktur ist sehr gut ausgebaut. Aufgrund seiner geringen Größe und der langen Transportwege in andere Länder ist Neuseeland stark von der interna-

Kein ungewöhnliches Bild: Schafe im Straßenverkehr

tionalen Wirtschaftslage abhängig. Abgesehen von einigen Erdöl-, Erdgas- und Kohlevorkommen sind kaum mineralische Rohstoffe vorhanden. Das Land ist weltweit größter Exporteur von Milchprodukten. Steigende Exportraten in Branchen wie Informationstechnologie, Elektrotechnik und Schiffsbau stimmen zudem optimistisch.

Die Rezession der 1980er Jahre führte zu einer Abkehr vom überreglementierten Sozialstaat und zur Privatisierung von staatlichen Unternehmen. Die beiden größten politischen Parteien sind die Labour Party und die National Party, auch verschiedene kleinere Parteien üben politischen Einfluss aus.

Abendessen im Freien an der Queenstown Marina

Sport und Kultur

Neuseeland ist ein Sportparadies. Beliebteste Sportart ist Rugby (die All Blacks gewannen letztmals 2015 den Rugby World Cup), auch Netball und Cricket faszinieren viele Menschen. Das segelsportbegeisterte Volk fiebert beim America's Cup mit. Das Unterhaltungsangebot beeindruckt durch eine Vielzahl von Auftritten internationaler Künstler. Auch Kunst und Kultur der Māori erfahren zunehmendes Interesse. In vielen Bereichen gibt es neuseeländische Pioniere: Lord Ernest Rutherford führte die erste Atomspaltung durch, Sir Edmund Hillary bestieg als erster Mensch den Mount Everest. Andere berühmte Neuseeländer sind die Schriftstellerin Katherine Mansfield, die Operndiva Kiri Te Kanawa, der Filmregisseur Peter Jackson und der Weltraumforscher Sir William Pickering.

Lehrer und Schüler beim Unterricht im Park

Neuseeland ist ein sehr lebendiges, gastfreundliches und multikulturelles Land, das aufgrund der Māori- und Kolonialeinflüsse seinen einzigartigen Charakter entwickeln konnte.

Musiker sorgen für Unterhaltung in den Straßen von Auckland

Landschaften

Neuseeland ist ein geologisch vergleichsweise junges Land im Grenzbereich zwischen Australischer und Pazifischer Platte. Typisch für diese Grenzlage sind tektonische Aktivität und Vulkanismus. Ein markantes Beispiel hierfür sind die Vulkane der Southern Alps auf der Südinsel. Auch Erdbeben verändern das Gesicht der Landschaft immer wieder. Die bestimmende Charakteristik des Landes ist seine Vielseitigkeit: Berge, Seen, Flüsse, Strände, Hügel, Ebenen, Vulkane, Regenwälder und Fjorde findet man auf einer relativ kleinen Fläche.

Der Mount Ruapehu ist überaus aktiv. Er liegt am Rand eines der größten vulkanischen Gebiete der Erde *(siehe S. 68f)*.

Neuseelands Küstenlinie ist etwa 16 000 Kilometer lang. Die Küsten bieten vielfältige Ökosysteme und sind Lebensraum für eine überaus artenreiche Fauna und Flora. Viele Arten von Wassersport können hier betrieben werden.

Die Ausläufer der Southern Alps trennen West- und Ostküste und schützen so die Canterbury Plains vor den Westwinden.

South Canterbury und Southern Alps

Extensive Landwirtschaft hat die einst bewaldeten Ebenen in eine von Flüssen durchzogene Weidelandschaft verwandelt. Die Southern Alps im Hintergrund sind eindrucksvolle Dokumente der geologischen Kräfte, die das Land geformt haben.

Plattentektonik

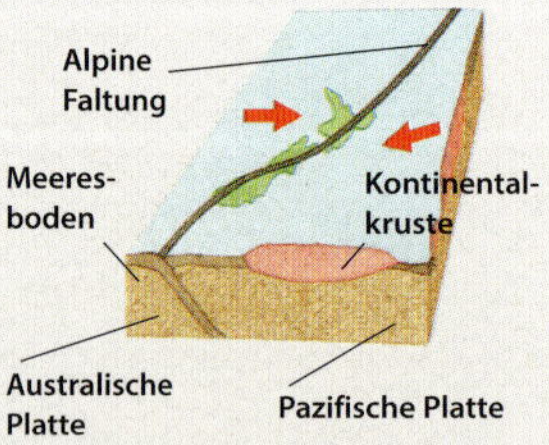

Neuseeland liegt an der Grenze von zwei der 15 tektonischen Platten, die es weltweit gibt. Auf der Nordinsel schiebt sich die Pazifische Platte unter die Australische Platte, was zur Bildung von Vulkanen führt. Auf der Südinsel schiebt sich die Australische Platte unter die Pazifische Platte, ein Resultat dieser Vorgänge sind die Southern Alps.

Tussock-Gras bedeckt rund zehn Prozent von Neuseeland. Ein Großteil dieser Fläche war bewaldet, bevor die frühen Māori-Bewohner die Wälder bei ihrer Jagd auf Moas abbrannten.

Die Bay of Islands besteht aus mehr als 150 Inseln, von denen keine weiter als 50 Kilometer vor der Küste liegt. Als der Meeresspiegel in den Eiszeiten tiefer lag, waren die Inseln Teil des Festlands.

Verzweigte Flüsse *(siehe S. 195)* transportieren Kies und Sedimente aus den Southern Alps und lassen fruchtbares Farmland zurück.

Schafe, die zur Woll- und Fleischerzeugung gezüchtet werden, sind in South Canterbury allgegenwärtig.

Gondwana

Bis vor rund 80 Millionen Jahren war Neuseeland Teil des Südkontinents Gondwana, der aus den heutigen Landmassen Antarktis, Australien, Indien, Afrika und Südamerika bestand. Nachdem Neuseeland abgedriftet war, entwickelten sich dort vielfältige Tier- und Pflanzenformen, die in keinem anderen Teil der Welt vorkommen.

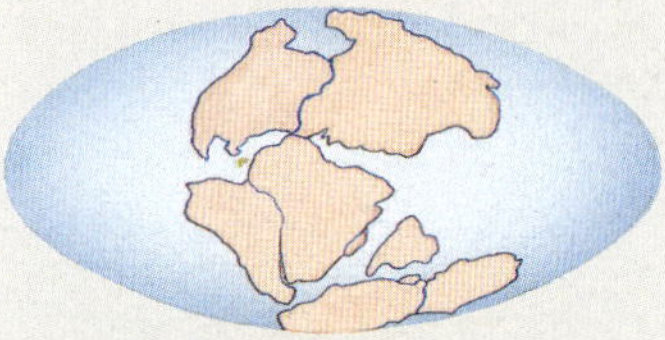

Vor 180 Millionen Jahren lag Neuseeland am Rand von Gondwana, einem der beiden Urkontinente; der nördliche Kontinent hieß Laurasia.

Vor 135 Millionen Jahren begannen die Teile von Gondwana auseinanderzudriften. Neuseeland war zu dieser Zeit noch mit Australien verbunden.

Heute trennt die Tasmansee Neuseeland von Australien. Beide Landmassen treiben immer weiter auseinander. Neuseeland bewegt sich mit einer Geschwindigkeit von etwa drei Zentimetern pro Jahr auf den Äquator zu.

Die Fjorde im Südwesten Neuseelands, im Lauf von Jahrmillionen durch Eiszeiten geformt, gehören zu den spektakulärsten Fjorden der Welt *(siehe S. 284f)*. Die Küstenlinie der Fjorde hat eine Gesamtlänge von etwa 1000 Kilometern. Der Doubtful Sound ist mit 420 Metern der tiefste Fjord. Der längste Fjord, Dusky Sound, ist stolze 40 Kilometer lang.

Flora und Fauna

Aufgrund der isolierten Lage Neuseelands konnten sich dort Tiere und Pflanzen entwickeln, die nirgendwo sonst auf der Welt zu finden sind. Landsäugetierarten sind nur schwach vertreten, die Küstengewässer werden von Robben, Walen und Delfinen bevölkert. Flugunfähige Vögel, eine Vielzahl von Echsen, Riesenschnecken und primitiven Fröschen sowie eine bunte Vielfalt an Pflanzen machen das Land einzigartig. Neuseeland gehört zu den wenigen Ländern auf der Welt, in denen es keine landbewohnenden Schlangen gibt.

Die Tuatara (Brückenechse) ist die einzig überlebende Art einer 220 Millionen Jahre alten Reptiliengattung. Im »Tuatarium« in Invercargill *(siehe S. 290)* kann man nachgezüchtete Exemplare sehen.

Kauri-Wälder

Die Wälder in Northland werden von diesen Urwaldriesen dominiert. Ihr Holz war im Schiffs- und Hausbau so beliebt, dass sich der Bestand an Kauri-Bäumen seit Ende des 18. Jahrhunderts dramatisch verringert hat.

Kiwis leben in den Wäldern von Nord- und Südinsel, wo sie mit ihren langen Schnäbeln nach Nahrung suchen.

Große Wetas (Langfühlerschrecken) sind handflächengroße, aber harmlose Bewohner der Kauri-Wälder.

Der Ponga- oder Silberfarn gilt heute als Nationalsymbol. Er verdankt seinen Namen der silbrigen Unterseite seiner Blätter.

Buschland

Die niedrigen, struppigen Pflanzen bieten vielen Tierarten Lebensraum. Außerdem bilden sie die Grundlage für die Entstehung von Wäldern. Meist bedecken sie ehemals bewaldete und später abgeholzte Gebiete.

Der Grüne Gecko, ein tagaktiver Jäger, lebt in Büschen. Im Gegensatz zu Arten, die Eier legen, bringt diese Echse lebende Junge zur Welt.

Der Kowhai trägt leuchtend gelbe Blüten, die im Frühling blühen. Der Nektar zieht viele verschiedene Vögel an.

Manuka ist ein Nektarlieferant für Bienen.

Die Vögel Neuseelands

Neuseeland ist für seine außergewöhnliche Tierwelt berühmt. Da den Vögeln in Neuseeland keine Raubtiere wie Ratten, Katzen oder Hunde gefährlich werden konnten, bestand für sie kein Grund zu fliegen. Einige Arten wurden flugunfähig, es entwickelten sich ungewöhnlich große Vogelarten. Bei ihrer Ankunft entdeckten die Māori beispielsweise den über zwei Meter großen Moa, der allerdings schon vor einigen Jahrhunderten ausgerottet wurde. Heute werden einige der verbliebenen Vogelarten wie Kiwi, Kakapo, Takahe, Schwarze Langbeinschnäpper und Kea streng geschützt, um ihr Überleben zu sichern.

Der Kakapo ist ein flugunfähiger, nachtaktiver Papagei.

Kokakos sind schlechte Flieger, aber gute Sänger.

Alpine Regionen

Die alpinen Regionen der Nordinsel beginnen bei 1300 Meter über dem Meeresspiegel, auf der Südinsel bereits bei 900 Meter. Aufgrund der extremen Klimafaktoren wachsen dort nur wenige Busch- und Gräserarten.

Keas sind die Bergpapageien der Südinsel. Sie stehen in dem Ruf, besonders verspielt und intelligent zu sein.

Die »Vegetable Sheep Plant« besteht aus Tausenden kleiner Einzelpflanzen, die die Pflanze wie Schafwolle wirken lassen.

Gebirgspflanzen ziehen noch in sehr großen Höhen Insekten an.

Küstengebiete

Felsküsten, Sandstrände und schlammige Mündungsgebiete bieten den unterschiedlichsten Tier- und Pflanzenarten Lebensraum. Manche Pflanzen können sogar in einer salzhaltigen Umgebung überleben.

Der Königsalbatros nistet nach seiner Überwinterung in wärmeren Gefilden auf der Otago-Halbinsel bei Taiaroa Head *(siehe S. 270)*.

Der Pohutukawa (Eisenholzbaum) ist auf der Nordinsel verbreitet und entfaltet seine volle Schönheit im Dezember.

Neuseeländische Pelzrobben räkeln sich auf den Felsküsten beider Inseln.

Nationalparks und Naturschutzgebiete

Von den schneebedeckten Vulkanen des Tongariro National Park auf der Nordinsel bis zu den steilen Klippen von Fiordland auf der Südinsel – Neuseelands Nationalparks bestechen durch faszinierende Landschaften, abwechslungsreiche Wanderwege und eine einzigartige Tier- und Pflanzenwelt. Die 14 Nationalparks nehmen mit über 30 000 Quadratkilometern rund acht Prozent der Gesamtfläche ein. Darüber hinaus gibt es zu Wasser oder zu Land viele Naturschutzgebiete. Viele dieser Areale sind in ihrem Bestand gefährdet. Beim Aufenthalt in einem Naturschutzgebiet sollte man sich entsprechend verhalten.

Der Abel Tasman National Park lockt mit seinen goldenen Sandstränden und grün bewachsenen Klippen. Höhlen und unterirdische Flüsse graben sich durch das Landesinnere *(siehe S. 218f)*.

Im Aoraki/Mount Cook National Park befindet sich neben dem längsten Gletscher auch der höchste Berg Australasiens – der Mount Cook, von den Maori Aoraki (»Wolkenaufspießer«) genannt *(siehe S. 256f)*.

Der Paparoa National Park verdankt seinen Reiz den bizarren Kalksteinformationen, die von den Kräften der Tasmansee geformt wurden. Die Pancake Rocks an der Küste ähneln übereinandergestapelten Pfannkuchen *(siehe S. 240)*.

Der Fiordland National Park fasziniert mit seinen schneebedeckten Gipfeln, Fjorden, Gletschertälern und -seen, Wasserfällen, Inseln und dichten Wäldern *(siehe S. 284f)*.

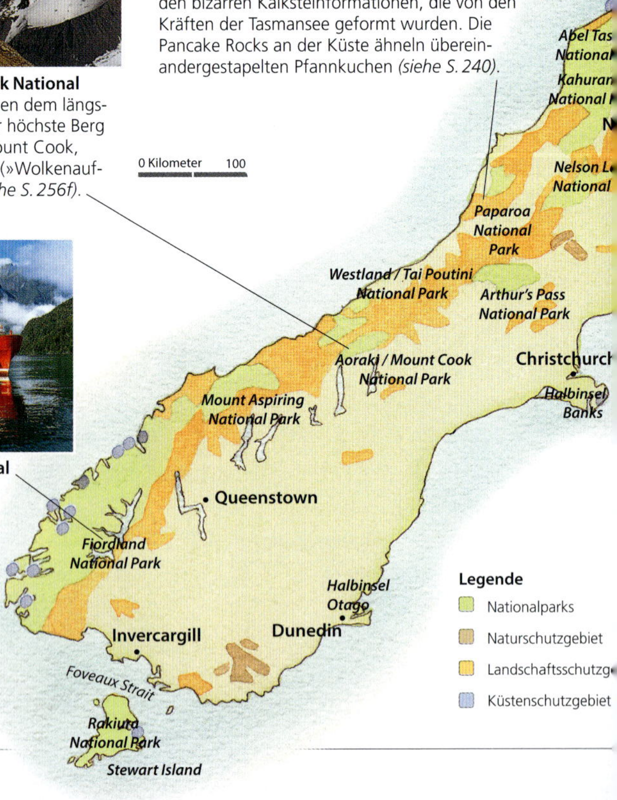

Der Waipoua Forest in Northland beherbergt die schönsten Kauri-Bäume Neuseelands *(siehe S. 115)*. Kauris gehören zu den größten Bäumen der Erde und gedeihen im warmen Klima dieser Region besonders gut.

Das Miranda Shorebird Centre an der Westküste des Firth of Thames ist eine Anlaufstelle für Besucher. In dem umgebenden Wattgebiet finden zahlreiche Vogelarten ausreichend Nahrung *(siehe S. 126)*.

Der Kratersee des Mount Ruapehu im Tongariro National Park ist ein geologischer Hexenkessel, der die Umgebung immer wieder mit Ausbrüchen in Atem hält *(siehe S. 68f und 146f)*.

Mount Taranaki/Egmont, das vulkanische Herzstück im Egmont National Park, prägt das Bild von New Plymouth. Seit seinem letzten Ausbruch im Jahr 1755 ist er nicht mehr aktiv *(siehe S. 186f)*.

Architektur

Die Erdbebengefahr schränkt die Bauweise in Bezug auf Höhe und Struktur ein, was zusammen mit dem großzügigen Platzangebot zur Entstehung weitflächiger Siedlungen führte. Zwischen den Holzhäusern findet man immer wieder elegante Altbauten und gut erhaltene Māori-Gebäude. Viele Bauten belegen die europäischen Wurzeln des Landes, und moderne Architektur hinterlässt mit Glas- und Betonhochhäusern auch in Neuseeland ihre Spuren. So findet man heute eine erfrischende Mischung aus heimischen und »importierten« Stilen.

Hochhäuser aus Glas und Beton

Versammlungshäuser der Māori

Die Versammlungs- und Lagerhäuser haben Giebeldächer, die auf Pfosten ruhen. Diese tragen meist kunstvolle Schnitzereien. Die Giebelschurze symbolisieren die Arme der Ahnen, der Firstbalken das Rückgrat und die Dachbalken die Äste des Stammbaums. Viele ältere Häuser wurden renoviert oder nachgebaut *(siehe S. 135)*.

Die Figuren der Dachpfosten stehen für Vorfahren und Stammesälteste

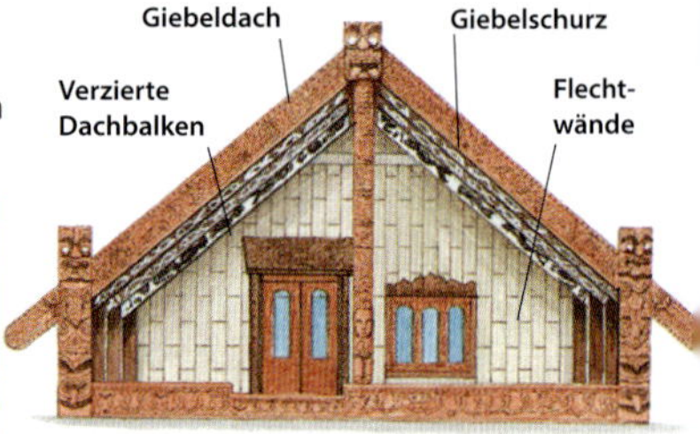

Te Tokanganui-a-Noho bei Te Kuiti, ein gut erhaltenes Versammlungshaus von 1872.

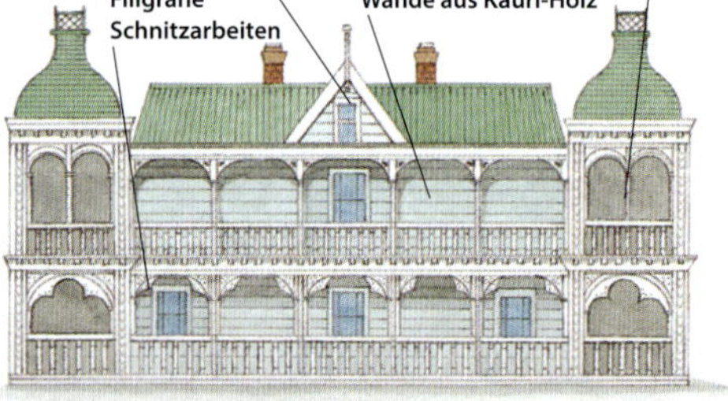

Alberton, die zweistöckige Residenz des Farmers Allen Kerr, wurde 1862 erbaut und liegt heute mitten in Auckland.

Privatvillen

Um die Mitte des 18. Jahrhunderts begannen reiche Farmer und Kaufleute, ihren Wohlstand durch massiv gebaute und von Architekten geplante Villen zur Schau zu stellen, die später bei Bedarf vergrößert wurden. Die meisten dieser Villen wurden im viktorianischen Stil erbaut, ein Tribut an die europäischen Wurzeln. Im Inneren dominieren meist Holzverkleidungen und reich verzierte Treppengeländer, Säulen, Decken und Leisten *(siehe S. 269)*.

Otago University, 1878 in Dunedin im gotischen Stil erbaut, ist der Glasgow University (1870) nachempfunden.

Kommunalbauten

In den 1860er Jahren wurden in der Architektur die britischen Wurzeln wiederentdeckt und deshalb viele Gebäude im neogotischen Stil errichtet. Stein ersetzte Holz als bevorzugtes Baumaterial. Die Betonung lag auf vertikalen Linien und gleichmäßigen Verzierungen.

Handelsgebäude

Als die Wirtschaft Neuseelands zu florieren begann, ersetzten massive Handelsgebäude die Holzhäuser, die bis dahin als Läden und Lager gedient hatten. Die Baustile reichten von Klassizismus bis Barock – man wollte dem dauerhaften Erfolg und Wohlstand Tribut zollen.

Hinter den beeindruckenden Fassaden mit ihren romanischen Säulen kamen jedoch meist modernere Baumaterialien wie Stahl und Stahlbeton zum Einsatz. Da diese Bautechniken mehr Freiheit in der Planung zuließen, gibt es für die Stadtgebäude dieser Zeit keinen gemeinsamen Stil.

Korinthische Säule

Die ehemalige Bank of New South Wales (1882) in Oamaru wurde im klassizistischen Stil mit schönen Fassadenelementen erbaut *(siehe S. 272)*.

Erkervillen

Zu Beginn des 20. Jahrhunderts waren Erkervillen die bevorzugten Wohnhäuser. Oft wurde eine gesamte Straße mit identischen Häusern bebaut, meist mit Schindeln und Wellblech- oder Lehmziegeldächern versehen. Neben Häusern mit einem Erker, die einfache Verzierungen trugen, leistete sich die wohlhabendere Gesellschaft auch elegante, mehrstöckige Villen *(siehe S. 165)*.

Hölzernes Zierwerk

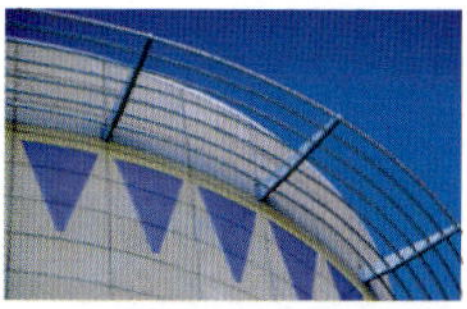

Fassade in abstrakter Architektur

Zeitgenössische neuseeländische Architektur

Obwohl auch die neuseeländische Architektur internationalen Stilen folgt, versuchen immer mehr Architekten, Neuseelands Charakteristiken – die starke Naturbezogenheit und das Erbe der Māori und Europäer – einfließen zu lassen.

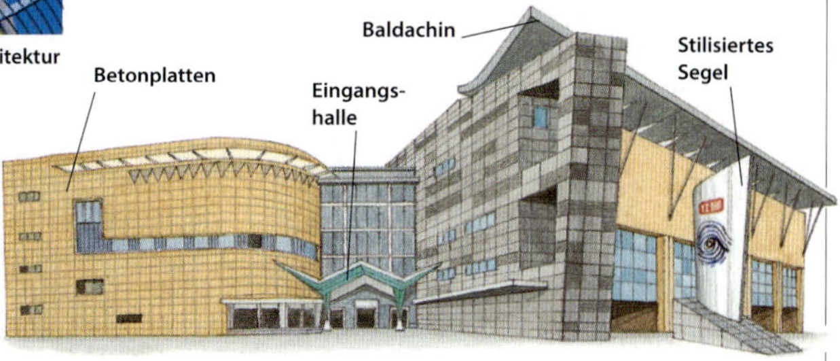

Das Museum of New Zealand Te Papa Tongarewa wurde 1998 eröffnet und zeigt mit seinen Giebelformen Elemente der Māori-Versammlungshäuser.

Kunst und Kultur der Māori

Ausgehend von den Wurzeln der Kultur ihrer pazifischen Heimat haben die Māori eine komplexe Kultur entwickelt. Aufgrund der klimatischen Unterschiede zu ihrem Ursprungsgebiet und des verfügbaren Landes konnten sich unabhängige Stämme, Dialekte, Sitten und Kunstformen entwickeln. Die Wälder boten genügend Holz, um Versammlungshäuser und Kanus zum Transport von Nahrung und zum Einsatz in Kriegen zu bauen. Die Māori sind bekannt für ihre Holz-, Knochen- und Steinschnitzereien sowie für ihre Flecht- und Webkunst. In ritualisierten Tänzen und Gesängen halten sie die Traditionen und das Wissen ihrer Vorfahren lebendig.

Für ein *moko* werden Linien in die Haut geritzt und mit Pigmenten gefärbt. Die Tradition wurde wieder belebt, einige junge Māori tragen heute *mokos*.

Schnitzkunst

Die nahezu unbegrenzte Verfügbarkeit von geeignetem Holz und die Vielzahl an Steinen (u. a. Obsidian), die sich zur Werkzeugherstellung eigneten, ermöglichten es den Māori, die traditionelle pazifische Schnitzkunst fortzuführen. Heute hat die Rückbesinnung auf das Erbe der Māori zu einem Wiederaufleben dieser Tradition geführt. Im Te Puia, einem Māori-Kunst- und Handwerkszentrum in Rotorua, werden die alten Techniken der Holz-, Knochen- und Jadeschnitzerei vermittelt und feine, hochwertige Anhänger, Kämme und Kultgegenstände hergestellt *(siehe S. 142)*.

Schnitzerei im Māori Affairs Select Committee Room des Parlamentsgebäudes in Wellington.

Die Augen der Figuren werden aus schillernden Paua-Muscheln hergestellt

Parallele Furchen und Perlenreihen – charakteristisch für Māori-Schnitzereien

Taurapa (Achtersteven eines Kanus), Mitte 19. Jahrhundert im Stil des Arawa-Stammes aus der Gegend um Rotorua hergestellt.

Gebogene Linien – typische Elemente der Māori-Kunst

Tanz und Gesang

Lieder und Tänze nehmen im Leben der Māori einen hohen Stellenwert ein und sind fester Bestandteil des rituellen Lebens. Der anmutige Poi-*Tanz wird im Gegensatz zu vielen anderen Tänzen ausschließlich von Frauen getanzt.*

Der *haka* ist ein Kriegstanz und -gesang, der nur von Männern ausgeführt wird. Grimassen sollen dabei den Gegner einschüchtern.

Flecht- und Webearbeiten aus Flachs, Gräsern oder Vogelfedern werden von Frauen hergestellt. Diese *kete whakairo*, eine verzierte Flachstasche, stammt aus den Jahren nach 1880.

Mäntel und Umhänge sind fester Bestandteil der traditionellen Māori-Bekleidung und werden aus verschiedenen Materialien hergestellt, aus Flachs, Federn oder Hundsleder. Der Kupferstich von Sydney Parkinson (1745–71) zeigt einen Krieger.

***Poi*-Kugeln** sind mit Gräsern ausgestopft und mit gewobenen Flachsfasern überzogen.

Lieder werden nicht nur gesungen, sondern mit dem ganzen Körper vorgetragen: Arme, Hände, Beine und Gesichtsausdruck spielen eine wichtige Rolle.

Frühe Māori-Waffen wurden aus Holz, Stein und Knochen hergestellt und im Nahkampf eingesetzt. Diese *wahaika*, eine kurze hölzerne Kriegskeule aus dem frühen 19. Jahrhundert, kam als Schlagwaffe zum Einsatz.

Röcke werden aus Flachsstreifen hergestellt, die an Gürteln hängen. Die Blätter sind getrocknet, damit sie sich eindrehen.

Zeitgenössische Māori-Kunst

Ein Beispiel für das Wiederaufleben der Māori-Kunst ist der Künstler Cliff Whiting, der in seinen Werken die überlieferte Schöpfungsgeschichte interpretiert. Dazu verwendet er traditionelle und moderne Materialien sowie Techniken. Im Wandbild in der National Library of New Zealand in Wellington stellt er dar, wie der Gott der Wälder, Tane Mahuta, den Himmelvater Ranginui und die Erdenmutter Papatuanuku trennt, um Licht in die Welt zu fluten.

Wandgemälde von Cliff Whiting (1974), das die Trennung von Ranginui und Papatuanuku darstellt

Bildende Kunst und Literatur

Nach der Entdeckung Neuseelands durch die Europäer begannen Botaniker, Landvermesser und Maler die verschiedenen Aspekte der neuseeländischen Fauna und Flora sowie der Māori und ihrer Siedlungen aufzuzeichnen. Außerdem erschienen in der britischen Presse viele Berichte und Kommentare, die Beschreibungen und Analysen des neuen Landes boten. Gedichte, Novellen und Gemälde aus dem späten 19. Jahrhundert folgten noch stark europäischen Traditionen, erst im 20. Jahrhundert kristallisierten sich eigenständige Elemente in Kunst und Literatur heraus.

Bild eines Māori-Häuptlings, Charles Frederick Goldie (1870–1947)

Bildende Kunst

Das soziale Klima war nicht günstig für die ersten Künstler in Neuseeland. Viele Siedler entstammten der Arbeiterklasse und hatten im täglichen Überlebenskampf wenig Sinn für Kunst. Bei den Wohlhabenderen galt Kunst lediglich als Zeitvertreib für Damen. Viele ernst zu nehmende Kunstwerke stammen von Malern, die Neuseeland besuchten, z. B. der Engländer William Hodges, der Italiener Girolamo Pieri Nerli und der Holländer Petrus van der Velden, die das ungezähmte Land unter verklärten Aspekten betrachteten.

Einige Neuseeländer besuchten europäische Akademien, z. B. Charles Frederick Goldie, der die Māori in seinen Werken als trauriges und verlorenes Volk porträtierte. Zu Anfang des 20. Jahrhunderts hatten sich auch Kunstakademien in Neuseeland etabliert, doch viele Maler fühlten sich zur impressionistischen Bewegung Europas hingezogen und verließen das Land. Frances Hodgkins, die 1901 nach Europa ging, wird zwar als bedeutende neuseeländische Künstlerin angesehen, ihren Ruhm erwarb sie sich allerdings während ihrer Zeit in Europa.

Im Lauf der 1920er Jahre brachten in Großbritannien ausgebildete Künstler wie Robert Field und Roland Hipkins die in Europa bereits etablierten »radikalen« Ideen ins Land. Expressionistische, kubistische und abstrakte Einflüsse zeigen sich in den Arbeiten John Weeks, Rhona Haszards und Louise Hendersons. In den 1940er Jahren versuchten viele Künstler im Modernismus den »nationalen« Charakter des Landes und seiner Menschen auszudrücken. Eric Lee-Johnson, Sir Tosswill Woollaston, Russell Clark, Rita Angus und William Sutton versuchten, den grundlegenden Geist des Landes zu definieren, anstatt oberflächliche Beschreibungen anzufertigen.

Erst 1954 zeigte die Auckland Art Gallery eine Ausstellung abstrakter neuseeländischer Malerei, die öffentliche Entrüstung hervorrief. Künstler wie Louise Henderson, Colin McCahon, Don Peebles und Rudy Gopas begannen jedoch in unabhängigen Galerien auszustellen, die sich in größeren Städten etablierten.

Die plastische Kunst entstand spät, obwohl Len Lye seine kinetischen Arbeiten bereits 1950 begann. Er zog nach New York, doch in der Govett-Brewster Gallery in New Plymouth *(siehe S. 184)* befindet sich eine umfassende Sammlung seiner Werke. In den 1960er Jahren wurden moderne Skulpturen von Jim Allen, Greer Twiss, Marte Szirmay, Terry Stringer, Neil Dawson und Paul Dibble für öffentliche Plätze in Auftrag gegeben.

Seit den 1970er Jahren ist die Zahl der neuseeländischen Künstler stark angestiegen. Darunter tun sich hervorragende Māori-Künstler wie Para Matchett, Fred Graham und Shona Rapira Davies hervor.

Trockener September **(1949), Öl auf Leinwand, von William Sutton**

Skulpturengruppe *Nga Morehu* (1988) von Shona Rapira Davies

Literatur

In den 1860er Jahren begann die neuseeländische Literatur Beachtung zu finden. *Erewhon* (1872) von Samuel Butler beschreibt das Leben auf der Südinsel. *A History of New Zealand Birds* (1873) von Sir Walter Buller gilt mit detaillierten Berichten und Illustrationen noch heute als Meisterwerk. 1898 erschien die Geschichte Neuseelands in Romanform, *The Long White Cloud* von William Pember Reeves.

Jane Manders *Story of a New Zealand River* (1920) fand wegen ihrer Beschreibung des kolonialistischen Lebens viel Beachtung. Katherine Mansfield gilt mit ihrer Kurzgeschichtensammlung *Bliss (Seligkeit)* als Begründerin der eigenständigen neuseeländischen Literatur. Die in Wellington geborene Literatin wurde in London ausgebildet. Sie kehrte kurzzeitig nach Neuseeland zurück, verbrachte aber den größten Teil ihres Lebens in Europa. Ihre Werke, die durch scharfe Beobachtungen bestechen, basieren jedoch meist auf ihren Kindheitserinnerungen in Neuseeland. Sie starb 1923 im Alter von nur 34 Jahren.

Katherine Mansfield

In den 1930er Jahren begann die Entstehung eines eigenständigen neuseeländischen Stils. Dieser war geprägt von landestypischen Idiomen und der Thematisierung der rauen Landschaft und ihrer Bewohner. Die Erfahrungen, die viele Neuseeländer während der beiden Weltkriege gesammelt hatten, verliehen ihnen eine neue Sichtweise ihres Landes und ihrem Schreibstil mehr Prägnanz. Typisch dafür ist der Dichter Allen Curnow mit seinem Werk *Landfall in Unknown Seas*, einer eindringlichen Schilderung eines Besuchers in einem fremdartigen, aber anziehenden Land.

In den 1950er Jahren läuteten u. a. Denis Glover, Robin Hyde, Frank Sargeson und Ruth Dallas eine Periode substanzieller Produktivität ein. Romanautoren wie John Mulgan, Dan Davin, Roderick Finlayson und der Lyriker James K. Baxter gingen über zu kritischen Betrachtungen einer konformen und konventionellen Gesellschaft, die beunruhigende Wahrheiten versteckt und verdrängt.

Der Historiker und Dichter Keith Sinclair stellte in seiner 1961 erschienenen *History of New Zealand (Geschichte Neuseelands)* als einer der Ersten die vorherrschende Version der neuseeländischen Geschichte infrage, die die Dominanz der kolonialen Einwanderer über die »primitiven« Ureinwohner guthieß und die Besiedlung einseitig interpretierte. Dick Scotts Forschungsergebnisse in *Ask that Mountain* (1975) behandeln diese Fragen unter realistischen Gesichtspunkten. Heute beweisen Schriftsteller wie Fiona Kidman, C. K. Stead, Maurice Gee, Fleur Adcock und der Historiker Michael King diesbezüglich eine aufgeklärtere Denkweise.

Viele Māori-Literaten gelten als Sprachrohr ihres Volkes, z. B. Witi Ihimaera, Patricia Grace und Hone Tuwhare. 1985 gewann Keri Hulme den British Booker Prize mit *The Bone People (Unter dem Tagmond)*. Alan Duffs Roman *Warriors*, der die Unruhe der Māori in den Städten schildert, wurde verfilmt. Sylvia Ashton-Warners Roman *Spinster (Quelle meiner Einsamkeit)* über provinzielle Verhaltensmuster wurde in den USA verfilmt, ebenso Ian Cross' *God Boy*, eine Auseinandersetzung mit Jugend und Religion.

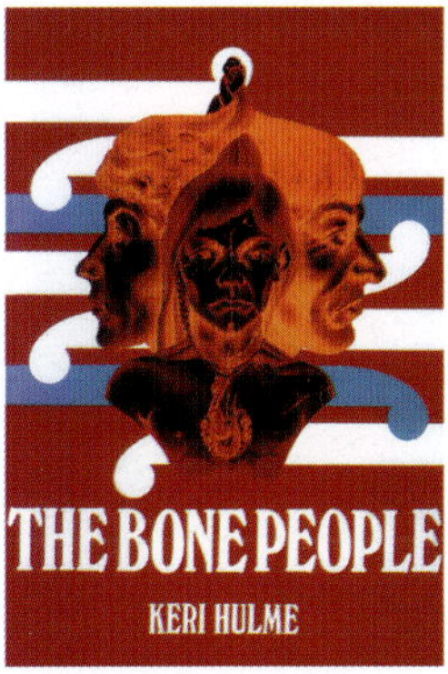

Originalausgabe von *Unter dem Tagmond* von Keri Hulme

James K. Baxter (1926–1972)

Landwirtschaft

Obwohl rund 86 Prozent der Bevölkerung in Städten leben, ist das Land stark landwirtschaftlich orientiert. Die Agrarindustrie beansprucht rund 40 Prozent der Gesamtfläche und erwirtschaftet circa 54 Prozent aller Exporteinnahmen. Die traditionelle Form der Landwirtschaft konzentriert sich auf die Zucht von Schafen und Rindern, andere Nutztiere wie Hirsche, Ziegen, Schweine und Geflügel gewinnen jedoch immer mehr an Bedeutung, vor allem die Milchwirtschaft. In den fruchtbaren Regionen an der Küste und im Landesinneren werden Obst und Gemüse angebaut.

Die Kiwi *(siehe S. 133)*, vorwiegend in der Bay of Plenty angebaut, wird in mehr als 50 Länder der Erde exportiert. Neuseeland liefert etwa ein Viertel der Weltproduktion.

Äpfel und Birnen werden vorwiegend in Hawke's Bay und Marlborough/Nelson angebaut. Etwa 17 Millionen Kartons werden in jedem Jahr exportiert.

Pfirsiche und anderes Kern- und Steinobst wie Aprikosen, Nektarinen, Pflaumen und Kirschen findet man besonders in Hawke's Bay und Central Otago.

Gartenbau

Obwohl das Land hauptsächlich als Weideland genutzt wird, sind inzwischen auch ausgedehnte Flächen bepflanzt. Das milde Klima und die fruchtbaren Böden der Küstenregionen Bay of Plenty, Gisborne, Hawke's Bay, Nelson und Otago begünstigen den Obstanbau mit den verschiedensten Kern- und Steinobstarten sowie Zitrusfrüchten und Beeren.

Weideland

Die rund 30 Millionen Schafe und zehn Millionen Rinder Neuseelands liefern Fleisch, Wolle, Milchprodukte und Leder. Milchkühe werden überwiegend im Flachland gehalten, die Zucht von Rindern und Schafen erfolgt im Hügelland. Auch Hirsche, Ziegen und andere Nutztiere gibt es auf beiden Inseln Neuseelands.

Die meisten Schafe in Neuseeland gehören der Romney-Rasse an, die sich für Fleisch- und Wollproduktion gut eignet.

Die schwarz-weiße Friesisch-Holsteinische Milchkuh ist wegen ihrer hohen Milchleistung die beliebteste Rasse.

Getreide und Feldfrüchte

Weizen und Knoblauch in Marlborough

In den Ebenen der Südinsel sieht man viele Getreidefelder, besonders in Canterbury und Southland. Weizen und Hafer werden für den Eigenverbrauch, zum Mahlen und als Viehfutter angebaut, der überwiegende Teil der Gerste wird in den Brauereien Neuseelands zum Mälzen verwendet. In den sehr fruchtbaren Küstenregionen auf der Nord- und Südinsel wird zudem in großem Stil Gemüse angepflanzt. Charakteristisch blühende Pflanzenarten wie Sonnenblumen, Lavendel und Knoblauch sind neu im Landschaftsbild und verleihen ihm zusätzlich Farbe und Vielfalt.

Großes Sonnenblumenfeld in Palmerston North

Das Auslesen und Verpacken geschieht in großen Hallen.

Zitrusbäume werden in langen Reihen angebaut.

Zitrusfrüchte wie Grapefruits und subtropische Früchte wie Avocados, Tamarillos, Persimonen und Pepinos wachsen neben Kiwis in kleinen Obstgärten in den wärmeren Gebieten der Nordinsel (Northland sowie um Auckland und in der Bay of Plenty), Beerenfrüchte wie Himbeeren oder Brombeeren eher auf der kühleren Südinsel.

Grapefruits

Avocados

Pepino

Persimone

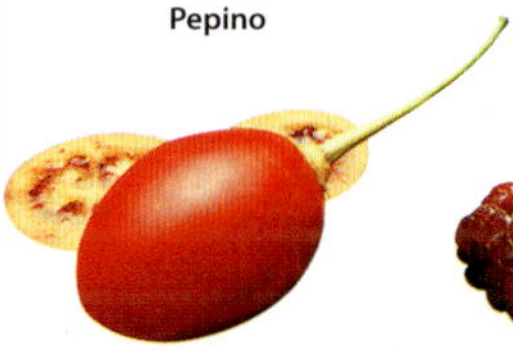

Tamarillo

Brombeeren

Trauben werden vor allem für die Weinproduktion angebaut *(siehe S. 40f)*. Marlborough, Canterbury, Gisborne und Hawke's Bay sind die Hauptanbaugebiete für Wein. Gelegentlich werden auch Tafeltrauben geerntet.

Hirsche züchtet man in rund 2800 Betrieben. Wildbret erzielt auf dem Weltmarkt gute Preise, vor allem in Asien.

Ziegen liefern Milch, Fleisch und Mohairwolle – sowohl für den Eigenbedarf als auch zur kommerziellen Verwertung.

Strauße (wie hier im Bild) und Emus gehören zu den Tieren, deren Fleisch auch in Europa immer beliebter wird.

Weine

Obwohl die ersten Rebstöcke bereits kurz nach 1830 gesetzt wurden, machte sich Neuseeland erst ab den 1980er Jahren einen guten Namen für seine exzellenten Weine. Die Weinbauern begannen, sich auf Weißweine wie Sauvignon Blanc und Chardonnay zu konzentrieren. Die Anzahl der Weingüter und Kellereien ist seither auf nahezu 700 angestiegen, im Jahr 2014 wurden etwa 190 Millionen Liter Wein exportiert. In weniger als 20 Jahren gelang es den Winzern, Weine mittlerer Qualität so weiterzuentwickeln, dass neuseeländische Weine heute zu den besten der Welt gehören. Das macht sich bezahlt: Mittlerweile erfreut sich Wein auch in Neuseeland großer Popularität.

Ein Besuch auf einem Weingut zur Weinprobe oder zum Essen ist immer empfehlenswert.

James Busby

James Busby (1800–1871), der von der britischen Regierung im Jahr 1833 als Gesandter nach Neuseeland geschickt wurde, gehörte zu den ersten Weinbauern des Landes. Busby hatte sich bereits in Frankreich intensiv mit Weinanbau beschäftigt und war maßgeblich am Aufbau der Weinindustrie von Hunter Valley, Australien, beteiligt. Der französische Forscher Dumont D'Urville schwärmte von Busbys Weißweinen, die er im Jahr 1840 während seines Besuchs in der Bay of Islands kostete.

Marlborough ist Neuseelands wichtigstes Weinanbaugebiet *(siehe S. 210f)*. Das weite Wairau-Tal bietet optimale Bedingungen für eine schonende Reifung und somit ideale Voraussetzungen für die Herstellung eines exzellenten Sauvignon Blanc.

Gibbston Valley Wines in Central Otago *(siehe S. 282)* erzeugt Weine aus den Rebsorten Pinot Noir, Chardonnay, Pinot Gris und Riesling. Die Weinkeller liegen im Felsen hinter dem Gut.

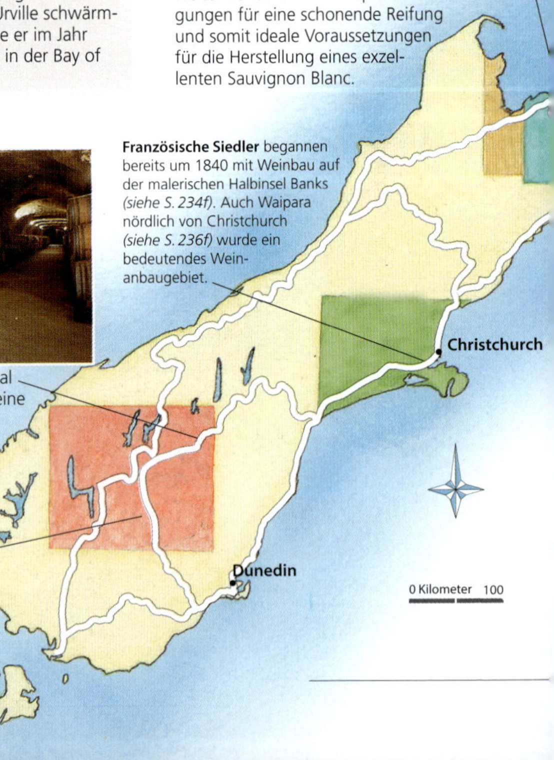

Französische Siedler begannen bereits um 1840 mit Weinbau auf der malerischen Halbinsel Banks *(siehe S. 234f)*. Auch Waipara nördlich von Christchurch *(siehe S. 236f)* wurde ein bedeutendes Weinanbaugebiet.

Die Wachstumsperiode in Central Otago ist kurz, doch hier werden große Mengen an Pinot Noir produziert.

Dalmatinische Kroaten, die im Henderson Valley leben, gehören zu den Pionieren der modernen Weinindustrie *(siehe S. 90f)*.

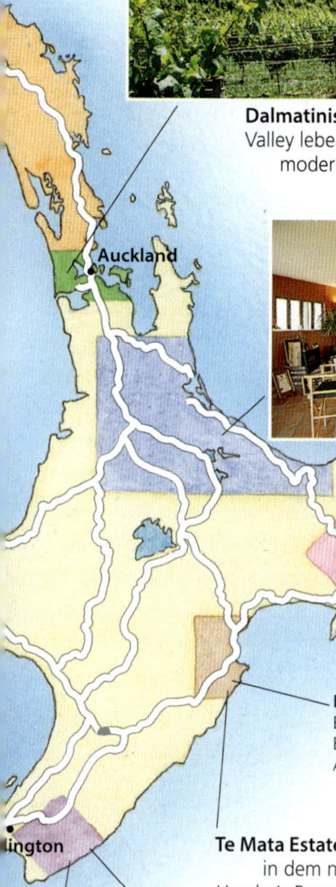

Mills Reef Winery in Tauranga in der Bay of Plenty verkauft Weine sowohl in der Kellerei als auch im Restaurant.

Neuseelands Rebsorten

Die besten Weine **Northlands** sind die vollmundigen Rotweine, besonders der Merlot. Das Gebiet um **Auckland** ist ebenfalls vorwiegend eine Rotweinregion, die sich auf den Cabernet Sauvignon konzentriert. Die bekanntesten Weine in **Waikato**, in der **Bay of Plenty** und in **Gisborne** sind die Chardonnays. **Hawke's Bay** ist für seine erstklassigen Chardonnay und Cabernet bekannt. In **Wairarapa** gehört der Pinot Noir zu den häufigsten Rebsorten. In **Marlborough** produziert man einen vorzüglichen Sauvignon Blanc, einige Chardonnay-Weine und Sekt. Die kleinen Weinbaugebiete von **Nelson**, z. B. das in **Canterbury**, keltern Chardonnay, Pinot Noir und Riesling. **Central Otago** gehört weltweit zu den bedeutendsten Weinregionen für die Produktion von Pinot Noir.

In Hastings findet jedes Jahr die Benefizveranstaltung Hawke's Bay Vintners' Charity Wine Auction statt *(siehe S. 154f)*.

Te Mata Estate, ein Weingut, in dem nur Trauben aus Hawke's Bay verarbeitet werden, gehört zu den ältesten Neuseelands *(siehe S. 154f)* und ist berühmt für seinen Coleraine Cabernet Merlot.

Wairarapa ist Neuseelands jüngstes Weinanbaugebiet. Die Zahl der Kellereien ist von vier auf rund 30 gestiegen.

Martinborough, das Zentrum des Weinbaus in Wairarapa, ist ein beliebtes Ausflugsziel. Dort findet jedes Jahr das Martinborough Wine and Food Festival statt *(siehe S. 176)*.

Legende

- Northland
- Auckland
- Waikato und Bay of Plenty
- Gisborne
- Hawke's Bay
- Wairarapa
- Marlborough
- Nelson
- Canterbury
- Central Otago

Sport

Sport war schon immer fester Bestandteil des kulturellen und gesellschaftlichen Lebens Neuseelands. Die Māori liebten es, Wettkämpfe im Pferderennen, Ringen, Surfen und Kanufahren auszutragen. Losgelöst von Klassenunterschieden stellten die europäischen Siedler in Neuseeland fest, dass sie jetzt auch wesentlich mehr Freiheiten in ihrer Freizeitgestaltung hatten. Die Begeisterung der Neuseeländer für Unternehmungen im Freien hat nicht zuletzt dazu beigetragen, dass Neuseeland im internationalen Sport erfolgreich ist und im Verhältnis zur Einwohnerzahl überproportional viele Spitzensportler hervorbringt.

Zum Lake Taupo International Trout Fishing Contest reisen Teilnehmer aus der ganzen Welt an, um Forellen zu angeln.

Die NZ Golf Open werden jedes Jahr auf verschiedenen Golfplätzen ausgetragen.

Der New Zealand Winter Cup in Addington, Christchurch, gehört zu den berühmtesten Trabrennen.

Januar | Februar | März | April | Mai | Juni

Die Auckland Anniversary Regatta, an der mehr als 600 Yachten teilnehmen, ist eine der größten Segelregatten der Welt.

Der Wellington Cup wird – wie die meisten Pferderennen – im Sommer ausgetragen.

Bei der NZ Rally Championship liefern sich die Teilnehmer auf der anspruchsvollen Strecke ein spannendes Rennen.

Die National Dragon Boat Championships finden im Lambton Harbour von Wellington statt.

Die Provincial Trophy gehört zu den wichtigsten Cricket-Veranstaltungen in Neuseeland. Cricket ist neben Rugby Nationalsport und zieht Scharen von Zuschauern an.

Bei der Adventure Racing World Championship wird jedes Jahr ein anderer Kurs gefahren. Neben dem Fahrrad müssen die drei bis fünf Mitglieder jeder Mannschaft auch Kajaks oder Flöße benutzen, um Seen und Flüsse zu überqueren.

Beim Air New Zealand Cup, dem Höhepunkt der Rugby-Saison, wird der begehrteste Rugby-Pokal verliehen.

Die NZ Women's Open werden jedes Jahr veranstaltet und ziehen immer viele Weltklassespielerinnen an.

August	September	Oktober	November	Dezember

Das World Heli Challenge in Wanaka ist nur eines der vielen Abenteuersport-Events in Neuseeland.

Black Magic

Keine andere Sportart erzeugt in Neuseeland auch nur eine annähernd vergleichbare Begeisterung wie Rugby. Der in den 1870er Jahren von den Engländern eingeführte Sport fand unzählige Anhänger. Die Helden sind die All Blacks. 1888 tourte ein neuseeländisches Team durch Großbritannien und trug dabei schwarze Uniformen. Bekannt unter dem Namen »Blacks« waren diese Spieler die Vorläufer des ersten All-Black-Teams, das die Briten 1905 schlug. Die schwarze Kleidung übernahmen später andere Nationalteams Neuseelands. 2011 wurde das nationale Rugby-Team im eigenen Land Weltmeister, bei der WM 2015 in England holte das Team erneut den Titel. Das Cricket-Team trägt den Spitznamen Black Caps, das Basketball-Team wird Tall Blacks genannt.

Der frühere All-Black-Star Jonah Lomu

Legende

- Cricket
- Golf
- Pferderennen
- Rasenhockey
- Netball
- Rugby
- Skifahren
- Rettungsschwimmen

Das Jahr in Neuseeland

Die Jahreszeiten Neuseelands verlaufen entgegengesetzt zu denen auf der nördlichen Halbkugel. Der Frühling hält im September Einzug, der Sommer beginnt im Dezember, der Herbst dauert von März bis Mai, die Wintermonate sind Juni, Juli und August. Die Temperaturen auf der Südinsel sind etwas niedriger als die auf der Nordinsel. Am häufigsten regnet es im Winter, die Sommermonate sind relativ trocken. Besucher sollten sich auf unvorhergesehene Wetterwechsel einstellen, besonders wenn sie längere Touren in der Natur planen.

Das maritime Klima und die geografische Lage Neuseelands bedingen starke Winde, die vorherrschend von West nach Ost wehen, hinzu kommen kalte Winde aus polaren Breiten. Das Wetter kann rasch wechseln.

Frühling

Mit Beginn des wärmeren Wetters werden die Rugby-Pfosten von den Spielfeldern entfernt, und die Cricketspieler üben ihre Schläge. Die Saison der Garten- und Modeschauen sowie der Pferderennen hat begonnen.

September

Hastings Blossom Festival *(Mitte–Ende Sep)*. Für das größte Obstanbaugebiet beginnt eine neue Saison, deren Höhepunkte Konzerte und eine Blütenparade sind.

New Zealand Fashion Week *(Ende Aug–Mitte Sep)*, Auckland. Neuseeländische Top-Modedesigner präsentieren ihre neuesten Kollektionen.

World of WearableArt Awards (WOW) *(Ende Sep)*, Wellington. Hier wird Kunst auf der Haut getragen. In Nelson, wo der Wettbewerb erstmals ausgetragen wurde, werden Gewinner vergangener Jahre gezeigt.

Model bei der New Zealand Fashion Week *(Sep)*

Vorstellung der Rinder bei der Showtime Canterbury *(Nov)*

Oktober

Ngongotaha Trout Festival *(Anfang Okt)*. Dieser Wettbewerb im Forellenfischen zu Beginn der Forellensaison wird ausgelassen gefeiert.

Dunedin Rhododendron Festival *(Ende Okt)*. Rhododendren verwandeln u. a. den Dunedin Botanic Garden in ein Blütenmeer.

Taranaki Garden Spectacular *(letzte Woche)*. Über 100 Gärten zeigen ihre gesamte Pracht *(siehe S. 184)*.

November

Showtime Canterbury, Christchurch. Zu den zentralen Attraktionen zählen die Agricultural & Pastoral Show, Modeschauen, Pferderennen und Konzerte.

F.A.W.C! Food and Wine Classic *(Anfang Nov)*. Weingüter in der Hawke's Bay öffnen für drei Tage ihre Tore. Auch Mitte Juni.

Adventure Racing World Championship *(Mitte Nov)*, Buller. Ein Abenteuerrennen durch eines der schwierigsten Gelände der Südinsel.

Toast Martinborough *(Mitte Nov)*, Martinborough Square, Wairarapa. Hier werden die besten Weine und regionale Spezialitäten serviert. Für Unterhaltung sorgen Künstler.

Burt Munro Challenge *(Ende Nov)*. Motorsport-Event im Gedenken an den legendären neuseeländischen Rennfahrer Burt Munro.

Durchschnittliche tägliche Sonnenstunden

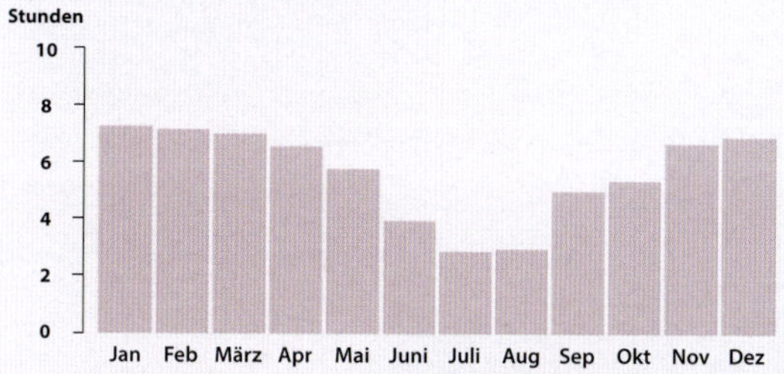

Sonnenschein
Die Werte gelten für Wellington und andere Großstädte. In Nelson und Blenheim auf der Südinsel sowie in Tauranga, Napier und Gisborne auf der Nordinsel gibt es eine längere Sonnenscheindauer als in anderen Gebieten. Am wenigsten Sonnenschein verzeichnet der südliche Teil der Südinsel.

Pohutukawa Festival *(Ende Nov–Mitte Dez)*, Coromandel. Bei dem zweiwöchigen Festival präsentiert sich Coromandels reiche Kunst- und Kulturszene.

Sommer

Obwohl viele Neuseeländer einmal im Jahr während der Sommerferien ans Meer, an einen See oder in die Berge fahren, bleiben die Läden – außer an Weihnachten und Neujahr – geöffnet. Während der Ferienzeit herrscht in den Städten mittlerweile reger Betrieb.

Dezember

ACICS Kepler Challenge *(Anfang Dez)*, Te Anau. Jährlich stattfindender Dauerlauf entlang dem Kepler Track *(siehe S. 287)*, der durch eine malerische Landschaft führt.
TSB Festival of Lights *(Weihnachten–Ende Jan)*, New Plymouth. Eine besondere Festbeleuchtung im Pukekura Park und in den Straßen der Stadt. Musik- und Tanzeinlagen finden jeden Abend im Park statt *(siehe S. 185)*.

Januar

Nelson Jazz Festival *(Anfang Jan)*. Eine Woche lang sind Talente aus Neuseeland und anderen Ländern zu sehen.
New Zealand Kite Festival *(Ende Jan)*. Drachenflieger aus Neuseeland und anderen Ländern treffen sich zum Wettbewerb.
New Zealand Gliding Grand Prix *(Ende Jan)*, Omarama. Die besten Segelflieger der Welt treten gegeneinander an.

Māori-Vorführung am Waitangi Day ***(6. Feb)***

World Buskers Festival *(Ende Jan)*, Christchurch. Zehntägiges Kunstfestival mit Zirkusvorstellungen und Comedy-Einlagen in den Straßen der Stadt.

Februar

Waitangi Day *(6. Feb)*, Waitangi National Trust. Tag zum Gedenken an die Unterzeichnung des Vertrags von Waitangi *(siehe S. 108f)*.

Auckland Anniversary Regatta ***(Feb)***

Auckland Anniversary Regatta *(Anfang Feb)*. Bis zu 600 Yachten nehmen im Waitemata Harbour an der größten Tagesregatta der Welt teil *(siehe S. 76)*.
Aotearoa Traditional Māori Performing Arts Festival *(Anfang Feb, in geraden Jahren)*, Waikato. Festival rund um Kunst und Kultur der Māori.
Marlborough Wine & Food Festival *(zweiter Sa)*, Blenheim. Weine und Spezialitäten in wunderschönem Weingut-Ambiente *(siehe S. 212)*.
Art Deco Weekend *(dritte Woche)*, Napier. Hier leben die 1930er Jahre noch einmal auf: Tanz, Filme, Fahrten in Oldtimern und Flüge in alten Flugzeugen.
Garden City Festival of Flowers *(Ende Feb–Anfang März)*, Christchurch. In ganz Neuseeland bekannte Blumenschau.

Durchschnittliche monatliche Niederschläge

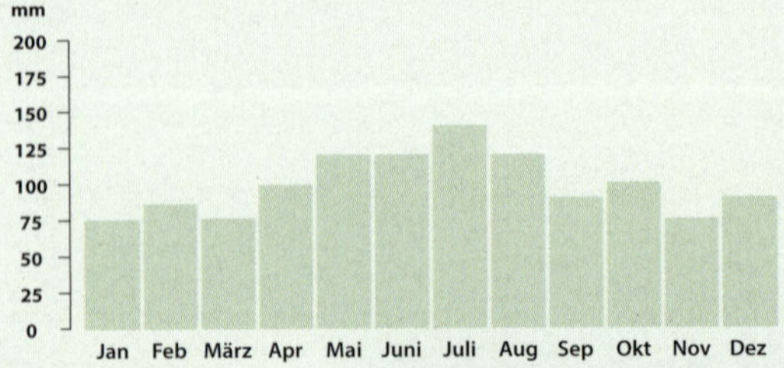

Niederschläge
Die Verteilung der Niederschläge ist in Neuseeland ganz unterschiedlich. Die Westküste ist feuchter als die Ostküste. In den meisten Gebieten regnet es im Winter und im Frühling häufiger als im Sommer und Herbst. Die Angaben hier beziehen sich nur auf Wellington.

Herbst

Im Herbst ist das Wetter am beständigsten – es ist eine Mischung aus milden, windstillen Tagen, an denen es immer noch warm genug ist, um vielen Sommervergnügen nachzugehen. Zur Erntezeit finden viele Weinfeste statt. Beliebt sind auch Wanderungen, Fischen und Jagen.

Balloons Over Waikato in Hamilton *(Mitte Apr)*

März

New Zealand International Arts Festival *(Feb–Mitte März, in geraden Jahren)*, Wellington. Angesehene Künstler geben sich ein Stelldichein *(siehe S. 160f)*.
National Dragon Boat Championships *(Chinesisches Neujahr)*, Wellington. Teams liefern sich ein Rennen am Lambton Harbour.
Golden Shears *(erste Woche)*, Masterton. Die besten Schafscherer der Welt treten in Aktion *(siehe S. 177)*.
Pasifika Festival *(zweite Woche)*, Auckland. Kunst der Pazifikinseln *(siehe S. 97)*.
Ellerslie Flower Show *(März)*, Christchurch. Riesige Blumenausstellung im Hagley Park *(siehe S. 231)*.
Hokitika Wildfoods Festival *(Mitte März)*, Hokitika. Opossum-Eintopf und Larven des Huhu-Käfers stehen auf der Speisekarte.
Round the Bays Run *(Ende März)*, Auckland. Mit 60 000 Teilnehmern eines der größten Volksrennen der Welt.
Ngaruawahia Regatta *(Ende März)*, Ngaruawahia. Rennen mit Māori-Kanus auf dem Waikato River *(siehe S. 120)*.

Besucher an einem Stand beim Hokitika Wildfoods Festival *(Mitte März)*

April

NZ Rally Championship *(Anfang Apr)*, Auckland. Spannende, rasante Rennen bei der Asia Pacific Car Rally Championship.
Bluff Oyster & Seafood Festival *(Mitte Apr)*. Fest mit einem großen Angebot an Meeresfrüchten, Weinen und Unterhaltung.
Royal Easter Show *(zweite Woche)*, Auckland. Viehauktionen, Kunsthandwerk und Weinauszeichnungen sowie die größte Reitshow in ganz Neuseeland.
Balloons Over Waikato *(Mitte Apr)*, Hamilton. Über 30 große Ballone schweben über der Stadt und der Region *(siehe S. 122)*.
Lake Taupo International Trout Fishing Tournament *(dritte Woche)*. Beliebter Wettkampf für Forellenangler aus der ganzen Welt *(siehe S. 145)*.
Warbirds Over Wanaka *(Osterwochenende, in geraden Jahren)*. Alte Kampfflugzeuge sind bei dieser Veranstaltung am Himmel zu bewundern *(siehe S. 274)*.

Mai

Rotorua Tagged Trout Competition *(Mai)*. Beim Angelwettbewerb in Rotorua erwartet den Sieger eine Prämie von 10 000 NZ$.

Durchschnittliche monatliche Temperaturen

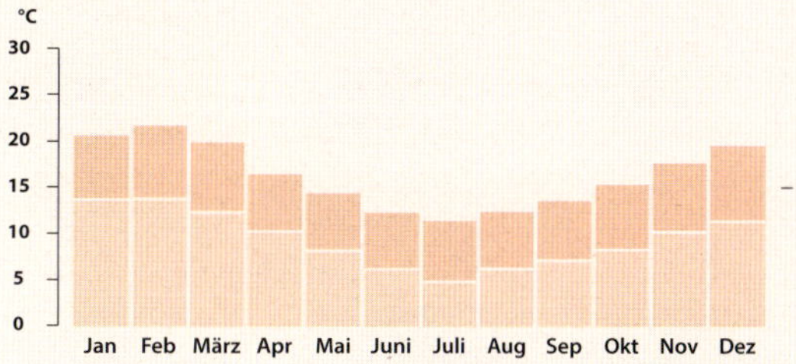

Temperaturen
Das Diagramm zeigt die mittleren Höchst- bzw. Tiefsttemperaturen von Wellington. Die Winter auf der Nordinsel sind mild, die Sommer feucht. Auf der Südinsel können im Sommer hohe Temperaturen erreicht werden, im Winter können sie dort aber deutlich unter den Gefrierpunkt sinken.

Winter

Auch in der kalten Jahreszeit lohnt sich ein Neuseeland-Besuch – außerdem gibt es Preisnachlässe bei Flügen, Unterkunft und Aktivitäten. An der Westküste regnet es deutlich weniger, und man kann sicher sein, bei Kaikoura Wale zu Gesicht zu bekommen.

Juni

National Agricultural Fieldays *(Mitte Juni)*, Mystery Creek, Hamilton. Auf der weltgrößten Landwirtschaftsmesse werden neuseeländische Erzeugnisse und innovative Technologien vorgestellt *(siehe S. 122)*.

Juli

Queenstown Winter Festival *(Mitte Juli)*. Eine atemberaubende Skifahrt bei Nacht und ein Feuerwerk gehören zu den Höhepunkten des zehntägigen Winterfestivals mit Straßenfesten, Jazzkonzerten und Comedy-Einlagen.

Zuschauer bei der NZ Rally Championship in Auckland ***(Apr)***

Christchurch Arts Festival *(letzte Woche, in ungeraden Jahren)*. Hier dreht sich alles um Musik, Theater, Tanz, Film und bildende Kunst.

August

World Heli-Challenge *(Aug)*, Wanaka. Snowboarder und Skifahrer aus aller Herren Länder nehmen an diesem dreitägigen spektakulären Ereignis teil.

Bay of Islands Jazz and Blues Festival *(Mitte August)*, Northland. Eine der beliebtesten Veranstaltungen der neuseeländischen Musikszene mit mehr als 50 Bands.

Crater to Lake Challenge *(Ende Aug)*, Taupo. Wettkämpfe im Ski-, Rad-, Kajak- und Wasserskifahren sowie im Laufen – von den Hügeln des Mount Ruapehu bis nach Taupo.

Feiertage

New Year's Day *(Neujahr, 1. Jan)*
Waitangi Day *(6. Feb)*
Good Friday *(Karfreitag, variabel)*
Easter Monday *(Ostermontag, variabel)*
Anzac Day *(25. Apr)*
Queen's Birthday *(erster Montag im Juni)*
Labour Day *(variabel)*
Christmas Day *(25. Dez)*
Boxing Day *(26. Dez)*

Clydesdale-Pferdegespann bei den National Agricultural Fieldays ***(Juni)*****, Mystery Creek, Hamilton**

Die Geschichte Neuseelands

Die letzte große Landmasse der Erde, die besiedelt wurde, ist bis heute ein Land von Einwanderern geblieben. Vor weniger als 1000 Jahren ließen sich dort Polynesier nieder, die die Māori-Kultur begründeten, Europäer betraten erstmals im Jahr 1642 neuseeländischen Boden. Doch sollte es weitere 100 Jahre dauern, bis sich die ersten Europäer auf der Insel niederließen. Aus den gemeinsamen Erfahrungen durch die besondere Lage im Pazifik haben beide Gruppen eine einzigartige Gemeinschaft entwickelt.

Es ist unklar, wann die ersten Māori die Ufer Neuseelands erreichten. Der Sage nach entdeckte der Polynesier Kupe um 950 n. Chr. den Kontinent, kehrte jedoch in sein Heimatland Hawaiki zurück. Vier Jahrhunderte später segelte eine ganze Flotte von Kanus gen Neuseeland, um nach Kupes Aufzeichnungen das Land neu zu entdecken.

Archäologen sind der Ansicht, dass eine erste Besiedlung etwa im Jahr 1300 stattgefunden haben muss – die Annahme basiert auf Radiokarbondatierungen an Abfallhaufen der Māori. Andere Wissenschaftler gehen davon aus, dass die Māori vor mehr als 2000 Jahren auf Neuseeland ankamen, dort aber nicht sehr lange überlebten. Wie auch immer – die Ratten, die die Polynesier nach Neuseeland mitbrachten, schafften es, die heimischen Vögel, Eidechsen und Frösche allmählich auszurotten.

Unabhängig vom genauen Datum ihrer Ankunft weiß man, dass die Māori eine Vielzahl von Pflanzen und Tieren mit sich führten. Die Pflanzen fressende polynesische Ratte *kiore* wurde – mit Beeren aufgepäppelt – als eine Delikatesse gehandelt. Die Reise überlebt hat außerdem der polynesische Hund, *kuri*. Zu den Wurzelgemüsen, die die Māori mitbrachten, zählten *yam*, *taro* und *kumara*. Letztere, eine Süßkartoffelart, gedieh im kälteren Klima Neuseelands am besten und blieb ein wesentlicher Bestandteil der Landwirtschaft der Māori.

Abel Tasman

Schon die alten Griechen sprachen von *Terra Australis*, einem großen südlichen Kontinent, der die Erde im Gleichgewicht hält. Der Mathematiker Pythagoras hatte über die Existenz eines solchen Kontinents Mutmaßungen angestellt, aber es dauerte noch weitere 2000 Jahre, bis holländische Entdeckungsreisende im 17. Jahrhundert Australien sichteten. 1642 schickte die holländische East India Company auf der Suche nach neuen Handelsrouten für ihre Absatzmärkte jenseits von Indonesien Abel Tasman von Java aus noch weiter nach Süden.

Moa-Skelett

Doppelkanu

1300 Erste polynesische Siedler von den Cook- und den Gesellschaftsinseln

1400–1500 Jagdverhalten der Māori lässt Moas aussterben

1400 Große Brände an der Ostseite der Südinsel vernichten weite Waldgebiete

1500 Māori bauen befestigte Siedlungen (*pa*) zur Verteidigung

1531 Landkarte, auf der Terra Australis eingetragen ist

1600

1642 Der holländische Forschungsreisende Abel Tasman ankert vor Neuseeland

◀ **Ausschnitt aus *Die Unterzeichnung des Vertrags von Waitangi* von Marcus King (1939)**

Die Reisen der Māori

Heute geht man davon aus, dass die Vorfahren der Māori ihre Reisen nach Neuseeland planten und nicht durch Zufall dort landeten. Die Polynesier waren geübte Navigatoren und legten in ihren Segelbooten weite Entfernungen zwischen den pazifischen Inseln zurück. Hungersnöte oder Stammesfehden waren Grund genug, die Heimat zu verlassen und weit entferntes Land anzusegeln – vor allem wenn man durch Reisende wie Kupe von Existenz und Lage dieses Landes erfahren hatte. So beluden die Polynesier ihre Schiffe mit Pflanzen und Kleintieren und ließen sich von Zugvögeln und Wolken bei der Suche nach neuem Land leiten.

Kupes Ankerplatz
Das Foto von 1912 zeigt einen Māori-Ältesten neben Kupes angeblichem Ankerstein.

Kanu-Bug
Die Buge der *waka* (Māori-Kanus) weisen oft kunstvoll geschnitzte Muster und verwegene Köpfe auf.

Fischerkorb
Fische stellten einen wesentlichen Teil der Ernährung dar und wurden auf vielerlei Art gefangen. Der Holzschnitt (1840) von Joel Pollack zeigt einen Korb zum Fischen vom Land aus.

Polynesische Siedlungen

Archäologische Entdeckungen beweisen, dass die Polynesier von Südostasien aus zu den östlichen Inseln des Pazifiks gelangten und die Landgebiete von Hawai'i bis zur Osterinsel besiedelten. Um das Jahr 1250 erreichten Expeditionen von den Inseln Zentralpolynesiens Neuseeland und gründeten an den Küsten Siedlungen.

Kuri
Māori brachten eine Hundeart, den *kuri*, mit. Kurz nach der Besiedlung durch die Europäer starb diese Art aus.

Phasen der Besiedlung
- vor 30 000 Jahren
- vor 3000 Jahren
- vor 1500 bis 2000 Jahren
- vor 1000 Jahren
- vor 500 Jahren

Einfaches Kanu
Solche Kanus wurden vor allem in Küstennähe benutzt. Die Deckkonstruktion bestand aus langen Holzstäben, die Sitze waren aus Flechtwerk.

Abseiling* in das Mangapu-Höhlensystem von Waitomo *(siehe S. 124f)

ein erfahrener Höhlenkletterer sein. Ein außergewöhnliches Höhlenerlebnis bietet **Legendary Black Water Rafting Co™**. Dabei fährt man in Röhren durch ausgedehnte, nur von Milliarden von Glühwürmchen erleuchtete Höhlensysteme. Zwei der besten Orte hierfür sind die Glowworm-Höhle in Waitomo *(siehe S. 124f)* und Westport *(siehe S. 238)*.

Sowohl auf der Nordinsel als auch auf der Südinsel Neuseelands wird das sogenannte *Abseiling* angeboten. Mit **Waitomo Adventures** kann man sich 100 Meter weit in eine Schlucht hinunterlassen und landet in der *Lost World (siehe S. 125)* des Mangapu-Höhlensystems.

Rad fahren

Radtouren gehören zu den besten Möglichkeiten, das Land kennenzulernen. Es gibt viele schöne Strecken, z. B. den Queen Charlotte Drive in den Marlborough Sounds *(siehe S. 206f)* und den Highway 6 an der Westküste. **Otago Central Rail Trail** bietet mehrtägige Touren für Radfahrer mit guter Kondition an. Mountainbiker finden in Neuseeland ein ganzes Netzwerk von Offroad-Tracks. Hanmer Springs *(siehe S. 237)* und der Victoria Forest Park *(siehe S. 237)* zählen zu den besten Regionen für Mountainbiker.

Mountainbiker im Rangataua Forest *(siehe S. 146)*

Ski fahren

Es gibt viele Skigebiete in Neuseeland, manche sind extrem gut ausgebaut, andere gehören kleinen Skiclubs, die sich über Gäste freuen. Die größten Wintersportgebiete sind **Whakapapa Ski Area** und **Turoa Ski Area** am Mount Ruapehu auf der Nordinsel *(siehe S. 146f)*, **Mount Hutt Ski Resort** in Canterbury *(siehe S. 250)* sowie **Coronet Peak**, **Remarkables Ski Area**, **Cardrona Alpine Resort** und **Treble Cone** in Central Otago *(siehe S. 198f)*.

Die Skisaison dauert im Allgemeinen von Mitte Juni bis September. Auf der Südinsel kann man sich von Hubschraubern in unberührte Pulverschneegebiete bringen lassen. Langlauf und Skitouren sind an vielen Orten möglich, die **Waiorau Snow Farm** in der Nähe von Wanaka *(siehe S. 199)* ist nur einer davon.

Auf einen Blick

Wandern

W doc.govt.nz
Hier finden Sie Infos über die »Great Walks«.

Bergsteigen und Klettern

Alpine Guides (Aoraki) Ltd
PO Box 20, Mt Cook Village. ☎ (03) 435 1834.
W alpineguides.co.nz

Mount Aspiring Guides
99 Ardmore St, Wanaka.
☎ (03) 443 9422.
W aspiringguides.com

Höhlenexpeditionen und Abseiling

Legendary Black Water Rafting Co™
Private Bag 501, Otorohanga.
☎ (07) 878 6219, 0800 228 464.
W waitomo.com/black-water-rafting

Norwest Adventures
182 Queen St, Westport.
☎ (03) 788 8168
W caverafting.com

Waitomo Adventures
PO Box 29, Waitomo Caves. ☎ (07) 878 7788, 0800 924 866.
W waitomo.co.nz

Rad fahren

Mountain Bike Station
60 Thames St, Ohakune.
☎ (06) 385 8797.

New Zealand Pedaltours
PO Box 37-575 Parnell, Auckland.
☎ (09) 585 1338.
W pedaltours.co.nz

Otago Central Rail Trail
i-SITE Visitor Centre, 26 Princes St, Dunedin.
☎ (03) 474 3300.

Pacific Cycle Tours
Unit 3, 14 Kennaway Rd, Christchurch.
☎ (03) 329 9913.
W bike-nz.com

Ski fahren

Cardrona Alpine Resort
☎ 0800 440 800.
W cardrona.com

Coronet Peak
☎ (03) 442 4620.
W nzski.com

Harris Mountains Heli-Ski
☎ (03) 442 6722.
W heliski.co.nz

Mount Hutt Ski Area
PO Box 14, Methven.
☎ (03) 308 5074.
W nzski.com

Remarkables Ski Area
PO Box 359, Queenstown. ☎ (03) 442 4615.
W nzski.com

Treble Cone
PO Box 206, Wanaka.
☎ (03) 443 7443.
W treblecone.co.nz

Turoa Ski Resort
☎ (06) 385 8456.
W mtruapehu.com/winter

Waiorau Snow Farm
Cardrona, Wanaka.
☎ (03) 443 7542.
W snowfarmnz.com

Whakapapa Ski Area
☎ (07) 892 4000.
W mtruapehu.com

Wellenreiten in der Whale Bay bei Raglan *(siehe S. 120f)*

Wassersport

Allein die neuseeländische Küstenlinie ist 18 200 Kilometer lang, dazu kommen unzählige Seen und Flüsse – für Wassersportler bietet Neuseeland alle Möglichkeiten. Nördlich des Hauraki Gulf bei Auckland ist ein Segelparadies. Erfahrene Segler können hier Boote für »Bareboat«-Kreuzfahrten mieten *(siehe S. 92f)*. Die meisten werden sich jedoch mit einem Skipper auf große Fahrt machen, denn die Winde in dieser Region sind unberechenbar.

Wellenreiten kann man an den Stränden der Nordinsel, so z. B. in Piha *(siehe S. 90)*, Raglan *(siehe S. 120f)* und in der Bay of Plenty *(siehe S. 132 und S. 134)*. Die ruhigen Gewässer in den Häfen und auf den Seen laden zum Windsurfen ein. Surfbretter kann man in vielen Orten mieten.

Zum Kanufahren sind die Bay of Islands, Aucklands Hauraki Gulf, Nelsons Abel Tasman National Park, die Marlborough Sounds, Fiordland und Stewart Island ideal. Hier und anderswo kann man mehrtägige Touren unternehmen, Kajaks sind auch stundenweise in den Häfen Aucklands, Wellingtons und anderer Küstenstädte zu mieten.

Die reißenden Flüsse Neuseelands sind ideal zum Wildwasserfahren und Raften. Zu den Flüssen mit den höchsten Schwierigkeitsgraden gehören der Motu *(siehe S. 136)*, der Rangitikei und der Tongariro auf der Nordinsel. Auf der Südinsel gibt es viele reißende Flüsse – vom Buller an der Westküste bis zum Clarence in Canterbury. Wer nicht so erfahren ist, wird lieber auf dem Whanganui River, dem zweitlängsten Fluss der Nordinsel, durch den Whanganui National Park *(siehe S. 183)* fahren.

Es gibt viele gute Plätze zum Tauchen, darunter auch die Wasserschutzgebiete vor der Küste Neuseelands *(siehe S. 30f)*. Die Unterwasserhöhlen der Poor Knights Islands *(siehe S. 103)* in der Nähe von Whangarei zählen zu den besten Tauchrevieren der Welt. Weiter nördlich liegt das Greenpeace-Schiff *Rainbow Warrior* auf Grund. In Fiordland kann man ein einzigartiges Ökosystem erleben, viele Arten leben hier näher an der Oberfläche als anderswo.

Jagen

Viele Tierarten, die von den Europäern nach Neuseeland eingeführt wurden, hatten hier keine natürlichen Feinde und konnten sich deshalb ungestört vermehren, sodass sie zur Plage wurden. Deshalb fördern die Behörden die Jagd auf Großwild, man benötigt keinen Jagdschein, Jagdsaison ist das ganze Jahr.

Professionelle Veranstalter führen Sie durch das Land, manche haben auch Zugang zu privaten Ländereien. Sieben Hirscharten, Wildschweine und Ziegen kommen in den Wäldern häufig vor, in den Gebirgen der Südinsel leben auch Gämsen. Die Entenjagd wird im Mai eröffnet und dauert acht Wochen, viele andere Vogelarten stehen unter Schutz.

Angeln

Neuseeland ist berühmt für seine reichen Fischgründe. Lake Taupo und die nahe liegenden Flüsse (besonders der Tongariro) gelten international als Mekka für Forellenangler *(siehe S. 145)*, obwohl viele Flüsse ähnlich gute Bedingungen aufweisen. Die Forellensaison dauert von Oktober bis Mai. Die wichtigsten Flüsse zum Lachsangeln liegen an der Ostküste der Südinsel. Zum Angeln braucht man einen Angelschein, Angelgerät kann man überall mieten.

Die Bay of Islands ist das Zentrum zum Fischen des Marlin *(siehe S. 107)*. Wer lieber am Meer angeln will, fin-

Mit dem Kajak durch die Stromschnellen des Tongariro River

Angler am Waikato River in der Nähe der Huka Lodge ***(siehe S. 299)***

det das ideale Revier an der Ostküste der Nordinsel, nördlich der Bay of Plenty. Die besten Monate zum Fischen am Meer sind von Januar bis Mai, hierfür ist keine Lizenz nötig.

Ökotouren

Neuseelands lange Tradition im Engagement für den Umweltschutz brachte viele Angebote des Ökotourismus hervor. Es gibt Spezialanbieter für Touren durch die Natur, aber auch die Veranstalter von Abenteuertouren wie *Black Water Rafting* *(siehe S. 124)* besitzen oft umfangreiche Kenntnisse über Flora und Fauna.

Für Vogelbeobachtung gibt es zahlreiche Möglichkeiten *(siehe S. 196f)*, darunter die Königsalbatros-Kolonie auf der Halbinsel Otago, Meeresvögel bei Kaikoura *(siehe S. 213)*, die Weißreiher-Kolonie bei Okarito und die Vogelwelt von Farewell Spit *(siehe S. 221)*.

Kaikoura ist fast synonym für Walbeobachtung *(siehe S. 213)*. Im Winter gibt es hier eine fast hundertprozentige Chance, Pottwale zu sehen. Delfinbeobachtung wird z. B. auf der Halbinsel Banks, in der Bay of Islands und in Southland angeboten.

Whale Watch®-Tour bei Kaikoura ***(siehe S. 213)***

Auf einen Blick

Rafting

Queenstown Rafting
35 Shotover St, Queenstown.
Tel. (03) 442 9792, 0800 723 8464.
W **queenstownrafting.co.nz**

Wet 'n' Wild Rafting Company
58A Fryer Rd, Hamurana.
Tel. (07) 348 3191, 0800 462 7238.
W **wetnwildrafting.co.nz**

Kajak fahren

Abel Tasman Kayaks
Main Rd, Marahau.
Tel. (03) 527 8022.
W **abeltasmankayaks.co.nz**

Abel Tasman Wilson's Experiences
265 High St, Motueka.
Tel. (03) 528 2027.
W **abeltasman.co.nz**

Sea Kayak Fiordland
Sandy Brown Rd, Te Anau.
Tel. (03) 249 7700.
W **seakayakfiordland.co.nz**

Tauchen

Dive! Tutukaka
Marina Rd, Tutukaka, Whangarei. Tel. (09) 434 3867. W **diving.co.nz**

Dive Wellington
432 The Esplanade, Island Bay, Wellington.
Tel. (04) 939 3483.
W **divewellington.co.nz**

Jagen und Angeln

Chris Jolly Outdoors
PO Box 1020, Lake Taupo.
Tel. (07) 378 0623.
W **chrisjolly.co.nz**

Snow and Stream Lodge
5–7 Farquhar Place, Methven.
Tel. (03) 302 8733.
W **fishandhunt.co.nz**

Ökotouren

Albatross Encounter
96 Esplanade, Kaikoura.
Tel. (03) 319 6777.
W **albatrossencounter.co.nz**

Catlins Wildlife Trackers Ecotours
5 Mirren St, Papatowai, RD2, Owaka.
Tel. (03) 415 8613.
W **catlins-ecotours.co.nz**

Explore NZ
PO Box 400, Ecke Marsden und Williams Road, Paihia, Bay of Islands.
Tel. (09) 402 8234.
W **exploregroup.co.nz**

Heritage Expeditions
53B Montreal St, Christchurch.
Tel. (03) 365 3500.
W **heritage-expeditions.co.nz**

Whale Watch® Kaikoura Ltd
Kaikoura.
Tel. (03) 319 6767.
W **whalewatch.co.nz**

Paraglider in der Nähe von Queenstown

Luftsport

Heißluftballonfahren, Tandem-Gleitschirmfliegen und Tandemsprünge *(siehe S. 199)* mit dem Fallschirm sind Nervenkitzel der besonderen Art. Veranstalter für diese luftigen Vergnügungen finden Sie in den größeren Städten und Urlaubszentren *(siehe S. 339)*. Vom Ballon hat man einen tollen Blick über Southern Alps und Canterbury Plains, ein Gleitschirmflug vom Te Mata Peak in Hawke's Bay *(siehe S. 153)* und über die Remarkables bei Queenstown *(siehe S. 198f)* ist ein einzigartiges Erlebnis. Infos bekommen Sie bei Besucherzentren und in Reisebüros.

Rundflüge werden im ganzen Land angeboten, sei es mit Hubschraubern, kleinen Flugzeugen oder Wasserflugzeugen. Highlights der Nordinsel stellen dabei sicher Flüge über die vulkanisch aktive White Island *(siehe S. 134)* und die Vulkane des Tongariro National Park *(siehe S. 146f)* dar. Auf der Südinsel sind Flüge über Mount Cook *(siehe S. 256f)*, Fox Glacier, Franz Josef Glacier *(siehe S. 242f)* und Fiordland *(siehe S. 284–287)* besonders beliebt. Zu vielen Flügen gehört eine Zwischenlandung an spektakulären Plätzen, z. B. auf White Island oder den Gletschern der Southern Alps.

Rundflug über den Fiordland National Park *(siehe S. 284–287)*

Bungee-Jumping von der Kawarau Bridge, Queenstown *(siehe S. 280)*

Bungee-Jumping

Als A. J. Hackett (geb. 1958) als Erster eine Brücke über den Kawarau River in Queenstown *(siehe S. 198f)* als Absprungbasis nutzte, löste er damit einen Bungee-Jumping-Boom aus. Die beliebte Attraktion wird von vielen Veranstaltern auf der Nord- und Südinsel Neuseelands angeboten. Oft sind es hohe Brücken, von denen man springen kann. Sicherheit wird dabei großgeschrieben. Jeder Springer wird gewogen, damit die Länge des Seils genau berechnet werden kann, und die Befestigung des Seils am Fuß wird genauestens überprüft.

Jetboote

Bill Hamilton, ein neuseeländischer Ingenieur und Farmer, perfektionierte das Design des Jetboots. So ist es kein Zufall, dass dieser schnelle Spaß in Neuseeland so beliebt ist.
An Orten wie Waikato *(siehe S. 144)* und Queenstown *(siehe S. 198f)* führen Jetboot-Veranstalter ihre Gäste durch enge Schluchten, über extrem flaches Wasser und demonstrieren, wie man eine 360-Grad-Drehung auf der Stelle macht. Manche Veranstalter bieten auch längere Touren auf Jetbooten durch unzugängliche Landschaften an.

Golf

Es gibt über 400 Golfplätze in Neuseeland, das sind – in Relation zur Bevölkerungszahl – mehr als sonst auf der Welt. Die Greenfee beträgt teilweise nur 5 NZ$ in ländlichen Clubs. Doch auch die exklusivsten Clubs verlangen nicht mehr als 50 NZ$. Am Wochenende ist der Platz oft für Mitglieder reserviert, einige Clubs pflegen jedoch Partnerschaften mit europäischen Clubs, deren Mitglieder jederzeit spielen können. Schläger und Wagen kann man leihen.

Jeeptouren

Im Hochland und den ländlichen Gegenden Neuseelands gibt es Hunderte von unbefestigten Straßen und Wegen, die als Zugang zu Farmen, Sägewerken, Goldminen und Minensiedlungen angelegt wurden. Mit einem Jeep kann man diese unzugänglichen Orte auf bequeme Art erkunden. Viele Veranstalter bieten Tagesausflüge oder auch längere »Safaris« durch die unterschiedlichsten Gebiete an.

Ausritte und Touren zu Pferd

Das weite, offene Land ist ideal, um es auf dem Rücken eines Pferdes zu erleben. Angeboten werden Ausritte durch Wälder, über Hochebenen oder am Strand entlang, man kann einen Halbtagesausritt buchen oder auch mehrere

Ausritt in Hanmer, North Canterbury

Tage mit Pferd und Zelt unterwegs sein. Manche Veranstalter sind in Stadtnähe, die meisten bemühen sich um ihre Kunden ganz individuell je nach reiterlichem Können.

Rugby, Cricket & Co.

Neuseeland ist mehrfacher Rugby-Weltmeister. Während der Saison von März bis Oktober *(siehe S. 42f)* kann man sich ein Spiel ansehen. Die wichtigsten Wettbewerbe sind Super 14 Championship und der Air New Zealand Cup. Meist sind die Rugby-Stadien brechend voll, ebenso die Cricket Test Matches. Die Atmosphäre ist am besten bei den Tag-Nacht-Spielen, die am Nachmittag beginnen und abends fortgesetzt werden.

Pferderennen sind ebenfalls eine nationale Leidenschaft, zwischen November und April finden zahlreiche Rennen statt *(siehe S. 42f)*.

Auch Netball hat viele Anhänger, die spannendsten Spiele liefert das Nationalteam, die Silver Ferns. Alle Tickets bekommt man über Ticketek *(siehe S. 331)*.

Māori-Heritage-Touren

Veranstalter, die Touren auf den Spuren der Kultur der Māori anbieten, gibt es an zahlreichen Orten. In vielen Fällen kann man ein *marae* besichtigen und dabei ein *hangi* (traditionelles Festessen) erleben sowie Māori-Zeremonien, Mythen und Legenden, Tänze und Kunst kennenlernen. Ein bekannter Veranstalter, **Te Urewera Treks**, bietet verschiedene Touren im Urewera Country an, der Urheimat des Tuhoe-Stammes.

Waikato-Fans bei einem Rugby-Match

Auf einen Blick

Luftsport

Air Safaris
PO Box 71,
Lake Tekapo.
(03) 680 6880.
airsafaris.co.nz

Aoraki Balloon Safaris
PO Box 75, Methven.
(03) 302 8172,
0800 256 837.
nzballooning.com

Fiordland Helicopters
472 Milford Rd,
Te Anau.
(03) 249 7575.
fiordlandhelicopters.co.nz

Sky Trek
45 Camp St,
Queenstown.
0800 759 873.
skytrek.co.nz

Bungee-Jumping

A J Hackett Bungy
PO Box 488, Queenstown.
(03) 450 1300.
bungy.co.nz/queenstown

Taupo Bungy
202 Spa Rd, Taupo.
0800 888 408.
taupobungy.co.nz

Jetboote

Huka Jet
Wairakei Park, Taupo.
(07) 374 8572.
hukafallsjet.com

Shotover Jet
Shotover Jet Beach,
Gorge Rd, Queenstown.
(03) 442 8570.
shotoverjet.co.nz

Jeeptouren

Eco Wanaka
59A Brownston St,
Wanaka.
(03) 443 2869.
ecowanaka.co.nz

Nomad Safaris
37 Shotover St,
Queenstown.
(03) 442 6699.
nomadsafaris.co.nz

Ausritte und Touren zu Pferd

Alpine Horse Safaris
Waitohi Downs,
Hawarden,
Canterbury.
(07) 314 4293.
alpinehorse.co.nz

Dart Stables
58 Coll St,
Glenorchy.
(03) 442 5688.
dartstables.com

Hurunui Trails and Adventures
757 The Peaks Rd,
Hawarden, Canterbury.
(03) 314 4500.
firstlighttravel.com

Pakiri Beach Horse Rides
317 Rahuikiri Rd, Pakiri
Beach, RD 2, Wellsford.
(09) 422 6275.
horseride-nz.co.nz

Māori-Heritage-Touren

Tamaki Tours
Highlands Loop Rd,
Ngakuru,
Hinemaru St, Rotorua.
(07) 346 2999.
maoriculture.co.nz

Te Urewera Treks
421 Rerewhakaaitu Rd,
Rotorua.
(07) 366 6055.
teureweratreks.co.nz

Waimarama Māori Tours
PO Box 8065, Havelock,
North Hawke's Bay.
(021) 057 0953.

GRUND-INFORMATIONEN

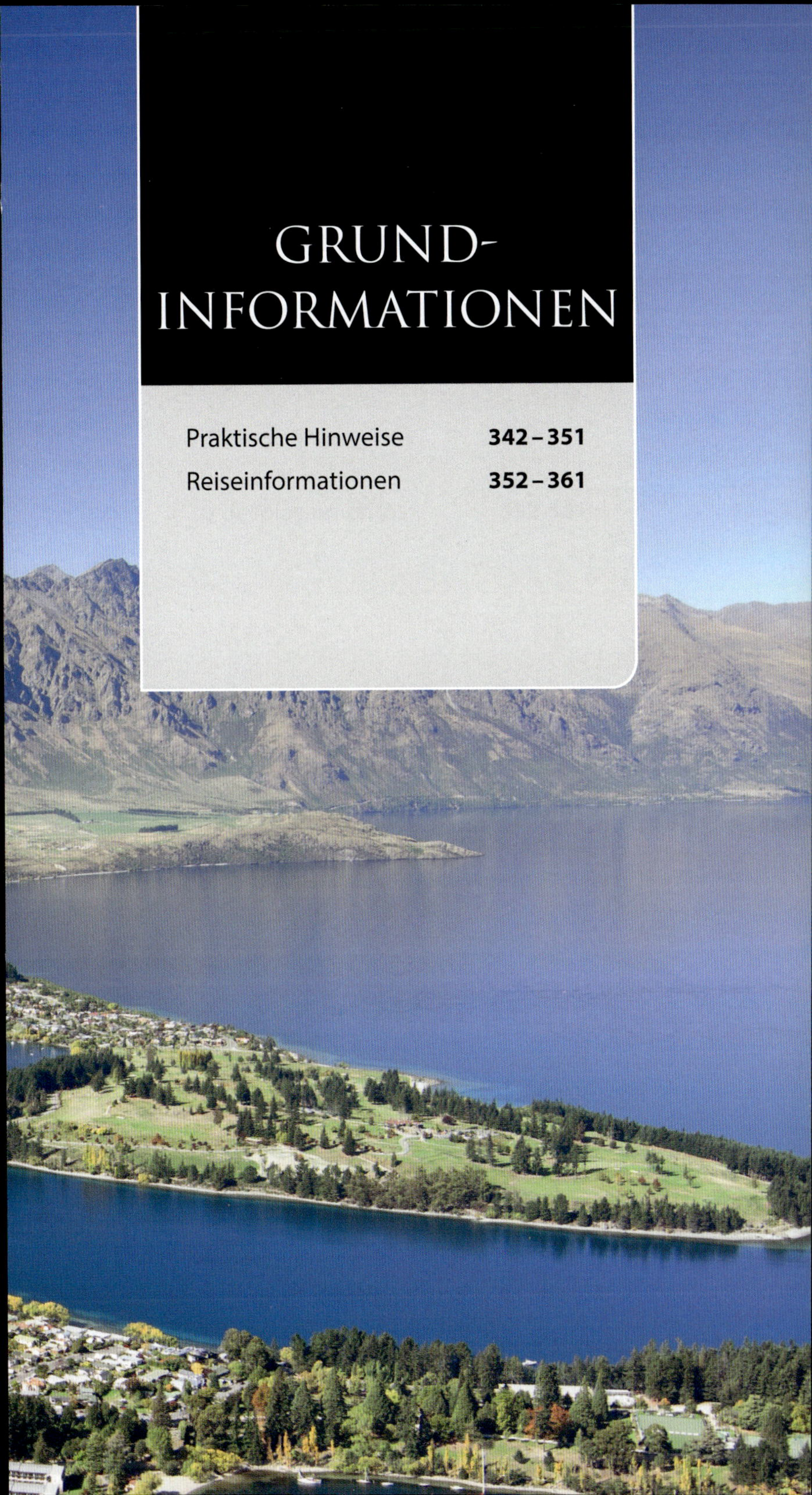

Praktische Hinweise

Bei mehr als 2,5 Millionen Besuchern im Jahr gehört der Tourismus zu den wichtigsten Wirtschaftszweigen des Landes. Mit der steigenden Nachfrage sind auch die Dienstleistungsangebote deutlich gewachsen. Deshalb findet der Gast in Neuseeland heute überall eine breite Auswahl an Unterkunftsmöglichkeiten und Restaurants vor *(siehe S. 298–307 und S. 308–325)*. Viele i-SITE-Besucherzentren, die von Tourism New Zealand koordiniert werden, bieten Interessierten ausführliche und kostenlose Informationen. Zahlreiche Attraktionen des Landes sind ohne Eintrittsgebühr zu genießen, so etwa die Nationalparks, Strände, Seen und Flüsse. Die Neuseeländer sind im Allgemeinen überaus freundlich und sehr hilfsbereit. Allerdings sollte man ein wenig Englisch sprechen – nur wenige Neuseeländer beherrschen eine Fremdsprache.

Sonne zum Genießen in der Scorching Bay in Wellington *(siehe S. 173)*

Beste Reisezeit

Frühling, Sommer und Herbst (von Oktober bis Mai) sind die beliebtesten Jahreszeiten, aber auch die Wintermonate (Juni bis September) können vor allem für Skifahrer attraktiv sein.

Neuseelands Klima ist sehr wechselhaft. Der Norden der Nordinsel ist subtropisch, der Rest des Landes hat gemäßigtes Klima. Im Mittel wird es im Sommer 20–30 °C warm, im Winter erreicht das Thermometer hingegen nur 10–15 °C.

Nationalpark-Schild

Neuseelands Klima weist deutliche Unterschiede zwischen West und Ost auf: Die Westküsten beider Inseln sind den Winden ausgesetzt, die teils starken Regen von der Tasmansee mit sich bringen. Der Osten ist dagegen viel trockener und sonniger.

Im Winter fällt fast ausschließlich in den Bergen Schnee, nur die Südinsel erlebt gelegentlich Schnee und Eis an der Küste. Aber der Winter ist deutlich kürzer als auf der nördlichen Halbkugel.

Einreise und Visum

Besucher müssen im Besitz eines Reisepasses sein, der noch mindestens einen Monat über das Ende des beabsichtigten Aufenthaltszeitraums hinaus gültig ist. Seit 2012 benötigt auch jedes Kind ein eigenes Ausweisdokument, Kindereinträge im Reisepass eines Elternteils sind nicht mehr gültig. Neuseeland hat mit vielen Ländern, darunter auch mit Deutschland, Österreich und der Schweiz, ein Visumverzichtsabkommen getroffen. Bürger dieser Länder brauchen für einen Aufenthalt bis zu drei Monaten kein Visum, sondern erhalten bei der Ankunft eine Einreiseerlaubnis, für die ein Rück- oder Weiterflugticket vorzulegen ist. Darüber hinaus ist bei der Einreise nachzuweisen, dass man genügend finanzielle Mittel für die Dauer des Aufenthalts hat (pro Person und Monat etwa 1000 NZ$). Für längere Aufenthalte benötigt man ein Visum, das bei der zuständigen neuseeländischen Vertretung im Herkunftsland zu beantragen ist. Nähere Infos liefern Immigration New Zealand (www.immigration.govt.nz) oder das Auswärtige Amt (www.auswaertiges-amt.de). Bei der Einreise muss man die »Passenger Arrival Card« ausfüllen. Man bekommt sie im Flugzeug, kann sie aber auch bei www.customs.govt.nz herunterladen.

Zoll

Für Personen ab dem vollendeten 18. Lebensjahr gelten folgende Mengenbegrenzungen: 50 Zigaretten oder 50 g Tabak, 4,5 l Bier oder 4,5 l Wein und drei Flaschen (bis maximal 1125 ml) Spirituosen.

Neuseeland ist stark von seiner Landwirtschaft abhängig. Man unternimmt große Anstrengungen, um das Land vor Seuchen und Krankheiten zu schützen, die Tierzucht und Obstanbau gefährden können. Früchte, Fleisch, Pflanzen und Tiere, sogenannte *quarantine items*, müssen bei der Ankunft angegeben werden. Wer gegen diese Bestimmung verstößt, muss mit Geld- oder sogar Freiheitsstrafen rechnen. Falls Sie sich über den Status eines Gegenstands im Unklaren sind, deklarieren Sie ihn bei

◄ **Paraglider über der Stadt Queenstown *(siehe S. 280f)***

der Einreise. Informationen hierzu finden Sie unter www.immigration.govt.nz. Ausrüstungsgegenstände, die im Zusammenhang mit Camping oder anderen Outdoor-Aktivitäten benutzt wurden, sind auf der »Passenger Arrival Card« anzugeben. Die Mitnahme von Drogen und Waffen ist verboten. Gemäß dem Artenschutzabkommen dürfen u. a. Elfenbein und Schildkrötenpanzer weder ein- noch ausgeführt werden.

Büro des Department of Conservation in Totaranui *(siehe S. 219)*

Information

Die zentrale Tourismusbehörde heißt **Tourism New Zealand**, der Informationsdienst, mit dem fast jeder Besucher Kontakt bekommt, ist jedoch das **i-SITE Visitor Information Network**. Es ist in Privathand, arbeitet aber eng mit Tourism New Zealand zusammen und unterhält insgesamt 90 i-SITE-Informationszentren im ganzen Land. Erkennbar ist es am grün-schwarzen Logo. Diese Auskunftsstellen haben jeden Tag geöffnet. Die Mitarbeiter wissen (beinahe) alles über die örtlichen Sehenswürdigkeiten und die Möglichkeiten, etwas zu unternehmen. Sie verkaufen Karten und Reiseführer, buchen Unterkünfte und Touren sowie Tickets für Veranstaltungen.

Die Besucherzentren (Visitor Centres) des **Department of Conservation** sind die beste Informationsquelle in den Nationalparks. Hier erfährt man auch den aktuellen Wetterbericht und den genauen Zustand der Straßen, Flüsse und Wanderwege.

Eintrittspreise

Die Eintrittspreise in Neuseeland variieren: Zu manchen Attraktionen ist der Eintritt frei, manche Galerien und Museen bitten um eine Spende oder verlangen eine kleine Gebühr. Der Zugang zu den Nationalparks ist kostenlos, einzelne Gebiete können allerdings nur im Rahmen einer geführten (und dann kostenpflichtigen) Tour betreten werden. Die Übernachtung in Hütten des Department of Conservation ist meist recht günstig.

Öffnungszeiten

Während der Hochsaison haben die meisten wichtigen Sehenswürdigkeiten sieben Tage die Woche geöffnet, trotzdem ist es besser, vorher nachzufragen. Läden haben in der Regel montags bis freitags von 9 bis 17.30 Uhr (Do meist länger) sowie samstagvormittags geöffnet. Manche Supermärkte schließen erst um 22 Uhr. In einigen Shopping Malls kann man auch am Sonntag einkaufen.

Besucherzentrum am Viaduct Harbour in Auckland *(siehe S. 76)*

Sprachen

Englisch ist die in Neuseeland am weitesten verbreitete Sprache, als weitere Amtssprache gilt Maorisch *(te reo Māori)*. *»Kia ora«* ist ein traditioneller Gruß der Māori, *»haere mai«* bedeutet »Willkommen«. Ein Hinweis: Die in der Sprache der Māori häufige Konsonantenfolge »Wh« wird wie »f« gesprochen.

Etikette und Rauchen

In Neuseeland geht man sehr zwanglos miteinander um. Die Menschen sind freundlich, sie genießen es, ihr schönes Land mit Besuchern zu teilen, und helfen gern mit Rat und Tat.

Die Kleiderordnung hängt vom jeweiligen Veranstaltungsort ab, für die meisten Restaurants und Cafés genügt ordentliche Freizeitkleidung. Wenn Sie von einem Neuseeländer nach Hause zum Essen eingeladen werden, ist es üblich, eine Flasche Wein oder eine Kleinigkeit zu essen mitzubringen.

Rauchen ist in allen Restaurants, Bars und Cafés wie auch in den Büros, Läden und öffentlichen Verkehrsmitteln verboten. Viele Lokale verfügen über einen Außenbereich, in dem man rauchen kann.

Öffentliche Toiletten

In Stadtzentren, in Shopping Malls, an Stränden und in Tankstellen findet man öffentliche Toiletten, deren Benutzung in der Regel kostenlos ist. Nicht alle Toiletten sind behindertengerecht.

Steuer und Trinkgeld

Die Goods and Services Tax (GST; Umsatzsteuer) wird auf alle in Neuseeland gehandelten Waren erhoben. Sie beträgt 15 Prozent und ist schon im Preis enthalten. Eine Möglichkeit zur Rückerstattung bei der Ausreise besteht nicht.

Trinkgeld ist in Restaurants und Hotels allgemein nicht üblich. Besonders gute Leistungen des Personals können Sie natürlich mit einem Trinkgeld (bis zu zehn Prozent des Rechnungsbetrags) belohnen.

Neuseeland – beliebtes Reiseziel für Familien

Reisende mit besonderen Bedürfnissen

Behinderte Reisende kommen in Neuseeland gut zurecht, denn jedes neue oder grundlegend renovierte Gebäude muss per Gesetz einen Rollstuhlzugang haben. Die meisten Hotels, Restaurants, Attaktionen, Kinos, Flughäfen und Einkaufszentren sind barrierefrei gebaut, Blindenhunde haben überall Zutritt. Auf den Flughäfen gibt es Mitarbeiter, die behinderten Reisenden beim Ein- und Aussteigen behilflich sind, jedoch sind Züge und Busse ohne Hilfe oft nicht zugänglich. Die Autovermietung Avis hält behindertengerechte, nur mit den Händen zu bedienende Autos bereit *(siehe S. 359)*. In allen größeren Städten gibt es Taxis, die Rollstühle transportieren.

Accessible Kiwi Tours veranstaltet Touren für behinderte und nichtbehinderte Reisende. Eine wichtige Informationsquelle ist **Enable New Zealand**, **CCS Disability Action** bietet Hilfe bei Fragen zum Autofahren und kümmert sich bei um Parklizenzen. **Accomobility** ist spezialisiert auf die Suche nach geeigneten Unterkünften für Menschen mit Handicap.

Mit Kindern reisen

Neuseeland kann sehr gut mit Kindern bereist werden. Viele Attraktionen wie Strände und Nationalparks sind für Erwachsene wie Kinder gleichermaßen attraktiv. Veranstalter aller Art bieten fast immer ermäßigte Preise für Kinder an, sodass man sich die Ferien auch mit einer Familie leisten kann. In den allermeisten Hotels sind Kinder willkommen, Motels sind für Familien ideal, zumal man sich hier selbst versorgen kann. Restaurants bieten oft Kinderteller oder kleine Portionen an, viele halten Kinderstühle bereit. Stillen in der Öffentlichkeit wird akzeptiert, viele öffentliche Toiletten verfügen über Wickeltische.

Kinder unter fünf Jahren müssen per Gesetz im Auto in einem Kindersitz sitzen. Bei den Autovermietungen kann man einen solchen Sitz gegen eine kleine Gebühr mieten, man sollte dies jedoch vorher anmelden.

Senioren

Auch für ältere Reisende ist das Land ein wunderbares Reiseziel. Die meisten in diesem Buch vorgestellten Aktivitäten eignen sich auch für Senioren. Die Teilnahme an manchen (Extrem-)Sportarten richtet sich jedoch nach Gesundheit und individueller Fitness.

Für die Angebote einzelner Reiseversicherungen gibt es Altersgrenzen, doch auch ältere Reisende haben die Möglichkeit zu guter Absicherung. Fragen Sie schon frühzeitig nach Ermäßigungen für Senioren in Verkehrsmitteln, bei Touren oder beim Eintritt zu Sehenswürdigkeiten.

Schwule und Lesben

Neuseeländer – vor allem die Stadtbewohner – sind sehr tolerant. Mit dem Human Rights Act wurde im Jahr 1993 auch eine gesetzliche Grundlage zum Schutz vor Diskriminierung geschaffen. Die Website von **Gay New Zealand** bietet viele wichtige Informationen über die Schwulenszene in Neuseeland.

Preisgünstig reisen

Studenten mit einem gültigen Internationalen Studentenausweis (ISIC) sowie Reisende zwischen zwölf und 26 Jahren mit einer International Youth Travel Card (IYTC) erhalten in Neuseeland ermäßigte Preise für öffentliche Verkehrsmittel und auf Inlandsflüge. Auch Autovermietungen, Tourenveranstalter, Hotels und Hostels, Kinos, Theater, Kunstgalerien und Museen bieten Vergünstigungen an. Nähere Informationen findet man auch im Internet (www.isic.com).

Neuseeland eignet sich sehr gut für einen Rucksackurlaub. Günstige Unterkünfte gibt es überall. Das Online-Portal **Backpackerboard** bietet viele wertvolle Tipps. Veranstalter wie **Kiwi Experience** und **Flying Kiwi Adventure Tours**

Internationaler Studentenausweis

sind bekannt für ihre günstigen Angebote spannender Aktivitäten.

Zeitzone

Neuseeland befindet sich auf der Südhalbkugel, Sommerzeit herrscht von Oktober bis März. Von April bis September liegt Neuseelands Zeit zehn Stunden vor der Mitteleuropäischen Sommerzeit (MESZ), von November bis März zwölf Stunden vor der Mitteleuropäischen Zeit (MEZ). Im Oktober (noch Sommerzeit in Europa) liegt die Zeitdifferenz bei elf Stunden.

Elektrizität

Die Stromspannung beträgt 230 (50 Hertz). In Badezimmern der Hotels gibt es häufig noch eine 110-Volt-Steckdose für elektrische Rasierapparate. Für alle anderen Geräte benötigen Sie einen Adapter, da sich das Steckersystem unterscheidet.

Umweltbewusst reisen

Neuseeland ist stolz auf seine Natur und bietet unter dem Motto »100% Pure NZ« ökologisch verträglichen Tourismus an. In den Nationalparks steht rund ein Drittel der Landesfläche mit einer einzigartigen Flora und Fauna unter Schutz.

Das Land legte sich früh auf eine nachhaltige Reduzierung der Kohlendioxid-Emissionen fest, viele Unternehmen im Bereich Tourismus erhielten inzwischen das CarboNZero-Zertifikat. Auch in abgelegenen Regionen gibt es sogenannte Eco Lodges wie etwa die **Hapuku Lodge**. Diese Unterkünfte bieten Essen aus biologischem Anbau.

Hapuku Lodge, Kaikoura

Māori-Touren

Früher bekamen an der Māori-Kultur interessierte Reisende nur Show-Veranstaltungen mit einem von Māori getanzten *kapa haka* präsentiert. Dies hat sich mittlerweile grundlegend geändert. Die Angehörigen dieses indigenen Volkes organisieren heute für Besucher hochwertige Veranstaltungen und Touren. Agenturen wie etwa **Indigenous New Zealand** kombinieren bei ihren Unternehmungen kulturelle Erlebnisse mit sportlicher Betätigung (z. B. Kajak, Rad fahren oder Rafting).

Auf einen Blick

Botschaften und Konsulate

Deutschland
90–92 Hobson St, Wellington.
(04) 473 6063.
wellington.diplo.de

Österreich
Level 4, 75 Ghuznee St, Wellington.
(04) 384 1402.
bmeia.gv.at/botschaft/canberra.html

Schweiz
10 Customhouse Quay, Wellington.
(04) 472 1593.
eda.admin.ch/wellington

Botschaft von Neuseeland
Friedrichstraße 60, 10117 Berlin.
+49 30 206 210.
nzembassy.com/germany

Tourismusorganisationen

Christchurch and Canterbury Tourism
Botanic Gardens, Rolleston Ave.
(03) 379 9629.
christchurchnz.com

Destination Rotorua Tourism Marketing
1136 Arawa St, Rotorua.
(07) 348 4133.
rotoruanz.com

Department of Conservation
doc.govt.nz

Hawkes' Bay Tourism
2. Stock Civic Court, Napier.
(06) 834 1918.
hawkesbaynz.com

i-SITE
i-site.org.nz

Nelson Tasman Tourism
Ecke Trafalgar und Halifax Street.
(03) 546 6228.
nelsonnz.com

Positively Wellington Tourism
Level 28, Grand Plimer Tower, Wellington.
(04) 916 1205.
WellingtonNZ.com

Tourism Auckland
Hobson St, Auckland.
(09) 979 7070.
aucklandnz.com

Tourism Dunedin
20 Princes St, Dunedin.
(03) 474 3300.
dunedinnz.com

Tourism New Zealand
157 Lambton Quay, Wellington.
(04) 917 5400.
newzealand.com

Tourism West Coast
80 Tainui St, Greymouth.
(03) 768 6633.
west-coast.co.nz

Reisende mit besonderen Bedürfnissen

Accessible Kiwi Tours
toursnz.com

Accomobility
accomobility.co.nz.

CCS Disability Action
0800 227 225.
ccsdisabilityaction.org.nz

Disability Information Centre
0800 693 342.

Enable New Zealand
weka.net.nz

Senioren

Advocacy for older people
osc.govt.nz

Age UK
ageuk.org

Grey Power
greypower.co.nz

Saga
saga.co.uk

Schwule und Lesben

Gay Caravan and Camping Club
gaycaravanclub.com

Gay New Zealand
gaynz.com

Preisgünstig reisen

Backpackerboard
backpackerboard.co.nz

Flying Kiwi Adventure Tours
flyingkiwi.com

Kiwi Experience
kiwiexperience.com

Umweltbewusst reisen

Hapuku Lodge
hapukulodge.com

Korimako Lodge
korimako.co.nz

Organic Pathways
organicpathways.co.nz

Straw Lodge
strawlodge.co.nz

Māori-Touren

Indigenous New Zealand
inz.maori.nz

Toi Māori Aotearoa Māori Arts New Zealand
maoriart.org.nz

Sicherheit und Gesundheit

Neuseeland zählt zu den sichersten Ländern der Welt. Das politische und wirtschaftliche Klima ist stabil, die Einwohner sind für ihre Freundlichkeit und Gesetzestreue bekannt. Natürlich ereignen sich auch hier gelegentlich Eigentumsdelikte und Gewaltverbrechen, das weitaus größere Risiko für Leib und Leben geht jedoch von der Umwelt aus. Schon viele Urlauber wurden in den Bergen, im Busch oder auf dem Wasser ohne Nahrung und geeignete Bekleidung aufgefunden. Sie hatten das Gelände und das Tempo, mit dem in Neuseeland eine Wetterverschlechterung hereinbricht, unterschätzt.

Sicherheitskräfte

Die neuseeländische Polizei arbeitet sehr effektiv. In jedem größeren Ort gibt es ein Revier, das rund um die Uhr besetzt ist. Die Einsatzkräfte tragen dunkelblaue Uniformen. In den größeren Städten patrouillieren sie Tag und Nacht, fallen aber kaum auf. Verkehrskontrollen (auch in Verbindung mit Alkoholtests) finden in Neuseeland recht häufig statt.

Die Adressen der neuseeländischen Polizeireviere finden Sie im Internet (www.police.govt.nz).

Polizeiauto

Feuerwehrauto

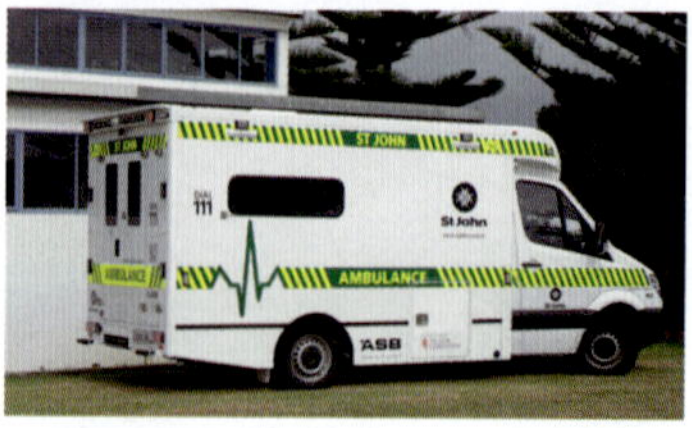

Krankenwagen

Verhaltensregeln

Es gibt wenige Gegenden in Neuseeland, die Besucher lieber meiden sollten. Allerdings sind nach Einbruch der Dunkelheit die Straßen meist menschenleer. Besonders Frauen sollten nachts nicht allein spazieren gehen. Meiden Sie dann in den Städten vor allem größere Parks oder schlecht beleuchtete Straßen. Sogar in den Großstädten verkehren nachts wenige öffentliche Verkehrsmittel. Taxis sind eine sichere Alternative.

Viele Neuseeland-Besucher trampen. Auch wenn das in den allermeisten Fällen problemlos verläuft, ist es nicht die sicherste Fortbewegungsart. Besonders Frauen sollten nie allein als Anhalterin an der Straße stehen.

Verkehrsunfälle sind auch in Neuseeland keine Seltenheit. Wer sich ein Auto mieten will *(siehe S. 359)*, sollte sich zuvor mit den Verkehrsregeln vertraut machen. Die Höchstgeschwindigkeit liegt bei 100 km/h auf der Landstraße und bei 50 km/h in geschlossenen Ortschaften. Einige Straßen sind nicht asphaltiert – hier ist natürlich besondere Vorsicht geboten *(siehe S. 359)*.

Notfälle

Wenn Sie dringend Hilfe benötigen, wählen Sie 111, bei einem leichten Verkehrsunfall (nur Blechschaden) *555 (kostenloser Handy-Anruf).

Neuseeland liegt in einer erdbebengefährdeten Zone. Stärkere Beben ereignen sich selten, können aber jederzeit eintreten. Christchurch wurde 2010 und 2011 von Erdbeben heimgesucht, die schwere Schäden hinterließen. Hinweise zum Verhalten bei einem Erdbeben bietet die Website des Ministry of Civil Defence (www.getthru.govt.nz).

Verlust von Wertsachen

Auf sein Eigentum muss man auch in Neuseeland aufpassen. Sie sollten Ihr Auto nach dem Verlassen jederzeit abschließen und keinerlei Wertsachen wie etwa Kameras, Pässe, Kreditkarten oder Reiseschecks im Wagen lassen. Tragen Sie Wichtiges versteckt am Körper oder deponieren Sie alles Wertvolle im Hotelsafe. Der Abschluss einer Reiseversicherung, die auch einen Verlust durch Diebstahl abdeckt, ist auch für Neuseeland ratsam.

Ein Diebstahl sollte auf jeden Fall unverzüglich der Polizei gemeldet werden. Lassen Sie sich eine Kopie des Berichts zur Vorlage bei Ihrer Versicherung aushändigen. Es gibt in Neuseeland kein zentrales Fundbüro, die meisten Flughäfen und Bahnhöfe lassen jedoch verlorene Gegenstände einsammeln. Fragen Sie im Fall eines Verlusts dort nach.

Krankenhäuser und Apotheken

Krankenhäuser mit Notaufnahme rund um die Uhr gibt es in jeder größeren Stadt. Neuseelands Apotheken heißen *Chemists* und haben von Kosmetikartikeln bis hin zu verschreibungspflichtigen Medikamenten alles im Angebot. Ein qualifizierter Apotheker kann bei kleineren Problemen oft weiterhelfen. Nur in den größeren Städten gibt es Notfallapotheken, die bis spätnachts oder sogar 24 Stunden

Apotheke in Takaka

geöffnet haben. Die Telefonnummern und Adressen von Krankenhäusern und Apotheken findet man auf den vorderen Seiten des Telefonbuchs.

Risiken in der Natur

Erdbeben sind in Neuseeland die größte Gefahr für Besucher. Vor anderen Gefahren können Sie sich durch entsprechende Vorsichtsmaßnahmen – vor allem genaue Tourenplanung und das Mitführen geeigneter Ausrüstung – schützen. Plötzliche Wetterumschwünge können sich vor allem im Gebirge jederzeit ereignen. Darauf sollte man bei Outdoor-Aktivitäten vorbereitet sein. Berücksichtigen Sie neben der Witterung auch Ihr persönliches Leistungsvermögen. Auch für einen Tagesausflug in die Berge oder in den Wald sind warme Kleidung und ausreichend Essen und Getränke notwendig. Auf vielen Touren muss man Flüsse durchqueren, deren Wasserstand rasch steigen kann. Dann muss man unbedingt warten, bis das Wasser wieder sinkt. Die Mitnahme eines Mobiltelefons kann sehr hilfreich sein.

An den Stränden achten meist sogenannte *Lifeguards* auf die Sicherheit. Rote und gelbe Flaggen zeigen an, wo man gefahrlos schwimmen kann. Aber die Küste ist lang, und nicht überall sind *Lifeguards* zur Stelle. Zudem treten manchmal gefährliche Strömungen auf.

Wegen der starken Einstrahlung bekommt man schnell einen Sonnenbrand. Sonnenhut und Sonnenschutzmittel mit hohem Lichtschutzfaktor gehören zur Grundausstattung. Trinken Sie kein Wasser aus Flüssen oder Seen, Wasser aus Leitungen kann in der Regel gefahrlos getrunken werden.

Medizinische Versorgung und Versicherung

Das Gesundheitssystem in Neuseeland ist hervorragend. Wer bei einem Unfall einen Schaden erleidet, hat Anspruch auf kostenlose Behandlung (ACC). Nicht durch Unfälle verursachte Krankheiten werden nicht kostenlos behandelt, die medizinische Behandlung ist aber nicht übermäßig teuer. Der Abschluss einer Auslandsreise-Krankenversicherung ist jedoch auf jeden Fall sinnvoll.

Für die meisten Medikamente ist ein ärztliches Rezept nötig. Wer Medikamente in größeren Mengen mit sich führt, sollte eine Bescheinigung bezüglich der Notwendigkeit haben, sonst gibt es bei der Einreise Schwierigkeiten. Impfungen sind für Neuseeland nicht erforderlich.

Rettungsboot an einem Strand bei Mount Manganui *(siehe S. 132)*

Auf einen Blick

Notrufnummern

AA Road Service
Kostenlos ☎ 0800 500 222 (24 Stunden, überall).

Polizei, Feuerwehr und Krankenwagen
Kostenlos ☎ 111 (24 Stunden, überall).

Such- und Rettungsdienst
Kostenlos ☎ 111 (24 Stunden, überall).

Verlust von Wertsachen

Auckland
Lost Property & Baggage, Auckland Airport.
☎ (09) 256 8813.

Christchurch
Lost & Found, Travel & Tourism Centre, Christchurch Airport.
☎ (03) 353 7774.

Wellington
General Lost Property, Haupttermina1, Wellington Airport.
☎ (04) 385 5124.

Krankenhäuser

Auckland
2 Park Road, Grafton.
☎ (09) 379 7440.

Christchurch
2 Riccarton Avenue, Addlington 8011.
☎ (03) 364 0640.

Dunedin
201 Great King Street.
☎ (03) 474 0999.

Wellington
Riddiford Street, Newton. ☎ (04) 385 5999.

Apotheken

Auckland
☎ (09) 520 6634.

Christchurch
☎ (03) 366 4439.

Dunedin
☎ (03) 477 0890.

Wellington
☎ (04) 385 8810.

Risiken in der Natur

New Zealand Mountain Safety Council
W mountainsafety.org.nz

Sunsmart
W sunsmart.org.nz

Surf Life Saving New Zealand
W slsnz.org.nz

Medizinische Versorgung

ACC
W acc.co.nz

Banken und Währung

Es gibt zahlreiche Banken in Neuseeland. Alle sind in ausländischer Hand – mit Ausnahme der in Staatsbesitz befindlichen Kiwibank, die ein Tochterunternehmen der New Zealand Post ist. Zu den größten Geldinstituten gehören darüber hinaus ANZ, ASB, Bank of New Zealand (BNZ), HSBC und Westpac. Filialen findet man in Geschäftsvierteln großer Städte und sogar in Einkaufszentren. Fremde Währung kann man problemlos in Banken und privaten Wechselstuben tauschen. Bei der Ein- und Ausreise gibt es keine Beschränkung hinsichtlich der erlaubten Summe der Fremdwährung, allerdings muss man beim Zoll angeben, wenn man mehr als 10 000 NZ$ in bar mit sich führt.

Banken und Wechselstuben

Das neuseeländische Banksystem ist modern und effizient. Allerdings hat Electronic Banking dazu geführt, dass zahlreiche Zweigstellen geschlossen wurden, und so findet man in einigen ländlichen Orten keine Bank mehr vor. Wenn Sie sich also in entlegene Gegenden begeben, sollten Sie vorher herausfinden, ob Sie dort Geld tauschen können. Banken haben im Allgemeinen Montag bis Freitag von 9.30 bis 16.30 Uhr geöffnet (einige auch an Samstagen).

Wechselstuben gibt es in den größeren Städten und Urlaubsregionen. Ihre Öffnungszeiten sind im Allgemeinen wochentags von 8 bis 20 Uhr, am Wochenende von 10 Uhr bis zum frühen Abend. Ihr Vorteil ist, dass sie auch außerhalb der normalen Bankzeiten geöffnet sind. Dafür sind die Gebühren höher.

Geldautomaten

Geldautomaten (*Automatic Teller Machines*, ATM) sind weitverbreitet. Fragen Sie vor der Reise bei Ihrer Bank, ob Sie Ihre Karte auch an ATMs in Neuseeland benutzen können. Wählen Sie keinesfalls die angebotene Sofortumrechnung, da Ihnen hier durch einen extrem schlechten Wechselkurs erhebliche Kosten entstehen.

Kredit- und Debitkarten

Alle gängigen Kreditkarten werden in Neuseeland akzeptiert. **Visa**, **MasterCard**, **Diners Club** und **American Express** sind die gebräuchlichsten. Mit ihnen kann man Hotels, einen Mietwagen und Flugtickets buchen und bezahlen. Auch der Eintritt zu touristischen Attraktionen und der Einkauf kann damit beglichen werden. Die Logos der Kreditkarten, die von den jeweiligen Unternehmen akzeptiert werden, sind meist deutlich angezeigt.

Geldautomaten gibt es in Stadtzentren in großer Zahl

Auch Debitkarten kommen immer öfter zum Einsatz. Die bekannteste Debitkarte ist die **girocard** (früher EC-Karte). Sie gibt es in zwei Ausführungen – mit dem Maestro-Logo oder mit dem VPay-Logo. Beachten Sie, dass in Neuseeland – im Unterschied zu den meisten Ländern Europas – nur Debitkarten mit Maestro-Logo akzeptiert werden.

Reiseschecks

Wegen der hohen Akzeptanz von Kredit- und Debitkarten verlieren Reiseschecks auch in Neuseeland zunehmend an Bedeutung. Sie bieten sich maximal als Ergänzung zu den genannten Karten an.

Auf einen Blick

Banken

ANZ
W anz.co.nz

ASB
W asb.co.nz

Bank of New Zealand
W bnz.co.nz

HSBC
W hsbc.co.nz

Kiwibank
W kiwibank.co.nz

Westpac
W westpac.co.nz

Wechselstuben

Cash Passport
T 0800 748 000.
W cashpassport.com

Travelex
W travelex.co.nz

Kreditkartenverlust

Allgem. Notrufnummer
T +49 116 116.
W 116116.eu

American Express
T (09) 583 8000.

Diners Club
T 0800 657 373.

MasterCard
T 0800 44 9140.

Visa
T 0800 44 3019.

girocard
T +49 69 740 987.

Währung

Die neuseeländische Währung ist der New Zealand Dollar (NZ$) zu 100 Cent (c). Seit es keine 1-, 2- und 5-Cent-Münzen mehr gibt, wird bei Barzahlung auf die nächsten zehn Cent auf- oder abgerundet.

Für die noch gültigen Münzwerte wurden 2006 neue, kleinere Münzen eingeführt.

Berücksichtigen Sie, dass viele Cafés, Taxis und Läden häufig kein Wechselgeld auf 50- oder 100-NZ$-Banknoten herausgeben können. Führen Sie deshalb immer 10- oder 20-NZ$-Banknoten mit.

Um es Geldfälschern schwerer und Geldscheine haltbarer zu machen, werden derzeit herkömmliche Banknoten aus Papier durch plastifizierte Scheine ersetzt.

Banknoten

Neuseelands Banknoten werden in Werten von 5, 10, 20, 50 und 100 NZ$ herausgegeben. Sir Edmund Hillary, der Erstbesteiger des Mount Everest (siehe S. 25 und S. 56)*, ist auf dem 5-NZ$-Schein abgebildet, die 10-NZ$-Note zeigt die Frauenrechtlerin Kate Sheppard.*

100-NZ$-Schein (Sir Ernest Rutherford)

50-NZ$-Schein (Sir Apirana Ngata)

20-NZ$-Schein (Königin Elizabeth II.)

10-NZ$-Schein (Kate Sheppard)

5-NZ$-Schein (Sir Edmund Hillary)

10 Cent (10 c)

20 Cent (20 c)

50 Cent (50 c)

Münzen

In Gebrauch sind Münzen im Wert von 10 c, 20 c, 50 c, 1 NZ$ und 2 NZ$. Bemerkenswerte Motive zieren diese Münzen. Die 10-Cent-Münze zeigt eine traditionelle Māori-Schnitzerei. Dem abgebildeten Kiwi auf der 1-NZ$-Münze hat die neuseeländische Währung den Spitznamen »Kiwi-Dollar« zu verdanken.

1 Dollar (1 NZ$)

2 Dollar (2 NZ$)

Kommunikation

Obwohl Neuseeland über weite Strecken relativ dünn besiedelt ist, sind die Kommunikationseinrichtungen – wie überhaupt die gesamte Infrastruktur des Landes – hervorragend ausgebaut. Mobiltelefone sind schon seit langer Zeit in allen Landesteilen verbreitet, die Netzabdeckung ist sehr hoch. Die Gebühren für Telefongespräche sind in den letzten Jahren günstiger geworden, was auch für Telefonate nach Europa gilt. Nahezu überall in Neuseeland kann man online gehen, Internet-Cafés gibt es auch in vielen kleineren Orten. Die Post arbeitet überaus effizient. Fernsehen und Radio bieten eine große Vielfalt an Programmen, auch die Auswahl an Printprodukten wie Tageszeitungen oder Magazinen ist groß.

Mobiltelefone

Die Mobilfunknetze in Neuseeland arbeiten nach dem GSM- und UMTS-Standard, mit den Netzbetreibern dort wurden Roaming-Abkommen getroffen. Achtung: Erkundigen Sie sich bei Ihrem Provider über anfallende Roaming-Gebühren. Fast überall können Sie mit Ihrem Handy oder Smartphone telefonieren, nur in abgelegenen Bergregionen wie etwa an der Westküste der Südinsel bekommt man stellenweise keine Verbindung. Als Besucher kann man sich für die Zeit des Aufenthalts ein Handy ausleihen, allerdings ist das nicht ganz billig. Günstiger ist es, eine SIM-Karte zu kaufen, die gibt es zum Beispiel gleich am Flughafen in Auckland. Unter Umständen ist auch der Kauf eines Handys mit Prepaid-Karte vor Ort eine Option. Die wichtigsten Anbieter in Neuseeland sind **Vodafone**, **Spark** und **2degrees**.

Öffentliche Telefone

Im Zeitalter der Handys sind öffentliche Telefone auch in Neuseeland rar geworden. Für ihre Benutzung benötigt man eine Telefonkarte. Man bekommt sie in Supermärkten, Läden, *Dairies (siehe S. 327)*, Büros der Touristen-Information und PostShops. Einige öffentliche Telefone akzeptieren auch Kreditkarten, Münzfernsprecher sind hingegen nahezu vollständig verschwunden.

Sehr günstig sind Telefonate ins Ausland (auch nach Europa) mit einer Yabba Card, die man bei den in Neuseeland tätigen Telefongesellschaften auch online bestellen kann oder dort kauft, wo es auch normale Telefonkarten gibt. Für Notrufe mit der Nummer 111 fallen keine Kosten an.

Für jede neuseeländische Region gibt es eigene Telefonbücher (*white pages* und *yellow pages*). Beide sind auch online verfügbar (www.whitepages.co.nz bzw. www.yellow.co.nz). In dünner besiedelten Regionen sind die Inhalte beider in einem zusammengefasst.

Internet

Mit Ausnahme entlegener Gebiete bietet Neuseeland überall Breitband-Internet-Zugang. In Neuseeland *Cybercafés* genannte Internet-Cafés sind weitverbreitet, sodass man fast

Wichtige Telefonnummern

- Vorwahl Neuseelands aus dem Ausland: **0064**.
- Ferngespräche innerhalb des Landes erfordern immer eine Vorwahlnummer.
- Für internationale Verbindungen wählen Sie **00**, anschließend die entsprechende Ländervorwahl **49** (Deutschland), **43** (Österreich) oder **41** (Schweiz), danach die Ortsvorwahl (ohne Null) sowie die Anschlussnummer.
- Nationale Auskunft **(018)** und internationale Auskunft **(0172)** sind kostenpflichtig.
- **Deutschland Direkt** (R-Gespräche ins deutsche Festnetz): **000 949**.
- Operator für nationale Gespräche: **010**.
- Operator für internationale Gespräche: **0170**.
- Für preisgebundene internationale Telefonate wählen Sie **0161** statt der 00 am Anfang. Auch für Auslandsgespräche über Operator (Nummer **0170**) fallen Gebühren an.
- Die Vorwahlnummern **021**, **022**, **027** und **029** sind für Handys, die Vorwahl **0800** ist kostenlos.
- Notrufnummern *siehe S. 347*.
- Internet-Telefonbücher:

W whitepages.co.nz
W yellow.co.nz

Cybercafés gibt es auch in vielen kleineren Orten

überall online gehen kann. Zahlreiche Hotels und andere Unterkünfte bieten ihren Gästen Zugang ins Netz (meist WLAN), in manchen Fällen ist dieser Service kostenlos.

Briefkästen für Standard und FastPost

Postdienste

Das Postwesen wird von der **New Zealand Post** organisiert. Briefkästen findet man problemlos, größere Sendungen wie Päckchen oder Pakete gibt man in PostShops genannten Postfilialen ab, die sich z. B. in Buchhandlungen befinden. Die meisten sind Montag bis Samstag 9–17 Uhr geöffnet. Briefmarken kauft man in PostShops, Supermärkten, *Dairies* und Zeitungsläden. Es gibt zwei Klassen von Briefsendungen innerhalb Neuseelands, die unterschiedlich schnell zugestellt werden: FastPost trifft am nächsten Tag ein, eine Standard-Postsendung benötigt in der Regel zwei oder drei Tage. Internationale Airmail-Sendungen brauchen in die meisten Länder zwischen vier und zehn Tage. Eine Postkarte nach Europa kostet 2 NZ$, ein Brief 2,50 NZ$.

Im Hauptpostamt jeder Stadt kann man postlagernde Sendungen empfangen. Beim Abholen muss man sich ausweisen.

In Neuseeland sind mehrere Kurierfirmen tätig, die effizient und zuverlässig arbeiten. Die Zustellung von Sendungen erfolgt landesweit spätestens am folgenden Tag. **Courier Post** wird von der New Zealand Post betrieben, die diesen Service direkt in ihren PostShops anbietet. Für internationale Sendungen kann man sich an renommierte Firmen wie **DHL**, **Fedex** oder **UPS** wenden. Die Preisunterschiede zwischen diesen Kurierdiensten sind relativ gering.

Zeitungen und Zeitschriften

In jeder der größeren Städte erscheint eine eigene Morgenzeitung. *The New Zealand Herald*, die größte Tageszeitung des Landes, erscheint in Auckland. *Christchurch Press* ist die größte Tageszeitung der Südinsel. *Otago Daily Times* wird in Dunedin herausgegeben, *Dominion Post* in Wellington, *Southland Times* in Invercargill. Am Wochenende erscheint neuseelandweit *The Sunday Star Times*. Als beste politische Magazine gelten *The Listener* und *North and South*.

Ausländische Zeitungen und Zeitschriften (überwiegend englischsprachige) bekommt man in Buchhandlungen und an allen Kiosken in größeren Städten.

Laden mit Zeitschriftenverkauf

Fernsehen und Radio

Die drei wichtigsten, frei empfangbaren Fernsehstationen sind TV1, TV2 und TV3. Auf TV1 und TV3 findet man v. a. Lokalprogramme, TV2 sendet fast nur US-Programme. Der gebührenpflichtige Sender Sky bietet Special-Interest-Programme wie Nachrichten von CNN und Dokumentationen von National Geographic. Māori Television sendet landesweit, häufig in der Māori-Sprache *te reo Māori*.

Der staatliche Rundfunksender Radio New Zealand ist für die Qualität seiner Programme bekannt. Daneben gibt es weitere Sender, die u. a. Nachrichten und Musik ausstrahlen.

Auf einen Blick

Mobiltelefone

2degrees
0800 022 022.
W **2degreesmobile.co.nz**

Spark
0800 800 163.
W **spark.co.nz**

Vodafone
0800 800 021.
W **vodafone.co.nz**

Internet

Best Western
W **bestwestern.co.nz**

Christchurch
Eblahblah
Unit 2/35 Sir William Pickering Dr.
(03) 377 2381.
W **eblahblah.co.nz**

Hotspot Locations – The Wireless Directory
W **hotspot-locations.de**

Wellington
iPlay
49 Manners St.
(04) 494 0088.

Post

Courier Post
W **courierpost.co.nz**

DHL
0800 800 020.
W **dhl.co.nz**

FedEx
0800 733 339.
W **fedex.com/nz**

New Zealand Couriers
0800 655 010 (internationaler Service).
0800 800 841 (nationaler Service).
W **nzcouriers.co.nz**

New Zealand Post
W **nzpost.co.nz**

UPS
0800 742 587.
W **ups.com**

Reiseinformationen

Die meisten Besucher kommen in Neuseeland mit dem Flugzeug an. In Auckland herrscht am meisten internationaler Flugverkehr, an zweiter Stelle steht Christchurch. Innerhalb Neuseelands nutzt man die nationalen Flugverbindungen vor allem für den Transport zwischen Nord- und Südinsel. Das Busnetz ist sehr dicht, Züge fahren hingegen nur auf wenigen Strecken. Wer Neuseeland abseits der großen Straßen erkunden will, ist mit einem Mietwagen am besten dran. In der Regel sind die Straßen in recht gutem Zustand, für einige wenige Pisten benötigt man jedoch Allradantrieb.

Anreise mit dem Flugzeug

Die meisten Urlauber erreichen Neuseeland mit dem Flugzeug. Ungefähr 15 internationale Fluggesellschaften fliegen Neuseeland an. Andere, darunter z. B. auch **Lufthansa**, **British Airways** oder **KLM**, kooperieren mit neuseeländischen Gesellschaften. Die neuseeländische Fluggesellschaft **Air New Zealand** betreibt ein internationales Netzwerk und verbindet Neuseeland mit mehr als 130 Ländern auf der ganzen Welt. Besonders gute Verbindungen bestehen zwischen Neuseeland und Australien sowie dem Südpazifikraum. Air New Zealand und **Qantas** fliegen Neuseeland von den USA aus an (überwiegend von Städten an der Westküste). Cathay Pacific, Emirates, Japan Airlines, Korean Air, **Malaysian Airlines**, Royal Brunei, **Singapore Airlines** und Thai Airways verbinden Neuseeland mit vielen größeren Städten in Asien. Aerolineas Argentina verkehrt zwischen Auckland und Buenos Aires, die Fluggesellschaft Lan Chile bietet eine Direktverbindung von Santiago aus. Mit Virgin Australia kommt man von mehreren australischen Städten nach Auckland, Hamilton, Wellington, Christchurch, Queenstown und Dunedin.

Neuseeland ist in drei Stunden von der Ostküste Australiens aus zu erreichen und in zehn Stunden von Singapur, Hongkong und Tokyo. Von Europa dauert es etwa 24 Stunden, bis man in Neuseeland ankommt. Wenn man dann noch kleinere Verspätungen und den Transfer zum Flughafen mit berücksichtigt, können sich diese 24 Stunden stark in die Länge ziehen. Ein Tagesaufenthalt in Asien, in den USA oder auf einer der pazifischen Inseln ist deshalb durchaus zu erwägen.

Flughäfen

Neuseeland besitzt zwei wichtige internationale Flughäfen: Auckland Airport kann die meisten internationalen Direktverbindungen aufweisen, darunter auch nach Deutschland, Argentinien, Chile, China, Indonesien, Japan und Kanada. Christchurch wird u. a. von Singapur, Bangkok und Dubai angeflogen. Wegen seiner Lage auf der Südinsel, auf der sich viele Hauptattraktionen befinden, wird der Flughafen auch als das »Tor nach Neuseeland« bezeichnet.

Wellington Airport bietet Verbindungen innerhalb Neuseelands und mit Australien. Dies gilt auch für den Flughafen in Queenstown, den man u. a. von den australischen Metropolen Brisbane, Sydney und Melbourne erreicht. Hamilton auf der Nordinsel bietet Verbindungen nach Australien und zu einigen Inseln im Südpazifik.

Internationaler Wegweiser, Christchurch

Flugpreise

Während der Hauptsaison (Dez–Feb) sind die Flugpreise am höchsten, in den restlichen Monaten bekommt man meist vergünstigte Flüge angeboten. Rabatte können den Flugpreis deutlich reduzieren, auch

Am Flughafen präsentiert sich Auckland als »City of Sails«

wenn man sich auf zeitliche Buchungsbeschränkungen und recht hohe Eigenbeteiligung bei Nichtantritt der Reise einlassen muss.

Für Neuseeland lohnt es sich, Angebote verschiedener Reiseunternehmen oder Fluggesellschaften einzuholen und zu vergleichen. In vielen Fällen werden Kombipakete angeboten, die Hotels und Flug, Mietwagen und Flug oder auch eine Kombination von innerneuseeländischen Flügen mit dem Anreiseflug anbieten. Bevor Sie sich allerdings auf solch ein Angebot einlassen, sollten Sie die Konditionen von unterschiedlichen Anbietern genau vergleichen.

Ankunft

Während des Fluges nach Neuseeland erhalten Sie ein Zolldokument (»Passenger Arrival Card«), das Sie ausfüllen und bei der Ankunft zusammen mit Ihrem Pass bereithalten sollten. Sie können das Dokument auch vor Reiseantritt von der Internet-Seite des neuseeländischen Zolls (www.customs.govt.nz) herunterladen. Lebensmittel oder Pflanzen müssen vor der Einreise in einen Behälter gelegt werden. Wer mitgebrachte Gegenstände, die unter das Quarantänegesetz fallen *(siehe S. 342f)*, nicht deklariert, muss mit hohen Strafen rechnen.

Auf dem Flughafengelände von Auckland und Christchurch gibt es viele Läden und Einrichtungen der Telekommunikation. Autovermietungen und Geldautomaten *(siehe S. 348)* sind direkt am Flughafen zu finden. Auch wer sofort weiterfliegen möchte, findet an den Airports Schalter, an denen es Tickets für Inlandsflüge gibt.

Mit dem Flughafenbus erreicht man das Stadtzentrum schnell

Shuttle-Bus mit Anhänger für das Fluggepäck

Flughafentaxi für den individuellen Transport

Vom Flughafen in die Stadt

Die Fahrt in die Stadt ist problemlos: Taxis und spezielle Shuttle-Busse (mit Anhängern für das Gepäck) bringen Sie direkt dorthin, wo Sie möchten, Busse verkehren regelmäßig zwischen Flughafen und Stadtzentrum. Sie sind die günstigste Option, Taxis zwar die individuellste, aber teuerste. Auckland ist die einzige neuseeländische Stadt, in der man mit Stau rechnen muss. Die Fahrt vom Flughafen ins Stadtzentrum kann durchaus eine Stunde dauern. Wesentlich komfortabler ist die Situation in Christchurch, wo man bereits nach etwa 15 Minuten das Zentrum erreicht.

Pauschalreisen

Neuseeland wird von vielen Individualtouristen bereist, die ihren Aufenthalt auf eigene Faust organisieren. Wenn Sie es bequemer haben möchten, können Sie aber aus einem breiten Spektrum an Pauschalreisen wählen. Das Angebot der Veranstalter reicht von »Fly & Drive« (Flug und Mietwagen) über komplette Rundreisen mit dem Bus bis zu Abenteuertouren oder Skiurlauben. Auf der Website von Tourism New Zealand *(siehe S. 345)* oder bei **Discover New Zealand** finden Sie Informationen über Angebote vieler Agenturen.

Auf einen Blick

Fluglinien

Air New Zealand
0800 737 000 (Neuseeland).
0800 183 0619 (Deutschland).
0800 295 838 (Österreich).
0800 557 778 (Schweiz).
airnewzealand.co.nz

British Airways
(09) 966 9777.
britishairways.com

KLM
(09) 921 6040 (Neuseeland).
01806 254 750 (Deutschland).
klm.com

Lufthansa
0800 945 220 (Neuseeland).
+49 69 86 799 799 (Deutschland).
lufthansa.com

Malaysia Airlines
0800 777 747.
malaysiaairlines.com.my

Qantas
0800 808 767.
qantas.com.au

Singapore Airlines
0800 808 909.
singaporeair.com

Flughäfen

Auckland
(09) 275 0789.
aucklandairport.co.nz

Christchurch
(03) 353 7777.
christchurchairport.co.nz

Queenstown
(03) 450 9031.
queenstownairport.co.nz

Wellington
(04) 385 5100.
wellingtonairport.co.nz

Pauschalreisen

Discover New Zealand
discovernewzealand.com

Inlandsflüge

Neuseeland verfügt über ein dichtes Netz von Inlandsflügen, alle großen und viele kleinere Städte sind miteinander verbunden. Obwohl das Land nicht allzu groß ist, hat es eine beträchtliche Längenausdehnung. Eine Bus- oder Autofahrt von Auckland nach Wellington oder gar nach Christchurch dauert lange. Daher ist das Flugzeug ein viel genutztes Verkehrsmittel. Die nationale Fluggesellschaft **Air New Zealand** fliegt die meisten neuseeländischen Ziele an. Für Linienflüge gibt es ein breites Angebot an Preisnachlässen, vor allem wenn man im Internet sucht, bezüglich der Abflugzeit flexibel ist und rechtzeitig bucht.

Inlandsflug der Air New Zealand bei der Landung in Wellington

Flugverbindungen

Für das Zurücklegen von langen Strecken sind Flugzeuge das geeignetste Transportmittel in Neuseeland. Insgesamt 26 Routen verbinden die größeren Städte des Landes (Auckland, Wellington, Christchurch, Dunedin) mit den kleineren durch regelmäßigen Flugverkehr. Auf dem Luftweg erreicht man somit Reiseziele wie etwa Nelson, Gisborne, Napier/Hastings, Taupo, Whangarei, Kaitaia, Hokitika, Timaru und wichtige Urlaubszentren wie Queenstown, Rotorua, Bay of Islands, Mount Cook und Te Anau/Manapouri.

Außerdem gibt es Flüge von Invercargill zur Stewart Island, von Auckland zur Great Barrier Island, von Wellington nach Blenheim, Picton oder Nelson (als Alternative zur Fähre) und von Wellington nach Takaka auf der Südinsel. Angeboten werden darüber hinaus Panoramaflüge über den Mount Cook, Fiordland oder andere Gebiete.

Inlandsfluglinien

Die nationale Fluglinie **Air New Zealand** stellt mit ihrer Tochtergesellschaft Air New Zealand Link, einem Verbund von regional agierenden Linien wie Air Nelson, Mount Cook Line und Eagle Air, ein großes Angebot an Flügen innerhalb Neuseelands zur Verfügung. Die Buchungen erfolgen über Air New Zealand.

SoundsAir bietet Verbindungen zwischen Wellington und mehreren Städten auf der Südinsel: acht Flüge täglich nach Picton, 20 wöchentlich nach Nelson und zwölf pro Woche nach Blenheim. **Golden Bay Air** bedient die Route Wellington–Takaka im Sommer zwei- bis viermal täglich (in anderen Jahreszeiten nur einmal). **Steward Island Flights** bietet dreimal am Tag Verbindungen zwischen Invercargill und der vorgelagerten Stewart Island. **Great Barrier Airlines** fliegt von Auckland, North Shore, Coromandel und Whangarei auf der Nordinsel zur Great Barrier Island, 88 Kilometer nordöstlich von Auckland.

Kufenflugzeuge nach der Landung im Skigebiet von Mount Cook

Fly & Drive

Die angenehmste Art, in Neuseeland zu reisen, ist es, zu fliegen und dann in einen Mietwagen umzusteigen. Den Wagen kann man an vielen Orten zurückgeben. So kann man etwa von Auckland nach Queenstown fliegen und von dort mit dem Auto nach Christchurch fahren. Entsprechende Arrangements gibt es fast überall, Air New Zealand und andere internationale Fluggesellschaften haben Vereinbarungen mit den großen Mietwagenfirmen und bieten für diese Kombi-Pakete attraktive Sondertarife an *(siehe auch S. 359)*.

Auf einen Blick

Inlandsfluglinien

Air New Zealand
0800 737 000.
airnewzealand.co.nz

Golden Bay Air
goldenbayair.co.nz

Great Barrier Airlines
greatbarrierairlines.co.nz

SoundsAir
0800 505 005.
soundsair.com

Stewart Island Flights
(03) 218 9129.
stewartislandflights.com

Flughäfen

Dunedin
(03) 486 2879.
dnairport.co.nz

Hamilton
(07) 848 9027.
hamiltonairport.co.nz

Invercargill
(03) 218 6367.
invercargillairport.co.nz

Nelson
(03) 547 3199.
nelsonairport.co.nz

Taupo
(07) 378 7771.
taupoairport.co.nz

Airpass

Star Alliance
staralliance.com

Check-in-Schalter am International Airport von Christchurch

Viele »Fly & Drive«-Sonderangebote gibt es von Auckland auf die Südinsel – besonders während der Skisaison. Dann sind oft auch Wohnmobile und sogar der Skipass im Preis mit eingeschlossen. Aber auch in den übrigen Monaten bieten Reisebüros und Fluglinien oft besondere Schnäppchen zu Werbepreisen an. Es lohnt sich also, sowohl zu Hause als auch vor Ort in Neuseeland nachzufragen und das preisgünstigste Angebot zu finden.

Einchecken

Für Inlandsflüge sollte man mindestens 30 Minuten vor Abflug einchecken. Sie können das Einchecken an entsprechenden Terminals selbst vornehmen. Passagiere der Economy Class haben ein Limit von 20 Kilogramm Freigepäck, dürfen aber nur ein Gepäckstück aufgeben. Persönliche Gegenstände wie Handtasche oder Kamera darf man ins Flugzeug mitnehmen.

Rabatte für ausländische Besucher

Die Kosten für Inlandsflüge können durchaus beträchtlich sein. Einige Airlines bieten jedoch häufig Ermäßigungen an, was auch für kurzfristige Buchungen gilt. Informieren Sie sich rechtzeitig vor der Abreise. Grundsätzlich gilt: Wenn Sie sich über Ihre Reiseroute im Klaren sind, ist es preislich günstiger, Inlandsflüge schon mit dem Ticket nach Neuseeland zu erwerben. Nutzen Sie auch Optionen auf weitere Rabatte. Air New Zealand bietet Reisenden, die mit einer Airline der **Star Alliance** (u. a. Lufthansa, Air New Zealand, Singapore Airlines, Thai Air) anreisen, den »South Pacific Airpass« an. Damit erhält man Vergünstigungen bei Flügen innerhalb Neuseelands sowie nach Australien und zu einigen Inseln im Südpazifik. Der Preis für den Airpass ist gestaffelt, er richtet sich nach der Entfernung zwischen den einzelnen Zielen, die in vier Zonen gegliedert werden. Der Pass gilt nur für Besucher aus Übersee, er kann vor der Reise im Reisebüro in Verbindung mit einem Ticket oder in Neuseeland unter Vorlage des Tickets erworben werden. Die Gültigkeit beträgt ab dem Anreisetag drei Wochen.

Hauptflugrouten

Inlandsflüge zwischen den größeren Städten werden durch eine Vielzahl von Anschlussflügen in kleinere Städte oder zu Urlaubszielen ergänzt. Fast jede Region im Land ist mit dem Flugzeug zu erreichen – eine ideale Art zu reisen, wenn man nur wenig Zeit hat.

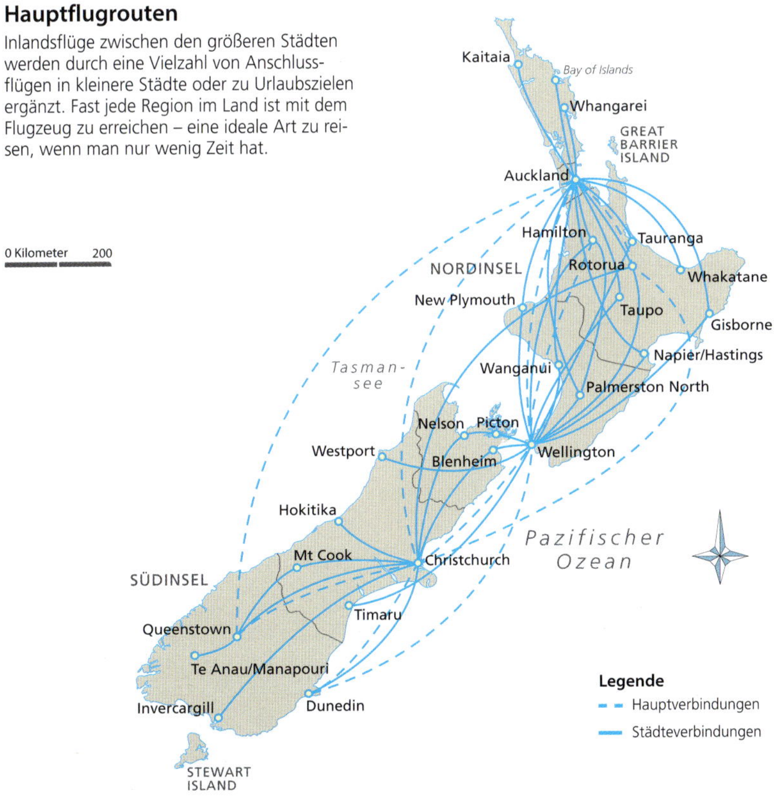

Mit Bus, Zug und Fähre unterwegs

Reisebusse fahren fast überall im Land und befördern Individualreisende sowie Teilnehmer von Touren und Ausflügen. Obwohl Neuseelands Schienennetz nicht besonders dicht ist, verbinden Eisenbahnlinien zumindest die größeren Städte miteinander. Auf der Fahrt kommt man immer wieder an schier atemberaubenden Landschaften vorbei, die einem von der Straße aus verborgen bleiben. Das gebirgige Terrain hat den Bau von spektakulären Viadukten und Tunneln erforderlich gemacht. Zwischen Nord- und Südinsel verkehren Fähren mehrmals am Tag.

Bus des Unternehmens Magic Bus

Bustouren

Busreisen sind eine sichere und bequeme Art, Neuseeland zu erleben. Wer mit dem Bus fährt, kann zwischen mehreren Optionen wählen: Er bucht entweder eine feste Tour, die ihn zu festgelegten Zeiten befördert und Führungen bietet, oder er erwirbt einen Pass, der es ihm ermöglicht, jederzeit ein- oder auszusteigen.

Die meisten Städte werden von **InterCity Coachlines** angefahren, **Newmans Coachlines** fährt auf festen Touren. Northliner Bus verbindet Auckland mit allen anderen Städten der Nordinsel, Mana Bus verkehrt zwischen Wellington und Auckland. Das System von **Magic Bus** ist speziell auf die Bedürfnisse von Rucksackurlaubern zugeschnitten. Reisende erwerben einen Buspass für das ganze Land, der zwölf Monate lang gültig ist und jederzeit zu einer (Weiter-)Fahrt berechtigt. **Kiwi Experience** bietet Buspässe für Rucksacktouristen und für Besichtigungstouren an.

Tickets für die Fahrten mit den Unternehmen InterCity Coachlines und Newmans Coachlines bucht man telefonisch, online, in Agenturen, die sich in i-SITE-Besucherzentren *(siehe S. 345)* befinden, oder in Reisebüros. InterCity Coachlines bietet verschiedene Pässe, die auf bestimmten Routen für einen bis 14 Reisetage gelten. Die Preisspanne für diese ein Jahr gültigen Pässe reicht von 43 bis 1249 NZ$ – je nach Route und Zahl der Unterbrechungen. Noch unabhängiger ist man mit dem ebenfalls ein Jahr gültigen FlexiPass für 550 NZ$ (inkl. Fähre Nord-/Südinsel).

Der Preis für einen Pass von Kiwi Experience reicht von 85 bis 1845 NZ$. Man erwirbt ihn im Büro in Auckland oder über das Internet.

Neuseelands Schienennetz

Die Bahn wird in Neuseeland von dem privaten Unternehmen **KiwiRail Scenic Journeys** betrieben, deren Züge (Northern Explorer, TranzAlpine und Coastal Pacific) viele malerische Strecken befahren. Sie verbinden die größeren Städte und führen auch zu wichtigen Regionalzentren wie Palmerston North, Picton, Kaikoura und Greymouth.

Der Zug, der auf der Nordinsel die Städte Wellington und Auckland miteinander verbindet, trägt den Beinamen Northern Explorer. Er wird vor allem von Besuchern des Landes gewählt.

Spektakulär ist vor allem die Reise mit dem TranzAlpine von Christchurch nach Greymouth, der die Canterbury Plains durchquert, bevor er die Southern Alps via Otira Viaduct *(siehe S. 246f)* überwindet und durch die Regenwälder der Westküste braust. Die Linie Coastal Pacific zwischen Picton und Christchurch ist ebenso beliebt wegen der Fahrt entlang der Küste von Kaikoura.

Zu den absoluten Höhepunkten eines Aufenthalts in Otago gehört zweifellos eine Fahrt mit der Taieri Gorge Railway *(siehe S. 268)*.

Fahrscheine für die Bahn können über Reisebüros gebucht werden oder online sowie telefonisch über KiwiRail Scenic Journeys. Fahrten mit Zug und Fähre können auch gleichzeitig gebucht werden, was in der Nebensaison attraktive Preisnachlässe von bis zu 50 Prozent bringen kann.

Eine weitere vergleichsweise günstige Art, durch das faszinierende Land zu fahren, bietet ein Angebot von KiwiRail Scenic Journeys unter dem Namen »Scenic Rail Pass«. Beim Kauf einer Fahrkarte sollten Sie sich am Schalter immer nach dem aktuell günstigsten Tarif erkundigen.

Fähren zwischen Nord- und Südinsel

Die Hauptfähre zwischen Wellington und Picton wird von **Interislander** betrieben. Auf drei Fähren werden Passagiere, Autos und Fracht befördert. Fähren begeben sich in jeder

Der TranzAlpine auf der Kowai Bridge in der Nähe von Springfield

Ein Schiff der Reederei Interislander

Richtung fünfmal am Tag auf die dreistündige Fahrt zwischen den beiden Landesteilen. Die Route gehört zu den spektakulärsten Schiffsfahrten weltweit. Die Eindrücke von der umgebenden Landschaft sind kaum zu überbieten. An Bord gibt es Restaurants, Bars, Cafés, Kinderspielräume, Aussichtsdecks und Ruheräume. Darüber hinaus werden den Passagieren weitere Leistungen angeboten.

Die Fähren von **Bluebridge Cook Strait Ferry** fahren zweimal täglich und offerieren ihren Gästen einen ähnlich umfassenden Service. Daneben gibt es eine Reihe weiterer Anbieter, die den Fährverkehr in und um den Hafen von Auckland betreiben.

Buchungen für Interislander und Blueridge Cook Strait Ferry sind telefonisch, online oder in Agenturen in i-SITE-Besucherzentren *(siehe S. 345)* möglich. Es ist ratsam, die Fähren einige Zeit im Voraus zu buchen, besonders für die Schulferien und wenn Sie das Auto mitnehmen wollen. Manchmal gibt es aber auch kurzfristig noch Tickets.

Auf einen Blick

Bus

InterCity Coachlines
W intercity.co.nz

Kiwi Experience
W kiwiexperience.com

Magic Bus
W kiwiexperience.com/magic-bus

Newmans Coachlines
W intercity.co.nz/newmans-coachlines

Eisenbahn

KiwiRail Scenic Journeys
T 0800 872 467.
W kiwirailscenic.co.nz

Fähre

Bluebridge Cook Strait Ferry
T (04) 471 6188.
W bluebridge.co.nz

Interislander
T (04) 498 3302.
W interislandline.co.nz

Hauptrouten von Bussen, Eisenbahnen und Fähren

In Neuseeland kann man fast das ganze Land mit öffentlichen Verkehrsmitteln bereisen. Nur einige Regionen auf der Südinsel sind ohne Auto nicht erreichbar. Beachten Sie, dass auf folgenden Strecken keine Personenbeförderung möglich ist: Wellington nach Napier, Auckland nach Tauranga, Auckland nach Rotorua und Christchurch nach Invercargill.

Mit dem Auto unterwegs

Auch wenn öffentliche Transportmittel die Reise einfach machen – um das ländliche Neuseeland zu erkunden, ist das Auto das beste Fortbewegungsmittel. Wie sonst könnten Sie spontan anhalten, um einen Ausblick zu genießen oder ein Gasthaus zu besuchen. Außerhalb der Städte sind die Straßen nur selten überfüllt, in vielen Gegenden kaum befahren. Sie sind allgemein in gutem Zustand, obwohl auch die State Highways oft durch Gebirge führen. Mehrspurige Autobahnen gibt es nur im Einzugsbereich größerer Städte und zwischen Auckland und Hamilton.

An der Küste von Kaikoura verläuft der State Highway 1 parallel zur Bahn

Autofahren

Mit einem gültigen internationalen oder nationalen Führerschein darf man in Neuseeland bis zu zwölf Monate einen Wagen lenken. Der Führerschein muss jederzeit auf Verlangen vorgezeigt werden können.

In Neuseeland herrscht Linksverkehr. Entfernungsangaben sind in Kilometern, die Verkehrszeichen entsprechen dem internationalen Standard. Die Geschwindigkeitsbegrenzung liegt bei 100 km/h auf State Highways und Landstraßen, bei 50 km/h innerhalb geschlossener Ortschaften.

Geschwindigkeitsüberschreitungen werden in Neuseeland innerhalb und außerhalb von Ortschaften mit Radar überwacht und – je nach Höhe der Überschreitung – teuer bestraft.

Eine unterbrochene oder durchgezogene gelbe Mittellinie bedeutet, dass Überholen wegen unübersichtlicher Straßenführung verboten ist. Auf State Highways findet man regelmäßig Überholspuren.

Alkohol am Steuer wird in Neuseeland streng verfolgt. Als Fahrer kann man auch ohne besonderen Anlass jederzeit mit einem Alkomaten getestet werden. Die Alkoholgrenze liegt bei 0,5 Promille, für Fahrer unter 20 Jahren gilt ein komplettes Alkoholverbot. Die Polizei führt sowohl in Städten als auch auf dem Land häufig Zufallskontrollen durch.

Für Fahrer und Beifahrer herrscht Gurtpflicht – auch auf den Rücksitzen. Kinder unter fünf Jahren müssen in einem Kindersitz untergebracht werden.

Telefonieren am Steuer ist verboten.

Verkehrsunfälle, bei denen jemand verletzt wurde, müssen innerhalb von 24 Stunden der Polizei gemeldet werden.

Einspurige Brücke

Ein Navigationssystem erleichert das Autofahren sehr. Beachten Sie, dass die Einbahnstraßenregelung in Städten häufig wechselt. Vermeiden Sie möglichst den Berufsverkehr zwischen 7.30 und 9 Uhr sowie zwischen 16.30 und 18 Uhr, besonders in Auckland und Wellington. Aktuelle Verkehrsmeldungen bekommen Sie über die lokalen Radiosender *(siehe S. 351)*.

Versicherung

Die Mietpreise für Autos und Wohnmobile verstehen sich normalerweise einschließlich Versicherung gegen Unfall und Diebstahl. Allerdings ist die Selbstbeteiligung oft extrem hoch. Viele Verleiher bieten die Option »Excess Waiver« an, welche die Selbstbeteiligung gegen einen geringen Betrag relativ stark reduziert. Man kann auch eine Unfallversicherung für die Insassen abschließen. Wer unter 25 ist, zahlt höhere Prämien.

Parken

Probleme, einen Parkplatz zu finden, hat man nur in großen Städten. Dort kann die Suche nach einem Parkplatz durchaus längere Zeit in Anspruch nehmen. Die meisten Plätze sind kostenpflichtig, ob in Parkhäusern oder auf der Straße, wo man das Auto in Fahrtrichtung abzustellen hat. Zeitüberschreitung und Falschparken bringen Ihnen mit großer Wahrscheinlichkeit eine Geldstrafe ein. Falls Ihr Auto wegen Falschparkens abgeschleppt wird, müssen Sie sich mit der Polizei in Verbindung setzen. Beim Abholen wird die Geldstrafe sofort fällig.

Tanken

Die meisten neuseeländischen Fahrzeuge fahren mit Benzin, Jeeps und Wohnmobile oft mit Diesel. Der Sprit wird in Liter abgegeben, man bekommt bleifreies Normalbenzin *(regular unleaded)* und bleifreies Super *(premium unleaded)*.

Typische neuseeländische Tankstelle mit Selbstbedienung

Tankstellen heißen in Neuseeland »Service Stations«, viele von ihnen haben bis spätnachts, manche sogar 24 Stunden geöffnet. Selbst in kleinen Dörfern gibt es fast immer eine Tankstelle oder wenigstens einen Laden mit Zapfsäule. Diese Einrichtungen sind abends und am Wochenende jedoch meist geschlossen.

Pannenhilfe

Falls Sie mit dem Mietauto eine Panne haben, wenden Sie sich an die Verleihfirma. Sie wird sich umgehend um die Reparatur oder die Bereitstellung eines Ersatzwagens kümmern.

Die neuseeländische **Automobile Association** (AA) ist im ganzen Land vertreten, hat eine Niederlassung in jeder größeren Stadt und organisiert die Pannenhilfe. Die AA ist Partnerclub des ADAC und des ÖAMTC. Mitglieder dieser beiden Automobilclubs können unter Vorlage ihrer Mitgliedskarte Leistungen des AA in Anspruch nehmen. Dazu gehören u. a. kostenlose Pannenhilfe, Straßenkarten, technische Beratung und juristischer Beistand.

Auto- und Motorradverleih

Überall in Neuseeland werden Mietwagen angeboten, Firmen wie **Avis**, **Budget** und **Hertz** betreiben ein Netzwerk von Mietstationen. Kleinere Firmen sind vielleicht günstiger, aber oft weniger flexibel.

Die meisten Autoverleiher geben ihre Wagen ausschließlich an Personen über 21 Jahre. Grundsätzlich bevorzugen die Firmen Bezahlung per Kreditkarte.

Wenn Sie den Wagen in einem anderen Ort abgeben wollen, also nur »one way« fahren, ist es üblich, dass es mehr kostet.

Verleihfirmen für Motorräder bieten oft auch geführte Touren an oder helfen bei der Tourenplanung. **South Pacific Motorcycle Tours** ist in Christchurch ansässig. **New Zealand Motorcycle Rentals & Tours** hat Filialen in Christchurch und Auckland und bietet die Option, das Motorrad am jeweils anderen Ort abzugeben. Der Mietvertrag umfasst auch Bereitstellung eines Helms sowie Versicherungen, Pannenhilfe, Kartenmaterial und GPS.

Wohnmobilverleih

Eine beliebte Alternative bietet ein Wohnmobil (Campervan). Campingplätze gibt es überall in Neuseeland. Alle Fahrzeuge sind mit Kühlschrank und Gaskocher ausgestattet, luxuriösere Varianten bieten Dusche, Toilette und Mikrowelle. Die Preise sind nach Jahreszeit gestaffelt, im Sommer am höchsten, von Mai bis September am niedrigsten. Zu den größten Verleihern gehören **Kea Campers**, **Maui Rentals** und **Britz NZ**, alle haben Niederlassungen in Auckland, Christchurch und Queenstown. Bei der Miete müssen Sie eine (mitunter) hohe Kaution hinterlegen, die Kosten für die empfohlenen Versicherungen sind hoch.

Wohnmobil von Maui Rentals an der Küste von Auckland

Straßenzustand

In Anbetracht der ländlichen Struktur Neuseelands sind die Straßen in ausgezeichnetem Zustand. Allerdings findet man relativ wenige Autobahnen. Mittelstreifen mit Leitplanken sind nur auf den Autobahnen im Einzugsbereich größerer Städte üblich. Meist trennt nur eine durchgezogene Mittellinie die verschiedenen Spuren. Wegen des bergigen Geländes sind auch State Highways oft sehr kurvig. Viele Straßen zu schönen landschaftlichen Punkten oder Sehenswürdigkeiten sind nicht asphaltiert, z. B. die Straße, die zum Oparara Basin nördlich von Karamea *(siehe S. 238)* führt. Das Department of Conservation (www.doc.govt.nz) und die Automobile Association (AA) informieren über den Straßenzustand. Nutzen Sie diesen Service vor allem im Winter.

Auf einen Blick

Pannenhilfe

Automobile Association
📞 0800 500 222.
W **aa.co.nz**

Auto- und Motorradverleih

Avis
📞 0800 284 722.
W **avis.co.nz**

Budget Rent A Car
📞 0800 283 438.
W **budget.co.nz**

Hertz
📞 0800 654 321.
W **hertz.com**

New Zealand Motorcycle Rentals & Tours
W **nzbike.com**

South Pacific Motorcycle Tours
W **motorbiketours.co.nz**

Wohnmobilverleih

Britz NZ
W **britz.co.nz**

Kea Campers
W **keacampers.com**

Maui Rentals
W **maui.co.nz**

In Städten unterwegs

In ländlichen Regionen Neuseelands ist man als Reisender auf das Auto angewiesen. In Städten hingegen bewegt man sich am besten zu Fuß oder mit öffentlichen Verkehrsmitteln. Auckland, Wellington und Christchurch bieten Züge, Busse und Straßenbahnen, auch mit Taxis kommt man schnell voran. In Auckland, der größten Stadt des Landes, verbinden die öffentlichen Verkehrsmittel die großflächig verstreuten Sehenswürdigkeiten, die Attraktionen im Zentrum liegen in Gehweite. Das Stadtzentrum von Wellington ist kompakt, die Außenbezirke sind jedoch steil, was die Erkundung zu Fuß erschwert. Christchurch ist sehr flach und ideal zum Radfahren.

Busse

Auckland hat ein sehr dichtes Netz an Busverbindungen. Das **Britomart Transport Centre** *(siehe S. 77)*, Verwaltungssitz des öffentlichen Nahverkehrs, beherbergt eine täglich geöffnete Informationsstelle. Hinweise über Streckennetz, Fahrpläne, Gebühren und Routenvorschläge erhalten Sie auch im Internet (https://at.govt.nz/bus-train-ferry).

Das Stadtzentrum von Wellington wird von den wichtigsten Buslinien durchquert. Weitere Infos bietet die Website von **Metlink**.

Central Station – Metro ist das größte Busunternehmen in Christchurch. Leopard Coachlines, ein weiterer Anbieter, zählt einige mit Biodiesel betriebene Busse zu seiner Flotte.

Die Busse von **Connectabus** in Queenstown verbinden die Stadt mit ihrem Umland.

Historische Straßenbahn in Christchurch

Straßenbahn

Eine Fahrt mit Christchurchs historischer Straßenbahn ist ein absolutes Muss für Besucher. Leider wurde auch die Straßenbahnlinie durch das Erdbeben 2011 schwer beschädigt. Mittlerweile wurde die komplette alte Strecke wieder eröffnet. Ein Tram-Ticket kostet 15 NZ$ (Kinder unter 16 Jahre kostenlos).

Bus in Richtung Bahnhof, Wellington

Tickets

Einzel- oder Tageskarten für Busse kauft man beim Fahrer. Eine günstige Option für mehrtägige Aufenthalte in einer Stadt ist eine Zehnerkarte, die man in *Dairies* genannten Läden *(siehe S. 327)* und Zeitungskiosken erhält. Einzel-, Tages- und Zehnerkarten für Züge und Straßenbahnen bekommt man an Bahnhöfen und in den Zügen.

In Auckland und Wellington gibt es die »Snapper Card«, mit der man einen Preisnachlass von 20 Prozent auf Bustickets erhält. Mit dieser Karte – beziehbar über die Website von **Snapper** und in *Dairies* – kann man in einigen Läden auch bezahlen.

Christchurch bietet Inhabern einer Metrocard 30 Prozent Rabatt auf den kompletten Fahrpreis. Man bekommt diese Karte über die Website von **Metro** oder beim Central Bus Exchange.

Zu Fuß

Besonders schön (und umweltfreundlich) ist auch in Neuseeland die Erkundung von Städten zu Fuß. Beim gemütlichen Schlendern durch die Straßen macht man Entdeckungen, die einem bei der Fahrt mit öffentlichen Verkehrsmitteln verborgen bleiben.

Auckland wirkt wegen seiner Größe nicht unbedingt prädestiniert für Fußgänger. Im Zentrum kommt man zu Fuß aber gut zurecht. Auch Vororte wie Ponsonby, Newmarket und Parnell sowie die Stadtparks eignen sich gut für Spaziergänge. Tipps für Fußgänger liefert die Website von **Travelwise**.

In Wellington schrecken die steilen Hügel am Stadtrand manchen Fußgänger ab. Das **Greater Wellington Regional Council** erleichtert die Reiseplanung durch umfassende Informationen wie Entfernungen, Höhe der Anstiege etc.

Das Zentrum von Christchurch hingegen weist nur sehr geringe Höhenunterschiede auf. Queenstown ist idealer Ausgangspunkt für Touren in die Umgebung.

Taxis

Taxis findet man in allen Städten ohne größere Probleme. Sie werden von der **New Zealand Transport Agency** (NZTA) lizenziert. Telefonnummern der Anbieter finden Sie in den *yellow pages* der Telefonbücher. Auch das Hotelpersonal hilft Ihnen bei der Bestellung gern weiter. Taxistände gibt es an den Flughäfen, in Stadtzentren und in Einkaufsgegenden. Wellingtons **Combined Taxis** haben als einzige das CarboNZero-Zertifikat.

Rad fahren

Der Straßenverkehr in Auckland ist meist überaus dicht, trotzdem sind Fahrräder geeignete Verkehrsmittel zur Erkundung dieser Stadt. Ein zentral gelegener Verleih ist **BikeCentral** nahe dem Britomart Transport Centre. Die Website von Auckland Transport (https://at.govt.nz) zeigt neben Radwegen auch Routen, auf denen man sensible Bereiche umfahren kann. Auch Reparaturwerkstätten sind aufgelistet.

Die Hügel am Rand von Wellington stellen auch Radfahrer vor Herausforderungen. Das Greater Wellington Regional Council veröffentlicht einen Online-Stadtplan mit Darstellung des Geländes. Bekannte Verleihfirmen sind **Mud Cycles** in Karori und **Dirt Merchants** in Brooklyn.

Die flache Innenstadt von Christchurch mit vielen Fahrradwegen ist perfekt für eine gemütliche Stadtrundfahrt mit dem Rad. Eine Broschüre des **Christchurch City Council** zeigt die Radwege. Die Website von Metro listet Buslinien, in denen man Räder mitnehmen kann. Räder kann man u.a. bei **City Cycle Hire** mieten.

Führungen

Eine große Zahl von Veranstaltern bietet geführte Touren durch Auckland und Ausflüge mit dem Auto in die Umgebung an. Sehr gefragt sind die halb- oder ganztägigen Ausflüge von **NZ Tours & Travel**.

In Auckland, Wellington und Christchurch werden Spaziergänge mit Führer angeboten, bei denen man die Hauptsehenswürdigkeiten der jeweiligen Stadt kennenlernt. Buchungen erfolgen über die i-SITE-Informationszentren *(siehe S. 345)*. **Walk Wellington** organisiert zweistündige Spaziergänge durch das Zentrum der Stadt, im Sommer auch abends. Bei einer Führung mit **Zest Food Tours** lernt man einige Restaurants und Cafés kennen.

Die Bustouren von **Christchurch Tours** führen durch das Zentrum und erreichen auch Hafen und Strand.

Radfahrer auf der Südinsel

Auf einen Blick

Busse

Britomart Transport Centre
8–10 Queen St, Auckland.
T 0800 10 30 80 oder (09) 366 6400.
W **britomart.co.nz**

Central Station – Metro
46–50 Lichfield St, Christchurch.
T (03) 366 8855.
W **metroinfo.co.nz**

Connectabus
T (03) 3 441 4471.
W **connectabus.com**

Metlink
T 0800 801 700.
W **metlink.org.nz**

Straßenbahnen

Christchurch Tram
W **welcomeaboard.co.nz/christchurch-tram**

Tickets

Metro
W **metroinfo.co.nz**

Snapper
W **snapper.co.nz**

Zu Fuß

Greater Wellington Regional Council
W **gw.govt.nz**

Travelwise
W **travelwise.org.nz**

Taxis

Combined Taxis
T (04) 384 4444.
W **taxis.co.nz**

New Zealand Transport Agency
W **nzta.govt.nz**

Rad fahren

BikeCentral
3 Britomart Place, Auckland.
T (09) 365 1768.

Christchurch City Council
W **ccc.govt.nz**

City Cycle Hire
T 0800 343 848 oder (03) 377 5952.
W **cyclehire-tours.co.nz**

Dirt Merchants
42A Mitchell St, Brooklyn.
T (04) 831 1512.

Mud Cycles
T (04) 476 4961.
W **mudcycles.co.nz**

Führungen

Christchurch Tours
W **christchurchtours.co.nz**

NZ Tours & Travel
W **newzealandtours.travel**

Walk Wellington
W **wellingtonnz.com**

Zest Food Tours
W **zestfoodtours.co.nz**

Textregister

Seitenangaben in fett gedruckter Schrift verweisen auf den Haupteintrag

D

I

J

K

L

Q

R

Y

Z

Danksagung und Bildnachweis

Dorling Kindersley bedankt sich bei allen Personen, durch deren Arbeit und Unterstützung dieses Buch möglich wurde.

Autoren

Helen Corrigan arbeitete in Wellington als Autorin und Journalistin. Sie ist seit 2002 Pressesekretärin des neuseeländischen Parlaments.

Roef Hopman ist Public-Relations-Berater und freier Autor in Auckland. Der ehemalige Herausgeber von *Design Trends* schreibt für zahlreiche Publikationen und organisiert Public-Relations-Projekte für pazifische Länder.

Gerard Hutching hat sich als freier Journalist auf Naturgeschichte und Umwelt spezialisiert. Er veröffentlichte zahlreiche Bücher, sein Buch *The Natural World of New Zealand* wurde 1999 zum »Montana Book of the Year« in der Kategorie Umwelt gewählt.

Rebecca Macfie lebt in Christchurch und hat für ihre journalistische Arbeit mehrere Preise gewonnen. In ihren Hauptgebieten Politik und Wirtschaft schreibt sie für zahlreiche neuseeländische Zeitungen und Zeitschriften.

Geoff Mercer lebt in Hastings und hat für Tageszeitungen in Wellington und Hawke's Bay geschrieben. Heute beschäftigt er sich mit mündlich und schriftlich überlieferter Geschichte, schreibt Biografien und Beiträge für verschiedene Publikationen.

Simon Noble lebt in Nelson und engagiert sich auf den Gebieten der regionalen Natur, Geschichte und Kunst. Er ist Autor des Buches *The Treasured Pathway*, ein Führer auf den Spuren der Vergangenheit durch das nördliche Nelson und Marlborough.

Peter Smith lebt in Auckland als Künstler, Lehrer, Autor und Segler. Er war früher Leiter des Auckland College of Education.

Michael Ward ist Küchenchef und hat über 20 Jahre lang in der Nahrungsmittelindustrie gearbeitet. Er will die Welt mit neuseeländischen Speisen und Weinen bekannt machen.

Mark Wright lebt als freier Autor in Dunedin. Seine Arbeiten umfassen die Themen Reise, Technik, Gesundheit und Auto. Mark Wright schreibt auch Manuskripte für Funk und Fernsehen.

Zusätzliche Texte

Georgina Palffy; Simon Vita

Für Dorling Kindersley

Bildrecherche Rachel Barber, Marta Bescos, Sumita Khatwani, Ellen Root
Publishing Manager Kate Poole
Kartografie Casper Morris, David Pugh
Production Michelle Thomas
Publishing Director Gillian Allan
Revisions Editor Neil Lockley
Revisions Designers Mariana Evmolpidou, Supriya Sahai

Register

Kay Lyons

Ergänzende Fotografien

Peter Bush, Louise Goossens, Gerard Hindmarsh, Ian O'Leary, Rough Guides/Paul Whitfield

Design- und Redaktionsassistenz

Emma Anacootee, Lydia Baillie, Stuti Tiwari Bhatia, Sheeba Bhatnagar, Frances Chan, Rhiannon Furbear, Jenn Hadley, Christine Heilman, Gerard Hindmarsh, Brendan Hutching, Zafar ul Islam Khan, Bharti Karakoti, Tanya Mahendru, Hayley Maher, Sam Merrell, Kate Molan, Rakesh Kumar Pal, Scarlett O'Hara, Georgina Palffy, Helen Partington, Helen Peters, Marianne Petrou, Rada Radojicic, Alice Saggers, Susana Smith, Roseen Teare, Conrad Van Dyk, Deepika Verma.

Freundliche Unterstützung

Debbie Ameriks und Amelia Manson, Office of Treaty Settlements, Wellington; Tim Amos, Department of Conservation, Wellington; Lane Ayr, Bay of Islands Swordfish Club; Kate Banbury, Waitomo Glow Worm Caves New Zealand, Otorohanga; Jennifer Beatson, Latitude Nelson; Black's Point Museum, Reefton; Hughie Blues und Amanda Turner, Waikokopu Café, Waitangi; Julia Bradshaw, Lakes District Museum, Arrowtown; Linda Burgess, Wellington; Dennis Buurman, Ocean Wings; Elizabeth Caldwell, Arts Council of New Zealand; Cathedral Church of St Paul, Wellington; Alan Cooper, Geology Department, University of Otago, Dunedin; C.P. Group, Auckland; Croydon Aircraft Company, Gore; Jo Darby, Tourism Industry Association New Zealand; Carol Davidson, New Zealand Festival 2000; Department of Conservation Visitor Centres; Jenny Dey, Photosource New Zealand Ltd; Richard Doyle und Lisa Hoffman, Christchurch City Council; Far North Regional Museum, Kaitia; Tammy Fromont und Nineke Metz, Destination Northland Limited; Dianne Gallagher, New Zealand Mountain Safety Council Inc.; Jane Gilbert, Film New Zealand; Familie Gillooly, Farewell Spit Safari, Collingwood; Donna Gray, Abel Tasman National Park Enterprises; Lesley Grey und Sharon Pasco, Stewart Island Promotion Association; Frank Habicht, Paihia; Haoni Waititi Marae, Auckland; Lee Harris, Fiordland Travel Limited, Queenstown; Tania Harris, Waitangi National Trust; Christine Harvey, Whale Watch®, Kaikoura; Cameron Hill, Air New Zealand, Auckland; Hillary Commission; Barbara Hinkley und Suzanne Knight, Museum of New Zealand Te Papa Tongarewa; InterCity Coachlines; Anne Irving, City Gallery, Wellington; Peter Jackson, Blenheim; Jean Johnston, Wellington City Council; Kapiti Cheese; Kelly Tarlton's Underwater World and Antarctic Encounter, Auckland; Michael Liao, Kiwifruit Country, Te Puke; Fay Looney, New Plymouth; Peter McCleavey Gallery, Wellington; Ruth McGirr, Robert McDougall Art Gallery and Annex, Christchurch; Bill und Joan MacGregor, Lake Hawea; Robert McGregor, Art Deco Trust, Napier; Annabelle MacKenzie und Cathy Muker, New Zealand High Commission, Kuala Lumpur; Cathy Maslin, Key-Light Image Library; Heather Mathie und Betty Moss, Alexander Turnbull Library; Darryl May, Oamaru; Montana Marlborough Winery; Anita Moreira, Air New Zealand, Kuala Lumpur; Morven Hills Station, Oamaru; Museum of Caves, Waitomo; Newmans Coachlines; New Zealand Fighter Pilots Museum, Wanaka; Okarito Nature Tours, Westland; Old Mandeville Airport, Gore; Otago Early Settlers Museum, Dunedin; Sicherheitspersonal, Parliament House, Wellington; Libby Passau und Nick Turzynski, Hodder Moa Beckett Publishers Ltd; Jacky Payne; Penguin Place, Halbinsel Otago; Meng-Chong Phang, New Zealand Tourism Board, Singapur; Clive Ralph, Napier; Rewa's Village, Kerikeri; Chris und Phil Rose, Wairau River Wines; Royal Albatross Centre, Taiaroa Head; Russell Museum; Mary Sharrock, Ansett Airways, Australien; Jenny Shipley, MP, Wellington; Stone Store, Kerikeri; Annalese Taylor, New Zealand Tourism Board, Auckland; Judith Tizard, MP; Tourism Auckland Office; Tourism Industry Association New Zealand; Tranz Rail Ltd; Tom Van der Kwast, Picton; Andrew und Jeannie Van der Putten; Visitor Information Centres; Tim Warren, Visual Impact Pictures Ltd; Konzertmitarbeiter, Whakarewarewa Thermal Village, Rotorua; Whangarei Museum of Fishes; Dr. Rodney Wilson, Auckland War Memorial Museum; Jane Wynyard, The Royal New Zealand Ballet.

Fotografien

Der Verlag bedankt sich bei folgenden Personen und Institutionen für ihre Unterstützung und die freundlicherweise gewährte Erlaubnis zum Fotografieren:

Graham Abbott, Hanmer Springs Thermal Reserve; Art and Gourd Gallery, Golden Bay; Ashford Craft Village, Ashburton; Auckland International Airport; Auckland Zoological Gardens; Avis, Auckland International Airport; Babich Winery, Auckland; Grant Barron, Olveston House, Dunedin; Café de Paris, Hokitika; Canterbury House Vineyards, Waipara; Christ Church Cathedral, Christchurch; Dr. Fiona Ciaran, Aigantighe Art Gallery, Timaru; Claphams National Clock Museum, Whangarei; Coal Town Museum, Westport; Dargaville Maritime Museum; DFS Galleria, Auckland; Driving Creek Railway and Potteries, Coromandel; Dunedin Public Art Gallery; Dunedin Railway Station; The Edwin Fox, Picton; Ana Foreman, Weta Shop, Coromandel; Gibbston Valley Winery, Queenstown; Lindsay Hazley, Southland Museum and Art Gallery, Invercargill; Helen und Ross Ivey, Glentanner Station; Kevin Judd, Cloudy Bay; Steve Jones, Science Centre, Manawatu Museum and Art Gallery, Palmerston North; Kauri Kingdom, Kaitaia; Stuart Landsborough's Puzzling World, Wanaka; Left Bank Art Gallery, Greymouth; Familie Le Brun, Blenheim; Malcolm McLaughlan und Peter Thornley, Icon Restaurant, Wellington; Māori Arts and Crafts Institute, Rotorua; Royce McGlashen,

Nelson; Matakohe Kauri Museum, Dargaville; Mountain Jade Greenstone Factory, Hokitika; Mt Bruce Wildlife Centre, Wairarapa; Mountford Vineyard, Canterbury; Museum of Transport and Technology, Auckland; Museum of Wellington City and Sea; New Zealand Automobile Association; New Zealand Rugby Museum, Palmerston North; North Otago Museum, Oamaru; Nigel und Teresa Ogle, Tawhiti Museum, Hawera; Outdoor Heritage, Newmarket; Out of New Zealand, Auckland; Parnell Fire Service; Parnell Police Station; Pegasus Bay, Canterbury; Provincial Council Buildings, Christchurch; Queenstown Rafting; Rainbow's End Adventure Park, Auckland; Rippon Vineyards, Wanaka; St John's Ambulance; St Paul's Cathedral, Dunedin; Shantytown, Greymouth; Sheraton Auckland Hotel; Shotover Jet, Queenstown; Southward Car Museum, Paraparaumu; Stockton Mine, Westport; Thames School of Mines and Mineralogical Museum; Tramway Museum, Paekakariki; Waiau Waterworks, Coromandel; Waipara Springs, Canterbury; Whakarewarewa Thermal Village, Rotorua; Whale Watch®, Kaikoura; Whanganui Riverboat Centre; Zambesi, Wellington.

Bildnachweis

o = oben; u = unten; l = links; r = rechts; m = Mitte; d = Detail.

Der Verlag bedankt sich bei folgenden Personen, Firmen und Bildbanken für die freundliche Genehmigung zum Abdruck ihrer Fotografien:

111 Emergency: Derek Quinn 346mlu.

Airbus Express: 353om. **AGL Aerial Imagery:** 43ur. **Alamy Images:** Rafael Ben-Ari 1m; Jon Bower New Zealand 12ul; Greg Balfour Evans 13u; Carpe Diem – New Zealand 156; Cephas Picture Library 200; Douglas Fisher 4m; Paul Grogan 113ol; Paul Thompson Images 311ol; Douglas Fisher 311ml; Frans Lemmens 20; Vincent Lowe 12or; Henk Meijer 346ml; North Wind Picture Archives 8–9; UrbanZone 351mlo; David Wall 62–63, 344ol; Wim Wiskerke 229ul; WinePix 211um. **Arbitrageur Wine Room:** Sarah Hunter 320ol. **Art Deco Trust:** 150ul.

Bay of Islands Swordfish Club: 107om, 107mlo. **Britomart Limited:** 74cla. **Peter Bush:** 37mr, 42mlu, 42ul, 42ur, 75or, 123mlu, 161ul, 331mr.

Cable Bay Vineyards: 308ur, 315or. **Christchurch and Canterbury:** 224or, 229ol, 229or. **Christchurch City Council:** 222. **Christchurch International Airport:** 35ol.**City Gallery, Wellington:** 168or.**Corbis:** All Canada Photos/Rolf Hicker 84–85; Peter Beck 310ml; Jami Tarris 180–181; Miz Watanabe 278–279.

Department of Conservation, Wellington: 195or, 223u. **Destination Northland Limited:** 100ml, 107mro, 112um.**Destination Wairarapa:** 176o. **Dreamstime.com:** Dirkr 11mr; Hugoht 15ur; Light & Magic Photography 244–245; Lucidwaters 109mru, 109ul, 346ul; Christopher Meder 270u; Millaus 24o; Christian Mueringer 14ul, 231or; Cloudia Newland 2–3, 116; Mohd Nadly Aizat Mohd Nudri 258; Dmitry Pichugin 58–59, 148–149; Uros Ravbar 338ol; Alexey Stiop 222; Jordan Tan 273or; Tupungato 13or, 226or, 230u; Mark Ward 15om. **Drylands Restaurant:** 322o.

Eagles Nest: 298ml, 301o, 303or.

Fiordland Travel Limited: 284or, 288–289 alle. **Fishbone Bar & Grill:** 324ol. **Food At Wharepuke:** 316ol.

The Gables: 317or. **Gantleys Restaurant:** 325om. **Gareth Eyres, Exposure:** 43ol, 45um, 46mr, 112m, 125r, 243mr, 275ur, 287or, 335ol, 336ol, 336u, 337o. **Getty Images:** Alexandre Cappi 361mr; Mark Daffey 25or; Paul Kennedy 130ol; Doug Pearson 104–105; Darryl Torckler 103ur, 190–191; Matthew Micah Wright 70. **Greater Wellington Regional Council:** 360ul. **Green Cabs:** 353um.

Hapuku Lodge & Tree Houses: 345ol. **The Hermitage, Mt Cook:** 256or, 256mlu. **Herzog Winery & Luxury Restaurant:** 308ml. **Gerard Hindmarsh:** 274ol, 301m. **Hodder Moa Beckett Publishers Ltd:** 37ul. **The Huka Retreat:** 304ol. **Hundertwasser Archive, Wien:** Richard Smart 111mo.

Interislander: 357ol.

Kapitea Ridge: 306ol. **Kauri Cliffs:** 299ur, 302um. **Key-Light Image Library:** Andy Belcher 147mru; Nic Bishop 248ul, 277mo; Gary Bowering 41um; Brian Chudleigh 198or; Richard Cory-Wright 123ur; Brian Enting Photography 27ol, 51ul, 68ur, 146mlu; Tim Hawkins 256um; Caroline Hobbs 243mro; Warren Jacobs 26–27, 30or, 187ur, 276ml, 339ol; Peter Laurenson 187mru; Geoff Mason 68or, 199ur, 251ml, 334ul, 354um; Graham Meadows 38um; Michael Pole 38or; Graham Radcliffe 46ul, 177ur, 356ur; Andy Radka 30ml; Ron Redfern 335m; Peter Reese 294ml; Nick Servian 34ur, 34–35m, 38ur, 169or; James White 38mlu. **Kokako:** 314ul. **Kiwifruit Country:** 133or.

Lakes District Museum: 283m. **Holger Leue:** 26ur, 30mr, 31ul, 38mlo, 38–39m, 53um, 69mr, 69ur, 72ml, 77mlu, 78ol, 79ul, 81or, 82ur, 87um, 93o, 96ul, 117u, 124ml, 126um, 131ur, 134or, 135mru, 147mro, 194or, 194mlo, 198–199m, 231ur, 236ol, 248ur, 256mlo, 257ol, 271m, 276ur, 281m, 282or, 284ur, 286or, 286mr, 286ul, 287ml, 287u, 292ml, 292um, 293ur. **Logan Brown Restaurant & Bar:** 321ol. **Rob Lucas:** 28ul, 28um, 28ur, 29mlo, 29ul, 29mru, 276ol, 287mr.

Magic Travellers Network: 356mlo. **Marsden Estate:** 316ur. **Maui, New Zealand:** 300ur. **Darryl May:** 272ol, 272mlo, 272mlu, 273mo, 273mo. **McCormick House:** 305um. **Robert McDougall Art Gallery and Annex:** 36ul. **Mission Estate Winery:** 318ur. **Rod Morris:** 28mlu, 28mu, 28mru, 29ol, 29or, 29ml, 29mr, 29ol, 51mr, 93m, 196or, 196ml, 196ul, 196ur, 249mr, 255ml, 270or, 276ul, 293mr, 295ol. **Morrison Street Café:** 322um. **Museum of New Zealand Te Papa Tongarewa:** 33ul, 34ul, 35ol, 35mr, 37ol, 50or, 50um, 51mro, 55mu, 61ul, 170or, 170mlo, 170ul, 171ol, 171mr.

Napier City Council: 152or. **National Party Office:** 57um. **Nelson Tasman Tourism:** 14or, 23u, 201u, 219ol. **New Zealand Festival 2000:** 160mlu, 160–161m, 331ol. **The New Zealand Herald:** 22u, 57or, 121ul, 161om. **NZTA:** 360m.

Office of Treaty Settlements: 57ml.

Lloyd Park: 27ur, 39ul, 39um, 194–195m, 195ur, 251mro, 251mr. **Pescatore Restaurant:** 323ur. **Pete's Farm Stay:** 300ol. **Photosource New Zealand Ltd:** 39ml, 39mr, 39mlu, 42mo, 43mlu, 43mlu, 44ul, 47m, 47u, 66ml, 113mro, 123ul, 125ol, 165ml, 186or, 186ul, 197or, 198ur, 199ol, 242ml, 249ol, 257mr, 285mr, 339mr.

River Restaurant and Vineyard: 319ur. **Riverstone Kitchen:** 324um. **The Royal New Zealand Ballet:** 94mr, 161ur.

Satori Lounge: 319ol. **Scenic Hotel Group:** 307ul. **Sky City Auckland Limited:** 78ol. **Stewart Island Promotion Association:** 292ol. **SuperStock:** Age Fotostock 98, Charles O. Cecil 184ml, Ignacio Palacios 340–341; Travel Library Limited 208–209.

Te Manawa Museums Trust: Andrew Blayney 179 alle. **Terrôir Restaurant at Craggy Range:** 318ol. **Tourism Auckland:** 75mr, 88u. **Tourism Dunedin:** 264ul, 268ul. **Tourism New Zealand:** 60ul, 61ur, 64mlo, 99u, 193or, 338ul, 359um. **Tourism Northland:** 102ol, 107ur, 114mr; Fullers Great Sights Bay of Islands 101ol. **Tourism Transport Ltd:** 353mu. **Tourism West Coast:** 242or. **Alexander Turnbull Library:** 22m, 34or, 35or, 35u, 37ur, 40ml, 48, 49ul, 50ml, 50ul, 50mlo, 51om, 51ur, 52ol, 52m, 52ul, 52ur, 53ur, 54or, 54mlu, 54ul, 55m, 55um, 55ur, 56ol, 56mlu, 56mu, 66ol, 66ul, 66–67m, 67ol, 67mr, 89um, 141ur, 175ur, 230mr, 239ml.

Visual Impact Pictures Ltd: 30ul, 31mr, 31ur, 32or, 39mro, 39mru, 39mlo, 43mo, 44mr, 82or, 107ul, 113mru,121mlo, 127ul, 132ul, 146or, 194mlu, 195ol, 199ul, 218or, 250ol, 295mr.

Wai Restaurant: 325u. **Wairau River Wines:** 211mr. **Waitangi National Trust:** 45mr, 100ur, 108ml, 108ul, 109ol. **Wellington City Council:** 91ur, 160ur. **Dr. Kim Westerskov:** 107mru, 153ur, 197ol, 197mr, 197mlu. **Westpac Limited:** 348ml. **Whale Watch®, Kaikoura:** 213mlo. **Women's Golf New Zealand:** 43or.

Innere Umschlaginnenseiten

Alamy Images: Carpe Diem – New Zealand Ror; Cephas Picture Library Rmr.

Dreamstime.com: Cloudia Newland Lml; Mohd Nadly Aizat Mohd Nudri Rur; Alexey Stiop Rum.

Getty Images: Matthew Micah Wright Lol;

SuperStock: age fotostock Lom.

Umschlag

Cover und Buchrücken o – **Robert Harding Picture Library:** Jochen Schlenker.

Literaturhinweise

Kunst und Kultur

Contemporary Painting in New Zealand Dunn, M., Craftsman House, Auckland 1996.
Dream Collectors: 100 Years of Art in New Zealand Wedde, I., Walsh, J. und Johnson, A., Te Papa Press, Wellington 1998.
A History of New Zealand Architecture Shaw, P., Hodder Moa Beckett, Auckland 1998.
Looking for the Local: Architecture and the New Zealand Modern Clark, J. und Walker, P., Victoria University Press, Wellington 2000.
Mau Moko: The World of Maori Tattoo Te Awekotuku, N. & Nikora, L. W., Penguin, Auckland 2007.
New Zealand Pottery: Commercial and Collectable Henry, G., Reed Publishing, Auckland 2000.
Old New Zealand Houses 1800–1940 Salmond, J., Reed Publishing, Auckland 1998.
100 New Zealand Craft Artists Schamroth, H., Godwit, Auckland 1998.
100 New Zealand Paintings Brown, W., Godwit, Auckland 1997.

Erzählungen

Believers to the Bright Coast O'Sullivan, V., Penguin, Auckland 1998.
The Best of Katherine Mansfield's Short Stories Mansfield K., Random House, Auckland 1998.
The Best of Owen Marshall Marshall, O., Random House, Auckland 1997.
The Bone People Hulme, K., Picador, Auckland 1986.
Land of the Long White Cloud: Maori Myths, Tales and Legends Kanawa, K. T. und Foreman, M., Penguin, Auckland 1997.
The Matriarch Ihimaera, W., Reed Publishing, Auckland 1996.
Mister Pip Jones, L., Penguin, Auckland 2006.
Once Were Warriors Duff, A., Tandem Press, Auckland 1990.
100 New Zealand Poems Manhire, B. (Hrsg.), Godwit, Auckland 1994.
Plumb Gee, M., Penguin, Auckland 1981.
Potiki Grace, P., Penguin, Auckland 1986.
Reconnaissance Kassabova, K., Penguin, Auckland 1999.
Season of the Jew Shadbolt, M., David Ling Publishing, Auckland 1988.
Skylark Lounge Cox, N., Victoria University Press, Wellington 2000.

Geografie und Geologie

Aotearoa and New Zealand: A Historical Geography Grey, A., Canterbury University Press, Christchurch 1995.
Awesome Forces: The Natural Hazards That Threaten New Zealand Campbell, H. und Hicks, G., Te Papa Press, Wellington 1998.
Contemporary Atlas of New Zealand Kirkpatrick, R., David Bateman, Auckland 1999.
Historical New Zealand Atlas Malcolm McKinnon und andere (Hrsg.), David Bateman, Auckland 1997.

Geschichte und Politik

A Concise Encyclopaedia of Maori Myth and Legend Orbell, M., Canterbury University Press, Christchurch 1998.
The Discovery of Aotearoa Evans, J., Reed Publishing, Auckland 1998.
Historical Dictionary of New Zealand Jackson, K. und McRobie, A., Addison, Wesley, Longman, Auckland 1996.
Making Peoples: A History of New Zealanders from Polynesian Settlement to the End of the 19th Century Belich, J., Penguin, Auckland 1996.
New Zealand, the Story So Far: A Short History Bohan, E., Harper Collins, Auckland 1997.
The Oxford History of New Zealand Oliver, W. H. (Hrsg.), Oxford University Press, Wellington 1981.
Penguin History of New Zealand King, M., Penguin, 2003.
Politics in New Zealand Mulgan, R., Auckland University Press, Auckland 1997.
The Treaty of Waitangi Orange, C., Bridget Williams Books, Wellington 1991.

Naturkunde

A Field Guide to the Alpine Plants of New Zealand Salmon, J., Godwit, Auckland 1999.
Field Guide to the Birds of New Zealand Heather, B. und Robertson, H., Viking, Auckland 1996.
Game Animals of New Zealand Roberts, G., Shoal Bay Press, Blenheim 1998.
Ghost of Gondwana Gibbs, G., Craig Potton Publishing, Nelson 2006.
Kiwi: New Zealand's Remarkable Bird Peat, N., Godwit, Auckland 1999.
Native Trees of New Zealand Salmon J., Reed Publishing, Auckland 1996.
Natural History of New Zealand Bishop, N., Hodder and Stoughton, Auckland 1992.
The Natural World of New Zealand Hutching, G., Viking, Auckland 1998.

Sport und Aktivurlaub

Bird's Eye Guide: Tramping in New Zealand Barnett, S., Craig Potton Publishing, Nelson 2006.
Classic New Zealand Mountain Bike Rides Kennett, P., Kennett, S. und Kennett, J., Reed Publishing, Auckland 1998.
Classic Walks of New Zealand Potton C., Craig Potton Publishing, Nelson 1997.
New Zealand: Pure Adventure McLennan, C., David Bateman, Auckland 1999.
A Tramper's Guide to New Zealand's National Parks Burton, R. und Atkinson, M., Reed Publishing, Auckland 1998.

Glossar

Kultur

Aotearoa: Māori-Name für Neuseeland, wörtlich »Land der langen weißen Wolke«
haka: Kriegstanz und -lied, von Männern aufgeführt *(siehe S. 34)*
hangi: Mahlzeit, die in einem Lehmofen zubereitet wird, in dem Steine die Hitze halten *(siehe S. 141)*
hongi: Begrüßung durch Berühren der Nasen. Wenn Menschen *hongi* betreiben, vermischt sich ihr *hau*, die Lebensessenz
iwi: Stamm, Volk. Ein *hapu* ist ein Unterstamm, *whanau* die erweiterte Familie
kai: Essen, oft in Kombination mit einem anderen Wort; *kai moana* bedeutet »Essen aus dem Meer« *(siehe S. 113)*
kete: Geflochtener Korb aus Flachsfasern, *Kiekie-* oder *Pingao*-Pflanzen *(siehe S. 35)*
mana: Autorität, Ruhm, Charisma, psychische Kraft
maori: Normal, seit dem 19. Jahrhundert von den Ureinwohnern benutzt, um sich von *pakeha* (fremd, anders) zu unterscheiden
Maoritanga: Māori-Kultur
marae: Versammlungsplatz, offener Platz vor dem Versammlungshaus des Dorfes. Hier finden wichtige Treffen, Begräbnisse und Veranstaltungen statt *(siehe S. 120)*
mere: Flache Kriegswaffe aus Jade, die geschätzteste Waffe
moko: Tätowierungen im Gesicht, auf Gesäß und Schenkeln der Männer sowie auf Lippen und Kinn der Frauen *(siehe S. 34)*
pa: Mit Palisaden befestigter Wohnort *(siehe S. 54)*
pakeha: Fremder, Mensch europäischer Abstammung
poi: Blätterball, der an einer Schnur befestigt und von den Frauen beim Tanz benutzt wird *(siehe S. 34f)*
tane: Mann, männlich
tangi: Begräbnis
taonga: Kulturelle Gegenstände wie Schnitzereien oder Webstoffe, die über Generationen weitergegeben werden
tapu: Heilig, geweiht, verboten, tabu
tiki: Von *heitiki*. Wertvolle Jadefigur, die um den Hals getragen wird. Ursprünge und religiöse Bedeutung sind unklar *(siehe S. 34)*
wahine: Frau, weiblich
waiata: Lieder. Es gibt viele Arten, z. B. *waiata tangi* (Klagelieder) und *waiata aroha* (Liebeslieder)
waka: Kanu. Meisterwerke sind die 30 Meter langen, geschnitzten *waka taua* oder Kriegskanus *(siehe S. 50f)*
whare: Haus. Man unterscheidet zwischen: *whare runanga* (Versammlungshaus) *(siehe S. 32)*, *whare whakairo* (Holzhaus mit Schnitzereien) und *whare puni* (Wohnhaus)

Geografie und Natur

kauri: Großer Waldbaum, der im Norden Neuseelands wächst *(siehe S. 28)*
kea: Ungewöhnlicher Bergpapagei, dessen Name von seinem Ruf stammt *(siehe S. 29)*
kiwi: Flugunfähiger Nachtvogel, der mit seinem langen Schnabel im Boden nach Würmern und Insekten sucht *(siehe S. 28)*
koru: Spirale, das Hauptmotiv der Māori beim Schnitzen; abgeleitet aus der Form des Farngewächses *koru*, bedeutet es »Erwachen, Wachstum, Freude« *(siehe S. 28)*
kumara: Süßkartoffel, aus Polynesien nach Neuseeland gebracht und dort zum Hauptnahrungsmittel geworden *(siehe S. 49)*
manuka: Strauchgewächs, auch als Teebaum bekannt, aus dem man Honig und Öl gewinnt. Das Öl besitzt antibakterielle Eigenschaften *(siehe S. 28)*
paua: Schwarze Muschel, die auch Abalone genannt wird; die Schale wird oft zu Schmuck verarbeitet *(siehe S. 329)*
pohutukawa: Baum mit weit ausladender Krone, der im Frühsommer rote Blüten trägt und auch »Weihnachtsbaum« genannt wird *(siehe S. 29)*
ponga: Baumfarngewächs
pounamu: Jade, der wertvollste Schmuckstein, der auch in Waffen verarbeitet wird. Er ist auf der Südinsel zu finden und diente den Māori zum Handel mit den Stämmen der Nordinsel *(siehe S. 241)*
Te Ika a Maui: Der Fisch von Maui, der Nordinsel
Te Wai Pounamu: Südinsel

Wörter und Sätze

Haere mai: Willkommen
Haere ra: Auf Wiedersehen (benutzt von der Person, die bleibt)
E noho ra: Auf Wiedersehen (benutzt von der Person, die den anderen verlässt)
Ka pai: Danke
Kia ora: Danke, viel Glück, Gesundheit
Tena koe: Hallo (zu einer Person)
Tena koutou: Hallo (zu mehr als drei Personen)
Kei te pehea koe: Wie geht's?
Kei te pai: Gut, danke

In Ortsnamen vorkommende Wörter

ao: Wolke
atua: Geist, Götter
awa: Fluss, Tal
hau: Wind
ika: Fisch
iti: klein
kai: Essen
kainga: Dorf
kare: plätschernd
manga: Strom, Fluss
manu: Vogel
maunga: Berg
moana: Meer, See
motu: Insel
nui: groß
one: Strand, Sand, Schlamm
papa: flach, breit
po: Nacht
puke: Hügel
puna: Quelle
rangi: Himmel
roa: lang
roto: See
rua: zwei, Höhle, flach
te: der, die, das
wai: Wasser
wero: Herausforderung
whanga: Bucht
whenua: Land

Straßenkarte
A
B
C
E
F
1
2
3
Tasmansee
NORDINSEL
Cape Reinga
North Cape
Halbinsel Aupori
Ninety Mile Beach
Doubtless Bay
Mangonui
Whangaroa
Matauri Bay
Kaitaia
Kerikeri
Bay of Islands
Waimate North
Waitangi
Russell
Kohukohu
Rawene
Kaikohe
Paihia
Opononi
Opua
Kawakawa
Omapere
Moerewa
Poor Knights Islands
Waipoua Forest
Whangarei
Matapouri
Tutukaka
Dargaville
Waipu
Mangawhai
Topuni
Great Barrier Island
Wellsford
Matakana
Warkworth
Port Jackson
Colville
Orewa
Helensville
Kumeu
Henderson
Devonport
Auckland
Coromandel
Piha
Firth of Thames
Whitianga
Titirangi
Hahei
Thames
Halbinsel Coromandel
Whangamata
Waihi
Mayor Island
Huntly
Katikati
Ngaruawahia
Raglan
Hamilton
Mount Maunganui
White Island
Tauranga
Te Puke
Cape Runaway
Pirongia Forest Park
Kawhia
Cambridge
Bay of Plenty
Te Awamutu
Lake Rotorua
Whakatane
East Cape
Otorohanga
Rotorua
Ohope
Waitomo Caves
Te Kuiti
Waikato
Opotiki
Tokoroa
Waimangu
Waiotapu
North Taranaki Bight
Orakei Korako
Wairakei
Te Urewera NP
Sugarloaf Islands
New Plymouth
Taumarunui
Lake Taupo
Taupo
Rangitaiki
Oakura
Lake Waikaremoana
Cape Egmont
Egmont NP
Inglewood
Turangi
Mt Taranaki/Egmont
Gisborne
National Park
Tongariro NP
Stratford
Opunake
Raetihi
Mt Ruapehu
Whanganui NP
Ohakune
Wairoa
Hawera
Waiouru
Hawke's Bay
South Taranaki Bight
Napier
Hastings
Cape Kidnappers

Doppel-Kanus
Die größeren Boote, die William Hodges, ein Künstler aus James Cooks Mannschaft, 1773 zeichnete, konnten bis zu 200 Menschen aufnehmen.

***Taro*-Pflanze**
Wenige polynesische Pflanzenarten haben im kälteren Klima Neuseelands überlebt. *Taro* wuchs, gedieh aber nicht gut und wurde zur Luxusspeise.

Kiore
Der *kiore* wurde aus Polynesien mitgebracht. Die Rattenart diente den ersten Māori-Siedlern als Nahrungsquelle, tötete jedoch viele einheimische Vögel.

Kanu-Regatta
Heute feiern die Māori das Erbe der ersten Entdecker und Siedler mit der Ngaruawahia-Regatta, die jedes Jahr auf dem Waikato River stattfindet *(siehe S. 120)*.

Legende von Maui
Eine Tuschezeichnung (1907) von Wilhelm Dittmer zeigt die Legende von Maui, einem polynesischen Gott, der laut Sage die Nordinsel am Angelhaken aus dem Meer fischte.

Abel Tasmans Schiffe *Heemskerck* und *Zeehaen*

Tasman segelte an Van-Diemens-Land, dem heutigen Tasmanien, vorbei und erreichte am 13. Dezember 1642 Hokitika. Er notierte »eine große und hohe Landerhebung«. Die Mannschaften der *Heemskerck* und der *Zeehaen* hatten die Southern Alps gesichtet. Tasman wollte landen, doch die starke Brandung veranlasste ihn, weiter nach Norden zu segeln, wo er einen Ankerplatz fand – die heutige Golden Bay. Feindliche Māori rammten ein Beiboot der *Zeehaen* und erschlugen vier holländische Seefahrer. Die Holländer nannten die Bucht »Mörderbucht«, Tasman verließ die neuseeländischen Gewässer am 6. Januar 1643.

Abel Tasman

James Cook

Die Erforschung Neuseelands durch Europäer ruhte über 100 Jahre. Mochte es gute kommerzielle Gründe für einen Besuch geben – die feindliche Haltung der Māori sorgte für wenig Begeisterung. 1769 begab sich der Engländer James Cook auf eine wissenschaftliche Expedition in den Südpazifik. Beobachtet werden sollte der Durchgang des Planeten Venus durch die Sonne. Nachdem er das seltene Schauspiel auf Tahiti gesehen hatte, segelte Cook weiter nach Süden, bis er am 9. Oktober 1769 an der Ostküste Neuseelands landete.

Cooks Schiff, die *Endeavour*, war für diese Reise gut ausgerüstet – an Bord befanden sich sogar Botaniker und Künstler. Neben der Dokumentation wissenschaftlicher Funde war es Cooks Aufgabe, die Möglichkeiten des Landes für eine Kolonialisierung einzuschätzen. Als gut ausgebildeter Seemann zeichnete Cook die Küstenlinien exakt auf. Auf dieser ersten von insgesamt drei Reisen beanspruchte Cook Neuseeland für England. 1769 segelte eine französische Expedition unter Führung von Jean de Surville nur wenige Kilometer an Cook vorbei, ohne dass die Crews der Schiffe einander wahrnahmen.

Nach Cook kamen die europäischen Einwanderer nur zögerlich nach Neuseeland. Sie fanden Arbeit als Wal- und Robbenfänger oder als Holzfäller. Anfang 1800 wurde die Robbenjagd unrentabel, denn die Tierbestände waren nahezu ausgerottet. Auch die Zahl der Wale sank drastisch.

Vertrag von Waitangi

Die Auswirkungen der Besuche auf das traditionelle Māori-Leben waren enorm. Plötzlich waren die Māori Krankheiten wie Masern und Pocken ausgesetzt, ihre kriegerischen Instinkte wurden mit Waf-

1791 Erste Walfänger erreichen die Doubtless Bay, Northland

1814 Samuel Marsden errichtet die erste anglikanische Mission in der Bay of Islands

1821 Musketen-Kriege zwischen Māori-Stämmen

1831 Walfangstationen an der Cook Strait eingerichtet

1833 James Busby wird britischer Bürger

1750 **1800** **1820** **1830** **1840**

Das Schiff Endeavour

1769 James Cook betritt beim ersten seiner drei Besuche Neuseeland

1815 Erstes Kind eines weißen Siedlers geboren

1835 Unabhängigkeitserklärung von 34 Stammesführern unterzeichnet

1840 Britische Oberhoheit. Vertrag von Waitangi von 50 Führern unterzeichnet

Stammesfü

Das Haus des Vertragsabschlusses von Waitangi

fen befriedigt. In den 1820er Jahren kamen mindestens 20 000 Māori in den sogenannten Musketen-Kriegen zwischen verschiedenen Stämmen um. Viele Māori-Stämme drangen in benachbarte Gebiete ein, um sie zu annektieren.

Vertrag von Waitangi

Der Vertrag von Waitangi ist das Gründungsdokument Neuseelands, ein Abkommen zwischen der britischen Regierung und den Māori, das bis heute in Kraft ist. Als der Vertrag unterschrieben wurde, begriffen die meisten der unterzeichnenden Stammeshäuptlinge nicht genau, welche Implikationen das Dokument hatte. Die britische Krone in Person von Queen Victoria erhielt durch den Vertrag das Recht, Land zu kaufen, die Māori bekamen dafür alle Rechte und Privilegien britischer Bürger. Eine Vertragsklausel gestand ihnen »volles Besitzrecht über Ländereien, Wälder und Fischgründe« zu. Missverständnisse ergaben sich aus den zwei Sprachversionen des Vertrags (Māori und Englisch), die unterschiedlich interpretiert werden können. Die Streitigkeiten darüber dauern bis heute.

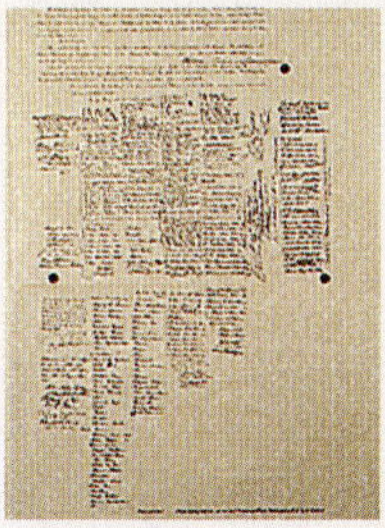

Vertragsunterschriften

Auch der Einfluss des Christentums löste Veränderungen aus. Der anglikanische Missionar Samuel Marsden gründete 1814 in der Bay of Islands die erste Missionsstation. Obwohl die Christianisierung der Māori zunächst schleppend voranging, hatte sich der christliche Glaube um 1840 relativ weit etabliert.

Zu dieser Zeit gab es ca. 115 000 Māori-Einwohner und nur 2000 europäische Siedler (Pakeha). Während einige Māori vom Handel mit den Europäern profitierten, nahmen die Fehden innerhalb der Stämme zu, immer mehr Land wurde durch die Europäer aufgekauft. So kam die Forderung auf, Königin Victoria solle Gesetze und Verordnungen erlassen. 1840 wurde der Vertrag von Waitangi unterzeichnet, in dem die Māori ihre Souveränität aufgaben und britische Staatsbürger wurden. Die Übersetzung in die Māori-Sprache brachte mit sich, dass verschiedene Stammesführer den Vertrag unterschiedlich interpretierten. Diese Missverständnisse blieben nicht ohne Folgen.

Neuseeländische Kriege

Im Gegensatz zu Australien, wo unter den ersten Einwanderern einige Strafgefangene waren, kamen viele Siedler Neuseelands als freie Menschen mit ihren Familien. Die New Zealand Company bereitete 1837 die Umsiedlung einer repräsentativen Auswahl der englischen Gesellschaft zu den neuseeländischen Inseln vor, in Wellington, Wanganui, Nelson, New Plymouth, Christchurch und Dunedin entstanden Siedlungen.

1844 Hone Heke zerstört britische Flagge und löst damit den »Krieg des Nordens« aus

1845

1848 Dunedin von schottischen ...onieren gegründet

1850

1850 Die Siedlung Canterbury durch englische Immigranten gegründet

1854 Erste Sitzung des neuen Parlaments

Goldnugget

1855

1860 Neuseeländische Kriege zwischen Māori und Europäern

1860

1861 Erster Goldrausch nach Funden in Tuapeka, Central Otago

Te Kooti

1865

1865 Wellington löst Auckland als Hauptstadt ab

1867 Māori bekommen vier Sitze im Parlament

Passagiere der Cressy nach der Landung in Port Lyttelton von William Fox (1851)

Nach der Unterzeichnung des Vertrags von Waitangi verliefen die Beziehungen zwischen Māori und Pakeha (weiße Siedler) mehrere Jahre lang relativ harmonisch. Gefechte brachen nur wegen der Landverteilung aus – bis 1860 in Waitara, Taranaki, ein kritischer Punkt erreicht war: Ein untergeordneter Führer des Stammes Te Ati Awa hatte der Regierung Land verkauft, ohne vorher die Genehmigung seines Stammes einzuholen – nach Māori-Recht Voraussetzung für den Umgang mit kommunalem Eigentum. Als der Stamm den Handel nicht akzeptierte, konterte die Regierung mit dem Einmarsch von Truppen und gewaltsamer Enteignung. Im Gegenzug stärkten die meisten nördlichen Stämme die Te Ati Awa und sorgten für eine Ausweitung der Auseinandersetzungen. Mitte der 1860er Jahre war der Höhepunkt der Feindseligkeiten erreicht, 20 000 britische Soldaten standen 5000 Māori-Kriegern gegenüber.

1868 gelang es zwei Anführern, Titikowarau im Westen und Te Kooti im Osten, eine Reihe von Schlachten zu gewinnen, durch interne Streitereien verloren sie jedoch die Unterstützung der Māori-Bevölkerung. 1869 endeten die Neuseeländischen Kriege. Landverkäufe waren jetzt an der Tagesordnung, viele geschahen unter Zwang. Das Ergebnis der Kriege: Die Regierung konfiszierte 12 000 Quadratkilometer Land. Der größte Teil wurde an »freundliche« Māori-Stämme, der Rest an Pakeha-Siedler übergeben.

Te Heuheus Altes Pa von Waitahanui am Lake Taupo von George F. Angas (1847)

Wirtschaftlicher Aufschwung

Nachdem 1861 erst in Otago und dann auch an der Westküste Gold gefunden wurde, war der Boden für die Industrialisierung der Südinsel geschaffen. Bis dahin hatte die Nordinsel dominiert.

Ende des 19. Jahrhunderts setzte ein wirtschaftlicher Aufschwung ein. Man baute das Eisenbahnnetz aus, installierte Telegrafenleitungen und unterstützte Einwanderer finanziell. In den 1870er Jahren verdoppelte sich die Bevölkerung. Gute Exportpreise für Wolle unterstützten die Wirtschaft. Auch technische Errungenschaften spielten für den

1869 Neuseeländische Kriege wegen Uneinigkeit der Māori beendet

1879 Wahlrecht für jeden Mann über 21 Jahre

1882 Erste Kühlschiffe verlassen Otago nach Großbritannien

1887 Tongariro National Park gegründet – der erste in Neuseeland

1893 Wahlrecht für Frauen (als erstes Land der Welt)

1907 Neuseeland wird Land des britischen Commonwealth

1870 | 1880 | 1890 | 1900 | 1910

Māori-Waffe

Frühes Transportmittel

Aufschwung eine Rolle: Im Jahr 1882 segelte ein Schiff von Otago nach Großbritannien, an Bord hatte es die erste Schiffsladung mit Gefrierfleisch.

Bald folgten soziale Reformen. 1893 sprach die liberale Regierung Frauen das Wahlrecht zu, 1898 führte sie eine nach Bedürftigkeit gestaffelte Rente ein – beides war in der ganzen Welt einmalig.

Kriegsjahre

Nachdem Neuseelands Bevölkerungszahl 1908 die Millionengrenze erreicht hatte, änderte sich der Status. Die ehemalige Kolonie Großbritanniens wurde zum Dominion im britischen Commonwealth.

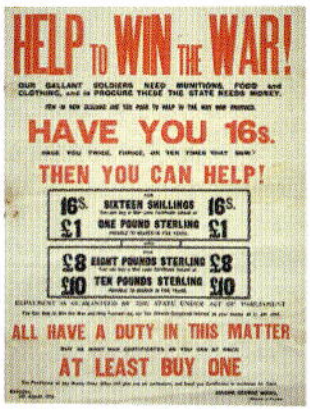

Plakat im Ersten Weltkrieg

Die Liberal Party errang aufgrund großer Erfolge in der Sozialpolitik (Einführung der Altersversorgung, Stimmrecht für Frauen, Verteilung von Großgrundbesitz) Ansehen im In- und Ausland. Ihre Vormachtstellung dauerte nur bis 1912, sie verlor nach und nach die Nähe zur Bevölkerung. Die politischen Parteien, die die Liberal Party ablösten – National Party und Labour Party –, bestimmen bis zum heute das politische Bild.

Der Erste Weltkrieg brachte einen markanten Einschnitt für die aufstrebende Nation. 1915 gründeten Neuseeland und Australien zusammen das Australian and New Zealand Army Corps (ANZAC). Als es der britischen Aufforderung nachkam, die bestens bewaffneten und gut platzierten türkischen Verteidigungstruppen auf der Halbinsel Gallipoli anzugreifen, wurden Tausende Soldaten im acht Monate währenden Kampf getötet. Seither wird am 25. April (Anzac Day) der Opfer gedacht, der Tag gilt vielen als eigentlicher Nationalfeiertag Neuseelands. Als kleines Land hatte Neuseeland enorm unter dem Krieg zu leiden. Von 110 000 Truppenmitgliedern fielen 16 697, 41 262 Soldaten wurden verwundet. Heute sehen viele Neuseeländer den Krieg und besonders Gallipoli als das Ereignis an, das den nationalen Charakter des Landes hervorgebracht hat.

Neuseeländischer Truppenverband auf der Hutt Road in der Nähe von Petone, Wellington, 1914

1914 Neuseeland tritt auf der Seite der Alliierten in den Ersten Weltkrieg ein

1915 Neuseeländische Truppen erleiden schwere Verluste in Gallipoli

1918 Ende des Ersten Weltkriegs

1920 Erste Feier des Anzac Day

1933 Elizabeth McCombs wird erste Abgeordnete

Elizabeth McCombs

1935 Labour Party gewinnt zum ersten Mal die Wahl

1936 Die neuseeländische Pilotin Jean Batten fliegt in Weltrekordzeit von England nach Australien

1936 40-Stunden-Woche eingeführt

Fabrikarbeiterinnen

1915 | 1920 | 1930 | 1935 | 1938

Camp für Arbeitslose in Akatarawa, Hutt Valley, in den 1930er Jahren

Die 1920er Jahre verliefen positiv, doch die Weltwirtschaftskrise machte auch vor Neuseeland nicht halt: 1932 herrschte Depression. Die erste Labour-Regierung, 1935 gewählt, führte das Land aus der Krise. Neuseeland bemühte sich um ein nach Einkommen gestaffeltes Gesundheitssystem und ein ausgeweitetes Programm für die Altersversorgung.

1939 wurde Neuseeland zum zweiten Mal im letzten Jahrhundert in einen Weltkrieg verwickelt. Premier Michael Joseph Savage ließ keinen Zweifel daran, wo die Loyalität des Landes zu liegen habe: »Wohin Britannien geht, gehen auch wir, wo es steht, stehen auch wir.«

Kleiderfabrik in Wellington in den 1940er Jahren

Neuseelands Soldaten dienten im Mittleren Osten, in Griechenland und in Italien, obwohl die größere Bedrohung für das Land von Japan ausging. Nach dessen Angriff auf Pearl Harbour (1941) setzte man die Truppen zunehmend im Pazifik ein, mit den USA wurden Bündnisse geschlossen. Amerikanische Soldaten waren während des Krieges auf Neuseeland stationiert, viele von ihnen heirateten dort. 1951 wurde die militärische Zusammenarbeit zwischen den USA, Australien und Neuseeland durch den Verteidigungspakt ANZUS bestätigt.

Ablösung von Großbritannien

Nach dem Krieg orientierte sich Neuseeland außenpolitisch an den USA, wirtschaftlich blieb es jedoch eng mit Großbritannien verknüpft. Als britische »Farm im Südpazifik« hatte Neuseeland leichten Zugang zu britischen Märkten, wo 1960 etwa 55 Prozent seiner gesamten Exporte landeten. Das fand ein Ende, als das Mutterland 1973 der EU beitrat und seine Prioritäten auf den europäischen Kontinent verlegte. Seither nimmt Großbritannien nur sechs Prozent der neuseeländischen Exporte ab. Neue Märkte mussten gefunden werden, z. B. in Asien: Hongkong, China, Japan, Taiwan und Südkorea stehen heute auf der Liste der wichtigsten Handelspartner Neuseelands.

Wie die westlichen Länder erfuhr auch Neuseeland in den 1960er Jahren Veränderungen, als die junge Generation gesell-

1939 Neuseeland kämpft im Zweiten Weltkrieg auf der Seite der Alliierten

Sir Edmund Hillary

1953 Sir Edmund Hillary besteigt den Everest mit Sherpa Tenzing Norgay

1965 Truppen nach Vietnam

1975 Waitangi-Tribunal zur Untersuchung der Māori-Ansprüche auf Land nach Konfiszierung

1940 | 1950 | 1960 | 1970

1947 Westminster-Statuten vom Parlament übernommen

1948 Protest gegen Ausschluss der Māori von der All Black Rugby Tour durch Südafrika

Holzfigur in Waitangi Marae

1961 Todesstrafe abgeschafft

1973 Fregatte nach Französisch-Polynesien als Protest gegen Atomtests

schaftliche Ordnungen infrage stellte. Die Entscheidung, die USA durch eine Truppe im Vietnamkrieg zu unterstützen, wurde vehement bekämpft, 1972 beendete die Labour-Regierung die Einberufung für Vietnam. 1973 schickte man eine Fregatte nach Französisch-Polynesien, um gegen die dortigen Atomwaffentests zu protestieren.

Mitte der 1970er Jahre, als der Anstieg der Ölpreise die Bevölkerung beunruhigte, wandten sich die Neuseeländer wieder der konservativen National Party unter Robert Muldoon zu. Später wurden die Wähler seiner interventionistischen Wirtschaftspolitik überdrüssig, 1984 stimmten sie für die linksliberal orientierte Labour Party unter David Lange. In den nächsten sechs Jahren erlebte Neuseeland viele Veränderungen, als Labour die Wechselkurse freigab, Handelsschranken abschaffte und Tarife aufhob. Gleichzeitig veränderten sich die Beziehungen zum Ausland: Neuseeland hatte immer eine strenge Anti-Atomwaffen-Politik verfolgt, 1985 teilte man den USA mit, dass mit Atomwaffen bestückte oder atomgetriebene Kriegsschiffe in neuseeländischen Häfen nicht mehr willkommen seien. Die USA kündigten ANZUS auf, im gleichen Jahr versenkten französische Saboteure in Auckland das Greenpeace-Schiff *Rainbow Warrior*.

Vertreter der Ngai Tahu und der Regierung unterzeichnen 1997 das Abkommen Deed of Settlement

Die *Rainbow Warrior* wird 1985 im Hafen von Auckland versenkt

Die National Party, die 1990 unter Jim Bolger (1997 gefolgt von Jenny Shipley) an die Macht kam, verfolgte weiterhin eine relativ rigide Wirtschaftspolitik. Viele Neuseeländer, durch unproduktive Verwaltungsakte desillusioniert, forderten ein Verhältniswahlrecht, das 1997 eingeführt wurde. Jenny Shipley wurde die erste direkt gewählte weibliche Premierministerin. Die Parlamentswahlen von 1999, 2002 und 2005 gewann die Labour Party unter Helen Clark, musste sich aber 2008 der National Party unter John Key geschlagen geben. 2011 konnte die regierende National Party ihre Führung noch weiter ausbauen. 2014 sicherte sich Key eine dritte Amtszeit.

Neuseelands Gesellschaft hat sich verändert: Einst bestand die Mehrheit der Bevölkerung aus Pakeha, heute ist Auckland die größte polynesische Stadt der Welt. Auch viele Asiaten haben sich in Neuseeland niedergelassen.

85 *Rainbow* *rior* versenkt

84 Labour y gewinnt Wahl

1987 Māori wird offizielle Sprache

1995 Neuseelands Team gewinnt America's Cup

2006 Māori-Königin Te Atairangikaahu stirbt nach 40-jähriger Herrschaft

2004 Peter Jacksons *Der Herr der Ringe* erhält elf Oscars

2008 John Key (National Party) wird Premierminister; Wiederwahl 2011 und 2014

2010 Erdbeben in Christchurch

2015 Das Rugby-Team wird nach 1987 und 2011 zum dritten Mal Weltmeister

2016 Bevölkerung von Neuseeland erreicht 4,5 Millionen

1990 | **2000** | **2010** | **2020**

Erster Kindergarten āori-Sprache

Proteste wegen South African y Tour

1990 National bildet Regierung

1990 Catherine Tizard als erste Frau Generalgouverneur

1997 Jenny Shipley erste Premierministerin

1997 Regierung gewährt Ngai-Tahu-Stamm Ersatz für konfisziertes Land

Jenny Shipley

2011 Christchurch wird von einem schweren Erdbeben heimgesucht

2011 Neuseeland ist Gastgeber des Rugby World Cup; das heimische Team wird Weltmeister

Der wunderschön türkis gefärbte Lake Tekapo, Canterbury *(siehe S. 254)* ▶

DIE REGIONEN NEUSEELANDS

Neuseeland im Überblick

Das im Südwesten des Pazifiks gelegene Neuseeland gehört zu den Ländern mit der geringsten Bevölkerungsdichte. Neuseeland ist ein Land der Gegensätze: der subtropische Norden und der gemäßigtere Süden, der feuchte Westen und der trockenere Osten, die Vulkane der Nordinsel und die vergletscherten Berge der Südinsel. Mächtige geologische Kräfte haben eine Landschaft geschaffen, die von Bergen, Hügeln, Seen und Flüssen geprägt ist. Damit wurde Neuseeland zum Paradies für Naturfreunde und Sportler. Die Schaf- und Rinderzucht wird noch immer auf großen Flächen betrieben, aber der Trend geht in Richtung Vielfalt. Im stärker besiedelten Norden liegt das Zentrum der Kultur der Māori und der pazifischen Inseln.

Einer der vielen Weinberge in Marlborough ***(siehe S. 210f)***

Pancake Rocks und »Blowholes« bei Punakaiki im Paparoa National Park ***(siehe S. 240)***

Das Canterbury Museum im gotischen Stil in Christchurch ***(siehe S. 230)***

Blick von den Remarkables auf Lake Wakatipu ***(siehe S. 280)***

Larnach Castle, eines der alten Herrenhäuser ***(siehe S. 270)***

Schnitzereien im Māori-Versammlungshaus der Waitangi Treaty Grounds *(siehe S. 108f)*

Boote im Yachthafen Westhaven von Auckland *(siehe S. 76)*

Der aktive Lady-Knox-Geysir – zu bestaunen im Wai-O-Tapu Thermal Wonderland *(siehe S. 144)*

Māori-Versammlungshaus im Museum of New Zealand Te Papa Tongarewa *(siehe S. 170f)*

Whitianga Harbour auf der Halbinsel Coromandel auf der Nordinsel *(siehe S. 129)* ▶

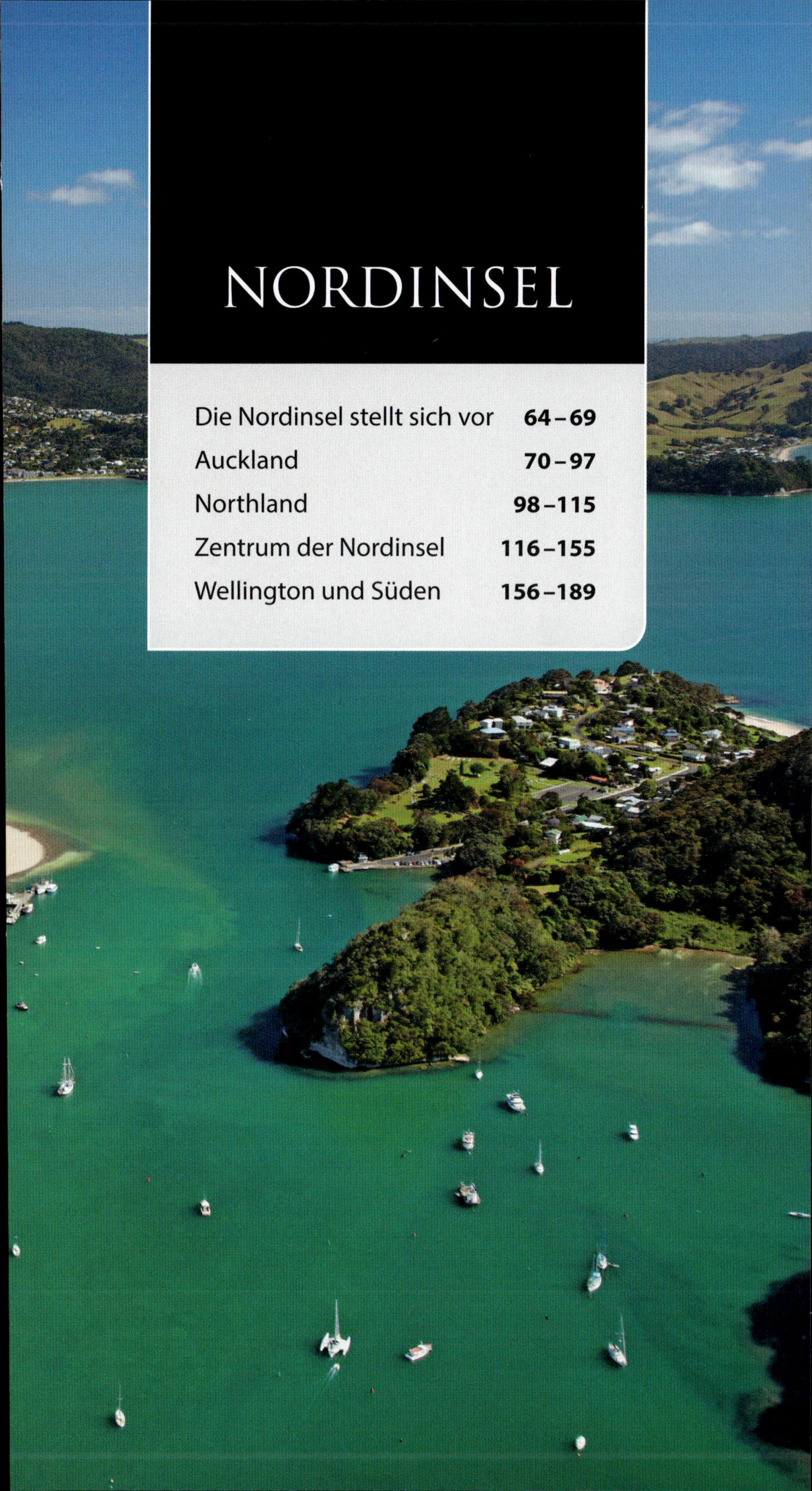

NORDINSEL

Die Nordinsel stellt sich vor

Dank der verschiedenen Klimazonen ist die Landschaft auf der Nordinsel vielseitig, vom »winterlosen« Norden bis hin zu den schneebedeckten Bergen des Central Plateau und den stürmischen Winden des Südens. Von Northland bis Taranaki im Westen und Hawke's Bay im Osten verleiht das Meer beiden Küsten einen unverwechselbaren Charakter. Die Nordinsel ist für ihre geothermalen Aktivitäten in Rotorua und dem Volcanic Plateau bekannt, in Northland ist das Land fruchtbar, mit Weiden, Obstgärten und Schafherden. Auckland, die größte Stadt des Landes, und die Hauptstadt Wellington befinden sich auf der Nordinsel.

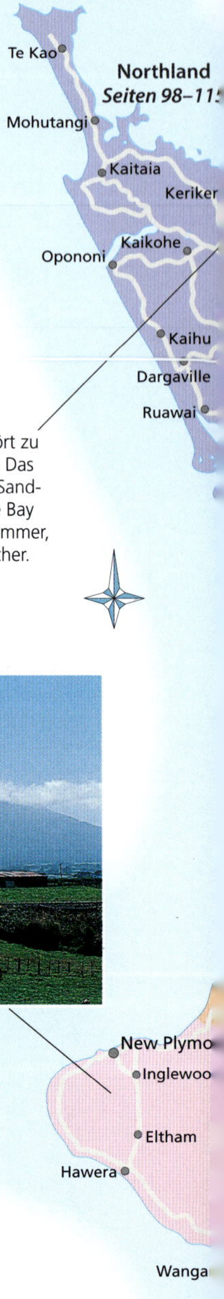

Die Bay of Islands *(siehe S. 106f)* gehört zu den schönsten Gebieten Neuseelands. Das warme, türkisblaue Meer, viel Sonne, Sandstrände und stille Buchten machen die Bay of Islands zu einem Paradies für Schwimmer, Taucher und Segler sowie für Sportfischer.

Mount Taranaki/Egmont *(siehe S. 186f)*, ein schlafender, schneebedeckter Vulkan, liegt im Zentrum der landwirtschaftlich reichen Region Taranaki und des Egmont National Park.

Im Parlamentsgebäude in Wellington *(siehe S. 162)* treffen unterschiedliche Architekturstile aufeinander. Der »Beehive«, der unter einer runden Kupferkuppel die Kabinettsbüros beherbergt, bildet einen Gegensatz zum eckigen Parlamentsgebäude aus Marmor, in dem das House of Representatives untergebracht ist.

Der Sky Tower *(siehe S. 79)* ist das markanteste Wahrzeichen Aucklands. Von den Aussichtsplattformen können die Besucher ein 360-Grad-Panorama auf die Stadt, den Hafen und die Inseln im Golf von Hauraki genießen.

Zur Orientierung

Das Bath House in den Government Gardens in Rotorua *(siehe S. 138)*, ein elegantes Gebäude im Tudor-Stil, gehört zu den am häufigsten fotografierten Gebäuden. Es wurde im Jahr 1908 als Thermalbad erbaut. Heute ist dort das einzigartige Rotorua Museum of Art and History untergebracht.

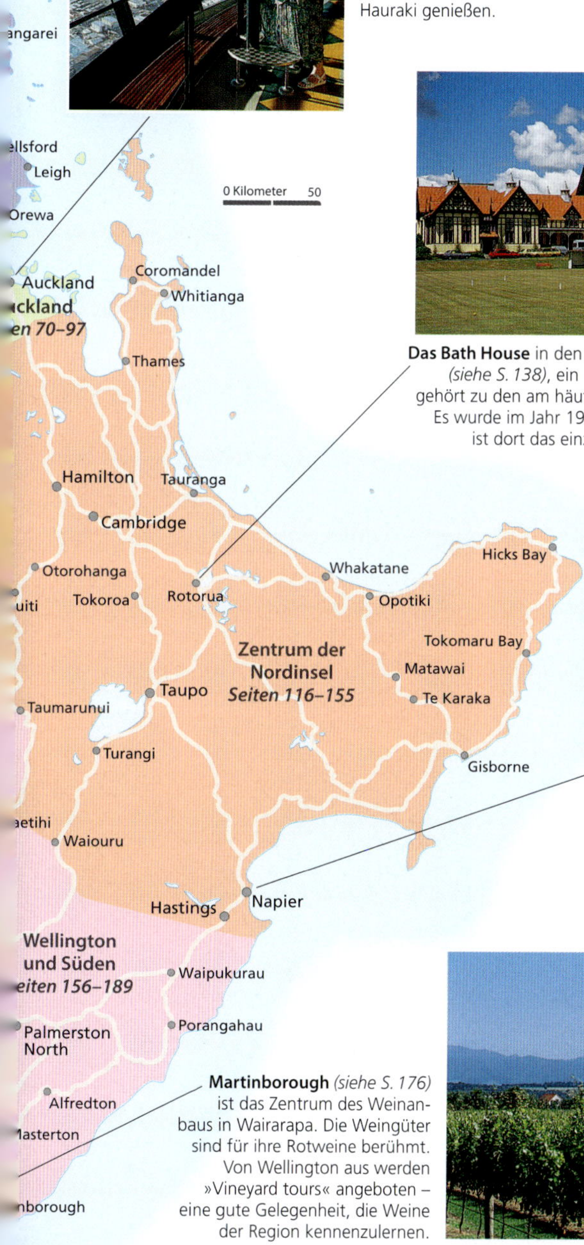

Napiers Art-déco-Gebäude *(siehe S. 150f)*, z. B. das Rothmans Building, wurden nach dem verheerenden Erdbeben im Jahr 1931 errichtet. Die Stadt liegt an der Hawke's Bay.

Martinborough *(siehe S. 176)* ist das Zentrum des Weinanbaus in Wairarapa. Die Weingüter sind für ihre Rotweine berühmt. Von Wellington aus werden »Vineyard tours« angeboten – eine gute Gelegenheit, die Weine der Region kennenzulernen.

Historisches Northland

Vor 700 bis 800 Jahren sollen die ersten Seefahrer aus Polynesien im Norden der Nordinsel angelegt haben, deshalb wird Northland auch als die »Geburtsstätte der Nation« bezeichnet. In Rangihoua gründete der erste Missionar, Samuel Marsden, im Jahr 1814 eine anglikanische Missionsstation. In Waitangi wurde 1840 der Vertrag von Waitangi unterzeichnet *(siehe S. 52f)*. Russell, die erste Hauptstadt Neuseelands, wurde 1840 gegründet. Hier haben auch die ersten Widerstandsbewegungen der Māori gegen die Briten ihren Ursprung.

Kemp House
Das Missionshaus (1821) gehört zu den ältesten Gebäuden Neuseelands. Es wurde 142 Jahre von der Familie Kemp bewohnt *(siehe S. 110)*.

Waipoa Bay, Moturoa Island
Hier legten Kapitän Cook (1769) und der Franzose Marion du Fresne (1772) an. Du Fresne vergrub eine Flaschenpost im Sand, in der Neuseeland zu französischem Besitz erklärt wurde. Die Flasche wurde jedoch nie gefunden.

Kauri-Bäume sind charakteristisch für Northland, aber viele Wälder wurden gerodet, besonders zwischen 1870 und 1910.

Holzfällen am Hokianga

Charles Heaphys Gemälde Ansicht des Kahu-Kahu, Hokianga River *(1839) hat die Holzindustrie am Hokianga River zum Thema. Die riesigen Kauri-Bäume waren ideal für den Schiffsbau und als Bauholz für Häuser.*

Hokianga Harbour gehörte zu den ersten Māori-Siedlungen. Kupe *(siehe S. 49)* brach von hier nach Hawaiki auf.

Russell, Bay of Islands
Die Stadt der Robbenjäger und Walfänger nannte man in den gesetzlosen Jahren nach 1800 »Hölle des Pazifiks« *(siehe S. 106)*.

Hongi Hika
Als der Māori-Häuptling 1820 bei einer Reise nach England König George IV begegnete, war er entschlossen, König von Neuseeland zu werden. Zu diesem Zweck führte Hongi Hika seinen Stamm, die Ngapuhi, gegen andere Stämme in den Krieg.

Kauri-Harz
Das in Farben und Lacken verwendete Harz von Kauri-Bäumen war bis zum Zweiten Weltkrieg ein wichtiges Exportprodukt aus Northland.

Pohutukawa
Dieser Baum hat einen festen Platz in der Mythologie der Māori. Sie glauben, dass die Geister der Toten ihre Reise in die Heimat auf Hawaiki an den Wurzeln eines Pohutukawa-Baumes in Cape Reinga beginnen.

Kauri-Baumstämme werden von einem Schiff geschleppt.

Kriegerhäuptlinge
Auf dem Bild sind Hone Heke mit seiner Ehefrau Harriet sowie Häuptling Kawiti zu sehen. Da er mit dem Vertrag von Waitangi nicht einverstanden war, gehörte er zu den ersten Führern, die sich gegen die Briten auflehnten.

***Pa* in Ruapekapeka**
Dieses *pa* gehört zu den größten Stätten, die jemals gebaut wurden. Im Jahr 1846 wurde es von britischen Truppen in einem Überraschungsangriff gestürmt. Die Māori rechneten nicht damit, an einem Sonntag, dem Tag der Ruhe, von den Briten überfallen zu werden.

Vulkanisches Zentrum

Von White Island im Nordosten bis zum Mount Ruapehu erstreckt sich die Taupo Volcanic Zone, zu der auch die geothermalen Stätten Rotoruas gehören. Hier, am Beginn des pazifischen »Ring of Fire«, hat das Aufeinandertreffen der Pazifischen und der Australischen Platte die Voraussetzung für eine der aktivsten vulkanischen Regionen geschaffen *(siehe S. 26)*. Die Pazifische Platte schiebt sich unter die Australische Platte, dabei schmilzt Gestein zu Magma. Viele Jahre später erreicht dieses als Lava wieder die Erdoberfläche. Vulkanausbrüche wie einige am Lake Taupo, bei denen Bimsstein 50 Kilometer in die Höhe geschleudert wurde, sind die Folge.

Mount Ruapehu
Der höchste Berg der Nordinsel ist das ganze Jahr schneebedeckt und weist acht Gletscher auf. Durch Vulkanausbrüche in den Jahren 1995 und 1996 verschwand der Kratersee.

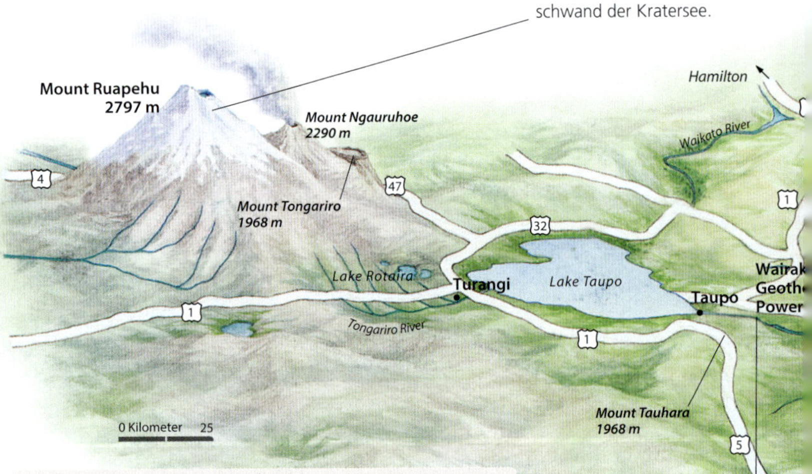

Drei Arten von Vulkanen

Man unterscheidet drei Arten von Vulkanen: erstens Vulkanfelder (z. B. in Auckland), bei denen nach jedem Ausbruch an verschiedenen Orten ein kleiner Vulkan entsteht, zweitens Kegelvulkane, bei denen aufeinanderfolgende Ausbrüche nahe einem Schlot einen großen Kegel bilden, der selbst ein Vulkan ist, sowie drittens Caldera-Vulkane, deren Ausbrüche oftmals so stark sind, dass die Oberfläche in den entstandenen Krater einstürzt. In der Taupo Volcanic Zone gibt es zurzeit drei aktive Kegelvulkane (Ruapehu, Ngauruhoe und White Island) und zwei Caldera-Vulkane (Taupo und Tarawera). Der Mount Ngauruhoe ist der Schlot für den angrenzenden Mount Tongariro.

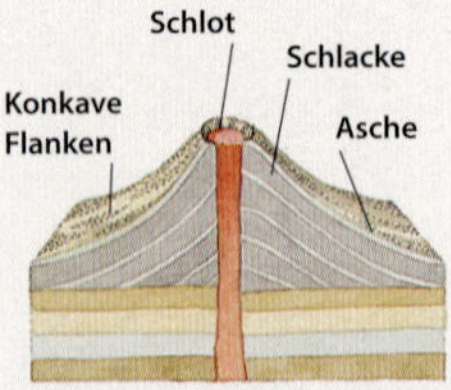

Kegelvulkan

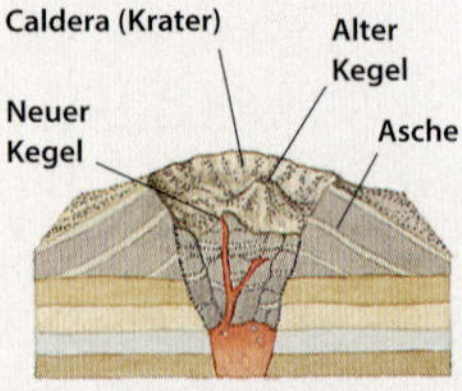

Caldera-Vulkan

Wairakei Geothermal Power Station
Über 60 Ausflussöffnungen hat das Rohrsystem, aus dem vom Vulkangestein erhitztes Wasser in Form von Dampf austritt.

Zur Orientierung

Pohutu-Geysir
Dieser Geysir, der bis zu 30 Meter hochschießen kann, ist einer der zwölf großen Geysire Neuseelands *(siehe S. 142f)*.

White Island
Ein Besuch (per Boot oder Hubschrauber) auf diesem Vulkan lohnt sich wegen seiner starken thermischen Aktivität *(siehe S. 134)*.

Taupo Volcanic Zone

Das Gebiet von White Island bis Ruapehu ist unter den fünf Vulkangebieten auf der Nordinsel das aktivste. Neben Vulkanen hat es eine Vielzahl weiterer Merkmale: Geysire, Schlammbecken, Flüsse, Seen und Wasserfälle. Die Region gehört zu Neuseelands faszinierendsten Besucherzielen.

Wai-O-Tapu
Der brodelnde und zischende Champagne Pool mit seinem ockerfarbenen Rand ist eine der vielen Attraktionen in Wai-O-Tapu *(siehe S. 144)*.

Mount Tarawera
Bei der Euption von 1886 bildete sich eine sechs Kilometer lange und 250 Meter tiefe Spalte. Die Pink und White Terraces wurden verschüttet *(siehe S. 141)*.

Auckland

Rund jeder dritte Neuseeländer lebt in und um Auckland. Die Stadt mit ihren 1,4 Millionen Einwohnern wächst schneller als jede andere Stadt in Neuseeland. Seit 1991 hat sich die Einwohnerzahl um etwa 20 Prozent erhöht, fast doppelt so stark wie im Landesdurchschnitt. In Auckland kann man das Stadtleben genießen, Strände und Wanderwege sind in einer Autostunde zu erreichen.

Bereits 1350 hatten sich Māori in der Gegend um Auckland niedergelassen. Stammeskriege und Epidemien zerstörten die Siedlungen, und als 1840 europäische Siedler kamen, war die Gegend beinahe menschenleer. Wegen seiner zentralen Lage, dem Hafen und dem fruchtbaren Boden wurde Auckland nach der Unterzeichnung des Vertrags von Waitangi *(siehe S. 52f)* dennoch zur Hauptstadt ernannt und löste Russell im Norden ab. Seit 1865 ist Wellington die Hauptstadt von Neuseeland.

Obwohl Auckland anfänglich keine wohlhabende Siedlung war, ließen es der Goldrausch und eine gesteigerte landwirtschaftliche Produktion im späten 19. Jahrhundert zur größten und am schnellsten wachsenden Stadt Neuseelands werden. Die Innenstadt wird seit Mitte der 1990er Jahre immer lebendiger, da manche Aucklander aus traditionellen Vorstadtvillen in die Apartments im Zentrum ziehen. Vulcane Lane, Viaduct Harbour, Wynyard Quarter, Britomart und Ponsonby wurden Szeneviertel mit Cafés, Bistros und edlen Restaurants. Der Einzelhandel und die Kunstszene haben sehr von diesem Trend profitiert.

Auckland ist auch attraktiv für die Nachbarn aus den anderen Pazifikstaaten und zudem die größte polynesische Stadt weltweit. Das Zusammenleben von Europäern, Māori, Polynesiern und Asiaten mit all ihrer kulturellen Vielfalt gibt der Stadt eine kosmopolitische Atmosphäre. Sie ist in der Fülle der landestypischen Läden und Lokale zu spüren und kann auch auf den regionalen Märkten, z. B. in Otara und Avondale, beobachtet werden.

Wellenreiten bei Piha *(siehe S. 90)* an der Westküste von Auckland

◀ **Der illuminierte Sky Tower *(siehe S. 79)* bei Sonnenuntergang**

Überblick: Auckland

Obwohl sich Auckland über mehr als 1000 Quadratkilometer erstreckt, sind viele Attraktionen der Innenstadt in der Nähe des Hafenviertels und der alten Parks gelegen. Von erloschenen Vulkanen wie dem One Tree Hill *(siehe S. 88f)* und von den Aussichtsplattformen des Sky Tower – unverkennbares Wahrzeichen der Stadt *(siehe S. 79)* – kann man einen herrlichen Panoramablick über die Stadt, den Hafen und die umliegenden Inseln genießen. Die Queen Street, die als die »Goldene Meile« Aucklands gilt, ist neben Ponsonby, Parnell und Newmarket eine der wichtigsten Gegenden für Unterhaltung und Shopping. Das Wasser trägt viel zum Zauber Aucklands bei, ein Ausflug nach Rangitoto oder zu einer anderen Insel im Hauraki-Golf ist ein Muss für jeden Besucher.

Yachten in der Westhaven Marina von Auckland *(siehe S. 76)*

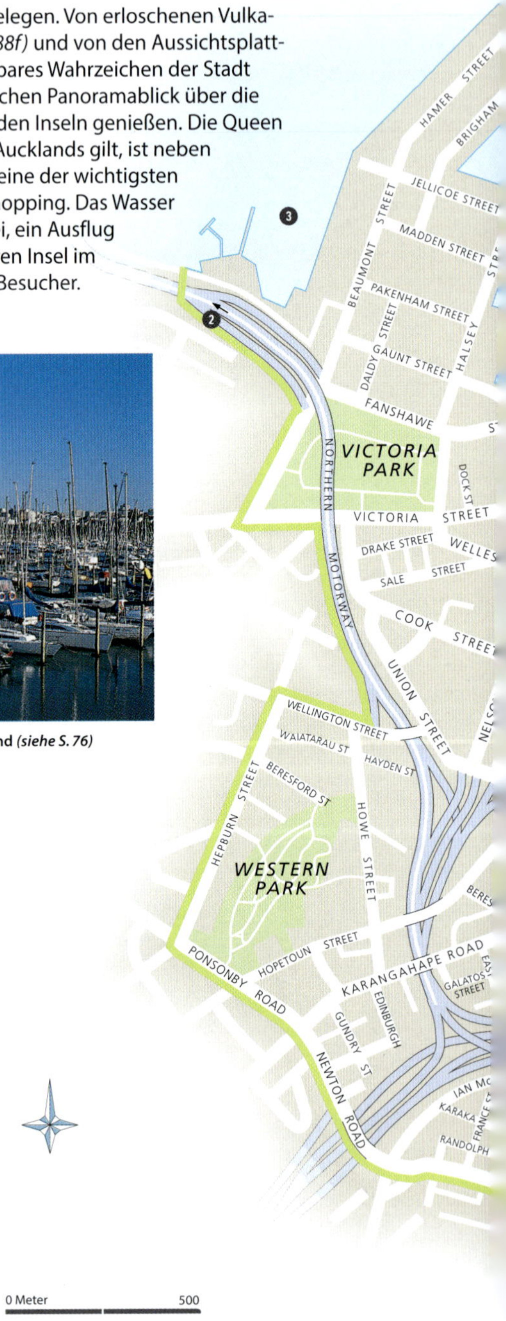

Sehenswürdigkeiten auf einen Blick

1. Waitemata Harbour
2. Auckland Harbour Bridge
3. Westhaven Marina
4. Viaduct Harbour
5. Voyager New Zealand Maritime Museum
6. Ferry Building
7. Britomart Transport Centre
8. Old Customhouse
9. SKYCITY Auckland
10. Aotea Square und Aotea Centre at Auckland Live
11. Auckland Town Hall
12. Sky Tower
13. Old Government House
14. Old Arts Building und Uhrenturm
15. Auckland Art Gallery
16. Auckland Domain und Winter Gardens
17. Auckland War Memorial Museum

Zeichenerklärung *siehe hintere Umschlagklappe*

In Auckland unterwegs

Die Innenstadt Aucklands ist kompakt, die meisten Sehenswürdigkeiten sind zu Fuß zu erreichen. Besucher können den Auckland Explorer Bus benutzen, der ab 9 Uhr alle 30 Minuten (im Winter stündlich) vom Ferry Building abfährt und an 14 Attraktionen hält. Hier gibt es Erklärungen auf Band in verschiedenen Sprachen. Auch zu den umliegenden Vororten verkehren Busse, es gibt aber auch Autobahnen und Schnellstraßen. Regelmäßige Fährverbindungen bringen Besucher und Einheimische zu den Inseln im Hauraki-Golf.

Inlineskater am Tamaki Drive *(siehe S. 86f)*

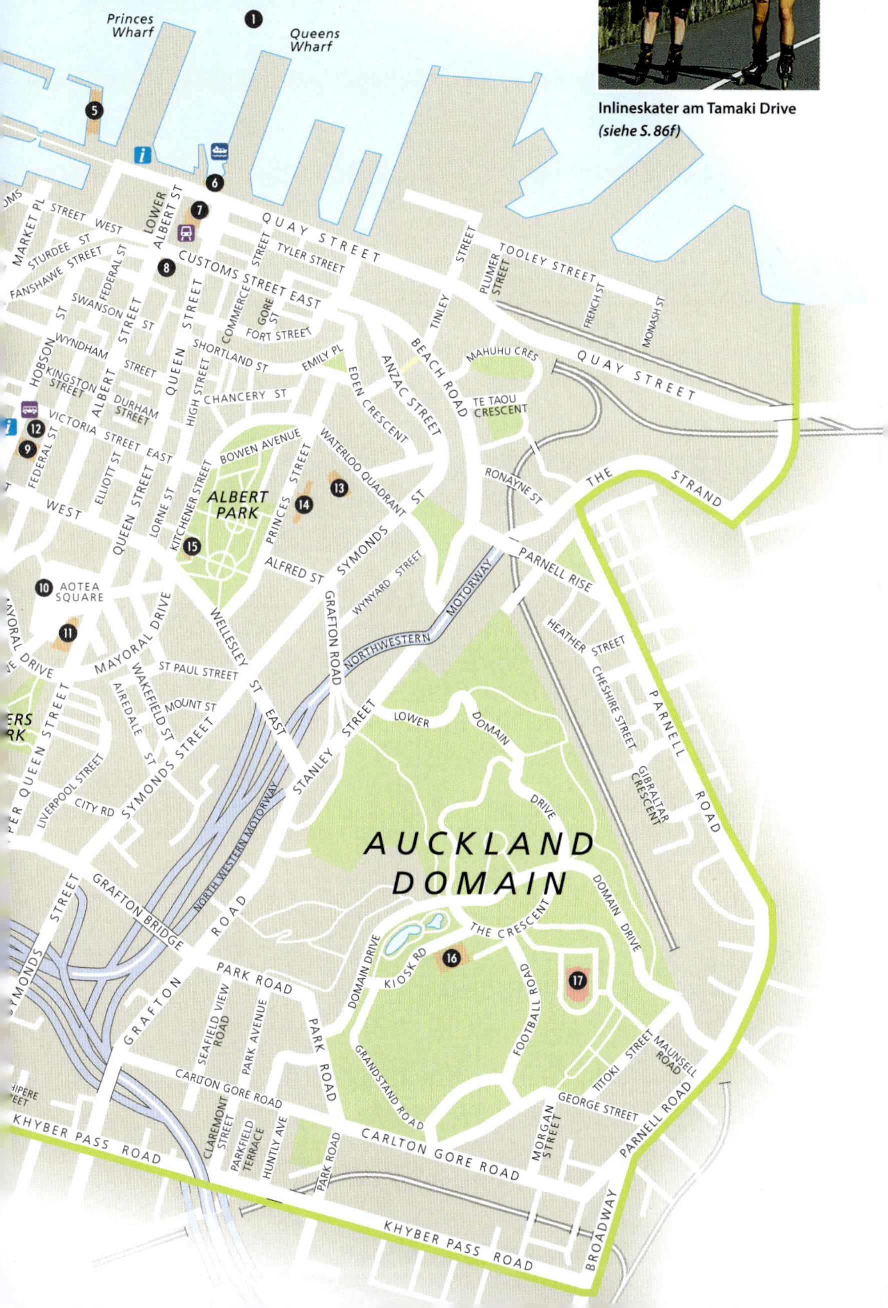

Im Detail: Hafenviertel

Hervorragende Shopping-Möglichkeiten, historische Gebäude, Spitzenrestaurants und Bars sowie eine bezaubernde Aussicht – Aucklands Hafenviertel bietet für jeden etwas. Vor wenigen Jahren noch war diese Gegend wenig interessant für Einwohner und Besucher, die Innenstadt war abends so gut wie menschenleer. Dies hat sich geändert: Im Zentrum von Auckland pulsiert nun das Leben. Neue Apartments direkt am Wasser sowie zahlreiche Trendbars und Restaurants haben das Hafenviertel zu einer beliebten Gegend zum Wohnen und für die Freizeit gemacht.

Old Customhouse
Heute befindet sich in dem historischen Zollgebäude von 1889 ein Duty-free-Shop *(siehe S. 77, 94)*.

Britomart Transport Centre
Die Verwaltung des öffentlichen Nahverkehrs hat ihren Sitz im ehemaligen Gebäude der Hauptpost.

★ Ferry Building
Hier kann man Tickets für Fähren und Hafenrundfahrten buchen oder in den beliebten Restaurants der unteren Stockwerke essen *(siehe S. 77)*.

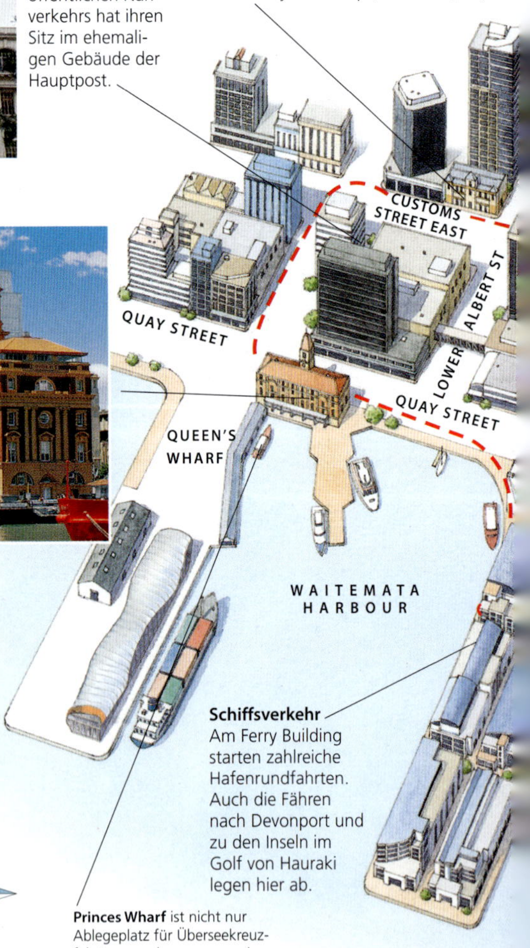

Schiffsverkehr
Am Ferry Building starten zahlreiche Hafenrundfahrten. Auch die Fähren nach Devonport und zu den Inseln im Golf von Hauraki legen hier ab.

Princes Wharf ist nicht nur Ablegeplatz für Überseekreuzfahrten, sondern wegen seiner Lokale auch ein beliebter Treffpunkt.

0 Meter 100

Zur Orientierung

America's Cup

1995 versetzte der Sieg von Team New Zealand beim America's Cup, der bekanntesten Segelregatta der Welt, das Land in kollektiven Freudentaumel. Der folgende Wettbewerb im Jahr 2000 wurde vor der Küste Neuseelands ausgetragen, wo das Team den Titel verteidigen konnte und Neuseeland somit auch 2003 Austragungsort des America's Cup war. 2003 und 2007 unterlagen die Neuseeländer jeweils der Schweizer Yacht *Alinghi*. Dramatisch verlief der Wettbewerb 2013, als sich das US-Team gegen das neuseeländische durchsetzte.

Das neuseeländische Team der *Black Magic* schlägt die Konkurrenz im Finale des America's Cup 2000

Tepid Baths
Der 1914 errichtete und später renovierte Bau beherbergt heute diverse Wasser- und Fitness-Einrichtungen.

Viaduct Harbour
Das Industriegebiet wurde für den America's Cup 1999/2000 zum Unterhaltungsviertel *(siehe S. 76)*.

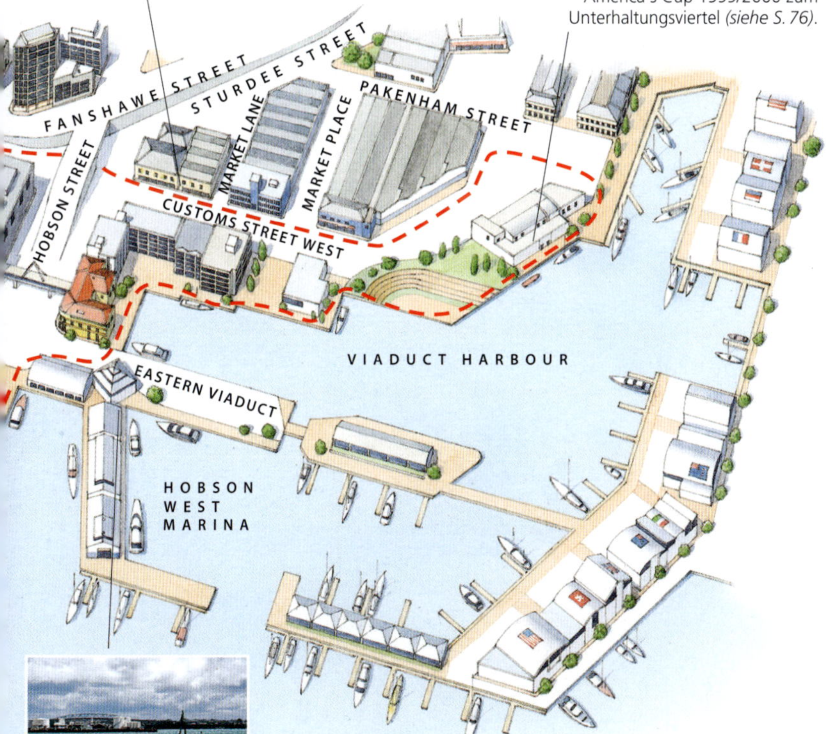

★ Voyager New Zealand Maritime Museum
Zu den Ausstellungsstücken zählen auch historische Schiffe, die Besucher auf eine Hafenrundfahrt mitnehmen *(siehe S. 73)*.

Legende
— Routenempfehlung

Von der Auckland Harbour Bridge sieht man die Yachten in der Westhaven Marina

❶ Waitemata Harbour

Der lebhafte Hafen mit dem grünen Vulkankegel von Rangitoto Island im Hintergrund ist eine der beeindruckendsten Ansichten Aucklands. Stundenlang kann man Fähren, Ausflugsboote und Handelsschiffe beim An- und Ablegen beobachten. Der Hafen bildet eine natürliche Grenze zwischen dem Geschäftsviertel im Zentrum und dem dicht besiedelten Nordufer.

❷ Auckland Harbour Bridge

State Hwy 1.

Seit dem späten 19. Jahrhundert gibt es einen Fährverkehr für Passagiere von Auckland in den Norden. Im Jahr 1959 wurde dann die Harbour Bridge erbaut, zehn Jahre später erweiterte man die 43 Meter hohe Stahlbrücke von vier auf acht Spuren. In den Stoßzeiten fließt der Verkehr nur zäh über die 1020 Meter lange Brücke. Betonbarrieren markieren die Fahrspuren, sie werden viermal täglich maschinell verschoben, um den Verkehr möglichst reibungslos am Morgen in die Stadt und am späten Nachmittag aus der Stadt heraus in die nördlichen Vororte zu leiten. Ein elektronisches Ampelsystem an beiden Enden der Brücke zeigt an, welche Spuren befahrbar sind. Trotz der Staus ist die Harbour Bridge einer der besten Aussichtspunkte auf die Stadt. Die Brücke verbindet nicht nur zwei große Viertel Aucklands, der State Highway 1 ist zugleich die Hauptstrecke für den Verkehr Richtung Norden. Auf der Fahrt Richtung Süden bietet sich ein wunderbarer Blick auf die Boote im Yachthafen.

Rast im Café am Viaduct Harbour

❸ Westhaven Marina

Westhaven Drive.

Im Yachthafen Westhaven sieht man die Leidenschaft der Neuseeländer für den Segelsport. Der Hafen ist seit über 70 Jahren in Betrieb und mit 1980 vor Anker liegenden Schiffen einer der größten Häfen der südlichen Hemisphäre. Hier sind auch Pier Z, der Sitz einiger großer Charterboot-Unternehmen, sowie Ablegemöglichkeiten für kleine und große Boote. Im nördlichen Teil des Hafens haben große Yachtclubs ihren Sitz.

❹ Viaduct Harbour

Ecke Halsey St & Viaduct Harbour.

Anlässlich des America's Cup 1999/2000 wurde das frühere Industriegebiet in ein Viertel mit exklusiven Apartmenthäusern, Läden und Restaurants umstrukturiert. Das Gebiet ist Teil einer umfassenden Umgestaltung des Hafenbereichs und einer der besten Orte, um die Aussicht zu genießen und die Atmosphäre der Stadt zu spüren. Ein beliebter Treffpunkt für Einheimische und Besucher sind die vielen Restaurants und Cafés. Im Viaduct Event Centre finden große Veranstaltungen und Messen statt wie etwa die New Zealand Fashion Week.

Hotels und Restaurants in Auckland *siehe Seiten 302 und 314f*

❺ Voyager New Zealand Maritime Museum

Ecke Quay & Hobson St. (09) 373 0800. tägl. 25. Dez.
maritimemuseum.co.nz

Schiffe haben in Neuseelands Geschichte immer eine zentrale Rolle gespielt, angefangen bei den Kanus der polynesischen Navigatoren und Entdecker *(siehe S. 50f)* über die Boote der Walfänger, die um 1840 Russell *(siehe S. 106)* zum Zentrum der Walfangindustrie machten, bis zu den Dampfern der europäischen Einwanderer. Diesen Aspekt der neuseeländischen Vergangenheit zeigt das Voyager New Zealand Maritime Museum, das in der Māori-Sprache Te Huiteananui-a-Tangaroa »das legendäre Haus von Tangaroa« (Gott des Meeres) genannt wird.

Die innovative Ausstellung wird selbst denjenigen gefallen, die für Boote nur wenig übrig haben. Ein Raum ist mit schwankendem Boden und knarrenden Geräuschen wie das Innere eines Schiffs gestaltet. Auf historischen Dampfschiffen kann man eine Hafenrundfahrt machen.

Reste eines Walfangboots im Voyager NZ Maritime Museum

❻ Ferry Building

Quay St. tägl.

An dem neobarocken Gebäude von 1912 legen die Fähren ab. In zehn Minuten ist man von hier in Devonport oder auf Waiheke Island *(siehe S. 92f)*.

Das Fundament des von Alex Wiseman entworfenen, reich ornamentierten denkmalgeschützten Gebäudes besteht aus Coromandel-Granit, die Mauern aus Sandstein und Ziegel. Hier legen aber nicht nur Fähren ab, es gibt auch etliche Cafés und Restaurants mit schönem Blick über den Hafen.

Das Ferry Building, ein Tor zum Hafen

❼ Britomart Transport Centre

Queen St.

Das Britomart Transport Centre ist Sitz der Verwaltung des öffentlichen Nahverkehrs von Auckland. Von hier aus werden Zug-, Bus- und Fährverkehr organisiert. Der Komplex und seine Umgebung wurden im Jahr 2009 erweitert, dabei entstand auch Takutai Plaza, ein öffentlicher Bereich mit vielen Läden und Cafés.

❽ Old Customhouse

Ecke Albert & Customs St.
tägl.

Das Old Customhouse ersetzt ein Gebäude, das in den 1880er Jahren abbrannte. Der einstige Sitz verschiedener Behörden, darunter Zoll, Audit-Inspektor und Schafprüfer, wurde von Thomas Mahoney im Jahr 1889 im Stil der französischen Renaissance erbaut. Der Entwurf soll dem heutigen Selfridge's-Bau in der Londoner Oxford Street nachempfunden sein. Auffallend sind die schön gestaltete Fassade des Baus sowie die aufwendigen Holzarbeiten aus Kauri.

Heute ist hier der größte Duty-free-Shop der Stadt *(siehe S. 94)* zu finden.

Stadt der Segler

Angeblich ist Auckland die Stadt mit den meisten Privatbooten pro Einwohner weltweit. In dem gemäßigten Klima können die Boote häufiger benutzt werden als in Europa oder an der Ostküste Amerikas. Segeln ist in Auckland seit den 1840er Jahren, als die ersten Segelregatten im Waitemata Harbour stattfanden, eine beliebte Freizeitbeschäftigung. Sichere Häfen und die nahen Inseln machen einen Ausflug auch für Besucher attraktiv. Die Preise für Charterboote hängen von der Bootsgröße und der Jahreszeit ab. Highlight des Jahres ist die Auckland Anniversary Regatta *(siehe S. 45)*.

Segelregatta im Waitemata Harbour

Spielcasino in SKYCITY

❾ SKYCITY Auckland

Ecke Victoria & Federal St.
☎ 0800 759 2489, (09) 363 6000.
◯ tägl.
W **skycityauckland.co.nz**

In SKYCITY Auckland, Neuseelands größter Spielbank, können Spieler eine Luxuslimousine gewinnen. Der rund um die Uhr geöffnete Komplex hat ein kaum zu überbietendes Angebot an Unterhaltungsmöglichkeiten. Mehr als 1600 Spielautomaten warten auf Besucher. SKYCITY umfasst vier Casinos mit insgesamt mehr als 100 Spieltischen. Traditionelle Casinospiele wie Stud Poker, Craps, Black Jack, Bakkarat und Roulette finden hier regen Zulauf. Beliebte chinesische Spiele sind das Würfelspiel *tai sai* und *pai gow*, das mit 32 Dominosteinen gespielt wird. Unterhaltung in SKYCITY ist jedoch nicht auf Glücksspiele beschränkt. Am bekanntesten ist der Komplex wegen des Sky Tower – mit 328 Metern das höchste Bauwerk des Landes *(siehe S. 79)*. Dazu gehören auch zwei Hotels – das Vier-Sterne-Hotel SKYCITY *(siehe S. 302)* mit 306 Zimmern und 38 Suiten sowie das Grand Hotel (fünf Sterne, 316 Zimmer). Darüber hinaus gibt es zahlreiche Bars, Cafés und Restaurants. Sehr beliebt sind auch die Veranstaltungen im Theatersaal, der rund 700 Zuschauern Platz bietet.

❿ Aotea Square und Aotea Centre at Auckland Live

Queen St. ☎ (09) 309 2677.
W **aucklandlive.co.nz**

Ende der 1980er Jahre verkauften einige Souvenirläden in Neuseeland eine völlig schwarze Postkarte mit der Aufschrift »Nachtleben in Neuseeland«. Die Zeiten haben sich geändert. Der neuseeländische Architekt Ewen Wainscott entwarf das Aotea Centre, das, im Jahr 1990 erbaut, zum Mittelpunkt eines lebhaften Nachtlebens wurde. Am Eröffnungsabend trat die weltberühmte neuseeländische Sängerin Kiri Te Kanawa auf. Hier werden Veranstaltungen aus den Bereichen Tanz, Oper, klassische Musik, Theater und Show geboten. Aber auch Festivals wie etwa der Aotearoa Hip Hop Summit werden hier veranstaltet.

Auf dem Aotea Square vor dem Zentrum finden gut besuchte Märkte und Kunstfestivals statt. Das hölzerne *waharoa* (Tor) am Eingang stammt von dem Māori-Künstler Selwyn Muru. Auf einer Seite des Platzes steht das Metro Centre mit Restaurants, Cafés, Läden und einem IMAX-Kino mit 460 Plätzen, auf der anderen Seite befindet sich die Auckland Town Hall.

Das Viertel rund um den Aotea Square ist als »Auckland Live« bekannt, ein Zentrum für darstellende Künste, Kultur und Unterhaltung.

⓫ Auckland Town Hall

Queen St. ☎ (09) 309 2677.
◯ tägl. ● Feiertage.

Das schmale Rathaus aus der Zeit Edwards VII ist das wichtigste historische Gebäude Aucklands. Es ist sowohl Sitz von Verwaltung und Politik als auch kultureller Treffpunkt. Während der Bauarbeiten zur Rückversetzung in den Urzustand wurden nachträglich angebrachte Materialien entfernt und die Grundstruktur erneuert. Die Concert Chamber, die Council Chamber und die Eingangshalle wurden detailgetreu renoviert, wobei bei der Rekonstruktion der Fenster auch dem Original entsprechendes Glas verwendet wurde, das im Lauf der Jahre verschwunden war.

Die Great Hall, ein ausgezeichneter Veranstaltungsort für Konzerte, ist ein Nachbau des 1881–84 erbauten Neuen Gewandhaus-Saals in Leipzig, der 1944 bei Bombenangriffen der Alliierten zerstört wurde.

Auckland Town Hall

⓬ Sky Tower

Aucklands 328 Meter hoher Sky Tower wurde im August 1997 als Sende- und Telekommunikationseinrichtung eröffnet. Die Touristenattraktion hat Sydneys AMP Tower als höchstem Turm der südlichen Hemisphäre den Rang abgelaufen. Das Gebäude, Teil von SKYCITY Auckland, wird jährlich von rund einer halben Million Menschen besucht. Von den drei Aussichtsplattformen kann man bis zu 80 Kilometer weit in die Ferne blicken. Nervenkitzel pur bieten SkyJump und der 360º-Skywalk.

Aussichtsplattformen
Von den innen liegenden Aussichtsplattformen hat man einen fantastischen Blick auf Auckland und Umgebung.

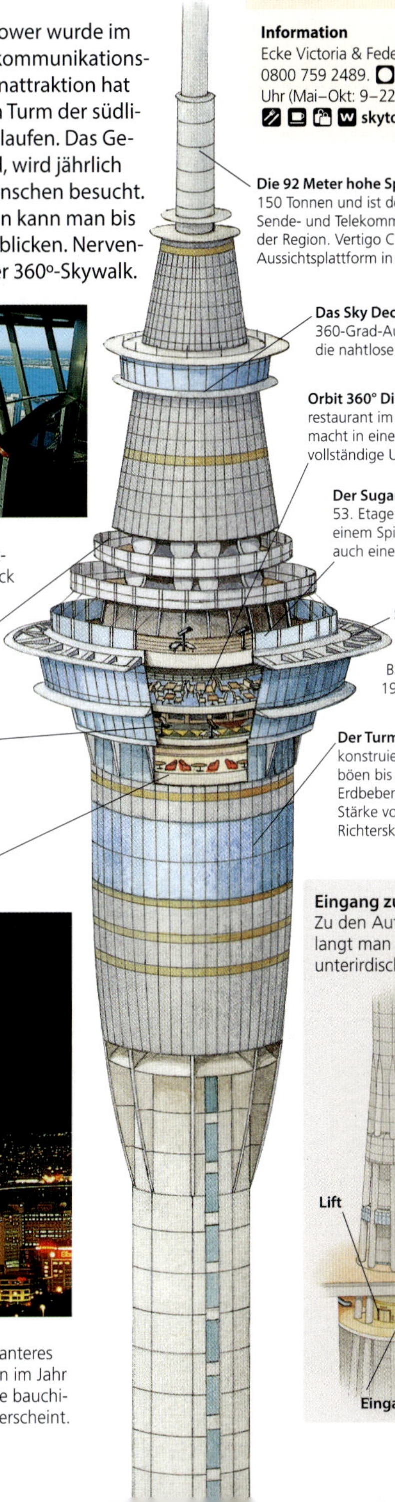

Sky Tower bei Nacht
Nachts ist der Sky Tower ein noch markanteres Merkmal als bei Tag. Zu mehreren Zeiten im Jahr ist der Turm bunt angestrahlt, sodass die bauchige Mitte wie eine fliegende Untertasse erscheint.

Infobox

Information
Ecke Victoria & Federal St. ☎ 0800 759 2489. 🕘 8.30–22.30 Uhr (Mai–Okt: 9–22 Uhr). 🎧 ♿ 🍴 ☕ 🛍 W skytower.co.nz

Eingang zum Tower
Zu den Aufzügen gelangt man über eine unterirdische Galerie.

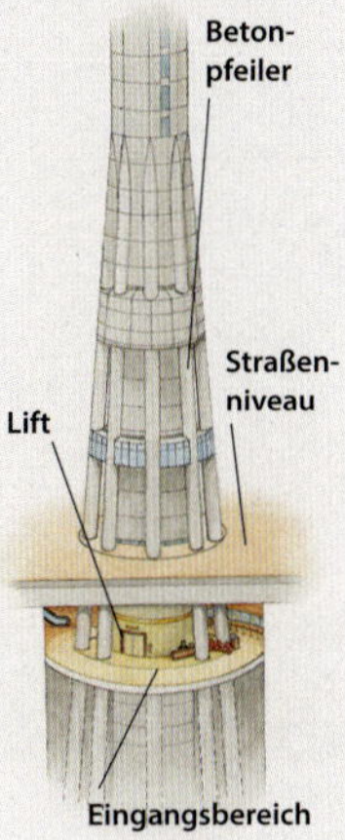

Old Government House, Neuseelands erstes Herrenhaus aus Holz

⓭ Old Government House

Ecke Waterloo Quadrant & Princes St. ● für die Öffentlichkeit.

Bis 1865, als Wellington Hauptstadt wurde, war das Old Government House Regierungssitz, bis 1969 diente es als Wohnhaus des neuseeländischen Generalgouverneurs. Hier verkehrte auch das Königshaus, Queen Elizabeth II hielt 1953 im Obergeschoss ihre Weihnachtsansprache. Heute ist das Gebäude Teil der University of Auckland mit einem Gemeinschaftsraum, einer Empfangssuite und Apartments für Gastdozenten. Das Old Government House ist vom zentralen Geschäftsviertel zu Fuß zu erreichen. Aus der Ferne wirkt das Gebäude, das von William Mason entworfen und im Jahr 1856 fertiggestellt wurde, als sei es aus Stein. Tatsächlich ist es aus Holz gebaut. Der große Feuerdorn und die Norfolk-Kiefer am südlichen Rand des Rasens sollen von Sir George Grey während seiner zweiten Amtsperiode als Gouverneur zwischen 1861 und 1867 gepflanzt worden sein.

Das Old Arts Building und der Uhrenturm in Auckland

⓮ Old Arts Building und Uhrenturm

Princes St. ● für die Öffentlichkeit.

Das Old Arts Building und der Uhrenturm gehören ebenfalls zur Universität und liegen am Albert Park, einem beliebten Treffpunkt für Studenten. Der in Chicago ausgebildete Architekt R. A. Lippincott entwarf das Gebäude, fertiggestellt wurde es 1926.

Der Uhrenturm, der das Gebäude überragt, ist dem Tom Tower der Christ Church in Oxford, England, nachempfunden und Symbol der Universität. Das achteckige Innere des Bauwerks hat schöne Gewölbe und Galerien mit Mosaikböden und Säulen aufzuweisen. Zwischen 1985 und 1988 führte man größere Umbaumaßnahmen durch, die das Institute of Architects mit einem Preis auszeichnete.

Zwischen der Rückseite des Old Arts Building und der Old Choral Hall verläuft über 85 Meter die Barracks Wall. Sie ist der Rest der Mauer von 1847, die das Gelände umgab, in dem bis 1870 britische Truppen stationiert waren. Die Basaltsteine für die Mauer wurden aus den Hängen des Mount Eden geschlagen, einem Gebiet, das heute als Eden Garden bekannt ist.

⓯ Auckland Art Gallery

Ecke Wellesley & Kitchener St. (09) 307 7700. tägl. ● Karfreitag, 25. Dez. einige Ausstellungen.
aucklandartgallery.govt.nz

Kunstinteressierte sollten die Auckland Art Gallery besuchen. Die Konzeption des Gebäudes im Stil der französischen Renaissance muss für die Architekten eine besondere Herausforderung gewesen sein, da es als Eckgebäude an einem Hang erbaut werden sollte. Ursprünglich waren hier Behörden und die Stadtbücherei untergebracht, mittlerweile dient das Gebäude als Galerie für neuseeländische Kunst.

Unter den 12 500 Exponaten der Sammlung befinden sich nationale und internationale Kunstwerke. Zudem finden regelmäßig Wechselausstellungen statt. Die New Zealand Collection zeigt die Werke vieler prominenter Künstler des Landes, darunter Arbeiten von Frances Hodgkins, Colin McCahon und Ralph Hotere. Die Mackelvie Collection umfasst ebenso wie die Grey Collection hauptsächlich ausländische Gemälde.

Die New Gallery, die neben der Auckland Art Gallery liegt, war früher die Telefonzentrale der Stadt. Seit sie vom Architekten David Mitchell umgestaltet wurde, gibt es ein Drittel mehr Ausstellungsfläche, die überwiegend zeitgenössischer Kunst gewidmet ist. In einem Anbau werden Werke von renommierten Künstlern aus aller Welt präsentiert.

Eingang zur New Gallery, Teil der Auckland Art Gallery

Hotels und Restaurants in Auckland *siehe Seiten 302 und 314f*

⑯ Auckland Domain und Winter Gardens

Auckland Domain ◯ tägl.
Winter Gardens ◯ tägl.
▭ (War Memorial Museum).

Besucher bei einer Veranstaltung, Auckland Domain

Das Zentrum Aucklands ist um einige erloschene Vulkane herum errichtet. Viele von ihnen sind heute beliebte Freizeitgelände und Parks. Im ältesten Park, Auckland Domain, erkennt man noch immer die Tuffringe, die vor Tausenden von Jahren durch vulkanische Aktivität entstanden. 1840, in den frühen Jahren europäischer Besiedlung, wurde Land für den 1,35 Quadratkilometer großen Park reserviert. 1940 entstand um einen Totara-Baum auf dem Pukekaroa-Hügel eine geschnitzte Māori-Gedenk-Palisade. Diese Umzäunung erinnert an den geradezu legendären Māori-Führer Potatu Te Whero Whero, der hier 100 Jahre zuvor mit den benachbarten Stämmen Frieden geschlossen hatte.

In der Nähe befindet sich ein Sportplatz, an dem die Tuffringe ein natürliches Amphitheater bilden. Dort finden jeden Sommer kostenlose Konzerte unter freiem Himmel statt.

Der große, schattige Park ist auch für Spaziergänge und Picknicks beliebt. Einige der gigantischen Bäume im Park waren Sämlinge einer Pflanzschule, die 1841 gegründet wurde, um europäische Pflanzen und Bäume auf Neuseeland zu verbreiten. In den ehemaligen Gärten sind noch immer zahlreiche Skulpturen zu sehen. Am bekanntesten sind die drei Bronzeskulpturen im Teich. Die zentrale männliche Figur repräsentiert Auckland, die zwei weiblichen stehen für Weisheit und Fruchtbarkeit.

Statue in den Winter Gardens

Die Winter Gardens, ein Vermächtnis der Auckland Exhibition von 1913, bestehen aus zwei Glashäusern, verbunden durch einen Hof mit großem Seerosen- und Lotusteich. Unter den Kuppeldächern wächst eine Vielzahl verschiedener Pflanzen. Hinter den Winter Gardens entstand ein Farnhaus, in dem sich über 100 Arten befinden. Die Gärten bieten eine beliebte Kulisse für Hochzeiten und andere Fototermine.

Das bekannteste Gebäude im Park ist das Auckland War Memorial Museum *(siehe S. 82f)*. Es ist aus Stahlbeton gebaut, mit Portland-Stein verkleidet und mit Bronze verziert. Auf der Vorderseite befinden sich Tafeln, die Schlachten des Ersten Weltkriegs nachstellen. Auf der Rückseite wurden 1960 von R. F. und M. K. Draffin Listen der Schlachten des Zweiten Weltkriegs hinzugefügt.

Eines der beiden schönen Glashäuser der Winter Gardens

⑰ Auckland War Memorial Museum

Erbaut wurde das Auckland War Memorial Museum 1929 zum Gedenken an das Ende des Ersten Weltkriegs, in dem 18 166 Neuseeländer ihr Leben ließen. Der Aufbau ähnelt den griechischen Tempeln, die viele Soldaten von den Decks der Kriegsschiffe im Mittelmeer sahen. Die Gestaltung des Ehrenmals vor dem Museum basiert auf dem von Sir Edwin Lutyens konzipierten Kenotaph in London. Der Besucher erhält hier nicht nur einen Überblick über die Geschichte Neuseelands, sondern sieht auch eine bedeutende Sammlung von Māori-Schätzen sowie Māori-Aufführungen.

Luftansicht des Museums im Auckland-Domain-Park

Museumsfoyer
In der Eingangshalle des Museums befinden sich große Säulen, die an den Parthenon in Griechenland erinnern. Das Licht wird durch die Buntglasdecke über der Eingangshalle gefiltert.

»Origins« zeigt die Skelette ausgestorbener Tiere wie Dinosaurier und Moas. Viele davon wurden in den Höhlen der Umgebung entdeckt.

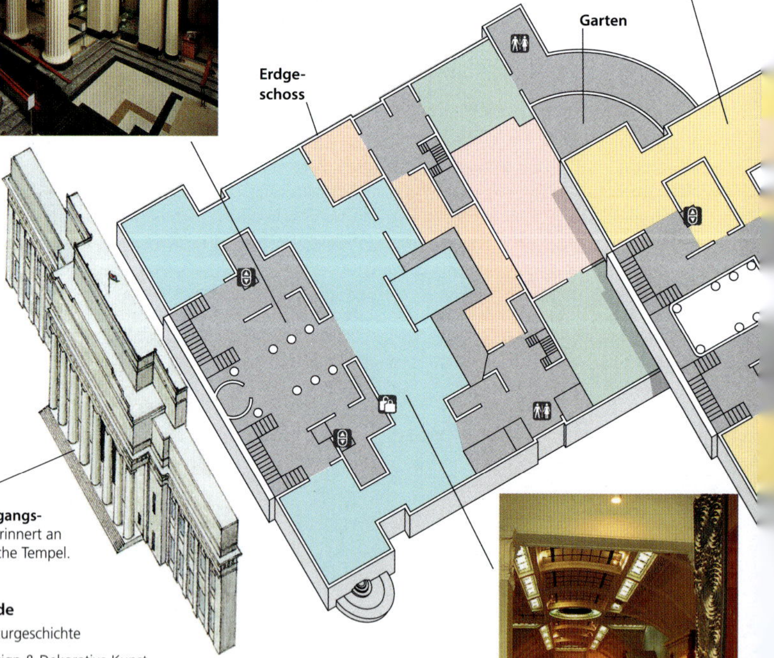

Das Eingangsportal erinnert an griechische Tempel.

Legende

- Naturgeschichte
- Design & Dekorative Kunst
- Special Exhibition Hall
- Bibliothek
- Māori und Pazifikraum
- Andere Ausstellungen
- Discovery Centres
- Kriegsausstellungen

★ Māori-Schätze
Die Galerie birgt eine Sammlung von wertvollen Kultgegenständen der Māori, z. B. das *waka* (Kanu) im Vordergrund und ein Versammlungshaus mit Schnitzereien.

Hotels und Restaurants in Auckland *siehe Seiten 302 und 314f*

Discovery Centres
Im interaktiven Entdeckungszentrum »Weird and Wonderful« erleben Kinder interessante Phänomene aus den verschiedensten Bereichen und lernen so die Welt kennen.

Infobox

Information
The Domain, Parnell.
(09) 309 0443.
tägl. 10–17 Uhr.
25. Dez. Spende (außer Kriegsdenkmäler); Māori-Vorführungen.
aucklandmuseum.com

Anfahrt
Explorer Bus.

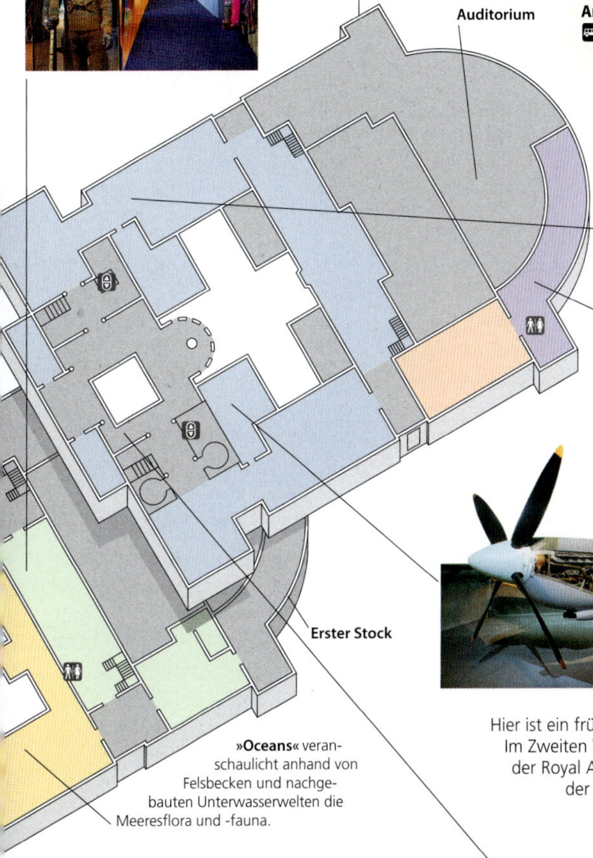

»Scars on the Heart« zeigt Exponate der beiden Weltkriege, u. a. die Nachbildung eines Schützengrabens aus dem Ersten Weltkrieg.

»Oceans« veranschaulicht anhand von Felsbecken und nachgebauten Unterwasserwelten die Meeresflora und -fauna.

Spitfire Gallery
Hier ist ein frühes Jagdflugzeug ausgestellt. Im Zweiten Weltkrieg kamen viele Piloten der Royal Air Force aus Neuseeland, u. a. der Oberbefehlshaber Keith Park.

★ Ehrenstätte des Ersten Weltkriegs
Die Glasdecke über der Eingangshalle zeigt die Wappen aller britischen Herrschaftsgebiete und Kolonien während des Ersten Weltkriegs. Auf dem Balkon sieht man die Abzeichen der Einheiten, Regimenter und Korps, in denen Neuseeländer dienten.

Kurzführer

Das Museum umfasst drei Stockwerke: Das Erdgeschoss ist den Bewohnern Neuseelands – europäischen Einwanderern wie Māori – sowie dem Pazifikraum gewidmet. Im ersten Stock bekommt man Informationen über das Land und seine Naturgeschichte, die oberste Etage zeigt Exponate zur Kriegsbeteiligung Neuseelands. Die Bibliothek ist montags bis samstags von 10 bis 17 Uhr geöffnet.

Blick auf Auckland und den Sky Tower *(siehe S. 79)* vom Mount Victoria Reserve and Lookout, Devonport ▶

vero
Lumley

TOWER

Abstecher von Auckland

Auch außerhalb des Stadtzentrums von Auckland gibt es eine Menge zu sehen und zu unternehmen. An erster Stelle stehen Häfen, Strände und Inseln, denn von hier aus hat man nicht nur eine traumhafte Aussicht, sondern auch ausgezeichnete Wassersportmöglichkeiten wie Kajakfahren, Surfen und Segeln. Die Stadt ist bekannt für ihre schönen Parks und Gärten, die Besuchern ruhige Rückzugsmöglichkeiten oder Abenteuer in Busch und Wildnis bieten. Familien mit Kindern werden Gefallen finden an Tarlton's Antarctic Encounter und Underwater World, an Rainbow's End oder auch an Aucklands Zoo. Dem Hafen gegenüber lockt Devonport mit seinen zahlreichen Restaurants und Kunstgewerbeläden.

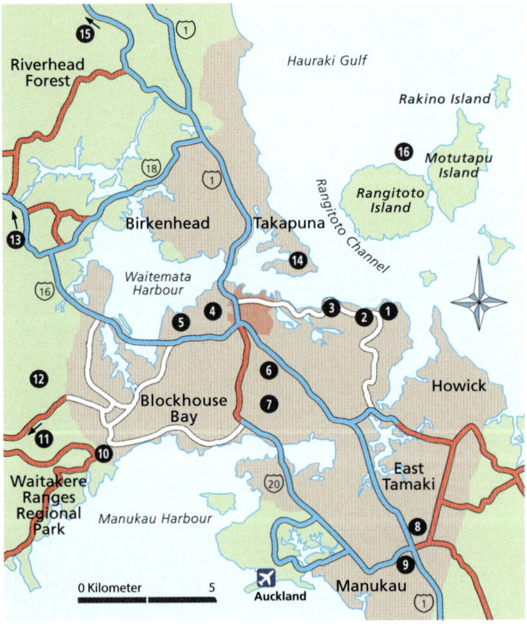

Sehenswürdigkeiten auf einen Blick

1. Tamaki Drive
2. Michael Joseph Savage Memorial Park
3. Kelly Tarlton's Antarctic Encounter and Underwater World
4. Museum of Transport and Technology
5. Auckland Zoo
6. One Tree Hill
7. Highwic House
8. Auckland Regional Botanic Gardens
9. Rainbow's End
10. Titirangi
11. Piha
12. Henderson
13. Kumeu
14. Devonport
15. Orewa
16. Hauraki Gulf Islands

Legende

- Auckland Zentrum
- Autobahn
- Highway
- Andere Straße
- Auckland International Airport

Hotels und Restaurants in Auckland *siehe Seiten 302 und 314f*

Blick auf den Tamaki Drive und Auckland

1 Tamaki Drive

Der Tamaki Drive östlich der Stadt bietet die beste Aussicht auf Auckland. Die Straße quert die Hobson Bay und verläuft entlang der Küste durch Okahu Bay, Mission Bay und St Heliers Bay. Die Sicht über den Waitemata Harbour Richtung Rangitoto Island und Devonport ist großartig. Viele der vornehmsten Häuser der Stadt befinden sich auf den Hügeln hinter dem Tamaki Drive. Urlauberbusse machen häufig einen kleinen Abstecher, um den nahe gelegenen Paritai Drive zu befahren, Aucklands teuerstes Pflaster. Über den Tamaki Drive gelangt man zu kleinen, feinsandigen Stränden wie an der Mission Bay. Diese Strände sind beliebte Ausflugsziele für Familien, Schwimmer und Sonnenhungrige. Die Mission Bay wurde nach dem melanesischen Mission House benannt, das 1859 als Teil von Bischof Selwyns Mission School errichtet wurde. Nachdem man die Schule 1867 nach Norfolk Island verlegt hatte, wurde das Haus für diverse Zwecke benutzt. Heute befindet sich darin ein gediegenes Restaurant.

Fahrspaß auf dem Tamaki Drive

Das Panorama vor Aucklands Hafen, geprägt von Rangitoto Island

Der Tamaki Drive endet an der St Heliers Bay. Es lohnt sich, die Cliff Road zur Ladies Bay weiterzufahren. Von der Aussichtsplattform auf dem Felsen hat man einen schönen Blick auf den Hauraki Gulf. Direkt unter der Plattform, aber dennoch weit genug, um nicht den belästigenden Blicken der Besucher ausgesetzt zu sein, ist einer der wenigen Nacktbadestrände in Neuseeland. An allen anderen Stränden ist Nacktbaden verboten.

Windsurfen für Anfänger

❷ Michael Joseph Savage Memorial Park

Der Park, der über den Tamaki Drive zu erreichen ist, wurde nach einem Premierminister benannt, Michael Joseph Savage (1871–1940). In den Anlagen stößt man noch auf Befestigungsanlagen aus dem Zweiten Weltkrieg. Wo sich heute Gärten erstrecken, lag früher ein historisches Māori-*pa* (befestigtes Dorf), die Küstenlinie war für ihre Muschelvielfalt berühmt. Die Gegend, die heute Bastion Point heißt, war früher unter dem Namen »Tokapurewha« (Muschelfelsen) bekannt. Internationale Berühmtheit erlangte sie 1979, als Māori gegen die Zerstörung eines nahe gelegenen Dorfs protestierten, das einer vornehmen Wohngegend weichen sollte. Die Besetzung dauerte 506 Tage, ihr folgte ein zehn Jahre langer Rechtsstreit. 1990 wurde das Land schließlich dem Ngati-Whatua-Stamm zurückgegeben. Das 900 Quadratmeter große *Orakei Marae* in der Nähe ist das Versammlungshaus des Stamms.

Kleinere Versammlungshäuser findet man um Kaipara Harbour und in Helensville am Südende des Hafens.

Fahrt durch das Meer, in einem Plexiglastunnel in Kelly Tarlton's Underwater World

❸ Kelly Tarlton's Antarctic Encounter and Underwater World

23 Tamaki Drive. (09) 528 0603 oder 0800 805 050. Downtown Centre, 757, 767, 769. Kostenloser Shuttle-Bus von Quay Station (tägl. 9.30–15.30 Uhr). tägl. Antarctic Encounter.

Die bekannteste Attraktion am Tamaki Drive ist Kelly Tarltons Antarktiserlebnis mit Unterwasserwelt. Besucher gleiten von Fischen umgeben auf einem Laufband durch einen Plexiglastunnel unter einem Wasserbecken. Das Band führt durch zwei Meeresaquarien, eines für Rifffische und eines für Haie und Rochen.

Im Antarctic Encounter steht der Nachbau der Hütte des Südpolforschers Robert F. Scott (1868–1912), akustisch untermalt von Eis- und Sturmgeräuschen. Ein absoluter Höhepunkt ist die Fahrt mit einer beheizten Schneekatze, vorbei an einer Pinguinkolonie zu einem Aquarium unter Eis.

❹ Museum of Transport and Technology

Great North Rd, Western Springs. 45, Customs St. (09) 815 5808, 0800 668 2869. tägl. 25. Dez. **motat.org.nz**

Das Museum of Transport and Technology (MOTAT) besitzt etwa 300 000 Stücke, von denen rund ein Fünftel in Gebäuden nahe dem Auckland Zoo der Öffentlichkeit zugänglich sind. Die Exponate reichen von zahnmedizinischem Gerät über Dessous bis hin zu Häusern des 19. Jahrhunderts und einem Pumpenhaus. In einem interaktiven Bereich können Kinder unter fünf mit Flaschenzügen, Hebeln, Baggern und Schubkarren spielen.

Das Herzstück der Sammlung sind 30 historische Flugzeuge, darunter die Rekonstruktion eines Flugzeugs des Neuseeländers Richard Pearse, der angeblich noch vor den Brüdern Wright als erster Mensch einen erfolgreichen Flugversuch absolvierte *(siehe S. 252)*. Sehr interessant ist das luxuriöse Flugboot ZK-AMO *Aranui*, das 1949–1960 im südpazifischen Raum verkehrte. Eine Straßenbahn transportiert Besucher vom Museum direkt zum Eingang des Zoos.

Historisches Flugzeug im Museum of Transport and Technology

❺ Auckland Zoo

Motions Rd, Western Springs. 45, Customs St. (09) 360 3805. tägl. 25. Dez. **aucklandzoo.co.nz**

Die isolierte geografische Lage Neuseelands führte dazu, dass sich die Tierwelt weitestgehend unabhängig vom Rest der Welt entwickeln konnte. So begünstigte das Fehlen von Raubtieren die Entwicklung einer großen Zahl flugunfähiger Vogelarten. Abgesehen von Fledermäusen gibt es auch keine einheimischen Säugetiere. Nirgendwo sonst lässt sich diese einzigartige Tierwelt besser kennenlernen als im Zoo von Auckland. In dem 1922 eröffneten Tierpark erlebt man über 700 Tiere aus 117 verschiedenen Arten, u. a. Sattelstare, Tui, Kakas, Kakarikis – und die nachtaktiven Kiwis.

Der Zoo besticht durch naturnah gestaltete Gehege, in denen nicht nur einheimische Tiere zu sehen sind. Primaten, u. a. Totenkopfäffchen und Makaken, leben in einem Regenwald, Zebras durchstreifen eine Savanne, und im Feuchtgebiet leben Paviane Seite an Seite mit Nilpferden.

❻ One Tree Hill

Manukau Rd.

Auf dem Vulkankegel One Tree Hill (Maungakiekie) befand sich einst die größte Māori-Siedlung der Region. Der Hügel ist nach dem einzelnen Baum benannt, der 1640 auf dem Gipfel gepflanzt wurde. In der Folgezeit kamen weitere Bäume hinzu, die jedoch bis 2001 entfernt wurden, da sie umzustürzen drohten. Die Bäume hat-

Auf dem One Tree Hill (Maungakiekie) befand sich einst die größte Māori-Siedlung der Region

Hotels und Restaurants in Auckland *siehe Seiten 302 und 314f*

ten sich zu einem Politikum entwickelt. Der berühmteste war ein Totara-Baum, der 1852 von Arbeitern gefällt wurde, die so gegen ihre Arbeitsbedingungen protestierten.

Der One Tree Hill liegt im Cornwall Park. Er ist nach dem Herzog und der Herzogin von Cornwall benannt und wurde von Sir John Logan Campbell, der hier bestattet wurde, 1901 anlässlich der Neuseelandreise des Herzogpaars gestiftet. Neben Campbells Grab steht ein Obelisk.

Acacia Cottage, Aucklands ältestes erhaltenes Holzhaus, wurde 1841 von Campbell errichtet und 1920 von der Shortland Street in den Cornwall Park verlegt. Beim Parkeingang befindet sich das **Stardome Observatory**. In einer Sternwarte kann man Planeten beobachten, Aspekte der Astronomie und des Universums werden im Planetarium erklärt.

Acacia Cottage
Cornwall Park. (09) 630 8485. tägl. 10–16 Uhr. Feiertage. 302, 304, 305.

Stardome Observatory
One Tree Hill Domain (bester Zugang vom Mortimer Pass). (09) 624 1246. tägl. Feiertage. Stardome und Sternwarte. **stardome.org.nz**

Acacia Cottage im Cornwall Park

7 Highwic House

40 Gillies Ave, Epsom. Zubringerbus. (09) 524 5729. Mi–So. Karfreitag, 25. Dez.

In dem 1862 erbauten Anwesen lebte der Farmer Alfred Buckland. Das Haus wurde in mehreren Etappen erbaut, wobei der vordere Teil noch sorgfältiger ausgeschmückt wurde als der Rest. Mit seinen reichen Verzierungen und den rautenförmigen Fenstern ist das Haus ein klassisches Beispiel für neogotische Bauweise. Auch ein Besuch der Gärten lohnt sich.

Wasserspaß im Rainbow's End

8 Auckland Regional Botanic Gardens

Hill Rd, Manukau City. (09) 267 1457. tägl. **aucklandbotanicgardens.co.nz**

Der riesige Botanische Garten von Auckland erstreckt sich über eine Fläche von 640 Quadratkilometern. Er bietet mehr als 10 000 Pflanzenarten und darüber hinaus eine beachtliche Sammlung von Zierpflanzen. Bei Führungen durch das Areal wird auch die richtige Pflege der Pflanzen erläutert. Im preisgekrönten Besucherzentrum werden Themenausstellungen gezeigt.

9 Rainbow's End

Ecke Great South & Wiri Station Rd, Manukau City. Central Auckland, 471, 472. (09) 262 2030. tägl. 25. Dez. **rainbowsend.co.nz**

Der Vergnügungspark ist der größte des Landes. Er bietet mit seinen zahlreichen Fahrgeschäften jede Menge Spaß und Unterhaltung. Zu den beliebtesten gehört eine mehr als 30 Meter hohe Achterbahn mit Loopings, rasanten Wenden und Spiralen.

Weitere Attraktionen des Parks sind das Motion Master Virtual Theatre, in dem Dinosaurier zum Leben erweckt werden, eine Fahrt durch den Zauberwald, Gokarts für die ganze Familie, Wasserfahrten und der »Goldrush«, der Fahrgäste in Grubenwagen zu einer verlassenen Goldmine bringt. Kidz Kingdom ist ein Indoor-Spielbereich für kleine Kinder.

Sir John Logan Campbell

Sir John Logan Campbell (1817–1912) war einer der führenden Ingenieure des Landes. Am 21. Dezember 1840 errichtete er am Ende der Shortland Street ein Zelt – Aucklands erstes Geschäft. Als er 95-jährig starb, war er der berühmteste Geschäftsmann der Stadt. Abgesehen von Handel und Landwirtschaft engagierte er sich in der Schifffahrt, in Brauereien, der Holzwirtschaft, dem Export von Kauri-Harz und Mangan sowie im Verlags- und Bankgeschäft. Zudem war er Parlamentsmitglied, Offizier und Gründungsmitglied des Mechanics Institute und des Northern Club. Die Übergabe seiner Farm als Park an die Stadt machte den »Vater Aucklands« unvergesslich.

Totempfahl am Eingang des Arataki Visitors Centre

⑩ Titirangi

Straßenkarte E2. 3400.

Westlich von Auckland liegt das Städtchen Titirangi, von dem sich ein faszinierender Blick auf die Hügel von Waitakere und den 390 Quadratkilometer großen Manukau Harbour bietet. Hier leben viele Maler und Schriftsteller, der Ort hat fast schon Kultstatus. An der Hauptstraße reihen sich Cafés und Restaurants aneinander. Das augenfälligste Gebäude ist das im spanischen Stil errichtete Lopdell House aus dem Jahr 1930, in dem sich ein kleines Theater und ein Restaurant befinden. Nebenan liebt die Te Uru Waitakere Contemporary Gallery. Vor der Bibliothek findet an jedem letzten Sonntag im Monat von 9 bis 12 Uhr ein Kunsthandwerksmarkt statt.

Titirangi ist das Tor zum Waitakere Ranges Regional Park. Der von vulkanischer Tätigkeit vor 1,7 Millionen Jahren geformte Park zieht mit seinen 250 Kilometer Wanderwegen mehr als zwei Millionen Besucher pro Jahr an.

Im **Arataki Visitors Centre** fünf Kilometer hinter Titirangi kann man sich über Geschichte und Sehenswürdigkeiten der Region informieren. Außerdem sind dort Karten, Bücher, CDs und Poster erhältlich. Von den Holzterrassen bietet sich ein grandioser Ausblick auf den Hafen. Am Besucherzentrum beginnt auch der gut beschilderte Arataki Nature Trail.

Arataki Visitors Centre
Scenic Drive. (09) 817 0077.
tägl. 25. Dez.

⑪ Piha

Straßenkarte E2. 2500.

Die zerklüfteten, windumtosten Strände der Westküste Aucklands sind ein Geheimtipp der Einheimischen und von Urlaubern weitgehend unentdeckt. Aufgrund von gefährlichen Strömungen und schnell wechselnden Wetterbedingungen, die auf die ungeschützte Lage der Strände zurückzuführen sind, sollte man beim Schwimmen und Wellenreiten allerdings extrem vorsichtig sein.

Piha ist wegen der hohen Wellen der beliebteste Strand, gleichzeitig ist er auch der vornehmste. Viele »Baches«, die traditionellen, sehr einfachen Ferienhäuser, mussten hier großen Villen weichen. Der Piha Surf Life Saving Club dient im Sommer als Treffpunkt, auch Piha Store und das Piha Café sind populär.

Umgebung: Der offenste, aber auch beeindruckendste Küstenabschnitt befindet sich bei **Whatipu**, südlich von Piha am Manukau Harbour. Eine vom Strand aus sichtbare Sandbank liegt vor der Hafeneinfahrt. Hier lief am 7. Februar 1863 die HMS *Orpheus* auf Grund. Von 259 Seeleuten an Bord überlebten 70 das Unglück.

Etwas südlich von Piha liegt **Karekare** mit seinen idyllischen Picknickplätzen. Unterhalb eines Wasserfalls bietet sich die Möglichkeit zu schwimmen. Am Strand des Ortes wurden Szenen des preisgekrönten Films *Das Piano* gedreht.

Weiter im Norden befindet sich **Bethells Beach**, der seit Jahrhunderten von Māori bewohnt wird. Archäologen haben hier über 75 Siedlungen entdeckt. Auf Ihumoana Island direkt vor der Küste liegt das am besten erhaltene Insel-*pa*.

Auf einem Felsvorsprung am **Muriwai Beach** (hinter Bethells) hat sich eine Kolonie von 2000 Australtölpeln angesiedelt, die ursprünglich auf Motutara Island nisteten. Von Aussichtsplattformen kann man die Vögel beobachten, ohne sie zu stören – am besten von Oktober bis Februar.

⑫ Henderson

Straßenkarte E2. 4600.

Die Weinberge von Henderson, von denen viele bis ins frühe 20. Jahrhundert zurückreichen, sind ein beliebtes Ausflugsziel für Einheimische wie für Besu-

Blick vom Aussichtspunkt auf den beliebten Strand Piha

Hotels und Restaurants in Auckland *siehe Seiten 302 und 314f*

cher. In vielen Kellereien kann man essen, oft werden kostenlose Weinproben angeboten.

Im Familienbetrieb Babich Wines, der 1916 gegründet wurde, gibt es eine Picknick- und *Pétanque*-Anlage mit Blick über die Weinberge. Die Weine dieser Kellerei sind preisgekrönt, darunter beispielsweise der Babich Patriarch, das Sortiment umfasst aber auch preiswertere Weine.

Neuseelands zweitgrößte Weinkellerei, Corbans Wine, wurde 1902 von libanesischen Einwanderern gegründet. Im angegliederten Art Centre werden regelmäßig Ausstellungen und Events veranstaltet. Montana Wines ist die größte Weinkellerei Neuseelands, von hier stammt etwa die Hälfte der gesamten Weinproduktion des Landes. Der hier ausgebaute Deutz Marlborough Cuvée gewann 1998 beim International Wine Challenge in London die Auszeichnung »Sparkling Wine of the Year«. Informationen zu den Kellereien gibt es im Auckland Visitor Centre.

Picknick und Weinprobe bei Babich Wines in Henderson

⓭ Kumeu

Straßenkarte E2. 1800.

Einen Restaurantbesuch in den Weinbergen verbinden viele Bewohner Aucklands mit dem Kauf von frischem Obst und Gemüse an einem der Verkaufsstände direkt an der Straße. Bei Kumeu, einem Zentrum des Wein-, Obst- und Gemüseanbaus, können Besucher unter vielen Produkten wählen.

Ein Besuch bei der Winzerei Kumeu River Wines sollte bei keiner Weintour fehlen. Mit ihren Weinen aus einheimischen Reben errang die Kellerei bereits fünfmal den Spitzenplatz auf der Liste der 100 besten Weine der amerikanischen Zeitschrift *Wine Spectator*. Das House of Nobilo, in dem 1998 mehr als 4000 Tonnen Trauben verarbeitet wurden, ist die viertgrößte Winzerei in Neuseeland und verkauft außerdem Weine der Kellerei Selaks Wines, die sie im Jahr 1998 übernahm.

Obst und Gemüse aus der Region um Kumeu

Auch Soljans Estate Winery hat für seine Gäste einen Picknickbereich, zudem werden Führungen angeboten. Zu den Spitzenweinen dieser Kellerei zählen die Chardonnays.

Matua Valley Wines stellt eine breite Palette guter Qualitätsweine her (v. a. Sauvignon Blanc). Neben Picknickplätzen gibt es hier eines der besten Winzerei-Restaurants von Auckland, das Hunting Lodge.

Neuseeland und der Film

Neuseelands Küste war schon für viele Filme stimmungsvolle Kulisse. Die Strandszenen von Jane Campions Film *Das Piano*, der 1994 die Goldene Palme sowie zwei Oscars gewann, wurden bei Karekare gedreht. Bethells Beach kann man in *Xena: Warrior Princess* und *Hercules: The Legendary Journeys* wiedererkennen. Viele Fernsehserien, z. B. *Black Beauty*, Spielfilme und Werbespots wurden an der neuseeländischen Küste aufgenommen. Auch einheimische Filmproduktionen sind international sehr erfolgreich, seit 1940 wurden hier über 120 Spielfilme produziert. Die Verfilmung von Tolkiens Trilogie *Der Herr der Ringe* gehört zu den aufwendigsten Produktionen aller Zeiten. Drehorte der drei mit Oscars prämierten Filme waren u. a. Matamata, das Volcanic Plateau, Te Anau, Nelson, Wellington, Canterbury, Queenstown und Wanaka. Auch *Der Hobbit* ist eine neuseeländische Produktion.

Dreharbeiten an einem neuseeländischen Strand

Gut erhaltene viktorianische Gebäude an der Küste von Devonport

⓮ Devonport

Straßenkarte E2. 18 000.

Im Vergleich mit den – außer Titirangi – weniger wohlhabenden südlichen und westlichen Vierteln Aucklands sind die Gegenden im Osten und Norden der Stadt bevorzugtere Wohngegenden. Die Vororte nördlich der Harbour Bridge sind relativ wohlhabend, die vielen Strände dienen nicht nur zum Schwimmen, sondern auch als Anlegestelle für die zahlreichen Segelboote und Dingis der Einheimischen.

Devonport liegt nur zehn Fährminuten von Aucklands Ferry Building *(siehe S. 77)* entfernt. Als einziger Vorort hat es einen historischen Kern. Bei einem Spaziergang entlang der King Edward Parade vermitteln die vielen Villen einen guten Einblick in die viktorianische Architektur des Viertels. Außerdem bietet sich ein großartiger Blick über den Waitemata Harbour und Auckland City. Am Victoria Wharf legen die Fähren an. Von hier aus erreicht man in fünf Minuten die Cafés, Restaurants und Läden der Victoria Road. Die erloschenen Vulkane Mount Victoria und North Head sind bequem mit dem Auto zu erreichen.

Devonport hat eine lange militärische Tradition. Die Basis der Royal New Zealand Navy wurde bereits 1941 eröffnet. Heute sind hier etwa 2200 Angehörige der Marine stationiert. Das **Navy Museum** beleuchtet Devonports Rolle in der Geschichte der Marineschifffahrt anhand einer Fotosammlung, Uniformen, Waffen und anderen Exponaten.

Weiter nördlich liegt der Strand von **Takapuna**. Die Hurstmere Road ist mit ihren Brasserien, Cafés und Läden ein lebendiger Ort mit buntem Treiben.

Navy Museum
64 King Edward Parade. (09) 445 5186. tägl. Karfreitag, 25./26. Dez. Spende. auf Anfrage.

⓯ Orewa

Straßenkarte E2. 28 000 (mit Hibiscus Coast). 214A Hibiscus Coast Hwy, (09) 426 0076.

Viele Strandhäuser und Motels säumen die Hauptstraße dieser kleinen Küstenstadt, die ungefähr 30 Autominuten nördlich von Auckland liegt. Orewas Hauptattraktion ist der drei Kilometer lange Sandstrand, der bei Wellenreitern, Schwimmern und, dank der Ostwinde, bei Surfern gleichermaßen beliebt ist.

Umgebung: Nördlich von Orewa liegt, etwas abseits vom State Highway 1, das Städtchen **Puhoi**, Neuseelands älteste böhmische Siedlung. Ein Gedenkstein an der Straße in den Ort erinnert an die Herkunft der ersten Siedler. Das Pub fungiert gleichzeitig als Museum, die Church of St Peter and St Paul (1881) weist böhmische Malereien auf.

48 Kilometer nördlich von Auckland liegt Waiwera, das wegen seines Thermalbads, der **Waiwera Infinity Hot Pools**, bekannt ist. Die Anlage verfügt über neun Becken mit verschiedenen Temperaturen, Whirlpools, Wasserrutschen, einen Wellnessbereich und Picknickplätze. Aus der Quelle sprudeln bis zu einer Million Liter Wasser pro Tag.

Waiwera Infinity Hot Pools
State Hwy 1. (09) 427 8820. tägl.
waiwera.co.nz

⓰ Hauraki Gulf Islands

Straßenkarte E2. Department of Conservation, 137 Quay St, Auckland, (09) 379 6476.
doc.govt.nz

Die Inseln im Hauraki Gulf gehören zu den schönsten der Welt. Etwa 65 Inseln werden für Freizeitaktivitäten genutzt, andere stehen wegen ihrer seltenen Vogelkolonien und unberührten Pflanzen unter Naturschutz. In Waiheke wohnen viele Pendler, die in Auckland arbeiten, in Great Barrier Island und Kawau vor allem Menschen, die einen gemütlichen

Der Strand von Orewa – beliebt zum Schwimmen, Surfen und Wellenreiten

Sir George Greys historisches Villa Mansion House auf Kawau Island im Hauraki Gulf

Lebensstil pflegen. Wegen der Ökofarmen und der vielen dort ansässigen Künstler gilt **Waiheke Island** als »alternative« Insel. Für Besucher sind vor allem die weißen Sandstrände, Buschwanderungen, Weinberge und Olivenplantagen attraktiv.

Auf der **Great Barrier Island** wird Strom vor allem über Dieselgeneratoren und Sonnenkollektoren erzeugt, manche Kühlschränke laufen noch mit Kerosin, Trinkwasser wird von den Dächern aufgefangen. Der 620 Meter hohe Mount Hobson und der Ruahine mit 410 Metern überragen die Insel. Mit etwas Glück bekommt man einen Kaka (einheimische Papageienart) oder eine Brown Teal Duck zu Gesicht.

Streifenkiwi mit Ei

Boote auf **Kawau Island** legen bei Warkworth ab. Die Insel ist bekannt für das 1846 erbaute Mansion House, das dem früheren Gouverneur und Premierminister Sir George Grey gehörte. Er brachte verschiedene Tierarten nach Neuseeland, z. B. Kookaburras, Pfaue und das Parma-Wallaby.

Mit ihren 260 Metern überragt die Insel Rangitoto den Golf deutlich. Sie entstand durch einen Vulkanausbruch vor rund 600 bis 700 Jahren. Inzwischen sind die steilen Lavahänge mit Büschen und Bäumen bewachsen. Außerdem findet man dort Moose, Mangroven, Farne, Tree Daisies, Orchideen, Pohutukawa-, Manuka- und Rewa-Bäume. Der Gipfel lässt sich auf Wanderwegen oder mit einem kleinen Zug erreichen.

Rakino ist ein beliebtes Wochenendziel. Kleine Häuschen stehen dicht gedrängt über hohen Abhängen. Die Strände der Insel eignen sich zum Schwimmen, es gibt auch Anlegestellen für Yachten.

Im Tierschutzgebiet der Little Barrier Island brüten 30 einheimische und 19 eingeführte Vogelarten, z. B. Streifenkiwis, Kakas und Makomakos. Die Flora der Insel umfasst 370 endemische Arten, darunter 90 Farne. Little Barrier Island darf nur mit einer Sondererlaubnis betreten werden.

In dem geschützten Kanal zwischen Goat Island und dem Festland kann man mit ein wenig Glück Muränen, Schnapper, Blue Cod, Marblefish und Kelpfish entdecken. Auch auf die in Restaurants beliebten Langusten trifft man in diesem unter Naturschutz stehenden Gebiet.

Der Kanal ist nur zwei bis fünf Meter tief, man kann aber direkt vom Strand aus tauchen. Die Sichtweite unter Wasser schwankt zwischen zwei und 15 Metern, von Januar bis Juni ist die Sicht am besten.

Waiheke Island
8000. 118E Ocean View Rd, Oneroa, (09) 372 1234.
waiheke.co.nz

Great Barrier Island
1000. Claris Airport, (09) 429 0767.
greatbarrierisland.co.nz

Kawau Island
200.

Seevögel im Leigh Marine Reserve

Shopping

Die Läden in Auckland lassen kaum Wünsche offen. Sie sind über die ganze Stadt verteilt, deshalb sollte man sich zuerst genau informieren. In der Innenstadt finden Sie hauptsächlich europäische Produkte, während in anderen Stadtteilen mehr polynesische oder asiatische Waren angeboten werden. Wer landestypische Erzeugnisse kaufen möchte, sollte sich an Produkte aus Schafwolle oder Fell halten, z. B. Pullover oder Stofftiere aus Opossumfell. Zur bunten Designerszene Neuseelands gehören u. a. Zambesi, Karen Walker, Anne Mardell und Trelise Cooper, die in den exklusiveren Gegenden zu finden sind. Schmuck, Porzellan, Glaswaren und anderes Kunsthandwerk sind hochwertig. Langusten werden für den Überseetransport entsprechend verpackt.

Öffnungszeiten

Die Ladenöffnungszeiten liegen meist zwischen 9 und 18 Uhr, viele Geschäfte haben auch am Wochenende geöffnet. Große Supermärkte sind meist bis 21 Uhr oder sogar rund um die Uhr offen. In den sogenannten *Dairies* und an Tankstellen erhält man Produkte für den täglichen Bedarf.

Duty-free-Shops

Die Mehrwertsteuer (GST) in Neuseeland beträgt 15 Prozent. Urlauber können diese Steuer und andere Gebühren umgehen, indem sie bei Ankunft oder Abflug im Flughafen sogenannte Duty-free-Produkte kaufen. Auch im Duty-free-Shop **DFS Galleria** in der Innenstadt ist dies möglich. Im Schnitt lassen sich bei solchen Käufen 30 Prozent sparen. Die bei DFS Galleria gekauften Produkte müssen am Flughafen abgeholt werden. Neben den Standardartikeln wie Zigaretten und Alkohol sind Produkte aus Lammfell, Schmuck aus *Paua*-Muscheln sowie Perlen und Holzschnitzereien besonders beliebt.

Shopping-Center

Die Queen Street ist zwar das Wirtschafts- und Finanzzentrum der Stadt. Doch haben das renovierte Charles Bohringer's Civic Theatre (1929), das Force Entertainment Centre und Shopping-Center wie das **Atrium on Elliott**, das **Tower Shopping Centre** und das **Downtown Shopping Centre**

Eine Filiale von Rodd and Gunn in der Innenstadt

wieder mehr Besucher in diese Gegend gelockt. Auch Buchläden wie etwa **Whitcoulls**, **Women's Bookshop** und **Unity Books**, Musikläden wie **Marbecks Classical Shop** sowie Modeboutiquen und Souvenirläden sind hier zu finden. Der **Voyager New Zealand Maritime Museum Shop** bietet Seglerbekleidung und Souvenirs, die besonders während

Der größte Duty-free-Shop des Landes, DFS Galleria, im Old Customhouse

Goods and Services Tax (GST) *siehe S. 326*

des America's Cup äußerst gefragt sind.

Die wichtigste Einkaufsgegend ist Newmarket mit Hunderten von Geschäften. Zu den am Broadway gelegenen Läden gehören **Country Road**, **Rodd and Gunn** und **Living and Giving**.

In den Stadtteilen Parnell und Ponsonby findet man luxuriösere Geschäfte, z. B. Delikatessenläden oder Boutiquen mit Designermode, Kunst und Kunsthandwerk.

Frisches Obst und Gemüse auf einem Markt in Auckland

Märkte

Wer an preisgünstigen, landestypischen Produkten interessiert ist, sollte sich auf dem **Victoria Park Market** umschauen, der in einer Müllverbrennungsanlage von 1905 untergebracht ist. Heute wird dort fast alles – von Souvenirs bis zu Snacks – verkauft, es gibt fünf Restaurants und einen *Food Court*. Samstagvormittags kann man auf dem **Otara Market** zwischen 6 und 12 Uhr Obst und Gemüse wie grüne Bananen oder Yams sowie *hangi* (auf heißen Steinen in einem Erdofen zubereitete Māori-Gerichte) und Mode der Pazifikinseln erstehen.

Auf einen Blick

Shopping-Center

Atrium on Elliott
21–25 Elliott St.
📞 (09) 375 4960.
w **atriumonelliott.co.nz**

DFS Galleria
Old Customhouse, Ecke Albert & Customs St.
📞 0800 388 937.

Downtown Shopping Centre
11–19 Custom St West.
📞 (09) 978 5262.

Dress-Smart Factory Outlet
151 Arthur St, Onehunga.
📞 (09) 622 2400.

Queens Arcade
34–40 Queen St.
📞 (09) 358 1777.
w **queensarcade.co.nz**

Tower Shopping Centre
125 Queen St.

Märkte

Otara Market
Newbury St & Te Puke, Otara Community Hall.
📞 (09) 274 0830.

Victoria Park Market
210 Victoria St West.
📞 (09) 309 6911.
w **victoriaparkmarket.co.nz**

Delikatessen und Wein

Accent on Wine
347 Parnell Rd, Parnell.
📞 (09) 358 2552.

Pandoro Panetteria
427 Parnell Rd, Parnell.
📞 (09) 358 1962.

Kleidung

Country Road
164 Queen St.
📞 (09) 309 6862.
157 Broadway, Newmarket.
📞 (09) 529 1987.

Karen Walker
The Pavilions, 18 Te Ara Tahuhu Walking St, Britomart.
📞 (09) 309 6299.
6 Balm St, Newmarket.
📞 (09) 522 4286.

Rodd and Gunn
75 Queen St.
📞 (09) 309 6571.
277 Broadway, Newmarket.
📞 (09) 522 0607.

Voyager New Zealand Maritime Museum Shop
Viaduct Harbour.
📞 (09) 373 0800.

Workshop
Ecke Vulcan Lane und High St.
📞 (09) 303 3735.
18 Morrow St, Newmarket.
📞 (09) 524 6844.

Bücher und Musik

Marbecks Classical Shop
28 Queens Arcade.
📞 (09) 379 0444.
w **marbecks.co.nz**

Rare Books
6 High St.
📞 (09) 379 0379.

Real Groovy Records
438 Queen St.
📞 (09) 302 3940.

Unity Books
19 High St.
📞 (09) 307 0731.
w **unitybooks.co.nz**

Whitcoulls
210 Queen St.
📞 (09) 984 5400.

Women's Bookshop
105 Ponsonby Rd.
📞 (09) 376 4399.
w **womensbookshop.co.nz**

Souvenirs und Mitbringsel

Living and Giving
Westfield St Lukes, St Lukes Road, St Lukes.
📞 (09) 846 6999.

OK Gift Shop
Downtown Shopping Centre, Ecke Albert & Customs St.
📞 (09) 303 1951.

Opal and Jade World
58 Queen St.
📞 (09) 379 3739.

Smith and Caughey's
253–261 Queen St.
📞 (09) 377 4770.
255 Broadway, Newmarket.
📞 (09) 524 8049.

The Sheepskin Store
7A Bassant Ave, Penrose.
📞 (09) 622 2889.

Unterhaltung

Die ethnische Vielfalt Aucklands spiegelt sich auch im kulturellen Angebot der Stadt wider: Opern von Giacomo Puccini stehen ebenso auf dem Programm wie traditionelle Māori-Tänze. Die Queen Street ist das lebendige Zentrum des Nachtlebens: Das Aotea Centre, die Auckland Town Hall sowie eine Vielzahl von Kinos befinden sich dort. Das Civic Theatre Centre aus dem Jahr 1929 ist schon allein wegen seiner Architektur einen Besuch wert. Eine etwas andere Art des Nachtvergnügens bieten die an die Queen Street angrenzende Fort Street und Karangahape Road, auch bekannt als K-Road: Dort befinden sich Stripbars und Massagesalons. Die K-Road ist darüber hinaus bekannt für ihre flippige Atmosphäre und die vielen Nachtclubs. In den Casinos von SKYCITY mit mehr als 100 Spieltischen und 1000 Spielautomaten kommen Spielernaturen auf ihre Kosten. In den Vororten findet das Nachtleben hauptsächlich in Kinos, Sportparks und Discos statt.

Blick auf die eindrucksvolle Bühne im Civic Theatre

Informationen und Tickets

Als Informationsquelle für Veranstaltungen empfiehlt sich *The New Zealand Herald*. Die Tageszeitung enthält Kino-, Konzert-, Ballett- und Theaterspielpläne. Broschüren zu Kultur- und Sportveranstaltungen liegen überall in Auckland an den Infostellen aus.

Die größten Vorverkaufsagenturen – **Ticketmaster** und **Ticketek** – listen Veranstaltungen auf ihren Websites auf. Reservierungen sind telefonisch oder online möglich.

Theater

Die wichtigsten Veranstaltungsorte, **Aotea Centre** und **Auckland Town Hall**, gehören zum Komplex Auckland Live *(siehe S. 78)*. Dort werden Musicals und Theaterproduktionen gezeigt. Die Great Hall in der Auckland Town Hall *(siehe S. 78)* ist wegen ihrer Akustik berühmt. Weitere Bühnen sind Maidment Theatre an der Universität, Silo in der Greys Avenue und Q Theatre in der Queen Street.

Tanz

Die Ballettszene Neuseelands ist überschaubar, die wichtigsten Choreografen sind Mary Jane O'Reilly, Michael Parmenter und Douglas Wright.

Derzeit ist die Footnote Dance Company aus Wellington, die auch in Auckland Vorstellungen gibt, das einzige klassische Ballettensemble des Landes. Auch das aus Wellington stammende Royal New Zealand Ballet tritt in Auckland auf. Die einzige in Auckland heimische Tanztruppe ist die Black Grace Dance Company. Es gibt auch Gastspiele internationaler Ensembles.

Annabel Reid vom Royal New Zealand Ballet tanzt *Raymonda*

Musik

Im Bereich der klassischen Musik genießen vor allem das New Zealand Symphony Orchestra (NZSO) und das Auckland Philharmonia Orchestra (APO) einen hervorragenden Ruf. Ungewöhnlich am APO ist, dass die Musiker gleichzeitig Eigentümer des Orchesters sind. Die meisten Konzerte finden in der Auckland Town Hall statt. Detaillierte Informationen zu Konzerten und Musikfestivals in Auckland findet man im Internet (www.heartofthecity.co.nz).

Auch in zahlreichen Pubs von Neuseelands größter Stadt wird abends häufig Live-Musik geboten, z. B. in der Judder Bar, im Powerstation und im Dogs Bollix, einem beliebten Irish Pub.

Feuerwerk bei einem Symphoniekonzert in der Auckland Domain

Māori-Tanz im Auckland War Memorial Museum

Kulturelle Veranstaltungen

Im Auckland War Memorial Museum *(siehe S. 82f)* können sich Besucher authentische Māori-Zeremonien und -Tänze ansehen. Bei den drei- bis viermal täglich stattfindenden Vorführungen zeigen die Mitglieder der Manaia Cultural Performance Group neben traditionellen Gesängen und Tänzen den *haka*, einen furchterregenden Kriegstanz, der nur von Männern getanzt wird, sowie *Poi*-Tänze, die von Frauen vorgeführt werden *(siehe S. 34f)*. Die Vorführungen dauern etwa 45 Minuten.

Beim Pasifika Festival in Western Springs kann man im März etwas über Polynesien erfahren *(siehe S. 46)*. Dann finden Veranstaltungen mit Kunst und Kultur der verschiedenen polynesischen Völker statt.

Clubs

Auch wenn in den Theatern des ganzen Landes nationale und internationale Comedians auftreten, die **Classic Comedy & Bar** darf den Anspruch erheben, die einzige Bühne für Stand-up-Comedy zu sein.

Die meisten Clubs der Stadt befinden sich in der Karangahape Road. Bei jungen Leuten sehr populär sind vor allem der **Stoners Lounge Nightclub**, dessen Ambiente Marmorwände und Ledersofas prägen, und das **Zen**, in dem Tanzmusik wie Hip-Hop und Drum and Bass laufen. Sehr beliebt ist auch die **Ding Dong Bar**, ein Rock-Café, in dem DJs auflegen. Zu den bekanntesten Schwulenclubs in Auckland gehören das **Mea Culpa** in der Ponsonby Road und **Caluzzi Bar and Cabaret** in der Karangahape Street.

Film

Große Kinocenter findet man in ganz Auckland. In den größeren Komplexen, zu denen insbesondere die **Event Cinemas** gehören, werden hauptsächlich die wichtigen amerikanischen Filme gezeigt, meist bevor sie in Europa anlaufen. Die **Rialto Cinemas** in Newmarket haben sich neben dem Mainstream- auch dem Programmkino verschrieben.

Der Höhepunkt der Kinoszene ist das New Zealand Film Festival alljährlich im Juli. Während des Festivals, das zwei Wochen dauert, wird ein bunter Mix nationaler und internationaler Filme geboten.

Event Cinemas in der Queen Street

Auf einen Blick

Tickets

Ticketek
☎ (09) 307 5000 oder 0800 TICKETEK.
W **ticketek.co.nz**

Ticketmaster
☎ (09) 970 9700.
W **ticketmaster.co.nz**

Theater

Aotea Centre
50 Mayoral Dr.
☎ (09) 309 2677.

Auckland Town Hall
Queen St.
☎ (09) 309 2677.

Civic Theatre
Ecke Queen & Wellesley St.

SKYCITY Theatre
Ecke Wellesley & Hobson St.
☎ 0800 759 2489.

Clubs

1885 Britomart
27 Galway St, Britomart.
☎ (09) 551 3100.

Cassette Number Nine
9 Vulcan Lane.
☎ (09) 366 0196.

Classic Comedy & Bar
321 Queen St.
☎ (09) 373 4321.

Ding Dong Bar
26 Wyndham St.
☎ (09) 377 4712.

Mea Culpa
3/175 Ponsonby Rd.
☎ (09) 376 4460.

SPQR
150 Ponsonby Rd.
☎ (09) 360 1710.

Spy Bar
204 Quay St, Viaduct Harbour.
☎ (09) 377 7811.

Stoners Lounge Nightclub
146 Karangahape Rd.
☎ (09) 379 7388.

Kinos

Event Cinemas
W **eventcinemas.co.nz**

Rialto Cinemas
169 Broadway, Newmarket.
☎ (09) 369 2417.

Northland

Die starke Verwurzelung mit den Māori-Traditionen, alte europäische Siedlungen, subtropisches Klima und die herrliche Landschaft machen Northland zur Wiege der Nation und zu einem der beliebtesten Erholungsgebiete. Die Geschichte Northlands ist geprägt von europäischen Besitzansprüchen, Blutvergießen und Rücksichtslosigkeit, doch heute überwiegt der Freizeitspaß.

Die lange Geschichte der Māori-Besiedlung wird besonders in den befestigten Māori-Dörfern *(pa)* und den Fanggründen für Schalentiere an der Küste sichtbar. Die traditionelle Kultur *(siehe S. 34f)* wird noch von den vielen hier lebenden Māori-Stämmen gepflegt.

Die frühe europäische Besiedlung brachte skrupellose Walfänger mit sich, die Russell den Beinamen »Hölle des Pazifiks« eintrugen *(siehe S. 106)*. Die Bordelle und Tavernen sind heute verschwunden. Dagegen zeugen Gebäude wie das Pompallier House noch immer von den Einflüssen der Missionare, die den christlichen Glauben ins Land brachten.

Von großer historischer Bedeutung ist das Waitangi Treaty House, in dem der Vertrag von Waitangi *(siehe S. 52f und 108f)* unterzeichnet wurde. Cape Reinga *(siehe S. 112)* ist in zweierlei Hinsicht von Bedeutung: zum einen wegen seiner Lage am Schnittpunkt von Tasmansee und Pazifik, zum anderen wegen seiner großen Bedeutung in der Māori-Mythologie als Ort, an dem die Seelen der Toten ihre Reise nach Hawaiki antreten.

Besucher sind vor allem von der Schönheit der Natur und Landschaft beeindruckt: sanfte Hügel, weiße Sandstrände, riesige Sanddünen und Felsformationen. Im Unterschied zu vielen anderen Gegenden kann man in den unberührten, gut 2000 Jahre alten Kauri-Wäldern stundenlang wandern, ohne anderen Urlaubern zu begegnen. Weitere Freizeitaktivitäten sind Fischen, Tauchen, Kajakfahren, Sandsurfen und Reiten.

Tauchen am Wrack der *Rainbow Warrior* *(siehe S. 53)* vor der Matauri Bay

◀ **Matapouri Bay *(siehe S. 103)* an der wunderschönen Tutukaka Coast**

Überblick: Northland

Der besondere Charme von Northland ergibt sich aus dem natürlichen Charakter des Landes. Die Region profitiert von den abwechslungsreichen Küstengebieten, die unbegrenzte Freizeitmöglichkeiten bieten. Māori und Europäer trafen hier erstmals aufeinander, und so gibt es noch viele gut erhaltene historische Stätten. Drei Ausgangspunkte eignen sich für die Entdeckung von Northland: Paihia, das in der Nähe von Russell, Waitangi, Kerikeri und der wunderschönen Bay of Islands liegt; Kaitaia, von dem aus man Tagestouren auf die Halbinsel Aupori, nach Mangonui und Ahipara machen kann; sowie Opononi und Omapere mit ihren Stränden und der Nähe zum Wairere Boulders Nature Park mit einzigartigen Felsformationen.

Pohutukawa-Bäume umrahmen die Bucht der Whangarei Heads

Touren und Unternehmungen Die aufgeführten Orte sind ideal, um sich zu erholen und etwas zu unternehmen. Allerdings ändert sich das Wetter – je nach Jahreszeit – häufig. Vor einer Tour sollten Sie sich vor Ort informieren.	Boostouren	Sportfischen	Kajakfahren	Segeln	Tauchen	Schnorcheln	Schwimmen	Wandern
Cape Reinga								★
Kai-Iwi Lakes			★	★			★	
Kaitaia								★
Ninety Mile Beach							★	★
Omapere	★	★	★				★	
Opononi	★	★	★				★	
Paihia	★	★	★	★	★	★	★	
Russell	★	★	★	★	★	★	★	★
Tutukaka	★	★	★	★	★	★	★	
Waipoua Forest								★
Whangarei	★	★	★	★	★	★	★	★

Eine Figur am Versammlungshaus von Waitangi wird bemalt

Weitere Zeichenerklärungen *siehe hintere Umschlagklappe*

Ausflugsbus am Ninety Mile Beach

Sehenswürdigkeiten auf einen Blick

1. Whangarei
2. Tutukaka
3. Poor Knights Islands
4. Matapouri
5. Russell
6. Paihia
7. *Waitangi Treaty Grounds S. 108f*
8. Kerikeri
9. Waimate North
10. Whangaroa
11. Doubtless Bay
12. Kaitaia
13. Cape Reinga
14. Ninety Mile Beach
16. Kaikohe
17. Rawene
18. Opononi
19. Waipoua Forest
20. Dargaville

Tour

15. Halbinsel Aupori

In Northland unterwegs

Am besten lässt sich Northland mit dem Auto entdecken. Die Halbinsel Aupori wird von einer 21 Kilometer langen, bis Cape Reinga reichenden Straße durchzogen. Bustouren führen meist über den Ninety Mile Beach, was mit Mietwagen nicht möglich ist. Es empfiehlt sich, nach Norden an der Ost- und nach Süden an der Westküste zu fahren.

Town Basin am Ufer von Whangarei

❶ Whangarei

Straßenkarte E1. 47 000.
Tarewa Park, 92 Otaika Rd, (09) 438 1079. **whangareinz.com**

Die nördlichste Stadt Neuseelands liegt zwei Autostunden von Auckland entfernt. Begrenzt wird Whangarei von bewaldeten Hügeln auf der einen und einem tiefen Hafenbecken auf der anderen Seite. Der fruchtbare Boden und das milde Klima lassen in der Gegend eine üppige Vegetation gedeihen – viele Gärten und Plantagen zeugen davon.

Das Herz der Stadt, Town Basin, wurde im Kolonialstil renoviert. Viele Cafés, Restaurants, Kunstgalerien, Museen und Läden beleben das Zentrum und machen es für Besucher und Einheimische attraktiv.

Whangarei ist ein Hafen für Weltumsegler, die den pazifischen Sommerstürmen ausweichen. Sie nutzen die Hafenanlagen der Stadt, um ihre Yachten wieder instand zu setzen.

Eine große Sonnenuhr weist auf das **Claphams National Clock Museum** hin, das über 1400 Uhren beherbergt. Rund 400 davon stiftete A. Clapham, viele hat er selbst hergestellt. Die älteste, eine englische Laternenuhr, stammt von 1690. Außerdem enthält die Sammlung Wanduhren im Biedermeier-Stil, alte Standuhren, Schwarzwälder Kuckucksuhren und eine Pendeluhr aus dem niederländischen Friesland. Die Uhren wurden alle auf verschiedene Zeiten eingestellt, um zu vermeiden, dass Besucher zu jeder vollen Stunde ohrenbetäubendem Lärm ausgesetzt sind.

Objekt im Claphams National Clock Museum

Im Westen Whangareis kann man im **Quarry Arts Centre** authentisches Kunsthandwerk aus der Gegend erwerben, viele Künstler leben auf dem Gelände. Ein wenig weiter draußen findet man **Kiwi North (Museum, Kiwi House & Heritage Park)**. Das Museum präsentiert eine schöne Sammlung von Māori-Artefakten, das Anwesen ist immer noch im Originalzustand von 1885. Im Kiwi House kann man sich mit einer der gefährdetsten Vogelarten Neuseelands anfreunden.

Wer eher sportliche Betätigung und Herausforderungen sucht, kann die verschiedenen Wanderwege in und um Whangarei genießen. Im **Parahaki Scenic Reserve** im Osten der Stadt führen einige schöne Spazierwege durch das Buschland. Vom Kriegerdenkmal auf dem Gipfel des Mount Parahaki, das über den Memorial Drive sowie über zwei Wege vom Mair Park oder der Dundas Road zu erreichen ist, bietet sich ein wunderbarer Blick auf die Stadt und das Hafengelände. An vielen Stellen begegnet man Spuren der Māori, außerdem führt ein Weg zu einem historischen Māori-*pa*. Die 26 Meter hohen Whangarei Falls befinden sich nordöstlich des Parahaki Scenic Reserve im Vorort Tikipunga, etwa fünf Kilometer nördlich des Zentrums. Die Umgebung lädt zum Picknicken ein, von den beiden Aussichtsplattformen blickt man auf den Wasserfall.

Die malerischen Whangarei Falls

Claphams National Clock Museum
Town Basin, Dent St. (09) 438 3993. tägl. 25. Dez.

Quarry Arts Centre
21 Selwyn Ave. (09) 438 1215. tägl.

Kiwi North (Museum, Kiwi House & Heritage Park)
Gate 1, 500 State Hwy 14, Heritage Park, Maunu. (09) 438 9630. tägl. 25./26. Dez.

❷ Tutukaka

Straßenkarte E1. 520.
Dive! Tutukaka, Marina Rd, (09) 434 3867. **tutukakacoastnz.com**

Fährt man von Whangarei wenige Kilometer auf der kurvenreichen Küstenstraße, erreicht man Tutukaka, Ausgangspunkt für Tauchfahrten auf die Poor Knights Islands und für Sport-

Yachten im Hafen von Tutukaka

und Hochseefischerei. Hier befinden sich auch einige Tauchschulen. In dem natürlichen Hafenbecken liegen zahlreiche Yachten und Fischerboote vor Anker.

Zwischen Tutukaka und Matapouri lädt ein Riff zum Tauchen ein, das um die versunkenen Marineschiffe *Tui* und *Waikato* angelegt wurde. Einige Tauchschulen bieten geführte Tauchgänge zu den Wracks. Nähere Informationen dazu finden Sie im Internet (www.diving.co.nz).

❸ Poor Knights Islands

Straßenkarte E1. **i** Tarewa Park, 92 Otaika Rd, Whangarei, (09) 438 1079. **W whangareinz.com**

Etwa 24 Kilometer vor der Küste von Tutukaka liegen die Poor Knights Islands. Das einstige Fischergebiet um die beiden Inseln wurde 1981 zum Naturschutzgebiet erklärt. Die Inseln dürfen nur mit einer Sondererlaubnis des Department of Conservation betreten werden, doch die Gewässer sind für Taucher zugänglich. Der berühmte Meeresforscher Jacques Cousteau zählte diese Gewässer aufgrund der hervorragenden Sicht und der vielfältigen Fischwelt zu den fünf besten Tauchrevieren der Welt. Das Gebiet profitiert von Meeresströmungen, und so leben hier auch tropische Fischarten, die nicht in den kälteren Küstengewässern zu finden sind. In dem erodierten Vulkangestein entstand ein wahres Labyrinth aus Tunneln, Bogen und Höhlen. Tauchzeit in diesem Revier ist das ganze Jahr über. Tauchboote legen täglich von der Tutukaka Marina ab.

Auch die Tierwelt ist interessant. Auf beiden Inseln leben Reptilien wie Geckos und die seltenen Tuataras. Außerdem befinden sich auf den Inseln die weltweit einzigen Brutkolonien von Sturmtauchern.

❹ Matapouri

Straßenkarte E1.
W whangareinz.com

Nur ein kurzes Stück nördlich von Tutukaka liegt das Städtchen Matapouri mit einem der schönsten Strände von Northland. Die vielen kleinen Buchten und Inselchen sowie das ruhige Wasser und der weiße Sandstrand machen diesen Küstenabschnitt zum Favoriten für Schwimmer und Schnorchler. Ein etwa zwei Kilometer langer Weg verbindet den Strand mit der Whale Bay. Mehrere Aussichtspunkte bieten einen herrlichen Blick auf Meer und Küste.

Eines der besten Tauchgebiete der Welt vor den Poor Knights Islands

Town Basin in Whangarei ▶

Friedhof der Christ Church, der ältesten Kirche in Russell

❺ Russell

Straßenkarte E1. 1000.
The Wharf, (09) 403 8020.
northlandnz.com

Zu Beginn des 19. Jahrhunderts hieß Russell noch Kororareka und war Hauptort der Walfangindustrie. Gesetzlosigkeit regierte die Stadt, was ihr den Beinamen »Hölle des Pazifiks« einbrachte. 1844 erhielt der Ort zu Ehren des damaligen Kolonialministers den Namen Russell. Heute lebt die Stadt vor allem von Tourismus, Fischfang und Austernzucht.

Das einst als Captain Cook Memorial Museum bekannte **Russell Museum** zeigt ein Modell von Kapitän Cooks *Endeavour* und Erinnerungsstücke an die frühe Siedlerzeit und den US-Autor Zane Grey, der in den 1920er Jahren viel dazu beitrug, dass die Bay of Islands zum Zentrum der Sportfischerei wurde.

Die 1836 erbaute **Christ Church** ist die älteste Kirche des Landes. Sie wurde u. a. von Charles Darwin finanziert, dem Begründer des Darwinismus und Autor des Buches *Von der Entstehung der Arten*, der 1835 Neuseeland besuchte.

Die stattliche **Pompallier Mission** entstand 1841/42 als Druckerei der Maristenmission. 1968 wurde das vernachlässigte Gebäude dem New Zealand Historic Places Trust unterstellt und 1993 wieder in seinen ursprünglichen Zustand gebracht. Das älteste Industriegebäude des Landes zeigt heute eine Ausstellung zu Druckerei und Buchbinderei, u. a. mit der ursprünglichen Druckmaschine.

Der Flagstaff Hill erinnert an Russells Vergangenheit: An dieser Stelle sägte Hone Heke (1810–1850) im Jahr 1844 den britischen Flaggenmast um *(siehe S. 67)*.

Die Hafenmole säumen schöne Cafés. Es gibt eine Fährverbindung zwischen Russell und Paihia.

Restaurantschild in Paihia

Russell Museum
2 York St. (09) 403 7701.
tägl. 25. Dez.

Christ Church
Church Rd. (09) 403 7696.
So 10.30 Uhr.

Pompallier Mission
The Strand. (09) 403 9015.
tägl. 25. Dez.
nur im Garten.

❻ Paihia

Straßenkarte E1. 1850.
Marsden Rd, (09) 402 7345.

Der ehemalige Missionsposten Paihia ist heute – wie Russell und Tutukaka – Ausgangspunkt zum Tiefsee-Sportfischen.

Im Norden von Paihia, an der Straße nach Kerikeri, liegt der **Lily Pond Farm Park**. Der Bauernhof ist in Betrieb und besonders bei Kindern ein Hit. Als Besucher kann man hier die typischen Nutztiere Neuseelands wie Schafe, Schweine und Ziegen erleben, aber auch »exotischere« Arten wie Emus, Alpakas oder Aale.

Am Waitangi River *(siehe S. 108f)*, drei Kilometer von Paihia entfernt, befinden sich die **Haruru Falls**. Die Wasserfälle sind von Waitangi über eine Straße zu erreichen. Besucher können zu Fuß in das Gebiet gelangen, um die vielen Reiher zu beobachten. Zu den Wasserfällen kann man auch mit einem Kajak fahren, das man bei **Coastal Kayakers** ausleiht. Das Unternehmen bietet auch geführte Touren an.

Lily Pond Farm Park
RD1 Puketona Rd. (09) 402 6099. Fr–Di. 25. Dez.

Haruru Falls
Nahe den Waitangi Treaty Grounds. (09) 402 7437.
tägl. 9–17 Uhr. 25. Dez.
Coastal Kayakers Te Karuwha Pde, Waitangi.
(09) 402 8105.
coastalkayakers.co.nz

Sport und Aktivurlaub in der Bay of Islands

Angenehmes Klima, die abwechslungsreiche Küste am Pazifik sowie über 150 Inseln mit beeindruckender Meeresfauna machen die Bay of Islands zu einer der attraktivsten Ferienregionen Neuseelands. Seit Auckland in den 1930er Jahren durch eine Straße mit Northland verbunden wurde, ist Paihia das touristische Zentrum der Region.

Der Ruf der Bay gründet sich vor allem auf dem vielfältigen Angebot im Bereich der Sportfischerei, inzwischen werden jedoch auch viele andere Wassersportarten angeboten, darunter Kajakfahren, Segeln, Tauchen und Wasserski. In letzter Zeit locken die Veranstalter zusätzlich mit Panoramaflügen, Gleitschirmfliegen und Reiten.

Die Familie Rowe vom Bay of Islands Swordfish Club mit ihrem preisgekrönten Fang

Sportfischen

In der Bay of Islands können Besucher das ganze Jahr über auf hoher See fischen. Am häufigsten wird der bis zu 120 Kilogramm schwere Gestreifte Marlin gefangen. Doch die Artenvielfalt in der Bay of Islands ist groß. Ausflugspakete zum Hochseefischen beinhalten in der Regel Unterkunft, Verpflegung, Ausrüstung und Köder. Angelscheine sind nicht nötig.

Angler lassen ihre Beute immer öfter wieder frei, so wie diesen Gestreiften Marlin.

Schwimmen mit Delfinen ist eine beliebte Attraktion in der Bucht. Lizenzierte Touranbieter achten darauf, dass Menschen keine Gefahr für die Tiere darstellen.

Geführte Kajaktouren werden in allen Schwierigkeitsgraden und in verschiedenen Gewässern angeboten.

Beim Gleitschirmfliegen hat man die Möglichkeit, die atemberaubende Landschaft der Bay of Islands aus luftigen Höhen zu betrachten.

Bootsfahrten wie z. B. Paihia's Cream Trip locken immer mehr Gäste an. Mit diesem Schiff wurde früher die Milch von den Farmen abgeholt.

❼ Waitangi Treaty Grounds

Waitangi rückte am 6. Februar 1840 in den Fokus der neuseeländischen Geschichte, als dort vor dem Haus von James Busby (1800–1871) der Vertrag von Waitangi *(siehe S. 22 und S. 52f)* unterzeichnet wurde. Der Wohnsitz des Briten wurde in »Treaty House« umbenannt und ist seit dem Jahr 1932 offizielle Gedenkstätte. Hier treffen sich Jahr für Jahr Māori und Politiker der Regierungspartei, um am 6. Februar den Waitangi Day zu feiern. Besucher können an Führungen teilnehmen.

Blick über die Waitangi Treaty Grounds
Die Küste ist von schönen Mangroven- und Buschlandschaften gesäumt.

Visitor Centre
In einer Multimedia-Show werden die Ereignisse rund um die Unterzeichnung des Vertrags von Waitangi und die wichtigsten Personen erklärt. Kopien des Vertrags sind ausgestellt. Im Souvenirshop erhalten Sie außerdem Māori-Schnitzereien und Bücher zum Thema.

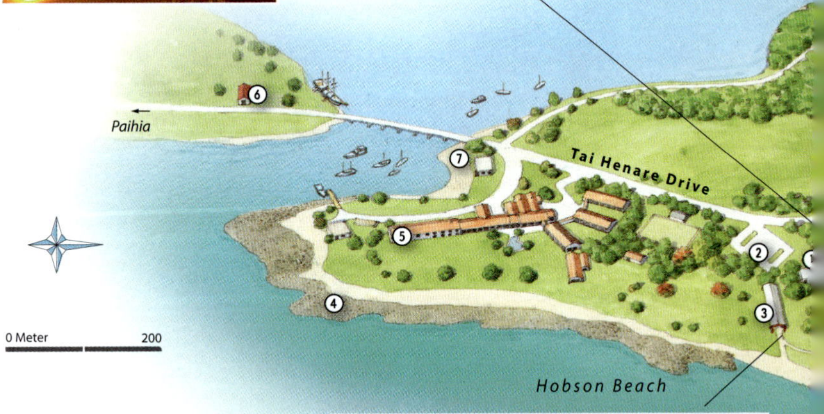

Außerdem

① **Café**

② **Parkplatz**

③ **Kanuhaus**

④ **Entlang dem Küstenweg** stößt man auf ungewöhnliches Lavagestein, das bei der Eruption unter Wasser in sechseckige Formen erstarrte.

⑤ **Copthorne Hotel and Resort**

⑥ **Te Tii Marae**

⑦ **Bay of Islands Yacht Club**

⑧ **Waitangi Golf Course**

⑨ **Fahnenmast**

★ **Māori-Kriegskanu**
Das 35 Meter lange Kanu *Ngatokimatawhaorua* wurde nach dem Kanu benannt, in dem Kupe Neuseeland entdeckte *(siehe S. 49)*. Bis zu 120 Ruderer finden darin Platz. Jedes Jahr am Waitangi Day wird es zu Wasser gelassen.

Infobox

Information
Straßenkarte E1. 1 Tau Henare Drive, Waitangi, (09) 402 7437. Jan, Feb: tägl. 9–18 Uhr; März–Dez: tägl. 9–17 Uhr. 25. Dez. **waitangi.org.nz**

Anfahrt
von Kerikeri.

Mangrovenwälder
Ein Plankenweg führt durch einen naturbelassenen Mangrovenwald zu den Wasserfällen Haruru Falls.

★ Treaty House
In dem in Australien vorgefertigten Treaty House *(siehe S. 53)* lebte der Brite James Busby. Bis 1840 wurden dort politische Versammlungen abgehalten.

★ Māori-Versammlungshaus
Das Versammlungshaus *(Te Whare Runanga)* wurde zum 100. Jahrestag der Vertragsunterzeichnung am 6. Februar 1940 eröffnet. Es enthält kunstvolle Wandschnitzereien.

Treaty Grounds
Jedes Jahr wird vor dem Treaty House ein feierlicher Festakt zur Erinnerung an die Unterzeichnung des Vertrags zelebriert.

Stone Store, St James Church und Kerikeri Mission House

8 Kerikeri

Straßenkarte E1. 4200.
northlandnz.com

Das malerische Kerikeri ist das Kunstzentrum des hohen Nordens und bekannt für subtropisches Klima, Zitrus- und Kiwiplantagen sowie historische Gebäude.

Hier steht die **Kerikeri Mission Station**, eine der ersten neuseeländischen Siedlungen. Die zweite europäische Missionsstation in Neuseeland wurde 1819 unter dem Schutz des Māori-Häuptlings Hongi Hika errichtet *(siehe S. 67)* – die erste Mission entstand fünf Jahre zuvor in der Bay of Islands. Zur Mission Station gehört das Kerikeri Mission House aus dem Jahr 1821. 1832 übernahm es die Familie Kemp, 1974 kam es unter die Obhut des New Zealand Historic Places Trust. Der sorgte dafür, dass der Zustand der 1840er Jahre weitgehend wiederhergestellt wurde.

In Kerikeri steht auch Neuseelands ältestes noch erhaltenes Steingebäude. Der Stone Store entstand 1835 als Teil des Mission House. Im Lauf der Zeit wurde das einstige Lagerhaus in einen Gemischtwarenladen umfunktioniert und in den 1960er Jahren zu einem Souvenirshop für handgeschmiedete Nägel und andere historische Artikel. Hinter dem Haus steht die 1878 aus heimischen Hölzern wie Kauri und Puriri erbaute **St James Church**.

Auf einem Hügel befinden sich die Überreste von Kororipo Pa, einer Māori-Festung, die in den 1820er Jahren unter Hongi Hika als strategische Basis für Kriegszüge genutzt wurde. Auf der anderen Seite des Flusses liegt **Rewa's Village**, ein aus voreuropäischen Originalmaterialien nachgebautes Māori-Fischerdorf. Dort gibt es Informationen zu traditionellen Māori-Gebäuden wie *marae* (Versammlungsorte) und *pataka* (Lagerhäuser) sowie den Discoverer's Garden und zwei Māori-Kanus.

Kerikeri Mission Station
The Basin, 246 Kerikeri Rd.
(09) 407 9236. tägl.
25. Dez.

St James Church
The Basin. tägl.

Rewa's Village
1 Landing Rd. (09) 407 6454.
tägl. Karfreitag, 25. Dez.
nach Vereinbarung.

9 Waimate North

Straßenkarte E1. 700.

Die ehemalige Missionsstation Waimate North unweit von Kerikeri wurde in den 1830er Jahren gegründet. In dieser Stadt entstand auch die erste Farm nach englischem Vorbild.

In **Te Waimate Mission**, dem letzten der drei Missionshäuser aus dem Jahr 1832, können Besucher alte Möbel und Werkzeuge besichtigen.

Te Waimate Mission
Te Ahu Ahu Rd. (09) 405 9734.
Mai–Okt: Sa–Mo; Nov–Apr: tägl. 25. Dez.

10 Whangaroa

Straßenkarte E1. 530.
northlandnz.com

Die kleine bezaubernde Siedlung mit dem hübschen Hafen lässt sich am besten vom Gipfel der Felsformation St Paul aus betrachten. Die Hügel dahinter waren einst mit riesigen Kauri-Bäumen bewaldet. Die Bäume wurden hauptsächlich für den Schiffsbau verwendet und sind heute weitgehend verschwunden. Ende des 19. Jahrhunderts arbeiteten hier viele Kroaten in den Feldern *(siehe S. 114)*.

Whangaroa ist heute vor allem als Ausgangspunkt für Angel-, Tauch- und Schnorcheltouren beliebt.

11 Doubtless Bay

Straßenkarte D1.
northlandnz.com

Hier soll der Entdecker Kupe als Erstes angelegt haben *(siehe S. 49f)*. In der Anfangszeit der europäischen Besiedlung spielte die Doubtless Bay eine bedeutende Rolle für die Walfänger. Heute laden die goldenen Strände Cable Bay und Cooper's Beach zum Schwimmen und Schnorcheln ein. Im Fischerdorf Mangonui an der Flussmündung stehen noch zahlreiche historische Gebäude.

Te Waimate Mission, eines der ältesten neuseeländischen Holzhäuser

Kunst und Kunsthandwerk

Kunsthandwerk ist in Neuseeland weitverbreitet, wobei es in Farb- und Motivwahl starke regionale Unterschiede gibt. Interessanterweise war Neuseelands berühmtester Künstler ein Österreicher: Der Architekt und Maler Friedensreich Hundertwasser verbrachte einen Großteil seines Lebens in Neuseeland, wo er nach seinem Tod im Februar 2000 auch begraben wurde. In Kawakawa, südlich von Paihia und Russell, zieht ein von ihm entworfenes Toilettengebäude viele Besucher an. Der Künstler Chris Booth ist bekannt für riesige Steinskulpturen wie die an der Landspitze der Matauri Bay. Im ganzen Land werden jedoch landestypische Bilder, Drucke, Schmuck aus Jade *(greenstone)* und Knochenschnitzereien verkauft. In Kerikeri z. B. werden auf dem Art and Craft Trail hochwertige Produkte angeboten.

Kunst aus den Sümpfen
Künstler fertigen aus Kauri-Holz Möbel und kleine Kunstobjekte. Das Holz stammt von den Überresten der Kauri-Bäume, die vor 30 000 bis 50 000 Jahren in den Sümpfen der Gegend versanken.

Im Hundertwasser-Design wurde der Eingangsbereich zur Toilette gestaltet.

Der Teil einer Steinskulptur des aus Northland stammenden Künstlers Chris Booth bildet den Eingang des Albert Park in Auckland.

Māori-Künstler wie Hohepa Renata stellen aus Holz, Knochen und Jade Kunstobjekte in traditionellem und ganz individuellem Design her.

Matten, Körbe und Hüte werden aus Flachs geflochten und sind beliebte Souvenirs. Die Flachsweberei ist eine traditionelle Māori-Fertigkeit.

Geschnitzte Holzmaske

Töpferwaren werden mit unterschiedlichen, oft aus Asien übernommenen Techniken gefertigt.

⓬ Kaitaia

Straßenkarte D1. 5300. Ecke Matthews Ave & South Rd, (09) 408 0879. **northlandnz.com**

Die größte Stadt im hohen Norden eignet sich gut als Ausgangspunkt für Tagesausflüge. Im **Te Ahu Centre** ist die erste Hinterlassenschaft der europäischen Siedler ausgestellt – ein 1500 Kilogramm schwerer schmiedeeiserner Anker, den der Entdecker de Surville 1769 bei einem Sturm in der Doubtless Bay verloren hatte.

Te Ahu Centre
Ecke Matthews Ave & South Rd.
(09) 408 9454. tägl.
Karfreitag, 25. Dez.
nach Vereinbarung.
teahuheritage.co.nz

⓭ Cape Reinga

Straßenkarte D1.
northlandnz.com

Der Name Reinga (»Unterwelt«) bezieht sich auf eine Māori-Sage, wonach von hier die Seelen der Toten ihre Reise nach Hawaiki antreten. An den Wurzeln eines alten Pohutukawa-Baums an der Spitze des Kaps soll die Reise beginnen. Blickt man von der Kapspitze aufs Meer, sieht man die Stelle, an der die Tasmansee auf den Pazifischen Ozean trifft. Das Kap ist jedoch nicht der nördlichste Punkt des Landes – der liegt am North Cape.

⓮ Ninety Mile Beach

Straßenkarte D1.
northlandnz.com

Eigentlich ist der Name Ninety Mile Beach falsch, denn der Strand an der Westküste misst nur 60 Meilen (96 km). Mit über 140 Meter hohen Dünen ähnelt er einer Sandwüste. Einst war das Gebiet bewaldet, doch die Kauri-Bäume wurden durch Überschwemmungen während der Eiszeiten zerstört. Nun sollen Pinien die Dünen stabilisieren. Fischen und Muscheln suchen ist hier der beliebteste Zeitvertreib.

⓯ Tour auf die Halbinsel Aupori

Die Aupori-Halbinsel, von den Māori »Fischschwanz« genannt, ist ein nur zwölf Kilometer breiter Landstreifen zwischen dem Ninety Mile Beach im Westen und den Stränden und Buchten entlang der Ostküste. Die unberührten Strände und die ganzjährig hohen Temperaturen machen dieses Gebiet zu einer beliebten Ferienregion, die zum Schwimmen, Spazierengehen, Fischen und Sanddünenrutschen einlädt.

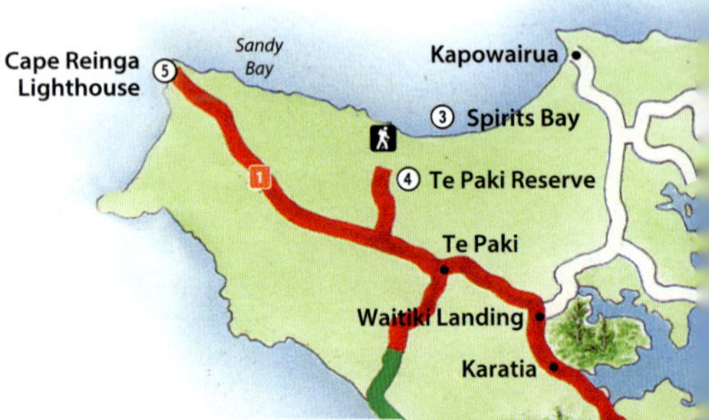

⑥ **Ninety Mile Beach**
Aufgrund des harten Sandes ist dieser Strand als Piste für Mountainbiker sowie für Marathonläufe äußerst beliebt.

Legende
Routenempfehlung
Panoramastrecke
Andere Straße

⑤ **Cape Reinga Lighthouse**
Schon 48 Kilometer vor der Küste ist der Leuchtturm von Cape Reinga zu sehen. Der einsam gelegene weiße Turm ist der nördlichste in Neuseeland.

Hotels und Restaurants in Northland *siehe Seiten 302f und 315–317*

③ Spirits Bay
Das heilige Māori-Gebiet ist der Ausgangspunkt für den 28 Kilometer langen Wanderweg zum Cape Reinga.

Suche nach Schalentieren

Das Sammeln von *kai moana* (Schalentieren) ist nicht nur eine Māori-Tradition. Auch viele andere Neuseeländer fischen von Booten und an der Küste, sie tauchen oder graben im Sand danach. Am Ninety Mile Beach sucht man hauptsächlich nach *tuatua*, einem in dieser Region sehr häufigen Schalentier. Die erlaubte Menge liegt bei 150 Stück pro Person und Tag, jedes Tier muss mindestens 125 Millimeter lang sein. Schwieriger zu finden sind *pauas* (Seeohren). Bei diesen Tieren liegt die Grenze bei zehn Stück.

Suche nach *tuatua* am Ninety Mile Beach

② Rarawa Beach
Der leuchtend weiße Quarzsand macht Rarawa Beach zu einem der attraktivsten Strände der Ostküste.

① Gumdiggers Park
Bei einem Spaziergang durch das Gelände lernt man viel über die Ökologie des Parks und seine Bewohner.

④ Te Paki Reserve
Sanddünen hinunterzurutschen ist hier besonders beliebt. Doch auch der 40-minütige Spaziergang zum Strand ist lohnenswert.

Routeninfos

Länge: 210 km.
Zwischenstopps: Zwischen Kaitaia und Waitaki Landing gibt es Hotels und Restaurants. Die Straße zum Leuchtturm ist 21 Kilometer lang. Alternativ zur Rückfahrt auf dem State Highway 1 können Fahrzeuge mit Allradantrieb von Te Paki, 16 km südlich von Cape Reinga, bis Waipapakauri Beach den Ninety Mile Beach befahren, jedoch nicht während der Flut. Es empfiehlt sich, den Strand auf einer Bustour zu besichtigen; das Befahren der Strecke mit Leihwagen ist untersagt.

Boatshed Café und Galerie in Rawene

⑯ Kaikohe

Straßenkarte E1. 4100.
northlandnz.com

Kaikohe, der wichtigste Ort der Region, ist bekannt für die **Ngawha Hot Springs** (auch »Waiaraki Pools«). Während an anderen Orten die heißen Quellen zu wichtigen Touristenattraktionen ausgebaut wurden, bleibt Kaikohe vom Rummel weitgehend verschont. Mit den Einheimischen kommt man leicht ins Gespräch, und wenn man sich mit der schönen Schlichtheit der Anlagen angefreundet hat, kann man das zwischen 32 und 42 °C warme Wasser in aller Ruhe genießen.

Eine weitere Attraktion ist **Pioneer Village Kaikohe**, ein Freilichtmuseum, in dem in verschiedenen Häusern an die Zeit der frühen europäischen Besiedlung erinnert wird. In Führungen werden z. B. das Old Courthouse (1862), die Utakura Settlers Hall (1891) und Alexander's Sawmill (1913) erklärt. Sehr interessant sind auch einige Oldtimer, eine Eisenbahn und ein kleiner Bahnhof. Von dem auf einem Hügel gelegenen Denkmal für Häuptling Hone Heke hat man einen wunderbaren Blick auf die Küsten.

Ngawha Hot Springs
Ngawha Springs Rd, an der SH 12. (09) 405 2245. tägl. Feiertage.

Pioneer Village Kaikohe
1A Recreation Rd. (09) 401 0816. tägl. 1. Jan, Karfreitag, 25./26. Dez.

⑰ Rawene

Straßenkarte D1. 520.
Boatshed Café and Gallery, Clendon Esplanade, (09) 405 7728.
northlandnz.com

Das malerische Dorf mit den direkt am Ufer liegenden Läden war die Heimat von Reddy Clendon (1800–1872), dem ersten Konsul der USA in Neuseeland, der später Bürgermeister von Hokianga wurde. Das **Clendon House** ist heute dem New Zealand Historic Places Trust unterstellt und wurde vermutlich nach 1866 erbaut. Eine Fähre verkehrt von Hokianga Harbour über Broadwood und Herekino nach Kaitaia.

Clendon House
Clendon Esplanade. (09) 405 7874. Sa–Mo. Mai–Okt, 25. Dez. **historic.org.nz**

⑱ Opononi

Straßenkarte D1. 600. Hokianga i-SITE, State Hwy 12, (09) 405 8869.
northlandnz.com

Bei vielen Neuseeländern bleibt der Name der kleinen Küstenstadt Opononi für immer mit ihrem berühmtesten Besucher verbunden: dem Delfin Opo. Er erlangte im Sommer 1955 nationalen Ruhm, als er immer wieder zum Strand der Stadt kam und dort mit den Kindern spielte. Später wurde Opo von unbekannten Dynamit-Fischern getötet. Früher markierte eine inzwischen verlegte Skulptur des Künstlers Russell Clark vor dem Pub von Opononi sein Grab. Im Hokianga i-SITE wird ein Video von Opo gezeigt.

Schräg gegenüber vom Pub befindet sich die Ablegestelle für eine Bootsfahrt, bei der sich ein hervorragender Blick auf die Sanddünen gegenüber von Hokianga Harbour bietet.

Hokianga Harbour, Opononi

Frühe Harzindustrie

Als im 19. Jahrhundert die Kauri-Wälder des Landes abgeholzt waren, entwickelte sich eine neue Industrie. Das Harz, das die Bäume absondern, entwickelte sich zu einem wertvollen Rohstoff für die Herstellung von Lacken. Um die Harzbrocken zu finden, wurde der Boden mit langen Holzstäben durchsucht. 1885 waren nicht weniger als 2000 Arbeiter, vor allem Immigranten aus Kroatien, in dieser Branche beschäftigt. Später arbeiteten sie v. a. als Gemüse- und Weinbauern in der Gegend um Auckland.

Heute sind Kauri-Harzstücke beliebte Souvenirs. Der Bernstein wird geschliffen, poliert und zu Schmuckstücken verarbeitet. Ab und zu entdeckt man in einzelnen Stücken kleine Insekten- oder Pflanzenteile.

Poliertes Kauri-Harz

Hotels und Restaurants in Northland *siehe Seiten 302f und 315–317*

Tane Mahuta, **Neuseelands größter Kauri-Baum**

⑲ Waipoua Forest

Straßenkarte D1. Waipoua Visitors' Centre, (09) 439 6445. tägl. **northlandnz.com**

Ein Besuch im Waipoua Forest lohnt sich vor allem wegen der imposanten Kauri-Bäume. Der Anblick eines dieser über 2000 Jahre alten Bäume, der sich auf Fotos nur schwer einfangen lässt, hinterlässt bei den meisten Besuchern einen bleibenden Eindruck. Den größten Kauri-Baum – von den Māori *Tane Mahuta* (»Gott des Waldes«) genannt – erreicht man über einen Fußweg durch den Wald. Er ist 51 Meter hoch, hat einen Umfang von 14 Metern und ein Volumen von 244,5 Kubikmetern. Experten des Department of Conservation schätzen das Alter des Giganten auf etwa 1500 Jahre, vier weitere Bäume im Wald sind mindestens 1000 Jahre alt. Außerdem wachsen auf dem Gelände rund 300 Baum-, Palmen- und Farnarten.

⑳ Dargaville

Straßenkarte E1. 4900. 4 Murdoch St, (09) 439 4975. **northlandnz.com**

Dargaville ist das Zentrum des Kumara-Anbaus. Diese Süßkartoffeln werden hier an vielen Straßenständen verkauft.

Das **Dargaville Museum** ist nicht nur für Segler interessant. Neben Māori-Kanus, Schiffsmodellen und anderen Gegenständen der Seefahrt reichen die Ausstellungsstücke von alten Fotos des Yugoslav Social Club über Andenken an die Northern Wairoa Scottish Society bis zu einem Schweineschädel aus New Mexico.

Dargaville Museum
32 Mt Wesley Coast Rd, Harding Park. (09) 439 7555. tägl. 25. Dez.

Umgebung: 45 Kilometer südlich von Dargaville bietet das **Kauri Museum** in Matakohe spannende Informationen zu Kauri-Bäumen. Hier wird die Rolle und Verarbeitung der Mammutbäume vor dem Hintergrund der Entwicklungsgeschichte Neuseelands beleuchtet. Das sehenswerte Museum empfiehlt sich in Verbindung mit einem Besuch des Waipoua Forest Park.

Im Hauptteil des Gebäudes findet man Möbel, Schnitzereien und Tafeln aus Kauri-Holz sowie eine große Sammlung an geschliffenen und polierten Harzobjekten. Des Weiteren werden ein Postamt von 1909, ein Wohnhaus aus dem frühen 20. Jahrhundert sowie eine Kirche von 1867 gezeigt.

Die **Kai-Iwi Lakes** 34 Kilometer nördlich heißen Waikere, Taharoa und Kai-Iwi. Die tiefblauen Seen sind vielleicht nicht ganz so aufregend wie die Strände an der Westküste, trotzdem sind sie beliebte Orte zum Schwimmen, Wasserskifahren und Fischen.

Kauri Museum
5 Church Rd, Matakohe. (09) 431 7417. tägl. 25. Dez. nach Vereinbarung. **kaurimuseum.com**

Bootsmodell im Dargaville Museum

Zentrum der Nordinsel

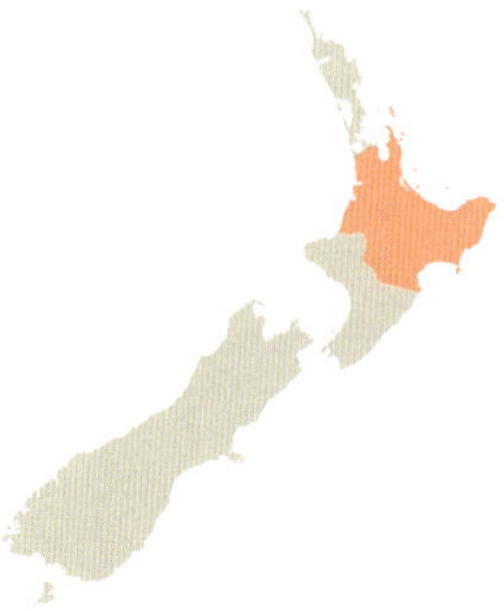

Entlang der Route Auckland, Taranaki, Manawatu und Hawke's Bay trifft man sowohl auf natürliche als auch von Menschen erschaffene Sehenswürdigkeiten: schneebedeckte Vulkane, Geysire, fischreiche Seen und Flüsse, Gebirgszüge, Sandstrände, fruchtbares Farmland, Obstgärten, Weinberge und ausgedehnte Wälder. Rotorua war und ist ein wichtiges Zentrum der Māori-Kultur.

Zwischen White Island im Norden und Mount Ruapehu im Süden zerschneiden die Ausläufer des Vulkans Taupo *(siehe S. 68f)* das Plateau. Gewaltige tektonische Verschiebungen formten einst die Landschaft der zentralen Hochebene. Rotorua weist aber auch heute noch eine ganze Reihe vulkanischer Attraktionen auf: sprühende Geysire, blubbernde Schlammlöcher, farbenfrohe Schwefelterrassen, dampfende Seen und heiße Quellen. Die Seen sind ideale Angelreviere, auf den Flüssen tummeln sich Wildwasser-Freaks und Jetboote. Im Tongariro National Park kann man im Sommer wandern und im Winter Ski fahren.

Steil zerklüftete, mit niedrigem Buschwerk bewachsene Höhenzüge erstrecken sich über eine Länge von 300 Kilometern vom Plateau bis zum East Cape. Sie trennen das kühlere westliche Hochland von der trockenen Küstenregion im Osten. Fruchtbares Farmland und weite Waldgebiete ziehen sich bis zur Bay of Plenty, dem King Country und Waikato. Die Hügel, auf denen heute Schafe, Kühe und Rehe grasen, waren um 1900 noch von Urwald bedeckt. Die Halbinsel Coromandel erlebte im 19. Jahrhundert einen kurzen Goldrausch. Heute zieht die unberührte Natur vor allem Aussteiger und Künstler an. Die Bay of Plenty, das East Cape und die Strände von Gisborne laden zum Schwimmen, Fischen und Surfen ein.

Diese Region und der Ort Rotorua sind ein Zentrum der Māori-Kultur. Im Jahr 1858 nahm in Waikato das Māori King Movement *(siehe S. 121)* seinen Anfang. Wegen Gebietsstreitigkeiten kam es hier zu Kampfhandlungen.

Aufführung traditioneller Māori-Tänze in Rotorua ***(siehe S. 138–143)***

◀ **Geothermische Aktivitäten bei Waimangu, Rotorua** ***(siehe S. 144)***

Überblick: Zentrum der Nordinsel

Das Zentrum der Nordinsel bietet eine Vielzahl verschiedener Landschaften. Hamilton, die zweitgrößte Stadt der Region, ist von üppigem Weideland umgeben. An der Westküste liegen die Strände von Raglan und die Höhlen von Waitomo. Nördlich von Hamilton geht die Halbinsel Coromandel über in die Sandstrände der Bay of Plenty, East Cape ist ein Paradies für Angler und Wassersportler. Die Stadt Hawke's Bay ist für ihre Art-déco-Bauten und Weinberge berühmt. Die Mondlandschaft der White Island reicht bis zum Vulkan Ruapehu. Der Tongariro National Park bietet Natur pur, mehrere Plätze dienten als Kulisse für *Der Herr der Ringe*.

Weinbau in Hawke's Bay

Touren und Unternehmungen

Die aufgeführten Orte sind ideal, um sich zu erholen und etwas zu unternehmen. Allerdings ändert sich das Wetter – je nach Jahreszeit – häufig. Vor einer Tour sollten Sie sich vor Ort informieren.

	Sportfischen	Golf	Tauchen/Schnorcheln	Skifahren	Surfen	Schwimmen	Wandern	Forellenangeln
Coromandel		★	★		★	★	★	
Gisborne	★	★	★		★	★		★
Mayor Island	★		★			★	★	
Mount Maunganui/Tauranga	★	★			★	★	★	
Opotiki		★			★	★	★	★
Raglan		★	★		★	★	★	
Rotorua		★				★	★	★
Taupo		★				★		★
Te Urewera National Park						★	★	★
Tongariro National Park		★		★		★	★	★
Turangi		★				★	★	★
Whitianga	★	★	★		★	★	★	

Weitere Zeichenerklärungen *siehe hintere Umschlagklappe*

Sehenswürdigkeiten auf einen Blick

1. Ngaruawahia
2. Raglan
3. Pirongia Forest Park
4. Kawhia
5. Hamilton
6. Cambridge
7. Otorohanga
8. *Waitomo Caves S. 124f*
9. Thames
10. Coromandel Forest Park
11. Coromandel
12. Port Jackson
13. Whitianga
14. Hahei
15. Whangamata
16. Waihi
17. Katikati
18. Tauranga
19. Mount Maunganui
20. Mayor Island
21. Te Puke
22. Whakatane
23. White Island
24. Opotiki
26. Te Urewera National Park
27. Gisborne
28. *Rotorua S. 138–143*
29. Waimangu Volcanic Valley
30. Wai-O-Tapu Thermal Wonderland
31. Orakei Korako Geyserland
32. Wairakei Park
33. Taupo
34. Turangi
35. *Tongariro National Park S. 146f*
36. *Napier S. 150–153*
37. Hastings
38. Cape Kidnappers

Touren

25. East-Cape-Tour
39. Weingüter der Hawke's Bay

Māori-Versammlungshaus in Te Kaha, Bay of Plenty

Im Zentrum der Nordinsel unterwegs

Am besten erkundet man die Region mit dem Mietwagen. Der State Highway 1 führt quer durch das Landesinnere, die landschaftlich reizvolleren Coast und Thermal Explorer Highways umrunden die Halbinsel Coromandel, die Bay of Plenty und East Cape. Die Straßen sind in gutem Zustand, im Winter kann es im Tongariro National Park zu Sperrungen kommen. Zwischen Auckland und Wellington gibt es eine Zugverbindung mit Halt in Hamilton und anderen Städten. Bustouren befahren viele Ziele der Region.

❶ Ngaruawahia

Straßenkarte E2. 6500.
160 Great South Rd, Huntly, (07) 828 6406. Ngaruawahia Regatta (3. Sa im März).
hamiltonwaikato.com

Am Rand des Waikato-Beckens fließen Waikato und Waipa zusammen. Dort liegt Ngaruawahia, eine der ältesten Māori-Siedlungen des Landes und noch heute ein wichtiges kulturelles Zentrum der Māori. Nahe der River Road befindet sich einer ihrer heiligsten Kultplätze: Turangawaewae Marae, der »Stammsitz« des Volkes der Waikato Tainui. Inmitten der *marae* steht Turongo House, die offizielle Residenz von König Tuheitia Paki. Besuchern bleibt der Zutritt zu Turangawaewae Marae normalerweise verwehrt, man verweist sie nach Rotorua, wo die Kultur der Māori allgegenwärtig ist. Nur anlässlich der alljährlichen Ngaruawahia Regatta wird das *marae* für Fremde geöffnet, dann können Besucher das Kanurennen *(waka)*, Stammestänze *(iwi)* und Māori-Zeremonien *(siehe S. 46)* verfolgen.

Der Waitomo-Krieg 1863/64 war entscheidend für die Geschichte Neuseelands. Die Māori schlossen sich zusammen, um ihr Land zu schützen, und bildeten die Widerstandsbewegung Te Kingitanga. Unter www.hamiltonwaikato.com/the-waikato-war findet man Infos darüber, wie und wo die Kämpfe verliefen.

Wasserfälle von Bridal Veil, südöstlich von Raglan

Nördlich von Ngaruawahia erstreckt sich an den Hängen der Hakarimata Range ein Naturschutzgebiet gleichen Namens mit uralten Rimu- und Kauri-Bäumen. Drei Wanderwege durchziehen das Gelände und bieten exzellente Ausblicke auf das Waikato-Tal.

Umgebung: Etwa 30 Kilometer westlich von Ngaruawahia treten vier 32–42 °C warme Mineralquellen, die **Waingaro Hot Springs**, an die Oberfläche, wo sie als Badepools öffentlich genutzt werden können. Neuseelands längste Wasserrutsche und eine Anlage für Schlauchboote bieten Freizeitspaß pur. Hier gibt es eine Reihe von Übernachtungsangeboten.

Waingaro Hot Springs
Waingaro Rd. (07) 825 4761. tägl.

❷ Raglan

Straßenkarte E2. 3100.
13 Wainui Rd, (07) 825 0556. Raglan Surf Classic (Nov).

Waikatos einziger Badeort an der Westküste ist Raglan, ein kleines, beschauliches Städtchen mit einer lebendigen Kunstszene. Im Sommer locken der ruhige Hafen, die weiten Strände und das weltberühmte Surfrevier vor allem Wassersportler hierher. Der Te Kopua Beach und die Te Aro Aro Bay in der Nähe der Stadt laden zum Schwimmen ein, Manu Bay und die zehn Kilometer südlich gelegene Whale Bay sind ein Mekka für Surfer aus aller Welt.

Entlang einer 25 Kilometer langen Strecke bieten sich von der nach Süden führenden Whaanga Road atemberaubende Blicke auf die raue

Turangawaewae Marae, Ngaruawahia, Sitz des Māori-Königs

Hotels und Restaurants im Zentrum der Nordinsel *siehe Seiten 303f und 317–319*

Küstenlandschaft und die weißen Schaumkronen der Tasmansee.

Richtung Kawhia, 21 Kilometer südöstlich von Raglan, erreicht man nach einem kurzen Marsch durch Buschwerk die Bridal Veil Falls. Der 55 Meter hohe Wasserfall stürzt aus einer engen Spalte in ein Felsbassin. Der zehnminütige steile Fußweg hinauf zum Becken lohnt sich wegen des Blicks über das Bassin und den Wasserfall.

Mount Pirongia, ein erloschener Vulkan

Die Whale Bay bei Raglan, ein Mekka für Surfer aus aller Welt

❸ Pirongia Forest Park

Straßenkarte E3. ℹ Pirongia Heritage and Information Centre, 798 Franklin St, Pirongia, (07) 871 9018. **W** **pirongiaheritage.org.nz**

Der Naturpark südöstlich von Raglan besteht aus vier Waldgebieten. Gut ausgebaute Trails führen Wanderer auf die Kuppen und Bergrücken. Der 959 Meter hohe erloschene Vulkan Mount Pirongia ist das weithin sichtbare Wahrzeichen des Pirongia-Naturreservats. Die gezackte Kammlinie und die dunkelgrünen Bergwälder kontrastieren wunderbar mit dem tiefer gelegenen Farmland. Näher an Raglan liegt der Mount Kariori. Der Berg steigt steil bis auf 756 Meter an. Beide Berge sind über Pfade relativ leicht zu besteigen.

Da es kaum Quellen gibt, sollte man im Sommer Trinkwasser mitnehmen. Viele einheimische Vögel schwirren in den Baumkronen, die Flüsse des Naturparks sind voll von diversen Fischarten und anderen Wassertieren.

Die Hütte auf dem Mount Pirongia, Pahautea, bietet acht Personen Platz, Übernachtungen können beim Department of Conservation in Hamilton angemeldet und gebucht werden. Picknickplätze liegen am Ende der Corcoran und der Grey Road, der Campingplatz am Ufer des Kaniwhaniwa ist für Angler ein exzellenter Forellengrund.

❹ Kawhia

Straßenkarte E3. 👥 550. ℹ Kawhia Museum & Information Centre, Kaora St, (07) 871 0161.

Fährt man von Raglan die malerische Küstenstraße nach Süden, so erreicht man nach 55 Kilometern den kleinen Ort Kawhia. Nördlich des Hafens, fünf Kilometer landeinwärts, findet man die verstreuten Häuschen des Ortes. Die abgeschiedene Bucht erstreckt sich an einem mehr als 57 Kilometer langen Küstenabschnitt.

Früher waren Kawhia und die umliegenden Täler ein bevorzugtes Siedlungsgebiet der Māori, die das Areal auch mit Waffengewalt verteidigten. Am Hang hinter dem Makatu-Haus liegt Tainui vergraben, das heilige Stammeskanu der ersten Siedlungswelle der Māori. Steinmarkierungen über eine Länge von 23 Metern zeigen den Lageplatz an. Einst war das Boot an einem Pohutukawa-Baum, Tangi te Korowhiti, am Ende der heutigen Karewa Street befestigt worden. Noch immer verehren die Māori diese Baumgruppe als heiliges Relikt ihrer acht Jahrhunderte zurückliegenden Besiedlung.

Der weite Hafen von Kawhia an der Westküste

Māori King Movement

Königin Te Atairangikaahu

Die Bewegung nahm ihren Anfang nach 1850. Die Māori begriffen, dass interne Stammeskämpfe nur den Pakeha, den Europäern, Vorteile brachten. So wurde 1858 ein König gewählt, der Verehrung und den Respekt aller Māori genoss. Darüber hinaus sollte diese Symbolfigur helfen, die Streitigkeiten zwischen Regierung und Māori zu schlichten. Doch die weiße Regierung betrachtete die Bewegung als Rebellion, so kam es um 1860 zu Konflikten, den *Waikato Land Wars* *(siehe S. 53f)*. Königin Te Atairangikaahu wurde 1966 Māori-Herrscherin. Ihr folgte König Tuheitia Paki 2007 als siebter Māori-Monarch. Er gilt vor allem als spirituelle und kulturelle Autorität, in Zeiten der Neudefinition der Rolle der Māori innerhalb der Gesellschaft Neuseelands nimmt der Einfluss der Könige jedoch wieder zu.

5 Hamilton

Straßenkarte E2. 118 000. 10 km südl. der Stadt. Ecke Aro & Alexandra St, Garden Place, (07) 958 5960. Balloons Over Waikato (Apr); National Agricultural Fieldays (Juni).
hamiltonwaikato.com

Hamilton, als Militärstützpunkt im 19. Jahrhundert gegründet, ist das Zentrum des fünftgrößten Ballungsraums in Neuseeland und die größte Stadt im Landesinneren. Das Stadtgebiet erstreckt sich an beiden Ufern des Waikato River, des mit 425 Kilometern längsten Flusses im Land. Am Ufer wurden gepflegte Parks angelegt, viele Brücken verbinden den Ost- und den Westteil der Stadt. **Waikato River Explorer** bietet Flussfahrten von seinem Anleger an Hamilton Gardens Jetty mit den schönsten Ausblicken auf Hamilton und Umgebung.

Das fünfstöckige **Waikato Museum of Art and History** direkt am Flussufer gibt einen guten Überblick über Neuseelands Kunstgeschichte, die Vergangenheit von Waikato und die der Tainui-Māori. Unter anderem wird hier das beeindruckende Kriegskanu Te Winika gezeigt.

Die **Hamilton Gardens** im Süden der Stadt zählen zu den bekanntesten Attraktionen von Hamilton. Ebenfalls direkt am Waikato River findet man neben einheimischer Botanik traditionelle japanische, chinesische und englische Gartenanlagen.

Hamilton ist Veranstaltungsort für das Fest Balloons Over Waikato, das Ballonfahrer aus aller Welt anzieht, und die National Agricultural Fieldays, eine der größten Landwirtschaftsmessen in Australasien *(siehe S. 47)*.

Waikato River Explorer
Hamilton Gardens Jetty. 0800 139 756. Okt–Mai: Sa, So; Juni–Sep: Sa.
waikatoexplorer.co.nz

Waikato Museum of Art and History
1 Grantham St. (07) 838 6606. tägl. 25. Dez.
waikatomuseum.org.nz

Hamilton Gardens
Cobham Drive. (07) 856 3200. tägl.
hamiltongardens.co.nz

6 Cambridge

Straßenkarte E3. 13 500. 15 km östl. der Stadt. Ecke Queen & Victoria St, (07) 823 3456.

Südöstlich von Hamilton erreicht man die von Weideland umgebene Stadt Cambridge, Zentrum der Vollblutzucht. Wegen der vielen Eichen und Eschen wird Cambridge auch »Stadt der Bäume« genannt. Der mit exotischem Baumbestand umstandene Lake Koutu lädt zum Spazierengehen und Picknicken geradezu ein.

Glasarbeiten im Cambridge Country Store

Cambridge ist vor allem wegen seines Angebots an Volkskunst und folkloristischem Kunsthandwerk bekannt. Der **Cambridge Country Store**, untergebracht in einer Kirche von 1898, ist weithin berühmt, eine Reihe von gut bestückten Antiquitätenläden und Galerien ziehen zahlreiche Besucher an. Auch die St Andrew's Church ist ein architektonischer Höhepunkt. Das westlich gelegene Matamata war einer der Drehorte für *Der Herr der Ringe* und *Der Hobbit*.

Töpferwaren und Volkskunst im Cambridge Country Store

Cambridge Country Store
92 Victoria St. (07) 827 8715. tägl. 25. Dez.
cambridgecountrystore.co.nz

7 Otorohanga

Straßenkarte E3. 2600. 27 Turonga St, (07) 873 8951.

Rund 50 Kilometer südlich von Hamilton liegt die Provinzstadt Otorohanga, deren einzige nennenswerte Attraktion das **Otorohanga Kiwi House** ist. Drei Kiwi-Arten werden im dortigen Zoo gezüchtet, in weitläufigen Volieren können viele der über 300 Exemplare der 29 Kiwi-Unterarten bestaunt werden. Darüber hinaus sind einheimische Wildtauben, Tuis, Sittiche und einige andere Vogelarten zu sehen. An Reptilien gibt es Geckos, Wetas und Tuataras.

Über Otorohanga erreicht man auch die berühmten Waitomo-Höhlen *(siehe S. 124f)*.

Otorohanga Kiwi House
20 Alex Telfer Drive. (07) 873 7391. tägl. 25. Dez. Nachtvogelhaus.
kiwihouse.org.nz

Der *Waikato River Explorer* auf dem Waikato River

Hotels und Restaurants im Zentrum der Nordinsel *siehe Seiten 303f und 317–319*

Pferdezucht und Milchwirtschaft

Ein schöner Anblick auf der Fahrt von Hamilton nach Cambridge sind die vielen Pferdefarmen. Auf Weiden grasen junge Vollblüter, die von ihren Eigentümern mit bestem Futter verwöhnt werden. Etwas abseits der Straße sieht man Stallgebäude, in denen die Pferde untergebracht sind, und Hallen, in denen sie trainiert werden. Auf den angrenzenden Wiesen stehen die schwarzweißen Kühe der Milchfarmer. Das milde und feuchte Klima von Waikato bietet die besten Voraussetzungen für die Aufzucht edler Pferde und kräftiger Rinder. Die Hügel sind ideales Terrain für die Ausbildung junger Rennpferde.

Einjährige und Fohlen auf einem Gestüt von Waikato

Vollblutzucht

Waikato ist auf der ganzen Welt für seine Rennpferde berühmt. Jedes Jahr werden für über 120 Millionen NZ$ einjährige Vollblüter exportiert. Mehr als 60 Hengste stehen in 18 Deckstationen für die Zucht bereit. Die besten Hengste decken 100 bis 150 Stuten pro Jahr.

Neuseelands Horse Magic
Dieses Gestüt führt sechs Kilometer südlich von Cambridge seine edlen Pferde vor. In einer einstündigen Horse-Show erfährt man alles über Pferdezucht. Auch andere Gestüte in Waikato bieten ähnliche Vorführungen an.

In Waikato gezogene Vollblüter haben Australiens berühmten Melbourne Cup bereits 18 Mal gewonnen.

Neuseelands wichtigste Rinderrassen
In Waikato weiden Kühe der Rassen Friesisch-Holsteinisch, Jersey und Ayrshire, wobei die schwarz-weißen Holsteiner dominieren. Die durchschnittliche Milchleistung pro Kuh liegt bei 3420 Liter im Jahr.

Die besten Einjährigen der neuseeländischen Pferdezüchter werden jedes Jahr in Karaka, in den südlichen Außenbezirken von Auckland, vorgeführt und versteigert.

❽ Waitomo Caves

Die Kalksteinhöhlen von Waitomo bilden ein verzweigtes, 45 Kilometer langes System unterirdischer Grotten, die alle mit dem Waitomo River verbunden sind. Die sogenannte Glowworm Cave (Glühwürmchen-Höhle) wurde bereits 1887 erkundet, viele der anderen Höhlen sind für Höhlenforscher interessant. Eine Besichtigungstour durch das Labyrinth gibt Gelegenheit, die Stalaktiten und Stalagmiten sowie das faszinierende Licht zu erleben. Besonders mutige Besucher können sich auch in einen der dunklen Höhlenschächte abseilen lassen oder unterirdische Wasserläufe befahren. Das 2,5 Kilometer lange, für »normale« Besucher zugängliche Höhlensystem ist hell ausgeleuchtet und hat gut gesicherte Wege.

Waitomo Walkway
Der fünf Kilometer lange Wanderweg führt über naturbelassenes Weideland in den unberührten Busch, an Felsen und natürlichen Kalksteinbecken vorbei.

Black Water Rafting
Ausgerüstet mit Neoprenanzügen, Helmen, Grubenlampen und Schlauchbooten erkunden besonders Mutige einen unterirdischen Fluss in der Ruakuri-Höhle.

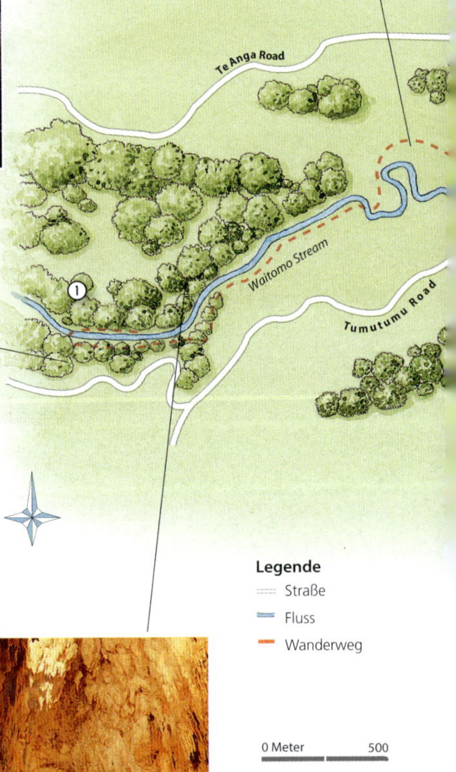

Außerdem

① **Den Ruakuri Natural Tunnel**, einen Felsendurchgang, erreicht man auf einem (behindertengerechten) Weg durch die Ruakuri-Schlucht nach 30 Minuten. Führungen werden angeboten.

② **Das Tokikarpu-Versammlungshaus** nahe der Te Anga Road ist ein kulturelles Zentrum der dort lebenden Māori.

③ **Das Waitomo Caves Hotel**, 1908 erbaut, liegt in einem Wäldchen oberhalb der Waitomo-Höhlen.

④ **Kiwi Paka YHA Waitomo Hostel**

⑤ **Das Museum of Caves** mit dem i-SITE Visitor Centre zeigt eine Ausstellung über Höhlen. Eine Multimedia-Show widmet sich den Glühwürmchen und lässt die Erforschung der Höhle nachvollziehen.

⑥ **Waitomo Top Ten Holiday Park (Camping)**

⑦ **In Woodlyn Park** können Besucher der Pioneer Heritage Show lernen, wie man ein Schaf schert oder einen Hund abrichtet.

★ Höhle von Aranui
Der Aranui-Felsendom birgt die schönsten Stalaktiten der Waitomo-Höhlen. Die Zapfen aus Kalkstein schimmern von rostfarben über rosa bis rein

★ Glowworm-Höhle
Ein Gang durch die drei Ebenen der Höhle, einst »Banquet Chamber« (Festsaal), »Pipe Organ« (Orgelpfeife) und »Cathedral« getauft, wird mit einer Bootsfahrt durch die magische Glowworm-Grotte gekrönt.

Infobox

Information
Straßenkarte E3. 21 Waitomo Caves Rd, (07) 878 8228. tägl. 25. Dez. **Waitomo Museum of Caves** (07) 878 7640. **Waitomo Glowworm Caves** (07) 878 8228. in Waitomo Caves. **Woodlyn Park** (07) 878 6666. Pioneer Show. **Black Water Rafting** 0800 228 464. **Lost World** 0800 924 866. **waitomo.com**

Anfahrt
von Hamilton, Auckland oder Rotorua.

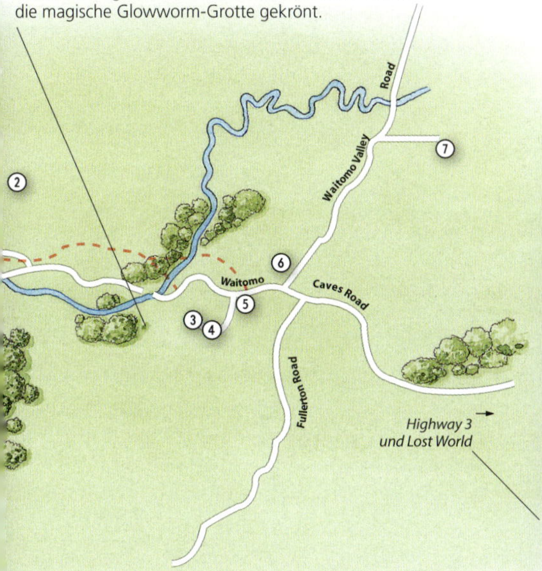

Lost World
Ein Abenteuer der besonderen Art bietet das Abseilen (»abseiling«) in einen etwa 100 Meter tiefen Schacht und die daran anschließende Expedition durch das Mangapu-Höhlensystem.

Das Labyrinth der Waitomo-Höhlen

Unterirdische Wasserläufe wuschen einst die bis 100 Meter dicken Kalksteinschichten aus, die an den tektonischen Bruchlinien liegen *(siehe S. 26)*. Durch viele Erdspalten drang Grundwasser ein, die Wasserläufe schufen ein weitverzweigtes Netz unterirdischer Kanäle: Ein Höhlensystem entstand. Das mit aufgelöstem Kalkstein angereicherte Tropfwasser bildete über viele Jahrmillionen gewaltige, von der Höhlendecke hängende Stalaktiten bzw. vom Boden aufstrebende Stalagmiten. Diese Felsgebilde machen einen Besuch der Höhlen von Waitomo zu einem einmaligen und unvergesslichen Erlebnis.

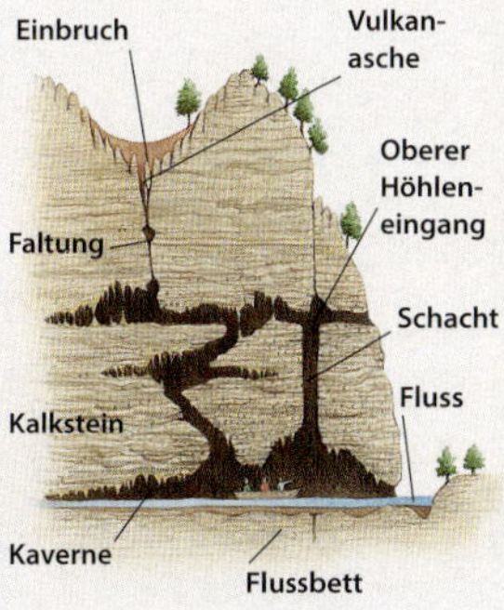

Das Karaka-Vogelschutzgebiet in der Nähe von Thames

9 Thames

Straßenkarte E2. 10 000. 2 km südl. der Stadt. 206 Pollen St, (07) 868 7284. Pohutakawa Festival (Nov–Dez).
thamesinfo.co.nz

Am südöstlichen Ende des Fjords gleichen Namens liegt Thames, das wirtschaftliche Zentrum der Region Coromandel. Vor über 100 Jahren brach sich das Echo von detonierendem Dynamit an den Hügeln um Thames – im Jahr 1863 war dort Gold gefunden worden. Heute versorgt die Stadt die Bevölkerung der Region. Von Thames sind die Halbinsel Coromandel und das Coromandel-Naturreservat gut erreichbar. Die Stadt verdankt dem Goldrausch schöne alte Villen.

Das **Thames Historical Museum** präsentiert Exponate zur Stadtgeschichte, darunter die erste Gießerei, die die Bergbauindustrie unterstützte. Über 5000 Gesteinsproben und Schürfwerkzeuge zeigt die **Thames School of Mines and Mineralogical Museum**. Die Schule bildete von 1885 bis 1954 Bergbauingenieure aus.

Nahe der Waiotahi Creek Road steht auf einem Hügel nördlich der Stadt ein Mahnmal für die Gefallenen des Ersten Weltkriegs. Von hier bietet sich ein schöner Panoramablick über die Stadt, die Bucht von Thames und den entfernteren Golf von Hauraki. Unterhalb der Brown Street lassen sich in den Mangroven des Karaka-Vogelschutzgebiets Zugvögel beobachten. Die beste Zeit ist der Übergang von Flut zu Ebbe.

Thames Historical Museum
Ecke Pollen & Cochrane St. (07) 868 8509. tägl. 13–16 Uhr.

Thames School of Mines and Mineralogical Museum
101 Cochrane St. (07) 868 6227. Jan, Feb: tägl.; März–Dez: Mi–So. Karfreitag, 25. Dez.

Umgebung: Am Südende des Fjords von Thames leben in einer 85 Quadratkilometer großen Wattlandschaft viele Zugvögel. Dort kann man Möwen, Austernvögel und Strandläufer beobachten. Das **Pukorokoro Miranda Shorebird Centre**, gegründet von der Miranda-Naturstiftung, bietet Gelegenheit zur Vogelbeobachtung und Übernachtungsmöglichkeiten vor Ort an. Die Thermalquellen der Miranda Hot Springs liegen in der Nähe.

Wanderer im Kauaeranga Valley, Coromandel Forest Park

Pukorokoro Miranda Shorebird Centre
283 East Coast Rd, Pokeno. (09) 232 2781. tägl. 25. Dez. Spende.
miranda-shorebird.org.nz

10 Coromandel Forest Park

Straßenkarte E2. Kauaeranga Valley, Thames, (07) 867 9080.

Im Inneren der Halbinsel erstreckt sich auf einer Länge von etwa 100 Kilometern ein Naturschutzpark. Den besten Zugang hat man über die gut ausgebauten Wege und Rastplätze des dicht bewaldeten Kauaeranga Valley.

Von 1870 bis 1920 war das Tal Hauptlieferant für das Holz der Kauri-Bäume. Reste von Holzdämmen, alten Brücken und Holzkränen über den Kauaeranga River erinnern an die romantische Zeit der Flößer und Holzfäller.

Der Fluss ist voller Forellen, ein gutes Auge kann sogar Edelsteine im Flussbett erspähen. Vom Pinnacle, einem Bergrücken, hat man eine gute Aussicht. Die befestigten Pfade des Kauaeranga Kauri Trail wurden von Buschmännern des Kauri-Stammes angelegt. Auskünfte über Wege und Übernachtungen gibt es im Visitor Centre.

Goldrausch bei Coromandel

Der erste bedeutende Goldfund wurde 1852 nahe Coromandel Town gemacht. 300 Goldgräber steckten ihre Claims ab. Der zweite große Fund 1867 brachte 5000 Goldsucher nach Thames. Die Stadt boomte, über 18 000 Minenarbeiter belebten an Wochenenden die Straßen. Die drei Cabarets und über 100 Hotels waren immer gut besucht. Nach 1870 nahmen die Erträge der Goldfelder von Thames ab. Die »Goldminers« zogen weiter in die Berge von Karangahake und nach Waihi. 1912 war die Waihi's Martha Mine eine der größten Minen der Welt *(siehe S. 130)*. In der Folgezeit wurden die Minen geschlossen, erst neue Techniken führten 1988 zu einer Wiederbelebung der Goldsuche. So wurden in der Waihi-Mine im Tagebau bis 2007 wieder goldhaltige Erze gefördert.

Kerzen spendeten Licht und warnten gleichzeitig vor tödlichen Grubengasen.

Mit Hammer und Meißel wurde das goldhaltige Erz im Stollen herausgebrochen.

In Jutesäckchen wurde jedes ausgelöste Goldkorn (Nugget) am Gürtel verstaut.

Wachsfigur eines Minenarbeiters

Goldrausch-Relikte

Aufgelassene Goldminen, tiefe Schächte und altes Minengerät sind überall in Thames zu finden. Die Bergbauschule, das mineralogische Museum und zahlreiche Führungen erinnern ebenfalls an den Goldrausch von Thames. Das Edelmetall der Halbinsel Coromandel musste mühsam mit Hacke und Schaufel abgebaut werden.

Halbedelsteine kommen in Coromandel ebenfalls vor, z. B. Opale, Amethyste und Edelquarze an den Stränden nördlich von Thames.

In den Klassenzimmern der Thames School of Mines wurden Ingenieure und Minenarbeiter auf den Alltag in den Goldminen vorbereitet.

Hobbygrabungen in den alten Stollen sind heute beliebt. Dabei muss man unbedingt beachten, ob die Schächte der alten Minen sicher abgestützt sind.

Das Imperial Hotel ist eines der vielen alten Nobelhotels, die im 19. Jahrhundert in Thames am Höhepunkt des Goldrausches eröffnet wurden.

⓫ Coromandel

Straßenkarte E2. 1500. 3 km südl. der Stadt. 85 Kapanga Rd, (07) 866 8598. **thecoromandel.com/Coromandel-Town**

Der Fischerort Coromandel Town wird als »Town« bezeichnet, da man ihn von der gleichnamigen Halbinsel unterscheiden wollte. Er ist eine Autostunde von Thames entfernt. Seinen Namen verdankt der Ort dem britischen Segelschiff HMS *Coromandel*, das im Jahr 1820 an der Küste anlegte, um Kauri-Holz zu laden. Die Stadt wurde später maßgeblich vom Goldrausch geprägt *(siehe S. 127)*, die viktorianischen Kolonialbauten sind Resultate dieses Booms. Die beschauliche Atmosphäre und die reizvolle Umgebung ziehen viele Künstler und Erholungsuchende an. Ein idealer Platz zum Wandern, Schwimmen, Fischen, Segeln oder auch einfach nur, um die Seele baumeln zu lassen.

Eine der Hauptsehenswürdigkeiten von Coromandel ist **Driving Creek Railway and Potteries**. Der bekannte Töpfer Barry Brickell verkauft dort Tongefäße und Holzobjekte, unterhält aber auch ein Kauri-Wiederaufforstungsprojekt. Eine alte Schmalspurbahn befördert Passagiere durch die Regenwälder und Tunnel der Bergregion, ehe sie nach einer Stunde die Bergstation erreicht.

Nördlich der Stadt steht an der Buffalo Road die 100 Jahre alte **Coromandel Gold Stamper Battery** – einst ein mit Wasser-

Ein wassergetriebenes Fahrrad der Waiau-Wasserspiele

kraft betriebenes Bergwerk, heute ein Museum. **Coromandel School of Mines and Historical Museum** gibt Auskunft über die Geschichte des Bergbaus und die Zeit der Kauri-Flößerei. Das Gefängnis kann ebenfalls besichtigt werden.

Driving Creek Railway and Potteries
380 Driving Creek Rd. (07) 866 8703. tägl. 25. Apr, 25. Dez. **drivingcreekrailway.co.nz**

Coromandel Gold Stamper Battery
Buffalo Rd. (07) 866 7933.
Sommer: tägl.; Winter: Do–Mo.
25. Dez.

Coromandel School of Mines and Historical Museum
841 Rings Rd. (07) 866 8039.
Sommer: tägl.; Winter: Sa, So.
25. Dez.

Umgebung: Die genialen Einfälle des Künstlers Chris Ogilvie können neun Kilometer von Coromandel entfernt bei den **Wasserspielen** bewundert werden. Einer der fantastischen Wasserapparate steht im Park und erfreut Besucher jeden Alters. Östlich davon zweigt eine Straße zum Castle Rock ab. Der 525 Meter hohe, erloschene Vulkan war einst das »Rückgrat« der Halbinsel.

Nach einer Fahrt durch Nadelwälder kommt man zum Startpunkt eines 45-minütigen Aufstiegs. Die letzten Meter zum Gipfel sind mühevoll, doch der Panoramablick entschädigt. Etwas weiter gelangt man zum Waiau-Kauri-Hain. Die riesigen, uralten Kauri-Bäume stehen schon seit über 100 Jahren unter Naturschutz.

Wasserspiele
471 The 309 Rd. (07) 866 7191.
tägl.
thewaterworks.co.nz

Die Driving Creek Railway ist in ihrer Art einmalig

Küstenregion zwischen Coromandel Town und Port Jackson

⓬ Port Jackson

Straßenkarte E2. 10.
85 Kapanga Rd, Coromandel Town, (07) 866 8598.

An der Spitze der Halbinsel überrascht 56 Kilometer nördlich von Coromandel die weich geschwungene Strandsilhouette von Port Jackson. Die Küstenstraße endet sechs Kilometer weiter in Colville, dem letzten Ort an Fletcher's Bay. Die von schönen Pohutukawa-Bäumen umsäumte Bucht wird von Anglern als guter Fischgrund geschätzt.

Der sieben Kilometer lange Coromandel Walkway führt in einem dreistündigen Marsch von Fletcher's Bay zur Stony Bay. Campingplätze findet man in Port Jackson, Fletcher's Bay und in der Stony Bay.

Hotels und Restaurants im Zentrum der Nordinsel *siehe Seiten 303f und 317–319*

Boote im geschützten Hafen von Whitianga

⓭ Whitianga

Straßenkarte E2. 3500.
3 km südwestl. der Stadt.
66 Albert St, (07) 866 5555.
thecoromandel.com

Whitianga liegt am inneren Ufer der Mercury Bay. Kapitän Cook *(siehe S. 52)* hatte die Bucht 1769 anlässlich der Beobachtung des Planeten Merkur so genannt. Die windgeschützte Bucht ist zwischen November und April bevorzugter Ankerplatz der Hochseefischer. Angelwettbewerbe finden im Februar und März statt. Der Mercury Bay Boating Club wurde 1988 berühmt, als Multimillionär Michael Fay von dort seine Teilnahme am America's Cup, einem der prestigeträchtigsten Segelwettbewerbe, vorbereitete.

Das **Mercury Bay Museum** hat in einer ehemaligen Molkerei gegenüber der Werft an der Esplanade ein Zuhause gefunden. Einzelheiten aus dem Leben des Māori-Häuptlings Kupe *(siehe S. 50)* dokumentieren die über 1000-jährige Siedlungsgeschichte des Orts. Eine Fähre bringt Besucher nach Ferry Landing, dem ursprünglichen Stadtkern von Whitianga, der heute aus einer Promenade und Läden mit Kunsthandwerk besteht. Whitianga Rock, flussaufwärts von Ferry Landing, war und ist ein heiliger Ort der Ngati-Hei-Māori.

Buffalo Beach wurde nach einer Tragödie im Jahr 1840 benannt. Der britische Segler *Buffalo* kam aus Australien, wo er Sträflinge abgesetzt hatte. In Neuseeland sollte er Kauri-Holzplanken laden, als ein schwerer Sturm das Schiff zerstörte. Eine Kanone des Schiffes steht im Memorial Park an der Albert Street.

Boating-Club-Logo

An der Nordostspitze der Landzunge liegt Shakespeare Lookout, 1,5 Kilometer vom Fährhafen entfernt. Oberhalb der Lonely Bay steht ein Denkmal für Cook. Die Wellen an der Flaxmill Bay haben die Küstenfelsen ausgehöhlt und ein natürliches Echo geschaffen.

Das **Te Whanganui-A-Hei Marine Reserve** von Cathedral Cove dehnt sich über eine Fläche von neun Quadratkilometern aus und reicht von Cooks Bluff bis zum Strand von Hahei. Seit 1992 steht die Artenvielfalt mariner Lebensformen hier unter Schutz. Besucher dürfen nur schwimmen oder segeln, es ist verboten, Muscheln zu sammeln oder zu angeln.

Mercury Bay Museum
11A The Esplanade. (07) 866 0730. tägl. Karfreitag, 25. Apr (Anzac Day), 24. und 25. Dez.
mercurybaymuseum.co.nz

⓮ Hahei

Straßenkarte E2. 200.
General Store, Hahei Beach Rd.

Hahei ist Ausgangspunkt für eine zweistündige Wanderung nach Cathedral Cove. Der Weg führt durch eine hohe offene Höhle, die das Meer aus den weißen Felsen gespült hat. Der Spaziergang erfordert Fitness, doch der weite Panoramablick entschädigt für alles. Der Strand von Hahei, durch vorgelagerte Inseln geschützt, schimmert wegen der vielen Muschelschalen tiefrosa. Hahei wird vor allem von Tauchern geschätzt. Sechs Kilometer südlich liegt der Hot Water Beach, an dem man sich seinen eigenen Warmwasserpool in den Sand graben kann.

Badegäste genießen die heißen Quellen im Sand des Hot Water Beach südlich von Hahei

Straßenkarte *siehe hintere Umschlaginnenseiten*

Whangamata Beach, einer von Neuseelands besten Surfstränden

⓯ Whangamata

Straßenkarte E2. 4100.
616 Port Rd, (07) 865 8340.
thecoromandel.com/whangamata

Der Name der Stadt bedeutet in der Māori-Sprache »Obsidian-Hafen«. Das dunkle, glasartige Vulkangestein wurde von der 30 Kilometer entfernten Mayor Island an die Strände von Whangamata gespült. Heute gilt die Stadt als die »Surf-Hauptstadt Neuseelands«. Die Höhe der Wellen und die Dünung an einer Sandbank, die als »The Bar« bekannt ist, verleihen Whangamata bei Wellenreitern, Surfern und Schwimmern Kultstatus. Im Norden liegen die Strände von Onemana und Opoutere, im Süden der von Whiritoa.

Aber auch das Hügelland nahe der Stadt bietet viele Attraktionen: Im Tairua Forest liegen das Wentworth Valley, der Taungatara-Nationalpark und das Parakiwai Valley. Viele Pfade führen an Flüsse und in das Buschland. Einer der Wege endet an der »Luck at Last«-Goldmine. Hier kann man alte Erzmühlen, Anlagen zur Goldwäsche und ein Backofen bestaunen. Wegbeschreibungen gibt es beim Whangamata Information Centre und bei der Holzfirma Matariki Forests. Allerdings sind zuweilen einige Sektoren des Parks wegen Holzschlags geschlossen.

Das Wharekawa Wildlife Refuge, 15 Kilometer nördlich, ist ebenfalls ein bekanntes Naturschutzgebiet. In dem Vogelreservat lassen sich einheimische Arten wie Austernfischer und Regenpfeifer gut beobachten.

⓰ Waihi

Straßenkarte E2. 4500.
Seddon St, (07) 863 3030.
waihi.org.nz

Die Geschichte von Waihi ist eng mit den Goldfunden des Jahres 1878 verbunden. Robert Lee und John McCrombie entdeckten damals eine Goldader. Martha Mine, 1882 errichtet und bis 1952 in Betrieb, war eine der ertragreichsten der ganzen Region *(siehe S. 126f)*. Von 1987 bis 2007 war die Mine wieder geöffnet. Woche für Woche wurden dort bedeutende Mengen an Gold abgebaut. Derzeit wird überprüft, ob die Mine noch genug Gold vorhält, um sie erneut zu öffnen.

Originale Diesel- und Dampfloks der **Goldfields Railway** fahren noch heute über die Goldfelder von Karangahake. Die sieben Kilometer lange Strecke verbindet Waihi und Waikino, Tor zu den Goldfeldern von Karangahake. Mehrere Wegweiser führen zum Karangahake Gorge Historic Walkway. Der etwa fünf Kilometer lange Rundweg durchquert die Schlucht und verläuft vorbei an alten Brücken, Minengerät und eingefallenen Schächten. Waihi Beach, elf Kilometer östlich, ist ein beliebter Strand.

Goldfields Railway
30 Wrigley St. (07) 863 9020.
tägl. 25. Dez.

Skulptur auf der Straße von Katikati

⓱ Katikati

Straßenkarte E2. 4000.
36 Main Rd, (07) 549 5250.
katikati.org.nz

Im Jahr 1870 erwarb ein wohlhabender Ire namens George Vesey Stewart das Gebiet von Katikati samt den umliegenden Inseln und verkaufte das Land an 406 »angesehene und gebildete« Familien aus dem nordirischen Ulster. Leider war den neuen Siedlern nicht klar, was Kolonisierung bedeutet. Sie machten Stewart Vorwürfe, sie in die Wildnis gelockt zu haben.

Katikati erwies sich als idealer Standort für Blumenzüchter und Milchbauern, heute gilt es als »Open-Air-Galerie« des Landes. Künstler haben über 35 Wandbilder und Kunstobjekte kreiert. **Sapphire Springs & Motor Camp**, sechs Kilometer entfernt, bietet Thermalquellen zum Schwimmen und für Heilbäder.

Sapphire Springs & Motor Camp
274 Hot Springs Rd. (07) 549 0768. tägl.

Wandbild an einer Mauer in Katikati

Hotels und Restaurants im Zentrum der Nordinsel *siehe Seiten 303f und 317–319*

Künstler von Coromandel

Küstenlandschaften, schöne Täler und bewaldete Berge sind die Vorzüge der Halbinsel Coromandel, wo Zivilisationsmüde zu alternativen Lebensstilen finden. Viele Künstler haben die Region für sich entdeckt. Es ist nicht ungewöhnlich, dass hier Maler zu Bauern werden, Töpfer zu malen beginnen oder Weber sich der Schafzucht widmen. Seit 1960 haben sich viele »Alternative« künstlerischen Tätigkeiten zugewandt. Zur Sicherung eines an der Natur orientierten Lebensstils produzieren sie Kunsthandwerk, das in ganz Neuseeland gekauft wird. Eine Broschüre liegt in den Besucherzentren aus und gibt Hinweise, wo die Studios zu finden sind und Kunst zu »Atelierpreisen« gekauft werden kann.

Knochen und Jade sind bevorzugte Materialien für Schmuck und Anhänger im Māori-Design.

Viele Läden in Thames und Coromandel Town, z. B. Weta Art, bieten eine große Auswahl an Kunsthandwerk aus den Regionen an.

Barry Brickell in den Driving Creek Potteries *(siehe S. 128)*

Töpferwaren werden entweder auf der Töpferscheibe gefertigt oder per Hand geformt und mit vielfarbiger Glasur gebrannt.

Kunsthandwerk aus Coromandel

Obwohl sich die ersten Künstler um 1960 auf Töpferei spezialisiert hatten, wird heutzutage eine ganze Palette von Kunsthandwerk angeboten: Schnitzereien (aus Knochen, Holz oder Jade), Kauri-Holzmöbel, Webstoffe, Strickwaren, Schmuck, Glasarbeiten und Messer.

Colville General Store, einer der ungewöhnlichsten Läden der Halbinsel, liegt 26 Kilometer nördlich von Coromandel Town und wird von 80 Mitgliedern einer Kooperative geführt.

Alternativer Lebensstil baut auf den Umgang mit natürlich erzeugten Lebensmitteln und die Heranführung der Kinder an künstlerische Selbstverwirklichung.

⓲ Tauranga

Straßenkarte E2. 120 000 (mit Mount Maunganui). 3 km östl. der Stadt. 95 Willow St, (07) 578 8103. **bayofplentynz.com**

Die größte Stadt der westlichen Bay of Plenty liegt am Ufer des lang gestreckten Tauranga Harbour und ist ein wichtiges Handelszentrum. Die ganze Ebene verdankt ihr Entstehen den Überflutungen am Ende der letzten Eiszeit. Die dem Meer zugewandte Seite der Stadt wird von der Matakana-Insel geschützt, im Westen begrenzen die Hügel von Kaimai die Bucht.

Die Küstenstadt ist nicht nur bei Neuseelands Pensionären überaus beliebt, sondern bei allen, die das milde Klima und das umfangreiche Sportangebot zu schätzen wissen. Die einstige Hochburg des Flachshandels und der protestantischen Missionare wird heute vor allem von Yachtbesitzern, Surfern und Sportfischern bevölkert. Hier kann man Wasserski fahren, windsurfen und tauchen. Zentrum des Ortes ist die Promenade »The Strand« mit einer großen Auswahl an Läden und Restaurants.

Während der bewaffneten Konflikte nach 1860 *(siehe S. 53f)* zwischen Regierung und Māori war das fünf Kilometer südlich von Tauranga gelegene Gate Pa Schauplatz heftiger Kämpfe. Soldaten des nahen Monmouth Redoubt Camp sollten den Nachschub für das Waikato Māori King Movement *(siehe S. 121)* unterbinden. Die gut erhaltenen Schützengräben samt der schweren Geschütze können besichtigt werden.

Die **Elms Mission Station** wurde 1938–47 von Reverend Brown erbaut. Die Wohnhäuser zählen zu den ältesten des Landes. Auf dem Gartengrundstück steht auch die große Bibliothek von 1939.

Tauranga bietet 50 Kilometer Strand und Meeresschutzzonen sowie 27 Kilometer öffentliche Wanderwege.

Elms Mission Station
Ecke Mission & Chapel St. (07) 577 9772. Grundstück: tägl.; Haus und Bibliothek: Mi, Sa, So, Feiertage 14–16 Uhr (Führungen nach Vereinbarung). Haus und Bibliothek. **theelms.org.nz**

Umgebung: McLaren Falls Park liegt abseits des State Highway 29, der nach Hamilton führt. Das Buschland wird von Pfaden durchzogen, die an Tausenden von »importierten« Bäumen vorbeiführen. An bestimmten Tagen werden die Staustufen des Wairoa River geöffnet, der Fluss wird dann zum tosenden Gelände der Wildwasserkanuten. Das Tauranga City Council bietet auf dem Areal drei Unterkünfte für Rucksackreisende.

McLaren Falls Park
McLaren Falls Rd. Tauranga District Council, (07) 577 7000. tägl.

Wettbewerb der Hochseeangler in Tauranga

Strand nahe Mount Maunganui, von »The Mount« aus gesehen

⓳ Mount Maunganui

Straßenkarte E2. 120 000 (mit Tauranga). 3 km südl. der Stadt. 95 Willow St, (07) 578 8103.

Auf einer Halbinsel am nördlichen Ende der Bucht von Tauranga Harbour wurde eine Ortschaft namens »Town of Mount Maunganui« gegründet, heute der wichtigste Hafen für den Holzexport der Nordinsel. Nahe der Stadt erhebt sich der 232 Meter hohe Mount Maunganui. Der Auf- und Abstieg dauert 90 Minuten und gibt Gelegenheit, die Befestigungsanlagen der Māori zu bestaunen. Für die Polynesier war »The Mount«, wie der Berg später genannt wurde, ein heiliger *Pa*-Ort. Vom Gipfel blickt man über die Küste. Am Fuß des Bergs entspringen die warmen **Mount Salt Water Pools** – ideal für eine Erfrischung nach einer Wanderung.

Strände ziehen sich von »The Mount« bis Papamoa und darüber hinaus, ein Paradies für Surfer und Schwimmer. Auf Moturiki Island schießt bei hoher Flut eine weiße Gischtfontäne aus einem Felsenloch.

Mount Salt Water Pools
Adams Ave. (07) 575 0868. tägl.

⑳ Mayor Island

Straßenkarte F2. 35 km vor Tauranga Harbour. von Tauranga oder Whangamata. 95 Willow St, Tauranga, (07) 578 8103.

Mayor Island (Tuhua) ist eine hügelige, dicht bewachsene Insel mit vier Kilometer Durchmesser, die nur wenige Ankerplätze zwischen den steilen Klippen aufweist. Die höchste Erhebung ist der Opauhau (354 m). Zwei kleine Seen liegen versteckt in einem Krater. Der Kegel des erloschenen Vulkans sinkt tief bis zum Meeresboden ab.

Eine Kostbarkeit der Insel ist schwarzer Obsidian. Das Naturglas entsteht durch schnelle Abkühlung kalkspathaltiger Lava. Vor der Besiedlung durch die Europäer kämpften die Māori wegen des Obsidians um die Insel.

Ein 18 Kilometer langer Wanderweg umrundet das Eiland. Der Nordstrand ist ein meeresbiologisches Schutzgebiet. Es gibt zwar einen Zeltplatz und einige Hütten, Proviant und Trinkwasser müssen aber selbst mitgebracht werden. In den Gewässern leben Thunfische, Marlins, fliegende Fische und Mako-Haie. Verschiedene Anbieter organisieren Tauchausflüge und Sightseeing-Touren nach Mayor Island.

Rundfahrt in einem Kiwi-Cart durch Kiwi360

㉑ Te Puke

Straßenkarte F3. 6800. 130 Jellicoe St, (07) 571 8008. **tepuke.co.nz**

Die Gründung von Te Puke geht auf die Kolonisierung (nach 1880) durch den Iren George Vesey Stewart *(siehe S. 130)* zurück. Die Viehzucht war damals durch die »Buschkrankheit« eingeschränkt, deren Ursache (Kobaltdefizit) erst nach 1930 erkannt und bekämpft werden konnte. Bis 1960 herrschte in diesem Landstrich die Zucht von Schafen und Rindern vor, danach gewann der Gartenbau an Bedeutung. Die ersten Obstbauern experimentierten mit Kreuzungen der Chinesischen Stachelbeere und vermarkteten das Produkt unter einem neuen Namen: Kiwi. Seitdem gilt Te Puke als »Welthauptstadt der Kiwi«. In **Kiwi360** können Besucher alle Stadien des Anbaus und der Verarbeitung der Frucht verfolgen. Das parkähnliche Ausstellungsgelände liegt sechs Kilometer südöstlich von Te Puke.

Eingang zu Kiwi360

Im **Spring Loaded Fun Park** wird die ganze Vielfalt der landwirtschaftlichen Produkte Neuseelands ausgestellt. Der Park acht Kilometer südlich von Te Puke hat von Rehen über Schafe und Schweine bis hin zu Avocados, Kiwis und Nadelbäumen alle agrarischen Handelsgüter aufzuweisen. Kinder können die Tiere streicheln und füttern. Für die Erwachsenen stehen Motorboote bereit, mit denen während einer 30-minütigen Fahrt der Flusslauf des Kaituna River erkundet werden kann.

Kiwi360
35 Young Rd. (07) 573 6340. tägl. 25. Dez. obligatorisch. **kiwi360.com**

Spring Loaded Fun Park
316 State Hwy 33, Te Puke. (07) 533 1515. Sommer: tägl.; Winter: Mi–So. 25. Dez. Fahrten. obligatorisch.

Die Kiwi

Ehe die Kiwi *(Actinidia chinensis)* ihren weltweiten Siegeszug antreten konnte, war sie als Chinesische Stachelbeere bekannt. Sie wurde seit 1918 in Te Puke angebaut und erst Mitte der 1930er Jahre von einem Obstbauern namens Jim McLoughlin auf dem einheimischen Markt angeboten. Als immer mehr Kiwiplantagen entstanden, suchte und fand man neue, überseeische Absatzmärkte. Ende der 1960er Jahre stieg der Export durch gutes Marketing und die Tatsache, dass gekühlte Kiwis bis zu sechs Monate genießbar bleiben, sprunghaft an. Dadurch wurden in den 1970er Jahren viele Plantagenbesitzer über Nacht zu Dollarmillionären. Seit 1988 ist mit der gelbfleischigen, tropischen Zespri Gold Kiwi der traditionellen smaragdgrünen Hayward-Kiwi eine ebenbürtige Konkurrenz erwachsen.

Kiwis aus Te Puke

Angeln an der Mündung des Whakatane River

㉒ Whakatane

Straßenkarte F3. 18 000.
Ecke Quay St & Kakahoroa Dr, (07) 306 2030, 0800 942 528.
whakatane.com

Im Herzen der Küstenregion der östlichen Bay of Plenty liegt Whakatane. Über 2500 Sonnenstunden pro Jahr machen die Stadt zum idealen Aufenthaltsort für Wassersportler. Man kann hier zum Baden gehen oder mit Delfinen schwimmen. Whales and Dolphins Watch NZ, ein Veranstalter an der Strandpromenade, bringt flipperverliebte Urlauber direkt zu den verspielten Meeressäugern in der Bay of Plenty.

Das Leben der Māori und das der europäischen Siedler sind die Themen vom **Whakatane District Museum and Gallery**.

Einer der vielen Wanderwege ist der Nga Tapuwae O Toi Walkway. Die Route erlaubt schöne Ausblicke auf die Küste und die Pohutukawa-Bäume am Ufer. Die siebenstündige Tour beginnt oberhalb der Stadt an der Seaview Road. Der erste Orientierungspunkt ist Kapu te Rangi (»die himmlischen Höhen«), einer der ältesten Befestigungswälle des Landes.

Whakatane District Museum and Gallery
51–55 Boon St. (07) 306 0505.
tägl. 1. Jan, Karfreitag, 25./26. Dez. Spende.
whakatanemuseum.org.nz

Umgebung: Zehn Kilometer nördlich der Hafeneinfahrt liegt **Whale Island**. Das Naturschutzgebiet ist vor allem während der Weihnachtszeit ein beliebtes Ziel von Ausflügen, die von Whakatane Coastguard organisiert werden. Das Whakatane Visitor Centre nimmt Buchungen entgegen.

Ohope Beach erstreckt sich von Otarawairere im Westen der Bucht bis zur zwölf Kilometer entfernten Einfahrt des Ohiwa Harbour. Der Hafen ist ein Umschlagplatz für Fisch.

㉓ White Island

Straßenkarte F2. 50 km vor Whakatane.

Neuseelands aktivster Vulkan, White Island, liegt am nördlichen Ende der Vulkanauffaltung Taupo–Rotorua *(siehe S. 68f)*. Man kann mit dem Schiff oder dem Hubschrauber dort landen – oder ihn sich einfach aus der Luft ansehen. Die Insel ähnelt einer Mondlandschaft und ist so unwirklich, dass viele Besucher White Island als den beeindruckendsten Ort Neuseelands empfinden. Bis 1914 hat man hier Schwefel abgebaut, dann tötete ein Ausbruch alle Arbeiter. Reste der Minengeräte sind bis heute zu sehen. Die Insel bietet Tauchern ideale Reviere.

Altes Minengerät der Schwefelminen auf White Island

㉔ Opotiki

Straßenkarte F3. 4150.
70 Bridge St, (07) 315 3031.
opotikinz.com

Am Zusammenfluss von Waioeka und Otara liegt Opotiki. Die größte Ansiedlung vor Gisborne ist Zugang zum East Cape. Im Jahr 1865 wurde hier Reverend Carl Sylvius Völkner von Māori gefangen genommen, gehängt und enthauptet. Die Polynesier waren überzeugt, er habe Informationen über ihre Befestigungen und Truppenbewegungen an Gouverneur George Grey *(siehe S. 80)* weitergegeben. Hiona St Stephen's Anglican Church, wo die Hinrichtung vollstreckt wurde, steht im Norden des Geschäftsviertels an der Church Street. Das **Opotiki Museum** präsentiert vielerlei Gerätschaften der frühen Siedler. Dem Museum sind ein Lebensmittelgeschäft und eine Eisenwarenhandlung angegliedert.

Die Hukutaia Domain, ein tropischer Regenwald, kann über das westliche Ende der Waioeka Bridge und die Woodlands Road erreicht werden. Der Wald besteht aus mehr als 2000 Baumarten. Ein 2000 Jahre alter, hohler Puriri-Baum *(Vitex lucens)* diente einst bedeutenden Māori-Häuptlingen als Grabstätte.

Opotiki Museum
123 Church St. (07) 315 5193.
Mo–Sa. Karfreitag, 25. Dez.

Ohope Beach, Whakatanes bestes Surfrevier

Hotels und Restaurants im Zentrum der Nordinsel *siehe Seiten 303f und 317–319*

Siedlungsgeschichte der Māori

Laut alter Sagen kamen die Māori in drei Kanus von der Insel Hawaiki *(siehe S. 49)*. Im 14. Jahrhundert landeten sie im Osten der Bay of Plenty: die Mataatua in Whakatane, die Arawa und Tainui in der Whangaparaoa Bay, westlich des East Cape. Muriwai's Cave in Whakatane war der Aufenthaltsort von Muriwai, einer Magierin. Sie soll als Einsiedlerin in der Höhle gewohnt haben. Das milde Klima und der Fischreichtum bewogen die Māori, sich in der Region niederzulassen. Auch heute noch bilden sie einen großen Teil der Bevölkerung der Bay of Plenty. Ihre Versammlungshäuser sind spirituelle und soziale Zentren.

Kunst und Kultur der Māori

Entlang der Küste stehen überall verzierte Versammlungshäuser und andere Zeugnisse der Māori-Kultur. Sie symbolisieren Geschichte, Religion und das hierarchische Stammeswesen der Māori. Holz ist das bevorzugte Material. Sowohl religiöse als auch weltliche Gegenstände werden aus Holz gefertigt und mit magischen Symbolen versehen (siehe S. 34f).

Versammlungshäuser wie das Tukaki in Te Kaha sind fast immer einem berühmten Māori-Krieger geweiht. Die Maske unter der Gabelung des Dachfirsts stellt den Kopf dar, die weit geschwungenen Seitenbretter die Arme.

Elemente der Māori-Kunst wurden auch in christlichen Kirchen übernommen. Kunstvolle Schnitzereien verzieren die Seitenwände und Deckensparren der St Mary's Church in Tikitiki.

Haka, ein kraftvoller Tanz, wird auch heute noch in den Schulen eingeübt. Früher diente der Tanz dazu, die Māori-Krieger auf bevorstehende Kriegszüge einzustimmen.

Das ornamental geschnitzte Eingangstor bewacht den heiligen Versammlungsort von Omaio Marae.

Eine geschnitzte Stele an der Hauptstraße von Opotiki ist Beleg für die Renaissance der Māori-Kultur, das Wiederaufleben der alten Traditionen und Riten.

㉕ East-Cape-Tour

Der Pacific Coast Highway schlängelt sich an den zerklüfteten Bergen der Halbinsel des East Cape entlang. Von Opotiki im Norden schmiegt sich die Straße an die mit Pohutukawa-Bäumen bewachsene Felsenküste. Vor Gisborne im Süden verlässt der Highway das Meeresufer und führt durch grünes Farmland. Die Küste ist nur noch über Nebenstraßen zu erreichen. Fast jede Bucht ist für Wassersport aller Art geeignet. Man kann aber auch reiten und wandern. Kultstätten *(marae)* der Māori und christliche Kirchen liegen am Weg.

③ Te Araroa Pohutukawa
In der Nähe des Meeresufers wächst in Te Araroa der Te Waha-o-Rerekohu (»der Mund des Rerekohu«). Der größte Pohutukawa-Baum des Landes besteht aus 22 Wurzelstämmen.

② Raukokore Church
Das 1894 erbaute hölzerne Kirchlein der Anglikaner steht als einsames Wahrzeichen zwischen der Straße und dem Meer.

① Motu River
Das von Felsen und Wäldern eingerahmte Flussbett ist bestens für Kanufahrten und Jetboote geeignet. An der Flussmündung kommen Angler auf ihre Kosten.

⑧ Tolaga Bay
Am längsten Holzsteg Neuseelands kann man gut fischen und baden. Ein fünf Kilometer langer Weg führt bis nach Cooks Cove und zu einem faszinierenden Felsenbogen.

⑦ Tokomaru Bay
Die schöne, von Klippen gerahmte Bucht ist bei Schwimmern und Surfern beliebt. Ein Besuch der alten Fischerhäuser lohnt sich.

Routeninfos

Länge: 334 km.
Zwischenstopps: Vom Maraenui Hill Lookout, 36 Kilometer von Opotiki entfernt, genießt man das tolle Panorama. Die Orte auf der Strecke sind klein, aber fast überall kann man einkehren, an der Hicks Bay auch übernachten. Die Genehmigung, den Mount Hikurangi zu ersteigen, bekommt man von Ngati Porou Outdoor Pursuits, Gisborne, (06) 867 9960. Jetbootfahren auf dem Motu River kann man im Opotiki Information Centre *(siehe S. 134)* buchen.

④ East Cape Lighthouse
Eine Kiesstraße entlang der Küste führt zum östlichsten Leuchtturm des Landes. Der Blick von der Plattform entschädigt für den mühsamen Aufstieg über die 700 Stufen des Turms.

⑤ Tikitikis St Mary's Church
Die 1924 als Mahnmal für die im Ersten Weltkrieg für Neuseeland gefallenen Māori erbaute Kirche ist eine der am reichsten verzierten des Landes *(siehe S. 135)*.

⑥ Mount Hikurangi
Der Gipfel wird jeden Tag als erster von den Strahlen der Sonne beschienen und ist den Māori heilig. Deshalb darf der Berg nur mit Genehmigung bestiegen werden.

Legende

- Routenempfehlung
- Andere Straße
- Fluss

Das Steuerhaus der *Star of Canada*, Gisborne Museum

㉖ Te Urewera National Park

Straßenkarte F3. Aniwaniwa Visitor Centre, State Hwy 38, Wairoa, (06) 837 3803. **doc.govt.nz**

Neuseelands viertgrößter Nationalpark weist das größte Regenwaldgebiet der Nordinsel auf. Über Jahrhunderte war die Gegend die Heimat des Tuhoe-Stammes, der seine Lebensgrundlage in der Tier- und Pflanzenwelt des Urwalds fand. Der 243 Meter tiefe Lake Waikaremoana (»See der sich kräuselnden Wellen«) liegt im Zentrum des Nationalparks. In drei bis vier Tagen kann man ihn auf einem 46 Kilometer langen Wanderweg, einem der schönsten der Nordinsel, umrunden *(siehe S. 334)*. Buchungen nimmt das Aniwaniwa Visitor Centre entgegen. Auch Kurzwanderungen sind möglich – zum Teil auf Kieswegen.

㉗ Gisborne

Straßenkarte F3. 35 000. 4 km nordwestl. der Stadt. 209 Grey St, (06) 868 6139. Wine and Food Festival (letzte Okt-Woche). **gisbornenz.com**

In der sonnenverwöhnten Umgebung von Gisborne findet man einfach alles – von Viehwirtschaft über Gartenbau und Blumenzucht bis hin zu exzellenten Surfstränden wie denen von Midway, Wainui und Makorori. Ein Monument auf dem Kaiti Hill erinnert an James Cook, der am 9. Oktober 1769 am Kaiti Beach von Gisborne erstmals neuseeländischen Boden betrat *(siehe S. 52)*.

Das **Gisborne Museum** – auch bekannt als **Tairawhiti Museum and Arts Centre** – stellt Kunst von Māori und Europäern aus. Am Ufer des Taruheru River steht als Teil des Museumskomplexes das Steuerhaus der *Star of Canada*, die im Jahr 1912 vor Kaiti Beach sank. Statuen von Kapitän Cook und dem Jungmatrosen Nick an der Mündung des Turanganui River erinnern an Nicholas Young, der auf Cooks Schiff *Endeavour* als Erster Neuseeland sichtete.

Gisborne/Tairawhiti Museum and Arts Centre
Kelvin Park, Stout St. (06) 867 3832. tägl. Karfreitag, 25./26. Dez. außer *Star of Canada*. **tairawhitimuseum.org.nz**

Umgebung: Im **Eastwoodhill Arboretum**, 35 Kilometer westlich von Gisborne, findet man viele exotische Pflanzen. Die **Morere Hot Springs**, 60 Kilometer südlich von Gisborne, bieten Besuchern heiße und kalte Quellen, schöne Wanderwege und eine Vielzahl exotischer Vögel.

Eastwoodhill Arboretum
2392 Wharekopae Rd. (06) 863 9003. tägl. 25. Dez. nach Vereinbarung.

Morere Hot Springs
State Hwy 2, Morere. (06) 837 8856. tägl. 24./25. Dez.

Hohe Bäume im Eastwoodhill Arboretum bei Gisborne

28 Rotorua

Die Stadt Rotorua am Südufer des gleichnamigen Sees ist sicherlich das populärste Urlaubsziel der Nordinsel. Die aus unzähligen Erdspalten austretenden Schwefeldämpfe weisen auf heiße Quellen und heilende Thermalbäder hin. Neben den kristallklaren Flüssen und Seen sind sie die Hauptattraktion von Rotorua. Der Ort ist ein bedeutendes kulturelles Zentrum der Māori. Kunstwerke und Architektur sind lebendige Zeugnisse einer Kultur, die sich heute erneut in traditionellen Gesängen und Tänzen ausdrückt.

Government Gardens und das Rotorua Museum of Art and History

Government Gardens

Queens Drive.

Die gepflegten Government Gardens befinden sich vor dem **Rotorua Museum of Art and History**. Im Inneren des Parks gibt es Rasenflächen, auf denen Cricket und Rasenbowling gespielt werden kann. Zwischen den Blumenrabatten sprudeln heiße Quellen. Das im Jahr 1927 errichtete Arawa Soldiers' Memorial ist Zeugnis der recht blutigen Geschichte von Rotorua. Am Fuß des Denkmals steht das Kanu der Arawa-Māori, die mit dem Boot ihre Besiedlung Neuseelands verbinden.

Rotorua Museum of Art and History

Government Gardens, Oruawhata Drive. (07) 350 1814. tägl. 25. Dez. Erdgeschoss.

rotoruamuseum.co.nz

Das Museum von Rotorua ist voller Māori-Artefakte. Es liegt in einem Gebäude, das 1908 als The Great Spa of the South Pacific eröffnete. Die wichtigsten Exponate sind die verzierten Balken des Rotoiti-Houmaitawhiti-Versammlungshauses. Einige Palisaden der Māori-Siedlung von Ohinemutu aus dem 19. Jahrhundert sind auch zu sehen. Die Statue der gebärenden *Kumara*-Göttin Pani ist eine Besonderheit, da die Fruchtbarkeitsgottheiten der Māori in der Regel männlichen Geschlechts waren.

Die Geschichte des original renovierten Gebäudes wird in der Abteilung »Taking the Cure« gezeigt. Die historischen, mythologischen und geologischen Höhepunkte von Rotorua werden in einem 15-minütigen Film eindrucksvoll dramatisiert. Gezeigt wird auch der Ausbruch des Vulkans Tarawera im Jahr 1886.

The Blue Baths

Queens Drive. (07) 350 2119. tägl. 25. Dez.

Die heißen Becken wurden im Jahr 1930 eröffnet und erfreuen sich immer noch großer Beliebtheit. Sie sind in einem Anwesen untergebracht, das im spanischen Missionsstil konzipiert wurde. Ein Museum dokumentiert den Bau der Anlage.

Polynesian Spa

Hinemoa St. (07) 348 1328. tägl.

polynesianspa.co.nz

Jahr für Jahr kommen Stammgäste aus aller Welt zu den zwischen 33 und 42 °C warmen Mineralquellen. Das säurehaltige, mit schwach strahlendem Radon angereicherte Nass wird aus Quellen an die Oberfläche gepumpt. Mit alkalischem Wasser vermischt, entfaltet es seine belebende Wirkung. Für Erwachsene steht ein großes Becken mit besonders mineralhaltigem Wasser, für Familien mit Kindern ein Süßwasserpool mit einer Rutsche bereit. In einigen Becken lässt sich die Temperatur individuell regeln. Massagen unter fließendem Wasser und weitere Wellness-Angebote gibt es im »Luxusbereich«.

Spa City

»Krüppel werden ihre Krücken wegwerfen und Kranke wieder genesen« hieß es in einem 1903 veröffentlichten Regierungsschreiben über die Mineralquellen von Rotorua. Zwei der Quellen werden seitdem kommerziell genutzt. 1908 öffnete über der größten Quelle das Bath House. Das Wasser galt schon damals als äußerst »anregend«. Das QE Health nutzt noch heute die Heilkräfte des Quellwassers, besonders für Schmerz- und Rheumapatienten.

Mineralwasser-Becken, Polynesian Spa

Hotels und Restaurants im Zentrum der Nordinsel *siehe Seiten 303f und 317–319*

Die anglikanische Kirche St Faith

St Faith's Anglican Church

Ohinemutu. tägl. So 9 Uhr.

Die 1910 im Tudor-Stil erbaute Kirche ist die zweitälteste Kirche von Ohinemutu. Das Māori-Dorf am Seeufer war der frühe Siedlungskern, um den sich später die Stadt Rotorua ausbreitete. Eines der Kirchenfenster zeigt Jesus, wie er, gewandet in einen *korowai* (Häuptlingsmantel), über das Wasser des Lake Rotorua schreitet. Das Innere der Kirche ist reich mit Schnitzarbeiten, gewebten Wandteppichen und bemalten Pergamenten der Māori ausgestattet. Nahe der Kirche befindet sich ein Friedhof, auf dem u. a. der berühmte Arawa-Prediger Seymour Mills Spencer (1810–1898) und der Seefahrer Kapitän Gilbert Mair (1843–1923) beigesetzt wurden.

Tamatekapua

Ohinemutu.

Schnitzkunst, Tamatekapua

Das wundervoll verzierte Tamatekapua-Versammlungshaus wurde 1873 als sozialer Mittelpunkt des Arawa-Stammes errichtet. Es steht der St Faith's Anglican Church gegenüber und wurde nach einem Bauwerk benannt, das einst auf der Insel Mokoia stand. Die Figur am Fuß des Hauptpfeilers stellt den Navigator Ngatoroirangi dar. Der Sage nach soll seine spirituelle Kraft für die heißen Quellen der Gegend verantwortlich sein.

Infobox

Information

Straßenkarte E3. 68 000. 1167 Fenton St, (07) 348 5179. tägl. 8–18 Uhr. 25. Dez. Biennial Rotorua Festival of the Arts (Jan/Feb in ungeraden Jahren); New Zealand International Two-Day Walk (März); Rotorua Marathon (Mai).

rotoruanz.com

Anfahrt

State Hwy 30, 10 km nordöstl. der Stadt.

Kuirau Park

Kuirau St.

Im Park von Kuirau stößt man auf vulkanische Spuren wie thermale Schlammlöcher, Geysire und Dampffontänen. Ein warmer See, kostenlose heiße Thermal-Fußbäder und Picknickplätze sowie ein Spielplatz sind weitere Pluspunkte des Parks. Zusätzlich erfreut ein duftender Garten die Besucher.

An Wochenenden und während der Schulferien fährt eine Miniatureisenbahn Kinder über das Gelände.

Zentrum von Rotorua

① Government Gardens
② Rotorua Museum of Art and History
③ The Blue Baths
④ Polynesian Spa
⑤ St Faith's Anglican Church
⑥ Tamatekapua
⑦ Kuirau Park

Zeichenerklärung *siehe hintere Umschlagklappe*

Umland von Rotorua

Viele der schönsten Sehenswürdigkeiten der Gegend liegen im Umland von Rotorua. Der umwaldete Lake Rotorua und 17 weitere Seen bilden eine Seenplatte. Die geothermischen Wunder der Region, kristallklare, fischreiche Flüsse und unberührte Wälder erweitern das Angebot für Naturliebhaber und Angler. Rotorua ist ein wahres Paradies für Camper, Kanuten und Wanderer. Wer eine ungewöhnlichere Fortbewegungsart sucht, kann Jeeptouren oder Reitausflüge buchen. Kulturinteressierte werden bei den Māori fündig. Einige der Farmen stehen auch für Besucher offen.

Im Rainbow Springs Kiwi Wildlife Park kann man Forellen beobachten

Blick vom Mount Ngongotaha auf den Lake Rotorua und Mokoia Island

Lake Rotorua

Der fast kreisrunde See ist der größte im Gebiet von Rotorua und ein beliebtes Ziel von Anglern, Windsurfern und Kajaksportlern. Der See kann auch mit Schaufelraddampfern und Motorbooten befahren werden. Mokoia Island in der Mitte des Sees war die Bühne der romantischen Liebesgeschichte der schönen Hinemoa mit dem jungen Häuptling Tutanekai. Die Insel umfasst eine reiche Vogelfauna. Es gibt ein vier Kilometer langes Wegesystem und den öffentlich benutzbaren Hinemoa's Pool.

Skyline Rotorua

185 Fairy Springs Rd. (07) 347 0027. tägl.
skyline.co.nz/rotorua

Der 778 Meter hohe Mount Ngongotaha thront über Stadt und See. Eine Seilbahn führt zum 487 Meter hoch gelegenen Skyline Lookout. Von der Bergstation hat man einen atemberaubenden Ausblick über Rotorua und Umgebung. Eine ungewöhnliche Art des »Abstiegs« ist eine Fahrt mit dem Holzschlitten auf Rädern. Viele wählen zwei schönere, aber flachere Routen. Für Mutigere gibt es eine steile Abfahrt. Sessellifte führen wieder zum Skyline Lookout zurück.

Rainbow Springs Kiwi Wildlife Park

192 Fairy Springs Rd. (07) 350 0440. tägl.
rainbowsprings.co.nz

Besucher können Regenbogen-, Bach- und Tigerforellen füttern, die sich in den kristallklaren Flüssen tummeln, oder die Tuataras, Kiwis und andere Vogelarten in einer begehbaren Voliere beobachten. Das Gelände bietet mit dem Kiwi Encounter eine besondere Attraktion, die Naturgeschichte und Naturschutz verbindet.

The Agrodome

141 Western Rd, Ngongotaha. (07) 357 1050. tägl.
agrodome.co.nz

Das 1972 gegründete Familienunternehmen bietet sowohl Ferien auf dem Bauernhof als auch Abenteuerurlaub an. Dreimal täglich wird in einer großen *Sheep Show* die Arbeit mit Schafen und Wachhunden vorgeführt. Falls gewünscht, können die Besucher mit Kühen und Schafen »auf Tuchfühlung« gehen. Der Souvenirladen der Farm bietet u. a. hochwertige Wollbekleidung und Schafteppiche an.

In der Nähe befindet sich ZORB® Rotorua. Hier kann man im Inneren eines riesigen Plastikballs den Hügel hinunterrollen.

Agroventures

1335 Paradise Valley Rd. (07) 357 4747. tägl.
agroventures.co.nz

Das Freizeitangebot des Areals umfasst Bungee-Jumping sowie Fahrten mit Jetbooten und mit der »Shweeb« genannten

***Sheep Show* im Agrodome Agricultural Theme Park**

Hotels und Restaurants im Zentrum der Nordinsel *siehe Seiten 303f und 317–319*

Bahn. Dabei handelt es sich um eine Art Schwebebahn, die man mit Pedalen bedient. Sie ähnelt einem Liegefahrrad, mit dem man sich schwebend fortbewegt und mit anderen um die Wette fahren kann.

Hells Gate

State Hwy 33. (07) 345 3151. tägl.
hellsgate.co.nz

Das »Tor zur Hölle« tut sich im Tal von Tikitere auf, 16 Kilometer von Rotorua entfernt. Die vulkanischen Wunder von Hells Gate tragen ihren Namen nicht zu Unrecht. Wenn sich die Nebel lichten, richtet sich der Blick auf die dampfenden Kakahi Falls, die höchsten warmen Wasserfälle der südlichen Hemisphäre. Hier liegt auch der größte Heißwasserpool des Landes. Die Heilkräfte der Schwefelquellen werden heute medizinisch genutzt. Es gibt ausgebaute und beschilderte Wege.

Reiter, Whakarewarewa Forest Park

Whakarewarewa Forest Park

Am State Hwy 5.

Das Waldgebiet schließt direkt an die vulkanische Zone von Tikitere an. Majestätische Redwood-Bäume und Mischwald bilden einen 40 Quadratkilometer großen Park, der zu Pferd, auf dem Mountainbike oder auch zu Fuß erkundet werden kann. Es gibt auch einen botanischen Lehrpfad und Picknickplätze.

Tamaki Māori Village

State Hwy 5. (07) 349 2999. tägl. 25. Dez.

In diesem Nachbau eines Māori-Dorfs, wie es vor der europäischen Besiedlung war, lernt man Tradition und Kultur der Urbevölkerung kennen. Bei den Führungen (tägl. 18.30–22 Uhr) kann man miterleben, wie ein *hangi* auf heißen Steinen zubereitet wird. Wer will, kann auch im Dorf übernachten und Mythen und Legenden der Māori lauschen. In einem der regelmäßig veranstalteten Workshops werden traditionelle Lebens- und Kulturformen der Māori vorgestellt.

Ein Māori-Krieger begrüßt die Besucher des Tamaki Māori Village

Blaue und Grüne Seen

Tarawera Rd.

Elf Kilometer südöstlich von Rotorua liegen ein blauer und ein grüner See (Tikitapu und Rotokakahi). Von einer schmalen Landenge zwischen den Gewässern kann man deren unterschiedliche Färbung gut vergleichen. Lake Rotokakahi ist den Māori heilig und deshalb nicht zugänglich, Lake Tikitapu ist ein sehr beliebtes Urlauberziel.

Buried Village

Tarawera Rd. (07) 362 8287. tägl. 25. Dez.
buriedvillage.co.nz

15 Autominuten und nur 2,5 Kilometer vom Lake Tarawera entfernt stehen die Überreste des Dorfs Te Wairoa, das 1886 bei einem Ausbruch des Mount Tarawera verschüttet wurde. Einige Ausgrabungen können besichtigt werden, ein kleines Museum dokumentiert das ganze Ausmaß der Tragödie. Versteckte Buschpfade, die immer wieder schöne Blicke bieten, führen zu den Wasserfällen von Te Wairoa.

Der Ausbruch des Tarawera

Dem Ausbruch am 10. Juni 1886 ging ein monatelanges tiefes Grollen des Bergs voraus *(siehe S. 68f)*. Die drei Stunden dauernde Eruption, die noch in Auckland und Christchurch zu hören war, riss einen 17 Kilometer breiten Krater. Riesige glühende Lavabrocken wurden über 14 Kilometer weit geschleudert und begruben die Māori-Dörfer Te Ariki, Te Wairoa und Moura unter einer 20 Meter dicken Schlamm- und Ascheschicht. Mehr als 150 Einwohner kamen ums Leben. Die berühmten Pink and White Terraces, rosafarbene Silikat-Terrassen, die als achtes Weltwunder galten, wurden durch den Ausbruch vollständig zerstört. Das Information Centre von Rotorua *(siehe S. 139)* organisiert Touren zum Krater und Rundflüge über den Ort des Geschehens.

Das Bild (um 1890) von Charles Blomfield zeigt die Pink Terraces

Whakarewarewa: Geothermen

Die geothermische Zone an Rotoruas Südende, auch Whaka genannt, umfasst zwei Gebiete: das Te Puia (früher New Zealand Māori Arts and Crafts Institute) und das Whakarewarewa Thermal Village. Im Te Puia werden Schnitzwerk, Webstücke, typische Architektur und Festungsanlagen der Māori sowie vielerlei andere Kulturgüter ausgestellt. Auch die Geysire Pohutu und Prince of Wales Feathers befinden sich hier. Das Thermal Village wartet mit einem Versammlungshaus, Badeanlagen und einem Māori-Friedhof auf. An beiden Orten vermitteln Führungen die Einzigartigkeit dieser Kultur.

★ Te Aronui-a-Rua-Versammlungshaus
In diesem Teil des Te Puia werden die Besucher mit rituellen Drohgebärden eines Māori-Kriegers empfangen.

★ Schnitzschule
Im Te Puia werden uralte Holzbearbeitungstechniken an die nächste Generation weitergegeben.

Pataka
Lagerhäuser wie dieses wurden von den Māori schon vor der Ankunft der Europäer benutzt. Lebensmittel wie *kumara* (Süßkartoffeln) bewahrte man in Gruben auf.

Infobox

Information
Te Puia Hemo Rd. (07) 348 9047. **tepuia.com** tägl. 8–18 Uhr (Winter: bis 17 Uhr). stündlich. **Māori-Darbietungen** tägl. 11.15, 14 Uhr. **Show** tägl. 18.15 Uhr.
Whakarewarewa Thermal Village 17 Tryon St. (07) 349 3463. tägl. 8.30–17 Uhr. 25. Dez. **Show** tägl. 11.15, 14 Uhr.
whakarewarewa.com

Anfahrt
Bus Nr. 2 vom Busbahnhof Rotorua.

★ Pohutu-Geysir
Der Pohutu (»großer Schwall«) ist der größte Geysir und schießt zehn- bis 25-mal täglich bis zu 30 Meter hoch (je nach Windverhältnissen).

★ Wahiao-Versammlungshaus
Besucher, Kinder eingeschlossen, nehmen vor dem Versammlungshaus an einer Zeremonie teil.

Außerdem

① **Lake Waikaukau**

② **Cooking Pool**

③ **Im Webhaus** werden breite Flachsbahnen zu Gegenständen des Alltags verarbeitet.

④ **Kiwi-Haus**

⑤ **Schlammpool »Springender Frosch«**

⑥ **Am Puarenga Stream** tauchen Kinder nach Münzen, die Besucher von einer Brücke werfen.

⑦ **Whakarewarewa Thermal Village**

⑧ **Prince of Wales Feathers Geyser**

⑨ **Geyser Flat**, eine Silikat-Terrasse von einem Quadratkilometer, weist über 500 thermale Aktivitäten auf, darunter sieben Geysire.

⑩ **In überirdischen Kammern** begräbt man im Whakarewarewa Thermal Village wegen der hohen Bodentemperaturen die Toten.

⑪ **Im Brainpot**, einem symmetrischen Silikat-Becken, sollen einst die Köpfe getöteter Feinde gekocht worden sein.

Vulkanische Aktivitäten

Die vulkanischen Aktivitäten von Whakarewarewa erinnern nachdrücklich daran, dass die Erdkruste noch immer in Bewegung ist. Die vulkanischen Gase können auf spektakuläre, manchmal auch gefährliche Weise an die Oberfläche treten. Kochend heiße Geysire schießen donnernd durch Felsspalten nach oben, Schlammlöcher brodeln beim Austritt von Gasen, und neben mineralisch gefärbten Kalkterrassen strömen heiße Quellen und vulkanische Dämpfe in die natürlich entstandenen Felsenbecken.

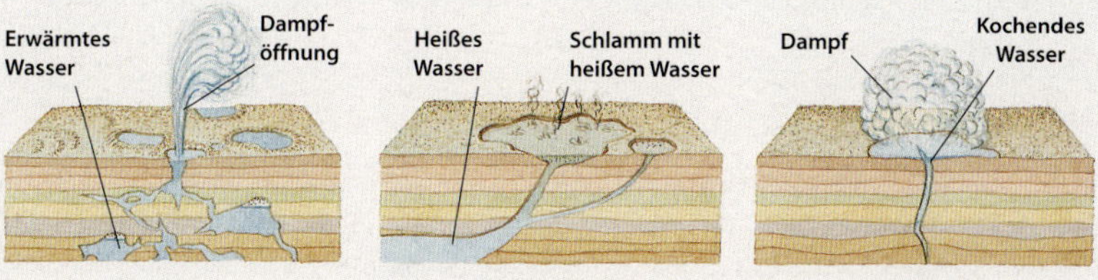

Geysir

Schlammloch

Fumarole

29 Waimangu Volcanic Valley

Straßenkarte E3. (07) 366 6137. tägl. zur Bushaltestelle und zum Bootsanleger. **waimangu.co.nz**

Das durch den Ausbruch des Tarawera am 10. Juni 1886 *(siehe S. 141)* erschaffene hydrothermale System von Waimangu ist das einzige der Welt, das unverändert erhalten ist. Während eines 90-minütigen Spaziergangs am 17 Kilometer langen Krater entlang kommt man an einer Reihe geothermischer Spalten vorbei.

Der 38 000 Quadratmeter große Frying Pan Lake gilt als größte Heißwasserquelle der Welt. Die Dampfschwaden über ihm bleiben an den roten Felsen der Cathedral Rocks hängen. Der See entstand bei einem Vulkanausbruch von 1971, der ein Hotel unter sich begrub. Der blassblaue, dampfende See und die pastellfarbenen Silikat-Terrassen sind den Umweg von der Hauptstraße wert. Die Wassertemperatur beträgt 80 °C, die Oberfläche des Sees variiert innerhalb von 38 Tagen bis zu acht Meter.

Am Ende des Weges liegt Lake Rotomahana, der die Oberflächen der weißen und rosafarbenen Silikat-Terrassen bedeckt *(siehe S. 141)*. Der Mount Tarawera erhebt sich gegenüber. Eine Bootstour führt am Ufer voller Krater, dampfender Spalten und Geysire entlang. Die geothermischen Verhältnisse lassen seltene Pflanzen am Ufer wachsen. Tour und Bootsfahrt dauern zwei bis drei Stunden.

Der Inferno Crater im Waimangu Volcanic Valley

Der Champagne Pool im Wai-O-Tapu Thermal Wonderland

30 Wai-O-Tapu Thermal Wonderland

Straßenkarte E3. (07) 366 6333. tägl. Hauptbereich. **waiotapu.co.nz**

Der regelmäßig aktive Lady-Knox-Geysir, 1904 nach der Tochter des Generalgouverneurs Lord Ranfurly benannt, ist Mittelpunkt des farbenprächtigen geothermischen Gebiets von Wai-O-Tapu. Täglich um 10.15 Uhr schießt die heiße Fontäne bis zu 21 Meter in die Höhe.

Zu den weiteren Attraktionen gehört die »Artist's Palette« (Farbpalette), eine Ansammlung von heißen und kalten Geysiren, blubbernden Schlammlöchern und zischenden Dampfspalten, darunter der Champagne Pool, nach seinen schwefel- und ockerfarbenen Rändern benannt. Die Primrose-Terrassen sind ebenfalls ein lohnenswertes Ziel des 30- bis 75-minütigen Ausflugs in die faszinierende Welt der Vulkane.

31 Orakei Korako Geyserland

Straßenkarte E3. (07) 378 3131. tägl. inklusive Bootstour. **orakeikorako.co.nz**

Orakei Korako, »das versteckte Tal«, liegt am südlichen Ende des Lake Ohakuri, der von den Wassern des Waikato River gespeist wird. Um die geothermische Zone des Tales zu erreichen, muss man den See per Boot überqueren, dann kommt man zu den imposanten Emerald Terraces, den größten Silikat-Terrassen Neuseelands. Eine etwa 60-minütige Wegstrecke führt an einem Geysir, an weiteren Silikat-Terrassen, Schlammlöchern, heißen Quellen und an einer Höhle vorbei. Im Café am See gibt es Getränke und Snacks.

Fahrt über die Stromschnellen des Waikato River

32 Wairakei Park

Straßenkarte E3.

Die Hauptattraktion des Areals zehn Kilometer nördlich von Taupo sind die Huka Falls (»Schaumfälle«). Der Waikato River fließt hier durch eine enge Felsspalte und stürzt anschließend elf Meter tief in ein schäumendes Becken.

Der Fluss ist bis zu den Huka Falls mit Jetbooten oder, etwas beschaulicher, mit Kajaks zu befahren. Ein 1908 angelegter

Weg führt sieben Kilometer am rechten Ufer entlang zu den Stromschnellen von Aratiatia, die auch über eine Straße zu erreichen sind. Die Schleusen oberhalb der Stromschnellen werden mehrmals täglich für Wildwasserkanus und Jetboote geöffnet. Zwei Kilometer südlich von Wairakei liegen am Ende der Karapiti Road die **Craters of the Moon**. Die von Buschland umgebenen dampfenden Krater und kochenden Schlammlöcher können gegen eine Gebühr bestaunt werden.

Die einzige Shrimps-Farm des Landes liegt abseits der Huka Falls Road. Man nutzt das warme Wasser der Quellen zur Aufzucht von Riesengarnelen für das eigene Huka Prawn Park Restaurant.

㉝ Taupo

Straßenkarte E3. 21 300. 8 km südl. der Stadt. Gascoigne St, Taupo Travel Centre. (07) 378 9005. 30 Tongariro St, (07) 376 0027. Lake Taupo International Fishing Tournament (Ende Apr). **greatlaketaupo.com**

Die Stadt Taupo liegt am nordöstlichen Ende des Sees. Lake Taupo ist der größte See des Landes und entstand im Jahr 186 n. Chr. als Folge eines Vulkanausbruchs *(siehe S. 68f)*. Feiner weißer Sandstrand und felsige Buchten umsäumen den 619 Quadratkilometer großen See. An klaren Tagen sind die Vulkane Tongariro und Ngauruhoe sowie der schneebedeckte Gipfel des Ruapehu zu sehen.

Die Region um den Taupo wird gleichermaßen als Farmland und als touristisches Ziel genutzt. Das ganze Jahr über ziehen exzellente Fischgründe, gute Wassersportmöglichkeiten und die thermische Wunderwelt Besucherscharen aus aller Welt an. Die Stadt bietet vielfältige Übernachtungsmöglichkeiten, einige davon mit Seeblick. Manche Hotels haben sogar ihre eigenen heißen Quellen.

Für Aktivurlauber werden Bungee-Jumping, Bootsausflüge, Reiterferien, Mountainbike-Touren, Fallschirmspringen, Rundflüge und Golf angeboten. Bungee-Jumping an der Spa Road am Waikato River ist eine besondere Attraktion. Informationen über das Programm der Veranstalter, zu Wandertouren und anderen Angeboten eines Aktivurlaubs können im Taupo Information Centre eingeholt werden.

㉞ Turangi

Straßenkarte E3. 5500. Ngwaka Place, (07) 386 8999.

Am südöstlichen Ende des Lake Taupo und am Ufer des Tongariro River liegt die Stadt Turangi. Das einst unbedeutende Fischerdorf war 1964 durch den Zustrom von Arbeitern des Tongariro Hydro-Electricity Scheme zu einer Stadt angewachsen. Turangi ist ein ausgezeichneter Ausgangspunkt für Angeltouren, Campingausflüge, Flussfahrten sowie für Kajak- und Skifahrer. Die Filmemacher von *Der Herr der Ringe* drehten hier einige Szenen.

Südlich befindet sich das **Tongariro National Trout Centre**. Fischrogen von wild lebenden Forellen wird künstlich befruchtet und die Brut wieder ausgesetzt. Ein Spaziergang führt zum Aquarium, wo Forellen beobachtet werden können.

Baumbeschnitt in einer Kiefernschonung bei Turangi

Tongariro National Trout Centre
State Hwy 1. (07) 386 8085.
tägl. 10–15 Uhr.
1. Jan, 25. Dez.

Paradies für Forellenangler

Der berühmte Lake Taupo und die umliegenden Seen – Kuratau, Hinemaia, Rotoaira und Otamangakau – haben viele Zuflüsse, in denen Regenbogenforellen und andere Forellen zu Hause sind. Manchmal stehen an der Mündung des Waitahanui River die Angler Schulter an Schulter und bilden den »Gartenzaun«. Zum Fischen ist die Zeit von November bis März günstig. Die Forellen stehen dann in Ufernähe und fressen die Larven der Wasserflöhe. Im Spätsommer drängen sich die Fische nachts an den Zuflüssen des Sees. Dann kommen die Fliegenfischer zum Zuge. Zum Flussangeln sind die Monate Mai bis Oktober am besten. Angelscheine gibt es in Sportläden und bei den Informationszentren.

Angler an der Mündung des Waitahanui River

㉟ Tongariro National Park

Am südlichen Ende des Lake Taupo erstreckt sich der Tongariro National Park. Den Mittelpunkt bilden drei aktive Vulkane: Ruapehu, Ngauruhoe und Tongariro *(siehe S. 68f)*. Sie wurden 1887 von Tukino Te Heuheu IV, Führer der Ngati Tuwharetoa, symbolisch an die Regierung Neuseelands übergeben. Der Nationalpark ist über mehrere Straßen erreichbar. Im Winter sind dort Skifahrer und Snowboarder zu Hause, das ganze Jahr kann man wandern, bergsteigen oder campen. Der Park wurde 1990 wegen seiner Naturwunder und 1993 wegen seines kulturellen Wertes von der UNESCO zum Welterbe erklärt.

★ Skigebiet Whakapapa
Das größte erschlossene Skigebiet Neuseelands hat ein weitverzweigtes Liftsystem und über 300 Pisten verschiedener Schwierigkeitsgrade für Skifahrer und Snowboarder.

Chateau Tongariro
Das 1929 erbaute Luxushotel am Fuß des Mount Ruapehu verwöhnt seine Gäste mit einem atemberaubenden Panoramablick.

★ Mount Ruapehu
Im Sommer können Urlauber von der Bergstation des Whakapapa-Sessellifts bis zum Krater des höchsten Berges der Nordinsel, Mount Ruapehu, aufsteigen.

Außerdem

① **Das Turoa Ski Resort** ist für seine weitläufigen Skipisten, langen Abfahrten und steilen Hänge bekannt.

② **Mountainbikes** sind im Park verboten, dürfen aber in den Wäldern von Rangataua, Erua und Tongariro benutzt werden.

③ **Round the Mountain** ist eine vier- bis fünftägige Wanderung im Gebiet des Ruapehu. Ideal für diejenigen, die Ruhe suchen und die beeindruckende Bergwelt genießen wollen.

④ **Die Ketetahi Hot Springs** mit über 40 heißen Fumarolen, heißen Quellen und Schlammpools liegen auf einem Privatgelände, können aber vom Wanderweg aus betrachtet werden.

⑤ **Lake Rotopounamu**, der »Jadesee«, ist überaus schön, er liegt etwa 20 Minuten zu Fuß vom State Highway 47 entfernt.

⑥ **Mount Ngauruhoe** ist der jüngste Vulkan. Er gilt als »Druckventil« des Mount Tongariro.

⑦ **Das Skigebiet Tukino** ist am besten per Jeep über die Desert Road zu erreichen. Hier gibt es nur Schlepplifte.

Hotels und Restaurants im Zentrum der Nordinsel *siehe Seiten 303f und 317–319*

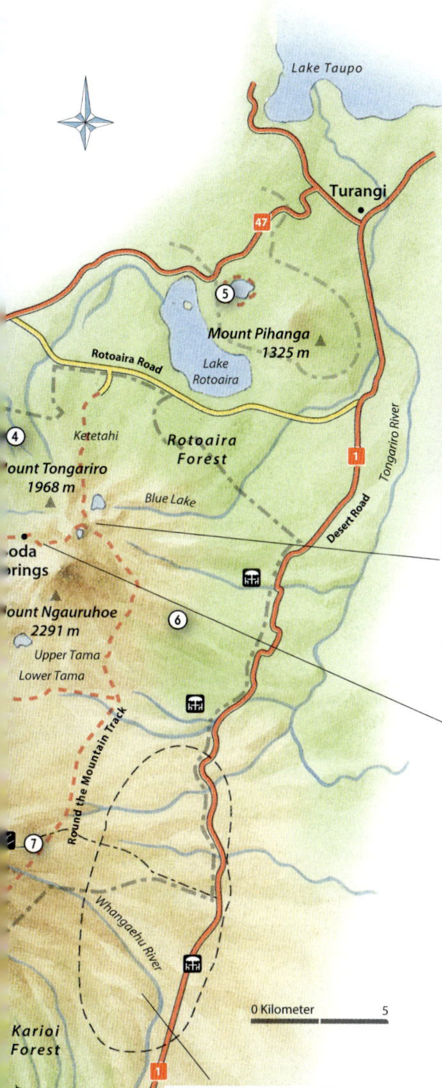

Infobox

Information

Straßenkarte E3. **Ohakune** 54 Clyde St, (06) 385 8427. tägl. 9–17 Uhr. **Whakapapa** hinter Bayview Chateau Tongariro, (07) 892 3729. tägl. 8–17 Uhr. **nationalpark.co.nz**

Anfahrt

National Park. National Park Store, Carroll St.

★ Emerald Lakes
Das Gipfelplateau des niedrigsten Vulkans, Mount Tongariro, besteht aus vielen Kratern. Einige davon wurden zu mineralgrün schimmernden »Smaragdseen«.

Tongariro Alpine Crossing
Von Mangatepopo nach Ketetahi verläuft der 18,5 Kilometer lange Wanderweg. Die Strecke führt durch atemberaubende Vulkanfelder und wird oft als schönster Wanderweg Neuseelands bezeichnet.

Rangipo-Wüste
Extreme Temperaturen an der Ostseite des Vulkans schufen eine bizarre Wüstenlandschaft mit spärlicher Vegetation, ein Sperrgebiet, das vor allem als Trainingsgelände der Armee genutzt wird.

Gefahr durch Vulkane

Das Vulkangebiet des Tongariro-Nationalparks ist einzigartig, weil hier eine große Zahl vulkanischer Aktivitäten zu verzeichnen ist. Geysire oder Dampfquellen können zu jeder Zeit und ohne jegliche Vorwarnung ausbrechen. Aus diesem Grund ist es besonders wichtig, dass sich alle Wanderer, die die oberen Vulkanhänge besteigen wollen, unbedingt vorher beim nächstgelegenen Visitor Centre über den jeweiligen »Volcanic Alert Status« (Vorwarnstufe) auf ihren geplanten Ausflugsrouten informieren.

36 Im Detail: Napier

Die elegante Stadt am Rand des Pazifischen Ozeans erlitt bei dem Erdbeben des Jahres 1931 schwere Schäden. Das anschließend ausgebrochene Feuer forderte weitere Opfer und zerstörte die meisten Gebäude. Das Beben hob auch das Flussbett und das umliegende Marschland an. Dadurch wurden neue Siedlungsflächen geschaffen. Die neueren Stadtgebiete wurden, relativ erdbebensicher, im damaligen Art-déco-Stil errichtet. Die pastellfarbenen Gebäude gelten heute weltweit als architektonisches Meisterwerk.

Napier Mall
In der verkehrsberuhigten Emerson Street stehen Bänke, die mit Art-déco-Motiven geschmückt sind.

★ Deco Centre
Der Zweckbau des 1922 errichteten Feuerwehrgebäudes wurde im Art-déco-Stil renoviert und beherbergt heute den Art Deco Trust und Art Deco Shop.

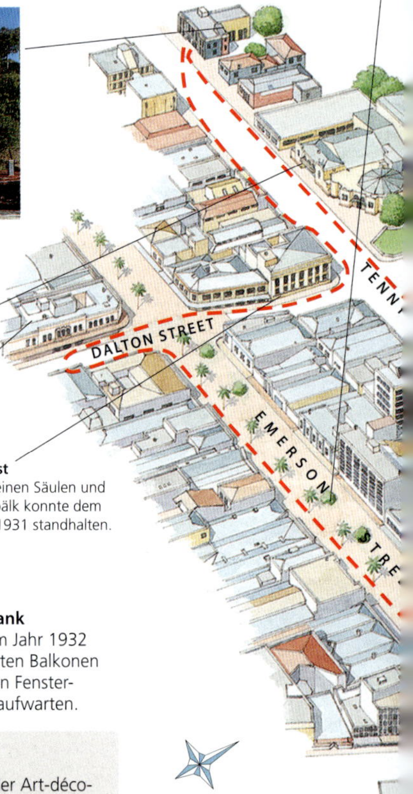

Das Stadttheater von 1938 ist wegen der ägyptischen Säulen und Türbogen bekannt geworden. Im Foyer können Wandgemälde mit nackten Nymphen bewundert werden.

Das Public Trust Building mit seinen Säulen und dem Eichengebälk konnte dem Erdbeben von 1931 standhalten.

Countrywide Bank
Der Bau aus dem Jahr 1932 kann mit verzierten Balkonen und verwinkelten Fensterumrahmungen aufwarten.

0 Meter 50

Legende
— Routenempfehlung

Art Deco Trust

Die Stiftung ist für die Bewahrung und den Erhalt der Art-déco-Gebäude von Napier verantwortlich. Sie katalogisiert die Gebäude, gibt Broschüren zu diesem Thema heraus und veranstaltet Führungen durch den Art-déco-Distrikt der Stadt. Einer der Höhepunkte der Saison ist das im Februar stattfindende Art Deco Weekend, das alljährlich mehr als 40 000 Besucher anzieht.

Ein passend gekleidetes Paar am Art-déco-Wochenende

Infobox

Information
Straßenkarte F4.
[Einwohner] 55650. [i] 100 Marine Pde, (06) 834 1911. [Öffnungszeiten] Mo–Fr 8.30–17, Sa, So 9–17 Uhr. [geschlossen] 25. Dez.
Art-déco-Führungen Art Deco Trust, Deco Centre, 7 Tennyson St, (06) 835 0022.
w hawkesbaynz.com

Anfahrt
[Flugzeug] 5 km nordwestl. der Stadt.
[Bus] Munro St.

Das Napier Antique Centre aus dem Jahr 1932 ist eines der vier Gebäude, die mit Motiven der Māori-Kultur verziert wurden.

Daily Telegraph Building
Der 1932 errichtete Bau zeigt viele Art-déco-Motive. Typische Sonnensymbole, Blitze und Blumenornamente herrschen dabei vor.

Criterion Hotel
Mit Blei verzierte Glasscheiben waren nach 1930 der letzte Schrei. Ein schönes Beispiel ist das Fenster am Treppenaufgang.

Masonic Hotel
Das 1932 fertiggestellte Hotel hat im ersten Stock eine sehr schöne vorspringende Loggia.

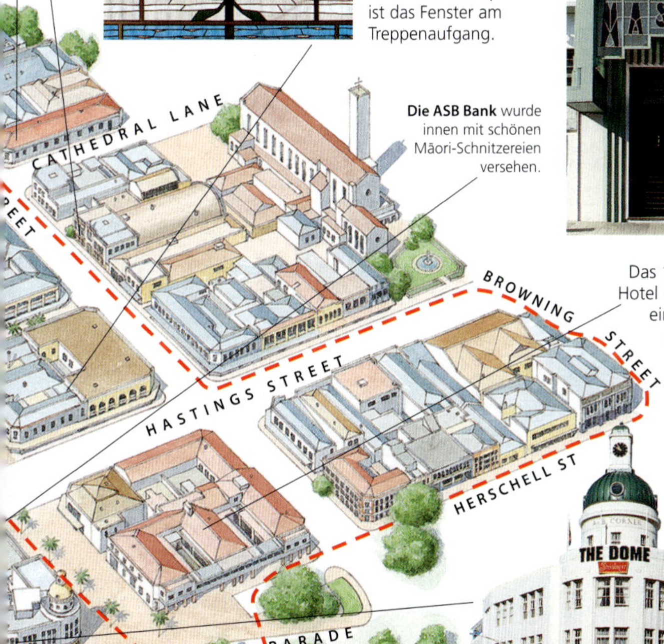

Die ASB Bank wurde innen mit schönen Māori-Schnitzereien versehen.

★ The Dome
Das 1936 erbaute architektonische Wahrzeichen von Napier besitzt einen wunderschönen Aufzug.

Überblick: Napier

Die am Meeresufer gelegene, mit Norfolk-Kiefern gesäumte Marine Parade ist nur wenige Gehminuten vom Art-déco-Viertel entfernt. Die Blumenuhr, der Tom-Parker-Brunnen, eine Statue der Pania (eine hiesige Legende), schöne Kolonnaden sowie die versunkenen Gärten tragen zum Charme von Napier bei. An einem Hügel im Norden liegt Bluff Hill. Die steilen Straßen und alten Holzhäuser bilden den höchsten Punkt der Stadt. Dahinter erstreckt sich der Hafen von Ahuriri, im 18. Jahrhundert die erste Ansiedlung europäischer Einwanderer in dieser Gegend.

Besucher im National Aquarium of New Zealand

Ocean Spa

42 Marine Parade. (06) 835 8553. tägl. 25. Dez. **oceanspa.co.nz**

Der Bäder- und Spa-Komplex unter freiem Himmel zieht viele Besucher an. Hier kann man den weiten Blick über das Meer genießen und sich erholen. Direkt am Strand gibt es Pools zum Entspannen, Schwimmen und Planschen, außerdem Spas, eine Sauna, ein Dampfbad sowie ein Massage- und das gut ausgestattete Fitness-Center Ocean Club.

The National Aquarium of New Zealand

Marine Parade. (06) 834 1404. tägl. 25. Dez. **nationalaquarium.co.nz**

Das Aquarium ist in einem Gebäude untergebracht, das einem Stachelrochen ähnelt. Es befindet sich direkt an der Küste, sodass die Zufuhr von frischem Meerwasser gewährleistet ist. Im unteren Bereich sieht man marine und terrestrische Lebewesen aus Neuseeland wie die Tuataras genannten Brückenechsen, im oberen Teil des Aquariums Tiere aus allen Teilen der Welt.

Das Ozeanarium kann von einem Unterwassertunnel aus besichtigt werden. Die hier lebenden Haie, Stachelrochen, Seepferdchen und Fische der Ostküste werden täglich um 10 und 14 Uhr von Tauchern gefüttert. Bei der Attraktion »Swim with the Sharks« können Besucher jeden Tag um 9, 11 und 15 Uhr unter ständiger Aufsicht mit Haien schwimmen.

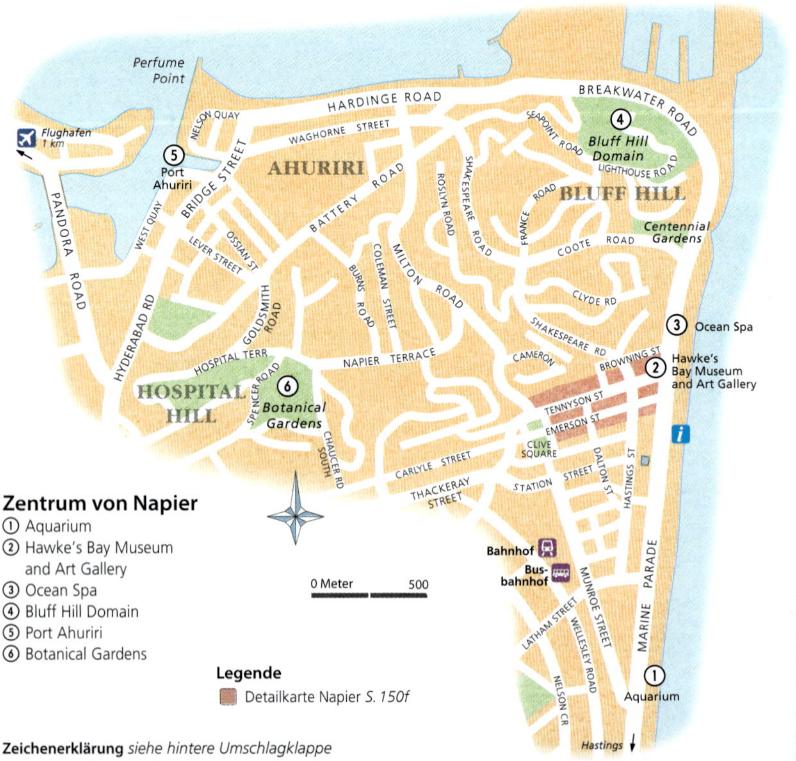

Zentrum von Napier

1. Aquarium
2. Hawke's Bay Museum and Art Gallery
3. Ocean Spa
4. Bluff Hill Domain
5. Port Ahuriri
6. Botanical Gardens

Legende

Detailkarte Napier *S. 150f*

Zeichenerklärung *siehe hintere Umschlagklappe*

Hawke's Bay Museum and Art Gallery
1 Tennyson St. (06) 835 7781. tägl. 25. Dez.
mtghawkesbay.com
Das in einem Art-déco-Gebäude untergebrachte Museum zeigt Kunstgegenstände der Māori sowie Kunsthandwerk aus der Zeit der Einwanderer. Das verheerende Erdbeben von 1931 kann virtuell nachvollzogen werden, die Folgen für Napier werden detailliert erläutert.

Bluff Hill Domain
Lighthouse Rd.
Vor dem Erdbeben von 1931 bestand Napier aus einer Anzahl von Inseln (Scinde Island), die von Wasser umgeben waren. Vom 102 Meter hohen Aussichtspunkt von Bluff Hill gewinnt man einen Eindruck, wie die Stadt damals ausgesehen haben mag. Von den früheren Geschützstellungen hat man einen schönen Rundblick auf die Bergketten des Kaweka und Ruahine im Westen, auf die Mahia-Halbinsel im Nordosten und auf das Cape Kidnappers, das südöstlich des Stadtgebiets von Napier liegt.

Port Ahuriri
Vier Kilometer westlich des Stadtkerns liegt der Fischereihafen Ahuriri. Besucher können die Anlandung des Fischfangs beobachten oder einige der besten Bars und Restaurants in Napier besuchen. Am Anfang der Hafenpromenade, dem Perfume Point, findet man Antiquitätenläden. In Trainworld, an der Ecke Bridge und Waghorne Street, ist eine der größten Modelleisenbahnanlagen der Welt zu sehen. In der nahen Ossian Street steht mit dem Rothmans Building ein schöner Art-déco-Bau.

Botanical Gardens
Spencer Rd.
Die Botanischen Gärten liegen auf einem Hügel mitten in der Stadt. Neben der großen Voliere verbreiten die Rasenflächen, leuchtenden Blumenbeete und hohen Bäume Charme und eine ruhige Atmosphäre.

Ausblick vom Te Mata Peak auf die nördlich gelegene Stadt Napier

37 Hastings

Straßenkarte F4. 28 000. 25 km nördl. der Stadt. Caroline Rd. Ecke Russel St North & Heretaunga St, (06) 873 5526. Hawke's Bay Wine and Food Festival (1. WE im Feb); Hastings Blossom Festival (Sep).

Die Ebene von Heretaunga, 20 Kilometer südlich von Napier, ist von Obstplantagen bedeckt. Auch Wein wird hier angebaut *(siehe S. 154f)*. Nach dem Erdbeben von 1931 wurde die Stadt als einzige Neuseelands nach amerikanischem Vorbild in Straßenblocks gegliedert. Es gibt noch einige Gebäude im spanischen Kolonialstil, u. a. das Hawke's Bay Opera House.

Zwischen Hastings und der östlichen Küstenregion erhebt sich der 399 Meter hohe Te Mata Peak. Laut einer Māori-Legende verdankt er seine Form dem Häuptling Te Mata o Rongokako, der sich auf Geheiß einer Häuptlingstochter durch den Berg fressen sollte. Von Hastings ist der »Bissen« in der Bergflanke klar zu erkennen, der dem Häuptling zum Verhängnis wurde und dem Berg sein heutiges Aussehen gab.

Äpfel aus Hawke's Bay

38 Cape Kidnappers

Straßenkarte F4.

Eine Māori-Legende besagt, dass die sichelförmige Bucht sowie das Umland von Cape Kidnappers 30 Kilometer südlich von Napier einen riesigen Fischhaken darstellen, mit dem Maui die Nordinsel aus dem Meer angeln wollte. Ihren Namen verdankt die Bucht James Cook, der 1769 hier landete *(siehe S. 52)*. Er nannte sie so, weil Māori hier angeblich seinen tahitianischen Übersetzer entführen wollten.

Das Cape ist der Nistplatz von über 20 000 australischen Gannet-Seeschwalben, die dicht über den Köpfen der Besucher zu ihren Nestern segeln. Die beste Zeit zur Vogelbeobachtung ist von November bis Februar. In der Brutphase zwischen Juli und Oktober ist der Zutritt untersagt. Die Kolonie ist bei Ebbe in einem acht Kilometer langen Fußmarsch zu erreichen. Bequemer geht es per Kutsche oder Traktor.

Australische Gannet-Seeschwalben im Cape Kidnappers Gannet Reserve

㊴ Weingüter der Hawke's Bay

Hawke's Bays viele Sonnenstunden und der für den Weinbau günstige Boden ließen mehr als 70 Weingüter entstehen, die hochklassige Weine aller Rebsorten erzeugen. Ursprünglich war es eine Obstregion, heute setzt man vor allem auf Wein. Die erstklassigen Trauben werden mit traditionellen, aber auch mit modernen Keltermethoden verarbeitet. Der Erfolg der Weine schlägt sich nicht nur in der Exportstatistik und den internationalen Auszeichnungen nieder, sondern wird jeden November und Juni beim Hawke's Bay F.A.W.C! Food and Wine Classic Festival auch national gewürdigt.

① Mission Estate Winery
Das 1851 von französischen Missionaren gegründete Weingut ist das älteste des Landes. Anfangs lieferte es nur Messweine. Heute offeriert man hier Weinproben, Weinverkauf und Führungen durch die Kellerei. Außerdem sind ein Gourmetrestaurant und ein Souvenirladen angeschlossen.

⑨ Clearview Estate Winery
Das von Tim Turvey und Helma van den Berg 1989 eröffnete Weingut liegt an einem sanften Hang und bietet nur beste Weine, die direkt beim Gut oder per Postversand verkauft werden.

⑧ Te Mata Estate Winery
Dies ist eines der ältesten Weingüter Neuseelands (seit 1892 wird an den Hängen des Te Mata Peak Wein angebaut) und eines der erfolgreichsten der Region. Man baut in Te Mata vor allem Rotweine an, die u. a. in der alten, schön restaurierten Kellerei (oder per Postversand) verkauft werden.

⑦ Vidal Wines
Der Spanier Anthony Vidal begann 1905 seine Weinproduktion in einem Stallgebäude. Die Stadtentwicklung hat den Stall zwar eliminiert, doch Vidal bietet noch immer gute Weine an. Vor Ort gibt es auch eine Brasserie.

⑥ Sileni Estates
Die hohen Investitionen des Weinguts zahlen sich heute aus. Auf metallroten Erdschichten gelegen bietet Sileni neben guten Weinen einen Gourmetladen und ein Restaurant mit Café.

② Park Estate Winery
Einst eine Obstplantage hat die Park Estate Winery eine Marktlücke entdeckt: Man verkauft sowohl Weine als auch Säfte von exotischen Feijoa- oder Schwarzbeeren sowie normalen Fruchtsaft. Führungen durch das Weingut, Verkostungen und Bewirtung, Obst und Gemüseverkauf vor Ort.

Neuseelands Obstkorb

Warme Sommer und kalte Winter haben der Region den Spitznamen »Obstkorb der Nation« eingebracht. Auch wenn Äpfel hier das Exportgut Nummer eins sind (ca. neun Mio. Kisten jährlich), werden auch Birnen, Kiwis und Pfirsiche angebaut. Die wachsende Apfelproduktion und fallende Preise wirken sich mittlerweile jedoch negativ auf den Export aus. In Pernel Fruitworld, einer Obstplantage bei Hastings, züchtet man 85 Fruchtsorten. Stündlich finden Führungen statt, Obst können Besucher dabei kostenlos verzehren. Ein Museum dokumentiert die Geschichte des kommerziellen Obstanbaus.

Führung durch Pernel Fruitworld

③ C. J. Pask Winery
Das Weingut in mediterranem Stil liegt in einem ausgetrockneten Flussbett. Man baut dort aus überreifen Trauben (Spätlese) sehr edle Weine aller Sorten aus. Das Weingut ist eines der besten in der Region.

④ Te Awa Winery
Nach den hochgepumpten Wassermengen aus der Ebene von Hawke's Bay wird dieses Weingut »Fluss Gottes« genannt und produziert bordeauxtypische Rotweine, die im eigenen Restaurant ausgeschenkt werden.

Routeninfos

Auf Weingütern ergibt sich oft eine Gelegenheit, die Weine zu probieren. Viele Güter bieten Führungen an, die meisten auch Verkostung und Verkauf. Einige haben angeschlossene Restaurants, eine Reservierung ist empfehlenswert. Nähere Informationen können beim Napier Visitor Information Centre eingeholt werden *(siehe S. 151)*.

Besucher, die mehrere Weingüter an einem Tag besichtigen wollen, sollten besser eine der zahlreichen angebotenen Bustouren buchen.

⑤ Ngatarawa Wines
Ein rechteckiger Lilienteich und restaurierte Stallgebäude bilden den edlen Hintergrund für noch edlere Weine. Das Ngatarawa-Weingut bietet darüber hinaus einen Picknickplatz und ein *Pétanque*-Spielfeld.

Wellington und Süden

Als sich die europäischen Siedler Mitte des 19. Jahrhunderts von Wellington, das im Jahr 1865 anstelle von Auckland zur Hauptstadt von Neuseeland erklärt wurde, Richtung Norden aufmachten, stießen sie sehr schnell auf unberührte Regenwälder. Die jüngste Geschichte eines Großteils der Gebiete, die heute Wellington und Umgebung umfassen, ist sehr eng mit dem massiven Kahlschlag und den Brandrodungen gegen Ende des 19. und Anfang des 20. Jahrhunderts verknüpft.

Ehedem standen Abertausende alter Baumriesen auf fruchtbarem Land, das allein von den Māori besiedelt wurde. Zwischen 1870 und 1910 vollzog sich der gigantischste Kahlschlag des Landes. Der anwachsende Strom von Einwanderern benötigte immer mehr Farmland, zugleich verschlang der Eisenbahnbau Unmengen an Holz. Entlang den Bahngleisen entstanden Kleinstädte, die nach dem Abzug der Holzfäller auch wieder verschwanden. Im Jahr 1907 war der Höhepunkt der Holzproduktion in der südlichen Hälfte der Nordinsel überschritten, weites, fruchtbares Farmland prägt seither das Antlitz dieser Region.

Obwohl die Gegend um Taranaki, Wanganui und Manawatu zu den am intensivsten bewirtschafteten und ertragreichsten Anbauflächen in Neuseeland gehört, setzt man heute nicht mehr nur auf die Landwirtschaft. So werden vor der Küste von Taranaki jetzt die reichen Gasvorkommen genutzt.

Auch der Tourismus hat die Nordinsel entdeckt: Das milde Klima, breite Sandstrände, glasklare Flüsse, zahlreiche Nationalparks, wilde Gebirgszüge, Skigebiete, Weinanbaugebiete und nicht zuletzt das reiche Kulturerbe der Māori erfüllen jeden Wunsch.

Die Hafenstadt Wellington ganz im Süden der Nordinsel ist das wirtschaftliche, administrative und kulturelle Zentrum der Region. Die kleinen Städte nördlich von Wellington versorgen nicht nur die umliegenden Farmen, sondern dienen Besuchern auch als Zwischenstopps auf dem Weg zu den Naturparks und Vulkanen im Zentrum.

Der »Beehive« und das Parlamentsgebäude *(siehe S. 162)* in Wellington, der Hauptstadt Neuseelands

◀ Küstenabschnitt bei Wellington

Überblick: Wellington und Süden

In Tagesausflügen kann man die Küste von Kapiti sowie die Orte Horowhenua, Manawatu, Wanganui und Taranaki erreichen. Der Unterschied zwischen der modernen Hauptstadt Wellington und dem Umland könnte jedoch nicht größer sein: Schon nach einer Stunde Autofahrt ist man mitten im Herzen einer von der Landwirtschaft geprägten Ebene. Verschlafene Kleinstädte wechseln sich mit Schafherden ab und, in jüngster Zeit, auch mit Straußenfarmen und Weingütern. Die Naturparks von Egmont und Whanganui bieten etwas für Besucher, die mehr auf Abenteuer aus sind.

Schaffarm in der Umgebung von Martinborough

Touren und Unternehmungen

Die aufgeführten Orte sind ideal, um sich zu erholen und etwas zu unternehmen. Allerdings ändert sich das Wetter – je nach Jahreszeit – häufig. Vor einer Tour sollten Sie sich vor Ort informieren.

	Golf	Jetskifahren	Kajakfahren	Segeln	Surfen	Schwimmen	Wadnern	Windsurfen
Egmont National Park						★	★	
Manawatu Gorge			★				★	
Masterton	★		★			★	★	
New Plymouth	★	★	★	★	★	★	★	★
Oakura					★	★		★
Opunake					★	★		★
Palmerston North	★					★		
Paraparaumu	★	★	★	★	★	★	★	★
Sugarloaf Islands						★		
Waikanae	★	★	★			★	★	
Wanganui	★	★	★			★		
Wellington	★		★	★	★		★	★
Whanganui National Park			★			★	★	
Whanganui River		★	★			★	★	

Weitere Zeichenerklärungen *siehe hintere Umschlagklappe*

Sehenswürdigkeiten auf einen Blick

1 *Wellington S. 160–173*
3 Paekakariki
4 Paraparaumu
5 Waikanae
6 Kapiti Island Nature Reserve
7 Otaki
8 Levin
9 Featherston
10 Martinborough
11 Masterton
12 Pukaha Mount Bruce National Wildlife Centre
13 Palmerston North
14 *Wanganui S. 182f*
15 Whanganui River
16 Whanganui National Park
17 *New Plymouth S. 184f*
18 *Egmont National Park S. 186f*
19 Oakura
20 Sugar Loaf Islands Marine Park
21 Cape Egmont
22 Opunake
23 Hawera
24 Stratford

Tour

2 Marine-Drive-Tour

Legende

- Autobahn
- State Highway
- Nebenstraße
- Eisenbahn (Hauptstrecke)
- Eisenbahn (Nebenstrecke)
- Regionalgrenze
- Gipfel

Im Süden der Nordinsel unterwegs

Die touristischen Ziele der Region sind mit Bus, Eisenbahn oder Flugzeug gut zu erreichen. Außerdem gibt es ein gut ausgebautes Straßennetz. Der moderne Flughafen von Wellington ist Drehscheibe des nationalen und internationalen Flugverkehrs, auch Kreuzfahrtschiffe laufen den Hafen der Stadt an. Mehrmals täglich überqueren Fähren für den Auto-, Eisenbahn- und Personenverkehr die Meerenge der Cook Strait und verbinden so Wellington mit der Südinsel.

Chaffers Marina in Lambton Harbour in Wellington

Wellington: Kulturmetropole

In erster Linie war Wellington als Sitz des Parlaments und der Verwaltung von Neuseeland bekannt, in den 1980er und 1990er Jahren hat sich die Stadt zu einer lebendigen und ambitionierten Kulturmetropole entwickelt. Sie liegt an einer der schönsten Hafenbuchten der Welt und ist voller Kunst und Kulturschätze. Das Museum of New Zealand Te Papa Tongarewa *(siehe S. 170f)*, das Royal New Zealand Ballet, das New Zealand Symphony Orchestra, die New Zealand Opera, die Chamber Music New Zealand und die New Zealand School of Dance sind hier zu Hause. Die Kunstszene verbindet internationale Kunstevents mit dem reichhaltigen Kulturerbe des pazifischen Raums.

Gutes Theater wird von den Einwohnern Wellingtons sehr geschätzt. Die bekanntesten Theater sind Downtown, Circa und Bats.

Die vielen privaten und öffentlichen Galerien werden kompetent geführt und stellen sowohl einheimische als auch internationale Künstler aus. Zu den bekanntesten Galeristen gehört Peter McLeavey, der mit neuseeländischer Kunst auch international erfolgreich war.

Der Kiwi und der Farn, beides Wahrzeichen Neuseelands, sind auch die Symbole des International Festival of the Arts.

Neuseelands Filmindustrie

Die Filmindustrie des Landes kam erst ab 1960 richtig in Schwung. Die meisten Studios stehen in Wellington und können sich mit bedeutenden Kinostars schmücken. Das International Film Festival, das jeden Juli stattfindet, zieht viele Filmfans an.

Wellington ist die Heimatstadt von Sir Peter Jackson (Regisseur von *Der Herr der Ringe* und *Der Hobbit*) und dessen Effektefirma Weta Workshop, wo viele der Spezialeffekte und Requisiten für die Filme hergestellt wurden. Führungen beginnen zwischen 9.30 und 17 Uhr alle 30 Minuten und gewähren einen Einblick in den Entwurf von Modellen. Tickets gibt es bei Weta Cave an der Ecke Campertown Road und Weka Street in Miramar (www.wetanz.com).

Filmarbeiten an einer der zahlreichen *locations* der Stadt

Das New Zealand Symphony Orchestra von Wellington spielt überall im Land. Das Orchester begleitete auch die berühmte neuseeländische Opernsängerin Kiri Te Kanawa anlässlich eines Konzerts zum Jahrtausendwechsel in Gisborne.

Bücher und Schriftsteller

Um 1880 legten schottische Einwanderer in Dunedin fest, dass Bildung in Neuseeland »kostenlos, nicht kirchlich und Pflicht für alle« sein müsse. Die Forderungen der damaligen Siedler, oft selbst nur mäßig gebildet, haben inzwischen zu einem hohen Bildungsniveau geführt. Neuseeländische Literatur, vor allem Kinderbücher, werden in alle Welt exportiert. Landesweite Lesewettbewerbe fördern das Interesse an einheimischer Literatur. Die Literaturfestivals und Schriftstellerkongresse, die jedes Jahr in Wellington stattfinden, werden großzügig unterstützt und stoßen beim Publikum auf reges Interesse. Einige der auch international bekannten Autoren sind die in England lebende Lyrikerin Fleur Adcock sowie die Romanautoren Maurice Gee, Elizabeth Knox und Vincent O'Sullivan *(siehe S. 37)*.

Die Autorin Linda Burgess bei einer Lesung

Trommeln und andere Schlagwerkzeuge kommen hier bei einer Musik-Performance der Percussion-Gruppe Strike zum Einsatz.

Eine würfelförmige Bühnenkulisse ist die Plattform einer innovativen Aufführung.

International Arts Festival

Das Internationale Kunstfestival, das alle zwei Jahre von September bis Oktober in Wellington stattfindet, gilt als das wichtigste Event der darstellenden Künste des Landes. Auftritte der neuseeländische Percussion-Gruppe Strike zählen zu den Höhepunkten.

Das Royal New Zealand Ballet aus Wellington tritt sowohl in Neuseeland als auch in Übersee auf. Stephen Wellington und Nadine Tyson tanzen den Pas de deux aus dem selten aufgeführten Ballett *Raymonda*.

Das Westpac Stadium ist der bevorzugte Austragungsort von Neuseelands Lieblingssportarten Rugby, Cricket und Fußball. Die 40 000 Sitzplätze der imposanten Arena werden auch für Live-Konzerte genutzt.

❶ Wellington

Wellingtons Geschäftsviertel reicht von den Hügeln der Stadt bis hinunter zum Hafen. Um 1880 wurden Strandabschnitte am alten Hafen aufgeschüttet, über die Jahre wuchs hier das Handelszentrum. Heute sind in diesem Teil nicht nur Ministerien und Behörden untergebracht; Botschaften, der Oberste Gerichtshof, das Nationalarchiv, die Nationalbibliothek, das Museum of New Zealand Te Papa Tongarewa und Firmen haben sich hier niedergelassen. Die eleganten Läden, Restaurants und Galerien verleihen dem Viertel eine angenehme Atmosphäre. In Wellington fanden viele Studioaufnahmen für *Der Herr der Ringe* statt. Die Stadt ist geradezu das »Zentrum von Mittelerde«.

Lunch auf der Terrasse des Astoria Café am Lambton Quay

Lambton Quay

Wellingtons Prestigemeile verläuft mitten durch das Stadtzentrum. Der etwa ein Kilometer lange Boulevard ist von belebten Arkadengängen, Einkaufszentren und Fußgängerzonen gesäumt. Auch der Lambton Quay liegt weitgehend auf Land, das der See abgerungen wurde. Kleine Hinweisschilder an den Trottoirs zeigen den früheren Verlauf der Wasserlinie an. Während steile Treppen direkt in die stadtnahen Hügel führen, kann man auf den zur Strandseite abfallenden Seitenstraßen die neu gestaltete Uferpromenade erkunden *(siehe S. 166f)*.

Cathedral Church of St Paul

34 Mulgrave St. (04) 473 6722. tägl. für Besucher Karfreitag, 25. Dez. Spende.
oldsaintpauls.co.nz

Die Kathedrale St Paul von 1866 (»Old St Paul's«) ist ein kolonialer Prachtbau im Stil der frühen englischen Gotik. Für den Bau wurde inklusive der Nägel nur einheimisches Holz verwendet.

Wellington Cathedral of St Paul

Ecke Molesworth & Hill St.
(04) 472 0286. tägl. hinter der Kirche.

Nach mehreren Jahrzehnten Bauzeit wurde die romanische Kirche nach einigen äußeren und inneren Veränderungen 1998 fertiggestellt. Die Kirche steht gegenüber dem Gerichtsgebäude und der Nationalbibliothek und beeindruckt mit kunstvoll verglasten Fenstern. Einige Erinnerungsstücke an historische Ereignisse und eine Orgel mit 4000 Pfeifen wurden stilvoll in das architektonische Konzept der Kathedrale integriert. Die zu dem Gebäudeensemble gehörende Lady Chapel diente bis 1998 einer Gemeinde an der Kapiti-Küste als Gemeindekirche und Versammlungsort.

Kunstobjekte in der Galleria der Parlamentsgebäude

Parliament Buildings

Molesworth St. (04) 817 9503. tägl. 1./2. Jan, 6. Feb, Karfreitag, 25./26. Dez.
parliament.govt.nz

Eigentlich besteht das Parlament aus drei Gebäuden: Das neoklassizistische Parlamentsgebäude wurde 1922, die Staatsbibliothek 1899 und der »Beehive« (Bienenkorb), der nur den Parlamentariern zugänglich ist, 1979 eröffnet. Kostenlose Führungen umfassen alle drei Gebäude. Die Bauten stehen genau an der Stelle, an der 1865 nicht nur das erste Parlamentsgebäude errichtet wurde, sondern auch eine Erdbebenspalte verläuft.

Der Park erfreut Besucher mit alten Bäumen und einem Rosengarten.

Zeichenerklärung
siehe hintere Umschlagklappe

0 Meter 500

Legende

Detailkarte Wellington *S. 166f*

Old Government Buildings

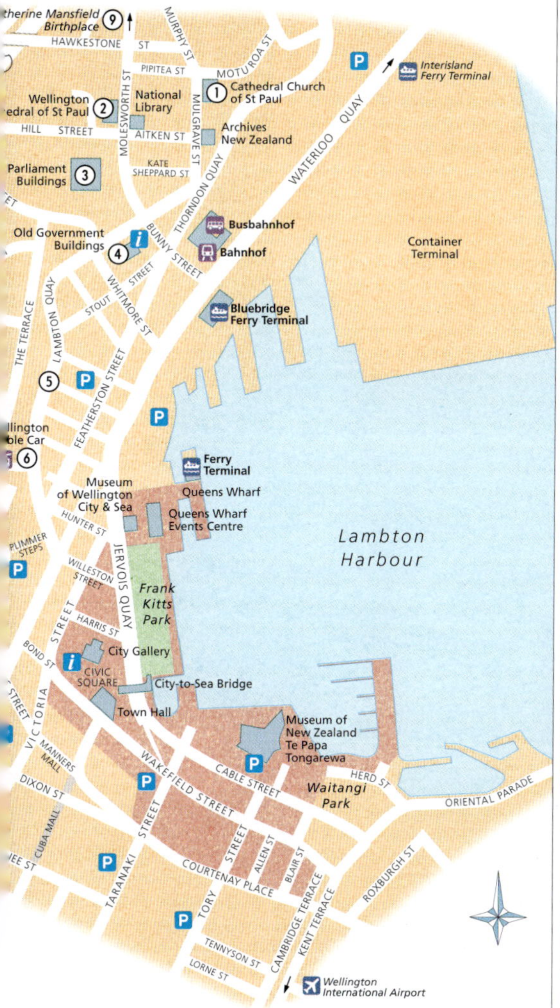

Zentrum von Wellington

1. Cathedral Church of St Paul
2. Wellington Cathedral of St Paul
3. Parliament Buildings
4. Old Government Buildings
5. Lambton Quay
6. Wellington Cable Car
7. Wellington Botanic Garden
8. Victoria University
9. Katherine Mansfield Birthplace

Infobox

Information

Straßenkarte D5. 500 000.
Ecke Wakefield & Victoria St, (04) 802 4860.
New Zealand International Arts Festival (Feb, März).
wellingtonnz.com

Anfahrt

8 km südl. der Stadt.
Bunny St (zwischen Featherston St & Waterloo Quay).
Platform 9, Bahnhof Wellington, Waterloo Quay.
Aotea Quay Terminal.

Old Government Buildings

15 Lambton Quay. (04) 472 7356. tägl. 1./2. Jan, Ostersonntag, 25. Apr, 25./26. Dez.

Das größte ganz aus Holz erbaute Gebäude der südlichen Halbkugel wurde 1870 fertiggestellt und sieht aus, als sei es aus Stein gebaut. Bis Anfang des 20. Jahrhunderts war der Bau Tagungsort des Parlaments. Danach wurden dort bis 1990 Ministerien untergebracht. Heute wird er von Jurastudenten genutzt. Der Kabinettssaal (erster Stock) und eine Ausstellung mit Dokumenten und Fotos (Erdgeschoss) stehen der Öffentlichkeit offen.

Souvenirladen im Museum von Katherine Mansfield Birthplace

Katherine Mansfield Birthplace

25 Tinakori Rd. (04) 473 7268. Di–So 10–16 Uhr. Karfreitag, 25. Dez. nach Vereinbarung.

Die Villa von 1888 war das Geburtshaus von Katherine Mansfield, der berühmtesten Dichterin des Landes *(siehe S. 37)*. Neben dem Mobiliar sind auch Originalmanuskripte und Fotografien ausgestellt.

Überblick: Wellington

Das pulsierende Zentrum wird im Norden von einem Grüngürtel begrenzt. Es ist ein urbanes Mosaik aus teuren Villen, charmanten Studentenbuden, kleinen Eigenheimen, dem Geschäftsviertel mit dem Regierungssitz, einem alten Friedhof und einer Stadtautobahn. Im ausgehenden 19. Jahrhundert nahm die Zahl der Einwanderer drastisch zu. Die enge Hafenbucht konnte all die neuen Behausungen nicht mehr fassen, und die Stadt dehnte sich auf die umliegenden Hügel aus. Bei einem Spaziergang durch den Vorort Thorndon lässt sich die Entwicklung der neuseeländischen Hauptstadt gut nachvollziehen.

Die Zahnradbahn erklimmt die Höhe zum Botanischen Garten

Wellington Cable Car

Cable Car Lane, 280 Lambton Quay. (04) 472 2199.
Museum tägl. 25. Dez.
wellingtoncablecar.co.nz

Die im Jahr 1902 in Betrieb genommene Zahnradbahn verbindet den alten Stadtkern mit den Vorstädten auf den Hügeln. Erst seit 1933 werden die Triebwagen elektrisch betrieben. Victoria University, der Botanische Garten und das Carter-Observatorium sind mit der Kelburn Cable Car zu erreichen.

Wellington Botanic Garden

Tinakori Rd. (04) 499 1400.
tägl.
wellington.govt.nz

Biotope mit geschütztem Regenwald, Nadelbäume und seltene Blumen prägen das Gelände des 1868 eröffneten Botanischen Gartens. Zu den Highlights zählen die üppigen Blumen- und Gartenschauen. Jährlich erblühen hier rund 30000 Tulpen. Der Lady Norwood Rose Garden besteht aus 106 Rosenbeeten, in denen Neuzüchtungen und englische Rosenklassiker dicht beieinanderstehen. Im Begonien-Haus findet man einen Lilienteich, Orchideen, tropische Schlinggewächse und fleischfressende Pflanzenarten vor. Das Treehouse Visitor Centre kann man per Lift oder über eine Holztreppe erreichen.

Ein altes Planetarium, audiovisuelle Vorführungen zum Thema Planeten und ein historisches Teleskop gehören zu den Attraktionen des **Carter Observatory**, das ganz in der Nähe der Endhaltestelle der Zahnradbahn liegt.

Carter Observatory

40 Salamanca Rd, Kelburn.
(04) 910 3140. tägl.
carterobservatory.org

Das efeubewachsene Hunter Building der Victoria University

Victoria University

Kelburn Parade. (04) 472 1000.

Mit über 22000 Studenten ist die Victoria University die viertgrößte unter den acht Hochschulen Neuseelands. Die Māori haben außerdem drei eigene Bildungsinstitute. Die 1897 eröffnete Universität ist seit 1904 auf dem Hügel von Kelburn ansässig. Neben anderen Fachbereichen befinden sich die Juristische Fakultät und die Fakultät für Architektur und Design direkt in der Innenstadt von Wellington.

Der Lady Norwood Rose Garden im Botanischen Garten von Wellington

Hotels und Restaurants im Süden der Nordinsel *siehe Seiten 304f und 319–321*

Bunte Villen

Die bunten Villen scheinen zum Teil an den Hügeln der Oriental Bay, von Mount Victoria, Thorndon und Kelburn zu kleben. Die charmanten Wahrzeichen der alten Vororte von Wellington sind nur über steile Treppen oder per Zahnradbahn zu erreichen. Die für Neuseeland typischen Wohnhäuser entstanden um die Jahrhundertwende aus einstöckigen Bungalows mit umlaufender Veranda, die später zu zweistöckigen Gebäuden mit vorspringenden, verglasten Vorbauten aufgestockt wurden. Als Baumaterial wurde meist Kauri-Holz verwendet. Die Dächer wurden später mit Eisenblechen überzogen, die Fassaden mit Dekorationselementen versehen. Bleiverglasungen und Panoramafenster waren dabei ebenso beliebt wie gedrechselte Handläufe an Balustraden oder Veranden.

Holzhäuser an den Hügeln der Oriental Bay

Vorstädte über dem Wasser

Durch die Bodenknappheit in der Bucht waren die Siedler bald gezwungen, ihre Häuser an die Hänge der Hügel zu bauen. Viele alte Villen und einige original restaurierte Gebäude können während eines Spaziergangs oder einer Spazierfahrt am Hafen entlang aus der Nähe begutachtet werden.

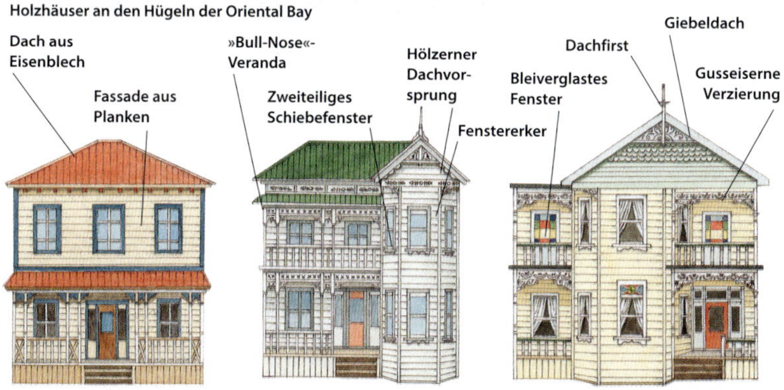

Zweistöckige Villa mit glatter Fassade und breiter Veranda

Satteldach-Villa mit vorspringender Fensterfront

Satteldach-Villa mit typischen Gusseisenverzierungen

Die Villen der Mittelklasse aus dem 19. Jahrhundert hatten normalerweise einen Wohnraum (»parlour«), drei oder vier Zimmer und eine Diele. Das Badezimmer und die Küche befanden sich im hinteren Teil des Hauses. Die Toilette (»long drop«) und die Waschküche (»wash house«) wurden oft gleichfalls im hinteren Teil des Hauses untergebracht.

Wohnzimmer der 1888 erbauten Villa, in der Katherine Mansfield geboren wurde *(siehe S. 163)*

Im Detail: Hafenviertel

Das Gebiet zwischen Lambton Harbour und Clyde Quay Wharf wurde einst dem Meer abgerungen. Um das ehemalige Zentrum des Hafenviertels von Wellington zu Fuß zu umrunden, sollten Sie etwa eine Stunde veranschlagen. Die Blütezeiten des Hafens leben im Museum of Wellington City & Sea wieder auf. Im Frühjahr und im Sommer werden gegenüber dem Museum of New Zealand Te Papa Tongarewa Regatten mit großen Kriegskanus abgehalten. Der schön gestaltete Civic Square und die umliegenden öffentlichen Einrichtungen wie die Stadthalle sind bei Einheimischen und Besuchern als Treffpunkt beliebt.

Courtenay Place
Bars, Clubs, Restaurants und Theater am Courtenay Place beleben das Nachtleben von Wellington *(siehe S. 169)*.

Circa Theatre
Das renovierte Haus ist eines der Zentren der modernen Theaterszene Wellingtons *(siehe S. 160)*.

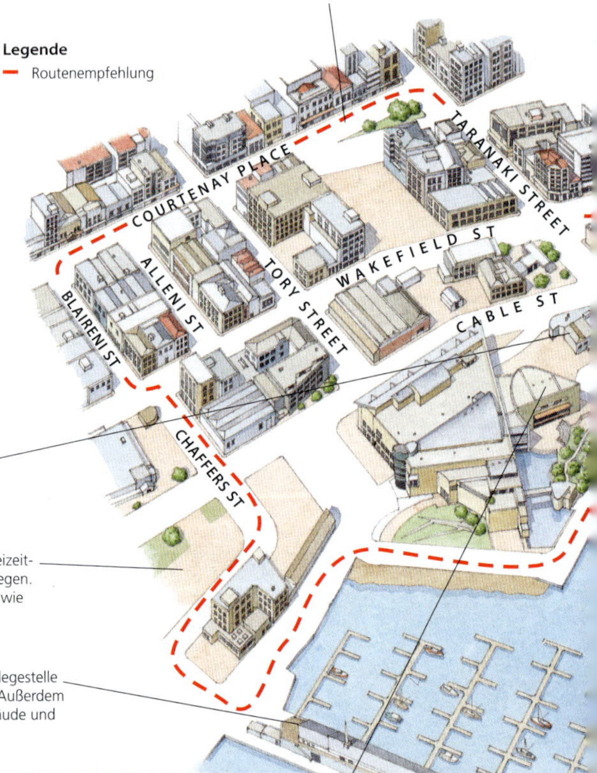

Waitangi Park ist ein beliebtes Freizeitgelände mit Strand und Spazierwegen. Im Sommer zieht es Einheimische wie Urlauber hierher.

Der Overseas Terminal ist die Anlegestelle für Yachten und kleinere Schiffe. Außerdem befinden sich dort Konferenzgebäude und Ausstellungsräume.

★ Museum of New Zealand Te Papa Tongarewa
Die Geschichte Neuseelands und der Māori wird auf interaktive Weise anschaulich vermittelt. Außerdem sind hier Exponate moderner Kunst zu sehen *(siehe S. 170f)*.

City-to-Sea Bridge
Die mit reichen Schnitzereien im pazifischen Stil verzierte Brücke verbindet Frank Kitts Park mit dem Civic Square.

★ Museum of Wellington City & Sea
Das Museum zeigt viel von der sozialen und maritimen Vergangenheit Wellingtons *(siehe S. 169)*.

Der Civic Square wird vom Michael Fowler Centre, dem Rathaus und der städtischen Galerie begrenzt *(siehe S. 168)*.

Im Frank Kitts Park liegt ein Kinderspielplatz mit Leuchtturm und Rutsche. Eine Fußgängerüberführung verbindet den Park mit dem Geschäftsviertel.

Town Hall
Die Stadthalle ist seit Jahrzehnten ein bekannter Konzertsaal und dient noch immer als Forum für große internationale Kulturveranstaltungen *(siehe S. 169)*.

Queens Wharf
Die Restaurants, Cafés und Bars werden vor allem von den Angestellten der nahen Büros nach Feierabend besucht.

Überblick: Hafenviertel

Das Hafenviertel wird von der City-to-Sea-Fußgängerbrücke mit dem Stadtkern verbunden. Flankiert von mehreren Werften und Geschäftsgebäuden führt der Weg vom Civic Square bis hinüber zum Frank Kitts Park, umrundet die Hafenlagune und endet am Museum of New Zealand Te Papa Tongarewa *(siehe S. 170f)*. Neben der eigentlichen Funktion ist die beeindruckende Brücke auch eine öffentliche Kunstzone, auf der sich das bildhauerische Werk der führenden Künstler Neuseelands bewundern lässt.

Zeitgenössische Installation in der City Gallery

Civic Square

Wakefield St. (04) 802 4860. tägl.
wellingtonnz.com

Das Herz der Wellingtoner Kulturszene schlägt auf dem 1991/92 aus einer ehemaligen Geschäftsstraße entstandenen weitläufigen Civic Square. Der in warmen Erdfarben gepflasterte Platz überrascht mit einer Vielzahl großer Skulpturen und bietet Zugang zu verschiedenen öffentlichen Museen und Kulturinstitutionen. Die Stadtbibliothek, das Visitor Information Centre, das City Council Building, die City Gallery und die Konzerthallen der Town Hall und des Michael Fowler Centre gruppieren sich rund um den Civic Square.

Der Platz nimmt auch seine alte Rolle als Bindeglied zwischen dem Geschäftsviertel, den Kulturstätten und dem Vergnügungsviertel wieder wahr: Das Museum of New Zealand Te Papa Tongarewa, das Opernhaus, mehrere Theater, Kinos, Cafés und Bars am Courtenay Place sind vom Civic Square aus bequem zu erreichen. Der Platz wird von Besuchern und Einheimischen gern als Treffpunkt genutzt, für kurzweilige Unterhaltung sorgen Straßentheater und Freiluftkonzerte. Ausstellungen und Veranstaltungen tragen zum besonderen Ambiente des beliebten Zentrums bei.

City Gallery

Civic Square. (04) 801 3021. tägl. 10–17 Uhr. 25. Dez. internationale Ausstellungen.
citygallery.org.nz

Die führende Kunstgalerie des Landes ist in einem wundervollen Art-déco-Gebäude, der einstigen Public Library, untergebracht – mit Türen aus altem Kauri-Holz, Marmorböden, polierten Messinghandläufen und dekorativem Fensterdekor. Die spannenden Ausstellungen der städtischen Galerie sind ebenso hochklassig wie kontrovers. Das Haus hat keine eigene Sammlung, sondern spezialisiert sich auf die Präsentation interessanter in- und ausländischer Künstler. Die Galerie zeigt moderne Kunst aus den Bereichen Malerei, Bildhauerei, Multimedia, Videoinstallation, Grafik, Industriedesign sowie Architektur.

Das Gebäude wurde umfassend renoviert und erweitert. Hinzu kamen ein Auditorium sowie eine Abteilung zur Kunst der Māori und anderer Südseevölker. Die Michael Hirschfeld Gallery mit ausgesuchten Werken von Künstlern aus Wellington wurde vergrößert.

Neil Dawsons Farnkugel schwebt über dem Civic Square

Michael Fowler Centre

Wakefield St. (04) 801 4231. tägl. Konzerte. nach Vereinbarung.

Der Bau wurde von dem aus Christchurch stammenden Architekten Sir Miles Warren entworfen und nach einem ehemaligen Architekten und Bürgermeister benannt. Das Halbrund bietet den Vorteil, die über 2550 Sitzplätze akustisch optimal zu beschallen. Ob Rockkonzerte, Tagungen oder Parteitage – die Halle ist mittlerweile Wellingtons erste Adresse für Großveranstaltungen aller Art. Auch das sich einer kontinuierlich wachsenden Beliebtheit erfreuende New Zealand International Arts Festival *(siehe S. 46 und 160f)* hält zahlreiche Veranstaltungen im Michael Fowler Centre ab.

Mit viktorianischen Fliesen ausgelegte Lobby der Stadthalle

Town Hall

Wakefield St. (04) 801 4231. tägl. Konzerte. nach Vereinbarung.

Die gelungene Renovierung der 1904 fertiggestellten Stadthalle mit dem antik gestylten Eingang hat das Gebäude wieder zu einem eleganten Konzertsaal werden lassen. Der Boden mit viktorianischen Fliesen, schmiedeeiserne Geländer, originalgetreue Lampen und ein mit Zinkblech überzogener Baldachin geben der Town Hall ihren alten Glanz zurück. Stützpfeiler gegen Erdbeben wurden eingebaut, das Treppenhaus ist originalgetreu renoviert. Die Akustik des Zuschauerraums für 2000 Personen (»shoe box«) gilt als Nonplusultra für die Klangqualität klassischer Musik.

Courtenay Place, die erste Adresse im Vergnügungsviertel von Wellington

Courtenay Place

Die Ansammlung von Nachtclubs, modischen Cafés, Restaurants und Theatern macht den Courtenay Place und die umliegenden Straßen zur Amüsiermeile der Stadt.

Die Restaurants bieten für jeden Anspruch und Geldbeutel einen Querschnitt durch die Küchen dieser Welt. Courtenay Place ist ein Dorado für Theatergänger, Tanzwütige und Nachtschwärmer. Clubs, Bars, Cafés und Theater schaffen auch zu später Stunde eine Betriebsamkeit, die viele Straßenmusiker und -schauspieler zu nutzen wissen. Die entspannte Atmosphäre erinnert an weitaus größere Metropolen, allerdings ohne deren unangenehme Begleiterscheinungen.

Museum of Wellington City & Sea

Queens Wharf. (04) 472 8904. tägl. 10–17 Uhr. 25. Dez. **museumswellington.org.nz**

Das Museum befindet sich im früheren Zollhaus aus dem Jahr 1892. Ursprünglich war es ein Museum für die maritime Vergangenheit Wellingtons, heute bietet es einen Überblick über die lange und reiche Kulturgeschichte der Stadt. Schiffsmodelle, historisches Schiffszubehör, Wrackteile, Seegemälde, alte Karten, Schaubilder und Videos erzählen von der Geschichte des Hafens und der Küstenregion.

Eines der eindrucksvollsten Exponate ist das Modell des Fährschiffs *Wahine*, das im April 1968 vor der Küste des Wellingtoner Vororts Seatoun bei einem Sturm gesunken war. Eine Fotosammlung bebildert die Tragödie. Die Plimmer's Ark Gallery zeigt Überreste des Schiffes *Inconstant*, das 1848 erbaut worden war. Das Museum widmet sich auch der frühen Besiedlung durch Māori und Europäer und der Stadtentwicklung der letzten rund 100 Jahre.

Für die kleinen Besucher gibt es einen Ausstellungsraum mit Spielangeboten.

Außenansicht des Museum of Wellington City & Sea am Hafen der Stadt

Museum of New Zealand Te Papa Tongarewa

Mit einer Ausstellungsfläche von etwa der Größe dreier Fußballfelder ist das Museum of New Zealand Te Papa Tongarewa (»Neuseeland unser Land«) eines der größten Nationalmuseen der Welt. Die 1998 eröffnete Stätte zeigt den Einfluss aller Kulturen auf das heutige Neuseeland, beherbergt die nationale Kunstsammlung und hat zudem noch genügend Fläche für internationale Ausstellungen aus aller Welt. Einige der beeindruckendsten Kunstwerke der Māori und ein einzigartiges Versammlungshaus sind hier zu sehen.

Vom Gebirge bis ans Meer
Die erstaunliche Vielfalt der Pflanzen- und Tierwelt Neuseelands, von Kiwi bis Kauri, wird in Ausstellungen naturgetreu präsentiert.

Earthquake House
In dieser Simulation eines Erdbebens aus dem Jahr 1987 spürt man die heftigen Erdstöße und hört den ohrenbetäubenden Lärm.

Die »Kräfte der Natur«, die Neuseeland geprägt haben, werden hier interaktiv zum Leben erweckt.

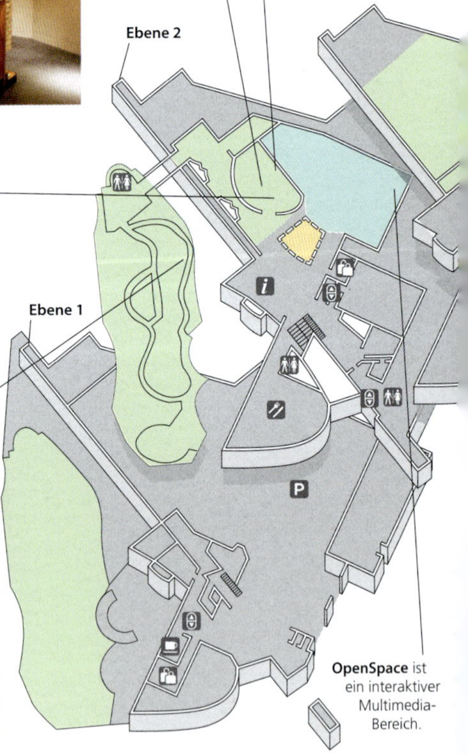

OpenSpace ist ein interaktiver Multimedia-Bereich.

Bush City
In der Freiluftausstellung streifen Besucher durch einen Regenwald, bestaunen eine Vulkanlandschaft, stehen vor einem Wasserfall oder an einer Lagune und erforschen eine Höhle.

Hotels und Restaurants im Süden der Nordinsel *siehe Seiten 304f und 319–321*

Infobox

Information
55 Cable St.
(04) 381 7000.
tägl. 10–18 Uhr.
einige Sonderausstellungen.
tepapa.govt.nz

Anfahrt
Courtney Place.

★ Mākōtukutuku Wharepuni
Dieses *wharepuni* (Schlafhaus) versetzt Besucher in die Zeit vor etwa 600 Jahren zurück.

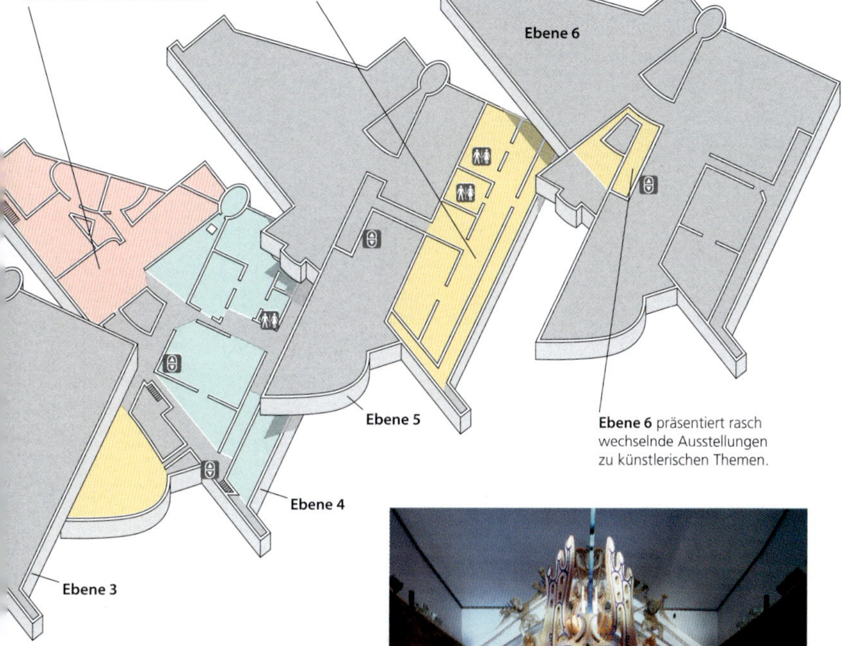

Ebene 6 präsentiert rasch wechselnde Ausstellungen zu künstlerischen Themen.

★ Te Marae
Das Versammlungshaus ist der Mittelpunkt eines heiligen Ortes der Māori. Das Haus des Museum of Te Papa Tongarewa erinnert an das Stammland der Māori, die Insel Hawaiki.

Kurzführer

Die erste der interaktiven Ausstellungen ist auf Ebene 2, die auch zur Bush City führt, zu finden. Ebene 3 zeigt die Entwicklung Neuseelands seit Ankunft der ersten Europäer. Auf Ebene 4 werden Beispiele pazifischer Kunst und Kulturerbe der Māori sowie europäische Kunst ausgestellt. Ebene 5 beherbergt Ngā Toi/Arts Te Papa, Objekte der Sammlung neuseeländischer Kunst, die über das ganze Museum verteilt ist. Eine kleine Galerie und eine Freiluftterrasse mit Blick auf Stadt und Hafen sind auf Ebene 6.

Legende
- Kunst
- Geschichte
- Māori
- Natur

❷ Marine-Drive-Tour

Die Straße entlang der Oriental Bay, in der auch der Hafen von Wellington liegt, führt über die Owhiro Bay hinaus zur Meerenge der Cook Strait. Die Strecke gehört ohne Zweifel zu den atemberaubendsten Küstenrouten Neuseelands. An wolkenlosen Tagen ist die Szenerie kaum zu überbieten, und wenn Stürme aufziehen, verleiht die peitschende Gischt der Küste eine düstere Dramatik. Man kommt an malerischen Buchten mit geschützten Stränden vorbei, hin und wieder berührt man die Vorstädte Wellingtons, wo Holzvillen *(siehe S. 165)* an den Hängen ins Meer zu stürzen scheinen, dann wieder fährt man durch Wälder, die bis ans Wasser reichen.

⑩ Owhiro Bay
Von der Bucht kann man über die Happy Valley Road zur Stadt zurückfahren oder eine Schleife über den Red Rocks Coastal Walk einplanen und die Seehunde in der Bucht beobachten.

⑨ Island Bay
Die Nachfahren italienischer Einwanderer, die vor über 100 Jahren hier ankamen, fischen auch heute in den Gewässern der Cook Strait.

⑧ Lyall Bay
Die Bucht grenzt direkt an den internationalen Flughafen, wird aber trotzdem gern von Wellenreitern besucht. Bei klarem Wetter sieht man die Gipfel der Südinsel.

① **Oriental Bay**
Die Atmosphäre der Bucht vermittelt einen Hauch von Riviera. Auf den grünen Hügeln gegenüber dem breiten Sandstrand wechseln sich prächtige viktorianische Villen mit modernen Ferienapartments ab.

Routeninfos

Länge: 30 km.
Zwischenstopps: Die Straße verläuft direkt am Meer, überall befinden sich wunderschöne Aussichtspunkte. Es gibt Parkplätze, auf denen man das Auto abstellen kann, wenn man spazieren gehen möchte. Zum Einkehren ist Scorch-O-Rama an der Scorching Bay ideal. Hier kann man an Tischen direkt am Wasser sitzen.

③ **Mahanga Bay**
Eine der kleinsten und geschütztesten Buchten entlang der Straße ist bis zum Ufer von Kiefern gesäumt.

② **Evans Bay**
Die enge Bucht ist ein beliebtes Segelrevier und beheimatet auch den Yachthafen.

④ **Scorching Bay**
Die von Schwimmern gern besuchte Bucht bietet schöne Ausblicke auf die Inseln Somes und Ward sowie auf die Cook Strait. Der Küstenvorort Eastbourne liegt gegenüber.

⑤ **Karaka Bay**
Die Bucht wurde benannt nach dem Karaka-Baum, der orangenartige Früchte trägt. Nahe am Pier stehen Holzhäuser, die um 1900 von wohlhabenden Sommergästen errichtet wurden.

⑥ **Worser Bay**
In den östlichen Vororten Wellingtons ist die Filmindustrie ansässig. Hier finden auch Peter Jacksons Workshops statt *(siehe S. 160)*.

⑦ **Breaker Bay**
Ab und zu überqueren Zwergpinguine die Straße und widmen sich lautstark dem Nestbau unter den Häusern.

Historische Straßenbahnen im Tramway Museum von Paekakariki

❸ Paekakariki

Straßenkarte E4. 1700.
i-SITE, Rimu Rd, Paraparaumu, (04) 298 8195. **escapetokapiti.co.nz**

Verlässt man Wellington auf dem State Highway 1 nach Norden, erreicht man nach 40 Minuten Paekakariki. Der Ort ist die erste von vier aufeinanderfolgenden Städten, die sich über 40 Kilometer entlang der Kapiti-Küste aufreihen. Teile der Küste dienten als Kulisse für *Der Herr der Ringe*. Nahe Paekakariki liegt der Queen Elizabeth Park mit Wanderwegen und Stränden. Eine Tram führt von MacKays Crossing durch das 6,4 Quadratkilometer große Parkareal.

Das **Wellington Tramway Museum** zeigt Vorläufer der heute in Wellington fahrenden Busse und Straßenbahnen.

Wellington Tramway Museum
Queen Elizabeth Park. (04) 292 8361. Sommer: tägl.; Winter: Sa, So. 25. Dez.

❹ Paraparaumu

Straßenkarte E4. 12 000.
Coastlands, (04) 298 8195.

Das städtische Zentrum der Kapiti Coast ist Paraparaumu mit seinen vielen Läden, Cafés und Restaurants direkt am Wasser. Der Strand ist touristisch gut erschlossen und bietet u. a. einen Kinderspielplatz. Auch die Fähren nach Kapiti Island legen von hier ab. Ein Muss für Autoliebhaber ist das **Southward Car Museum** mit der »größten Oldtimer-Sammlung der südlichen Hemisphäre«, wie es stolz heißt. Unter den 250 restaurierten Fahrzeugen steht auch ein Duesenberg, der einst Marlene Dietrich gehörte. Die Fahrradausstellung nennt sogar ein Exemplar aus dem Jahr 1863 ihr Eigen. Schnittige Rennboote, skurrile Eigenbauten und Autozubehör aller Art vervollständigen die Sammlung. Ein Cadillac aus den 1950er Jahren war im Besitz der Gangster Al Capone und Lucky Luciano. Zur Sonderausstattung gehört u. a. ein stählernes Chassis nebst kugelsicheren Klappscheiben, um besser zurückschießen zu können.

Junge mit Kalb in Lindale

Das auf einer Farm eingerichtete **Lindale Tourist Centre** dürfte vor allem für Kinder interessant sein. Man sieht, wie Schafe geschoren werden, darf Kälbern und Ziegen die Flasche geben, kann Rehkitze füttern und große Laufvögel wie Strauße oder Emus aus der Nähe bewundern. Neben Spazier- und Wanderwegen stehen auch ein Picknick- und Barbecue-Gelände zur Verfügung.

Ein Laden präsentiert die preisgekrönten Kapiti-Käsesorten sowie die beliebte Kapiti-Eiscreme. Hier findet man auch eine Anzahl von Galerien, Läden und Imbissbuden.

Southward Car Museum
Otaihanga Rd, Paraparaumu. (04) 297 1221. tägl. Karfreitag, 25. Apr, 25. Dez.
southwardcarmuseum.co.nz

Lindale Tourist Centre
State Hwy 1, Paraparaumu. (04) 297 0916. tägl. Karfreitag, 25. Dez.
lindale.co.nz

Oldtimer im Southward Car Museum

Hotels und Restaurants im Süden der Nordinsel *siehe Seiten 304f und 319–321*

❺ Waikanae

Straßenkarte E4. 8600. i-SITE, Rimu Rd, Paraparaumu, (04) 298 8195. **escapetokapiti.co.nz**

Zwischen Kapiti-Küste und den Hügeln von Tararua liegt Waikanae. Die überwiegend älteren Bewohner prägen die Atmosphäre des Orts mit seinen zahlreichen Kunstgewerbeläden und Gartenanlagen. Die nach englischem Vorbild angelegten, besonders schönen Burnard Gardens können besichtigt werden.

Im **Waikanae Estuary Scientific Reserve** leben 63 Vogelarten. Große Bestände bilden u.a. Königslöffler, Raubseeschwalben und Purpurhühner. Daneben gibt es auch einige Arten von Zugvögeln, die nicht das ganze Jahr über zu sehen sind.

Blick auf Kapiti Island vom Festland aus

❻ Kapiti Island Nature Reserve

Straßenkarte E4. Paraparaumu. Department of Conservation, Waikanae Field Centre, 10 Parata St, Waikanae, (04) 296 1112.

Kapiti Island liegt sechs Kilometer vor dem Festland und ist ein beliebtes Ziel in der Küstenregion von Kapiti. Seit 1897 schon ist die zehn Kilometer lange Insel Naturschutzgebiet. Ein Besuch des Naturparks ist nur mit einer Genehmigung des Department of Conservation in Wellington möglich. Alle Besuchergruppen werden von einem Wildhüter begleitet.

Für Segler, Taucher und Fischer gelten in Inselnähe keine Einschränkungen. Sehr seltene Vogelarten wie Sattelstare oder Takahes können auf Kapiti Island beobachtet werden. Die vorwitzigen Weka-Vögel sind zutraulich, stehlen dafür aber alles, was Besucher für einen Augenblick unbeaufsichtigt lassen.

❼ Otaki

Straßenkarte E4. 7600. State Hwy 1, (06) 364 7620.

Vor der Ankunft der Europäer um 1840 war Otaki eine Māori-Siedlung. Die schönste Kirche in ganz Neuseeland, Rangiatea Church, wurde 1851 erbaut und brannte 1995 ab. Eine Nachbildung der Māori-Kirche ist seit 2003 für die Öffentlichkeit zugänglich.

Umgebung: Südlich von Otaki befindet sich das **Hyde Park Museum**. Es präsentiert einen gelungenen Querschnitt der Māori-Kunst – von vorkolonialen Stücken bis hin zu modernem Kunsthandwerk. Im »Royal Room« werden Erinnerungsstücke an den Besuch des Königspaares im Jahr 1953 ausgestellt. Ein aus etwa 3000 Einzelstücken bestehender Kaufladen belegt das Preisniveau des Jahres 1937.

19 Kilometer südlich der Stadt können über die Gorge Road die **Otaki Forks** und der **Tararua Forest Park** besucht werden.

Eingang zum Hyde Park Museum in Otaki

Hyde Park Museum
State Hwy 1, Te Horo. (04) 298 4515. Di–So. Spende.

❽ Levin

Straßenkarte E4. 15400.

Levin liegt in einer fruchtbaren Ebene, die sich zu einer der größten Gemüseanbauflächen des Landes entwickelt hat. Die Hauptstraße mit den kleinen Läden ist heute noch das Abbild einer typisch neuseeländischen Kleinstadt. Am Stadtrand von Levin kann man nach dem Prinzip »Pick-your-own« erntefrisches Obst und Gemüse direkt vom Feld kaufen.

Te Rauparaha

Der kriegerische Māori-Häuptling Te Rauparaha (1768–1849) vom Stamm der Ngati Toa erkor nach jahrelangen Kämpfen in Waikato und Taranaki um 1820 Kapiti Island zu seinem Hauptquartier. Bis ins Jahr 1840 beherrschte er sowohl den Südwesten der Nordinsel als auch den Norden der Südinsel Neuseelands. Auf ihn soll auch *haka*, der Kriegsgesang der Māori, zurückgehen, der heute vom neuseeländischen Rugby-Team All Blacks vor wichtigen Spielen zelebriert wird.

Aquarell (1840) von Isaac Coates

Kamate. Kamate.
Ka Ora. Ka Ora.
Tenei te tangata
puhuruhuru
Nana nei i tiki mai
I whakawhiti te ra.
Upane. Upane.
Whiti te ra.

Tod und Leben,
Leben und Tod!
Haariges Volk –
du brachtest die Sonne
zum Scheinen.
Steht Mann an Mann,
geht fest geschlossen
der Sonne entgegen!

Radfahrer auf dem Rimutaka Cycle Trail, einer traumhaft schönen Fahrradroute

❾ Featherston

Straßenkarte E4. 2600.
Old Courthouse, Main St, (06) 308 8051. 10–13 Uhr.
wairarapanz.com

Am Fuß der Hügel von Rimutaka liegt Featherston. Von Wellington gesehen stellt der Ort den südlichen Zugang zur Region von Wairarapa dar. Das Städtchen ist wegen seiner Antiquitätenläden und der Häuser im Kolonialstil bekannt. Hier findet man auch das **Fell Locomotive Museum** mit der einzigen erhaltenen Fell-Bahn der Welt, einer von Ingenieur Fell konstruierten Schmalspurbahn, die bis in die 1920er Jahre die Hügel von Rimutaka bezwang.

Fell Locomotive Museum
Ecke Fitzherbert & Lyon St. (06) 308 9379. tägl. Anzac Day (nur vormittags), 25. Dez.

Umgebung: Kommt man auf der Straße von Wellington, so weist ein Schild kurz vor Featherston auf einen Aussichtspunkt hin. Von oben hat man einen wundervollen Panoramablick über den **Lake Wairarapa**, die Hügelkette des Haurangi (Aorangi) Forest Park und die Palliser Bay. Die Feuchtgebiete des Sees sind die drittgrößten Neuseelands. Hier leben einheimische und zugewanderte Vogelarten.

Südöstlich des Sees, am **Cape Palliser**, ziehen Pelzrobben in der größten Brutkolonie Neuseelands ihre Jungen auf. Weltweit gibt es nur neun Kolonien dieser Spezies. Die beste Zeit, um die Tiere mit Nachwuchs zu beobachten, ist von November bis Januar.

Ein lohnendes Ziel in der Nähe sind auch die **Putangirua Pinnacles**. Geologen schätzen, dass die Zapfenbildung vor etwa 120 000 Jahren begann. Starke Regenfälle wuschen das Geröll einer Mure aus und schufen die bis zu 1000 Jahre alten Naturwunder.

Wairarapa bietet entlang der Küste und im Binnenland zahlreiche spannende Fahrradrouten. Der 115 Kilometer lange Rimutaka Cycle Trail beginnt in Wellington, verläuft durch Rimutaka Ranges und Wairarapa Valley und endet in Orongorongo.

❿ Martinborough

Straßenkarte E5. 1500.
18 Kitchener St, (06) 306 5010.
Toast Martinborough (Nov); Martinborough Country Fair (Feb, März). **wairarapanz.com**

Der irische Einwanderer John Martin gründete im Jahr 1881 den Ort Martinborough, der für die umliegenden Farmen ein wichtiges Handels- und Versorgungszentrum darstellte. Seit 1970 baut man in der Umgebung erfolgreich Wein an *(siehe S. 40f)*.

Mittlerweile hat sich der Ort zu einem beliebten Wochenendziel entwickelt. Die Weinläden, Cafés, Boutiquen, Hotels, Restaurants, Bars sowie die Künstler und Galerien verleihen Martinborough eine entspannte Atmosphäre. Beinahe alle Kellereien vor Ort sind vom Marktplatz aus bequem zu Fuß zu erreichen.

Umgebung: Neuseelands erster kommerzieller Windpark, die **Hau Hei Wind Farm**, liegt 21 Kilometer südöstlich von Martinborough. Die Windräder auf dem 540 Meter hohen Bergrücken stehen zwar auf dem Privatgelände des Energieerzeugers Wairarapa Electricity, können aber von einem nahe gelegenen Hügel gut eingesehen werden.

Gemütliche Weinrunde bei Grapevine in Martinborough

⓫ Masterton

Straßenkarte E4. 22 800. Ecke Dixon & Bruce St (bei Aratoi), (06) 370 0900. Golden Shears (März). **wairarapanz.com**

Ungefähr 90 Minuten von Wellington bzw. von Palmerston North entfernt liegt Masterton, die größte Stadt von Wairarapa. Hier finden im Sommer viele bekannte Veranstaltungen statt. Neben der alle zwei Jahre abgehaltenen Flugschau zieht vor allem der jedes Jahr veranstaltete Schafschur-Wettbewerb Golden Shears *(siehe Kasten)* viele Besucher an.

Das Museum **The Wool Shed** widmet sich Geschichte und Bedeutung der Schafschur in Neuseeland. Masterton verfügt zudem über ein Freizeitzentrum mit Swimmingpools und das Museum zu Kunst und Geschichte der Region. Im **Aratoi Queen Elizabeth Park** sind ein Kinderspielplatz, eine Kleinbahn, eine Minigolf-Anlage und ein Skater-Park.

The Wool Shed
12 Dixon St. (06) 378 8008. tägl. 10–16 Uhr. Anzac Day, Karfreitag, 25. Dez. **thewoolshednz.com**

Umgebung: In unmittelbarer Nähe von Masterton befinden sich die Strände von **Castlepoint** und **Riversdale**, die vor allem von Surfern geschätzt werden. Der State Highway 2 verläuft durch das malerische Dorf **Greytown**. Die im Jahr 1854 gegründete Siedlung – die älteste von Wairarapa – kann mit einem schön rekonstruierten Straßenensemble von Holzhäusern im viktorianischen Stil aufwarten. Das **Cobblestones Museum** steht an der Stelle, an der im Jahr 1856 die Gebäude des Wellingtoner Postdienstes errichtet wurden.

Im Cobblestones Museum stehen alte Erntemaschinen

In den Ausstellungsräumen sind Landmaschinen und Fahrzeuge aller Art untergebracht. Einige der restaurierten Gebäude wurden mit dem ursprünglichen Hausrat der ersten Siedler eingerichtet.

Den **Tararua Forest Park** erreicht man über Holdsworth. Der Ort liegt nach 15 Kilometern auf dem State Highway 2 an der Abzweigung der Norfolk Road südlich von Masterton. Die Parkwege laden zum Wandern ein, die Wiesen am Ufer des Flusses Atiwhakatu zum Picknicken.

Cobblestones Museum
169 Main St, Greytown. (06) 304 9687. tägl.

⓬ Pukaha Mount Bruce National Wildlife Centre

Straßenkarte E4. (06) 375 8004. tägl. 9–16.30 Uhr. 25. Dez. **pukaha.org.nz**

In dem Vogelschutzzentrum 30 Kilometer nördlich von Masterton leben bedrohte und seltene Vogelarten wie Stitchbirds, Kokakos und Takahes in großen Volieren. Bei einem Streifzug durch den letzten Rest des als »Forty Mile Bush« bekannten Regenwalds trifft man auf uralte Pflanzenarten wie Rimu, Rata und Kamahi. Auch der nachtaktive Kiwi, die Brückenechse (Tuatara) und Aale sind hier vertreten. Im Uferschlamm nahe der Brücke sonnen sich die scheuen Tiere ungestört.

Kokako am Mount Bruce

Schafschur-Wettbewerb »Golden Shears«

Einer der größten Wettbewerbe im Schafscheren wird jedes Jahr zwischen Donnerstag und erstem Samstag im März in Masterton abgehalten. Die vom Wairarapa District Young Farmers Club initiierte Veranstaltung sollte lediglich einen Teil der lokalen Landwirtschaftsmesse darstellen. Heute ist der »Golden Shears«-Wettbewerb eine nationale Institution. Seit 1961 zieht der Kampf um die »goldene Schere« Hunderte Spezialisten aus aller Welt und Tausende Besucher an. In den 1960er und 1970er Jahren waren die Eintrittskarten für die Show schon zwölf Monate im Voraus ausverkauft. Mittlerweile gibt es landesweit mehrere kleinere Veranstaltungen dieser Art, doch die »Golden Shears« bleiben das Maß aller Dinge. Die Kunst der Schafschur wurde inzwischen professionalisiert. Die Preisgelder stiegen über die Jahre deutlich an, große Sponsoren nutzen die Veranstaltung heute gezielt für eigene Publicity-Zwecke. Viele Schafscherer unterziehen sich gezielt Fitness- und Trainingsprogrammen, um Preisgeld und Pokal zu erringen.

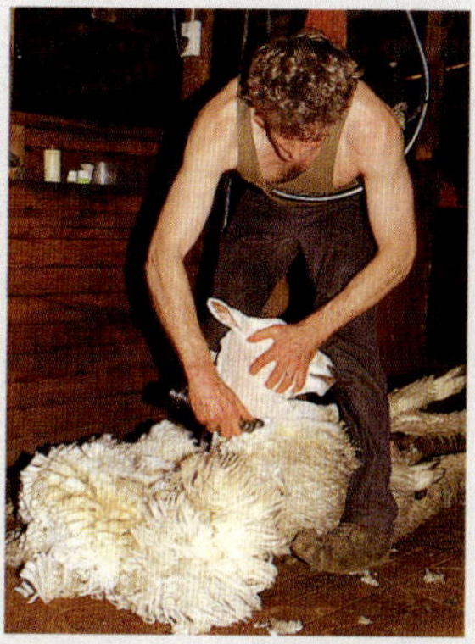

Beim Schafschur-Wettbewerb

⑬ Palmerston North

Parlmerston North, die größte Stadt von Manawatu, liegt in einer fruchtbaren Ebene, die sich von der Tasmansee bis zu den Hügeln von Tararua und Ruahine ausbreitet und unterschiedliche Landschaftsformen wie Täler, Plateaus und Flussläufe umfasst. Die Stadt, bei der sich drei wichtige Straßen kreuzen, ist ein wichtiger Knotenpunkt der südlichen Nordinsel. Die Studenten der Massey University, der größten Universität Neuseelands, geben Palmerston North die lockere Atmosphäre einer Universitätsstadt.

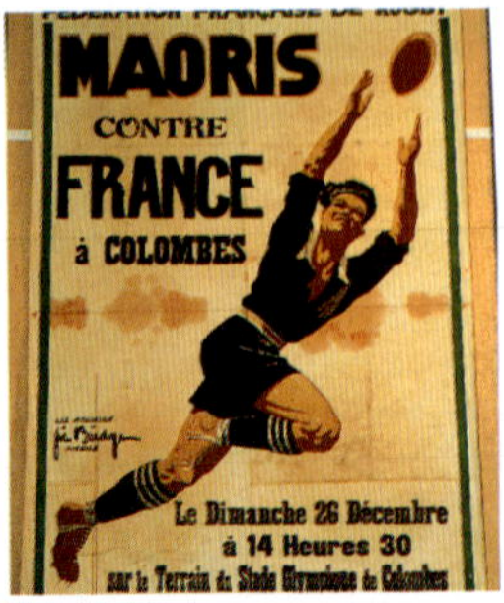

Plakat von 1926 im New Zealand Rugby Museum

The Square

(06) 350 1922.

Die ruhige, schattige Grünanlage im Herzen der Stadt existiert schon seit 1866. Abseits des sehr hektischen Geschäftszentrums erfreuen sorgfältig gepflegte Rasenflächen, kleine Zierbrunnen und Teiche, bunte Blumenrabatten und angenehmen Schatten spendende Bäume das ganze Jahr über alle, die Ruhe und Entspannung suchen. Die Läden und Wohngebäude um den Platz sind ein Querschnitt durch die Architekturgeschichte Neuseelands.

Te Manawa Art Gallery

326 Main St. (06) 355 5000. tägl. 10–17 Uhr. 1. Jan, Karfreitag, 25./26. Dez. **temanawa.co.nz**

Die Galerie wurde 1959 als Palmerston North Art Gallery gegründet und zog als Manawatu Art Gallery in ein modernes und größeres Gebäude nahe beim »Square« um. Vor dem Eingang steht der *Pacific Monarch*, eine monumentale Plastik von Paul Dibble (geb. 1943). Der Bronzeguss gilt als Neuseelands größte Skulptur aus diesem Material.

Die Galerie hat sich zwar auf Gegenwartskunst, vor allem Kunst aus den 1970er Jahren spezialisiert, stellt aber auch eine reiche Sammlung von Bildern, Drucken, Skulpturen, Zeichnungen, Fotografien und Keramiken neuseeländischer Künstler aus. Die Galerie ist wichtiger Bestandteil des Te-Manawa-Komplexes, der auch ein Museum und ein Wissenschaftszentrum umfasst.

Bronzeplastik von Paul Dibble vor der Te Manawa Art Gallery

New Zealand Rugby Museum

326 Main St. (06) 358 6974. tägl. 10–17 Uhr. 1. Jan, Karfreitag, 25./26. Dez. nach tel. Vereinbarung. **rugbymuseum.co.nz**

Die 1968 eingerichtete Ruhmeshalle wurde 2011 in den Te-Manawa-Komplex verlegt. Sie zeigt Erinnerungsstücke aus der langen Geschichte des Nationalsports Neuseelands. Das erste Rugby-Match wurde 1870 in Nelson veranstaltet. Auch Trikots und Utensilien aus anderen Ländern, in denen Rugby gespielt wird, sind zu sehen. Die Kappen, Trikots, Trophäen, Schläger, signierten Bälle, Krawatten, Poster und Fotografien lassen keinen Wunsch der Fans offen. Auch Videos großer Spiele und interaktive Stationen faszinieren die Besucher. Der zerbrochene Körperschutz eines Spielers des South African Springbok Team erinnert an den umstrittenen Besuch der südafrikanischen Rugby-Mannschaft 1981. Die Begegnung wurde von Anti-Apartheid-Demonstrationen begleitet.

Massey University

Tennant Drive. (06) 350 5701. **massey.ac.nz**

Fünf Kilometer südlich des Stadtkerns hat sich in einer paradiesischen Landschaft die glückliche Verbindung von alten Privathäusern und modernen Großbauten zum Komplex der Massey University gefügt. Folgt man dem Massey History Walk, Teil des City Heritage Trail, erfährt man Einzelheiten zur Stadtgeschichte. Die Universität unterhält ein eigenes Rugby-Institut und eine Flugschule.

Umgebung: Östlich der Stadt schießt der Manawatu River durch die imposante Felsenge der **Manawatu Gorge**. Der Flusslauf widerspricht allen physikalischen Gesetzen: Er fließt an den Hängen der Tararua Range bergauf, ehe sein Wasser einen 180-Grad-Bogen beschreibt und nach Westen in die Tasmansee mündet. Die Schlucht ist zum Jetboot- und Kajakfahren, bei Wanderern und Campern sehr beliebt.

Von den zahlreichen Parks sind die Cross Hill Gardens, im Norden in 45-minütiger Fahrt zu erreichen, wegen der vielen Rhododendren besonders sehenswert.

Hotels und Restaurants im Süden der Nordinsel *siehe Seiten 304f und 319–321*

Te Manawa

Diese Kulturstätte ist Museum, Galerie und Wissenschaftszentrum unter einem Dach. Als einzige derartige Stätte Neuseelands verbindet das Te Manawa die interaktive Vermittlung wissenschaftlicher Fakten mit dem sozialen, kulturellen und künstlerischen Erbe der Region. Das Museum mit seinen zahlreichen Ausstellungsstücken zur Siedlungsgeschichte der Māori ist das Herz des Museums. Die Science Galleries präsentieren interaktive Ausstellungen, die vor allem bei Kindern beliebt sind. Seit 2011 ist auch das New Zealand Rugby Museum *(siehe S. 178)* hier.

Infobox

Information
326 Main St. (06) 355 5000.
tägl. 10–17 Uhr (Do bis 19.30 Uhr).
1. Jan, Karfreitag, 25./26. Dez.
temanawa.co.nz

Manawatu Journeys
Vielfältige Objekte dokumentieren die Geschichte der Region.

★ Te Awa – The River
Insekten zählen zu den in dieser Ausstellung gezeigten Tierarten, die im Gebiet des Manawatu River leben.

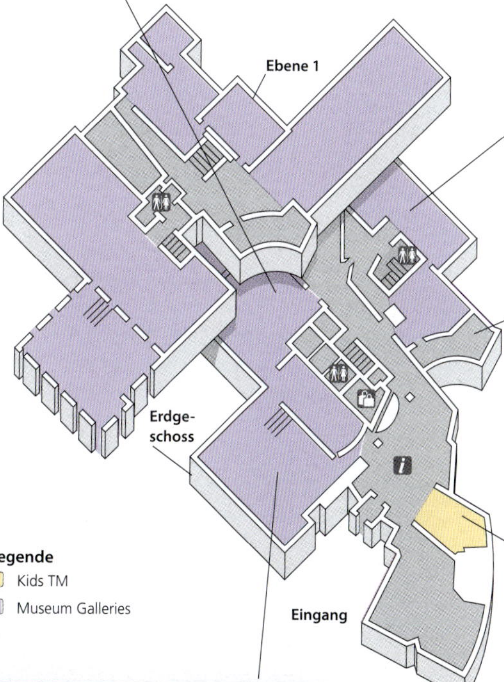

AgResearch zeigt eine sehenswerte Sammlung einheimischer und fremder Pflanzen.

Legende
- Kids TM
- Museum Galleries

Kids TM
In diesem Areal schlüpfen Kinder unter acht Jahren in verschiedene Rollen und lernen dabei spielerisch die Welt kennen.

★ Tangata Whenua Gallery
Die geschnitzten Palisadenpfähle aus dem 19. Jahrhundert sind Teil der Exponate zur Geschichte der Māori.

Üppig bewachsene Hügel vor Mount Egmont *(siehe S. 186f)* ▶

⓮ Wanganui

Die Umgebung von Wanganui wurde schon im 12. Jahrhundert von Māori besiedelt. Der stetige Strom neuer Einwanderer veranlasste die New Zealand Company 1840, mit den Māori erstmals über Landkäufe in Wanganui zu verhandeln. Die Stadt wurde zum Zentrum eines Gebietes, das sich im Westen bis Waitotara, im Osten bis Marton und im Norden bis zum Tal des Whanganui River erstreckt. Mit dem Auto sind es nach Palmerston North eine Stunde, nach Wellington etwa zweieinhalb Stunden Fahrt. Neben der erfolgreichen Exportwirtschaft hat in letzter Zeit auch die Kunstszene Wanganui für sich entdeckt.

Blick vom Durie Hill auf die City Bridge und die Stadt Wanganui

Victoria Avenue

Schöne alte Häuser, Kinos, Gaslampen, schmiedeeiserne Bänke und Zierpalmen machen die Victoria Avenue zur unumstrittenen Attraktion der Stadt. Von Dezember bis März zieren beim Blumenfestival »Wanganui in Bloom« etwa 1000 Blumenkörbe die Straßenlaternen und Veranden der Fußgängerzone.

Durie Hill

2 Blyth St, via Anzac Parade.
(06) 345 8525. tägl.

Am Ende der Victoria Avenue erhebt sich der Durie Hill. Ein historischer Aufzug aus dem Jahr 1919 im Berginneren überwindet die 66 Meter Höhenunterschied bis zum Gipfel in einer Minute. Weltweit existieren nur wenige dieser Lifte. Ein Fußgängertunnel verbindet Straße und Aufzug.

Die Wendeltreppe innerhalb des 34 Meter hohen Durie Hill Memorial Tower auf dem Plateau des Hügels erfordert dagegen mit ihren 176 Stufen etwas mehr Anstrengung, doch Besucher werden durch das überwältigende Panorama auf Wanganui, den Mount Taranaki/Egmont im Nordwesten *(siehe S. 186f)*, den Mount Ruapehu im Osten *(siehe S. 146f)* und die Tasmansee belohnt. Für das im Jahr 1925 errichtete Mahnmal des Ersten Weltkriegs wurden versteinerte Muscheln aus dem Fluss verwendet.

Whanganui Regional Museum

Queen's Park. (06) 349 1110.
tägl. Karfreitag, 25. Dez.
wanganui-museum.org.nz

Unter den Schätzen des 1895 errichteten Museums sind die Gemälde von Gottfried Lindauer (1839–1926) hervorzuheben. Der Künstler, der vor allem Māori malte, floh 1863 vor dem Militärdienst in der österreichisch-ungarischen Armee nach Neuseeland. Das *waka* (Kriegskanu) Te Mata-o-Hoturoa ist ein weiterer Höhepunkt der Ausstellung. Die Objekte sind Zeugnisse der geologischen, sozialen und naturgeschichtlichen Vergangenheit.

Zentrum von Wanganui

1. Cooks Gardens
2. Victoria Avenue
3. Whanganui Regional Museum
4. Sarjeant Gallery
5. Moutoa Gardens
6. Whanganui Riverboat Centre
7. Durie Hill

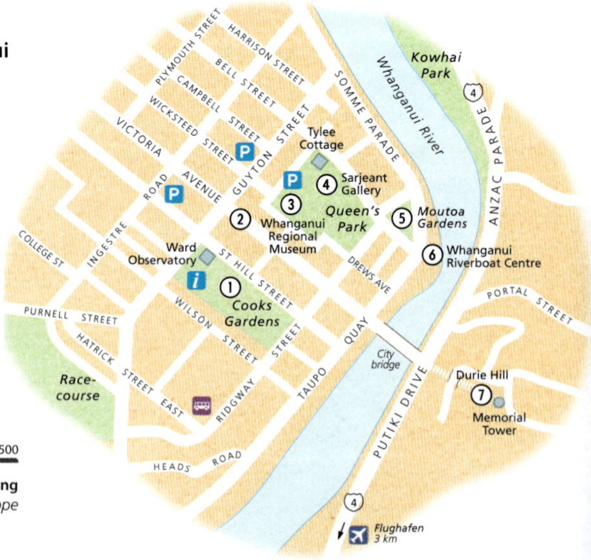

0 Meter 500

Zeichenerklärung
siehe hintere Umschlagklappe

Hotels und Restaurants im Süden der Nordinsel *siehe Seiten 304f und 319–321*

Infobox

Information
Straßenkarte E4. 44 000.
i-SITE, 31 Taupo Quay, (06) 349 0508. Wanganui in Bloom (Dez–März).
whanganuinz.com

Anfahrt
8 km südöstl. der Stadt.
165 Ridgway St.

Sarjeant Gallery

Queen's Park. (06) 349 0506.
tägl. Karfreitag, 25. Dez.
sarjeant.org.nz

Die Galerie besitzt eine viel beachtete Sammlung von Ölgemälden, Gouachen und Drucken der klassischen Moderne, ebenso die Denton Photography Collection sowie Zeichnungen und Plakate aus dem Ersten Weltkrieg.

Moutoa Gardens

Market Place.

Im Stadtkern Wanganuis wurde der schöne Park angelegt. Große Statuen stehen zwischen seltenen Bäumen und bunten Blumenbeeten. Die Parkanlage wird seit den 1990er Jahren auch für politische Versammlungen genutzt. So protestierten hier 1995 Māori gegen die Bodenpolitik der Regierung.

Statue, Moutoa Gardens

Cooks Gardens

Maria Place.

Das beliebte Ausflugsziel mit einer Radrennbahn aus Holz und einem schönen Glockenturm zieht viele Besucher an. 1962 brach Peter Snell in den Cook Gardens mit einer Zeit unter vier Minuten über die Meile den alten Weltrekord des Engländers Roger Bannister.

Whanganui Riverboat Centre

Taupo Quay. (06) 347 1863.
tägl. im Inneren.
riverboats.co.nz

Der 1899 in London gebaute Raddampfer *Waimarie* fuhr über 50 Jahre auf dem Fluss, ehe er restauriert und ausgestellt wurde. Das Schiff legt hier zu Rundfahrten ab.

Der Raddampfer *Waimarie* auf dem Whanganui River

⓯ Whanganui River

Straßenkarte E3–E4. Wanganui Department of Conservation, Taupo Quay, 0800 483 92.
whanganuiriver.co.nz

Der Whanganui River ist nur der drittlängste Strom des Landes, aber der längste schiffbare Fluss Neuseelands. Von seinem Quellgebiet am Mount Tongariro schlängelt er sich 290 Kilometer durch den Whanganui National Park und die Stadt Wanganui, bevor er in die Tasmansee mündet.

Bis 1920 war der Fluss die Hauptverkehrsader ins Landesinnere. Raddampfer verkehrten zwischen Wanganui und dem Mount Ruapehu. 239 verzeichnete Schluchten und Stromschnellen machen den Fluss heute zum Zentrum des Kanusports. Start und Zielpunkte der Wassersportler liegen bei Taumarunui, Pipiriki oder Wanganui. Die 145 Kilometer lange Strecke von Taumarunui nach Pipiriki dauert mit dem Kanu fünf Tage. Zwischen Oktober und April sind Vorbuchungen beim jeweiligen Department of Conservation oder anderen Vorverkaufsstellen nötig.

Von Wanganui bis Pipiriki kann man dem Flusslauf auf einer befestigten Straße folgen und Seitenwege zu historisch bedeutsamen Orten, frühen Māori-Dörfern, Wasserfällen und schönen Aussichtspunkten erkunden.

⓰ Whanganui National Park

Straßenkarte E3. Department of Conservation, 74 Ingestre St, Wanganui, (06) 349 2100.

Alle drei Kerngebiete des 1987 errichteten Nationalparks liegen nahe beim fischreichen Whanganui River, der seinen Weg durch das Gestein fraß und dabei beeindruckende Steilufer, Schluchten, Kämme und Täler schuf. Breitblättrige Podocarp-Bäume in Flussnähe bilden das Herz des Parks. Hohe Farnbäume, eine dichte Ufervegetation und viele Vogelarten schaffen seine unvergleichliche Atmosphäre.

Aktivurlauber können unter Kanufahrten, Floßfahrten, Jetbooten, Mountainbike- oder Wandertouren wählen, auch Angler und Jäger kommen auf ihre Kosten. Eine gemütlichere Option ist eine Fahrt mit dem Raddampfer *Waimarie* aus dem 19. Jahrhundert.

Der Whanganui River auf seinem Weg durch den Whanganui National Park

Straßenkarte *siehe hintere Umschlaginnenseiten*

⓱ New Plymouth

Der einzige Tiefwasserhafen an Neuseelands Westküste liegt in der Bucht von Taranaki, eingerahmt von weißen Stränden, vor denen sich Wellenreiter tummeln. Im Hintergrund von New Plymouth thront der mächtige Vulkankegel des Mount Taranaki/Egmont. Die Region erzeugt verschiedene landwirtschaftliche Güter. Auch Holzwirtschaft und Schwerindustrie sind bedeutend. Außerdem ist die Region das Zentrum der Öl- und Gasförderung sowie der petrochemischen Industrie des Landes. Die Stadt kann mit vielen Parks und Grünflächen aufwarten. New Plymouth ist darüber hinaus ein idealer Ausgangspunkt für einen Besuch im Egmont National Park *(siehe S. 186f)*.

Altar und Fenstermosaik der Taranaki Cathedral Church of St Mary

Taranaki Cathedral Church of St Mary

37 Vivian St. (06) 758 3111. tägl. an den meisten Tagen.

Die 1848 geweihte Marienkirche ist die älteste Steinkirche Neuseelands. Der Kirchenbau ist ein Kleinod der Architektur des 19. Jahrhunderts mit wunderschönen, leuchtenden Fenstermosaiken, einer beeindruckenden Holzdecke und historischen Artefakten. Die Grabplatten von Kindern, Soldaten, Siedlern und kirchlichen Würdenträgern erinnern an die Zeit der Stadtgründung und die Auseinandersetzungen um Taranaki. Auch zum Christentum übergetretene Māori-Häuptlinge wurden hier beigesetzt.

Puke Ariki

1 Ariki St. (06) 759 6060. tägl. **pukeariki.com**

Die aus Bibliothek, Museum und Besucherzentrum bestehende Anlage wurde in der ehemals bedeutendsten Stätte der Māori in Taranaki eingerichtet. In diesem Komplex sind etwa 6000 Objekte der Māori zu sehen. Unterhalb von Puke Ariki beginnt ein rund sieben Kilometer langer Wanderweg an der Küste.

Richmond Cottage

Ariki St. (06) 759 6060. Sa, So, Feiertage 11–15.30 Uhr.

Das Richmond Cottage, 1853 aus Stein statt des üblichen Holzes erbaut, war der elegante Wohnsitz der prominenten Familie Richmond. Die Mehrzahl des Mobiliars und die Erinnerungsstücke des schön restaurierten Hauses stammen noch aus jener Zeit. Um 1880 konnten Badegäste hier ein Zimmer mit Aussicht mieten.

Puke Ariki Landing

Ariki St. tägl.

Die grüne Oase inmitten der Stadt öffnete ihre Tore, nachdem die Bahnlinie, die an der Küste entlangführte, geschlossen wurde. Die schöne Parkanlage verdankt ihren Namen der Anlandung von Menschen und Waren, die genau an dieser Stelle abgesetzt wurden.

Len Lye Art Centre

40 Queen St. (06) 759 6060. tägl. 10–17 Uhr. 25. Dez. spezielle Ausstellungen. **govettbrewster.com/Len-Lye/Centre**

Das 1970 gegründete Museum für Gegenwartskunst, damals ein Novum in Neuseeland und im asiatisch-pazifischen Raum, war ein Geschenk der Mäzenin Monica Brewster. In ihrer Stiftungssatzung legte sie fest, dass das Len Lye Art Centre immer von einem ausgewiesenen Kunstexperten des Landes geleitet werden solle, der sich »nicht von örtlichen Politikern beeinflussen lassen« solle. Besonders die zwischen 1970 und 1990 entstandenen Werke von Patrick Hanly, Colin McCahon und Michael Illingworth sowie die umfangreiche Skulpturensammlung des Museums sind sehenswert.

Die Figuren, Bilder, Statuen und Filme von Len Lye (1901–1980) sind in einem Archiv untergebracht. In der Galerie werden jährlich rund 20 Ausstellungen veranstaltet, gelegentlich werden auch Vorlesungen über Kunst abgehalten. Nach umfassender Renovierung wurde die Galerie 2015 wiedereröffnet.

Die Parkanlagen von Taranaki

Die Gärten und Parks von Taranaki ziehen viele Besucher an. Das milde Klima, genügend Sonne und ausreichend Regen sind – zusammen mit nährstoffreicher Vulkanerde und einer windgeschützten Lage – die idealen Voraussetzungen für Gartenbau. Rhododendren, Azaleen und Kamelienbäume gedeihen hier besonders gut, ebenso Rosen, Magnolien, Iris und andere neuseeländische Pflanzen. Während des Taranaki Rhododendron Festival von Ende Oktober bis Anfang November öffnen viele Hobbygärtner ihre großen und kleinen Gärten für Blumenliebhaber und Gartenfreunde aus allen Teilen der Welt. Manchmal bietet man den Besuchern Tee an. Weitere Informationen über die Parkanlagen von Taranaki erhalten Sie online unter: www.gardens.org.nz.

Rhododendronstrauch

Farne im Pukekura Park

Infobox

Information

Straßenkarte D3. 70 000.
1 Ariki St (Puke Ariki Foyer), (06) 759 6060. Taranaki Garden Spectacular (Okt, Nov); Festival of Lights (Dez–Feb).
newplymouthnz.com
taranaki.info

Anfahrt

12 km nordöstl. der Stadt.
Queen St.

Pukekura Park

Liardet St. tägl.

Zehn Gehminuten vom Stadtzentrum entfernt liegt der Pukekura Park. Die Anlage steht ganz unter dem Motto Wasser. Pfade führen durch feuchten Regenwald, vorbei an exotischen Bäumen und Riesenfarnen, hin zu Bächen und künstlichen Seen. Das Farnhaus, der Springbrunnen, ein Wasserfall, das Wasserrad, ein Spielplatz und Mietboote machen einen Besuch zum Erlebnis. Vom Teehaus hat man einen überwältigenden Blick auf den Mount Taranaki/Egmont. Während des Lichterfestes (Mitte Dez–Jan) verwandeln Tausende farbiger Lampen den Park in ein Märchenland.

Brooklands Park

Brooklands Park Drive. tägl.

An den Pukekura Park schließt der im englischen Stil angelegte Brooklands Park mit weiten Rasenflächen und gepflegter Gartenkultur an. Der einstige Privatpark wurde 1934 der Stadt geschenkt. Unter anderem findet man hier einen über 2000 Jahre alten Puriri-Baum, 300 Arten von Rhododendren und einen Zoo für Kinder. Die offene Bühne der Bowl of Brooklands dient als Forum für Konzerte und Unterhaltungsveranstaltungen.

Ein ehemaliges Kolonialkrankenhaus, das 1847 errichtete Gables, befindet sich auf dem Parkgelände. Das schöne Gebäude aus Strandsteinen ist heute eine Galerie und ein Medizinmuseum.

Zentrum von New Plymouth

1. Len Lye Art Centre
2. Richmond Cottage
3. Puke Ariki Landing
4. Puke Ariki
5. Taranaki Cathedral Church of St Mary
6. Pukekura Park

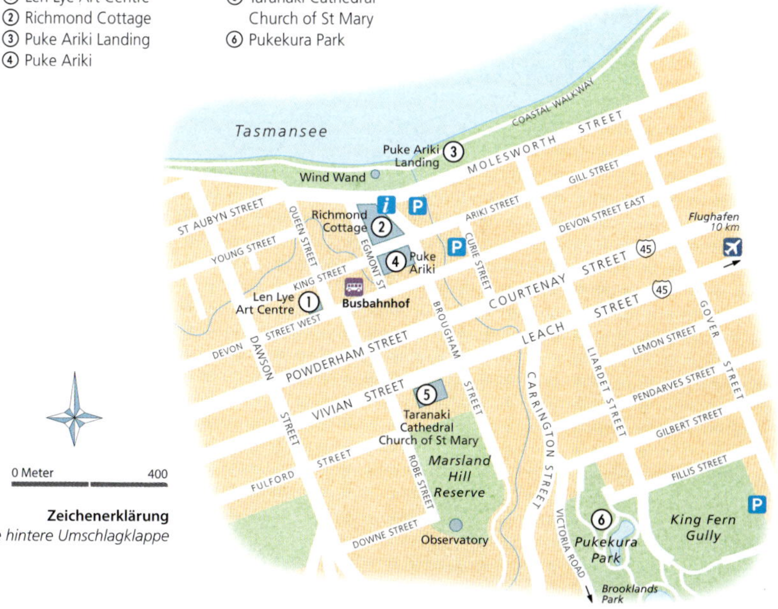

Zeichenerklärung
he hintere Umschlagklappe

⓲ Egmont National Park

Der Naturpark ist besonders leicht zugänglich. Der Vulkankegel des 2518 Meter hohen Mount Taranaki/Egmont ist das Wahrzeichen des Gebiets, die Spitze des fast symmetrischen Bergriesen ist ganzjährig mit Schnee und Eis bedeckt. Ein enges Wegenetz mit 190 Kilometer Gesamtlänge ist für erfahrene Bergsteiger und Skifahrer der Himmel auf Erden. Für ungeübte Besucher stehen viele leichtere Routen zur Auswahl. Wie überall in den Bergen sollte man aber auch hier auf rasche Wetterwechsel gefasst sein.

Schutzhütten
Wanderwege verbinden die Schutzhütten, Hüttenpässe gibt es bei den Information Centres und beim Department of Conservation.

Neuseelands Bäume
Der Wechsel zwischen feuchtem Bergklima und heißem Sommerwetter fördert eine wuchernde Vegetation. So findet man an den Berghängen alle erdenklichen Arten von Bäumen.

Außerdem

① Das **North Egmont Visitor Centre** vermittelt audiovisuell interessante Einzelheiten zur Geschichte des Parks und des Vulkans.

② Das **Dawson Falls/Te Rere O Noke Visitor Centre** zeigt Pflanzen des Parks und ein Modell der vulkanischen Attraktionen der Gegend.

Wege im Egmont National Park

Die vielen »Tracks« des Parks führen zum Gipfel oder enden auf einem Rundweg auf halber Höhe. Kürzere Strecken beginnen an der Gabelung der drei Straßen zum Gipfel. Man kann zwischen Spaziergängen und anspruchsvolleren Touren wählen. Der beliebte Pouaki-Rundweg beansprucht zwei Tage, Zugang besteht von North Egmont. Die Vegetation reicht in den Tieflagen von Rimu- und Kamahi-Bäumen über dichte Bergwälder bis zu hochalpinen Strauchgewächsen. Eine Vielzahl von Insekten und Vögeln machen den Park auch für Naturliebhaber ohne ausgeprägten Bewegungsdrang zu einem Erlebnis.

Wanderer auf einem »Track«

Weitere Zeichenerklärungen *siehe hintere Umschlagklappe*

Mount Taranaki / Egmont
Der erloschene Vulkan ist wahrscheinlich das Ergebnis einer Eruption vor über 70 000 Jahren. Der heilige Berg der Māori brach zuletzt 1775 aus.

Infobox

Information
Straßenkarte D3.
North Egmont Visitor Centre, (06) 756 0990; Dawson Falls Visitor Centre, (027) 443 0248.
doc.govt.nz

Anfahrt
Stratford Depot.

Egmont Road
Wegzeichen im Egmont Village verweisen auf die 16 Kilometer lange Egmont Road, die in den nördlichen Teil des Parks führt. Picknickplätze liegen am Wegrand.

Gletscherwanderungen
Über Eis und Schnee führen einige Routen über den nördlichen Bergsattel auf den Gipfel. Im Winter ist hochalpine Ausrüstung nötig.

Dawson Falls
Den über 18 Meter hohen Wasserfall kann man in 20 Minuten zu Fuß vom Dawson Falls Visitor Centre aus erreichen.

Blick auf eine der Sugar Loaf Islands

⓳ Oakura

Straßenkarte D3. 1000.

An der schönen Küste von Taranaki liegt 15 Kilometer westlich von New Plymouth das Städtchen Oakura. Die Ortschaft ist typisch für die ländlichen Gemeinden Neuseelands: eine von Läden gesäumte Hauptstraße, die Tankstelle, ein Spielplatz, Kirchen, Kneipen und das Kriegerdenkmal. Ein Restaurant in einem alten Bahnwaggon an der Hauptstraße ist da etwas Außergewöhnliches. Die Crafty-Fox-Galerie verkauft Werke von Künstlern, die hier leben.

Der Strand von Oakura ist bei Wellenreitern, Surfern und Schwimmern sehr beliebt. Die spektakulären Sonnenuntergänge inspirierten die Māori zum Namen der Stadt: Oakura heißt in ihrer Sprache »Ort der glühenden Röte«.

⓴ Sugar Loaf Islands Marine Park

Straßenkarte D3. von Lee Breakwater, New Plymouth.

Die Inseln, 1991 zum Meeresschutzgebiet erhoben, liegen etwa einen Kilometer vor Port Taranaki, dem Hafen von New Plymouth. Ihre Felszacken und Riffe sind die ältesten vulkanischen Zeugnisse in Taranaki. Die vor fast zwei Millionen Jahren entstandenen Tuffgebirge wurden abgetragen, Reste davon liegen nun fünf bis 30 Meter unter dem Meeresspiegel. Von den elf Inseln sind Motumahanga und Moturoa, auch die »Outer Islands« genannt, am nördlichen Rand der Meeresschutzzone die größten der Inselgruppe. Vier kleinere Felsklippen vor Paritutu bilden die »Inner Islands«.

Der Artenreichtum der Inselwelt ist überwältigend: Über 80 verschiedene Fischarten, mindestens 19 Spezies geschützter Seevögel, seltene einheimische und eingeführte Pflanzen und gleich 33 Arten von Meeresschwämmen wurden katalogisiert. Die Robben leben das ganze Jahr über auf der Insel und ziehen Jäger wie Delfine und Killerwale an. Hin und wieder werden auch Pilot- und Buckelwale gesichtet. Mit Charterbooten können die Inseln umrundet werden, aber nur Round Rock und Snapper Rock, zwei der Inner Islands, kann man bei der niedrigsten Ebbe betreten.

Das relativ tiefe Wasser und der Überfluss an Meerestieren machen die Inselgruppe zu einem beliebten Tauchrevier. Im Sommer und Herbst kann das Sonnenlicht bis in eine Wassertiefe von 20 Metern hinabreichen. Sogar Angeln ist, mit Auflagen, erlaubt. Die Angler fangen meist Kabeljau, Kingfish und Schnapper. Von betuchten Sportfischern wird im Sommer und Frühherbst das Hochseefischen der exklusiven Art betrieben. Im tiefen Wasser vor den Sugar Loaf Islands macht man dann Jagd auf Thunfische, Marlins und Makos (Riffhaie). Der von Ernest Hemingway entworfene Mythos der Macho-Fischer ist hier noch ungebrochen.

㉑ Cape Egmont

Straßenkarte D3.

Der westlichste Punkt von Taranaki wird von stürmischen Winden und einer rauen See umtost. Der Leuchtturm ist das Wahrzeichen von Kap Egmont. 1881 brachte man den Turm von Mana Island nahe Wellington hierher, bis 1951 wurde der Lichtkopf mit Dieselmotoren betrieben, heute übernehmen dies Elektroaggregate.

30 Kilometer vor der Küste wird auf dem Maui Field Methangas gefördert und in Oaonui, neun Kilometer nördlich von Opunake, verarbeitet. Im firmeneignen Informationszentrum auf dem Gelände der Raffinerie wird die Entwicklung der Offshore-Ölförderung erklärt. Modelle von Tankern und Förderplattformen zeigen die Arbeitsgänge. Mit Ferngläsern ist die Plattform Maui A zu sehen.

Stufen zum Leuchtturm von Cape Egmont

㉒ Opunake

Straßenkarte D3. 1600.
55 High St, (06) 278 8599.
Opunake Beach Carnival (Jan).

Die Stadt Opunake, wohlhabender Mittelpunkt eines auf Viehzucht spezialisierten Umlands, liegt an der Westseite des Mount Taranaki/Egmont. Der Strand von Opunake in der geschützten Middleton Bay gilt als einer der schönsten und sichersten von ganz Taranaki. In den Sommermonaten kommen Scharen von Badegästen und Surfern hierher. Auf dem Opunake Walkway, der an

Opunake Beach, ein malerischer Badestrand an der Küste von Taranaki

zwei alten Friedhöfen vorbeiführt, können Wanderer die weiten Strände der Küste und den Opunake Lake erreichen. Der See ist für alle Arten von Wassersport bestens geeignet. Der sieben Kilometer lange Wanderweg hat mehrere Zugänge, die alle gut ausgeschildert sind.

㉓ Hawera

Straßenkarte D3. 9000.
55 High St, (06) 278 8599.

Der im Herzen der ländlichen Region von Taranaki gelegene Ort hält interessante Sehenswürdigkeiten bereit. Die knapp vier Hektar großen **Hollard Gardens** wurden in den 1920er Jahren von Bernard Hollard angelegt und 1982 in den Queen Elizabeth II National Trust eingegliedert. Von September bis November entfaltet der Park seine volle Pracht.

Eine hervorragende Möglichkeit, die wunderschöne Umgebung zu erleben, ist ein Flug mit dem Hubschrauber. Das familiengeführte Unternehmen **Heliview Taranaki** bietet diese Option. Passagiere werden auf Wunsch mit einem Minibus von ihrer Unterkunft abgeholt und wieder dorthin zurückgebracht. Der Flug führt über Hawera, die fantastische Küstenlandschaft und die Gipfel des Mount Taranaki und der Pouaki Range. Im Rahmen eines einstündigen Flugs im Helikopter kann auch eine Landung eingeplant werden, die den Passagieren ermöglicht, die Mount Damper Falls zu erleben. Eine weitere Option ist der einstündige Flug »Port to Peak« von Port Taranaki zum Mount Taranaki.

Die Fontera Dairy Factory, eine riesige Molkerei in der Nähe von Hawera, ist nicht zu besichtigen.

Einen guten Überblick über das Städtchen Hawera hat man von der Spitze des Wasserturms. Er wurde im Jahr 1914 erbaut, nachdem in den 1880er Jahren Brände den Großteil des Stadtkerns eingeäschert hatten. Nur einen Monat nach Einweihung des Wasserreservoirs erschütterte ein Erdbeben die Stadt und neigte den Turm um 75 Zentimeter nach Süden. Inzwischen wurde der Neigungswinkel auf acht Zentimeter reduziert.

Figur einer Kuh vor der Fontera Dairy Factory

Das **Tawhiti Museum**, in einer früheren Käserei eingerichtet, gilt als bestes Privatmuseum des Landes. Exponate lassen die Zeiten früher Besiedlung lebendig werden. Eine dampfgetriebene Eisenbahn erinnert an die ersten Bahnstrecken von Taranaki.

Hollard Gardens
Manaia Road, nördl. von Kaponga.
(06) 765 7127. tägl.
Spende.

Heliview Taranaki
Port Taranaki Heliport, Ocean View Parade. 0800 435 426.
heliview.co.nz

Tawhiti Museum
401 Ohangai Rd. (06) 278 6837.
variabel. nach Vereinbarung.

㉔ Stratford

Straßenkarte D3. 5700.
61–63 Miranda St, (06) 765 6708.

Die Stadt Stratford östlich des Mount Taranaki/Egmont und 40 Kilometer südlich von New Plymouth wurde nach Shakespeares Geburtsstadt benannt. Viele Straßen tragen Namen von Figuren aus seinen Dramen. Im **Taranaki Pioneer Village** stehen etwa 50 alte Siedlerhäuser, eine Schule, das Gefängnis sowie ein historischer Bahnhof. Wie in einer Zeitmaschine kann man auf diese Art die Geschichte von Stratford und Umgebung hautnah erleben.

Taranaki Pioneer Village
State Hwy 3, Stratford South.
(06) 765 5399. tägl.
25. Dez. teilweise.
pioneervillage.co.nz

Lebensgroße Figuren des Tawhiti Museum in Hawera

Straßenkarte *siehe hintere Umschlaginnenseiten*

SÜDINSEL

Die Südinsel stellt sich vor

Unvergleichlich schöne Landschaften erwarten die Besucher der Südinsel. Die schneebedeckten Gipfel der Southern Alps prägen die Szenerie und schaffen mit unzähligen Gletschern, Seen, Flüssen und Fjorden in der südlichen Hälfte einen großen Abenteuerspielplatz der Natur. Im sonnenverwöhnten Nordteil laden goldschimmernde Strände, ein Netz von Wasserstraßen und fruchtbare Weinberge Besucher ein. An der Tasmansee peitschen hohe Wellen gegen die Küste. Östlich der Küste durchquert man die Canterbury Plains und das Farmland von Otago und Southland. Eine Tour über die Südinsel beginnt meist in Christchurch oder in Picton.

Zur Orientierung

Im Aoraki/Mount Cook National Park *(siehe S. 256f)* überragen die höchsten Gipfel Neuseelands die Southern Alps und die Vorgebirge. Kein Wunder, dass der weite Naturpark bei Wanderern, Bergsteigern und Fotografen gleichermaßen beliebt ist.

Der Lake Te Anau *(siehe S. 285)* liegt gegenüber dem Gebirgszug des Fiordland National Park. Der längste See des Landes ist wegen seiner vielen Forellen und Lachse ein Paradies für Angler.

The Octagon *(siehe S. 262 und S. 265)*, ein lebendiger Platz im Zentrum von Dunedin, bekommt sein kulturelles Flair nicht zuletzt durch die Statue des schottischen Dichters Robert Burns.

◀ **Die weiten Ebenen von Canterbury** ***(siehe S. 194f)*, im Hintergrund schneebedeckte Berge**

Nelson Lakes National Park *(siehe S. 216)* an der Nordspitze der Southern Alps hat sein Zentrum an den Gletscherseen Rotoiti und Rotoroa.

Die Küste von Kaikoura *(siehe S. 212f)* ist der einzige Ort, an dem Sie das ganze Jahr über Pottwale beobachten können. Charterboote ökobewusster Unternehmen bringen Besucher zur Walbeobachtung aufs offene Meer hinaus.

Die Provincial Council Buildings in Christchurch *(siehe S. 230)* bilden den Mittelpunkt des historischen Stadtkerns und gelten als Neuseelands vollendetste Säkularbauten im neogotischen Stil. Sie wurden nach dem Erdbeben 2011 wieder aufgebaut.

Die Moeraki Boulders *(siehe S. 271)* sind vollkommen runde, glatte Felsen verschiedener Größe. Wie eine Perlenkette liegen die grauen Steine am Strand vor den Klippen aufgereiht.

Landschaften

Die vielfältigen Landschaften der Südinsel sind überwältigend: die grünen Marschen des Marlborough Sound, die langen Strände nahe Nelson, die weiten Ebenen von Canterbury, die schneebedeckten Berge der Hochgebirge, die Regenwälder der Westküste, die zerklüfteten Hügelketten, das satte Farmland von Otago bis Southland und die Fjorde des Südwestens. So gegensätzlich wie die Landschaften ist auch das Klima: Nur drei Stunden Autofahrt trennen die feuchtere Westküste von der trockeneren Ostküste.

Mitre Peak im Fiordland National Park ist die höchste Meeresklippe der Welt.

Im Abel Tasman National Park kontrastieren goldfarbene Strände mit dem Grün der Wälder *(siehe S. 218f)*. Der Weg entlang der Küste ist eine der beliebtesten Routen der Südinsel.

Schafe werden während der kalten Wintermonate zusätzlich mit Heu gefüttert.

Southern Alps
Fast über die gesamte Südinsel erstreckt sich diese alpine Bergformation. Sie entstand durch das Zusammentreffen der Australischen mit der Pazifischen Kontinentalplatte (siehe S. 26).

An der Westküste, einer regenreichen Region zwischen der Tasmansee und den Southern Alps, liegen die unberührten Regenwälder der Südinsel. Auf dem Milford Track *(siehe S. 287)* lassen sich Naturschauspiele wie dieser Wasserfall am besten erkunden.

Auf der Halbinsel Banks formten ehemalige Lavaströme erloschener Vulkane die Hafenbecken von Lyttelton und Akaroa.

Die Marlborough Sounds entstanden durch die Überschwemmung von verzweigten Flusstälern *(siehe S. 206f)*.

Die Sutherland Falls in Fiordland galten mit 580 Meter Fallhöhe lange Zeit als die höchsten Wasserfälle der Welt.

Berge und Gletscher verbinden sich zu einer einzigartigen Landschaft, die Wanderer und Bergsteiger immer wieder begeistert.

Die Felsformationen der Southern Alps ragen mächtig auf. Aus der Luft oder von der Straße aus bieten sich immer wieder neue, spektakuläre Ausblicke.

Lake Ohau und die anderen Seen an der Ostseite der Alpen sind aus dem Schmelzwasser der nahen Gletscher entstanden.

Lake Tekapo und andere Seen verdanken ihre milchig blaue Farbe feinen Eiskörnern, die an den Felsen zerrieben werden.

»Braided Rivers«

Im Zopfmuster talwärts fließende Wasserläufe haben das seltene Naturphänomen der »Braided Rivers« erschaffen. In Jahrtausenden schwemmten die Flüsse Rakaia, Waimakariri, Rangitata und Waitaki große Mengen an Sedimenten von den Southern Alps in die Ebenen. So entstanden die fruchtbaren Canterbury Plains. An den Flussufern lebt der Wrybill, ein Vogel mit einem seitwärts gebogenen Schnabel. In den Flussläufen des Mackenzie Basin kann der seltene Schwarze Stelzenläufer beobachtet werden. Die endemische Vogelart brütet auf Treibgut und kleinen Inseln *(siehe S. 255)*.

Die Flussläufe des Waimakariri River versorgen die Canterbury Plains mit reichlich Wasser

Tierwelt

Durch die geringe Bevölkerungsdichte sind die Wildtiere auf der Südinsel nicht so gefährdet wie auf der Nordinsel. Die große Zahl an Brutgebieten spiegelt dies wider. Neuseeland wird wegen der vielen Brutplätze an den Küsten oft als das »Seevogelparadies der Welt« bezeichnet. Das Fehlen von natürlichen Feinden macht die Vögel Neuseelands furchtloser – sie sind deshalb besser zu beobachten. Große Kolonien von Meeressäugern können mit hoher Wahrscheinlichkeit entlang den Küsten Neuseelands angetroffen werden. Reiseveranstalter und Wildhüter sprechen sogar von 100 Prozent Wahrscheinlichkeit, die Tiere zu Gesicht zu bekommen.

Weiße Reiher brüten im September und Oktober nur in einem Sumpfgebiet bei Okarito. Beobachten kann man sie auch in anderen Vogelschutzgebieten.

Der Königsalbatros ist mit drei Meter Flügelspannweite einer der größten Seevögel. In Taiaroa Head auf der Halbinsel Otago *(siehe S. 270)* befindet sich der einzige Nistplatz der Welt auf festem Land.

Der Schwarze Stelzenläufer (Kakī), ein gefährdeter Watvogel, lebt im Gebiet der Braided Rivers. Von Unterständen aus kann man die seltenen Tiere beobachten *(siehe S. 255)*.

Der Zwergpinguin, die kleinste Pinguinart der Welt, lebt auch in der Nähe des Menschen, so in Oamaru *(siehe S. 273)*.

Große Tümmler können eine Geschwindigkeit von 40 km/h erreichen. Sie bevorzugen küstennahe Reviere für die Jagd. Eine Schule lebt ganzjährig im Doubtful Sound *(siehe S. 288)*.

Der Dickschnabelpinguin hat ein gelbes Haarbüschel über jedem Auge. Im Juni verlassen die Tiere das Meer und ziehen in die Regenwälder, um in Höhlen unter den Wurzeln der Bäume Nester zu bauen.

Der Kiwi, ein Nachtvogel, kann auf Stewart Island *(siehe S. 292f)* während der Dämmerstunden beim Fressen beobachtet werden.

Der Gelbaugenpinguin, eine der seltensten Arten der Welt, ist auf der Halbinsel Otago *(siehe S. 271)* zu Hause. Abends marschieren die Tiere am Strand auf und ab.

Pelzrobben »heulen« von vielen Felsen entlang der Küste. Bei Cape Foulwind *(siehe S. 238)* kann man im Frühjahr und Sommer die Jungtiere einer Robbenkolonie beobachten.

Watvögel wie diese Stelzenläufer sammeln sich in großen Gruppen und sind in den Wattgebieten und Prielen der Küstenregion auf Nahrungssuche.

Pottwale leben in den Gewässern vor Kaikoura *(siehe S. 213)*. Sie tauchen bis zu 1000 Meter tief, um die reichen Plankton-Bänke in den kalten Zonen zu erreichen.

Hectordelfine, eine nur in Neuseeland vorkommende Delfinart, gehen zu zweit oder in kleinen Gruppen (sog. Schulen) meist in Küstennähe auf die Jagd.

Tierbeobachtung

Vor allem während der Brut- und Aufzuchtzeiten ist es wichtig, die Tiere so wenig wie möglich zu stören. Robbenmütter können angreifen, wenn jemand ihren Jungen zu nahe kommt. Werden die Gelbaugenpinguine gestört, kommen sie nicht an Land, um ihre Jungen zu füttern. Delfine mögen es nicht immer, wenn man in ihrer Nähe schwimmt. Am besten nimmt man sich einen erfahrenen Führer, der die Brutplätze und Gewohnheiten der Tiere kennt, aber auch über Lebensraum und Rhythmus der Tiere informieren kann.

Sport und Aktivurlaub

Queenstown gilt wegen seines breiten Angebots als Top-Adresse für Aktivurlauber. Die Berge, Seen und Flüsse der Umgebung sowie das regenarme Klima bieten ideale Bedingungen für jede Art von »Outdoor-Activities«. Neuseelands Experten in Sachen Extremsport erfinden immer wieder neue Herausforderungen. Ob man durch Wildwassercanyons zischen, von Brücken springen, extreme Hänge mit den Skiern bewältigen oder mit dem Fallschirm abspringen will – gut ausgebildete Führer sind immer auf die Sicherheit der ihnen anvertrauten Besucher bedacht.

Jetboote, die speziell für flache Gewässer konstruiert wurden, rasen mit halsbrecherischem Tempo über nur zehn Zentimeter tiefe, enge Wildwasserschluchten.

Großraum Queenstown

Extremsport in der Nähe von Queenstown

Die angegebenen Ziele für Extremsportarten liegen alle im Umkreis von 150 Kilometern. Die Veranstalter sorgen für Fahrzeuge, Ausrüstung, qualifizierte Führer.

	Bungee-Jumping	Gleitschirmfliegen	Jetbootfahren	Mountainbiken	Skifahren	Tandem-Gleitschirm	Tandem-Fallschirm	Wildwasser-Raften
Cardrona Alpine Resort				★	★			
Coronet Peak		★			★			
Kawarau Bridge	★		★					
Kawarau River			★					★
Queenstown *(siehe S. 280f)*	★			★		★	★	
Remarkables		★		★	★	★	★	
Shotover River			★					★
Skippers Canyon	★		★					
Treble Cone					★	★		
Waiorau Snow Farm					★			
Wanaka *(siehe S. 274f)*				★		★	★	★

Legende

- State Highway
- Nebenstraße
- Fluss

Die Abfahrten der Skigebiete in der Nähe von Queenstown zählen zu den besten des Landes.

Mountainbiker können – individuell oder in geführten Gruppen – auch abgelegene Gebiete erkunden, die früher nur zu Fuß erreichbar waren.

Wildwasserfahrten durch die engen Schluchten der Flüsse Kawarau und Shotover sind ein aufregendes, anstrengendes und ziemlich nasses Abenteuer.

Queenstown, Lake Wakatipu und die Remarkables sind vom Aussichtspunkt Skyline Gondola an Bob's Peak zu sehen.

An der Absprungzone der Bungee-Springer werden die Fußgurte angelegt und die Seile auf das Körpergewicht der Springer abgestimmt.

Ein Bungee-Springer stürzt sich von der Plattform in die Tiefe, bevor ihn das Gummiband »auffängt«.

Bungee-Jumping

Der Neuseeländer A. J. Hackett sprang erstmals 1986 mit einem Gummiband an seinen Fußgelenken vom Eiffelturm in Paris. Heute kann man zwischen einem »trockenen« oder einem »nassen« Sprung von einer 134 Meter hohen Brücke über einem engen Flusstal wählen. Auf Bob's Peak ist die Plattform »Ledge« das ultimative Ziel besonders wagemutiger Bungee-Springer aus aller Welt.

Skitouren und Langlauf sind Aktivitäten auf der Waiorau Snow Farm in der Pisa Range bei Wanaka. In der Wintersaison finden hier auch Skisprung-Wettbewerbe und Langlauf-Rennen statt.

Tandem-Gleitschirmflüge (»parapenting« oder »paragliding«) erfolgen zusammen mit einem Lehrer. Das Paar stürzt sich von einem Hügel, der Gleitschirm öffnet sich, und man schwebt talwärts. Diese ungefährlichere Variante des Tandem-Fallschirmsprungs aus einem Flugzeug ist sehr beliebt.

Marlborough und Nelson

Die eindrucksvolle Region um Marlborough und Nelson wird von Besuchern nicht nur wegen ihres angenehmen Klimas geschätzt. Die abwechslungsreiche Landschaft wechselt von zerklüfteten Küsten zu hellen Stränden, von Inseln über Hochland bis hin zu den dicht bewaldeten Höhenzügen der Naturparks. Die Gartenbauregion ist darüber hinaus Neuseelands größtes Weinbaugebiet und profitiert vom Fischreichtum der Gewässer.

Archäologische Funde belegen die Besiedlung der Region durch die Māori seit dem 13. Jahrhundert. Die polynesischen Seefahrer Kupe *(siehe S. 49)* und Rakaihautu hielten sich hier auf, und auch Abel Tasman fuhr im Jahr 1642 in die Golden Bay ein *(siehe S. 52)*. Nach tödlichen Auseinandersetzungen mit den Māori mieden die Holländer jedoch die Inseln, erst die Besuche Cooks in den 1770er Jahren verliefen friedlicher *(siehe S. 52)*.

Nach dem Vertrag von Waitangi *(siehe S. 52f)* gründete die New Zealand Company 1842 eine Niederlassung in Nelson *(siehe S. 214f)*. Schon 1858, ein Jahr vor der Entstehung der Provinz Marlborough, wurde Nelson zur zweiten Stadt Neuseelands erhoben. Die Region ist mit Marlborough im Osten und Nelson im Westen zweigeteilt. Die landschaftlichen Kontraste Marlboroughs sind allerdings beachtlich: Von den Flüssen des Marlborough Sound im Norden über die Weinberge und Schaffarmen um Blenheim bis zur wilden Kaikoura-Küste hat die Region viel zu bieten. Die Golden Bay im Norden von Nelson wird durch den Farewell Spit sowie durch die Bergrücken der Nationalparks Abel Tasman und Kahurangi vor der rauen See geschützt. Die Stadt Nelson sowie Motueka liegen direkt an der Tasmansee. Das fruchtbare Hinterland ist von den Southern Alps und dem dritten Nationalpark der Region, den Nelson Lakes, begrenzt.

Kaikoura ist nicht nur touristisch von Bedeutung, es ist auch ein Zentrum für Wein-, Obst- und Gemüseanbau.

Buntes Treiben auf dem Wochenmarkt in Nelson *(siehe S. 214f)*

◀ **Montana Brancott Estate Vineyard *(siehe S. 212)*, Marlborough**

Überblick: Marlborough und Nelson

Der nördliche Teil der Südinsel wartet mit vielen Sonnenstunden, einladenden Küsten, mehreren Meeresschutzzonen, gutem Essen und Trinken sowie mit drei Nationalparks auf: Nelson Lakes, Abel Tasman und Kahurangi National Park. Ein Besuch von Kaikoura *(siehe S. 212f)* oder eine Tour durch die Weingüter *(siehe S. 210f)* gehört zu den Höhepunkten des Urlaubsangebots. Das Kunsthandwerk aus Nelson und eine Reihe von Abenteuertouren ziehen viele Besucher an. Auch die vielen Routen der Nationalparks inklusive der Marlborough Sounds *(siehe S. 206f)* lassen keine Wünsche offen – gleich ob man sie zu Fuß oder mit dem Mountainbike erlebt.

Der beliebte Strand von Kaiteriteri in der Nähe von Motueka

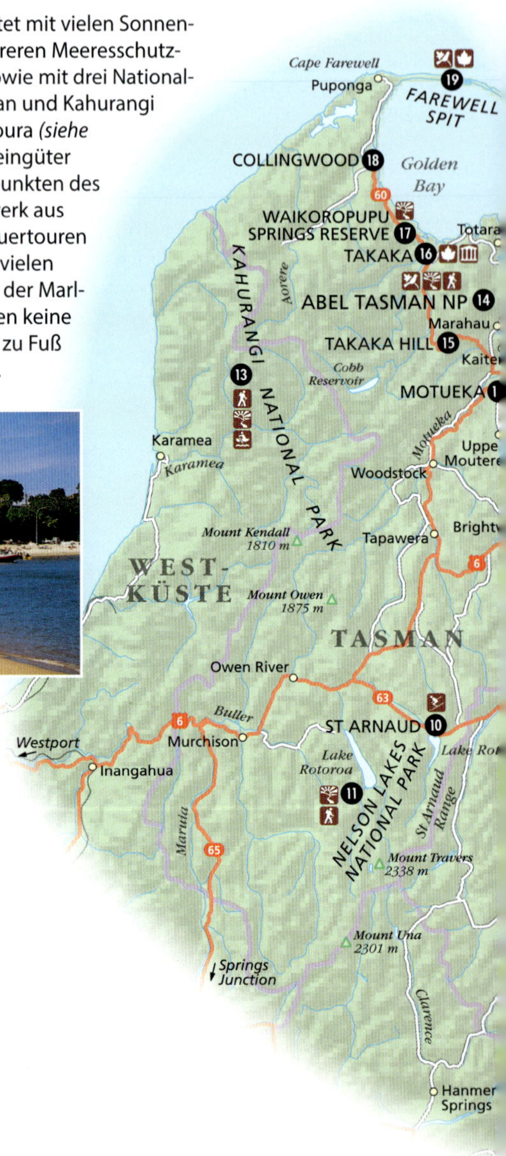

Sehenswürdigkeiten auf einen Blick

1. Picton
2. *Marlborough Sounds S. 206f*
3. Queen Charlotte Drive
4. Havelock
6. Blenheim
7. Kaikoura
8. *Nelson S. 214f*
9. Richmond
10. St Arnaud
11. Nelson Lakes National Park
12. Motueka
13. Kahurangi National Park
14. *Abel Tasman National Park S. 218f*
15. Takaka Hill
16. Takaka
17. Waikoropupu Springs Scenic Reserve
18. Collingwood
19. Farewell Spit

Tour

5. Weingüter im Wairau Valley

Legende

- State Highway
- Nebenstraße
- Panoramastrecke
- Eisenbahn (Hauptstrecke)
- Eisenbahn (Nebenstrecke)
- Regionalgrenze
- △ Gipfel

0 Kilometer 20

Weitere Zeichenerklärungen *siehe hintere Umschlagklappe*

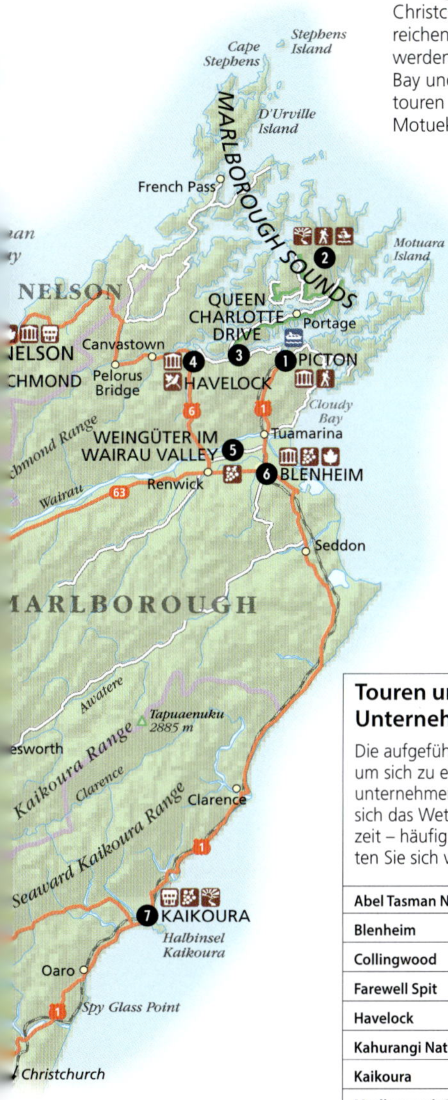

In Marlborough und Nelson unterwegs

Die meisten Nebenstraßen im Hinterland von Marlborough und Nelson, besonders die zu den Marlborough Sounds und zur Molesworth Station *(siehe S. 212)*, sind schmale Schotterpisten. Eine abwechslungsreiche Bahnstrecke führt die Ostküste entlang von Picton nach Kaikoura und weiter bis Christchurch. Nelson ist zwar nicht per Bahn zu erreichen, kann aber – wie Blenheim – angeflogen werden. Ab Wellington werden Flüge zur Golden Bay und zu den Sounds angeboten. Bus- und Bootstouren in die drei Nationalparks sind von Nelson, Motueka, Marahau und Kaiteriteri aus möglich.

Weingärten bei Blenheim im Wairau Valley, Neuseelands größtem Weinbaugebiet

Touren und Unternehmungen

Die aufgeführten Orte sind ideal, um sich zu erholen und etwas zu unternehmen. Allerdings ändert sich das Wetter – je nach Jahreszeit – häufig. Vor einer Tour sollten Sie sich vor Ort informieren.

	Vogelbeobachtung	Bootfahren	Meerestiere beobachten	Mountainbiken	Kajakfahren	Schwimmen	Wandern
Abel Tasman National Park	★		★	★	★	★	★
Blenheim	★			★			★
Collingwood	★			★			★
Farewell Spit		★		★			★
Havelock		★			★		★
Kahurangi National Park	★						★
Kaikoura	★	★	★	★	★	★	★
Marlborough Sounds	★	★	★	★	★	★	★
Motueka	★					★	★
Nelson		★		★		★	★
Nelson Lakes National Park	★	★				★	★
Picton		★		★	★	★	★
Queen Charlotte Drive						★	★
St Arnaud	★	★		★	★	★	★

❶ Picton

Straßenkarte D4. 4000. Koromiko, 9 km südl. der Stadt. The Foreshore, (03) 520 3113. **marlboroughnz.com**

Am oberen Ende des Queen Charlotte Sound dient Picton als Fährhafen über die Cook Strait. Die anmutige Stadt zwischen den Bergen und dem Meer ist von der typischen Klangkulisse einer Hafenstadt erfüllt. Zahlreiche Fähren, Wassertaxis und Segelboote kreuzen die Bucht, die auch von vielen Seglern als beliebter Ankerplatz geschätzt wird.

Pictons breite Straßen und die historischen Gebäude der Uferpromenade betonen die europäische Vergangenheit. Der Hafen des Wairau-Distrikts, ehemals Waitohi, war 1859 kurzfristig die Hauptstadt der neu geschaffenen Provinz von Marlborough, bis 1866 Blenheim diese Funktion übernahm. Regelmäßige Fährverbindungen zwischen den Inseln existieren seit 1899. Die erste Eisenbahn- und Autofähre wurde 1962 in Betrieb genommen.

Picton ist der geeignete Ort, um sich mit der Geschichte der Region vertraut zu machen. Das **Picton Museum** befasst sich u. a. mit dem ersten Besuch von James Cook im 18. Jahrhundert und der großen Zeit der Walfänger ab 1820.

Am Ausgang der Bucht liegen die Schiffe ***Echo*** und ***Edwin Fox***. Die *Echo* lief 1905 vom Stapel und transportierte auf der Route Blenheim–Wellington jährlich 14 000 Tonnen Fracht. Der Segler *Edwin Fox* ist das letzte existierende Schiff, auf dem Sträflinge nach Australien und Tausende von europäischen Einwanderern nach Neuseeland gebracht wurden. Das 1853 in Indien ganz aus Teakholz gebaute Schiff wird hier im Trockendock neben dem Museum aufwendig konserviert.

Ausstellung zum Thema Walfang im Picton Museum

Māori-Keule im Picton Museum

Direkt am Wasser liegt das **EcoWorld Aquarium and Terrarium**, in dem Besucher die Vielfalt der hier heimischen Arten bestaunen können.

Wander- und Radwege beginnen nahe der *Echo* bzw. am Shelly Beach des Picton Harbour. Aussichtspunkte bieten einen guten Blick auf die Stadt. Ein steiler Weg bringt Sie zur Victoria Domain, einem kleinen Naturschutzgebiet, das nach Königin Victoria benannt wurde. Ein längerer Fußmarsch führt zur Bob's Bay, erlaubt einen Blick auf den Queen Charlotte Sound und endet bei »The Snout«, einer Landzunge zwischen Picton und der Bucht von Waikawa. Die Māori nennen die Landzunge »Te Ihumoeoneihu«, die Nase des Sandwurms.

Verschiedene Wanderwege in den Tälern Essons und Tirohanga ziehen sich durch das Waldgebiet hinter Picton.

Edwin Fox, ein ehemaliges Segelschiff für Gefangenentransporte

Picton Museum
9 London Quay. (03) 573 8283. tägl. 25. Dez.

Echo
Shelly Beach. (03) 573 7498. Sommer: tägl.; Winter: nach Vereinbarung. 25. Dez.

Edwin Fox
Dunbar Wharf. (03) 573 6868. tägl. Karfreitag, 25. Dez.

EcoWorld Aquarium and Terrarium
Picton Waterfront. (03) 573 6030. tägl. 25. Dez.

Umgebung: Nach 20-minütiger Fahrt erreicht man nordöstlich von Picton die Halbinsel Karaka Point, einen ehemaligen *Pa*-Ort der Māori. Ein Weg führt zum Strand, Markierungen weisen auf alte Befestigungsanlagen hin.

❷ Marlborough Sounds

Siehe S. 206f.

❸ Queen Charlotte Drive

Straßenkarte D4.

Der Queen Charlotte Drive, die bekannteste Route durch die Marlborough Sounds, verbindet Picton mit dem Ort Havelock. Mit Pausen kann die 35 Kilometer lange Tour auf den engen und kurvenreichen Straßen bis zu einem halben Tag in Anspruch nehmen.

Auf dem Weg bieten sich zunächst einige schöne Ausblicke auf Picton. Die Governors Bay, acht Kilometer von Picton entfernt, ist der beste Aussichtspunkt auf den Queen Charlotte Sound. Die Route führt an schönen Stränden und Picknickplätzen sowie an malerischen Küstenorten in der Ngakuta Bay und der Momorangi Bay vorbei. Das **Sirpa Alaläakkölä Art Studio** in der Ngakuta Bay stellt farbenfrohe Gemälde mit Motiven der Region aus.

Zwölf Kilometer weiter westlich zweigt bei der Governors Bay ein Weg zur historischen Siedlung Anakiwa ab. Hier beginnt der Queen Charlotte Track *(siehe S. 206f)*. Man findet eine Hütte mit Picknickplatz vor, ein kurzer Spazierweg durch einen Buchenwald führt zur Davies Bay.

Der Queen Charlotte Drive folgt nun dem Ufer des Mahakipawa, bis man den Pelorus Sound erreicht. Von den Wegen und Aussichtspunkten am Cullen Point lassen sich Buchten und Küstenverlauf gut überblicken. Schließlich fällt die Straße stetig in Richtung Havelock ab, dem Endpunkt des Queen Charlotte Drive.

Sirpa Alaläakkölä Art Studio
Phillips Rd, Ngakuta Bay. (03) 573 7775. nach Vereinbarung.

❹ Havelock

Straßenkarte D4. 500.
56 Main Rd, (03) 574 2114.
havelockinfocentre.co.nz

Die selbst ernannte Weltmetropole der grünlippigen Neuseelandmuschel wird wegen ihres historischen Flairs und der Qualität der hier gezüchteten Muscheln immer beliebter. Havelock verdankt seine auf 1853 datierte Gründung dem Bau des Nelson–Blenheim Track, der nahe der Stadt an das Ufer des Pelorus Sound stößt. Die Holzindustrie und Goldminen bestimmten die Geschicke der Region, nun haben Fischfang und Meerestierfarmen (Schalentiere) die dominierende Rolle übernommen.

Ein Restaurant in Havelock und seine unübersehbare Spezialität

Die Hauptstraße hat sich viel von der Atmosphäre der Pionierzeit bewahrt. Spaziert man die Hafenpromenade entlang, fallen die imposante Villa des Sägewerkbesitzers William Bronwlee, die St Peter's Church und die alte Schule (heute ein Hostel) auf, die der Atomphysiker Lord Rutherford *(siehe S. 25 und 216)* in den 1870er Jahren besuchte. Man findet außerdem Cafés und Antiquitätenläden sowie eine Anzahl von Läden mit Schmuck und Kunsthandwerk der Māori.

Jadeskulptur in Havelock

Die in Havelock angebotenen Abenteuertouren umfassen Kajakfahrten auf dem Meer. Der »Mail Run« (Postzustellung per Boot) ist die beste und beliebteste Art, die Buchten des äußeren Sound zu erreichen. Im **Havelock Museum** werden Hausrat aus der Pionierzeit und Erinnerungsstücke an Lord Rutherford ausgestellt. Im März findet das jährliche Muschelfest statt.

Havelock Museum
Main St. (03) 574 2176.
tägl. Spende.

Umgebung: Neun Kilometer westlich von Havelock liegt **Canvastown**. Die Ortsgründung von 1864 ist eng mit dem ersten Goldrausch der Region verbunden. Tausende Goldsucher hatten hier eine große Zeltstadt errichtet, das sumpfige Gelände ließ jedoch nach Öffnung der Goldfelder an der Westküste viele Glücksritter wieder abwandern.

Elf Kilometer weiter westlich überquert der State Highway 6 den Pelorus Sound, und man erreicht das **Pelorus Bridge Scenic Reserve**. In dieser Flusslandschaft führt ein Wegesystem durch dichtes Waldgebiet zu schönen Badestellen und Wasserfällen. Gut ausgestattete Campingplätze und Schutzhütten sind vorhanden, Flussfahrten und geführte Touren in die Natur werden ebenfalls angeboten. Einige der Wege sind auch für Rollstuhlfahrer passierbar.

Brücke im beliebten Naturschutzgebiet Pelorus Bridge Scenic Reserve

❷ Marlborough Sounds

Die Marlborough Sounds bieten eine Vielfalt stiller Buchten, Höhlen und Wanderwege, viele Wildtiere, historische Sehenswürdigkeiten und einzigartige Ausblicke. Picton und Havelock sind die wichtigsten Städte der Region *(siehe S. 204f)*, von hier aus lassen sich die Sounds am besten erforschen. Ob per Fahrrad, Kajak oder zu Fuß – der Wunderwelt der Sounds kann man sich einfach nicht entziehen.

Radtour auf den Sounds

D'Urville Island
Die Insel, nur per Wassertaxi zu erreichen, war schon den Māori wegen ihres harten Sandgesteins bekannt. Die Bewohner leben von Landwirtschaft und Tourismus, Aktivurlauber können angeln, tauchen oder Kajak fahren.

French Pass
Das malerische Fischerdorf erhielt seinen Namen wegen der gefährlichen Meerenge zwischen dem Festland und der Küste von D'Urville Island.

Entstehung der Sounds

Die Sounds erscheinen als Erhebungen, die aus dem Meer ragen. In Wirklichkeit sind es mehrere überflutete Täler. Als sich das Weltklima veränderte, stieg der Meeresspiegel. Vulkanische Aktivitäten und die tektonische Kontinentaldrift taten ihr Übriges, sodass der Ozean küstennahe Gebiete überschwemmte. Aber erst am Ende der letzten Eiszeit vor rund 10 000 Jahren war der heutige Wasserstand erreicht, und die Küstenlinie bekam ihr gegenwärtiges Aussehen.

Überflutete Täler in der Elaine Bay des Tennyson Inlet

Kenepuru Sound
An dieser ruhigen Wasserstraße, die ideal für Wanderungen, Angeln und Campen ist, gibt es viele unterschiedliche Unterkünfte.

★ Queen Charlotte Track
Der 71 Kilometer lange, gut beschilderte Weg zwischen Ship Cove und Anakiwa verlangt ein wenig Fitness und festes Schuhwerk. Er kann auch mit dem Mountainbike befahren werden.

★ Motuara Island
Von einem Weg durch das Schutzgebiet des Motuara Island Scenic and Historic Reserve lässt sich die Vogelwelt bestens beobachten.

★ Outer Queen Charlotte Sound
Die faszinierenden Buchten und Inseln sind am besten mit einem Wassertaxi, dem Kajak oder auf einer Wildlife-Tour zu erkunden.

Infobox

Information
Straßenkarte D4. **Picton** The Foreshore, (03) 520 3113; **Havelock** 56 Main Rd, (03) 574 2114. tägl. Karfreitag, 25. Dez. **doc.govt.nz**

Anfahrt
zwischen Picton und Anakiwa.
von Picton und Havelock.

Außerdem

① **Tennyson Inlet** wird von dichtem Wald umsäumt. Die Schönheit der stillen Bucht wird auch von den Camping- und Picknickplätzen nicht geschmälert.

② **Die Titirangi Bay** besitzt einen der wenigen Sandstrände der Sounds mit einem Farmpark und einem Erholungsgebiet.

③ **Am Tory Channel** befand sich seit 1827 die erste landgestützte Walfangstation des Landes. Die Ruinen der 1964 geschlossenen Perano-Station können besichtigt werden.

④ **Port Underwood** war in den Jahren nach 1830 eine Basis der Walfänger. Heute ist die Whites Bay mit ihrem Strand die Hauptattraktion der Bucht.

Kajakfahrer in der Anchorage Bay, Abel Tasman National Park *(siehe S. 218f)* ▶

contour

❺ Weingüter im Wairau Valley

Nicht nur wegen des ausgezeichneten Sauvignon Blanc wird das Wairau Valley, die größte und bekannteste Weinregion des Landes, von Weinkennern aus aller Welt besucht. Inzwischen bieten hier etwa 130 Weingüter ihre Produkte an, Montana Wines *(siehe S. 212)* war 1971 das erste. Die besten Weine werden im Februar auf dem Marlborough Wine and Food Festival prämiert. Im Montana Brancott Visitor Centre der Montana Winery erfahren Besucher alles über Weinbau.

Weinbau nahe Blenheim vor dem Hintergrund der Richmond Range

⑨ Cloudy Bay
Das Weingut gehört zu den erfolgreichsten in Neuseeland und ist für seine guten Sauvignon Blancs, Chardonnays und Pinot Noirs bekannt. Für Besucher zum Kosten und Kaufen täglich geöffnet.

⑧ Allan Scott Wines and Estates
Einer der Pioniere des Weinanbaus in Marlborough offeriert mit seinem Chardonnay, Sauvignon Blanc und einem Riesling die typischen Weine der Region.

⑦ Stoneleigh Vineyards
Das Weingut liegt in einem trockenen Flussbett. Die Steine, die dem Gut auch den Namen verliehen, reflektieren die Sonnenstrahlen und beschleunigen so den Reifungsprozess. Chardonnay, Riesling, Sauvignon Blanc und Pinot Noir werden hier angebaut.

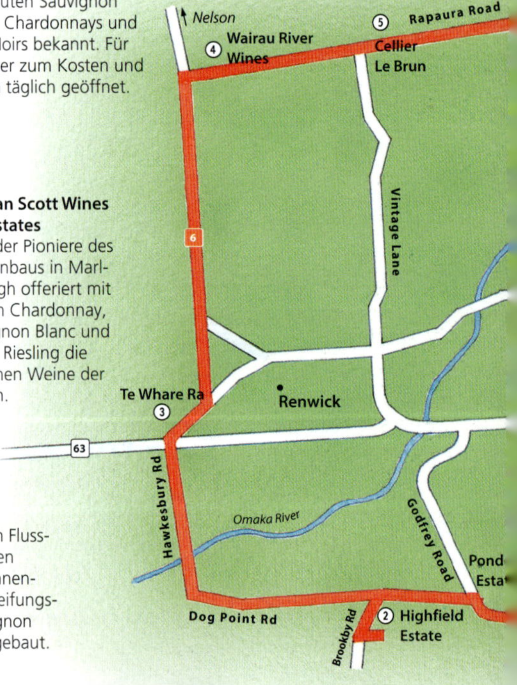

⑥ Hunters Wines
Das vielfach ausgezeichnete Weingut bietet rote, weiße und moussierende Weine an. Hier werden die Rebsorten Pinot Noir, Cabernet, Merlot, Sauvignon Blanc, Chardonnay sowie ein guter Brut produzier

Legende
- Routenempfehlung
- Andere Straße
- Fluss

Weitere Zeichenerklärungen *siehe hintere Umschlagklappe*

① Ponder Estate
Neben ausgezeichneten Sauvignon Blancs und Chardonnays hat man nun auch den Olivenanbau eingeführt. Beste Weine und gute Olivenöle werden in der hauseigenen Shed Gallery angeboten. Der Hausherr Mike Ponder stellt hier auch seine Kunstwerke aus.

② Highfield Estate
Den besten Blick auf die Weinberge des Highfield Estate hat man vom Turm des Hauptgebäudes, das im Stil eines Landguts der Toskana errichtet ist. Auch hier kann man die Weine kosten und kaufen.

③ Te Whare Ra
Süße Dessertweine sind die Spezialität des kleinen, exklusiven Weinguts. Besonders der Gewürztraminer gilt als einer der besten des Landes.

④ Wairau River Wines
Das außergewöhnliche Gebäude (aus Lehm, Schlamm, Stroh und Pferdehaaren) von Wairau River Wines bietet außer dem Verkauf der hauseigenen Rieslings, Chardonnays und Sauvignon Blancs auch ein Restaurant und einen Souvenirladen.

⑤ Cellier Le Brun
Hier setzt man bei der Sektproduktion ausschließlich die *méthode traditionelle* ein. Das Weingut und die Keller können besichtigt werden, der Weinerkauf findet im eigenen Laden statt.

Routeninfos

Start: Blenheim ist Beginn und Endpunkt der Rundfahrt. Die Straßen sind gut ausgebaut.
Länge: 34 km.
Das Weinbaugebiet ist recht überschaubar. Dennoch sollten Sie mehr als einen Tag für den Besuch der Weingüter veranschlagen. Aufgrund der strengen Alkoholkontrollen in Neuseeland ist die Teilnahme an einer Weintour mit dem Bus zu empfehlen. Nähere Informationen erhalten Sie im Blenheim Visitor Centre *(siehe S. 212)*.
Zwischenstopps: Neben den Restaurants der Weingüter bieten auch Speiselokale in Renwick und Blenheim eine gute Küche. Im Sommer wird an der Straße frisches Obst verkauft.

Uhrenturm am Seymour Square in Blenheim

6 Blenheim

Straßenkarte D5. 30 000.
6 km westl. der Stadt.
Railway Station, Sinclair St, (03) 577 8080. Marlborough Wine and Food Festival (2. Sa im Feb); Classic Fighters Air Show (Ostern); Hunters Garden Marlborough (2. Wochenende im Nov).

Mit dem Erfolg des Weinbaus *(siehe S. 210f)* hat die Bedeutung von Blenheim, der größten Stadt in der Region um Marlborough, deutlich zugenommen. Das Wine and Food Festival ist ein großes Ereignis. Blenheim ist Heimat für viele Künstler und Galeristen.

Der Seymour Square mit seinem Brunnen, den Gärten und einer hohen Turmuhr bildet den Mittelpunkt der Stadt. In der **Millennium Art Gallery**, Blenheims einziger Kunstgalerie, werden die Arbeiten der ortsansässigen Künstler ausgestellt. Am Südrand der Stadt schließt das **Marlborough Museum** an die historischen Gebäude des Brayshaw Park an. Der Park unterstreicht mit einer Miniatureisenbahn, einem Teich mit Bootsverleih und dem im Kolonialstil erbauten Minidorf die koloniale Vergangenheit Blenheims.

Die Fuß- und Radwege des **Wither Hills Farm Park** kann man auch mit mittelmäßiger Kondition genießen.

Millennium Art Gallery
Ecke Seymour & Alfred St. (03) 579 2001. Mo–Fr 10.30–16.30, Sa, So 13–16 Uhr. Feiertage. Spende.

Marlborough Museum
Brayshaw Park, 26 Arthur Baker Place. (03) 578 1712. tägl. (Archiv: nur Di, Do). 25. Dez.

Wither Hills Farm Park
Redwood St. Blenheim i-SITE Visitor Centre, (03) 577 8080. tägl.

Umgebung: Südlich von Blenheim befindet sich das **Montana Brancott Visitor Centre**. Die eine Stunde dauernde Führung gewährt mit einer Weinverkostung, einer Videoshow, dem Besuch von zwei Kellern und einem interaktiven »Aroma-Rad« interessante Einblicke in die hiesige Weinproduktion.

Weiter südlich im Awatere Valley liegt **Molesworth Station**, die größte Farm Neuseelands. Eine 59 Kilometer lange Straße (nur im Sommer befahrbar) erschließt die landschaftliche Vielfalt des Agrargebiets.

Montana Brancott Visitor Centre
State Hwy 1. (03) 520 6975. tägl. Karfreitag, 25. Apr, 25. Dez.

Molesworth Station
Department of Conservation, (03) 572 9100. Dez–Feb.

7 Kaikoura

Straßenkarte D5. 3700.
Westend, (03) 319 5641. Kaikoura Seafest (1. Sa im Okt); Kaikoura Races (Mo nach Labour Day).

Der Māori-Name Kaikoura bedeutet »Gericht aus Languste« und reflektiert die Bedeutung des nahen Meeres. Als Kapitän Cook 1770 die Halbinsel Kaikoura umsegelte, taufte er sie »Lookers On« und bezog sich damit auf die Māori, die ihn beobachteten.

1842 kamen erstmals europäische Walfänger hierher. Heute verdankt Kaikoura den sanften Meeresriesen seinen boomenden Tourismus. Im Visitor Centre werden Relikte des Walfangs und eine Videoshow zum Thema Wal gezeigt. Das historische **Fyffe House**, das älteste Gebäude Kaikouras, zeigt Schnitzereien aus Walzähnen. Die Wege des »Garden of Memories« sind von einigen Walrippen flankiert. In der Scarborough Street über der Stadt findet man einen Aussichtspunkt und die Gold Gallery, die mit Blattgold verzierte Walskulpturen ausstellt. Am südlichen Stadtrand liegt die **Kaikoura Winery**, die man auch besichtigen kann. Die Höhle **Māori Leap Cave**, vom Meer in Jahrmillionen aus den Sandsteinklippen gewaschen, ist voller Tropfsteinformen. Sechs Kilometer südlich befindet sich die Fyffe Country Lodge. Nebenstraßen führen auf den Mount Fyffe. Wer hier spazieren geht, kann einen großartigen Blick auf Stadt und Küste genießen.

Walzahn mit Schnitzerei

Fyffe House
62 Avoca St. (03) 319 5835. Sommer: tägl.; Winter: Do–Mo. Karfreitag, 25. Dez. Erwachsene.

Kaikoura Winery
State Hwy 1. (03) 319 7966. tägl. Karfreitag, 25. Dez.

Māori Leap Cave
State Hwy 1. (03) 319 5023. tägl. 25. Dez. obligatorisch.

Picknick an der Küste von Kaikoura

Meerestouren vor Kaikoura

Seit das Interesse an Ökologie und Tierbeobachtung Ende der 1980er Jahre enorm angestiegen ist, wurde Kaikoura eine der wichtigsten Städte für den Ökotourismus. Vor allem Pottwale, Orkas und unzählige Delfinarten können vor den Küsten der Region gesichtet werden. Mehrere Veranstalter in Kaikoura bringen Besucher mit Booten, Flugzeugen und auch in Unterwasser-Expeditionen dicht an die Tiere heran. Die große Zahl an hier lebenden Meeressäugetieren erklärt sich aus dem Zusammenspiel von tiefem Wasser, warmen und kalten Strömungen und dem dadurch vorhandenen Nahrungsüberfluss. Von den Seevögeln der Region sind vor allem der Königsalbatros, der Wanderalbatros, der Schwarzbraune Albatros und der Silbersturmvogel zu nennen.

Walbeobachtung mit einem Whale Watch®-Boot

Walbeobachtung

Am häufigsten kommen vor Kaikoura Zahnwale (z. B. Orkas) vor, auch Pottwale zeigen sich hier regelmäßig. Im Gegensatz zu den meisten Walen, die Plankton aufnehmen, sind Zahnwale aktive Beutejäger, die sich von Fischen, Krill und Tintenfischen ernähren.

Veranstalter bemühen sich, ihre Gäste möglichst nahe an die Meeressäuger zu bringen.

Mit Dusky-Delfinen zu schwimmen ist ein unvergessliches Erlebnis.

Frische Schalentiere sind eine Spezialität der Restaurants der Stadt. Jedes Jahr im Oktober werden während des »Kaikoura Seafest« Unmengen an Meeresfrüchten verspeist.

Neuseeländische Pelzrobben kann man am Ohau Point, 23 Kilometer nördlich von Kaikoura, sehr gut beobachten.

Albatrosse sind häufig ganz nah an den Meeresufern von Kaikoura zu beobachten.

❽ Nelson

Nelson war die zweite Niederlassung der New Zealand Company. Das Handelshaus brachte 1842 die ersten Siedler hierher. Zwei Jahre später wurde die Firma zwar liquidiert, doch viele Siedler blieben hier, und Nelson wurde 1853 Provinzhauptstadt. Per Dekret erhielt Nelson 1858 als zweiter Ort Neuseelands den Status einer Stadt. Im Zentrum befinden sich viele Galerien und historische Sehenswürdigkeiten. So wurde eine Statue des Entdeckers Abel Tasman an Nelsons Hausstrand Tahunanui errichtet. Die Stadt war einer der wichtigsten Drehorte bei der Verfilmung von Tolkiens Trilogie *Der Herr der Ringe*.

Blick auf die Bucht von Nelson vom Auckland Point

Anzac Park

Ecke Rutherford & Halifax St.

Der schön gestaltete Anzac Park mit gepflegten Blumenbeeten, hohen Palmen und einem Kenotaph ist Nelsons wichtigste Kriegergedenkstätte. Eine von Pferden gezogene Straßenbahn, »City Bus« genannt, war bis 1901 in Betrieb. Am Auckland Point lag einst das *pa* Matangi Awhio der Māori, die hier auch mit den Europäern Handel trieben. Von einem Aussichtspunkt des neu aufgeforsteten Parks hat man einen weiten Blick über das Stadtgebiet von Nelson.

Nelson Provincial Museum

Ecke Trafalgar & Hardy St. (03) 548 9588. tägl. Karfreitag, 25. Dez. Spende; Eintritt für spezielle Ausstellungen.

Die untere Galerie des Museums dokumentiert Natur- und Kulturgeschichte der Region anhand von Artefakten der Māori wie etwa *taonga* (Ornamente). Zudem werden Fotos, Keramik, Glaswaren und Bekleidung von der Kolonialzeit bis in die Gegenwart gezeigt. Die obere Galerie präsentiert Sonderausstellungen.

Centre of New Zealand

Ecke Milton & Hardy St.

Ein Spazierweg am Botanical Reserve – wo 1870 das erste Rugbyspiel Neuseelands stattfand – führt auf den Botanical Hill zu einem Aussichtspunkt, der in Nelson als »Centre of New Zealand« bezeichnet wird. Von dort überblickt man die Stadt, den Hafen, das Tal von Maitai und den gleichnamigen Fluss, der in den Hafen mündet. Ein Fußweg folgt dem Flusslauf bis zur Badeanlage Riverside Pool mit ihrer historischen Fassade. Der Weg endet am Visitor Centre.

Suter Art Gallery

208 Bridge St. (03) 548 4699. tägl. 1. Jan, Karfreitag, 25. Dez. **thesuter.org.nz**

Die Suter Art Gallery von 1899 zeigt u. a. einige wichtige Werke von Sir Tosswill Woollaston (einem Wegbereiter der modernen Kunst in Neuseeland), von Frances Hodgkins, Colin McCahon *(siehe S. 36)* und der aus Nelson stammenden zeitgenössischen Malerin Jane Evans. Außerdem ist hier die Kunstsammlung von Andrew Suter ausgestellt, der von 1866 bis 1891 Bischof von Nelson war. Er stiftete der Stadt die Werke von Künstlern der frühen Kolonialzeit – darunter viele Gouachen von John Gully.

Queens Gardens und Albion Square

Zu den wichtigen historischen Stätten der Stadt gehören die Queens Gardens. Einige Bäume des 1887 eröffneten Parks sind über 150 Jahre alt. Der Albion Square, der an den Park anschließt, war politisches Zentrum der Stadt. Einige koloniale Bauten geben dem Platz noch immer einen bedeutsamen Anstrich. Das Pulvermagazin, eine Feuerwache, das Aquarium für Forellenzucht und ein seit 1864 genutzter Briefkasten vermitteln einen Eindruck vom Leben in der »guten alten Zeit«.

Church Hill

Trafalgar Square.

Über dem Church Hill ragt der Glockenturm der anglikanischen Christ Church Cathedral auf, des dritten kirchlichen Bauwerks an einem Platz, der schon eine Vergangenheit als Mine, *pa*, Befestigungsanlage und Immigrantenlager hinter sich hat. Eine breite Granittreppe, ein Geschenk Thomas Cawthrons an die Stadt, führt von der Trafalgar Street herauf.

Christ Church Cathedral

Blumenstände am Wochenmarkt von Nelson

Auf Tafeln wird die Geschichte des Church Hill erläutert, Reste des Forts sind neben dem Eingang der Kathedrale zu sehen.

Nelson Market

Montgomery Square. ☎ (03) 546 6454. ◯ Sa 8–13, So, 9–13 Uhr. ● 1. Jan, 25. Dez. ♿

An Wochenenden verwandelt sich der Parkplatz am Montgomery Square in einen bunten Markt. Noch vor Sonnenaufgang werden die Stände aufgebaut, und bald wechseln Pflanzen, Obst, Gemüse, Spielzeug und allerlei Krimskrams den Besitzer. Für den Hunger zwischendurch halten Imbissstände viel Delikates bereit.

Trafalgar Street South

Trafalgar Street, Nelsons Hauptstraße, wird südlich des Church Hill zur Trafalgar Street South. Sie führt zum Fairfield Park, in dessen Nähe zwei schöne Anwesen aus der Kolonialzeit stehen: Melrose House wurde um 1878 im prunkvollen italienischen Stil erbaut. Eine Besonderheit des Fairfield House von 1873 ist ein Aussichtsturm, der von seinem Erbauer Arthur Atkinson für astrologische Zwecke genutzt wurde. Im Garten stehen Bäume, die der Dalai-Lama 1996 anlässlich seines Besuchs in Neuseeland selbst gepflanzt hat.

South Street

Westlich des Church Hill liegt das historische Viertel um die South Street. Die Hütten der ehemaligen Arbeitersiedlung entstanden 1863–67. 16 Häuser blieben im Originalzustand erhalten, viele wurden renoviert und in Kunsthandwerksgalerien umgewandelt.

Infobox

Straßenkarte D4. 43 500.
77 Trafalgar St, (03) 548 2304. Nelson Jazz Festival (Jan); School of Music Winter Festival (Juli); Nelson Arts Festival (Okt); Sealord Summer Festival (Dez, Jan).
nelsonnz.com

Anfahrt
15 km südwestl. der Stadt
27 Bridge St.

Ehemalige Arbeitersiedlung in der historischen South Street

Zeichenerklärung
siehe hintere Umschlagklappe

Zentrum von Nelson

① Anzac Park
② Nelson Market
③ Nelson Provincial Museum
④ Suter Art Gallery
⑤ Queens Gardens und Albion Square
⑥ Centre of New Zealand
⑦ Church Hill
⑧ South Street
⑨ Trafalgar Street South

❾ Richmond

Straßenkarte D4. 11 000.
Nelson, 8 km westl. der Stadt.
22 Gladstone Rd, (03) 543 9521.

Die Stadt ist das Zentrum einer Gartenbauregion. Sehenswert sind die Washbourne Gardens mit dem 1862 erbauten Gefängnis und das Redwood Stables Restaurant, das aus Ziegelsteinen des ersten neuseeländischen Rennstalls erbaut wurde. Die Kunstfertigkeit der Glasbläser Ola und Marie Höglund bei **Höglund Art Glass** ist bewundernswert. Sie produzieren u. a. Kelche und Schmuck.

Umgebung: Sechs Kilometer südwestlich von Richmond wird in Brightwater an den 1871 hier geborenen Physik-Nobelpreisträger Lord Ernest Rutherford *(siehe S. 25)* erinnert. Auch die **McGlashen Pottery** ist in Brightwater zu Hause. Südwestlich des Ortes, in Wakefield, steht die 1846 erbaute Kirche St John's.

Höglund Art Glass
52 Lansdowne Rd. (03) 544 6500. tägl. Karfreitag, 25. Dez.

McGlashen Pottery
128 Ellis St, Brightwater. (03) 542 3585. tägl. 1. Jan, Karfreitag, 25. Apr, 25. Dez.

Die älteste Kirche der Südinsel, St John's in Wakefield

❿ St Arnaud

Straßenkarte D5. 200.
View Rd, (03) 521 1806. Antique & Classic Boat Show (März); Rainbow Mountain Bike Race (März).

Von Blenheim oder Nelson in 90 Minuten mit dem Auto erreichbar liegt St Arnaud am Ufer des Lake Rotoiti, ein Paradies für Angler, Segler und Wasserskifahrer. Auch der nahe Lake Rotoroa hat gute Forellengründe. St Arnaud ist ein geeigneter Ausgangspunkt für Touren in den Nelson Lakes National Park und in die **Rainbow Ski Area**. Die Pisten des Skigebiets sind für Anfänger und Fortgeschrittene zum Skifahren und Snowboarden geeignet. Nur im Sommer ist die Straße bis Hanmer Springs *(siehe S. 237)* befahrbar.

Lake Rotoiti im Nelson Lakes National Park

Rainbow Ski Area
Wairau Valley. (03) 521 1861.
Juni–Okt: tägl.

⓫ Nelson Lakes National Park

Straßenkarte C5.
View Rd, (03) 521 1806.

Die Gletscherseen Rotoiti und Rotoroa sind der atemberaubende Mittelpunkt des rund 1000 Hektar großen Naturparks an der Nordspitze der Southern Alps. Im Wassertaxi lässt sich die Landschaft mit ihren hohen Bergen, Wäldern, Tälern und Seen am besten genießen. Die Wasserwelt des Parks ist ideal zum Angeln und für alle Wassersportarten. Im Winter besuchen Skifahrer den Park. Unter den vielen Wanderwegen ist der Circuit Travers–Sabine besonders zu empfehlen. Der 80 Kilometer lange Weg führt durch zwei Täler, über einen Pass, durch die Speargrass Wetlands und an den Seen entlang. Die zweitägige Tour über den Höhenweg des Robert Ridge berührt den schönen Lake Angelus.

⓬ Motueka

Straßenkarte D4. 6600.
20 Wallace St, (03) 528 6543.

Die Gartenbauregion von Motueka kann mit allen erdenklichen Obstkulturen aufwarten: Kiwis, Äpfel, Birnen, Beerenfrüchte und Trauben. Die Stadt ist auch Ausgangspunkt für Touren in den Abel-Tasman- und den Kahurangi-Nationalpark.

Umgebung: 14 Kilometer nördlich von Motueka liegt **Kaiteriteri**, bekannt wegen seiner goldfarbenen Sandstrände. Südlich von Motueka befinden sich die Küstenorte Tasman und Mapua, weiter im Landesinneren das nach 1840 von deutschen Einwanderern gegründete Upper Moutere Village. Jeder dieser Orte bietet Galerien, Läden, Restaurants und Übernachtungsmöglichkeiten.

⓭ Kahurangi National Park

Straßenkarte C4. 20 Wallace St, Motueka, (03) 528 6543.

Im 4510 Quadratkilometer großen Schutzgebiet leben viele einheimische Tiere und Pflanzen. Highlight ist der Heaphy Track, auf dem man vier bis sechs Tage wandern kann. Kajakfahren, Raften, Jagen und Fischen wird überall angeboten. Der Hauptzugang zum Park erfolgt von Motueka, aber auch von Karamea *(siehe S. 238)*, Murchison und Golden Bay erreicht man den Park.

Kunstszene von Nelson

Das milde Klima und die reizvolle Umgebung haben schon früh Künstler nach Nelson gezogen und eine lebendige Kunstszene entstehen lassen. Die unzähligen Galerien stellen Glaswaren, Gemälde, Schmuck, Textilkunst, Schnitzereien und Keramiken aus. Die Suter Art Gallery *(siehe S. 214)* ist für ihre Sammlungen historischer Gemälde und Skulpturen sowie der Kunst der klassischen Moderne bekannt. Nelson macht sich auch als Veranstaltungsort von Festivals einen Namen. So finden hier u. a. das Nelson Jazz Festival und das Nelson School of Music Festival statt. Im Nelson Provincial Museum widmet sich eine Fotoausstellung der Geschichte der Region und den kolonialen Anfängen Neuseelands.

Ron McGlashen in seinem Töpferatelier in Brightwater

Keramiken

Die schönen Lehmerden und Brennglasuren ziehen seit einigen Jahren Keramikkünstler aus aller Welt an. In den Töpferwerkstätten belegen qualitativ hochwertige Töpferwaren das Talent der in Nelson arbeitenden Künstler, die zu den besten des Landes zählen.

Handgefertigte Fliesen am Türrahmen eines Ladens in Mapua

Glaskunst in Nelson verbindet modernes Design mit traditionellem Handwerk. Die farbenfrohen Kunstwerke der Glasbläser und -künstler sind absolute Unikate.

Die vielen Kunstgalerien sind typisch für die Region

Die Künstler in Nelson haben sich schon immer von der großartigen Natur inspirieren lassen, wie die Sammlungen der Suter Art Gallery *(siehe S. 214)* zeigen.

Räumliche Kunstwerke sind beliebt in der einheimischen Kunstszene. Bildhauer aus Nelson wurden mit Auftragsarbeiten für öffentliche Plätze betraut. Und so sieht man an vielen Stellen lustige dreidimensionale Objekte.

⓮ Abel Tasman National Park

Abel Tasman ist mit 225 Quadratkilometern der kleinste Nationalpark Neuseelands. Das milde Klima, golden schimmernde Strände, dichte Regenwälder und unberührte Sanddünen machen den Park jedoch weithin bekannt. Der schönste Track entlang der Küste kann nur in einer Richtung begangen werden, den Rückweg sollte man per Wassertaxi oder Charterboot antreten. Schutzhütten und eine große Zahl von Zeltplätzen ermöglichen jederzeit eine Unterbrechung der Touren durch den Park. Im Sommer ist es allerdings ratsam, Hütten und Wanderungen vorher zu buchen. Der Abel Tasman National Park eignet sich besonders für Kajakfahrten. Wer sich einmal zwischen Robben, Delfinen und Pinguinen treiben ließ, wird dies nie vergessen.

Der Abel Tasman National Park aus der Luft

★ **Wainui Falls**
Die schönsten Wasserfälle von Nelson sind vom Parkplatz an der Straße nach Totaranui in 30 Minuten zu Fuß zu erreichen.

★ **Harwoods Hole**
Ein einstündiger Fußmarsch führt vom Canaan-Parkplatz *(siehe S. 220)* zum Rand des 176 Meter tiefen Marmorschachts von Harwoods Hole. Es ist ratsam, nicht zu dicht an den Spalt zu treten, da die Ränder brüchig sind.

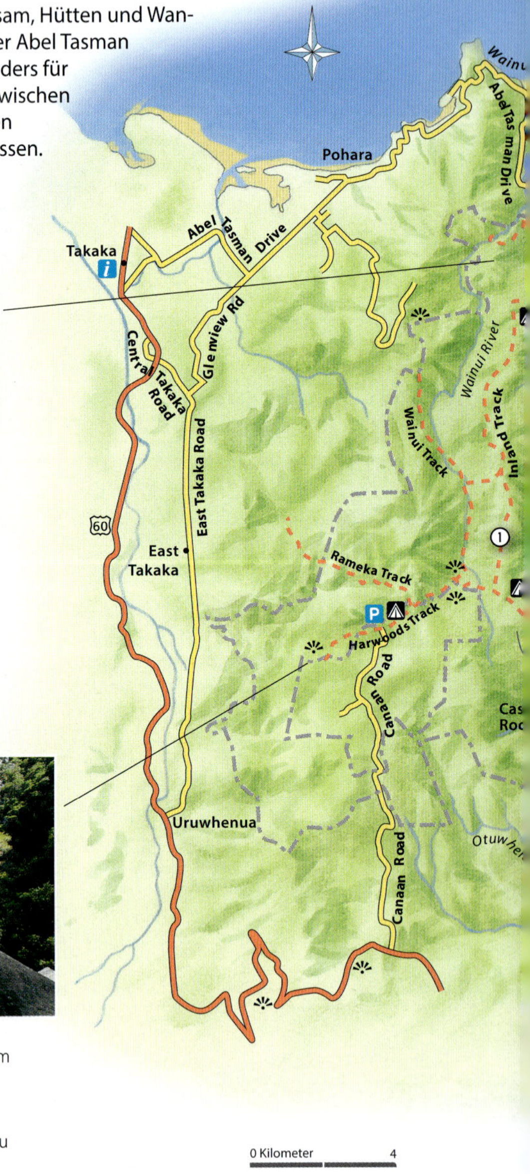

Hotels und Restaurants in Marlborough und Nelson *siehe Seiten 305f und 321f*

Infobox

Information
Straßenkarte D4. ℹ 79 Trafalgar St, Nelson, (03) 546 9339.
W doc.govt.nz

Anfahrt
🚌 nach Marahau und Totaranui tägl. von Nelson und Motueka. ⛴ Wassertaxis und Boote von Kaiteriteri und Marahau.

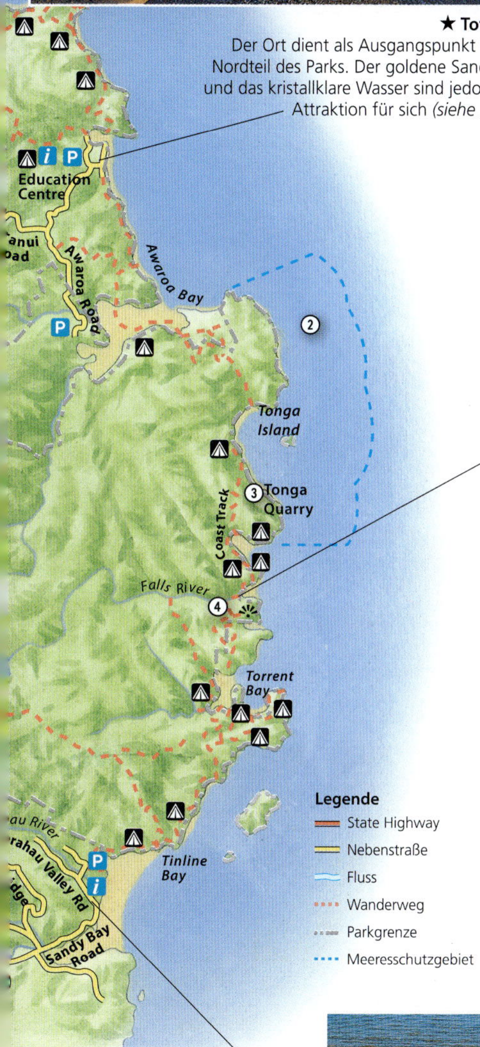

★ Totaranui
Der Ort dient als Ausgangspunkt für den Nordteil des Parks. Der goldene Sandstrand und das kristallklare Wasser sind jedoch eine Attraktion für sich *(siehe S. 220)*.

Coast Track
Der 51 Kilometer lange Coast Track von Marahau nach Wainui passiert vier Schutzgebiete, wovon zwei nur bei Ebbe begehbar sind. Die anderen haben höher gelegene Wege, bei Onetahuti gibt es eine Brücke.

Außerdem

① **Der Inland Track** ist bergiger als der Coastal Walk. Die dreitägige Tour führt von der Tinline Bay zur Wainui Bay. Für genügend Trinkwasser muss selbst gesorgt werden.

② **Das Tonga Island Marine Reserve** umfasst zwölf Kilometer Küstenlandschaft. Um den ursprünglichen Zustand der Inselgewässer wiederherzustellen, wurden Pflanzen und Tiere unter Schutz gestellt.

③ **Granit** kommt überall im Park vor und wurde früher im Tonga-Steinbruch auch abgebaut.

④ **Falls River** liegt zu Fuß ca. eine Stunde von der Torrent Bay entfernt. Der Weg folgt dem Tregidga Stream, passiert die Cascade Falls und endet am Falls River. Von hier kann man in 15 Minuten die Hauptfälle erreichen.

Marahau
Der Ort ist der südliche Zugang des Parks. Von hier aus kann man Kajaktouren oder Wanderungen unternehmen. Ein besonderes Vergnügen ist es, mit Robben zu schwimmen.

Weitere Zeichenerklärungen *siehe hintere Umschlagklappe*

Blick vom Takaka Hill auf Motueka und Nelson

⓯ Takaka Hill

Straßenkarte D4.

Takaka Hill trägt wegen der großen Marmoreinschlüsse, die sich leuchtend gegen das Grün des Tasman-Parks abheben, auch den Beinamen »Marmorberg«. Vom Gipfel des Takaka Hill kann man D'Urville Island im Norden und Nelson im Osten ausmachen. Unter den vielen Höhlen und Felsnischen sind vor allem die **Ngarua Caves** beim Gipfel den Aufstieg wert. In der einzigen für Besucher zugänglichen Höhle kann man Moa-Knochen sehen. Unterhalb der Höhle liegt der Strand von Marahau *(siehe S. 219)*, von dem aus Marmor für das neue Parlamentsgebäude in Wellington verschifft wurde.

Westlich der Ngarua Caves führt die Canaan Road zum gleichnamigen Parkplatz. Hier beginnen Rad- und Wanderwege, der Rameka Track ist besonders Mountainbikern zu empfehlen. Ein kleiner Spaziergang führt zum 176 Meter tiefen Schacht von Harwoods Hole *(siehe S. 218)*, ein steiler Seitenpfad erklimmt die Höhe des Harwood Lookout, von dem man einen schönen Ausblick über die Tafellandschaft des Kahurangi National Park *(siehe S. 216)* hat.

Östlich der Höhlen liegt Hawkes Lookout. Von der Plattform an einer 500 Meter abfallenden Felswand blickt man auf das Waldgebiet des Riwaka Resurgence.

Ngarua Caves
(03) 528 8093. Sommer: tägl.; Winter: Schulferien.

⓰ Takaka

Straßenkarte D4. 1500. 6 km nördl. der Stadt. Willow St, (03) 525 9136. **nelsonnz.com**

Takaka ist das wirtschaftliche Zentrum der Golden Bay und ein Tor zum Abel Tasman National Park *(siehe S. 218f)*. Die Bewohner der Stadt wirken wie eine bunte Mischung aus Farmern und »Aussteigern«. Milchwirtschaft ist eine der wichtigsten Einnahmequellen der Region. Das **Golden Bay Museum** zeigt Artefakte aus der Zeit von Abel Tasman und präsentiert die Geschichte der Minen. In mehreren Galerien werden Keramiken und Skulpturen von hier lebenden Künstlern ausgestellt.

In der **Wild Earth Nature Farm** werden neben Fischen auch Lamas, Alpakas und Yaks gezüchtet. Die Wege entlang dem Flussufer und ein sehr gemütlicher Picknickplatz in einem Tal verleihen dem Bencarri Farm Park eine besonders schöne Atmosphäre.

Bemalter Kürbis

Golden Bay Museum
Commercial St. (03) 525 6268. tägl. 10–16 Uhr. So im Winter, Feiertage.

Wild Earth Nature Farm
218 McCallum's Rd. (03) 525 8261. Sommer: tägl. 25. Dez. teilweise.

Umgebung: Zehn Kilometer von Takaka entfernt erstreckt sich der Strand von **Pohara**, dahinter befindet sich eine Gedenkstätte für Abel Tasman. Der Weg führt weiter zur **Wainui Bay**, wo mehrere Küstenwege – darunter auch der zu den Wainui Falls *(siehe S. 218)* – abzweigen. Hinter der Bucht führt die Straße zum Abel Tasman National Park, dann zum goldenen Strand von Totaranui. Im Sommer sind der Campingplatz und das Visitor Centre geöffnet.

Lamas zum Streicheln in der Wild Earth Nature Farm

Das klare Wasser des Waikoropupu Springs Scenic Reserve

⓱ Waikoropupu Springs Scenic Reserve

Straßenkarte D4.

Etwa sieben Kilometer nördlich von Takaka führt eine Abzweigung vom State Highway 60 zum Waikoropupu Springs Scenic Reserve. Die glasklaren Gewässer des Naturschutzgebiets, des größten Quellgebietes des Landes, werden von unterirdischen Quellen gespeist, die mit den Höhlensystemen von Takaka Hill und Riwaka Resurgence *(siehe S. 220)* verbunden sind. Nach einem leichten Aufstieg zu einer Aussichtsplattform können die Quellen von dort in Augenschein genommen werden. Schwimmen ist verboten, da das Wasser als *wahi tapu* (heilig) gilt.

Nach den Quellen (am Ende der Straße) führt der drei Kilometer lange Pupu Walkway zu einer ehemaligen Goldwaschanlage. Der künstliche Kanal, eine erstaunliche Leistung der damaligen Bergbauingenieure, wird bis heute für den Turbinenantrieb eines kleinen Kraftwerks genutzt.

⓲ Collingwood

Straßenkarte D4. 500.

Das stille Fischerdorf an der Mündung des Aorere River diente nach 1850 als Versorgungshafen der Goldsucher und war kurzzeitig auch als Hauptstadt von Neuseeland im Gespräch. Trotz mehrerer Feuersbrünste sind Gerichtsgebäude, Post, der alte Friedhof und die anglikanische St Cuthbert's Church erhalten geblieben.

In Collingwood starten sowohl die Touren zum Farewell Spit als auch die Busverbindungen zum Heaphy Track im Kahurangi National Park *(siehe S. 216)*.

Umgebung: 20 Kilometer von Collingwood entfernt verläuft der schöne Kaituna Track mit Flüssen, dichten Waldgebieten und den Te Anaroa Caves, einem 350 Meter langen Höhlensystem mit Glühwürmchen und Muschelfossilien. Außerdem führt der Weg an den Minen von Aorere vorbei, Neuseelands erstem größeren Goldvorkommen, wo auch Silber und Quarze abgebaut wurden.

⓳ Farewell Spit

Straßenkarte D4. Farewell Spit Information Centre, (03) 524 8454. tägl.

Am nördlichsten Punkt der Südinsel erstreckt sich eine 35 Kilometer lange Sanddüne. Farewell Spit ist ein geschlossenes Naturreservat, das zu einer international anerkannten Meeresschutzzone erklärt wurde.

Zu den hier beheimateten Vogelarten kommen im Frühjahr Zehntausende von Watvögeln aus der nördlichen Hemisphäre hinzu. Erst im Herbst fliegen sie zu ihren heimischen Brutplätzen zurück. Im Sommer sind hier schwarze Schwäne, Kanadagänse, Australische Tölpel, Kaspische Seeschwalben, Austernfischer, Krähenscharben und Uferschnepfen versammelt. Ein Besuch der Schutzzone ist nur im Rahmen einer geführten Tour von Collingwood aus möglich.

Ehemalige Goldfundstätten in Aorere bei Collingwood

Umgebung: Westlich des Spit liegt der **Puponga Farm Park** mit Wanderwegen und Aussichtspunkten. Hier kann man sich auch an der Farmarbeit beteiligen. Auf einem Weg vom Besucherzentrum erreicht man Fossil Point und kommt weiter westlich nach einem leichten Aufstieg zum Leuchtturm von Pillar Point und zu Old Man Range. Am Ende der Straße führt ein Weg durch die Dünen des Wharariki Beach. Hier gibt es Felsenpools, Seevögel, Robben und einen Blick auf die Archway Islands.

Puponga Farm Park
Collingwood–Puponga Main Rd.
(03) 525 8026. tägl.

Die weißen Sanddünen von Farewell Spit laden zum Aufstieg ein

Canterbury und Westküste

Das Gebiet von Canterbury und der Westküste erstreckt sich von der Tasmansee im Westen bis zum Pazifischen Ozean im Osten und gliedert sich geologisch, botanisch sowie klimatisch in die verschiedenartigsten Landschaften. Zu finden sind hier vier Nationalparks und mit dem Aoraki/Mount Cook der höchste Berg Neuseelands. Christchurch, die größte Stadt der Südinsel, ist ein idealer Ausgangspunkt für Erkundungen der Region.

Als Canterbury um 1850 in großem Stil von Europäern besiedelt wurde, lebte hier, wie auch an der Westküste, vor allem der Māori-Stamm der Ngai Tahu. Bereits um 1860 hatte sich die Regierung einen Großteil des Stammesgebiets in dubiosen Transaktionen angeeignet. Die Ngai Tahu verarmten und waren unfähig, mit dem wirtschaftlichen Aufschwung der Siedler mitzuhalten. Es dauerte bis 1997, bis der Stamm von der Regierung Neuseelands entschädigt wurde.

Während die Siedler in den 1850er Jahren der Landwirtschaft wegen nach Canterbury kamen, waren es schon in den 1860er Jahren die Goldfunde, die Einwanderer an die Westküste zogen. Bis heute hat sich die »Coast« mit ihren zerklüfteten Bergen und Gletschern, den üppigen Wäldern, rauschenden Flüssen und verschwiegenen Seen einen Teil der alten Goldgräberromantik erhalten. Das Klima an der Westküste ist recht feucht, der Westwind bringt häufig schwere Regenfälle mit sich – vor allem bedingt durch die feuchte Luft, die an den Southern Alps aufsteigt. Im Gegensatz dazu ist Canterbury relativ trocken. Warme, oft stürmische Winde streichen die Ostseite der Alpen hinunter und über die Canterbury Plains.

Die Ebene wirkt wie ein bunter Flickenteppich aus grünem Weideland und gelben Getreidefeldern. Sie ist von breiten Flusstälern durchzogen. Daran grenzen karge Tussock-Wiesen und bewaldete Hügelketten. Das Landesinnere, über dem sich die höchsten Berge Neuseelands auftürmen, bildet ein großes, trockenes Becken von herber Schönheit.

Bergsteiger am Gipfel des Aoraki/Mount Cook *(siehe S. 256f)*

◀ **Panoramablick vom Lewis Pass *(siehe S. 237)* auf den Maruia River**

Überblick: Canterbury und Westküste

Die abwechslungsreiche Landschaft wird geprägt von den Southern Alps. Nur zwei Straßen und eine Eisenbahnlinie durchqueren das Massiv. Deshalb sollte jeder, der dieses faszinierende Gebiet mit seiner besonderen Tier- und Pflanzenwelt kennenlernen möchte, die Region zu Fuß erkunden. Unabhängigen Outdoor-Aktivisten bieten sich unerschöpfliche Möglichkeiten, und diejenigen, die die Wildnis lieber in Begleitung eines Führers erkunden wollen, finden entsprechende Angebote in fast allen touristisch erschlossenen Orten.

Straßenbahn in Christchurch

Sehenswürdigkeiten auf einen Blick

1. *Christchurch S. 226–233*
2. Port Hills
3. Lyttelton
4. Halbinsel Banks
5. Akaroa
7. Hanmer Springs
8. Lewis Pass
9. Reefton
10. Karamea
11. Westport
12. Paparoa National Park
13. Greymouth
14. Hokitika
15. *Westland / Tai Poutini National Park S. 242f*
17. Arthur's Pass
18. *Arthur's Pass National Park S. 248f*
19. Mount Hutt
20. Rakaia
21. Ashburton
22. Geraldine
23. *Timaru S. 252f*
24. Lake Tekapo
25. Lake Pukaki
26. Twizel
27. Lake Ohau
28. *Aoraki/Mount Cook National Park S. 256f*

Touren

6. Weingüter von Waipara
16. Arthur's-Pass-Tour

Touren und Unternehmungen Die aufgeführten Orte sind ideal, um sich zu erholen und etwas zu unternehmen. Allerdings ändert sich das Wetter – je nach Jahreszeit – häufig. Vor einer Tour sollten Sie sich vor Ort informieren.	Fischen	Golf	Mountainbiken	Bergsteigen	Skifahren	Wandertouren	Wandern	Raften
Arthur's Pass National Park				★	★	★	★	
Halbinsel Banks	★	★	★			★	★	
Franz Josef Glacier				★	★	★	★	★
Hanmer Springs	★	★	★		★	★	★	★
Hokitika	★	★				★	★	
Karamea	★	★	★			★	★	★
Lake Ohau	★	★			★		★	
Lake Tekapo	★			★	★	★	★	
Lewis Pass			★	★	★	★	★	
Aoraki/Mount Cook		★			★		★	
Mount Hutt	★			★	★	★	★	
Paparoa National Park	★					★	★	
Port Hills			★				★	
Rakaia	★	★					★	★
Reefton	★		★			★		★
Westport	★	★						★

Weitere Zeichenerklärungen *siehe hintere Umschlagklappe*

In Canterbury und an der Westküste unterwegs

Trotz zahlreicher Busverbindungen hat man hier mit dem Auto mehr Möglichkeiten. Die Straßen sind gut, aber im Winter ist auf den Bergstrecken Vorsicht geboten. Von Christchurch aus bieten sich Tagestouren an, z. B. auf die Halbinsel Banks, nach Hanmer Springs, zu Arthur's Pass und in die Skigebiete. Auf der viereinhalbstündigen Fahrt mit der Tranz-Alpine-Eisenbahn von Christchurch nach Greymouth lernt man die Gegend auf entspannte Art und Weise kennen.

Lake Tekapo, ein Paradies für Wassersportler

❶ Christchurch

Canterburys Hauptstadt ist die größte Stadt der Südinsel und zugleich das Tor zu den landschaftlichen Highlights. Bereits 1850 war Christchurch als Hauptstadt angelegt worden, Gebäude und Monumente sowie Parks lassen die koloniale Vergangenheit lebendig werden. Vieles erinnert an die Siedlung einer Gemeinde der Church of England, die die Stadt im 19. Jahrhundert nach englischem Vorbild erbaute. Die Stadt entwickelte sich vom Agrarzentrum zum Standort der Hightech-Industrie. Erdbeben richteten 2010 und 2011 schwere Schäden an, einige Straßen der Innenstadt sind für den Verkehr noch immer gesperrt.

Cathedral Square

Der Cathedral Square im Herzen der Stadt liegt inmitten der schlimmsten Zerstörungen durch das Erdbeben und wird beherrscht von den Ruinen der Christchurch Cathedral. Andere historische Gebäude sind Old Government Building (1911), das das Erdbeben relativ unbeschadet überstand, und Old Chief Post Office (1897), die beide restauriert werden. Vollkommen zerstört wurden das Edwardian Regent Theatre und das Gothic Press Building. Die Statue von Robert Godley von 1867, die vor der Kathedrale stand, wurde nach dem Erdbeben weggeschafft und steht heute in der Re:START Shopping Mall *(siehe S. 229)*. Die Ruine der Christchurch Cathedral ist abgesperrt, der für Veranstaltungen genutzte Platz vor der Kirche bleibt weiterhin beliebter Anziehungspunkt für Besucher.

Ruine der Christchurch Cathedral

Cathedral Square. **i** (03) 366 0046. ● wegen Schäden durch Erdbeben.

Die Kathedrale von Christchurch wurde 1864–1904 als Zentrum der neuen anglikanischen Gemeinde Canterburys errichtet und ist noch heute das bedeutendste Wahrzeichen der Stadt. Der Entwurf für das neogotische Gebäude stammt vom englischen Architekten George Gilbert Scott. Benjamin Mountfort aus Christchurch war verantwortlich für den Bau der Kathedrale und nahm maßgeblich Einfluss auf die Gestaltung des Kirchenbaus. Der imposante Bau aus Holz und Stein ist bis ins Detail überaus beeindruckend.

Die Kathedrale überstand zwar das Erdbeben von 2010 ohne größere Schäden, das schwere Beben im folgenden Jahr ließ jedoch die obere Turmhälfte einstürzen. Auch einige Teile des Gemäuers wurden schwer beschädigt.

Die Zukunft des Kirchenbaus bleibt ungewiss. Ein vollständiger Abriss und die Errichtung eines neuen Gotteshauses an dieser Stelle werden seit Jahren diskutiert.

Old Government Building – heute ein Heritage Hotel

Zeichenerklärung
siehe hintere Umschlagklappe

Legende

- Detailkarte Christchurch *S. 228f*
- Tramlinie

Godley und die Besiedlung Canterburys

John Robert Godley (1814–1861) gilt als Gründer Canterburys, obwohl er nur drei Jahre in der Provinz verbrachte. Mit Edward Gibbon Wakefield, dem Gründer der New Zealand Company *(siehe S. 53)*, rief er 1848 die *Canterbury Association* ins Leben, die 1210 Quadratkilometer Land für die Provinz erwarb. Damit sollte unter der Oberherrschaft der englischen Kirche an den fernen Küsten ein Stück England entstehen. In diesem Sinn berichteten die englischen Zeitungen auch vom Auftrag der »Canterbury Pilgrims«, die 1850 auf den Schiffen *Randolph*, *Charlotte Jane*, *Cressy* und *Sir George Seymour* Segel setzten. Bereits drei Jahre nach der Gründung konnte sich Canterbury als eine der sechs Neuseelandprovinzen selbst verwalten. 1852 kehrte Godley nach England zurück.

Statue von John Robert Godley

Infobox

Information
Straßenkarte C6. 340 000.
Botanic Gardens, Rolleston Ave (bei Canterbury Museum), (03) 379 9629. Showtime Canterbury (Nov); Summertimes Festival (Dez–März).
christchurchnz.com

Anfahrt
10 km nordwestl. der Stadt. Troup Dr. 123 Worcester St; Cathedral Square.

Staken mit dem Kahn auf dem Avon River in Christchurch

Übergangsweise wurde im Jahr 2013 am Latimer Square eine Kirche, die Cardboard Cathedral, mit 700 Sitzplätzen aus Pappröhren, Holz und Stahlträgern von dem japanischen Architekten Shigeru Ban aufgestellt.

Avon River

Cashel St & Oxford Terrace.

Der Avon River, der sich in sanften Windungen durch Christchurch schlängelt, ist eine der Hauptattraktionen der Stadt. Der Fluss zieht mit seinen grünen, mit Trauerweiden und alten Eichen bestandenen Ufern im Sommer Besucher wie Einheimische an. Ein Uferspaziergang vom Victoria Square zur Bridge of Remembrance führt vorbei am Gerichtshof, an der Floral Clock, an der Provinzverwaltung und an der Statue des Polarforschers Robert Scott, geschaffen 1917 von seiner Witwe Kathleen.

An einigen Stellen, z. B. am Rathaus *(siehe S. 228)* und an den Antigua Boat Sheds, können Kähne gemietet werden.

Victoria Square

Der frühere Marktplatz der Stadt liegt nördlich des Cathedral Square und ist heute eine gepflegte Grünanlage. Überaus sehenswert sind die Floral Clock *(siehe S. 228)*, die Brunnen von Bowker und Ferrier sowie die Statuen von Queen Victoria (1901) und James Cook (1932).

Am Rand des Platzes steht das 1972 erbaute Rathaus, das bei dem Erdbeben 2011 schwer beschädigt wurde und wieder aufgebaut wird.

Nur einen Häuserblock weiter, an der Victoria Street, befindet sich das Casino von Christchurch, leicht erkennbar an der Fassade mit der Roulettescheibe.

Zentrum von Christchurch

1. Cathedral Square
2. Ruine der Christchurch Cathedral
3. Cardboard Cathedral
4. Victoria Square
5. Avon River
6. Provincial Council Buildings
7. Bridge of Remembrance
8. Antigua Boat Sheds
9. Arts Centre
10. Canterbury Museum
11. Christchurch Art Gallery
12. Christ's College
13. *Botanic Gardens S. 232f*
14. Hagley Park
15. Mona Vale

Der Park Victoria Square liegt nördlich des Cathedral Square

Im Detail: Christchurch

Die Straßen um den Cathedral Square sind gitternetzartig angelegt und werden von vier breiten Alleen eingefasst. Dieses strenge Konzept wird aufgelockert durch den Avon, der sich durch Innenstadt und Grünanlagen windet. Die vielen neogotischen und edwardianischen Gebäude, die schönen Parkanlagen und das einladende Flussufer bestätigen das Urteil, Christchurch sei die englischste aller nicht englischen Städte. Mehrere Erdbeben hinterließen schwere Schäden. Bis zum Abschluss der groß angelegten Bauprojekte werden noch einige Jahre vergehen.

New Regent Street
Die charmante Fußgängerzone wurde 1932 im spanischen Missionsstil erbaut.

Floral Clock
Das Blumenbeet, das seit 1953 besteht, wurde beim Erdbeben 2011 zerstört, soll aber wieder bepflanzt werden.

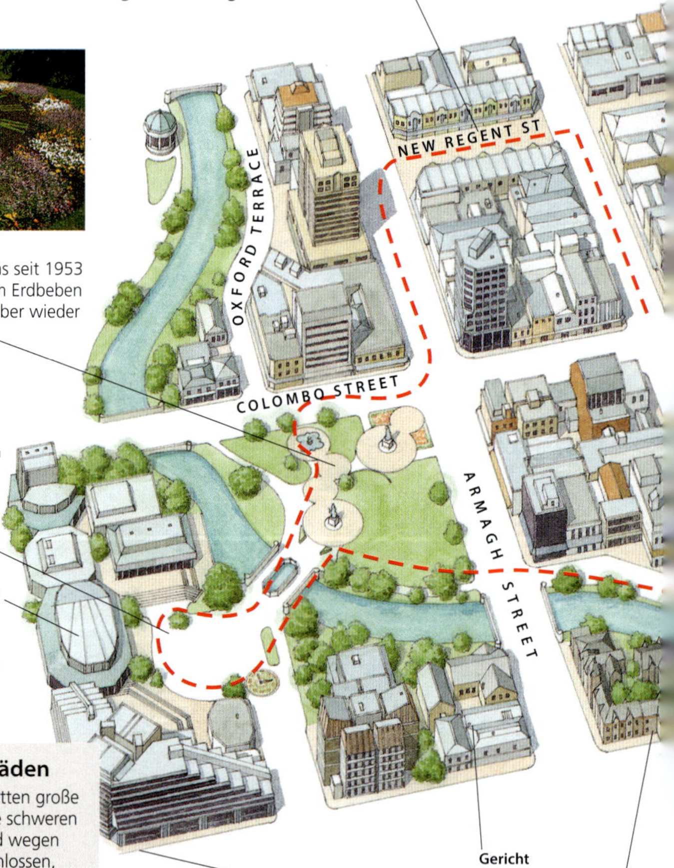

Victoria Square, begrenzt vom Avon River, ist mit den Blumenbeeten und den vielen Bäumen eine Oase inmitten der Stadt.

Das Rathaus, das 1972 von den Architekten Warren und Mahoney erbaut wurde, wurde schwer beschädigt und befindet sich im Wiederaufbau.

Gericht

Parkroyal Hotel

Erdbebenschäden

Viele Gebäude erlitten große Schäden durch die schweren Erdbeben und sind wegen Renovierung geschlossen, darunter auch Bridge of Remembrance, Provincial Council Buildings und Town Hall. Zu den Gebäuden, die nicht wiederaufgebaut werden können, gehören Christchurch Cathedral, Edwardian Regent Theatre, Gothic Press Building (abgerissen), Old Chief Post Office sowie Oxford Terrace, die durch die Re:START Mall ersetzt wurde.

★ Provincial Council Buildings
Die zwischen 1858 und 1865 errichteten Gebäude haben schöne Buntglasfenster, Deckengewölbe und kunstvolle Mosaike aufzuweisen. Trotz der schweren Schäden sollen sie wieder aufgebaut werden.

★ Cardboard Cathedral
Die teilweise aus Pappkarton bestehende, 2013 eröffnete Kirche wurde nach Plänen des japanischen Architekten Shigeru Ban errichtet. Sie ersetzt die Christchurch Cathedral, die bei den schweren Beben von 2011 zerstört wurde.

Christchurch Tram
Seit Ende 2013 fahren wieder restaurierte Straßenbahnen an den Sehenswürdigkeiten der Stadt vorbei *(siehe S. 226f)*.

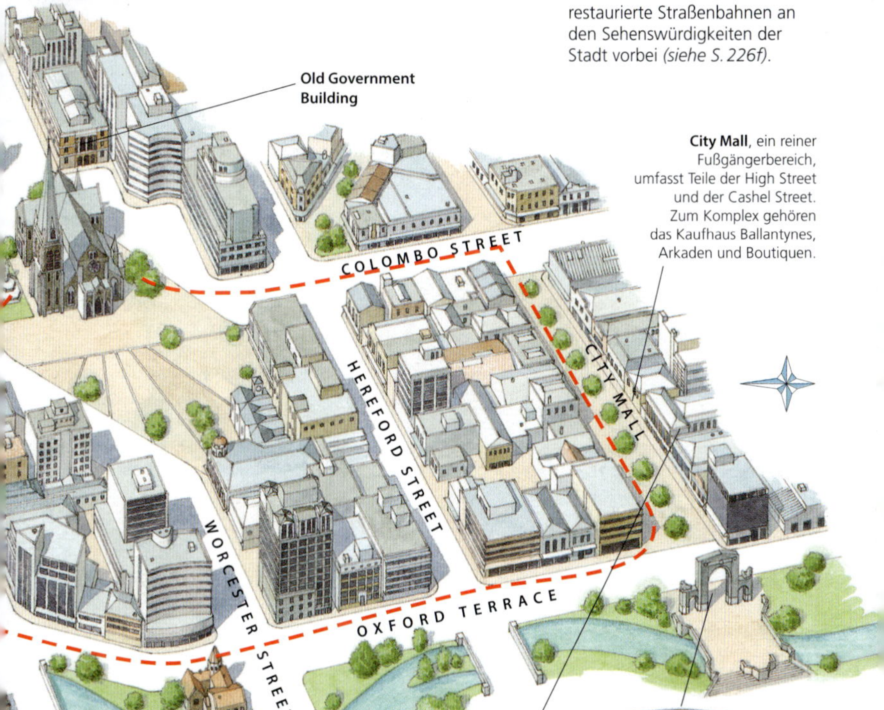

City Mall, ein reiner Fußgängerbereich, umfasst Teile der High Street und der Cashel Street. Zum Komplex gehören das Kaufhaus Ballantynes, Arkaden und Boutiquen.

Bridge of Remembrance
Der steinerne Brückenbogen erinnert an die Soldaten aus Canterbury, die in den beiden Weltkriegen und danach gefallen sind.

Re:START Shopping Mall
Am Ort der früheren Oxford Terrace, die während der Erdbeben zerstört wurde, beherbergen die bunt angemalten Schiffscontainer Läden, Essensstände und Veranstaltungsorte.

Aus Stein errichtete Gebäude der Provincial Council Buildings

Provincial Council Buildings

Ecke Armagh & Durham St. (03) 941 7680. wegen Schäden durch Erdbeben.

Die von Benjamin Mountfort, einem Architekten aus Christchurch, entworfenen Provinzverwaltungsgebäude gelten als das beste Beispiel für die neogotische Architektur Neuseelands. Der Bau der Anlage gliederte sich in drei Phasen. Die ersten beiden Gebäude wurden zwischen 1858 und 1861 vor allem aus Holz erbaut. Das dritte erhielt einen gemauerten Versammlungsraum. Es wurde 1865 fertiggestellt und ist das Prunkstück.

Alle Gebäude wurden durch das Erdbeben 2011 schwer beschädigt, aber ihr Status als UNESCO-Welterbe stellt sicher, dass sie vollständig wieder aufgebaut werden.

Bridge of Remembrance

Ecke Cashel St & Oxford Terrace.

Als Gedenkstätte für Neuseelands Soldaten, die in kriegerischen Auseinandersetzungen fielen, steht die Brücke am Eingang zur City Mall, der zentralen Einkaufszone der Stadt. Die von den Erdbeben beschädigte Brücke wird komplett renoviert.

Canterbury Museum

Rolleston Ave. (03) 366 5000. Okt–März: tägl. 9–17.30 Uhr; Apr–Sep: tägl. 9–17 Uhr. 25. Dez. Spende. **canterburymuseum.com**

Das von 1869 bis 1876 erbaute neogotische Canterbury Museum gilt als einer der gelungensten Säkularbauten Mountforts. Das Museum zeigt eine Sammlung antarktischer Exponate und eine der umfangreichsten Vogelausstellungen der Südhalbkugel. Andere Räume beherbergen orientalische Kunst, Möbel und Bekleidung, die Rekonstruktion einer Straße Christchurchs aus dem 19. Jahrhundert sowie eine Abteilung für Māori-Kultur. Jagdszenen zeigen den ausgestorbenen Moa und seine polynesischen Jäger.

Moa-Skelett im Canterbury Museum

Christ's College

Rolleston Ave. (03) 366 8705. tägl. während Schulferien. nach Vereinbarung. teilweise.

Im Christ's College ist die englische Vergangenheit lebendig. Hier werden die Söhne von Canterburys Elite in Schuluniform und nach englischem Vorbild in neogotischen, von 1863 stammenden Gebäuden unterrichtet. Besucher können im Rahmen einer Führung die Hauptgebäude besichtigen.

Arts Centre

Ecke Rolleston Ave & Worcester Boulevard. (03) 364 9720. wegen Schäden durch Erdbeben; informieren Sie sich auf der Website. **artscentre.org.nz**

Das in den Gebäuden der alten Universität untergebrachte Arts Centre war bis zu den schweren Zerstörungen durch das Erdbeben von 2011 ein renommiertes Zentrum für Kunst und Kunsthandwerk *(siehe S. 233)*. Der Komplex beherbergte mehr als 40 Galerien, Studios und Spezialläden, es gab Theater- und Ballettaufführungen sowie einige Restaurants.

1877 begann man mit dem Bau der neogotischen Gebäude. Mehrere Architekten waren für dieses Projekt am Werk, darunter auch Mountfort, der den Uhrenturm, die Eingangshalle und das Hauptgebäude entwarf.

Der ganze Komplex soll auf lange Sicht vollständig instand gesetzt und bis 2019 wieder aufgebaut werden.

Das Canterbury Museum liegt in einem schönen Steingebäude im neogotischen Stil

Hotels und Restaurants in Canterbury und an der Westküste *siehe Seiten 306f und 323f*

Christchurch Art Gallery (Te Puna o Waiwhetu)

Ecke Montreal Street & Worcester Blvd. (03) 941 7300. tägl. 10–17 Uhr (Mi bis 21 Uhr). für einige Ausstellungen.
christchurchartgallery.org.nz

Die Galerie ist die erste Kunstadresse der Stadt. Sie birgt eine umfangreiche Sammlung von 5000 nationalen wie internationalen Kunstwerken. Zudem werden hier regelmäßig Sonderausstellungen präsentiert. Zur Präsenzsammlung gehören niederländische, französische, italienische und englische Gemälde, Zeichnungen, Drucke, Skulpturen und Keramikarbeiten.

Die Sammlung neuseeländischer Kunst – vor allem die Artefakte aus Canterbury – ist eine der umfassendsten der Region. Zu sehen sind Arbeiten des Landschaftsmalers William Sutton *(siehe S. 36)* und anderer führender Künstler wie Doris Lusk, Colin McCahon, Rita Angus, Charles Goldie, Frances Hodgkins, Dick Frizzell und Seraphine Pick.

Antigua Boat Sheds

2 Cambridge Terrace. (03) 366 5885. tägl. 25. Dez.
boatsheds.co.nz

Die Antigua-Bootsvermietung an den Ufern des Avon bietet seit 1882 Vergnügungsfahrten auf dem Fluss an. Hier kann man Kanus oder Paddelboote mieten, um damit in die Stadt oder zu den Botanic Gardens zu kommen. Die Antigua Boat Sheds konnten sich als einzige kommerzielle Bootsvermietung halten.

Mona Vale

63 Fendalton Rd. (03) 348 9660. wegen Schäden durch Erdbeben; informieren Sie sich auf der Website.
ccc.govt.nz

Mona Vale (1899/1900), eine historische Villa, steht nordwestlich von Hagley Park inmitten einer gepflegten, mit alten Bäumen bestandenen Gartenanlage. Durch das Anwesen windet sich der Avon River. Besucher dürfen sich im Garten aufhalten, können Enten füttern oder auch Kahn fahren.

Antigua Boat Sheds

Das imposante Gebäude wäre in den 1960er Jahren beinahe abgerissen worden, aber nach Protesten einer breiten Öffentlichkeit erwarb die Stadt das Anwesen. Die Villa wurde bei den Erdbeben schwer beschädigt und wird derzeit renoviert.

Hagley Park

(03) 941 6840. tägl.

Hagley Park ist die grüne Lunge der Stadt. Hier findet man einen Golfplatz, Sportanlagen, baumgesäumte Spazier- und Fahrradwege, künstlich angelegte Seen sowie die Botanic Gardens *(siehe S. 232f)*.

Schon die ersten Siedler hatten in ihrem Stadtplan eine Fläche von zwei Quadratkilometern für einen Park vorgesehen. 1856 wurde festgelegt, dass das Gelände »für immer« der Öffentlichkeit zugänglich sein sollte. In den Jahren nach 1870 ersetzten die Siedler die heimische Flora durch europäische Pflanzen und Bäume.

International Antarctic Centre

38 Orchard Rd. (03) 357 0519. tägl. 9–17.30 Uhr.
iceberg.co.nz

20 Minuten westlich vom Zentrum liegt der Stützpunkt für die neuseeländischen, amerikanischen und italienischen Antarktisprogramme. Das Besucherzentrum zeigt eine Reihe von Exponaten, man kann auch eine Fahrt mit einem Antarktisfahrzeug machen.

Christchurch Gondola

10 Bridle Path Rd. (03) 384 0310. tägl.
welcomeaboard.co.nz/gondola

Südöstlich der Stadt befördert die Christchurch Gondola ihre Passagiere von der Station im Heathcote Valley hinauf zum Krater eines erloschenen Vulkans auf den Port Hills. Von hier aus hat man einen Rundblick über die Stadt sowie über die Halbinsel Banks und die Ebene Canterbury Plains bis zu den Southern Alps.

Bootsverleiher im Hagley Park

Christchurch: Botanic Gardens

Zum 1863 gegründeten Botanischen Garten gehören Gewächshäuser, Blumenbeete und Wasserspiele sowie englischer Rasen und ein Wäldchen, die sich in die Windungen des Avon schmiegen. Die Gärten sind nach dem schweren Erdbeben 2011 wiederhergestellt worden. An den Botanischen Garten grenzt im Osten das Künstlerviertel von Christchurch an. Das Stadtmuseum, die städtische Kunstgalerie, das Ballett, das Theater und das Arts Centre sind hier angesiedelt. Im Jahr 2014 wurden das neue Besucherzentrum, ein Café und ein Laden eröffnet.

★ Conservatory Complex
Das 1923 errichtete Cuningham House sowie vier andere Gewächshäuser, bis auf das Gilpin House, sind nach Reparaturarbeiten wieder eröffnet worden.

★ Water Garden
Dieser kühle, ruhige Ort ist umgeben von immergrünen Gewächsen, exotischen Bäumen und Sträuchern.

Außerdem

① Im **Rose Garden** vor dem Conservatory Complex blühen Rosen, ein Symbol für das englische Erbe der Stadt.

② **Der New Zealand Garden** zeigt einheimische Pflanzen in einem typischen Mischwald.

③ **Im Cockayne Memorial Garden** wachsen einheimische Pflanzen und Sträucher.

④ **Kinderspielplatz**

⑤ **Auf den Seen Victoria und Albert**, beide künstlich angelegt, tummeln sich Enten und Schwäne, und es ist sehr beliebt, hier Modellboote fahren zu lassen.

⑥ **Christ's College** *(siehe S. 230)*

⑦ **Rolleston Avenue**

Daffodil Woodland and Bandsmen's Memorial Rotunda
Bereits 1933 wurden um die Rotunde herum 16 000 Blumenzwiebeln gesetzt, die im Frühling ein Blütenmeer erschaffen.

Canterbury Museum
Das 1868 vom Geologen Julius von Haast gegründete Museum besitzt bemerkenswerte Sammlungen zur Erforschung der Antarktis und zur Kultur der Māori *(siehe S. 230)*.

Infobox

Information
Rolleston Ave (Eingang). (03) 941 8999. tägl. 7–1 Std. vor Sonnenuntergang. 25. Dez. nur im Sommer. Summertimes Festival (Dez–März). **ccc.govt.nz**

Anfahrt
Worcester Boulevard.

Peacock Fountain
Der verzierte, gusseiserne Pfauenbrunnen steht zwischen Blumenbeeten im östlichen Eingangsbereich des Gartens.

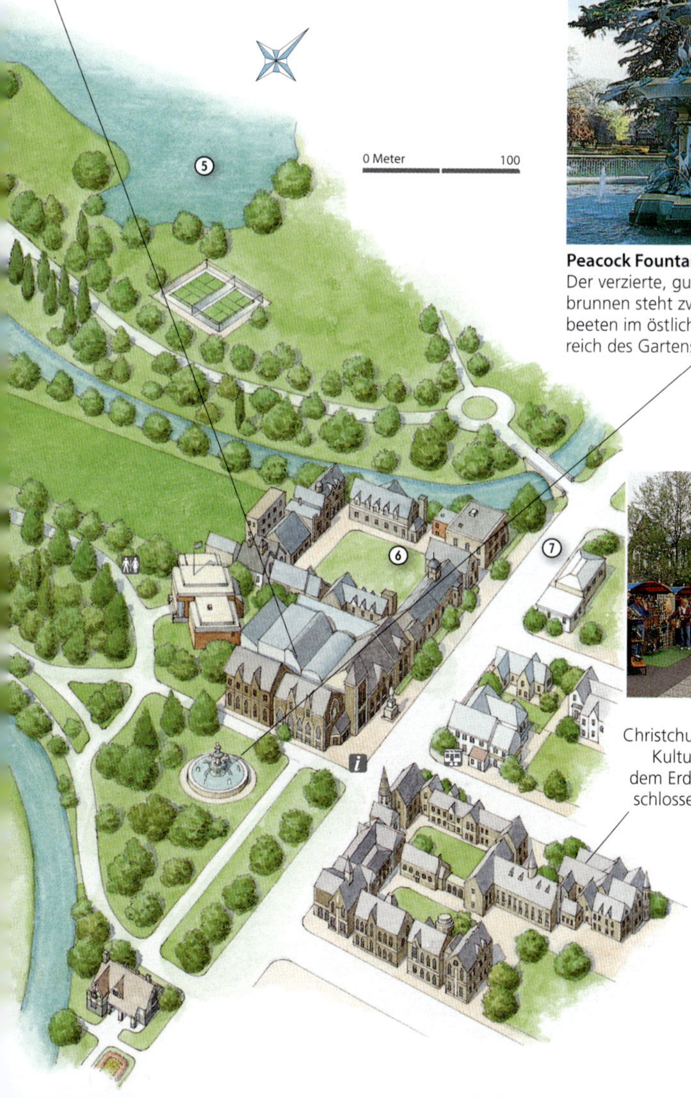

Arts Centre
Christchurchs Kunst- und Kulturzentrum ist seit dem Erdbeben 2011 geschlossen *(siehe S. 230)*.

»Sign of the Takahe« an der Dyers Pass Road oberhalb von Christchurch

❷ Port Hills

Straßenkarte C6.

Die Port Hills, die nach dem Ausbruch des jetzt erloschenen Vulkans Lyttelton entstanden sind, trennen Christchurch von Lyttelton Harbour. Ihre mit Sträuchern bewachsenen und mit Vulkangestein durchsetzten Hänge säumen den südlichen Teil der Stadt. Wegen ihrer Nähe zu Christchurch sind die Hügel bei Spaziergängern, Läufern, Kletterern und Mountainbikern überaus beliebt. Dank der Bemühungen des Politikers Harry Ell (1862–1934) erreicht man die Port Hills auch mit dem Auto. Ell setzte sich Anfang des 20. Jahrhunderts für eine Straße durch das Hügelland ein. Der erste Abschnitt der Summit Road wurde 1938 eingeweiht.

Zu Ells Plänen gehörte auch die Schaffung mehrerer Rasthäuser entlang der Port Hills. Das schönste ist das 1949 fertiggestellte Sign of the Takahe, in dem heute ein Restaurant untergebracht ist. Das imposante neogotische Gebäude, das sich an einem Hügel der Vorstadt Cashmere befindet, lag Ell besonders am Herzen. Ein weiteres Vermächtnis des Politikers ist der stark frequentierte Rastplatz Sign of the Kiwi an der Summit Road.

Viele Wege führen auf die Port Hills mit ihrem wunderbaren Blick auf Lyttelton Harbour, die Canterbury Plains und die Southern Alps. Zum Kraterrand kann man von Christchurch aus aber auch mit der Seilbahn gelangen *(siehe S. 231)*.

❸ Lyttelton

Straßenkarte C6. 4000.
20 Oxford St, (03) 328 9093.

In Lyttelton gingen die Canterbury-Pilger an Land, die 1850 kamen, um die neue Provinz zu besiedeln. Der Ort ist benannt nach Lord Lyttelton, dem Vorsitzenden der Canterbury Association. Große Anstrengungen wurden unternommen, um eine Verkehrsanbindung zu schaffen. Zunächst wurde 1867 ein Eisenbahntunnel durch das Vulkangestein der Port Hills getrieben, um den Hafen von Lyttelton mit Christchurch zu verbinden, 1964 folgte schließlich ein Autotunnel. Der Hafen gehört zu den am meisten genutzten der Südinsel Neuseelands.

Das **Lyttelton Museum** befasst sich mit der lokalen Meeresgeschichte, mit der kolonialen Vergangenheit der Region und mit der Erforschung der Antarktis. Beim Erdbeben von 2011 erlitt es schwere Schäden und wird derzeit renoviert. Im Thornycroft Torpedo Boat Museum sind die Reste eines Torpedoboots (1883) zu sehen (www.lytteltonheritage.co.nz).

Die alte Lyttelton Timeball Station stand seit ihrer Erbauung 1875 wie ein Wachturm über der Stadt. Bei den Erdbeben der Jahre 2010 und 2011 erlitt sie schwere Schäden. Vorher signalisierte eine große schwarze Kugel den im Hafen liegenden Schiffen die Greenwich-Zeit. Es bestehen Hoffnungen, dass dieser Mechanismus nach einem geplanten Wiederaufbau der Anlage wieder in Betrieb genommen werden kann.

Von den Docks von Lyttelton aus laufen Fähren die Inseln Quail und Ripapa und die Hafenstadt Diamond Harbour an.

Lyttelton Museum
Gladstone Quay. (03) 328 8972.
wegen Schäden durch Erdbeben.

❹ Halbinsel Banks

Straßenkarte C6.

Die Halbinsel entstand bei Ausbrüchen der Vulkane Lyttelton und Akaroa, vor 25 000 Jahren war sie noch eine Insel. Überall findet man hier Zeugnisse der dramatischen geologischen Vergangenheit: Vulkangestein, felsige Landzungen, tiefe Täler und jähe Felsabbrüche. Von der Gipfelstraße aus hat man einen guten Blick auf diese eindrucksvolle Szenerie.

Die Halbinsel war von den Māori bereits vor 1000 Jahren besiedelt worden, und bis in die 1820er Jahre lebten die Ngai Tahu hier in Wohlstand und Sicherheit. Das änderte sich, als sie sich in Stammeskämpfe verwickeln ließen, was auch mit der Entscheidung der britischen Regierung zusam-

Māori and Colonial Museum und Versammlungshaus an der Okains Bay

Laverick's Bay auf der Halbinsel Banks

menhing, einen Gouverneur einzusetzen und den Vertrag von Waitangi *(siehe S. 52f)* zu unterzeichnen.

Besonders schön sind die malerischen Buchten und Dörfer der Insel. Bekannt sind Pigeon Bay, Okains Bay, Laverick's Bay und Le Bons Bay. In der Gegend gibt es viele Wanderwege, u. a. einen 20-minütigen Spaziergang durch das Hay Scenic Reserve mit einem schönen Steineibenwald, den fünfstündigen Pigeon Bay Walkway und den zwei- bis viertägigen Banks Peninsula Track, der die Küste entlang zu den entlegenen Buchten im Osten führt. Zu diesen gelangt man auch auf dem **Eastern Bays Scenic Mail Run**.

In Okains Bay befindet sich das **Māori and Colonial Museum** mit einem 1867 gebauten Māori-Kanu *(waka)*, das zu den Waitangi-Day-Feierlichkeiten *(siehe S. 45)* genutzt wird.

Einen Besuch wert ist auch **Barry's Bay Cheese Factory**, die die Tradition der Käseherstellung auf der Halbinsel bewahrt.

Eastern Bays Scenic Mail Run
19 Rue Renard. (03) 304 7784.
Mo–Sa. Feiertage.

Māori and Colonial Museum
1146 Main Rd, Okains Bay.
(03) 304 8611. tägl.
25. Dez.

Barry's Bay Cheese Factory
State Hwy 75. (03) 304 5809.
tägl. 25. Dez.

5 Akaroa

Straßenkarte C6. 580.
80 Rue Lavaud, (03) 304 7816.
akaroa.com

Der hübsche Ort, der sich an die Landzunge von Akaroa Harbour schmiegt, ist die älteste Stadt Canterburys. Sie wurde im Jahr 1840 von einer kleinen Gruppe französischer Siedler gegründet. Mit ihren vielen alten Häusern, den schmalen Straßen, den französischen und englischen Straßennamen, den bunten Läden und der speziellen Lage direkt vor dem Hafen hat die Stadt großen Charme. Viele Gebäude erinnern an die französische Vergangenheit, so auch das **Langlois-Eteveneaux House**, das in Frankreich vorgefertigt und 1841 in Akaroa aufgestellt wurde. Es gehört – wie auch das Gerichtsgebäude (1880) – zum Komplex des **Akaroa Museum**. Das Museum befasst sich mit Natur- und Regionalgeschichte sowie mit Architektur. Mit dem **Akaroa Lighthouse** (Leuchtturm) von 1880 zählt man insgesamt 43 historische Gebäude.

Der ruhige Badestrand liegt inmitten der Stadt. Vom Kai aus kann man eine Hafenrundfahrt machen und dabei Hectordelfine, Zwergpinguine und Robbenkolonien beobachten. Zahlreiche Wanderwege führen hinauf auf die vulkanischen Berge, von denen aus man wundervolle Blicke auf den Hafen hat.

Außerdem bieten viele Galerien und Läden in der Stadt Produkte des lokalen Kunsthandwerks an.

Langlois-Eteveneaux House and Akaroa Museum
71 Rue Lavaud. (03) 304 1013.
tägl. 25. Dez.

Akaroa Lighthouse
(03) 304 7142. Sa, So, Feiertage und nach Voranmeldung.
Erdgeschoss.

Jean-François Langlois (1808 – nach 1857)

Verantwortlich für Akaroas französisches Erbe war vor allem der Walfänger Jean-François Langlois. Im August 1838 verfolgte er die Idee einer französischen Kolonie und versuchte, den hier ansässigen Ngai Tahu einen Teil der Halbinsel abzukaufen. Im Jahr darauf kehrte er nach Frankreich zurück und gründete die Nanto-Bordelaise Company. Der französische Kapitän Charles Lavaud wurde mit dem Schutz der 57 Siedler beauftragt, die 1840 in Akaroa an Land gingen. Die französischen Ambitionen wurden jedoch von den Briten durchkreuzt, die zwischenzeitlich den Vertrag von Waitangi unterzeichnet hatten und sich beeilten, in Akaroa zwei Verwaltungsräte einzusetzen. Trotz der Intervention der Engländer blieben die französischen Siedler, obwohl Langlois 1842 wieder nach Frankreich zurückkehrte. 1849 war mit dem Aufkauf der Nanto-Bordelaise Company durch die New Zealand Company der Weg für die britische Besiedlung offen.

Langlois-Eteveneaux House

❻ Weingüter von Waipara

Die ersten Weinanlagen in der Region Waipara wurden 1980 angelegt. Die Anwesen sind vergleichsweise jung, ihre Entwicklung gilt jedoch als vielversprechend. Viele Weingüter wurden bereits mit Preisen ausgezeichnet. In Canterbury gibt es über 30 Weingüter, die rund 65 Kilometer nördlich von Christchurch gelegene Region Waipara ist das erfolgreichste Gebiet. Weinproben kann man über das Christchurch i-SITE Visitor Information Centre *(siehe S. 227)* buchen.

① Pegasus Bay
Diese Weinkellerei kelterte ihre ersten Trauben 1991 und hat bereits viele Preise erhalten. Hier kann man bei der Verkostung den herrlichen Ausblick genießen.

⑧ Mountford Vineyard
Mountford baut Chardonnay und Pinot Noir der Spitzenklasse aus. Vom Gebäude aus überblickt man das kleine Weingut.

⑨ Black Estate
Das 1993 gegründete Weingut keltert Pinot Noir, Chardonnay und Riesling. Es gibt einen Verkostungsraum und ein Esslokal.

⑦ Waipara Springs
Mit seinen 1982 erstmals kultivierten Reben ist Waipara Springs eines der ältesten Güter in der Region. Es wurde mit zahlreichen Preisen ausgezeichnet. Die Weinprobe findet im Garten statt.

④ Terrace Edge
Das familiengeführte Weingut produziert in schöner Landschaft prämierte Bio-Weine und -Olivenöl. Auf Nachfrage werden Führungen organisiert.

⑥ Waipara River Estate
Das erste Weingut in der Region, früher Glenmark Wines, hat bereits mehrere Preise gewonnen. Hier kann man in schöner Umgebung Weine verkosten.

⑤ Torlesse Wines
Torlesse verwendet Rebsorten von Waipara und Marlborough und keltert eine breite Sortenpalette, u. a. Gewürztraminer, Cabernet Sauvignon, Sauvignon Blanc und Chardonnay.

Routeninfos

Länge: 170 km hin und zurück von Christchurch aus. Die meisten Weingüter liegen an Seitenstraßen, die vom State Highway 1 abgehen. Bitte achten Sie beim Ein- und Abbiegen auf den schnellen Verkehr.
Zwischenstopps: Pegasus Bay; die Weingüter Waipara Hills, Black Estate und Waipara Springs betreiben Restaurants. Hier ist vorherige Buchung zu empfehlen.

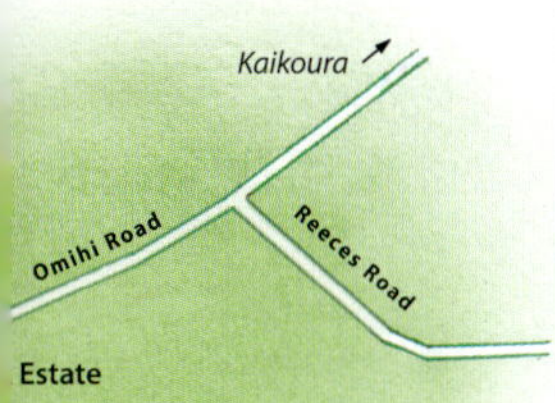

② **Waipara Hills**
Das 1994 gegründete Weingut ist an dem großen steinernen Gebäude zu erkennen.

③ **Fiddlers Green**
Hier wird seit 1998 Wein produziert. Für seine Riesling- und Sauvignon-Weine hat das Weingut Preise gewonnen.

Legende
- Routenempfehlung
- Andere Straße
- Fluss

Pool mit heißen Quellen in Hanmer Springs

❼ Hanmer Springs

Straßenkarte C5. 800.
Amberley 7441, (03) 315 8816.
visithurunui.co.nz

Das kleine, 385 Meter hoch gelegene Dorf ist durch die **Hanmer Springs Thermal Pools & Spa** bekannt. Obwohl schon 1859 entdeckt, sind die heißen Quellen erst seit 1883 der Öffentlichkeit zugänglich. Heute findet man dort 15 verschiedenen temperierte Thermalbecken sowie private Pools und Wasserrutschbahnen. Um die Becken sind in dem 168 Quadratkilometer großen Naturpark vielfältige Aktivitäten möglich, z. B. Wanderungen zum Conical Hill (Hin- und Rückweg eine Stunde) oder zum weiter entfernten Mount Isobel (fünf bis sechs Stunden), aber auch Mountainbike-Touren.

Bei der fünf Kilometer entfernten Waiau Ferry Bridge kann man sich im Bungee-Jumping, Jetbootfahren und Raften versuchen.

Hanmer Springs Thermal Pools & Spa
42 Amuri Ave. (03) 315 0000.
tägl. 25. Dez.
hanmersprings.co.nz

❽ Lewis Pass

Straßenkarte C5.

Der Lewis Pass, über den der State Highway 7 führt, ist der zentrale Übergang über die Gebirge der Südinsel. Das 183 Quadratkilometer große Lewis Pass National Reserve bietet Möglichkeiten zum Wandern, Fischen und Jagen.

Oben am Pass verfügt das **Maruia Springs Thermal Resort** über eine kleinere Anlage mit Heißwasserbecken in natürlicher Umgebung. Von hier hat man einen herrlichen Rundblick über die umliegenden Wälder und Gipfel.

Maruia Springs Thermal Resort
State Hwy 7. (03) 523 8840.
tägl. 25. Dez.

❾ Reefton

Straßenkarte C5. 1000.
67–69 Broadway, (03) 732 8391.

Das 1872 gegründete Reefton verdankt seinen Namen den goldhaltigen Quarzadern. Die Goldgräberzeit ist vor allem durch die zahlreichen Relikte aus den Zeiten des Booms der 1870er Jahre, die man in den Buchenwäldern des Victoria Forest Park findet, sehr präsent. Die Gegend lässt sich auf unzähligen Wegen entweder zu Fuß oder mit dem Mountainbike erkunden.

Ein Spaziergang durch Reefton führt vorbei an vielen historischen Gebäuden, auch an der **School of Mines**, einer Bergbauschule, an der von 1887 bis 1970 unterrichtet wurde. Das zwei Kilometer von Reefton entfernte **Black's Point Museum** zeigt Exponate aus der Goldgräberzeit.

School of Mines
Shiel St. (03) 732 8391.
nach Vereinbarung.

Black's Point Museum
State Hwy 7. (03) 732 8391.
Mi–So. 25. Dez.

⑩ Karamea

Straßenkarte C4. 700.
Market Cross, (03) 782 6652
Whitebaiters Ball (Okt).
karameainfo.co.nz

Karamea, seit 1874 von Europäern besiedelt, ist eine abgelegene Gemeinde nördlich des State Highway 67 an der Westküste. Der Ort, der von der Landwirtschaft lebt, schmiegt sich in eine Senke und ist umgeben vom Kahurangi National Park. Bekannt ist Karamea als Ausgangspunkt für den Heaphy Track, der von hier 15 Kilometer nach Norden führt, aber auch für kleinere Wanderwege, z.B. für den Nikau Loop (40 Minuten) oder den Scotts Beach Walk (90 Minuten).

Etwa 26 Kilometer nordöstlich von Karamea liegt das **Oparara Basin** mit seinen gewaltigen Kalksteinfelsen und dem weitverzweigten Höhlensystem, das sich im dichten Wald über 15 Kilometer erstreckt. Ein Großteil des Schotterwegs, der zu dem Becken führt, ist eng und kurvig, kann aber mit dem Auto befahren werden. Das brüchige Honeycomb-Höhlensystem, das erstmals 1980 erforscht wurde, ist nur mit Führer zu begehen. Man findet hier Relikte von rund 50 Tierarten, einschließlich Skelette des ausgestorbenen Moa und des Neuseeland-Adlers. Ohne Führer kann man in 20 Minuten durch den Wald zum Oparara Arch (43 Meter hoch und 219 Meter lang) und zu den Höhlen Box Canyon und Crazy Paving wandern. Man sollte eine gute Lampe mitnehmen. Zudem bieten diverse ortsansässige Veranstalter für besonders Abenteuerlustige Raftingtrips mit den Schwierigkeitsgraden 4 und 5 an.

Kühe und Strand in der Nähe von Karamea

Nikau Loop, Heaphy Track

Wachsender Beliebtheit erfreut sich der drei bis fünf Tage erfordernde Wangapeka Track, der in Karamea beginnt. Der Fenian Track (vier Stunden) führt an der ehemaligen Goldgräbersiedlung Adams Flat vorbei.

Oparara Basin
State Hwy 67. (03) 782 6652.
Honeycomb Caves. obligatorisch für Honeycomb Caves.
oparara.co.nz

⑪ Westport

Straßenkarte C5. 5000.
5 km nördl. der Stadt. 123 Palmerston St, (03) 789 6658.
buller.co.nz

Obwohl Westport im Goldrausch der 1860er Jahre gegründet wurde, bestimmte der Kohlenbergbau die Geschichte der Stadt. Bis 1954 wurde die Kohle aus den umliegenden Minen im Hafen verladen und den Buller River hinuntertransportiert. Heute wird sie per Eisenbahn nach Lyttelton an der Ostküste *(siehe S. 234)* gebracht. Das **Coal Town Museum** in Westport dokumentiert die Bergbauvergangenheit der Stadt.

Westport ist der Ausgangspunkt für viele Outdoor-Aktivitäten (u.a. Jetboot- und Jetskifahren). Am beliebtesten ist das »Underground Rafting« im Nile River Canyon. Dazu benötigt man einen Führer. Man muss sich zuerst durch unterirdische Tunnel treiben lassen und in Grotten und Höhlen vordringen, die nur von Glühwürmchen erleuchtet werden, bevor man auf offenen Wassern die Schnellen des Waitakere River und den Nile River Canyon hinunterfahren kann. Die Metro-Höhle, eine Tropfsteinhöhle, kann man zu Fuß begehen.

Westports North Beach, Carter's Beach sowie die malerische Tauranga Bay sind beliebt bei Schwimmern und Surfern. Auf dem Cape Foulwind Walkway zur Tauranga Bay kann man eine Brutkolonie von Robben *(siehe S. 197)* sehen. Die etwa dreistündige Wanderung führt vorbei an Granitfelsen und grünen Niederungen, an Mooren und Sandstränden.

Coal Town Museum
123 Palmerston St. (03) 789 6658. tägl. 25. Dez.
coaltown.co.nz

Robben in der Tauranga Bay

Bergbau an der Westküste

Die Kohlevorkommen der Westküste wurden 1848 von Thomas Brunner entdeckt. Die größten frühen Minen lagen nordöstlich von Westport auf den Plateaus von Denniston und Stockton, wo seit 1878 in großem Umfang abgebaut wurde. Der Abbau in dem bergigen, zerklüfteten Terrain war lebensgefährlich und verlangte innovative technische Lösungen. Am berühmtesten war der Steilhang von Denniston, von dem die voll beladenen Loren auf einem Schienenstrang mit einem Stahlseil 520 Meter abgelassen wurden. Die leeren Wagen wurden durch das Gewicht der vollen wieder nach oben gezogen. Der Aufzug, den man erst 1967 stilllegte, beförderte in 87 Betriebsjahren rund 23 Millionen Tonnen Kohle. Mit jährlich über zwei Millionen Tonnen exportierter Koh!e ist der Bergbau weiterhin ein wichtiger Wirtschaftszweig der Westküste.

Loren transportierten die Kohle auf Schienen in und außerhalb der Mine.

Der Eingang zur Mine wurde sorgfältig gesichert.

Kumpel am Eingang der Kohlenmine von Rewanui

Bergbaustädte

Im Zuge des Kohleabbaus entstanden im 19. Jahrhundert viele Ansiedlungen, die heute nur noch Geisterstädte sind. Der 120 Kilometer lange Buller Coalfields Heritage Trail führt vorbei an stillgelegten Bergwerken und an den ehemals blühenden Städten Denniston, Stockton und Millerton. Informationen über diesen Trail gibt es im i-SITE Visitor Centre in Westport.

Loren wie diese im Coal Town Museum wurden benutzt, um die Kohle von den Bergen herunterzutransportieren.

Diese Materialseilbahn beförderte die Kohle vom höher gelegenen Stockton in die Küstenstadt Ngakawau, wo sie dann auf die Bahn verladen und nach Lyttelton an der Ostküste transportiert wurde.

In Denniston erinnert noch viel an den Bergbau, u. a. Reste des Maschinenparks und auch der alte Verladebahnhof. Hier wurde die Kohle des ganzen Plateaus gesammelt und gesiebt, bevor man sie den Berg hinunterbeförderte.

⓬ Paparoa National Park

Straßenkarte C5. State Hwy 6, Punakaiki, (03) 731 1895.

Der seit 1987 bestehende, 300 Quadratkilometer große Nationalpark bietet ein atemberaubendes Landschaftserlebnis. Am berühmtesten sind die nahe dem Küstendorf Punakaiki gelegenen Pancake Rocks mit ihren Felslöchern. Kalksteinwände wurden in Tausenden von Jahren durch Regen, Wind und salzige Luft zu geschichteten Felsformationen, den heutigen Pancake Rocks, ausgewaschen. Über einen Zeitraum von Hunderttausenden von Jahren sind durch kohlendioxidhaltigen Regen, der sich in den Kalkstein gefressen hat, Höhlen entstanden. Bei Hochwasser bilden sich in diesen unterirdischen Höhlen »Blowholes«, in die die Wellen unter großem Druck hineingepresst werden und sich dann in sprühenden Schauern entladen. Die Pancake Rocks sind einfach und sogar für Rollstuhlfahrer über den Dolomite Point Walk vom State Highway zu erreichen.

Der Park bietet viele Möglichkeiten für Spaziergänge und Wanderungen. So führt z. B. der 15 Minuten kurze Truman Track durch den subtropischen Wald zu einem wildromantischen Küstenstreifen mit Höhlen und Wasserfall, ein zweistündiger Marsch zu den Kalksteinformationen des »Ballroom Overhang«. Ein Weg, der 1867 als Umgehung des gefährlichen Küstenwegs gebaut wurde, ermöglicht eine zwei bis drei Tage dauernde Tour durch den Park.

Left Bank Art Gallery

⓭ Greymouth

Straßenkarte C5. 13 500. Historic Railway Station, 164 Mackay St, (03) 768 7080.
westcoasttravel.co.nz

Als größte Stadt der Westküste liegt Greymouth an der Stelle des ehemaligen Mawhera-*pa*. Obwohl Unterhändler der Kolonialregierung im Jahr 1860 einen Großteil der Westküste für 300 Pfund aufgekauft haben, blieb das Gebiet von Greymouth Māori-Land. Greymouth wurde im Jahr 1865 angelegt. In dieser Zeit gab es hier umfangreiche Goldfunde, die Kohlevorkommen waren schon 17 Jahre früher entdeckt worden. Als das Goldfieber abebbte, sorgte der Bergbau für das wirtschaftliche Überleben. Die Mündung des Grey River, die der Stadt als Hafen diente, bescherte ihr auch so manche Katastrophe. Wiederholt wurde die Stadt überschwemmt, im Jahr 1988 gleich zweimal. Daraufhin wurde zum Schutz ein Damm errichtet, der im Volksmund »Great Wall of Greymouth« genannt wird.

Das **History House Museum** besitzt eine große Sammlung alter Fotografien zur Geschichte der Stadt. Die **Left Bank Art Gallery** zeigt lokale Kunstwerke und beherbergt eine bedeutende Sammlung traditionellen und zeitgenössischen Jadeschmucks. Alle paar Jahre veranstaltet sie eine größere Ausstellung.

Wie die anderen Städte an der Westküste hat auch Greymouth Angebote für abenteuerliche Unternehmungen, z. B. eine Fahrt durch die Taniwha-Höhlen mit der Luftmatratze oder das Beobachten von Delfinen. Der Grey River ist ein gutes Fischwasser.

History House Museum
Gresson St. (03) 768 4028.
Sommer: tägl.; Winter: Mo–Fr.
25. Dez.

Left Bank Art Gallery
1 Tainui St. (03) 768 0038.
Sommer: tägl.; Winter: Di–Sa.
1. Jan, 25. Dez. nach Vereinbarung.

Die Pancake Rocks am Dolomite Point bei Punakaiki

Hotels und Restaurants in Canterbury und an der Westküste *siehe Seiten 306f und 323f*

Straße in Shantytown, einer nachgebauten Goldgräberstadt

Umgebung: Eines der beliebtesten Ausflugsziele von Greymouth aus ist **Shantytown**, elf Kilometer südlich. In der nachgestellten Goldgräberstadt können Besucher mit einer Dampflok von 1913 zu einem Sägewerk sowie zu einer Goldschürfstelle fahren und dort selbst ihr Glück versuchen.

Lake Brunner, ein friedlicher, romantischer, von Bergen umgebener See, nur 42 Kilometer von Greymouth entfernt, eignet sich hervorragend zum Forellenfischen, Bootfahren und für andere Arten von Wassersport. Zentrum ist der kleine Ort Moana am Nordende des Sees. Von Greymouth fährt täglich ein Bus hierher. Auch der TranzAlpine-Ausflugszug (Abfahrt von Christchurch), der eine der spannendsten Strecken der Welt befährt, stoppt in Moana.

Shantytown
Rutherglen Rd, Paroa, Greymouth.
0800 742 689, (03) 762 6634.
tägl. 25. Dez.
shantytown.co.nz

⓮ Hokitika

Straßenkarte C5. 3600. 2 km nördl. der Stadt. 36 Weld St, (03) 755 6166. Wildfoods Festival (März). **hokitika.org** und **wildfoods.co.nz**

Mit seinen breiten Straßen, den historischen Gebäuden und den hervorragenden Kunstateliers ist Hokitika wohl die attraktivste Stadt an der Westküste. Noch 1864 kaum mehr als ein Dorf, entwickelte sich Hokitika 1866 im Zuge des Goldfiebers zu einer florierenden Handelsstadt. Im Hafen wimmelte es von Schiffen mit eintreffenden Goldgräbern. Der Hafen war so gefährlich, dass allein in den Jahren 1865 und 1866 durchschnittlich alle zehn Wochen ein Schiff unterging. Auf dem Hokitika Heritage Trail kann man neben den 22 historischen Bauten auch ein solches Schiffswrack besichtigen. Das interessanteste Gebäude ist das Carnegie Building von 1908, das heute das städtische Informationszentrum und das **Historic Carnegie Complex and Museum** beherbergt. Das Museum informiert über den Goldabbau und die Stadtgeschichte und birgt eine Sammlung seltener Bücher über die Westküste.

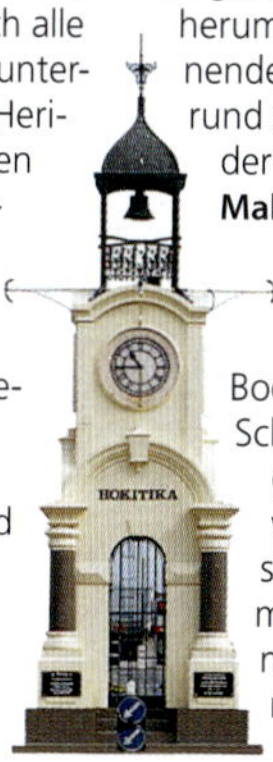

Uhrenturm in Hokitika

Das **National Kiwi Centre** hat sich auf Laufvogel- und Fischarten spezialisiert, die für die Gebiete der Westküste typisch sind. Empfehlenswert ist ein Besuch der »Glowworm Dell« im Norden. Man sollte erst nach Einbruch der Dunkelheit hingehen, am hellsten leuchten die Glühwürmchen in einer feuchten Nacht.

Historic Carnegie Complex and Museum
Carnegie Centre, Ecke Tancred & Hamilton St. (03) 755 6898.
tägl. 25. Dez.

National Kiwi Centre
64 Tancred St. (03) 755 5251.
tägl. 1. Jan, 25. Dez.

Umgebung: Um Hokitika herum gibt es zahlreiche lohnende Ausflugsziele. Der rund zehn Kilometer südlich der Stadt gelegene **Lake Mahinapua** und der **Lake Kaniere** 20 Kilometer östlich sind schöne Seen, die u. a. zum Bootfahren, Angeln, Schwimmen und als Ausgangspunkt für Buschwanderungen beliebt sind. Für den 13 Kilometer langen Lake Kaniere Walkway benötigt man etwa vier Stunden. Das Museum im 28 Kilometer südlich gelegenen Ort **Ross** befasst sich mit der Arbeit in den Minen. 1909 wurde hier das größte Goldnugget Neuseelands gefunden. Man vermutet weitere Vorkommen und hat wieder mit Schürfungen begonnen.

Jade

Der neuseeländische Edelstein Jade mit der geologischen Bezeichnung Nephrit wird in Neuseeland *greenstone* und von den Māori *pounamu* genannt. Vulkanische Aktivitäten brachten durch große Hitze und enormen Druck große Nephritbrocken hervor, die mit dem Abfluss in die Flüsse der Westküste gespült wurden. Jade hat für die Māori eine wichtige spirituelle Bedeutung. Schon lange vor den Europäern schickten die Māori Suchtrupps los und verarbeiteten das harte Material zu Werkzeugen und Schmuck. Später tauschten sie die kostbaren Steine gegen Lebensmittel und wichtige Gegenstände. 1997 wurde – als Teil des Vertrags von Waitangi – eine Jadefundstelle an der Westküste an den Stamm der Ngai Tahu zurückgegeben *(siehe S. 57)*.

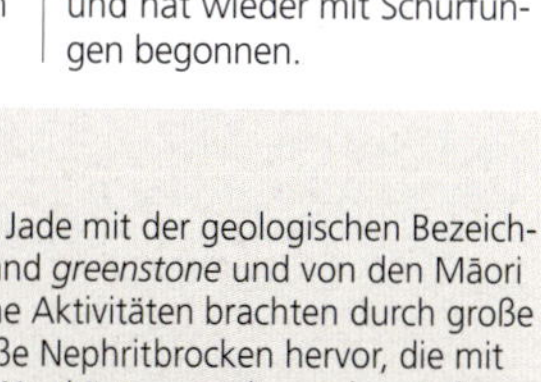

Künstler in der Mountain Jade Greenstone Factory

⓯ Westland / Tai Poutini National Park

Der 1270 Quadratkilometer große Nationalpark erstreckt sich von den Höhen der Southern Alps im Osten, wo er an den Aoraki/Mount Cook National Park grenzt, bis zur Tasmansee im Westen. Berühmt ist das Areal für seine bis zu 3500 Meter hohen Gipfel und Gletscher, den dichten Regenwald, für seine Lagunen an der Küste und für die wundervollen Seen. Auffallend ist, dass die Natur trotz des Goldrausches an der Westküste nach 1860 und trotz der bäuerlichen Siedlungsbewegung in den Flussniederungen relativ unberührt blieb.

Skitouren
Auf Skiern kann man die Gletscher am besten erkunden. Eine andere Möglichkeit sind Kufenflugzeuge und Hubschrauber.

★ Lake Matheson
Wenn es am Morgen klar und windstill ist, spiegeln sich Aoraki/Mount Cook und Mount Tasman in diesem See.

0 Kilometer 10

Legende
- State Highway
- Nebenstraße
- Fluss
- Wanderweg
- Parkgrenze

Außerdem

① **Der Copland Valley Track**, den man vom State Highway 6 aus erreicht, ist bei Wanderern sehr beliebt. Nur geübte Kletterer gelangen über den Pass und kommen nach Mount Cook Village.

② **Gillespies Beach**, eine Goldgräbersiedlung, ist Ausgangspunkt für Wanderungen auf einem ehemaligen Minenweg oder am Strand entlang zu einer Pelzrobbenkolonie.

③ **Okarito Lagoon**, eines der größten Feuchtgebiete Neuseelands, ist ein Vogelparadies. Auch der Weiße Reiher *(siehe S. 196)* lebt hier.

④ **Lake Mapourika** im Norden des Parks ist ein beliebter Platz für Picknicks.

⑤ **Aoraki/Mount Cook und Mount Tasman**, die beiden höchsten Gipfel Neuseelands, ragen hinter dem Fox Glacier auf.

Lowland Regenwald
Der Park hat extrem viel Niederschlag (5000 mm pro Jahr in Franz Josef Village), und so wuchert hier dichter Farn im Unterholz – eine Art, die nur hier zu finden ist.

Hotels und Restaurants in Canterbury und an der Westküste *siehe Seiten 306f und 323f*

Infobox

Information
Straßenkarte B6. **Franz Josef Glacier Village** (03) 752 0796; **Fox Glacier Village** (03) 751 0044. tägl. 25. Dez. auf Gletschern. **doc.govt.nz**

Anfahrt

★ Franz Josef Glacier
Ein zweistündiger Marsch von Franz Josef Village den Waiho River hinauf führt zur Sohle des berühmten Eisfelds.

★ Fox Glacier
Fox Glacier, der größte Gletscher des Parks, hat gefährliche Gletscherspalten. Deshalb darf man sich nur mit Führer hinaufwagen.

Gletscherbewegungen

Ein Gletscher kann sich mit einer Geschwindigkeit von mehreren Metern pro Tag bewegen. Gletscher entstehen, wenn sich Schnee in hoch gelegenen Mulden *(névés)* ansammelt, der sich dann zu bläulichem Eis verdichtet. Das Eisfeld drängt durch sein eigenes Gewicht bergabwärts, bricht auf, bildet Spalten und reißt Geröll mit sich. Die Gletscherbewegung führt zur Entstehung von u-förmigen Tälern. Im unteren Bereich, dem Zehrgebiet, schmelzen die Gletscher ab. Die Gletscher Franz Josef (11 km lang) und Fox (13 km lang) haben ihren Ursprung in einer Zone ewigen Eises und erstrecken sich bis hinunter an den küstennahen Regenwald.

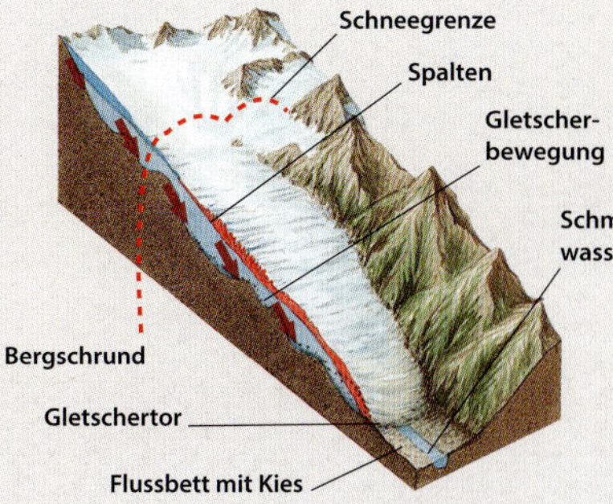

Cave Stream, Arthur's Pass *(siehe S. 246f)* ▶

⑯ Arthur's-Pass-Tour

Arthur's Pass Road ist der höchste und eindrucksvollste State Highway über die Southern Alps. Von Springfield aus steigt die Straße zum 945 Meter hoch gelegenen Porters Pass an, bevor sie zwischen Berggipfeln und beeindruckenden Kalksteinfelsen über eine weiträumige Hochebene führt. Östlich des Arthur's Pass National Park ist die Straße von Buchenwäldern gesäumt. Dann steigt sie erneut auf 920 Meter an, um sich schließlich an der Westseite der Southern Alps steil wieder hinunterzuwinden.

① Porters Pass und Lake Lyndon
Dieses Gebiet ist Lebensraum für viele typische einheimische Tiere. Am Lake Lyndon kann man im Sommer gut Vögel beobachten, der See ist voller Fische.

② Skigebiet Porters
Porter Heights ist eines der sechs Skigebiete am Highway 73 und liegt am nächsten an Christchurch. Die kleineren Skigebiete werden von Skiclubs betrieben, sind aber für Besucher offen.

⑩ Jacksons Pub
An dieser Stelle lag einst eine wichtige Eisenbahn- und Postkutschenstation.

⑨ Otira Viaduct
Die 1999 fertiggestellte Brücke des State Highway 73 führt über den Otira River.

⑧ Buchenwälder
Die Wälder im Osten des Parks bestehen fast vollständig aus Bergbuchen und unterscheiden sich deutlich von den dichten Mischwäldern, die im Westen des Parks zu finden sind.

Weitere Zeichenerklärungen *siehe hintere Umschlagklappe*

③ **Castle Hill**
Die großen Kalksteinformationen von Castle Hill sind beeindruckend und zum Klettern sehr beliebt. Die Gegend war früher für die Māori eine wichtige Quelle zur Nahrungssuche. Außerdem verlief hier die Route, auf der die Māori zur Westküste zogen.

Routeninfos

Tourenlänge zwischen Springfield und Kumara Junction: 160 km. Diese Bergstrecke ist nach starkem Schneefall manchmal gesperrt, man sollte sich also vorher erkundigen.
Zwischenstopps: Entlang der Strecke gibt es zahlreiche Aussichtspunkte und Rastplätze. Arthur's Pass ist der einzige Ort zwischen Kumara und Springfield, in dem man einkehren kann. Hotels findet man auch in Jacksons und in Bealey.

④ **Cave Stream**
Für die zweistündige Tour durch diese 360 Meter lange Kalksteinhöhle benötigt man kräftiges Schuhwerk, warme Kleidung und eine gute Lampe.

⑤ **Craigieburn Forest Park**
Die mit Buchen bestandenen Hügel sind ein beliebtes Gebiet zum Picknicken, Wandern und Mountainbiken.

⑥ **Lake Pearson**
Lake Pearson und der nahe gelegene Lake Grasmere sind gute Forellengewässer. Im Wasser des Lake Pearson spiegeln sich häufig die Berggipfel.

⑦ **Bealey Spur**
Bealey Spur ist eine Ansammlung von rustikalen Ferienhäusern am Rand des Arthur's Pass National Park.

State Highway zum Arthur's Pass

⓱ Arthur's Pass

Straßenkarte C5. 50.
Dept of Conservation, State Hwy 73, Arthur's Pass, (03) 318 9211.

Das Bergdorf Arthur's Pass liegt in einem Tal ungefähr fünf Kilometer östlich des Passes. Ursprünglich wohnten hier die Bauarbeiter, die 1865/66 die Straße von Christchurch an die Westküste bauten. 1908 wurde mit dem Eisenbahntunnel zwischen dem Dorf Arthur's Pass und Otira auf der Westseite des Passes begonnen. 1912 war die Bevölkerung von Arthur's Pass auf 300 Einwohner angewachsen – vor allem Arbeiter, die mit dem Tunnelbau beschäftigt waren. Zehn Jahre lang dauerte es, bis der Durchstich gelang, und weitere fünf, bevor der erste Zug den Tunnel befahren konnte. Aus dieser Zeit sind viele Arbeiterbaracken übrig geblieben, die heute oft als Ferienhäuser genutzt werden.

Seit den 1920er Jahren entwickelte sich das Dorf zur Basis für Wanderer und Bergsteiger. Im Winter übernachten hier Skifahrer, die die zwanglose Atmosphäre des Skigebiets Temple Basin genießen. Auch die Verwaltung des Arthur's Pass National Park *(siehe S. 248f)* befindet sich hier.

Eine originale Wellblechbaracke in Arthur's Pass Village

⑱ Arthur's Pass National Park

Mitten in den Southern Alps, 153 Kilometer von Christchurch und 98 Kilometer von Greymouth entfernt, liegt der 1147 Quadratkilometer große Arthur's Pass National Park. Er ist der siebtgrößte Nationalpark des Landes und ein Ort gewaltiger geologischer und klimatischer Gegensätze. Auf der Westseite der Berge, wo es viel Niederschlag gibt, erstrecken sich grüne Hügel mit üppigem Regenwald. Die Flüsse sind hier rauschend und stürzen steil über Felsklippen hinab. Auf der eher trockenen Ostseite überwiegen Bergbuchenwälder und breite Flussniederungen. Insgesamt 16 Berge sind über 2000 Meter hoch, sodass gut ausgerüstete Bergsteiger ebenso auf ihre Kosten kommen wie eher untrainierte Wanderer jeden Alters.

★ Dobson Nature Walk
Dieser Naturpfad inmitten der Gipfelregion vermittelt auf einem Spaziergang von rund 30 Minuten einen guten Eindruck von den hoch- bzw. subalpinen Pflanzen der Region.

Bealey Valley
Ein Wanderweg führt vom State Highway 73 aus durch Buchenwälder zum wunderschönen Bealey Valley. Die Gehzeit beträgt insgesamt etwa drei bis vier Stunden.

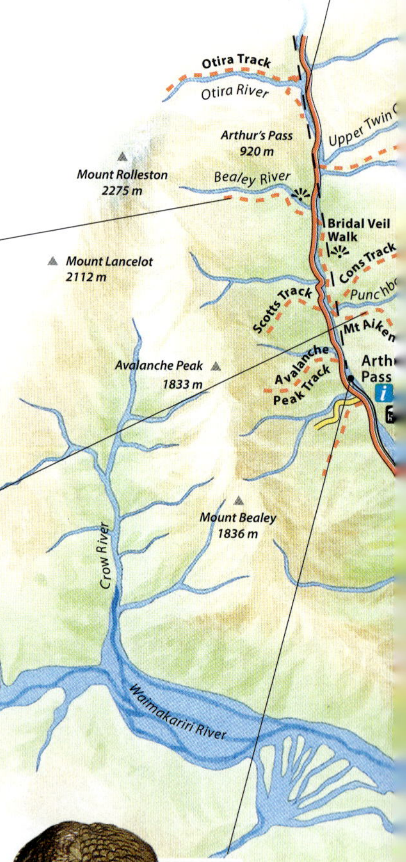

★ Devil's Punchbowl Waterfall
Man kann den 131 Meter hohen Wasserfall auch von der Hauptstraße aus sehen. Vom Dorf Arthur's Pass geht man eine Stunde bis zum Fuß dieses imposanten Wasserfalls.

Kea
Diese ebenso frechen wie neugierigen Bergpapageien sieht man manchmal sogar im Dorf, etwa wenn sie am Gummi der Autoscheiben herumpicken.

Weitere Zeichenerklärungen *siehe hintere Umschlagklappe*

Infobox

Information
Straßenkarte C5.
Arthur's Pass Village, (03) 318 9211. tägl. 25. Dez.
nur im Dorf.
doc.govt.nz

Anfahrt

Temple Basin
Von hier aus haben Wanderer eine fabelhafte Aussicht über die Berge und Täler. Im Winter ist das Skigebiet nur zu Fuß zu erreichen.

Flora und Fauna im Arthur's Pass National Park

Wie die eindrucksvollen Bergbuchenwälder im Osten und die abwechslungsreichen Regenwälder im Westen verfügt auch der Park über eine vielfältige hoch- und subalpine Flora, zu der Bergblumen und -kräuter sowie Gräser und Büsche zählen. Im Park leben viele endemische Vogelarten, u. a. Paradieskasarkas, Graurücken-Brillenvögel, Piwakawakas, Keas und Zwergschlüpfer sowie seltene Vögel wie der Bergzaunkönig, die Saumschnabelente oder der Flecken-Kiwi.

Saumschnabelenten

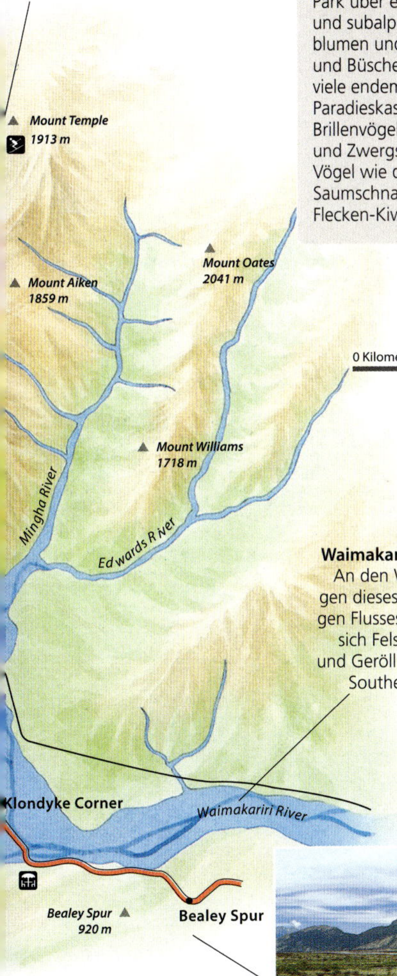

Legende
- State Highway
- Nebenstraße
- Fluss
- Wanderweg
- TranzAlpine-Eisenbahn
- Tunnel

Waimakariri River
An den Windungen dieses mächtigen Flusses häufen sich Felsbrocken und Geröll aus den Southern Alps.

Tipps für Wanderer

Die Areal ist ein riesiges Wandergebiet, das sowohl kürzere, einfach zu begehende Wege umfasst als auch herausfordernde Klettersteige. Das Wetter ist jedoch sehr wechselhaft, und viele Wege sind nicht besonders gut ausgebaut. Bergtouren sollten Sie deshalb unbedingt mit genauen Weg- und Zielangaben beim Visitor Centre in Arthur's Pass Village anmelden.

Bealey Spur Village
Mit Tussock-Gras bewachsene Täler gehen hier in eine zerklüftete Berglandschaft über.

Skifahrer am Mount Hutt mit dem Lake Coleridge im Hintergrund

⑲ Mount Hutt

Straßenkarte C6. 121 Main St, Methven, (03) 302 8955. New Zealand Walking Festival (Apr).

Mount Hutt in den Ausläufern der Southern Alps ist Canterburys größtes Skigebiet und beansprucht für sich, die längste Skisaison Australasiens (von Anfang Juni bis Mitte Oktober) zu bieten. Das Skigebiet verfügt über neun Lifte. Für den Fall, dass der Schnee doch einmal ausbleibt, gibt es Schneekanonen. Von dem 2075 Meter hohen Berg hat man eine wunderschöne Aussicht über die Canterbury Plains.

Umgebung: Methven – im Winter ein Paradies in Sachen Après-Ski – bietet im Sommer das Bild einer typischen neuseeländischen Kleinstadt. Das 42 Quadratkilometer große Naturschutzgebiet westlich davon hat viele Wanderwege inmitten eines Buchenwalds. 16 Kilometer nördlich von Methven liegt Rakaia Gorge, ein beliebter Ort zum Motorbootfahren. Ein fünf Kilometer langer Weg führt an seinen Ufern entlang.

⑳ Rakaia

Straßenkarte C6. 800. Rakaia Salmon Fishing Competition (Ende Feb).

Am Südufer des Rakaia River befindet sich der kleine Ort Rakaia, der von sich behauptet, die Lachshauptstadt Neuseelands zu sein. Ein riesiger Fiberglasfisch im Zentrum der Stadt steht als Wahrzeichen für die zahlreichen guten Lachs- und Forellengründe, die der Fluss hier bietet.

Brücke über die Rakaia Gorge, ein beliebter Ort zum Jetbootfahren

㉑ Ashburton

Straßenkarte C6. 16 000. The Green, East St, (03) 308 1050. Wheels Week (Mai).

Die Stadt beiderseits des Ashburton River ist Hauptstadt des Farmbezirks von Mittel-Canterbury. Die Stadt wurde nach Lord Ashburton benannt, einem Mitglied der Canterbury Association, die die Provinz ab 1850 besiedelte.

Obwohl die Gegend ursprünglich trocken war, floriert die Landwirtschaft infolge künstlicher Bewässerung. In der Stadt gibt es viele historische Backsteinbauten und zahlreiche alte Bäume. Lohnenswert ist ein Besuch im **Ashford Village**, das Handarbeiten von hoher Qualität produziert und verkauft. Hier gibt es auch ein Spinnradmuseum.

Ashford Village
427 West St. (03) 308 9085.
tägl. 1./2. Jan, Karfreitag, Ostermontag, 25./26. Dez.
in der Fabrik. obligatorisch für Fabrik.

㉒ Geraldine

Straßenkarte C6. 2000. Ecke Cox & Talbot St, (03) 693 1006. Geraldine Arts and Plants Festival (Nov). **southcanterbury.org.nz**

Das malerische kleine Farmstädtchen ist ein beliebter Zwischenstopp für Reisende auf dem Weg ins südlich gelegene Mackenzie Country. Der 1866 als Schafweide und als Basiscamp für Sägewerke gegründete Ort hieß zunächst Talbot Forest, dann Fitzgerald und schließlich Geraldine. Heute gehört der Talbot Forest zum Bestand des Podocarpwalds, der das Hinterland von Geraldine bildet. Viele historische Gebäude sind renoviert, so das Postgebäude von 1908.

Vor Ort produzierte Säfte und Gewürze kann man im **Four Peaks Plaza** kaufen. Im **Vintage Car and Machinery Museum** stehen Fahrzeuge der Baujahre 1907–1953, Traktoren von 1874 sowie eine große Anzahl früher landwirtschaftlicher Maschinen.

Four Peaks Plaza
76 Talbot St. (03) 693 1111.
tägl. 25. Dez.

Vintage Car and Machinery Museum
178 Talbot St. (03) 693 8756.
tägl. im Sommer; im Winter nur Sa, So. 1. Jan, 25./26. Dez.
nach Vereinbarung.

Umgebung: Der Ort ist eine gute Ausgangsbasis, um die Wälder und Flüsse Canterburys zu erkunden, z. B. den Peel Forest 22 Kilometer nördlich, die Mount Somers Conservation Area 47 Kilometer im Norden oder die Orari-, Waihi- und Te-Moana-Schluchten, die zum Schwimmen, Raften oder Picknicken einladen.

Hotels und Restaurants in Canterbury und an der Westküste *siehe Seiten 306f und 323f*

Landwirtschaft im Hochland

Als die »Canterbury Pilgrims« um 1850 die Gegend besiedelten, erkannten sie die Möglichkeiten zur Schafzucht. Die Landbesitzer von Canterbury wurden bald zu einer einflussreichen wirtschaftlichen und politischen Kraft. Obwohl im Zuge der Landreform Ende des 19. Jahrhunderts die großen Ländereien aufgeteilt wurden, zeugen noch heute riesige Weideflächen von der Bedeutung der Landwirtschaft in Neuseeland, vor allem aber in Canterbury. Sehr gut ausgebaute Verkehrsverbindungen und moderne Kommunikationsmittel haben dafür gesorgt, dass das Leben auf dem Land mittlerweile weniger einsam ist als früher, aber nach wie vor bestimmen die Jahreszeiten den Lebensrhythmus.

Jahresablauf

Im Sommer weidet das Vieh an den Berghängen, vor Wintereinbruch wird es in die Täler getrieben. Der Abtrieb dauert mehrere Tage, die Hirten bewegen sich dabei zu Pferd oder zu Fuß und führen dann gut ausgebildete Hunde mit. Nach der Schur im Frühling, wenn die Lämmer vom Mutterschaf entwöhnt sind, kehrt das Vieh für die Sommermonate wieder ins Hochland zurück.

Schafherde beim Abtrieb im Herbst

Schafhandel ist ein ernstes Geschäft. So sind die Farmer auf den Viehauktionen der Gegend stets auf der Suche nach Tieren, mit denen sich die Woll- und Fleischproduktion verbessern lässt.

Die Schafschur wird im Team und meist von Hand erledigt, sodass den Tieren eine schützende Wollschicht erhalten bleibt. Wegen ihrer Genügsamkeit und ihrer dichten Wolle werden im Hochland vor allem Merinoschafe gezüchtet.

Winterfutter wie Heu und Silage gibt man den Schafen in den kalten Wintermonaten.

Die Merinowolle der Hochlandfarmen auf der Südinsel ist von hoher Qualität und wird meist zu Pullovern und anderen luxuriösen Strickwaren verarbeitet.

Lammbraten mit Kartoffeln und Bohnen ist ein beliebtes landestypisches Gericht.

㉓ Timaru

Auf halbem Weg zwischen Christchurch und Dunedin, inmitten einer Hügellandschaft, markiert Timaru, die größte Stadt in Süd-Canterbury, die Grenze der Canterbury Plains. Ihren Namen verdankt die Stadt dem Ausdruck »Te Maru«, was etwa »Zufluchtsort« bedeutet und daran erinnert, dass hier einst ein sicherer Hafen für die Kanus der Māori war. Seit 1838 wurde hier Walfang betrieben. Das Stadtzentrum ist auf Grundbesitz von George und Robert Rhodes erbaut, die zu den ersten Siedlern gehörten, wenngleich die ernsthafte Besiedlung der Gegend erst 1859 begann. Heute ist Timaru eine aufstrebende Regionshauptstadt mit vielen beachtlichen Gebäuden im Geschäftszentrum.

Die Galerie Aigantighe vom Park aus gesehen

Caroline Bay

Seit 1877 der künstliche Hafen von Timaru geschaffen wurde, dient der weiße Sand von Caroline Bay als beliebter Badestrand, an dessen Südseite sich der Hafen befindet. Dahinter ist eine Grünanlage mit Spielplatz, Vogelhaus, Tennisplätzen und einer Minigolf-Anlage.

Während einer groß angelegten Sanierung entstanden eine Uferpromenade, einige Volleyballfelder und andere Attraktionen. Die Piazza, ein Gebilde aus mehreren Treppen und Plattformen, verbindet die Bucht mit dem Stadtzentrum auf dem Hügel darüber. Im Norden befinden sich die Benvenue Cliffs und der Leuchtturm Timarus, der schon seit 1877 in Betrieb ist.

Basilica of the Sacred Heart

7 Craigie Ave. (03) 684 4263.
tägl. tägl.

Die von Francis William Petre 1910/11 erbaute Basilika ist das beeindruckendste Gebäude Timarus. Mit ihren beiden Türmen und der mächtigen Kuppel überblickt sie die Hauptstraße in südlicher Richtung. Im Inneren ist die Kirche mit Deckenfresken, mächtigen weißen Säulen und Mosaikfenstern ähnlich beeindruckend gestaltet. Vom Architekten der Basilika stammen auch die Kathedralen von Christchurch und Dunedin.

Aigantighe

49 Wa-iti Rd. (03) 688 4424.
Di–So. 1./2. Jan, 25./26. Dez.
nach Vereinbarung.

Dieses bezaubernde Museum spricht sich wie das englische *egg and tie* aus, der Ausdruck bedeutet auf Gälisch so viel wie »zu Hause«. Aigantighe befindet sich in einem Gebäude von 1908, das der Stadt 1958 von Alexander und Helen Grant vermacht wurde, die als schottische Einwanderer eine Farm in Mackenzie Country betrieben. Die großartige Dauerausstellung zeigt Porzellan sowie Werke von neuseeländischen und britischen Malern. Das Museum liegt inmitten einer zur Entspannung einladenden Gartenanlage, in der Steinskulpturen ausgestellt sind.

St Mary's Anglican Church

Church St. (03) 688 8377.
bis auf Weiteres wegen Erdbebenschäden.

Die Grundsteinlegung für diese Kirche fand im Jahr 1880 statt, während das Kirchenschiff erst 1886 fertiggestellt wurde. Im Inneren sind hohe Deckengewölbe, zahlreiche schöne Mosaikfenster, feinste Holzschnitzereien und majestätische Säulen zu sehen.

Viele Kunstwerke und Gedenktafeln tragen den Namen einflussreicher Familien aus dem Süden Canterburys. Vom Kirchturm aus hat man eine fantastische Aussicht über die gesamte Stadt.

Richard Pearse (1877–1953)

Jahrzehntelang stand der Erfinder, Flieger und Farmer Richard Pearse im Mittelpunkt einer Debatte darüber, wem der erste Flug in der Geschichte geglückt ist. Pearse wurde nahe Temuka nördlich von Timaru geboren. Obwohl er zeit seines Lebens belächelt wurde, gilt er seit seinem Tod als erfinderisches Genie. In der farmeigenen Werkstatt konstruierte er ein Einmannflugzeug aus Bambus, Aluminium, Draht und Segeltuch. Bei seinem ersten Flugversuch soll Pearse zwischen 46 und 91 Meter in der Luft zurückgelegt haben, bevor er in eine Hecke stürzte. Zwar gibt es über den Flug keine Aufzeichnungen, laut Berichten fand er aber am 31. März 1903 statt – und damit fast neun Monate vor dem ersten Flug der Brüder Wright am 13. Dezember 1903.

Nachbau des Flugzeugs von Pearse

Rosen im Botanischen Garten

Timaru Botanic Gardens

Queen St. (03) 687 7200.
tägl.

Der 1864 gegründete Botanischen Garten umfasst 19 Hektar hügelige Landschaft. Zu den Highlights zählen die Statue des schottischen Dichters Robert Burns, ein »Cabbage Tree«, ein großes Agavengewächs, von dem angenommen wird, es stamme aus der Zeit, bevor die ersten Europäer kamen, sowie einen Musikpavillon aus dem Jahr 1911. Interessant sind auch die Rosenbeete und die Pflanzungen bedrohter Arten.

South Canterbury Museum

4 Perth St. (03) 687 7212. Di–So. 1. Jan, 25./26. Dez.

Der achteckige Museumsbau wurde 1966 eröffnet und ist das bedeutendste regionale Museum. Es gibt Ausstellungen über die Naturgeschichte, die Geschichte der Māori und die frühe Walfangindustrie. Die Entwicklung der Stadt wird anhand einer Serie von Fotos dokumentiert. Ein Glanzlicht ist der Nachbau des von Richard Pearse erbauten Flugzeugs, der damit im Jahr 1903 – noch vor den Gebrüdern Wright – geflogen sein soll. Das Flugzeug ist in jener Höhe an der Decke befestigt, von der es heißt, Pearse habe sie seinerzeit erreicht.

Umgebung: Etwa 18 Kilometer nördlich von Timaru ist **Temuka** das Handelszentrum des reichen Hinterlandes und zugleich die Heimat der bekannten Temuka Homewear, in der ein breites Spektrum von hochwertiger Haushaltskeramik hergestellt wird. Die Werkstatt ist nicht öffentlich zugänglich.

Direkt am State Highway 8 liegt der kleine Ort Pleasant Point. Im historischen Eisenbahnmuseum **Pleasant Point Museum & Railway** wird ein zwei Kilometer langes Teilstück der alten Timaru-Fairlie-Linie erhalten, die 1875 eröffnet und 1968 geschlossen wurde. In der Ferienzeit befahren zwei Dampflokomotiven die Strecke. Die Straße windet sich durch Farmland und kreuzt die Orte Cave, Fairlie und Kimbell sowie die Abfahrt des Mount-Dobson-Skigebiets, bevor sie nach dem Burkes Pass ins Mackenzie Country mündet.

Pleasant Point Museum & Railway

Main Rd. (03) 614 8323.
variabel.
pleasantpointrail.org.nz

Infobox

Information
Straßenkarte C6. 27 500.
2 George St, (03) 687 9997.
Caroline Bay Carnival (Dez, Jan).
southisland.org.nz

Anfahrt
12 km nördl. der Stadt.

Zentrum von Timaru

① Caroline Bay
② Aigantighe
③ St Mary's Anglican Church
④ South Canterbury Museum
⑤ Basilica of the Sacred Heart
⑥ Timaru Botanic Gardens

Zeichenerklärung
siehe hintere Umschlagklappe

0 Meter 500

Lupinen am Ufer des Lake Tekapo

㉔ Lake Tekapo

Straßenkarte B6. 300.
Kiwi Treasures, State Hwy 8, (03) 680 6686. **mtcooknz.com**

Lake Tekapo ist ein wunderschöner Ort. Das intensive Blau des Gletschersees wird von seinem steinigen Grund hervorgerufen, der aus hellem Gletschergeröll besteht. Der See ist sehr beliebt zum Angeln, Boot- und Kajakfahren, zum Schwimmen und Gleitschirmfliegen.

Direkt am See steht die **Church of the Good Shepherd**. Die Grundsteinlegung dieser Fachwerkkirche erfolgte 1935 im Auftrag des Herzogs von Gloucester. Das Vorderfenster bietet einen perfekt gerahmten Blick auf den See. Neben der Kirche befindet sich die Bronzestatue eines Wachhunds, die 1968 im Gedenken an den wichtigen Beitrag dieser Tiere zur Entwicklung der Landwirtschaft des Hochlands errichtet wurde.

Aufgrund der außergewöhnlich klaren Luft hat die Universität von Canterbury ein Observatorium auf dem Gipfel des Mount John westlich der Stadt errichtet. Zu Fuß lässt sich der Gipfel in eineinhalb Stunden erreichen. Ebenfalls schöne Aussichten über See und Gebirge bietet der Cowan's Hill Track, für den man zwei Stunden benötigt.

Der Ort Lake Tekapo ist eine gute Basis, wenn man auf dem 30 Kilometer entfernten Mount Dobson Ski fahren will. Am kleinen Flugplatz werden Panoramaflüge über den Mount Cook angeboten. Der zehn Kilometer entfernte Lake Alexandrina ist für seine Forellenbestände berühmt.

Church of the Good Shepherd
Pioneer Drive. (03) 680 6516. tägl. 25. Dez, Hochzeiten. unterschiedl. Spende.

㉕ Lake Pukaki

Straßenkarte B6. State Hwy 8, (03) 435 3280. **mtcooknz.com**

Wie Lake Tekapo liegt auch dieser See inmitten einer majestätischen Landschaft. Der State Highway 8 führt an der Südspitze des Sees vorbei, ein Parkplatz mit Picknickgelegenheit bietet einen herrlichen Ausblick auf Mount Cook und die Southern Alps. Der See speist sich aus dem Tasman River, der aus dem gleichnamigen Gletscher entspringt. Als Teil der Upper-Waitaki-Wasserkraftwerke wurde er künstlich gestaut. Kanäle verbinden den See mit Lake Tekapo und Lake Ohau. An klaren Tagen spiegelt sich der Mount Cook im Wasser. **Mount Cook Alpine Salmon** ist eine Farm am Pukaki-Tekapo-Kanal. Sie verkauft Lachs und bietet Touren an.

Glentanner Park Centre liegt etwa 20 Kilometer südlich von Mount Cook Village auf dem Gebiet einer 182 Quadratkilometer großen Farm am Ufer des Lake Pukaki. Von hier werden Panoramaflüge über

Glentanner Park Centre, im Hintergrund die Southern Alps

Hotels und Restaurants in Canterbury und an der Westküste *siehe Seiten 306f und 323f*

Mount Cook organisiert. Weitere Outdoor-Aktivitäten wie Reiten, Mountainbiken, Bootsausflüge, Jagen und Fischen sind ebenfalls im Angebot. Führungen geben Besuchern Gelegenheit, sich über Schafzucht zu informieren.

Mount Cook Alpine Salmon
Canal Rd. (03) 435 0085.
tägl.

Glentanner Park Centre
State Hwy 80. (03) 435 1855.
tägl. für Touren. teilweise.
glentanner.co.nz

Die Clay Cliffs, zerfurchte Klippen bei Omarama

26 Twizel

Straßenkarte B6. 1500.
Twizel Events Centre, Market Place, (03) 435 3124. **twizel.info**

Twizel wurde 1969 im Zusammenhang mit dem Bau der Upper-Waitaki-Wasserkraftwerke errichtet. Als dieses Vorhaben beendet war, kämpften die Einheimischen erfolgreich um den Erhalt der Stadt und begannen Nutzen aus ihrer Lage an den fischreichen Seen der Umgebung zu ziehen. Der künstlich angelegte Lake Ruataniwha im Süden ist in Wassersportkreisen berühmt. Hier finden jedes Jahr die nationalen Rudermeisterschaften statt. Eine Straße führt zum Lake Benmore, einem 75 Quadratkilometer großen Stausee, der bei Bootfahrern beliebt ist.

Eine der Hauptattraktionen ist **Kakī Visitor Hide**, eine Kakī-Beobachtungsstation. Der Kakī, der Schwarze Stelzenläufer, ist einer der seltensten Vögel der Welt. Seit 1981 ist man darum bemüht, sein Aussterben zu verhindern *(siehe S. 196)*. Man kann die in Gefangenschaft aufgezogenen Vögel von eigens eingerichteten Stationen beobachten. Twizel und Umgebung waren Drehorte einiger Szenen von *Der Herr der Ringe*.

Kakī-Vogel

Kakī Visitor Hide
Twizel Events Centre, Market Place.
(03) 435 3124. tägl. (außer 25. Dez).

Umgebung: Am State Highway 8 südlich von Twizel liegt die Ortschaft **Omarama**. Sie hat einen weltweit bekannten Ruf bei Gleitschirm- und Segelfliegern, da hier starke nordwestliche Aufwinde herrschen.

Zehn Kilometer westlich des Ortes ragen die **Clay Cliffs** in die Höhe. Bei den hohen zerfurchten Felsen rasteten früher die Māori auf ihrem Weg in die Jagdgebiete des Mackenzie Country. Obwohl der Grund um die unter Naturschutz stehenden Klippen in Privatbesitz ist, ist das Gebiet um die Klippen für die Öffentlichkeit zugänglich.

Clay Cliffs
Henburn Rd. (03) 438 9703.
tägl.

27 Lake Ohau

Straßenkarte B6.

Der etwa 30 Kilometer westlich von Twizel gelegene Lake Ohau ist der kleinste der drei Seen des Mackenzie-Basins. Der Gletschersee ist beliebt zum Schwimmen, Angeln, Skifahren und Bootfahren. Sechs Wälder – Ohau, Temple, Dobson, Huxley, Hopkins und Ahuriri – umgeben den See und laden zu ausgedehnten Spaziergängen und Wanderungen ein. Wem der Sinn nach Natur pur steht, der findet in den Wäldern eigens errichtete Hütten zum Übernachten.

Das Skigebiet Ohau liegt oberhalb der Westseite des Sees und ist relativ schlicht lediglich mit Schleppliften ausgestattet.

Wasserkraftwerke von Upper Waitaki

Die Elektrizitätswerke von Upper Waitaki und Mackenzie Country liefern etwa ein Drittel der aus Wasser gewonnenen Elektrizität Neuseelands. Die Idee, die Wasservorräte nutzbar zu machen, wurde erstmals 1904 diskutiert. Heute umfasst das Netz die Wasserkraftwerke Tekapo A und B, Ohau A, B und C sowie je eines in Benmore, Aviemore und Waitaki. Ein wichtiger Bestandteil sind die 58 Kilometer langen Kanäle, die Lake Tekapo, Lake Pukaki und Lake Ohau miteinander verbinden. Eine Autofahrt entlang diesen Kanälen ist sehr reizvoll. Die künstlich angelegten Seen sind beliebte Wassersportgebiete.

Lake Benmore vom Berg aus gesehen

28 Aoraki / Mount Cook National Park

Der Nationalpark verdankt seinen Namen dem Aoraki / Mount Cook, der mit 3755 Metern der höchste Berg Neuseelands und ein Heiligtum des Stammes der Ngai Tahu auf der Südinsel ist. Einer Legende der Māori zufolge entstanden der Berg und die benachbarten Gipfel, als ein Junge namens Aoraki und seine drei Brüder vom Himmel mit einem Kanu hinabfuhren, um Papatuanuku (Mutter Erde) zu besuchen. Das Kanu kenterte, und als die Brüder auf den Rücken des Boots kletterten, wurden sie zu Stein. 1953 wurde das 700 Quadratkilometer große Gebiet zum Nationalpark erklärt. 40 Prozent des Parks sind von Gletschern bedeckt, es gibt insgesamt 19 Gipfel über 3000 Meter.

Panoramaflüge und Bootsfahrten
Rundflüge und Bootsfahrten werden vom Flughafen am Mount Cook und vom Glentanner Park Centre angeboten. Mehrere Routen stehen zur Auswahl.

★ Aoraki / Mount Cook
Aoraki/Mount Cook, eine der großen Herausforderungen für Bergsteiger, wurde erstmals 1894 von den Neuseeländern Tom Fyfe, George Graham und Jack Clarke bestiegen.

Hermitage
Das Hotel Hermitage wurde 1884 auf dem White Horse Campground erbaut und im Lauf der Jahre beständig erweitert. Es ist eines der größeren Hotels im Aoraki/Mount Cook National Park *(siehe S. 306)*.

Außerdem

① **Der Copland Pass** ist eine hoch gelegene Bergsteigerroute über die Southern Alps. Vom Pass aus führt der Weg hinunter zum Copland River und durch den Westland/Tai Poutini National Park *(siehe S. 242f)*.

② **Der Godley River** ist mit einem Wagen mit Allradantrieb vom Lake Tekapo aus zu erreichen.

★ Tasman Glacier / Lake Tasman
Der Gletscher ist mit 27 Kilometer Länge und bis zu drei Kilometer Breite der größte Neuseelands. Heliskiing ist eine gute Möglichkeit, das Eisfeld zu erleben. Im Lake Tasman vor dem Gletscher kann man Kayakfahren.

Hotels und Restaurants in Canterbury und an der Westküste *siehe Seiten 306f und 323f*

Tasman Saddle Hut
Die Hütte ist eine von 16 alpinen Hütten und Unterständen für Wanderer und Kletterer.

Infobox

Information
Straßenkarte B6. Bowen Dr, Mount Cook Village, (03) 435 1186. tägl. 25. Dez. auf Wegen eingeschränkt. **doc.govt.nz**

Anfahrt
5 km südl. des Dorfs.

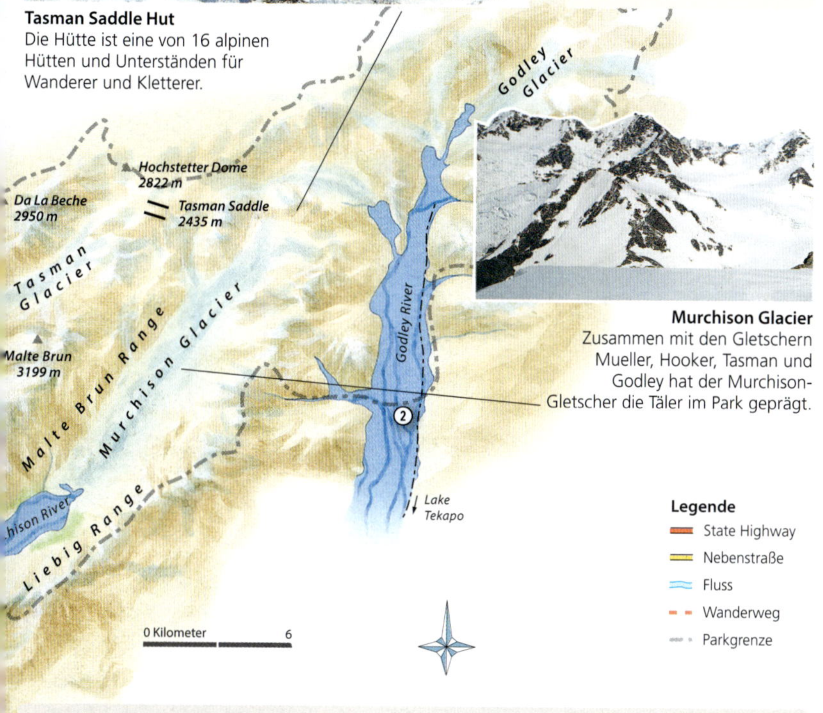

Murchison Glacier
Zusammen mit den Gletschern Mueller, Hooker, Tasman und Godley hat der Murchison-Gletscher die Täler im Park geprägt.

Wandern rund um Aoraki/ Mount Cook Village

Es gibt verschiedene Wanderwege in unmittelbarer Nähe von Mount Cook Village, die alle gut ausgebaut und beschildert sind. Sie eignen sich auch für Besucher ohne Übung im Klettern. Kea Point und Governors Bush Walk sind kurze Spazierwege, die das Augenmerk auf die Vegetation und die Vögel des Parks lenken. Es gibt verschiedene längere Wanderwege, z. B. die Tracks Sealy Tarns, Hooker Valley und Red Tarns. Sie sind gut ausgeschildert, aber der Boden ist stellenweise sehr steinig. Es empfiehlt sich deshalb, festes Schuhwerk zu tragen. Auch im Sommer sollte man stets einen warmen Pullover dabeihaben, da es häufig sehr windig ist. Wanderkarten mit Wegbeschreibungen und Zeitangaben sind im Visitor Centre im Ort erhältlich.

Otago und Southland

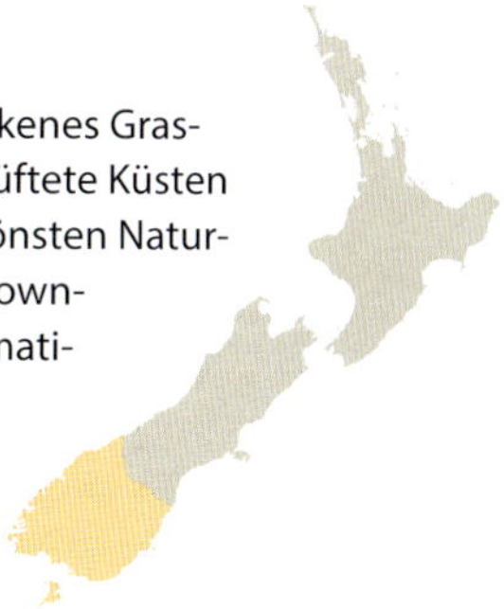

Hohe, schneebedeckte Berge, üppige Regenwälder, trockenes Grasland, tiefe Gletscherseen, einzigartige Strände und zerklüftete Küsten machen die Regionen Otago und Southland zu den schönsten Naturlandschaften. Queenstown, die Hauptstadt des Queenstown-Lakes-Distrikts, liegt inmitten ungezähmter Wildnis, dramatischer Bergketten und historischer Ansiedlungen und ist ein weltbekanntes Zentrum für Abenteuersportarten mit einer riesigen Bandbreite an Sportmöglichkeiten und eines der meistbesuchten Ziele Neuseelands.

Vor der Ankunft der ersten Europäer hatten sich die Māori in Küstengegenden niedergelassen, in denen es reichhaltige Bestände an Fischen und Meeresfrüchten gab. Außerdem gingen sie auf die Jagd und sammelten Jade *(pounamu)*. Auch die ersten Europäer bevorzugten Gebiete an der Küste, die leicht zu besiedeln waren. Mitglieder der Free Church of Scotland waren die Ersten, die die Gegend systematisch besiedelten und Dunedin zum Zentrum ihrer neuen Heimat machten. Die Hoffnung auf eine idyllische Enklave wurde jedoch nach 1860 durch die Entdeckung von Gold zunichtegemacht.

Auf der Suche nach dem vermeintlichen Glück strömten Goldgräber in das unwirtliche Gebiet des heutigen Central Otago. Das Geld, das durch das Gold hereinkam, brachte der Region einen kometenhaften Aufschwung, eine Zeit lang war Dunedin Neuseelands wirtschaftliches Zentrum. Das Vermächtnis der Goldgräber-Ära ist zum einen mit den bescheidenen Steinhütten in den abgelegenen, rauen Landschaften sowie durch Villen und Prachtbauten in den Straßen Dunedins bis heute nachvollziehbar.

Trotzdem ist in der Region viel unberührte Natur erhalten geblieben, etwa der Mount Aspiring und der Fiordland National Park. Weitere attraktive Naturgebiete sind Stewart Island und das Catlins-Gebiet an der Südostküste, wo Farmen und Felder einen reizvollen Kontrast zur Landschaft bilden.

The Octagon ***(siehe S. 262)*** **im Herzen von Dunedin**

◀ **Blick auf die Berge vom Glenorchy Lagoon Walkway** ***(siehe S. 282)***

Überblick: Otago und Southland

Klima und Landschaftsbild von Otago und Southland wechseln innerhalb kürzester Entfernungen. Im Westen steigt das Land steil von der Küste an, geht in Regenwälder über und endet in hohen Gebirgsgipfeln – eine Szenerie, die den Fiordland und den Mount Aspiring National Park einzigartig macht. Einen starken Kontrast dazu bilden östlich der Gipfel die Flächen und Täler von Central Otago. Hier ist es trocken und zerklüftet, strahlend blaue Seen erstrecken sich zwischen grasbewachsenen Hügeln und schneebedeckten Bergen. Landschaften wie Abenteuerspielplätze – kein Wunder, dass Ferienorte wie Queenstown so beliebt sind. Von den Seen aus fällt das Land zu den südlichen und östlichen Küsten sowie zum Hinterland ab. Dort sorgt starker Regen für fruchtbares Land und somit für die Versorgung der Städte Dunedin und Invercargill.

Wildwasser-Rafting am Shotover River bei Queenstown

Sehenswürdigkeiten auf einen Blick

1. *Dunedin S. 262–269*
2. Halbinsel Otago
3. Moeraki Boulders Scenic Reserve
4. *Oamaru S. 272f*
5. Lindis Pass
6. Lake Hawea
7. Wanaka
8. *Mount Aspiring National Park S. 276f*
9. Haast
10. *Queenstown S. 280f*
11. Glenorchy
12. Arrowtown
13. Cromwell
14. Kingston
15. *Fiordland National Park S. 284–287*
17. *Invercargill S. 290f*
18. Gore
19. Bluff
20. *Stewart Island S. 292f*

Touren

16. Doubtful Sound
21. Catlins-Tour

Touren und Unternehmungen Die aufgeführten Orte sind ideal, um sich zu erholen und etwas zu unternehmen. Allerdings ändert sich das Wetter – je nach Jahreszeit – häufig. Vor einer Tour sollten Sie sich vor Ort informieren.	Rundflüge	Bungee-Jumping	Jetbootfahren	Gleitschirmfliegen	Skifahren	Wandern	Raften	Naturbeobachtung
Catlins						★		★
Dunedin	★					★		★
Fiordland National Park						★		★
Haast						★		★
Invercargill	★					★		★
Milford Sound	★					★		★
Mount Aspiring National Park	★					★		★
Oamaru						★		★
Halbinsel Otago						★		★
Queenstown	★	★	★	★	★	★	★	
Stewart Island	★					★		★
Te Anau	★		★			★		★
Wanaka	★		★	★	★	★	★	

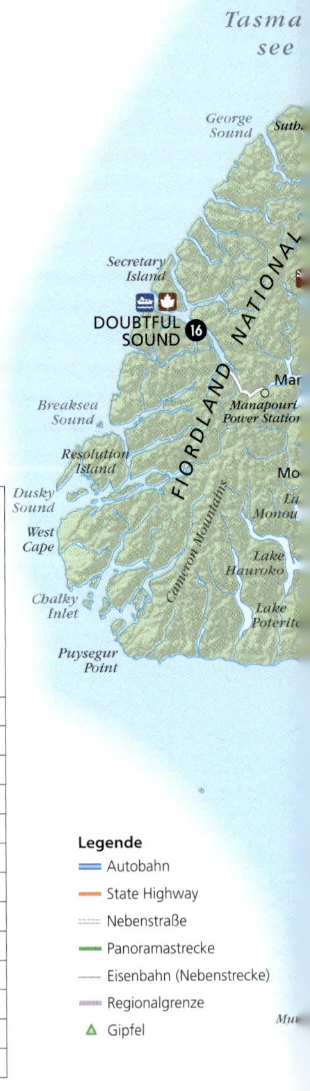

Weitere Zeichenerklärungen *siehe hintere Umschlagklappe*

Der tiefblaue Lake Hawea, einer der größten Seen im Süden

In Otago und Southland unterwegs

Am einfachsten erkundet man die Region mit dem Auto oder dem Bus. Wer sich zum Selbstfahren entschieden hat, kommt auf den gut ausgebauten Autobahnen schnell voran, außer während der Hauptreisezeiten in den Ferien. Einige Straßen, z. B. der State Highway 94 nach Milford, erfordern wegen der Steigungen besondere Vorsicht. Internationale Flughäfen gibt es in Dunedin und Queenstown. Am Flughafen von Invercargill werden Inlandsflüge abgefertigt.

❶ Dunedin

Dunedin zu erkunden macht Spaß, denn auf einem relativ kleinen Areal gibt es eine Menge zu sehen. Die Gebäude der Stadt gehören zu den interessantesten und in architektonischer Hinsicht unterschiedlichsten, die das Land zu bieten hat. Viele von ihnen liegen direkt im Zentrum und stammen aus der Blütezeit nach dem Goldrausch der 1860er Jahre, als Dunedin das Wirtschaftszentrum des Landes war. Andere befinden sich im Norden der Stadt *(siehe S. 268f)* in der Nähe schöner Parks. Rings um das Zentrum erstrecken sich Hügel, von denen man einen wundervollen Blick auf Stadt und Hafen genießen kann.

St Paul's Cathedral

The Octagon

Als das Areal der zukünftigen Siedlung »New Edinburgh« im Jahr 1846 in Augenschein genommen wurde, plante man The Octagon als zentralen Punkt. 150 Jahre später erfüllt der Platz noch immer diese Funktion. Er war und ist Zeuge von Festivals, Protestmärschen, Festen und königlichen Besuchen, auf ihm wurden Truppen und Helden des Sports begrüßt und verabschiedet. Die Oase im Herzen der Stadt – im Übrigen auch ein beliebter Treffpunkt zum Lunch – ist von zahlreichen bemerkenswerten Gebäuden geprägt.

Eine große Bronzestatue des schottischen Dichters Robert Burns, die 1887 errichtet wurde, nimmt einen exponierten Platz vor der Paulskathedrale ein. Sein Neffe, Reverend Thomas Burns, war der geistige Führer der ersten schottischen Siedler, die 1848 Dunedin erreichten.

Municipal Chambers

48 The Octagon. (03) 474 3300. Mo–Fr. Feiertage. im Inneren. öffentliche Bereiche.

Das Rathaus von 1880 ist ein exzellentes Beispiel für die Verwendung des Oamaru-Steins *(siehe S. 272f)*. Es wurde umfassend renoviert. Neben dem Sitzungssaal der Ratsmitglieder der Stadt weist der Bau eine Reihe von Empfangs- und Versammlungsräumen auf, auch das Dunedin Visitor Centre ist hier untergebracht. Der Komplex umfasst auch das Glenroy Auditorium mit 450 Sitzen und die Stadthalle mit 2100 Sitzen.

St Paul's Cathedral

The Octagon. (03) 477 2336. tägl. So–Fr. Sommer.

Die anglikanische, 1919 geweihte Paulskathedrale wurde oberhalb des Octagon auf einem erhöhten Platz errichtet, zu dem eine breite Treppe führt. Ihren Platz in einer überwiegend presbyterianisch geprägten Siedlung verdankt sie der Großzügigkeit des Walfängers und Händlers Johnny Jones. Die Kathedrale, die eine kleinere Kirche von 1863 ersetzt, weist viele schöne Details auf, u. a. ein gemauertes Deckengewölbe.

Dunedin Public Art Gallery

30 The Octagon. (03) 474 3240. tägl. Karfreitag, 25. Dez. für spezielle Ausstellungen. **dunedin.art.museum**

In der modernen Galerie, die perfekt mit den Gebäuden am Octagon harmoniert, befindet sich eine der besten neuseeländischen Sammlungen europäischer Kunst, aber auch Abteilungen mit früher und zeitgenössischer Kunst aus Neuseeland, z. B. Werke von Frances Hodgkins *(siehe S. 36)*.

Eingangshalle der Dunedin Public Art Gallery

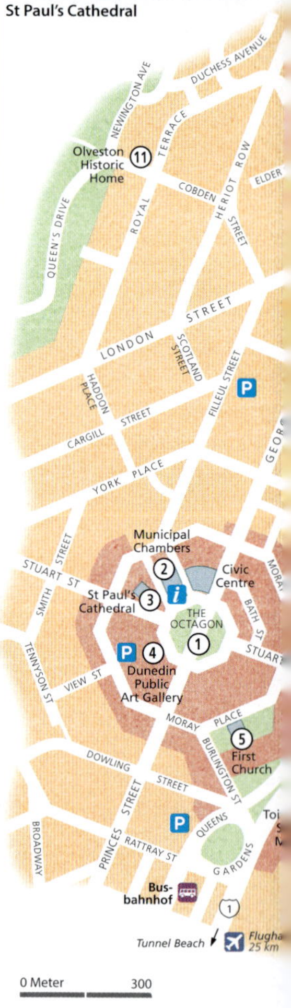

Legende

Detailkarte Dunedin *S. 264f*

Zeichenerklärung
siehe hintere Umschlagklappe

First Church

415 Moray Place. (03) 477 7118. tägl. nur So.

Die 1873 geweihte presbyterianische Kirche gilt als eine Glanzleistung und als herausragendes Vermächtnis des Architekten Robert Lawson. Bemerkenswert sind unter anderem die Fensterrosetten, die hölzerne Decke und der 56 Meter hohe Turm. Umfangreiche Restaurierungsarbeiten waren notwendig, um die äußeren Schäden zu beheben. Für den Bau der First Church musste das Gelände von Bell Hill zwölf Meter abgetragen werden. Eine Ausstellung dokumentiert die markanten Veränderungen.

Der Gerichtshof (»Law Courts«) im Zentrum von Dunedin

Law Courts

41 Stuart St.

Für den Gerichtshof, 1902 nach einem Entwurf von John Campbell fertiggestellt, wurde der heimische Stein aus Port Chalmers mit dem helleren Oamaru-Stein kombiniert. Gleich um die Ecke befindet sich das ebenfalls von Campbell entworfene Backsteingebäude des Gefängnisses, das dem New Scotland Yard in London ähnelt. Nach der Fertigstellung 1895 diente der Bau auch als Polizeirevier, bis hierfür Mitte der 1990er Jahre ein neues Gebäude entstand.

Toitū Otago Settlers Museum

31 Queens Gardens. (03) 477 5052. tägl. Karfreitag, 25. Dez.

toituosm.com

In Neuseelands ältestem sozialgeschichtlichen Museum erhalten Besucher einen Einblick in das Leben der ersten Siedler der Provinz Otago. Die verschiedenen umfangreichen Ausstellungen reichen thematisch von frühen Fotografien über Haushaltsgeräte bis hin zu Werkzeugen und Fahrzeugen. Darüber hinaus können hier zwei Dampflokomotiven – eine davon stammt aus dem Jahr 1870 – besichtigt werden. Die Smith Portrait Gallery zeigt Fotografien und Gemälde, ein weiterer Bereich widmet sich der Entwicklung digitaler Technologien. Auch das Archiv des Museums ist der Öffentlichkeit zugänglich.

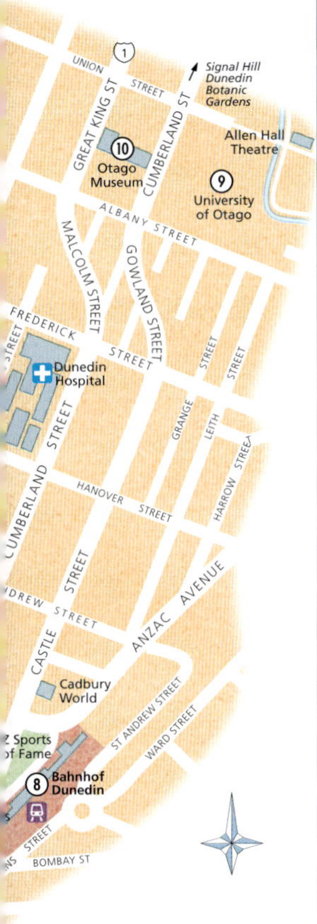

Zentrum von Dunedin

1. The Octagon
2. Municipal Chambers
3. St Paul's Cathedral
4. Dunedin Public Art Gallery
5. First Church
6. Toitu Otago Settlers Museum
7. Law Courts
8. Dunedin Railway Station
9. University of Otago
10. Otago Museum
11. Olveston Historic Home

Robert Lawson (1833–1902)

Viele der schönsten Häuser im viktorianischen und schottisch-edwardianischen Stil sind von dem Architekten Robert Lawson entworfen. Der Schotte hatte, bevor er nach Melbourne auswanderte, als Architekt in seinem Heimatland erste Erfahrungen gesammelt. In Melbourne versuchte er von der Goldsuche und vom Journalismus zu leben und nahm 1861 seinen erlernten Beruf wieder auf. 1862 erhielt Lawson den Zuschlag für seinen Entwurf der First Church. Er zog nach Dunedin und begann seine Laufbahn in der Stadt. Zu seinen besten Entwürfen gehören das Rathaus, die Otago Boys High School (1884) und die Knox Church in der George Street, die 1876 geweiht wurde. Lawsons Handschrift des »Dunedin Design« ist am klarsten in der First Church zu erkennen.

First Church

Im Detail: Dunedin

Dunedin ist aus historischer Sicht eng mit der schottischen Hauptstadt Edinburgh verbunden. Schon der Name Dunedin – der alte gälische Name für Edinburgh – und viele schottische Straßennamen weisen auf die Verbindung hin. Auch sind seit 1848, dem Ankunftsjahr der ersten presbyterianischen Siedler, einige schottische Traditionen erhalten geblieben. Ein achteckiger Platz namens The Octagon bildet das Zentrum der Stadt. Er ist umgeben von zahlreichen Gebäuden im viktorianischen und edwardianischen Stil, die zu den schönsten in Neuseeland zählen. Als Besucher genießt man die zahlreichen Cafés und Restaurants.

St Paul's Cathedral
Die Kathedrale hat das einzige Deckengewölbe Neuseelands *(siehe S. 262)*.

Stuart Street Terrace Houses
Um 1900 als Stadtwohnsitz für die Landbevölkerung erbaut, beherbergen die Terrassenhäuser in der Stuart Street heute Restaurants, Boutiquen und Büros.

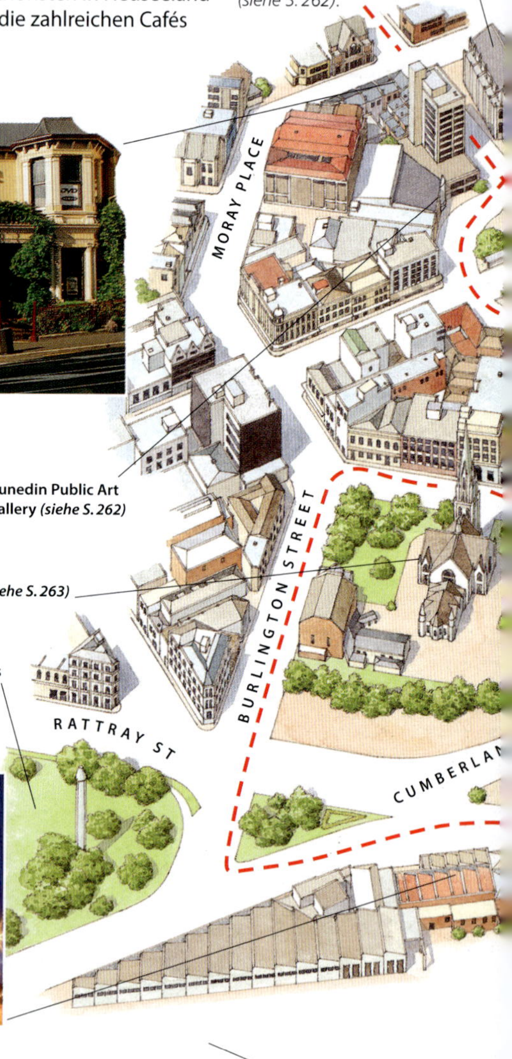

Dunedin Public Art Gallery ***(siehe S. 262)***

First Church ***(siehe S. 263)***

Queens Gardens

Legende

– Routenempfehlung

0 Meter 300

Toitū Otago Settlers Museum
Das Museum dokumentiert das Leben der ersten Siedler Otagos. Ein Flügel widmet sich historischen Fahrzeugen *(siehe S. 263)*.

Chinese Garden

Municipal Chambers
Das 1880 erbaute Rathaus wird von einem 47 Meter hohen Turm gekrönt. Er stammt aus der »reichen« Zeit des Goldrausches *(siehe S. 262)*.

Infobox

Information
Straßenkarte B7. 120 000. i-SITE, 26 Princes St, (03) 474 3300. Chinese New Year (Feb); Dunedin Fringe Festival (März); Midwinter Carnival (Juni); Dunedin Cadbury Chocolate Carnival (Juli). **dunedinnz.com**

Anfahrt
25 km südlich des Zentrums. Anzac Ave. Intercity, 7 Halsey St/Dunedin Railway Station.

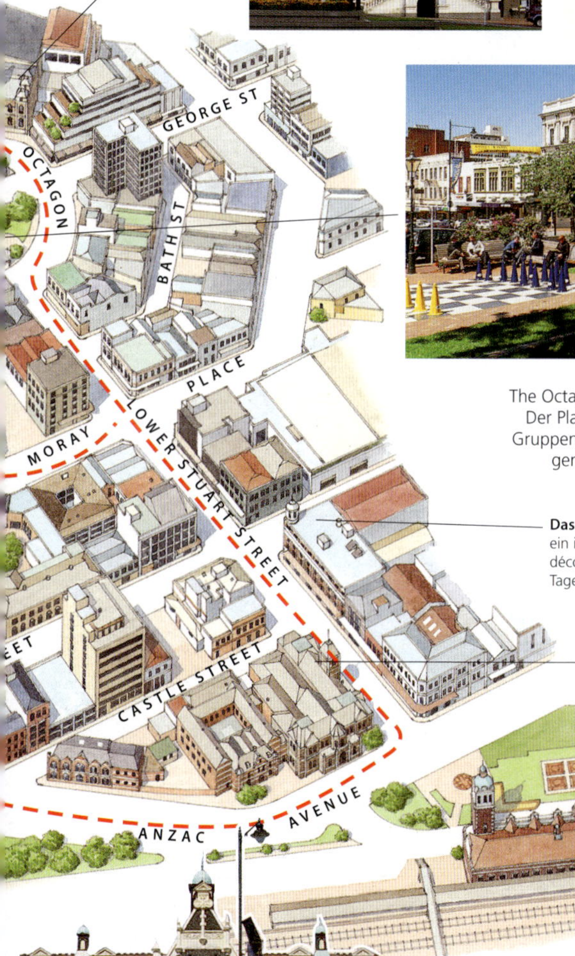

★ The Octagon
The Octagon ist ein beliebter Treffpunkt: Der Platz dient zum Picknick für kleine Gruppen, auch Festivals und Ausstellungen finden hier statt *(siehe S. 262)*.

Das Otago Daily Times Building, ein interessantes Beispiel für Art-déco-Architektur, ist Sitz der ältesten Tageszeitung Neuseelands.

Law Courts ***(siehe S. 263)***

★ Dunedin Railway Station
Der Bahnhof von Dunedin zählt zu den schönsten Steinbauten des ganzen Landes. Der Turm ist 37 Meter hoch *(siehe S. 266f)*.

Dunedin Railway Station

Der Bahnhof von Dunedin gehört zu den schönsten historischen Gebäuden Neuseelands und gilt als bestes Beispiel für Bahnhofsarchitektur auf der Südhalbkugel. Obwohl der Bau nicht besonders groß ist, vermitteln seine Proportionen den Eindruck von Erhabenheit. Das 1906 eröffnete Gebäude im flämischen Renaissance-Stil wurde von dem neuseeländischen Architekten George Troup entworfen und brachte ihm wegen der an Pfefferkuchen erinnernden Fassade den Spitznamen »Gingerbread George« ein.

★ Steinfassade und Türme
Der helle Kalkstein aus Oamaru *(siehe S. 272f)* bildet einen auffälligen Kontrast zum dunkelbläulichen Stein aus Zentral-Otago und den Säulen aus poliertem Aberdeen-Granit.

New Zealand Sports Hall of Fame
Die fantasievolle Ausstellung dokumentiert Heldentaten und Errungenschaften berühmter Neuseeländer.

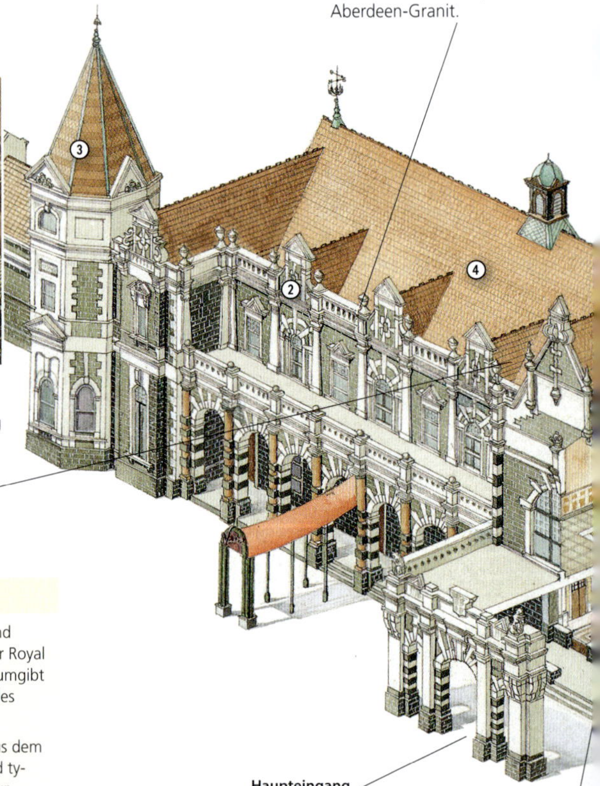

Haupteingang

Außerdem

① **Ein Fries** mit Cherubim und Laubwerk, hergestellt von der Royal Doulton Factory in England, umgibt die Verkaufshalle unterhalb des schmiedeeisernen Balkons.

② **Mansardenfenster**, die aus dem Giebeldach herausragen, sind typisch für flämische Architektur.

③ **Der Spitzturm** bildet den optischen Ausgleich zum großen Uhrenturm.

④ **Das Dach** ist mit Ziegeln aus dem französischen Marseille gedeckt.

⑤ **Löwen aus Sandstein** bewachen die Kuppel an jeder Ecke des Uhrenturms.

⑥ **Der Uhrenturm** ist 37 Meter hoch.

⑦ **Der Bahnsteig** ist Ankunfts- und Abfahrtsplatz für Fahrgäste der Taieri Gorge Railway *(siehe S. 268)*.

Verkaufsschalter
Die Schalterhalle ist mit weißen Fliesen verkleidet. Über den Schaltern zeigt ein First das alte neuseeländische Eisenbahnlogo.

★ Bleiglasfenster
Zwei beeindruckende Fenster mit Glasmalerei im Halbgeschoss an jeder Seite der Schalterhalle stellen ankommende Dampfmaschinen mit aufleuchtenden Lichtern dar.

Infobox

Information
Anzac Ave. (03) 477 4449.
Mo–Fr 8–17, Sa, So, Feiertage 8.30–15 Uhr. 25. Dez.
dunedinnz.com
taieri.co.nz

Anfahrt
The Octagon.

Treppenhaus
Von der Schalterhalle zum darüberliegenden Balkon führt eine Treppe mit schmiedeeisernem Geländer und mosaikverzierten Stufen.

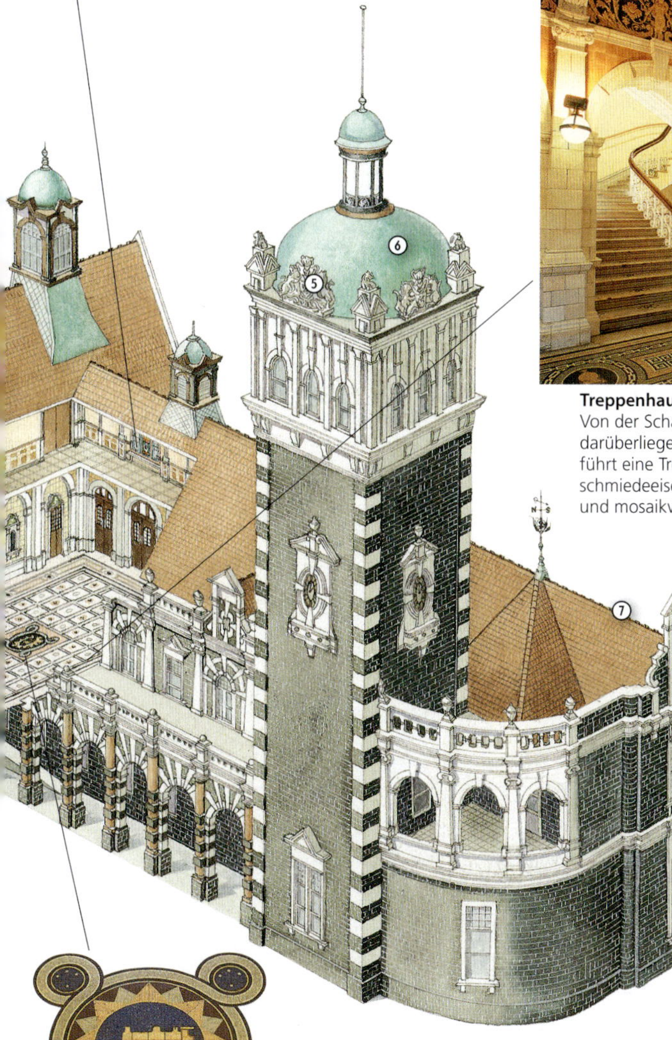

★ Mosaikboden
Über 725 000 Porzellankacheln der Firma Royal Doulton stellen Dampfmaschinen, Waggons und das Logo der New Zealand Railways dar.

Nord-Dunedin und Umgebung

Dunedins Stadtkern ist im Norden und Westen von Hügeln, im Osten und Süden von Wasser umgeben. Im Norden liegen viele Grüngebiete, darunter der Botanische Garten am Fuß des Signal Hill, und viele historische Gebäude. Am malerischen Hafen entlang führt eine Straße zu Aussichtspunkten, von denen man einen Panoramablick über die Stadt, den Hafen und die Halbinsel hat.

Signal Hill

Signal Hill Rd via Opoho Rd.
(03) 477 4000. tägl.

Im Norden der Stadt führt die Straße zum Signal Hill auf ein Monument zu, das 1940 errichtet wurde, um 100 Jahre britische Souveränität über Neuseeland zu demonstrieren. Von hier blickt man über das Stadtzentrum, den oberen Hafen und Teile der Halbinsel Otago.

Dunedin Botanic Gardens

Opoho Rd. (03) 477 4000. tägl. Rhododendron Festival (Ende Okt).

Dunedins riesiger Botanischer Garten, der 1868 angelegt wurde, war einer der ersten Neuseelands. Man nutzte die unterschiedlichen Böden und das überaus abwechslungsreiche Mikroklima, um eine Vielzahl von Pflanzen zu züchten. Die unteren Gärten sind eher regelmäßig angelegt – hier findet man Rasenflächen, Bäume und Beete. Auch der edwardianische Wintergarten, der 1908 eröffnet wurde, hat hier seinen Platz.

Oben auf dem Hügel kann man über 3000 Rhododendronarten im weltberühmten Rhododendron Dell bewundern – im Frühjahr die reinste Augenweide.

Otago Museum

419 Great King St. (03) 474 7474. tägl. 10–17 Uhr. 25. Dez. Spende. tägl. 14 Uhr.
otagomuseum.nz

Das 1877 eröffnete Museum führt in die Kultur- und Naturgeschichte dieser Region ein. Einige Säle zeigen das Leben der Māori vor der Europäisierung, die Kultur der Pazifik-Region, maritime Lebensformen und archäologische Funde aus der Alten Welt. Das Museum birgt auch eine der besten maritimen Ausstellungen des Landes und einen »Tiergarten«. Im interaktiven Erlebnis-Center Discovery World gibt es einen Tropenwald mit zahlreichen Schmetterlingen.

Tunnel Beach Walkway

Blackhead Rd. tägl. Aug–Okt.

Sieben Kilometer südlich der Stadt befindet sich der Tunnel Beach. Er wurde nach dem Tunnel benannt, der in den 1870er Jahren auf Veranlassung von Edward Cargill durch die Sandsteinklippen geschnitten wurde, damit dessen Familie den schönen Strand erreichen konnte. Der kurze steile Weg bietet eine schöne Aussicht auf die von Wind und Wellen geformten Sandsteinklippen.

Blühender Rhododendron im Botanischen Garten von Dunedin

Uhrenturm der University of Otago

University of Otago

Leith St. (03) 479 1100. Mo–Fr. Feiertage. Grundstück und öffentliche Bereiche.
otago.ac.nz

Die University of Otago, die erste Universität Neuseelands (1869), spielt für das Leben der Stadt eine wichtige Rolle. Der Uhrenturm aus Bluestone stammt von 1878 *(siehe S. 32)*. Die im Norden angrenzenden Doppelhaushälften (1879) dienten als Wohnsitz für die ersten vier Professoren. Die ganze Anlage lädt zum Herumschlendern ein.

Organ Pipes

Mount Cargill Rd.

Merkwürdige Basalt-Säulen, »Orgelpfeifen« genannt, erinnern an Dunedins vulkanischen Ursprung. Zu ihnen führt ein einstündiger Fußmarsch vom Wegweiser an der Mount Cargill Road im Norden der Stadt. Der Lohn ist ein großartiger Ausblick.

Taieri Gorge Railway

Anzac Square. (03) 477 4449. Abfahrt tägl.; im Sommer häufiger. **taieri.co.nz**

Von Dunedins Bahnhof aus kann man per Zug einen 77 Kilometer langen, vierstündigen Ausflug in den Westen unternehmen. Die 1879 eröffnete Bahnlinie fährt durch Dunedins Küstengebiete und schraubt sich anschließend zu den recht kargen Gras- und ausgewaschenen Felslandschaften der Strath Taieri hoch. Dabei durchfährt man zehn Tunnel und überquert Brücken und Viadukte, die bis zu 47 Meter über dem Taieri River liegen.

Hotels und Restaurants in Otago und Southland *siehe Seiten 307 und 324f*

Dunedin: Olveston Historic Home

Olveston, eine 1906 fertiggestellte Villa mit 35 Räumen, gehörte David und Marie Theomin und deren Kindern Edward und Dorothy. Dorothy vermachte Haus und Inventar der Stadt. Heute bekommt der Besucher einen Eindruck vom Leben der damaligen Bewohner. Großer Salon, Esszimmer, Bibliothek, Billardzimmer und Eingangshalle – alles ist vornehm möbliert und enthält viele Schätze, die die reiselustige Theomin-Familie mitbrachte.

Infobox

42 Royal Terrace. (03) 477 3320. tägl. 9–17 Uhr. 25. Dez. Erdgeschoss. obligatorisch; 9.30, 10.45, 12, 13.30, 14.45, 16 Uhr.

olveston.co.nz

★ Esszimmer
Attraktive Blickpunkte sind hier die Eichentäfelung, halbkreisförmige Bleiglasfenster und geprägte Tapeten.

Fassade
Das Haus erhält seine warme Außenfarbe durch eine Rauputzverkleidung aus Moeraki-Kieseln und Oamaru-Steinen *(siehe S. 272f)*.

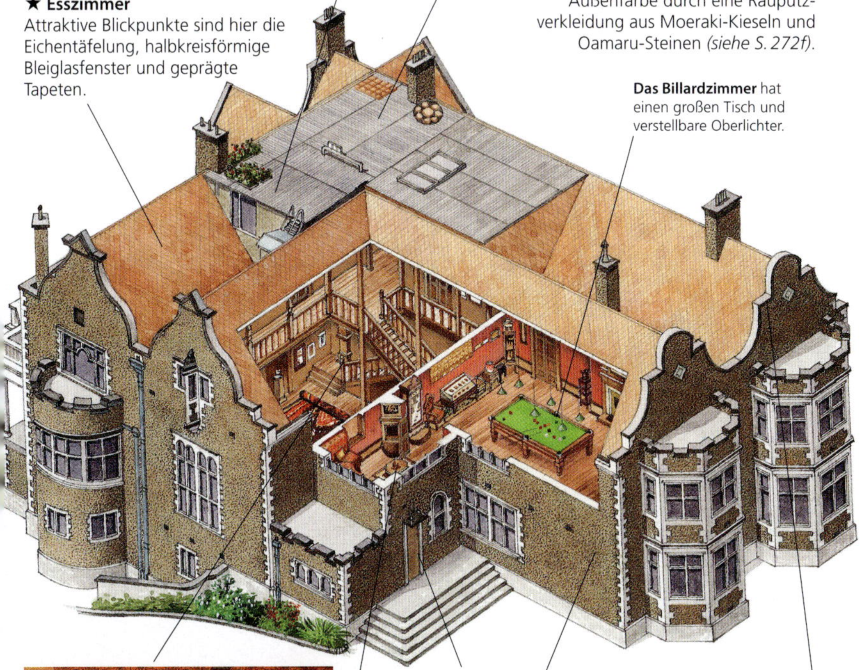

In der Küche stehen eine Kauri-Anrichte mit weiß-blauem Delfter Porzellan sowie ein Kauri-Tisch.

Bibliothek

Das Billardzimmer hat einen großen Tisch und verstellbare Oberlichter.

Karten-zimmer

Haupt-eingang

Holländische Giebel und vorragende Fenster lockern die Fassade des Olveston Historic Home auf.

Der Salon, der für Gespräche und zum Musizieren benutzt wurde, besitzt die einzige ausgestaltete Decke.

★ Große Halle
Die Eingangshalle diente vor allem für Empfänge und weist Tischlerarbeiten aus Eiche, Leinentapeten und eine Porzellansammlung auf.

❷ Halbinsel Otago

Die 24 Kilometer lange Halbinsel Otago bietet eine Vielzahl an Attraktionen, darunter viele seltene und ungewöhnliche Tiere und Pflanzen, historische Gebäude, bewaldete Gärten und eine spektakuläre Küstenlandschaft. Für die 64 Kilometer lange Rundtour nehmen Sie am besten die Highcliff Road, die über die Anhöhen der Halbinsel führt, und fahren zurück über die tiefer gelegene Portobello Road entlang der Küste. Der Ausflug kann einen ganzen Tag dauern. Von der Highcliff Road hat man die beste Aussicht über das Küstengebiet.

Larnach Castle

145 Camp Rd. (03) 476 1616. tägl. im Inneren. Erdgeschoss. nach Vereinbarung. **larnachcastle.co.nz**

14 Kilometer vom Stadtzentrum an der High Road liegt Larnach Castle, Neuseelands einziges Schloss. Der Bankier, Geschäftsmann und Politiker William J. M. Larnach ließ den Herrensitz zwischen 1871 und 1885 für seine Frau Eliza inmitten eines zwei Quadratkilometer großen Geländes erbauen. Das Schloss bietet u. a. kunstvoll verzierte Decken und eine große Freitreppe. Das prachtvoll gestaltete Interieur stammt von den englischen und italienischen Künstlern, die nach Dunedin gerufen wurden, um dem Gebäude seinen Schliff zu geben. Ein Ballsaal, das Geburtsgeschenk für Larnachs Tochter, wurde als eigener Flügel angebaut. Besucher können eine enge Steintreppe emporsteigen und vom Turm die Aussicht genießen. Unterkünfte sind in der Nähe erhältlich *(siehe S. 307)*.

Das Anwesen ging 1967 in den Besitz der Familie Barker über. Nach mehrjähriger Renovierung präsentiert es sich nun wieder im alten Glanz. Der schön gestaltete Schlossgarten ist Schauplatz einer sehenswerten Pflanzensammlung.

Royal Albatross Centre

Taiaroa Head. (03) 478 0499. tägl. 25. Dez. Besucherzentrum, Albatross Tour, Blue Penguin Tour. obligatorisch; Reservierung erforderlich. **albatross.org.nz**

Die Taiaroa-Landspitze am Otago-Hafen ist Heimat der weltweit einzigen Festlandkolonie von Königsalbatrossen. Das Besucherzentrum zeigt eine Ausstellung über die riesigen Vögel. Besucher werden zu Stationen geführt, von denen aus sie die Vögel beobachten können. Spannend ist auch die Blue Penguin Tour. Bei dieser jeden Abend angebotenen Führung sieht man Zwergpinguine vom Meer zu ihren Behausungen zurückkehren.

Eine weitere Sehenswürdigkeit von Taiaroa ist die »Armstrong Disappearing Gun«, eine Marine-Verteidigungskanone mit 15 Zentimeter Kaliber, die 1886 installiert wurde. Die weltweit einzige am Originalstandort erhaltene und funktionstüchtige Waffe dieser Art kommt aus dem Boden hervor, feuert und schnellt in ihre Vertiefung zurück.

Schwarz-weiße Königsalbatrosse auf Taiaroa Head

Larnach Castle, vom Park aus gesehen

Hotels und Restaurants in Otago und Southland *siehe Seiten 307 und 324f*

Anwesen in den Glenfalloch Woodland Gardens

Glenfalloch Woodland Gardens

430 Portobello Rd. (03) 476 1775. tägl. Spende. untere Gärten. nur im Sommer.

An der »unteren Straße«, zehn Kilometer von Dunedin entfernt, lockt der Glenfalloch Woodland Park Besucher an. In Glenfalloch – gälisch für »verstecktes Tal« – findet man ein elegantes, 1871 erbautes Anwesen, Teesalons (im Sommer geöffnet) und eine Töpferei, die auch Waren verkauft. Die Gebäude liegen geschützt auf einem Gelände mit uralten Bäumen und einem Fluss. Im Frühjahr glühen die Farben der Rhododendren und Azaleen, in den Sommermonaten werden sie von den leuchtenden Farben der Fuchsien und Rosen abgelöst.

Glenfalloch-Besucher haben die Auswahl zwischen mehreren idyllischen Spazierwegen, die über weite Strecken von dichten Baumreihen gesäumt werden.

Sandfly Bay Recreation Reserve

Seal Point Rd. (03) 477 0677. tägl. 25. Dez. **doc.govt.nz/parks-and-recreation**

Das Schutzgebiet bietet einer artenreichen heimischen Flora und Fauna geeigneten Lebensraum. Besucher genießen die wundervolle Aussicht über einen Küstenabschnitt der Halbinsel Otago, viele kommen auch zur Beobachtung der hier lebenden Gelbaugenpinguine her. Die besten Tageszeiten dafür sind später Nachmittag und früher Abend.

Otakou

Tamatea Rd, nahe der Harrington Point Rd. tägl. im Inneren. **otakourunaka.co.nz**

In Otakou begann die Besiedlung durch die ersten Māori. Abgewandelt in Otago verlieh der Ortsname der Provinz ihren Namen. Die Kirche und das Gemeindehaus wurden für die Jahrhundertfeier von 1940 zum Gedenken an die Unterzeichnung des Vertrags von Waitangi *(siehe S. 52f)* gebaut. Was wie Schnitzwerk aussieht, ist gegossener Beton.

Māori-Kirche und Versammlungshaus in Otakou

Penguin Place

45 Pakihau Rd. (03) 478 0286. tägl. obligatorisch; Reservierung erforderlich.

Die Straße zur Landspitze von Taiaroa führt am Penguin Place vorbei, wo man die Rettung der Gelbaugenpinguine, der seltensten Pinguinart der Welt, als Ziel verfolgt. Gelbaugenpinguine gibt es nur auf der Otago-Halbinsel und in wenigen abgeschiedenen Küstengebieten. Getarnte Gräben erlauben es dem Besucher, Gelbaugenpinguinen aus der Nähe beim Brüten zuzusehen, ohne sie zu stören. Am besten kommt man zur Abenddämmerung, dann sind die Tiere am aktivsten.

❸ Moeraki Boulders Scenic Reserve

Straßenkarte B7.

Die Moeraki-Kugeln 78 Kilometer nördlich von Dunedin am State Highway 1 waren lange Zeit Stoff für Legenden. Mit ihrer fast perfekt runden Form und einem Umfang von bis zu vier Metern liegen die grauen Kugeln an einem 50 Meter langen Strand. Ihre Form erhielten sie vor über 60 Millionen Jahren, als sich im Meer nach und nach Kalkablagerungen um einen harten Kern bildeten.

Der Māori-Legende nach waren die Kugeln die Lebensmittelkörbe *(Te Kaihinaki)* aus dem Araiteuru-Kanu, einem der ältesten Kanus, das die Māori von Hawaiki nach Neuseeland brachte. Während des Aufsammelns von Jade schlug das Kanu leck. Man sagt, dass die *kumara* an Bord zu rauen Felsen, die Körbe dagegen zu glatten Kugeln wurden, während sich das Wrack in ein Riff verwandelte.

Es ist nicht ungewöhnlich, dass sich in der Nähe kleine schwarz-weiße Hectordelfine in den Wellen tummeln. Ein Café sowie ein Restaurant versorgen die Besucher.

Das malerische Fischerdorf Moeraki, eine ehemalige Walfängerstation von 1836, befindet sich auf der anderen Seite der Bucht.

Geheimnisvolle Kugeln am Strand von Moeraki

Straßenkarte *siehe hintere Umschlaginnenseiten*

❹ Im Detail: Oamaru

Die Hauptstadt des nördlichen Otago ist Dienstleistungszentrum für ein landwirtschaftlich geprägtes Hinterland: ein hübscher Ort mit breiten, baumbestandenen Straßen, gepflegten Gärten, Galerien, Stränden, Kolonien mit Pinguinen und der am besten erhaltenen Ansammlung historischer Gebäude in Neuseeland. Die Häuser wurden ab 1880 aus Oamaru-Stein errichtet, einem hellen Kalkstein, der leicht zu bearbeiten ist. In Oamaru verbrachte die neuseeländische Schriftstellerin Janet Frame (1924–2004) ihre Kindheit. Die Stadt ist ein Zentrum des als »Steampunk« bezeichneten literarischen Genres.

★ Forrester Gallery
Die prunkvoll gemeißelten korinthischen Säulen zeichnen dieses Gebäude von 1882 aus, das ursprünglich Sitz der Bank of New South Wales war.

Courthouse
Das 1883 erbaute Gerichtsgebäude hat einen klassizistischen Portikus mit korinthischen Säulen. Es wird heute nicht mehr genutzt.

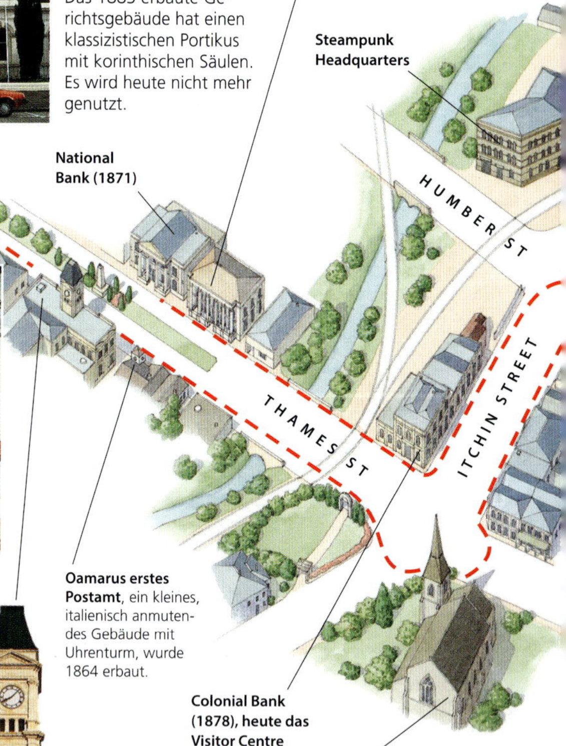

Steampunk Headquarters

National Bank (1871)

★ North Otago Museum
In diesem Museum von 1882 werden u. a. Methoden des Abbaus und Gebrauchs von Oamaru-Stein vorgestellt.

Oamarus erstes Postamt, ein kleines, italienisch anmutendes Gebäude mit Uhrenturm, wurde 1864 erbaut.

Colonial Bank (1878), heute das Visitor Centre

St Luke's Anglican Church
(1865–1913) weist feine Holzschnitzarbeiten auf.

Waitaki District Council
Ursprünglich war dies das zweite Postgebäude von Oamaru (1883). Der 28 Meter hohe Turm wurde 1903 angebaut.

Hotels und Restaurants in Otago und Southland *siehe Seiten 307 und 324f*

Criterion Hotel
Das Hotel (1877) wurde während der Prohibition 1906 »trocken«. Nach einer Restaurierung bewirtet es jetzt die Gäste in der Atmosphäre eines viktorianischen Pubs.

Infobox

Information
Straßenkarte B7. 12 500.
1 Thames St, (03) 434 1656.
Victorian Heritage Celebrations (Nov). **Forrester Gallery** (03) 433 0853. tägl. Karfreitag, 25. Dez.
North Otago Museum (03) 433 0852. tägl. 1. Jan, Karfreitag, 25. Apr, 25. Dez.
visitoamaru.co.nz

Anfahrt
Humber St.
Ecke Eden St und Thames St.

Harbour Street
Im Herzen des Hafengebiets liegen Lager- und Handelshäuser neben Getreidespeichern aus dem 19. Jahrhundert.

Harbour Board Office (1876)

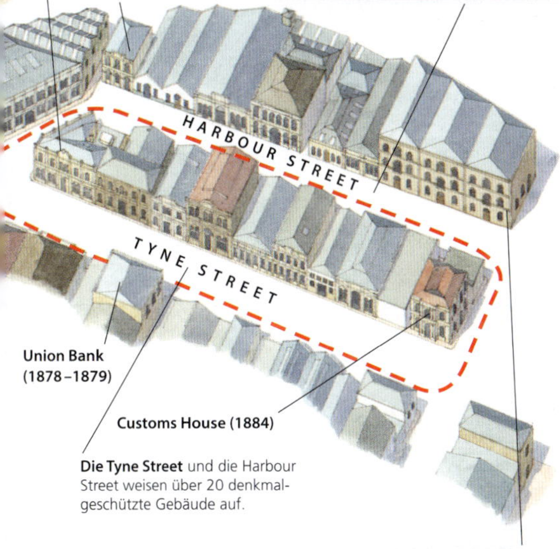

Union Bank (1878–1879)

Customs House (1884)

Die Tyne Street und die Harbour Street weisen über 20 denkmalgeschützte Gebäude auf.

0 Meter 100

Legende
— Routenempfehlung

★ New Zealand Loan and Mercantile Warehouse
1882 wurde dieses dreigeschossige Lagerhaus für Neuseelands größte Vorratsfirma gebaut. Hier konnten bis zu 100 000 Sack Getreide gelagert werden.

Blick auf Oamaru und den Hafen vom Lookout-Naturschutzgebiet

Überblick: Oamaru

Oamaru hat über seine historische Bedeutung hinaus noch Weiteres zu bieten. Für Naturinteressierte gibt es mehrere Wanderwege. Der einen Kilometer lange South Hill Walkway führt zum Lookout-Naturschutzgebiet. Etwas weiter entfernt liegt Bushy Beach, wo man Gelbaugenpinguine beobachten kann.

Oamaru Blue Penguin Colony

Waterfront Rd. (03) 433 1195. tägl. 25. Apr, 25./26. Dez. kein Blitzlicht.
penguins.co.nz

In der Friendly Bay am Hafen von Oamaru kann man beobachten, wie Zwergpinguine in der Morgendämmerung zur Futtersuche aufbrechen und abends zurückkehren. Von einer anderen Stelle sieht man sie in ihren Nistkästen. Die Station wurde 1992 gegründet.

Oamaru Public Gardens

Chelmer St. tägl. bis Sonnenuntergang.

Die Gärten wurden 1876 angelegt und bieten Rosenbeete, Teiche, eine Azaleenwiese und viele Rhododendren. Sehenswert sind auch ein Vogelhaus, ein Pfauengehege und ein Springbrunnen.

Totara Estate

State Hwy 1. (03) 434 7169. tägl. Ende Mai–Ende Aug.

Etwa acht Kilometer südlich ist der Platz, an dem 1882 Neuseelands erste Schiffsladung mit gefrorenem Hammelfleisch gen England ablegte und damit den wichtigsten Industriezweig des Landes begründete. Es gibt eine Ausstellung zur Historie der Fleischindustrie.

Der Lindis Pass windet sich durch karg bewachsene Hügel

❺ Lindis Pass

Straßenkarte B6.

Die Hauptverbindung zwischen Otago und dem Waitaki Basin bildet der Lindis Pass. Bevor man die grasbewachsenen Hügel eines Naturschutzgebietes erreicht, schlängelt man sich durch felsige Schluchten hoch. Bereits die Māori kannten diesen Weg, über den sie – wie heute die Besucher – im Sommer zu den Seen Wanaka und Hawea gelangten.

1858 gründete der erste europäische Siedler John McLean die 2000 Quadratmeter große Morven Hills Station. Viele Originalgebäude können etwa 15 Kilometer südlich des Gipfels besichtigt werden, z. B. McLeans Privathaus sowie eine steinerne Stallung von 1880, die Platz für 1500 Schafe bot.

❻ Lake Hawea

Straßenkarte B6. 1100.
Hawea Picnic Day & Races (Dez).

Einer der schönsten Seen im Süden ist Lake Hawea, der mit seinen klaren, blauen Wassern zwischen Hügeln und Bergen liegt. Der bis zu 410 Meter tiefe See ist von dem ebenso schönen Lake Wanaka durch eine schmale, 35 Kilometer lange Landzunge getrennt, die »The Neck« genannt wird.

Lake Hawea ist bei Neuseeländern beliebt, an den Ufern findet man viele frei zugängliche Plätze zum Campen. Bekannt ist der See auch wegen der Forellen- und Lachsfischerei und der vielen Möglichkeiten, Boot zu fahren. Der kleine Ort Hawea im Süden ist Ausgangspunkt für viele Unternehmungen.

❼ Wanaka

Straßenkarte B6. 5000.
100 Ardmore St, (03) 443 1233.
Wanakafest (Sep); Warbirds Over Wanaka (Ostern in geraden Jahren).
lakewanaka.co.nz

Wanaka am Südende des gleichnamigen Sees ist einer der beliebtesten Ferienorte des Landes. Die weidenbestandenen Ufer und Buchten des Lake Wanaka werden im Sommer zum Bootfahren, Fischen und Wasserskilaufen aufgesucht, im Winter prägen Skifahrer und Snowboarder die Szenerie. Viele Wanderer nehmen von hier die atemberaubend schönen Wege in den nicht weit entfernten Mount Aspiring National Park *(siehe S. 276f)*.

Um die Stadt herum gibt es viel zu besichtigen. Eine der Hauptattraktionen ist das **New Zealand Fighter Pilots Museum** am Wanaka Airport. Hier kann man einige Kampfflugzeuge aus dem Zweiten Weltkrieg sehen, z. B. Hawker Hurricane, Tiger Moth, Vampire, Chipmunk, eine Nachbildung einer SE5A und mehrere russische Polikarpovs. Schaukästen klären über die Aufgaben der neuseeländischen Kampfpiloten an verschiedenen Kriegsschauplätzen auf. Besucher können miterleben, wie Flugzeuge in der Wartungshalle restauriert werden. Die Luftfahrtshow »Warbirds Over Wanaka« wird an jedem zweiten Osterfest in geraden Jahren abgehalten. Flugshows und simulierte Schlachten werden geboten, der weite Himmel und die beeindruckende Berglandschaft von Wanaka liefern eine perfekte Kulisse.

In der Nähe des Flughafens befindet sich das **Wanaka Transport and Toy Museum**. Hier ist eine Privatsammlung von mehr als 13 000 Ausstellungsstücken zu sehen, darunter Spielzeuge und Modelle sowie militärische Fahr- und Flugzeuge. Eine russische Antonov AN-2, der größte einmotorige Doppeldecker

Stuart Landsborough's Puzzling World

der Welt, ist ein Höhepunkt der Ausstellung.

Eine weitere Sehenswürdigkeit ist **Stuart Landsborough's Puzzling World** am »Great Maze«, einem 1,5 Kilometer langen Irrgarten aus Holz. Beliebt sind auch die Illusion Rooms und das Puzzle Centre, in dem man versuchen kann, eines der vielen kniffligen Puzzlespiele zu lösen.

Wie andere Gebiete von Central Otago ist Wanakas Klima ideal für Weinanbau. **Rippon Vineyard**, vier Kilometer außerhalb der Stadt, war bei der Gründung 1974 eines der ersten Anbaugebiete und Pionier in der Weinproduktion. Das Weingut stellt u. a. Sauvignon Blanc, Riesling, Chardonnay, Pinot Noir und Osteiner her.

Angelparadies am Ufer des Lake Hawea

Rippon Vineyard am Ufer des Lake Wanaka

New Zealand Fighter Pilots Museum
Wanaka Flughafen. (03) 443 7010. tägl. 25. Dez. warbirds.co.nz/sites.htm

Wanaka Transport and Toy Museum
State Hwy 6. (03) 443 8765. tägl. 25. Dez.

Stuart Landsborough's Puzzling World
State Hwy 6. (03) 443 7489. tägl. puzzlingworld.com

Rippon Vineyard
Mt Aspiring Rd. (03) 443 8084. tägl. Mai, Juni, 25. Dez. Weinverkostungen. Rippon Music Festival (Feb in geraden Jahren). **rippon.co.nz**

Umgebung: 25 Kilometer südlich liegt **Cardrona**. Der Ort besteht nur aus ein paar Häusern und einem Hotel aus dem Jahr 1863. Das umliegende Cardrona Valley, in den 1860er Jahren eine beliebte Goldgräber-Route, ist heute wegen des bestens ausgestatteten Cardrona Alpine Resort am südöstlichen Hang des Mount Cardrona und wegen der Möglichkeiten zu Skitouren auf der nahe gelegenen Waiorau Snow Farm bekannt *(siehe S. 198f und S. 335)*. 20 Kilometer südwestlich von Wanaka, abseits der Mount Aspiring Road, befindet sich die **Treble Cone Ski Area**, ein Gebiet, das relativ wenig befahrene Pisten in allen Schwierigkeitsgraden zu bieten hat *(siehe S. 198 und S. 335)*. In den Bergen von Harris, Richardson und Buchanan ist auch Heliskiing möglich. Dabei wird man mit einem Führer in unberührte Gegenden geflogen – eine Erfahrung, die in Europa weitaus teurer ist (weitere Infos bei Harris Mountains Heli-Ski unter www.heliski.co.nz).

Freizeitangebote in Wanaka

Wanaka ist ein Erholungsgebiet, das im Sommer und im Winter eine Vielzahl von Freizeitangeboten bereithält. Beliebt ist das Fischen an See- und Flussufern sowie von Booten aus. Abenteuer auf dem Wasser sind mit Kajaks, Schnell- und Kreuzfahrtbooten möglich, es gibt Kanutrips und Wildwasserfahrten. Viele Spazierwege beginnen in oder nahe der Stadt, im nahe gelegenen Mount Aspiring National Park *(siehe S. 276f)* können gut ausgerüstete, erfahrene Wanderer auch längere Touren unternehmen. Reiten, Mountainbiking und Motorradtouren sind weitere Möglichkeiten, Wanakas Hinterland zu erkunden.

In der Nähe von Wanaka liegen zwei Skigebiete, Treble Cone und Cardrona, sowie die Waiorau Snow Farm mit einem Tourenskigebiet und Heliskiing. Von Wanaka Airport aus sind Rundflüge möglich – für Abenteuerlustige werden auch Akrobatikflüge in einer Tiger Moth oder Mustang angeboten.

Sessellift im Skigebiet Treble Cone, südwestlich von Wanaka

❽ Mount Aspiring National Park

Nach Fiordland und Kahurangi ist der Mount Aspiring National Park der drittgrößte Nationalpark Neuseelands. Als Teil von Te Wāhipounamu / Southwest New Zealand gehört er zum Welterbe der UNESCO, das sich vom Aoraki / Mount Cook bis zur Südspitze von Fiordland erstreckt. Innerhalb des 3555 Quadratkilometer großen Gebiets wechselt die Landschaft von schneebedeckten Bergen zu Felsgebieten, von bewaldeten Tälern zu Flussebenen. Der Park nahe den Urlauberzentren Queenstown und Wanaka ist ein beliebtes Ziel zum Spazierengehen, Wandern und Klettern.

Wandern im Park
Es gibt viele Möglichkeiten, den Park zu erkunden: Sie reichen von kurzen Spaziergängen bis zu Rundtouren für geübte Wanderer.

★ Mount Aspiring/Tititea
Wegen seiner markanten Pyramidenform wird der Gipfel oft als das »Matterhorn« Neuseelands bezeichnet.

Außerdem

① **Der Rees-Dart Track**, eine anspruchsvolle vier bis fünf Tage dauernde Tour von Lake Wakatipu aus, verläuft durch wunderschöne Berg- und Tallandschaften, erfordert aber ein hohes Maß an körperlicher Fitness und perfekte Ausrüstung.

② **Die Olivine Wilderness Area** bildet das Herz des Parks. Hier ist die Natur sich selbst überlassen, es gibt keine Wege oder Hütten.

Vogelwelt im Mount Aspiring National Park

Bergzaunkönig

Der Park ist für seine vielfältige Vogelwelt berühmt. 59 Arten, davon 38 heimische, halten sich in den Tälern, Flussbetten, Wäldern, im Buschwerk und in den alpinen Regionen auf. Besonders typisch sind hier der Kea, der Bergzaunkönig und die Blauente. Der Kea, dessen Ruf als Echo in den Tälern zu hören ist, ist ein äußerst neugieriger Vogel und für sein Interesse an Ausrüstung und Nahrungsmitteln der Besucher berüchtigt. Der kleine Bergzaunkönig lebt hoch in den Bergen in einer der rauesten Gegenden des Parks, während die Blauentenpaare auf den reißenden Bergflüssen beobachtet werden können.

Matukituki Valley
Am Ende der Straße führt ein Weg den westlichen Flussarm entlang bis zur Anhöhe des Tals und bietet dort aufregende Kletterpartien im Gebiet des Mount Aspiring.

Hotels und Restaurants in Otago und Southland *siehe Seiten 307 und 324f*

★ Gates of Haast
An der Gates-of-Haast-Brücke stürzt der Haast River in eine tiefe Schlucht mit Felsbrocken.

Infobox

Information
Straßenkarte A6. **Wanaka**
Department of Conservation, Ardmore St, (03) 443 7660. Sommer: tägl., Winter: Mo–Sa. 25. Dez.
Makarora State Hwy 6, (03) 443 8365. Sommer: tägl. Winter, 25. Dez.
doc.govt.nz

Anfahrt
Ardmore St.

Weitere Zeichenerklärungen
siehe hintere Umschlagklappe

Mount Brewster
Der beliebte Ort zum Klettern und Campen ist vom State Highway 6 leicht zu erreichen.

★ Thunder Creek Falls
Ein kurzer Waldweg führt vom State Highway 6 aus zu dem 30 Meter hohen Wasserfall, der aus einem Felsloch entspringt.

❾ Haast

Straßenkarte B6. 300. Dept of Conservation, Ecke State Hwy 6 & Haast–Jackson Bay Rd, (03) 750 0809. **haastnz.com**

Wo der Haast River ins Meer fließt, liegt der Ort Haast, ein beliebter Stopp, um von der Westküste zu den südlichen Seen zu reisen. Hier gibt es gute Möglichkeiten zum Surfen und Flussfischen. Das Besucherzentrum hält Informationen über Spazierwege und Ausflüge sowie Landkarten und Souvenirs bereit. Die Mitarbeiter geben Auskunft über die Beschaffenheit von Wegen und Wetterbedingungen in diesem regenreichen Gebiet. Sie sollten volltanken, bevor Sie mit dem Auto über den Pass nach Wanaka fahren.

Umgebung: Die Straße nach Süden führt zum Fischerdorf **Jackson Bay**. Hier kann man beim Wandern Natur pur genießen, z. B. auf dem Hapuka Estuary Walk, am Cascade Viewpoint und auf dem Smoothwater Bay Track. Der Wharekai Te Kau Walk führt zum Okahu-Wildlife-Gebiet.

Auch im Norden gibt es interessante Routen, so den Dune Lake Walk bei Ship Creek, der durch einen dichten Küstenwald führt, und den schönen Aussichtspunkt Knights Point.

Hinter dem malerischen **Lake Moeraki** führt der Monro Beach Walk durch üppige Wälder zu einem Strand, an dem von Juli bis Dezember manchmal Dickschnabelpinguine zu beobachten sind. Die Straße geht weiter zum forellenreichen **Lake Paringa**. Von hier führt ein 15-minütiger Spaziergang durch Silberbuchen, Rimu- und Kahikatea-Bäume.

Die Jackson Bay, umgeben von Sümpfen, Buschland und Bergen

Kawarau River und Lake Wakatipu *(siehe S. 280)* ▶

⑩ Queenstown

Queenstown liegt am nordöstlichen Ufer des Lake Wakatipu und zählt mit der Bergkette der Remarkables im Hintergrund zu den landschaftlich schönsten Plätzen der Welt. Seit den 1970er Jahren hat es sich von einem faden Städtchen zu einem führenden internationalen Ferienort entwickelt. Alle Abenteuersportarten, inklusive Bungee-Jumping *(siehe S. 198f)*, werden hier angeboten. Wie viele Orte wurde die Stadt während des Goldrauschs in den 1860er Jahren gegründet. Auch heute noch vermittelt der Ort den Eindruck einer Kleinstadt und kokettiert stolz mit seiner Goldgräber-Vergangenheit.

Die TSS *Earnslaw* auf dem Lake Wakatipu

Lake Wakatipu

Lake Wakatipu ist ein Gletschersee, auch wenn er einer Māori-Legende nach durch den Fußabdruck eines schlafenden Dämonen entstanden sein soll. Der Dämon hatte angeblich ein schönes Māori-Mädchen geraubt und wurde daraufhin von dessen Liebhaber verbrannt. Das Herz des Ungeheuers hörte jedoch nicht auf zu schlagen, und so steigt und fällt der Seespiegel mit jedem Herzschlag alle fünf Minuten um sieben Zentimeter. Der zweitgrößte südliche Gletschersee nach dem Te Anau ist an manchen Stellen bis zu 380 Meter tief.

Die steilen, felsigen Hänge der Remarkables reichen bis an das Seeufer heran, man hat fast den Eindruck, als ob das Zentrum von Queenstown – auf einer der wenigen ebenen Flächen gelegen – sich in die Berge hineinkuschelt. Die meisten Privathäuser sowie viele Hotels liegen allerdings in der bergigen Umgebung von Queenstown.

Neuseelands Abenteuerhauptstadt

In Queenstown kann man vielerlei erleben – von einzelnen Unternehmungen bis hin zum organisierten Abenteuerurlaub *(siehe S. 198f und S. 334–339)*. Im Sommer konzentrieren sich die Aktivitäten um den See und die Flüsse, besonders auf Dart, Shotover und Kawarau, wo man mit dem Boot felsige Schluchten durchquert. Im Winter locken zwei Skigebiete im Umkreis von Queenstown: die Remarkables und Coronet Peak. Seinen Ruf als Abenteuerhauptstadt hat Queenstown jedoch vor allem wegen seiner »luftigen« Attraktionen: Bungee-Jumping, entweder von der 43 Meter hohen Kawarau Bridge oder vom 134 Meter hohen Nevis Highwire Bungy, Paragliding an einem der Berghänge oder Gleitschirmfliegen im Tandemflug an Bob's Peak und von vielen Gipfeln.

Wildwasser-Rafting auf dem Shotover River

Queenstown Gardens

Park St. tägl.

Die vom Stadtzentrum gut zu Fuß zu erreichenden Queenstown Gardens befinden sich auf einer Gletschermoränen-Halbinsel. Große Tannen umgeben Rasenflächen und Rosenbeete. Die Gärten wirken wie eine Oase inmitten der quirligen Ferienstadt und sind besonders im Herbst ein Anziehungspunkt. Eine Eislaufbahn, Sportflächen, ein Skate-Park und ein Rundweg zählen zu den weiteren Attraktionen.

TSS *Earnslaw*

Steamer Wharf. 0800 656 501. tägl. Hauptdeck.

Die TSS (Twin Screw Steamer) *Earnslaw* ist ein Andenken aus der Zeit des Goldrauschs, als Raddampfer den Lake Wakatipu befuhren. 1912 wurde das 51 Meter lange Schiff, auch bekannt als »Lady of the Lake«, zu Wasser gelassen. Noch heute wird es von zwei Dampfmaschinen per Kohlenfeuer angetrieben. Die Innenausstattung besticht mit Holz und Messing.

Von Queenstown aus werden das ganze Jahr über täglich Kreuzfahrten angeboten, sie reichen von einer 90-minütigen Fahrt bis hin zu vierstündigen Ausflügen mit Dinner in den wärmeren Monaten. Besucher können Tages- oder Abendexkursionen über den See zur **Walter Peak High Country Farm** unternehmen. Hier gibt es Erfrischungen im Colonel's Homestead Restaurant, man kann bei einer Pferde-Trekking- oder einer Mountainbike-Tour mitmachen oder bei einer Schafschur zusehen.

Underwater Observatory

Main Town Pier. (03) 442 6142.
tägl.

Underwater Observatory wurde direkt neben dem Main Town Pier gebaut und bietet eine einzigartige Gelegenheit, das Leben unterhalb der Wasseroberfläche zu beobachten. Fünf Meter unter dem Wasserspiegel können Besucher braune und Regenbogenforellen einträchtig neben riesigen langflossigen Aalen und schwarzen Krickenten schwimmen sehen.

The Mall

Queenstown erkundet man am besten zu Fuß. Ein geradezu idealer Startpunkt für einen Spaziergang durch das Zentrum ist die Mall, eine lebhafte Fußgängerzone mit zahlreichen Restaurants, Cafés und Souvenirläden – ein beliebter Treffpunkt für Besucher von Queenstown wie für Einheimische. Die Mall führt direkt zum Main Town Pier, an dem die Kreuz- und Jetbootfahrten beginnen.

In der Mall sind einige Gebäude aus der Kolonialzeit erhalten geblieben.

Skyline Gondola

Brecon St. (03) 441 0101.
tägl.
skyline.co.nz

Die Seilbahn zum Bob's Peak ist ein fester Bestandteil von Queenstown. Nach 450 Meter Höhendifferenz ist man auf 730 Metern und hat von der Aussichtsplattform aus einen atemberaubenden Panoramablick über die Remarkables, Lake Wakatipu und Queenstown. Man kann sich im Restaurant oder Café stärken, spazieren gehen oder sich auf einer Rodelbahn gleich wieder bergabwärts stürzen.

Skyline Gondola

Infobox

Information
Straßenkarte A6. 12 500.
Ecke Camp & Shotover St, (03) 442 4100; 0800 668 888.
Winter Festival (Juli).
queenstownnz.co.nz

Anfahrt
6 km östl. der Stadt.
Steamer Wharf.

Kiwi Birdlife Park

Brecon St. (03) 442 8059.
tägl. 25. Dez. Kiwi-Haus. ein Haus.
kiwibird.co.nz

Queenstowns Vogelpark beheimatet mehrere Kiwi-Arten und andere vom Aussterben bedrohte heimische Vogelarten. Sie sind Teil eines Brutprogramms, um sie auszuwildern. Nach Verletzungen werden sie dort auch gepflegt.

Eine Hauptattraktion ist das Kiwi-Haus, in dem Besucher die flugunfähigen Vögel beobachten können. In dem Gelände leben außerdem heimische Eulen, *Kea*-Papageien, Sittiche und der Schwarze Stelzenläufer, ein nur in Neuseeland vorkommender Watvogel.

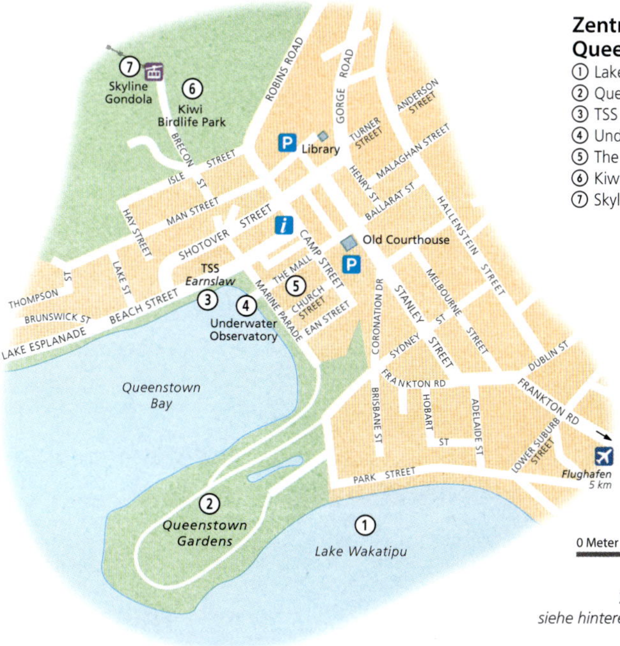

Zentrum von Queenstown

1. Lake Wakatipu
2. Queenstown Gardens
3. TSS *Earnslaw*
4. Underwater Observatory
5. The Mall
6. Kiwi Birdlife Park
7. Skyline Gondola

Zeichenerklärung
siehe hintere Umschlagklappe

⓫ Glenorchy

Straßenkarte A6. 360. Ecke Mull & Oban St, (03) 441 0303.

Das Dorf am Ende des Lake Wakatipu ist 44 Kilometer von Queenstown entfernt und von dort in 45-minütiger Fahrt zu erreichen. Der Ort liegt im Schatten schneebedeckter Berge mit Namen wie Mount Chaos und Mount Head, die sich steil über den Tälern des Rees und des Dart erheben.

Der Ort ist Startpunkt für Bergwanderer, die in die Täler des Mount Aspiring National Park *(siehe S. 276f)* wollen. Die Wege dort gehören zu Neuseelands »Great Walks«, für geübte Bergsteiger gibt es eine 77 Kilometer lange Tour, die über den Rees Saddle (1447 m) führt. Die ganze Tour dauert vier bis fünf Tage und erfordert Kondition und gute Ausrüstung, man kann aber auch nur in einem Tal ein paar Stunden wandern. In Glenorchy werden viele Outdoor-Aktivitäten angeboten.

Lake Hayes in der Nähe von Arrowtown

⓬ Arrowtown

Straßenkarte B6. 2000. 49 Buckingham St (im Museum), (03) 442 1824. Autumn Festival (Apr).

Am Fuß von schroffen Bergen liegt in 21 Kilometer Entfernung von Queenstown der malerischste und am besten erhaltene Goldgräberort der Gegend: Arrowtown. 1862 hatte eine kleine Gruppe von Bergleuten, darunter auch William Fox und John O'Callaghan, im Fox River Gold entdeckt und innerhalb weniger Wochen 113 Kilo des begehrten Metalls geschürft. Arrowtowns Bevölkerung wuchs schnell auf 7000 Einwohner an, heute ist es einer der wenigen Orte, die nach dem Boom nicht zur Geisterstadt wurden. In der mit Laubbäumen gesäumten Hauptstraße stehen noch viele alte Kolonialgebäude und kleine steinerne Hütten von Bergleuten, die bis in die 1860er Jahre zurückdatieren.

Bergarbeiter aus China spielten nach 1865 eine große Rolle in der Geschichte von Arrowtown. Sie ersetzten die europäischen Bergleute, die den Ort wegen des Goldrausches an der Westküste verlassen hatten. Ihr Vermächtnis ist das **Chinese Village**, eine chinesische Siedlung mit gut erhaltenen und hübsch restaurierten Steinhäusern sowie kleinen Hütten.

Steinhütte im Chinese Village

Im **Lakes District Museum** kann man in die Geschichte von Arrowtown und Queenstown eintauchen. Schwerpunkte sind die Goldgräber und ihre Erfindungen sowie eine Darstellung des ersten Wasserkraftwerks Neuseelands, 1886 in der jetzigen Geisterstadt Bullendale erbaut. Andere Ausstellungen beschäftigen sich mit der örtlichen Geologie, mit Landwirtschaft und Sägewerken. Das Museum ist zugleich Visitor Centre.

Chinese Village
Buckingham St. (03) 442 1824.
tägl.

Lakes District Museum
49 Buckingham St. (03) 442 1824.
tägl. 25. Dez.

Umgebung: Nahe Arrowtown liegt der viel fotografierte **Lake Hayes**. Die Straße von Arrowtown nach Queenstown führt an der Zufahrtsstraße zum Coronet Peak vorbei, die sieben Kilometer zu schönen Aussichtspunkten führt. **Macetown** ist ein beliebter Zielort für Geländewagen. Die 26 Kilometer lange Tour von Arrowtown führt zu einer steilen, goldhaltigen Schlucht. In einigen Geisterstädten sind noch Überreste von alten Steinhäusern sowie eine Goldstanzerei zu sehen.

Gibbston Valley Wines ist eines der Weingüter, die in dieser Gegend entstanden *(siehe S. 40f)* sind. Europäische Sorten gedeihen gut wegen der heißen Sommertage und kühlen Abende, Weinproben und Führungen durch die Keller werden angeboten.

Gibbston Valley Wines
State Hwy 6. (03) 442 6910.
tägl. Feiertage.
Weinkeller.

Hauptstraße von Arrowtown

⓭ Cromwell

Straßenkarte B7. 4080.
47 The Mall, (03) 445 0212.

Nach dem Goldrausch entwickelte sich Cromwell zum Dienstleistungszentrum für eines der größten Obstanbaugebiete Neuseelands. In den 1980er Jahren wurde flussabwärts ein Staudamm zur Stromerzeugung gebaut. Lake Dunstan entstand und überflutete Cromwells historische Hauptstraße, einige Gebäude wurden jedoch Stein für Stein an einem neuen Standort wiedererrichtet.

Umgebung: Es gibt viele Relikte aus der Goldgräber-Ära, z. B. **Bendigo**, eine Geisterstadt vier Kilometer entfernt vom State Highway 8, der Hauptstraße zwischen Cromwell und Lindis Pass. 1866 war Bendigo schon verlassen, bis man einen einträglichen goldhaltigen Quarzgang fand.

Ein Rundweg oberhalb von Bendigo führt nach **Logantown** und **Welshtown**, zwei zusammenhängenden Siedlungen, die in den 1880er Jahren aufgegeben wurden. Es ist ratsam, die Wege nicht zu verlassen, da sich überall alte, nicht gekennzeichnete Minenschächte befinden.

Das **Goldfields Mining Centre** in der fünf Kilometer entfernten Kawarau-Schlucht zeigt eine Ausstellung über Techniken der Goldgräberei.

Goldfields Mining Centre
Kawarau Gorge, State Hwy 6. (03) 445 1038. tägl. 25. Dez.

Goldrausch

Der Goldrausch von Otago begann 1861 mit den Funden in Gabriel's Gully, das in der Nähe der heutigen Stadt Lawrence, 92 Kilometer westlich von Dunedin, liegt. Hier entstand eine Zeltstadt, die Goldsucher brachen bald weiter ins Landesinnere auf. 1862 folgten Funde im Dunstan-Gebiet bei Cromwell und Alexandra, kurz danach in der Wakatipu-Region. Zehntausende trotzten auf der Suche nach dem schnellen Glück den heißen, trockenen Sommern, den kalten, harten Wintern und Hungersnöten, aber in den späten 1860er Jahren verlagerte sich das Zentrum an die Westküste. Als die Hauptfelder an der Oberfläche nichts mehr hergaben, waren ausgeklügeltere Methoden gefragt, wie man das Gold aus dem Gestein extrahieren konnte. Der Goldabbau wurde etwa 1900 eingestellt, erst die Entwicklung moderner Techniken ermöglichte wieder größere Schürfaktionen.

Goldschürfer von Arrowtown kurz nach 1860

⓮ Kingston

Straßenkarte A7. 65.
Kingston to Queenstown Yacht Race (Jan).

Lange Zeit war der kleine Ort Eisenbahn- und Dampfer-Umsteigestation für Reisende, die von Süden kamen und zum Lake Wakatipu wollten. Heute verdankt er seine Bekanntheit dem **Kingston Flyer**, einem Oldtimer-Dampfzug mit Personal in zeitgenössischen Uniformen, der Passagiere auf eine 75-minütige Fahrt mitnimmt.

Kingston Flyer
Kingston Railway Station. (03) 248 8888. Okt–Apr: tägl. 25. Dez.
kingstonflyer.co.nz

Umgebung: Südlich von Kingston, am State Highway 6, befindet sich **Lumsden**, bekannt für forellenreiche Flüsse, die sich durch das Land schlängeln. Vor Lumsden zweigt der State Highway 94 ab, der westlich nach Te Anau, Manapouri und zum Fiordland National Park, östlich in das Farmland von Gore führt.

Der historische Dampfzug Kingston Flyer auf einer Ausflugsfahrt

Straßenkarte *siehe hintere Umschlaginnenseiten*

⑮ Fiordland National Park

Mit über 12 500 Quadratkilometern ist der Fiordland National Park der größte Nationalpark Neuseelands. Wegen der speziellen geologischen Beschaffenheit, Landschaft, Flora und Fauna wurde er in die Te Wāhipounamu / Southwest New Zealand World Heritage Area aufgenommen. Die Region wird von Wald und Wasser geprägt. 14 Fjorde und fünf größere Seen – Ergebnis der Eiszeitgletscher – sind von steilen Bergen umgeben. Dichter Regenwald macht das Vorankommen außerhalb der 500 Kilometer Wanderwege fast unmöglich. Zur einzigartigen Tierwelt gehören u. a. Meeressäuger und heimische Vogelarten wie der Dickschnabelpinguin.

★ Doubtful Sound
Dieser Fjord erstreckt sich 40 Kilometer vom Fuß des Hauptbergs bis zur Tasmansee *(siehe S. 288f)*.

Entstehung der Fjorde

In Neuseeland nennt man eine fjordartige Meeresbucht Sound, z. B. Milford Sound/Piopiotahi und Doubtful Sound. Ein Fjord ist ein sehr langer Meeresarm, der durch den gewaltigen Druck eines Talgletschers übertieft und nach dem Abschmelzen des Eises und dem Anstieg des Meeresspiegels überflutet wurde.

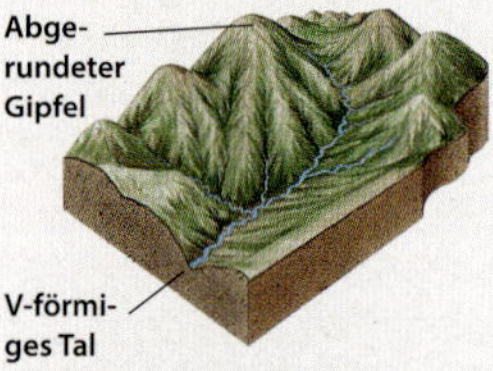

Vor zehn Millionen Jahren verursachte intensiver Druck in der Erdkruste die jüngsten Hebungen und formte Gipfel und v-förmige Täler.

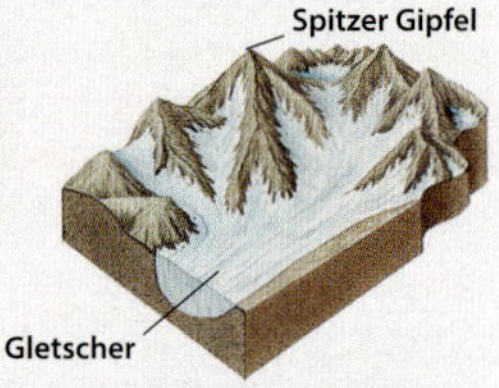

Vor zwei Millionen Jahren waren die Berge von Gletschern bedeckt. Diese bewegten sich abwärts und gestalteten die Täler u-förmig (Trogtäler) aus.

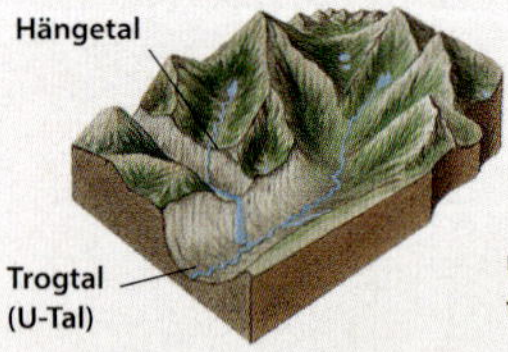

Vor 20 000 – 12 000 Jahren schmolz das Eis und ließ Nebentäler als Hängetäler oberhalb des Haupttals zurück.

Vor 6000 Jahren, am Ende der letzten Eiszeit, erreichte das Meer etwa den jetzigen Stand, überflutete die Täler und ließ die Gipfel herausragen.

Dusky Sound
Der Sund ist für Schiffe vom Lake Manapouri in Richtung Doubtful Sound zu erreichen. Geübte Kletterer können auch die zehntägige Tour über den Dusky Track wählen.

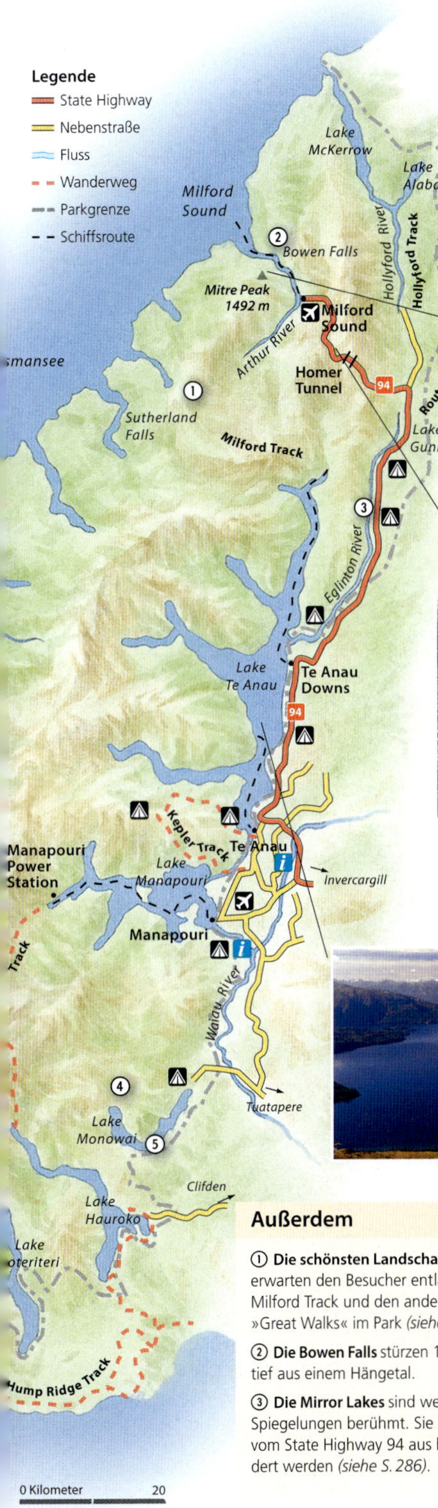

Infobox

Information
Straßenkarte A6.
Visitor Centre, Lakefront Drive, Te Anau, (03) 249 7924.
tägl. **fiordland.org.nz**

Anfahrt
Queenstown, 160 km vom Park. Queenstown.

★ Mitre Peak
Benannt nach seiner Ähnlichkeit mit einer Bischofsmitra, liefert der Gipfel das berühmteste Fotomotiv am Milford Sound.

★ Cleddau Valley
Das spektakuläre Cleddau-Tal bildet vom 1200 Meter langen Homer-Tunnel eine natürliche Route hinunter zum Milford Sound.

Lake Te Anau
Für die meisten Besucher ist Lake Te Anau mit seinen Wäldern und hohen Berggipfeln der erste Eindruck von Fiordland.

Außerdem

① **Die schönsten Landschaften** erwarten den Besucher entlang dem Milford Track und den anderen drei »Great Walks« im Park *(siehe S. 286f)*.

② **Die Bowen Falls** stürzen 160 Meter tief aus einem Hängetal.

③ **Die Mirror Lakes** sind wegen ihrer Spiegelungen berühmt. Sie können vom State Highway 94 aus bewundert werden *(siehe S. 286)*.

④ **Green Lake** nördlich von Lake Monowai heißt so wegen seines smaragdgrünen Wassers.

⑤ **Der Lake Monowai**, von einer schönen Buschlandschaft umgeben, ist ein Zentrum für Freizeitaktivitäten. Weiter südlich liegt Lake Hauroko, der tiefste See in Neuseeland, auf einer unasphaltierten Straße von Clifden aus zu erreichen.

Überblick: Fiordland National Park

Mit bis zu 2750 Meter hohen Bergen, 1200 Meter hohen, aus tiefen Fjorden emporsteigenden Felswänden und Wasserfällen, die aus 160 Meter Höhe stürzen, zieht Fiordland Besucher aus aller Welt an. Robbenfänger beuteten als Erste die natürlichen Ressourcen aus, zwischen 1792 und 1820 wurden zahllose Robben geschlachtet. Bis zur Fertigstellung des State Highway 94 (Milford Road) 1953 konnte man den Milford Sound nur per Boot oder über den Milford Track erreichen. Wer die Gegend auf den berühmten Tracks erkunden will, braucht Zeit, Fitness und gute Ausrüstung. Alle anderen können den Sound vom Boot aus genießen.

Schafherde auf der Straße zum Milford Sound

Te Anau

Straßenkarte A7. 1800. Miro St. Lakefront Drive, (03) 249 7924.

Te Anau am südöstlichen Ufer des Lake Te Anau ist Fiordlands größte Stadt und ein guter Ausgangspunkt, um den Nationalpark zu erkunden. Der See ist mit 61 Kilometer Länge und 417 Meter Tiefe der größte der Südinsel und ein beliebtes Ziel zum Angeln und Bootfahren.

Te Ana-au Caves

Real Journeys Visitor Centre, Lakefront Drive, Te Anau. (03) 249 6000. tägl.

Die Höhlen von Te Ana-au, die man per Schiffsfahrt über den Lake Anau erreicht, bestehen aus vielen Kalksteingrotten. Ihre fast magische Wirkung können Besucher über sorgsam gestaltete Gehwege und per Bootsfahrt erspüren. Die Grotten sind Heimat für Tausende winziger Neuseeland-Glühwürmchen, die mit ihrem Licht Insekten zum Fressen anlocken. Die Fahrt findet mehrmals pro Tag statt und dauert zweieinhalb Stunden.

Milford Road

Die 121 Kilometer lange Straße zwischen Te Anau und Milford Sound ist wegen ihrer landschaftlichen Schönheit zum Welterbe erklärt worden. Üppige Wälder, raue Berge, reißende Gebirgsflüsse und malerische Spazierwege zeichnen die Gegend aus. Der Milford Sound ist in zwei Stunden erreichbar, zahlreiche Abstechermöglichkeiten sorgen jedoch dafür, dass die Fahrt bestimmt länger dauert.

Te Anau Downs ist Ablegestelle für das Schiff zum Milford Track. Von hier führt ein 45-minütiger Waldspazierweg zum Lake Mistletoe. Auch die Mirror Lakes sind innerhalb von fünf Minuten über einen Gehweg zu erreichen. An windstillen Tagen kann man dort schöne Landschaftsspiegelungen erleben *(siehe S. 285)*. In der Nähe befindet sich die »Straße des verschwindenden Berges«, ein Straßenabschnitt, an dem ein Berg direkt vor dem Betrachter zu schrumpfen scheint.

Warnung vor Schafen, Milford Road

Am Lake Gunn, etwa 46 Kilometer von Te Anau Downs entfernt, können Besucher aller Altersgruppen und Rollstuhlfahrer einen 45-minütigen Spaziergang durch Buchenwälder machen. Nicht weit weg ist der Divide, Ausgangspunkt für den Routeburn-Track, der Richtung Lake Wakatipu führt. Ein dreistündiger Rundweg zum Key Summit bietet lohnende Aussichtspunkte. Das nahe gelegene Hollyford Valley führt durch eine sehr schöne Landschaft. 19 Kilometer östlich vom Milford Sound befindet sich der 1200 Meter lange Homer-Tunnel, der 1935 begonnen und erst 1954 fertiggestellt wurde. Am Ausgang des Tunnels bietet sich ein fantastischer Blick über das Cleddau Valley. Am Chasm, einige Kilometer vom Tunnel entfernt und in etwa 20 Minuten zu Fuß zu erreichen, fällt der Cleddau River 22 Meter tief durch ungewöhnliche Gesteinsformationen.

Die Höhlen von Te Ana-au

Milford Sound

Straßenkarte A6. 170.

Der 16 Kilometer lange Fjord ist Fiordlands Wahrzeichen, am berühmtesten ist Mitre Peak, ein pyramidenartiger Berg, der 1692 Meter hoch aus dem Fjord aufsteigt. Besichtigungsflüge sind möglich, aber die Erhabenheit des Milford Sound lässt sich am besten per Schiff erspüren. Die Touren führen an bizarren geologischen Formationen wie dem Lion Mountain vorbei und schließen auch Wasserfälle ein: Bowen Falls mit 160 Meter und Stirling Falls mit 146 Meter Höhe. Unterwegs sieht man Pelzrobben, Delfine und gelegentlich auch Dickschnabelpinguine.

Ein Unterwasser-Observatorium ermöglicht einen Blick auf schwarze und rote Korallen, auf Seeanemonen, Seesterne und Fische, die alle im Fjord heimisch sind. Häufige Regenfälle sorgen dafür, dass über dem Salzwasser immer eine drei bis vier Meter tiefe Süßwasserschicht liegt. Neben Tagesausflügen auf dem Milford Sound werden auch mehrtägige Trips auf die offene Tasmansee und in andere Fjorde, z. B. den Dusky Sound, angeboten. Kreuzfahrten sind oft mit Angelmöglichkeiten und Tauchexkursionen verbunden.

»Great Walks« im Fiordland National Park

Wanderer auf dem Milford Track

Der Fiordland National Park ist für Wanderer die beste Region Neuseelands. Die Hauptwanderwege *(siehe S. 284f)* sind das ganze Jahr über begehbar. Den Milford und den Routeburn Track *(siehe S. 334f)* muss man vorher buchen, für alle Tracks braucht man Hütten- oder Campingplatz-Pässe. Voraussetzung sind ausreichend Kondition und geeignete Ausrüstung. Der spektakuläre 55 Kilometer lange **Milford Track** dauert vier Tage und führt durch das Clinton Valley zum Mackinnon Pass. Bevor es zum Milford Sound hinuntergeht, kommt man an den Sutherland Falls vorbei. Der 39 Kilometer lange **Routeburn Track** erfordert drei Tage. Er führt durch Wälder in subalpines Gelände und überquert den Harris Saddle, bevor er zum Lake Wakatipu absteigt. Der **Kepler Track**, ein 60 Kilometer langer Rundweg, für den man drei bis vier Tage benötigt, verläuft am Lake Te Anau entlang. Anschließend steigt er zum Mount Luxmore an und führt danach zum Lake Manapouri hinunter.

Alpen-Margeriten

Blick vom Flugzeug über den Milford Sound

⓰ Tour zum Doubtful Sound

Der Doubtful Sound bekam seinen Namen von James Cook, der als Kapitän 1770 zweifelnd auf die schmale Eingangspassage zum Sund blickte und überlegte, ob er mit dem Schiff sicher hinein- und wieder herauskäme. Der 40 Kilometer lange Fjord ist der zweitgrößte Fiordlands und mit 421 Metern der tiefste. Eine weitläufige Wildnis mit Gipfeln, Fjorden und Regenwald ist die Heimat vieler seltener Tiere. Hier sieht man Dickschnabelpinguine, Robben und Flaschennasendelfine. Schon die Anreise ist ein Abenteuer, sie schließt zwei Bootsfahrten und die Überquerung eines Passes ein. Man kann auch die Generatorenhalle des Elektrizitätswerks Manapouri tief im Untergrund besichtigen.

① Lake Manapouri
Der Ausflug zum Doubtful Sound beginnt am Hafen von Pearl Harbour auf dem Waiau River, der in den Lake Manapouri fließt. Der See hat bewaldete Ufer, er misst 142 Quadratkilometer und hat 43 Inseln.

⑩ Neuseelands Pelzrobben
Kolonien der häufigsten Robbenart können auf den Inseln ausgemacht werden, die den Eingang zum Doubtful Sound bilden.

⑨ Flaschennasendelfine
Eine Kolonie von Flaschennasendelfinen ist manchmal in den Gewässern von Malaspina Reach zu beobachten. Die Säugetiere werden bis zu 4,5 Meter lang.

⑧ Commander Peak
Linker Hand an der Einmündung des Hall Arm liegt der beeindruckende, buschbewachsene Commander Peak. Besucher sehen ihn auf einer Kreuzfahrt durch die überfluteten Gletschertäler des Doubtful Sound *(siehe S. 284)*.

⑦ Deep Cove
Die ruhigen Gewässer des Deep Cove bedecken den zehn Kilometer langen Tunnel des Manapouri-Kraftwerks unterhalb der Berge.

Manapouri-Kraftwerk

Das Manapouri-Elektrizitätswerk nutzt die unterschiedlichen Höhenverhältnisse der Berge zwischen dem Lake Manapouri und dem Doubtful Sound und fungiert als natürlicher Damm. Das Wasser wird durch vertikale Röhren zu sieben Generatoren in einem großen unterirdischen Raum geleitet und fließt dann aus einem zehn Kilometer langen Tunnel zum Deep Cove. Der erzeugte Strom versorgt die 171 Kilometer entfernten Comalco-Aluminium-Hüttenwerke bei Bluff.

Unterirdische Maschinenhalle

Routeninfos

Der Ausflug dauert acht Stunden und kann nur mit einem Touranbieter unternommen werden. Beste Jahreszeit ist – der guten Sicht wegen – der Winter, die geschäftigste Zeit sind Frühjahr und Sommer. Bei der Buchung kann auch ein Imbiss bestellt werden. Insektenschutzmittel, warme Kleidung und Wasser abweisende Jacken sind auch empfehlenswert.

Bootsausflüge:
Real Journeys, (03) 249 7416.

Übernachtungsfahrten:
Doubtful Sound Cruise, (03) 249 6000; Fiordland Expeditions, (03) 249 9005; Fiordland Cruises, (03) 249 7777; Deep Cove Charters, (03) 249 6828.
Man kann den Sound auch mit dem Kajak entdecken.

② Manapouri Power Station
Führer bringen die Besucher über eine zwei Kilometer lange spiralförmige Zufahrt zur Maschinenhalle hinunter, die 213 Meter unter den Bergen bei West Arm aus dem Granit herausgeschnitten wurde.

④ Moss Gardens
Dutzende von Moosarten auf einem Felsen zeigen, wie sich das Pflanzenleben auf jedem Boden in diesem regenträchtigen Gebiet behaupten kann.

③ Wilmot Pass Road
Die Baukosten für die 22 Kilometer lange Wilmot Pass Road, die im Mai 1965 fertiggestellt wurde, um den Bau des Manapouri-Kraftwerkes zu erleichtern, betrugen über 200 NZ$ pro Meter.

⑤ Cleve Garth Falls
Der 365 Meter hohe Cleve-Garth-Wasserfall bietet einen atemberaubenden Blick von einer Bergkante hoch über der Wilmot Pass Road.

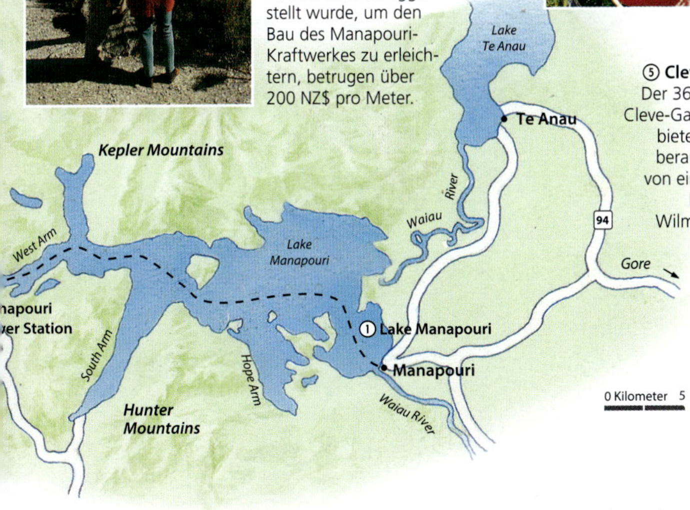

⑥ Wilmot Pass Summit
Der 670 Meter hohe Gipfel wird nach einer kurvenreichen Fahrt durch Regenwald erreicht. Die Straße fällt dann in fünf Schleifen zum Deep Cove ab.

Legende
- - Bootsroute
Busroute
Andere Straße
Fluss

⑰ Invercargill

Neuseelands südlichste Stadt und Wirtschaftszentrum von Southland hat breite Straßen und viele Parks. Invercargill wurde um 1860 von Schotten gegründet, man bemerkt bis heute die kulturelle Verbundenheit mit dem Heimatland: Straßen sind nach schottischen Flüssen benannt, und es gibt zahlreiche historische Gebäude. Im Westen erstrecken sich geschützte Strände und Wanderwege.

Infobox

Information
Straßenkarte A7. 54000.
108 Gala St, (03) 211 0895.
tägl. 25. Dez. Invercargill Summer Festival (Anfang Feb); Shakespeare in the Park (Feb). **southlandnz.com**

Anfahrt
2 km westl. der Stadt.

Queen's Park

Gala St. tägl.

Mitten im Stadtzentrum liegt der 0,8 Quadratkilometer große Queen's Park, ein formal angelegter botanischer Garten. Man findet Rosengärten und den sehenswerten Steans-Memorial-Wintergarten. Außerdem gibt es einen kleinen Tierpark mit Rehen und Wallabys, ein Vogelhaus sowie einen 18-Loch-Golfplatz.

Southland Museum and Art Gallery

108 Gala St. (03) 219 9069. tägl. 25. Dez. nach Vereinbarung. Spende.

Neben den drei Kunstgalerien zeigt das Southland Museum, das in einem pyramidenförmigen Gebäude nahe dem Parkeingang untergebracht ist, Exponate zur Entwicklung der Menschen und der Natur in diesem Gebiet. Im »Tuatarium«

Brückenechse (Tuatara), Southland Museum and Art Gallery

können Besucher einige der lebenden Fossilien *(siehe S. 28)* aus der Nähe betrachten.

Die Ausstellung »Roaring Forties Experience« im Subantarctic Islands Interpretive Centre bietet eine Einführung in die fünf Inselreservate Neuseelands, die Hunderte von Kilometern südlich von Invercargill liegen.

Wasserturm

Leet St.

Ein auffälliger Orientierungspunkt ist der 42 Meter hohe Wasserturm aus rotem Backstein, der 1889 fertiggestellt wurde. Er ist ein exzellentes Beispiel für die neoromanische Architektur dieser Zeit.

Dee Street und Tay Street

Invercargills früher Wohlstand zeigt sich in vielen vornehmen Geschäftshäusern und Kirchen. Am nördlichen Ende der Dee Street liegen das ehemalige Dee Street Hospital, das älteste Krankenhaus Neuseelands, sowie Porter's Lodge, das älteste Haus von Invercargill, errichtet um 1866. In der Nähe befindet sich St Paul's Presbyterian Church, deren quadratischer Turm aus Gewehren angefertigte Glocken aus Italien beherbergt. Ein Stück weiter fällt das 1901 im eklektischen Stil erbaute ziegelrote Alexander Building auf. Das Grand Hotel direkt gegenüber hebt sich

Zentrum von Invercargill

① Queen's Park
② Southland Museum and Art Gallery
③ Wasserturm
④ Dee Street und Tay Street
⑤ Anderson Park Art Gallery

0 Meter 500

Zeichenerklärung
siehe hintere Umschlagklappe

Im Garten der Anderson Park Art Gallery

durch fein geschmiedete Eisenbalkons ab.

An der Kreuzung Dee und Tay Street (Invercargills Hauptstraßen) steht das Troopers Memorial neben drei Bankgebäuden, die zwischen 1876 und 1926 errichtet wurden. In der Tay Street befinden sich auch das 1906 im Renaissance-Stil fertiggestellte Civic Theatre und St John's Anglican Church mit Bleiglasfenstern und einem Tonnengewölbe aus Holz. Die First Presbyterian Church in der Tay Street besitzt einen ungewöhnlichen, 32 Meter hohen quadratischen Turm.

Anderson Park Art Gallery

91 McIvor Rd. (03) 215 7432. tägl. 10.30–17 Uhr. Karfreitag, 25. Dez. Spende. im Inneren. Erdgeschoss. nach Vereinbarung.

Fünf Kilometer nördlich der Stadt kann man in einem schönen, 1925 erbauten Haus inmitten einer Gartenlandschaft eine Sammlung neuseeländischer Kunst besichtigen.

Die First Presbyterian Church

⓲ Gore

Straßenkarte B7. 8500. Ecke Hokonui Drive & Norfolk St, (03) 203 9288. New Zealand Gold Guitar Awards (Mai, Juni). **gorenz.com**

Gore, 66 Kilometer nördlich von Invercargill, kann so manches für sich beanspruchen: braune Forellen im Mataura River und seinen Nebenflüssen, Schafe (der Ort ist von fruchtbarem Farmland umgeben), Moonshine Whisky und die Anerkennung als musikalische Hauptstadt Neuseelands (Country-Music-Fans kommen jeden Mai/Juni zur Verleihung der New Zealand Gold Guitar Awards).

Im Visitor Centre sind das **Gore Historical Museum** und das **Hokonui Moonshine Museum** untergebracht. Letzteres beschäftigt sich mit der bewegten Vergangenheit der illegalen Whisky-Herstellung in den Hokonui Hills hinter Gore.

Die **Eastern Southland Art Gallery** (auch »Goreggenheim« genannt) zeigt Werke neuseeländischer Künstler.

15 Kilometer westlich am State Highway 94 liegt die **Croydon Aircraft Company**, wo man alte Flugzeuge restauriert und Rundflüge anbietet.

Gore Historical Museum and Hokonui Moonshine Museum

Ecke Hokonui Drive & Norfolk St. (03) 203 9288. tägl. 1. Jan, Karfreitag, 25. Dez.

Eastern Southland Art Gallery

Ecke Hokonui Drive & Norfolk St. (03) 208 9907. tägl. 1. Jan, Karfreitag, 25./26. Dez.

Croydon Aircraft Company

(03) 208 9755. tägl. 25. Dez. nach Vereinbarung.

⓳ Bluff

Straßenkarte A7. 2000. Gore St. Stewart Island Wharf. Bluff Oyster & Food Festival (Mai). **bluff.co.nz**

Bluff ist Neuseelands südlichster Exporthafen und Ausgangspunkt für die Fähren nach Stewart Island. Der Ort dient als Station für Fischereiflotten, die die Küsten im Süden und im Westen nach Fischen, Langusten und den berühmten »Bluff-Austern« abfahren. Für Neuseeland einzigartig ist, dass die Austern nur während einer begrenzten Zeit von März bis August geerntet werden dürfen.

Bluff hat eine lange Geschichte: Die Besiedlung durch die Māori geht bis ins 13. Jahrhundert zurück. Um 1823 folgten die ersten Europäer. Die Stadt wurde nach dem 265 Meter hohen Bluff Hill benannt, von dem aus der Blick über die Foveaux Strait zur 32 Kilometer entfernten Stewart Island reicht.

Unterhalb des Berges liegt Stirling Point, das Ende des State Highway 1. Viele Wege, darunter auch der Foveaux-Wanderweg und der Glory Track, führen durch unberührte Wälder. Der Aufstieg zum Bluff Hill mit seinem Panoramablick dauert etwa 45 Minuten.

Das **Bluff Maritime Museum** präsentiert Exponate zur Geschichte des Walfangs und der Austernernte, zur Entwicklung des Hafens und der Fähre nach Stewart Island.

Bluff Maritime Museum

241 Foreshore Rd. (03) 212 7534. tägl. Ostern, 25. Dez. nach Vereinbarung.

Internationaler Wegweiser am Stirling Point südlich von Bluff

Straßenkarte *siehe hintere Umschlaginnenseiten*

⑳ Stewart Island

Einer Māori-Legende zufolge war Stewart Island, Neuseelands drittgrößte Insel, der Anker von Mauis Kanu (die Südinsel), als er den großen Fisch (die Nordinsel) aus der See zog. Von der Südinsel ist das Eiland durch die 32 Kilometer lange Foveaux Strait getrennt. 85 Prozent der Fläche wurden 2002 zum Rakiura National Park erklärt. Die Buchten, Strände, Berge sowie die Vielfalt heimischer Vögel machen die 1746 Quadratkilometer große Insel zu einem Paradies. Im 13. Jahrhundert wurde sie von Māori besiedelt, in den 1820er Jahren kamen die ersten Europäer. Heute leben die Bewohner von Fischfang und Tourismus.

Blick auf Paterson Inlet vom Observation Rock

Oban

Oban, Stewart Islands einziger Ort, liegt an der malerischen, geschützten Halfmoon Bay. Die Stadt ist leicht zu Fuß zu erkunden. Auf einer 90-minütigen Bustour über Obans 28 Kilometer langes Straßennetz bekommt man alle Sehenswürdigkeiten in Oban und Umgebung gezeigt.

Von Oban aus führen viele Wege durch schönes Buschland zu landschaftlich oder historisch interessanten Plätzen sowie zu hinreißenden Aussichtspunkten, z. B. zum Observation Rock, der herrliche Blicke über das Paterson Inlet Richtung Ulva Island gewährt. An einem klaren Sommerabend ist es leicht zu verstehen, warum die Māori Stewart Island »das Land der glühenden Himmel« genannt haben. Schöne Strände im Norden und Osten der Stadt sind gut zu Fuß zu erreichen.

Die Insel bietet vielfältige Übernachtungsmöglichkeiten: Gasthäuser für Rucksackurlauber, Strandhäuser, Motels, Bed-and-Breakfast-Pensionen und das hundert Jahre alte South Sea Hotel. Das Rakiura Museum in der Ayr Street bietet einen faszinierenden Einblick in die Vergangenheit von Stewart Island. Zu sehen sind hier die Geschichte der Seefahrt sowie Relikte aus der Zeit der Wal- und Robbenfänger, des Zinnabbaus und der Sägewerke.

In Oban kann man Boote chartern, Ausflüge mit Glasboden-Schiffen bieten den Besuchern an klaren Tagen aus nächster Nähe Sicht auf Kraken und Langusten, diverse Fischarten und Garnelen. Für Aktivere werden u. a. Tauchgänge, Höhlentauchen, Kajaks und begleitete Kajakfahrten auf dem Meer angeboten.

South Sea Hotel an der Küste der Halfmoon Bay

Paterson Inlet

Über den Berg der Halfmoon Bay zieht sich die Bucht 16 Kilometer weit ins Hinterland hinein. Für Besichtigungen zum Tauchen und Angeln können in Oban und Golden Bay Charterboote und Wassertaxis gemietet werden. Bei einer Fahrt durch die Bucht kann man verschiedene Seevögel und Pinguine, darunter Gelbaugen- und Zwergpinguine, sowie Robben und Delfine sehen. Auch die Reste eines alten Sägewerks und einer Walfangstation sind erreichbar.

Ulva Island

In der Mitte des Paterson Inlet ist Ulva Island in zehn Minuten per Wassertaxi von Oban aus zu erreichen. Ratten und Opossums wurden auf der Insel ausgerottet, und so entstand ein Gebiet, in dem Besucher aus nächster Nähe Vögel beobachten können. Spaziergänge bis zu drei Stunden sind möglich.

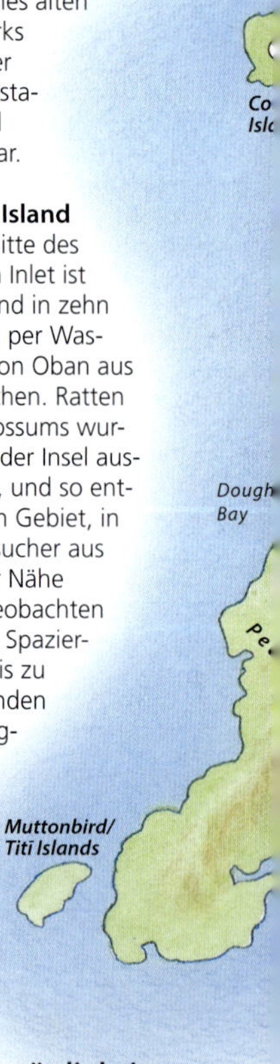

Sehenswürdigkeiten auf einen Blick

① Oban
② Paterson Inlet
③ Ulva Island
④ Big Glory Bay
⑤ Ocean Beach
⑥ Tītī Islands
⑦ Codfish Island

Hotels und Restaurants in Otago und Southland *siehe Seiten 307 und 324f*

Ocean Beach

»Kiwi Spotting« (Beobachten von Kiwi-Vögeln bei Nacht in ihrer natürlichen Umgebung) gibt es nur auf Stewart Island. Mit Führern geht es in kleinen Gruppen per Boot zur Landenge in der Little Glory Bay, dann zu Fuß zum Ocean Beach. Hier kann der braune Kiwi bei Einbruch der Dunkelheit beim Fressen beobachtet werden.

Big Glory Bay

Wichtige Erwerbszweige für Paterson Inlet sind die Lachs- und Muschelzucht. Per Boot, mit einem Zwischenstopp auf Ulva Island, geht es an Robben- und Saatkrähenkolonien vorbei zu einer Lachszucht an der Big Glory Bay.

Tītī Islands

Muttonbirds, Schwarze Sturmtaucher, brüten auf den Inseln vor Stewart Island. Sie waren lange Zeit Fleisch-, Öl- und Federlieferanten für die Māori, und so werden junge Vögel bis heute jeden April von den Nachkommen der Rakiura-Māori gefangen. Tagsüber bietet der Leuchtturm von Ackers Point eine tolle Aussicht, nachts hört man in der Brutzeit (Okt–Apr) Schwarze Sturmtaucher zum Land fliegen. Einige Veranstalter bringen Besucher auf die Inseln zur Vogelbeobachtung.

Infobox

Information
Straßenkarte A7. 400.
Rakiura National Park Visitor Centre, 15 Main Rd, (03) 219 0009. tägl. 25. Dez.
stewartisland.co.nz

Anfahrt
von Invercargill (20 Min.).
von Stewart Island Wharf, Bluff (60 Min.).

Schwarzer Sturmtaucher vor seinem Erdloch-Nest

Codfish Island/ Whenua Hou

Codfish Island, drei Kilometer vor der Nordwestküste von Stewart Island, war einst eine Robbenfängersiedlung. Heute ist die Insel ein Naturschutzgebiet für über 60 Vogelarten, wie etwa den gefährdeten Kakapo, einen großen Papagei. Die Insel darf nicht betreten werden.

Spaziergänge

Stewart Island hat viele gut ausgebaute Wege. Von Oban führt ein dreistündiger Spaziergang durch Küstenwälder zum Leuchtturm von Ackers Point, vorbei an einem der ältesten Gebäude Neuseelands, dem Ackers Cottage von 1835. Der Ryan's Creek Track dauert drei bis vier Stunden und führt durch Küstenwälder oberhalb von Paterson Inlet. Für geübte Wanderer bietet sich hingegen der dreitägige Rundweg über den Rakiura Track an. Der Northwest- und der Southern-Rundweg dauern zehn bis 14 Tage. Für längere Wanderungen und Touren müssen beim Visitor Centre in Oban vorher entsprechende Hütten- und Campingpässe erworben werden. Weitere Infos hierfür sind unter (03) 219 0056 erhältlich.

Wanderer auf dem Rakiura Track

Weitere Zeichenerklärungen *siehe hintere Umschlagklappe*

㉑ Catlins-Tour

Extravaganzen und Schönheiten der Natur machen den Reiz dieser südöstlichen Ecke der Südinsel aus. Versteinerte Bäume, herrliche Wasserfälle, goldfarbene Strände, hohe Klippen und geheimnisvolle Höhlen bilden eine einzigartige Mischung an Attraktionen in dieser Gegend, die landläufig als »Catlins« – der Name eines Landbesitzers aus den 1840er Jahren – bezeichnet wird. Eine abwechslungsreiche Küste mit Klippen und herrlichen Stränden ist zur Heimat für viele unterschiedliche Tiere geworden. So findet man hier den seltenen Hectordelfin, Pinguine, Robben und Seelöwen. Gekrönt wird die Landschaft durch die alten Wälder mit Rimu-, Matai-, Totara- und Miro-Bäumen.

② Curio Bay
Die versteinerten Reste eines 160 Millionen Jahre alten Waldes aus der Jurazeit sind bei Ebbe auf einem Felsplateau zu sehen.

⑨ Nugget Point
Ein 1869 erbauter Leuchtturm hält auf einer Anhöhe Wache über die umliegenden Gipfel. Das Gebiet ist Heimat für Robben, Seelöwen, Pinguine, Tölpel und viele Wasservögel.

① Waipapa Point
Es ist ein malerischer Ort, obwohl hier Neuseelands schrecklichstes Schiffsunglück passierte, als 1881 die SS *Tararua* auf ein tückisches Riff auflief und 131 Menschen ihr Leben verloren.

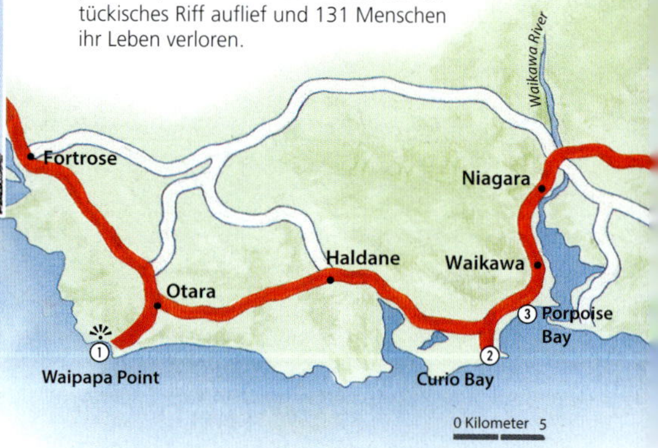

Routeninfos

Länge: 172 km von Invercargill aus, wo die Strecke bei Balclutha wieder auf den State Highway 1 trifft. Man sollte sich einen ganzen Tag Zeit nehmen, um auch die Seitenwege zu den Sehenswürdigkeiten einzuplanen.
Zwischenstopps: Die meisten Unterkünfte an dieser Strecke sind eher einfach gehalten. Es gibt Motels in Papatowai und Owaka; Campingplätze, Backpacker Hostels und Privatunterkünfte findet man an verschiedenen Orten in der Region. Die frühzeitige Reservierung der Unterkunft ist nicht nur in der Hochsaison zu empfehlen. An vielen Stellen entlang der Route bekommen Sie etwas zu essen.

⑧ Jack's Blowhole
Meerwasser schießt durch einen unterirdischen Tunnel, bevor es aus diesem 60 Meter tiefen Loch, das sich mitten in einem hoch gelegenen Weideland befindet, hochspritzt.

Weitere Zeichenerklärungen *siehe hintere Umschlagklappe*

③ **Porpoise Bay**
Wenn sich an diesem langen Strand die Wellen brechen, kann man oft kleine schwarze und weiße Hectordelfine in der Brandung spielen sehen.

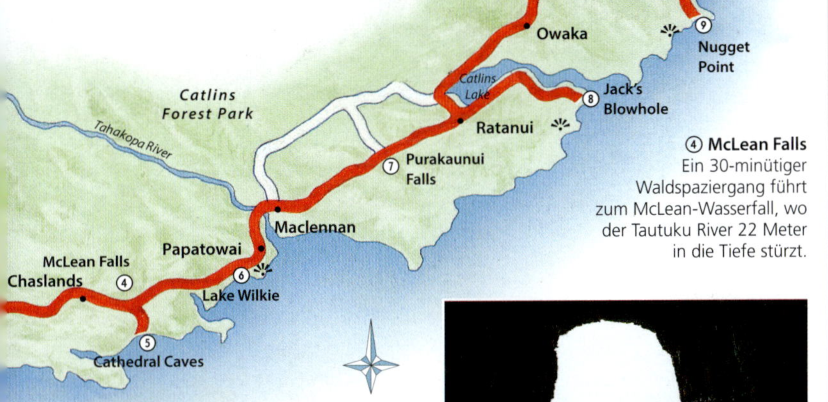

④ **McLean Falls**
Ein 30-minütiger Waldspaziergang führt zum McLean-Wasserfall, wo der Tautuku River 22 Meter in die Tiefe stürzt.

⑤ **Cathedral Caves**
Die Höhlen sind nur bei Ebbe zu besichtigen. Man erreicht sie nach einem 40-minütigen Spaziergang durch Wald und am Strand. Die Öffnung der größten Höhle ist 30 Meter hoch.

⑥ **Lake Wilkie**
Der kleine Waldsee ist nicht weit von der Straße entfernt. Man kann ihn in 20 Minuten umrunden und sieht dabei einige Exemplare der Riesenbäume, die in dieser Gegend gefunden wurden.

⑦ **Purakaunui Falls**
Ein zehnminütiger Weg durch Buchen- und Podocarp-Wald führt zu einer Plattform, von der man einen herrlichen Blick auf die Wasserfälle hat. Der Fluss fällt hier 20 Meter über eine Terrassenlandschaft in die Tiefe.

Legende

- Routenempfehlung
- Andere Straße
- Fluss

ZU GAST IN NEUSEELAND

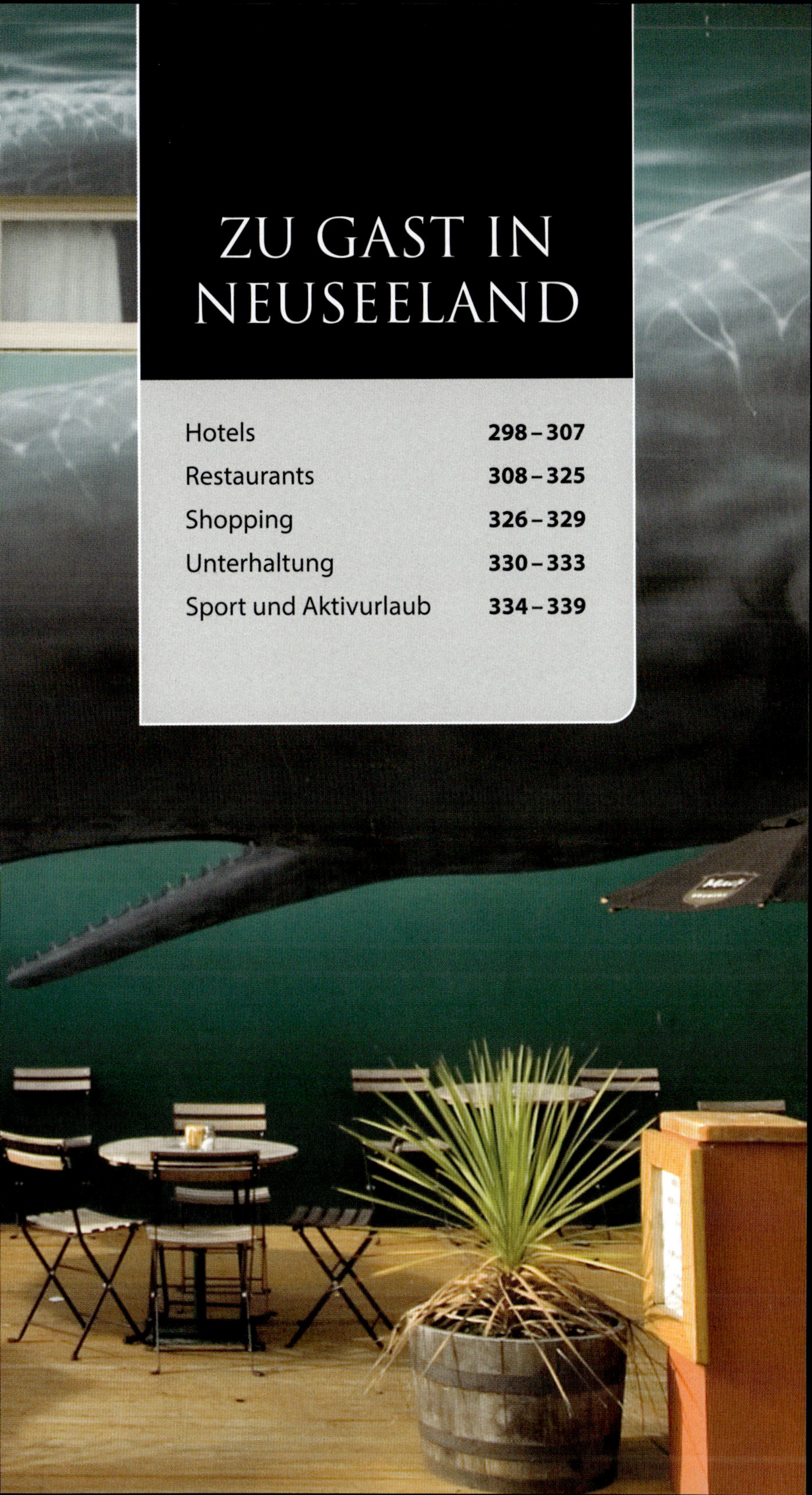

Hotels

Neuseeland bietet Übernachtungsmöglichkeiten für jeden Geschmack und Geldbeutel. Am oberen Ende der Preisskala gibt es Fünf-Sterne-Hotels und Lodges mit luxuriöser Ausstattung. Mittelklassehotels, Motels, Motor Lodges, Apartments für Selbstversorger, Country Pubs, Bauernhöfe und Bed-and-Breakfast-Zimmer stehen für alle zur Verfügung, die ihre Geldmittel einteilen müssen.

Bei enger begrenztem Budget sind Campingplätze und die sogenannten Backpacker Hostels immer eine gute Wahl. Außerhalb der größeren Städte und Ferienorte kann das Angebot ein wenig kleiner sein, aber Motels und Campingplätze gibt es praktisch überall im Land. Die Hotelauswahl auf den Seiten 302 bis 307 beschreibt Unterkünfte aller Art und Preisklassen in ganz Neuseeland.

Wunderbare Lage: die Villen von Eagles Nest, Russell ***(siehe S. 303)***

Hotelauswahl und Ausstattung

Das nationale System Neuseelands, das Unterkünfte bewertet und in Kategorien einteilt, ist Qualmark, das 1994 eingerichtet wurde. Die Qualität von Hotels, Motels und Campingplätzen wird durch Sterne ausgedrückt. Ein Stern garantiert, dass grundlegende Anforderungen im Hinblick auf Sauberkeit, Ausstattung und Gastlichkeit erfüllt sind, fünf Sterne bedeuten, dass der Ort zu den besten Neuseelands zählt. Auch das Angebot an Sportaktivitäten, Transportmöglichkeiten und Dienstleistungen wird in der Bewertung ausgedrückt. Die Qualmark-Bewertung ist freiwillig, einige Einrichtungen wollen sich davon nicht klassifizieren lassen.

Viele Häuser großer Hotelketten haben Klimaanlagen, aber in Neuseeland braucht man sie eigentlich nicht. Duschen mit heißem Wasser und Heizung gibt es in allen Häusern, Bettwäsche wird auch in Hostels und Motels zur Verfügung gestellt. Nur in Backpacker Hostels und auf Campingplätzen muss man dafür meist eine kleine Gebühr bezahlen.

Preise

Der Preisunterschied zwischen den einzelnen Häusern ist groß. Luxus-Lodges bekommt man nicht unter 650 NZ$ pro Nacht, Zimmer in einem Backpacker Hostel gibt es für 30 NZ$. Die meisten Motels bewegen sich zwischen 80 und 120 NZ$ pro Zimmer, Übernachtungen in einem Bed-and-Breakfast-Hotel kosten 50 bis 100 NZ$ pro Person. In der Nebensaison werden häufig Rabatte gewährt.

Buchung

Sie sollten die Unterkunft zeitig buchen, besonders für die Hauptreisezeit (Dezember bis Februar). Im Winter (Juni bis August), vor allem während der Schulferien (je zwei Wochen Anfang Juli und von Ende September bis Anfang Oktober), sind die Hotels und Motels der Skigebiete oft ausgebucht. Buchen können Sie direkt bei den Hotels (via Fax, Telefon oder Internet), durch ein Reisebüro oder bei einem der vielen Visitor Information Centres in Neuseeland.

Meist wird bei der Buchung die Nummer Ihrer Kreditkarte verlangt. Es empfiehlt sich, die Bedingungen für eine Stornierung zu erfragen: Manche Veranstalter verlangen den Preis für eine Übernachtung, wenn

Fassade des Scenic Hotel Southern Cross in Dunedin ***(siehe S. 307)***

◀ **Wandbild eines Pottwals in einem Restaurant in Kaikoura**

Huka Lodge in Taupo am Ufer des Waikato River *(siehe S. 304)*

eine Absage zu kurzfristig kommt. Falls Sie zusätzlichen Service wie ein Kinderbett brauchen, sollten Sie bei der Buchung darauf hinweisen.

Mit Kindern reisen

Mit Kindern zu reisen ist in Neuseeland ganz einfach, Kinderbetten und Babysitter stehen auf Anfrage fast überall zur Verfügung. Nur in manchen exklusiven Lodges und Bed-and-Breakfast-Hotels sind Kinder nicht willkommen. Die Definition von »Kind« ist unterschiedlich und reicht von unter zwölf bis unter 17 Jahre. Sonderpreise bekommen Kinder nur, wenn Sie mit Erwachsenen in einem Raum übernachten und kein Zusatzbett benötigen. Infos über kinderfreundliche Hotels und Restaurants finden Sie auch online (www.kidsnewzealand.com).

Reisende mit besonderen Bedürfnissen

Per Gesetz müssen alle neuen oder grundlegend renovierten Gebäude in Neuseeland »vernünftige und adäquate« Einrichtungen für Behinderte haben. Viele Hotels haben Rollstuhlzugang. Am besten fragen Sie bei der Buchung nach.

Luxus-Lodges

Lodges liegen oft an Seen, Flüssen oder am Meer und bieten meist eine atemberaubende Aussicht, ein elegantes Ambiente und luxuriösen Service für eine beschränkte Anzahl von Gästen. Drei Lodges in Neuseeland haben internationalen Ruf: Huka Lodge am Waikato River in der Nähe von Taupo, Solitaire Lodge auf einer Halbinsel im Lake Tarawera in der Nähe von Rotorua und Wharekauhau Country Estate an der Palliser Bay in Wairarapa. Viele Lodges bieten Fischen, Jagen oder andere Outdoor-Freizeitaktivitäten an. Die exklusivsten Lodges können bis zu 1900 NZ$ pro Nacht kosten, bei diesem Preis sind Essen und Getränke inbegriffen.

Hotelketten

Einige internationale Luxushotelketten sind in Neuseeland vertreten, darunter **Hyatt**, **Millennium**, **Novotel** und **Sheraton**. Andere Ketten heißen **Copthorne**, **Scenic Hotel Group** oder **Best Western**. Sie bieten soliden Standard in den großen Städten und Ferienorten.

TV, Telefon und Minibar in allen Zimmern sind üblich, außerdem ein Restaurant sowie Zimmerservice. Einige Häuser bieten auch Fitnessräume oder Business- und Konferenzeinrichtungen.

Motels und Motor Lodges

Die meisten Neuseeland-Besucher übernachten in Motels, selbst in kleinen Orten findet man oft eines. Motels sind ideal für Familien oder kleine Gruppen, denn die Zimmer sind geräumig und man kann sich selbst verpflegen. Meist gibt es ein oder zwei Schlafzimmer, einen Aufenthaltsraum, Küche und Bad, fast immer TV und Telefon. Wer weniger Platz braucht, kann ein »Studio« mit nur einem Raum nehmen. Die größeren Motor Lodges ähneln Hotels, sie bieten oft Pool, Wäschedienst, Restaurant und Zimmerservice.

Man kann Geld sparen, wenn man einen »Motel Accommodation Pass« erwirbt, wie ihn z. B. **Best Western** und **Golden Chain** anbieten *(siehe S. 301)*.

Kauri Cliffs Lodge, umgeben von üppigen Wäldern *(siehe S. 302)*

Alpakas auf dem Gelände von Pete's Farm Stay, Rangiora *(siehe S. 306)*

Apartments für Selbstversorger

Diese Art der Unterbringung ist in Neuseeland nicht weitverbreitet, nur in größeren Städten und Feriengebieten wie Queenstown findet man sie häufiger. Wer eine Woche oder länger an einem Ort verbringen möchte, kann ein solches Apartment oder ein sogenanntes »Holiday Home« mieten.

Backpacker Hostels und Jugendherbergen

Neuseeland hat über 250 Backpacker Hostels an vielen Orten des Landes. **Budget Backpacker Hostels New Zealand** und **VIP Backpacker Resorts New Zealand** bieten eine vollständige Auflistung aller Hostels. Die Herbergen liegen meist an der Hauptstraße und bieten saubere, preiswerte Unterkünfte. Hier kann man andere Reisende kennenlernen und neueste Tipps bekommen. Die Preise rangieren zwischen 20 NZ$ für eine Übernachtung im Mehrbettzimmer und 30 NZ$ für ein Einzelzimmer.

Eine andere Möglichkeit, preiswert zu übernachten, bietet die **Youth Hostel Association** (YHA) *(siehe S. 301)*, die 56 Jugendherbergen in den Feriengebieten aufweist. Trotz ihres Namens nehmen Jugendherbergen Reisende jeden Alters auf. Es gibt nach Geschlechtern getrennte Schlafräume, aber auch Doppel- und Familienzimmer. Decken und Leintücher werden zur Verfügung gestellt, selbstverständlich sind gut ausgestattete Küchen und Aufenthaltsräume vorhanden, das Bad muss man sich allerdings mit anderen teilen.

Bauernhöfe und Privatzimmer

Sogenannte »Farmstays« bieten Gelegenheit, das Alltagsleben auf einer Farm kennenzulernen. Die Gäste übernachten entweder auf dem Hof oder in separaten Gebäuden und nehmen die Mahlzeiten mit ihren Gastgebern ein. Badezimmer sind nicht immer separat, ob man sich an der Arbeit auf der Farm beteiligen möchte, bleibt dem Gast überlassen.

Zimmerangebote in Marlborough

Privatzimmer (»homestays«) findet man in städtischen sowie in ländlichen Gebieten. Die Preise für ein Doppelzimmer rangieren in Privatunterkünften zwischen 100 und 400 NZ$ pro Nacht.

The New Zealand Bed & Breakfast Book listet Adressen aus dem ganzen Land auf.

Camping

Camping Grounds (oft Holiday Parks oder Motor Camps genannt) sind eine günstige Art zu übernachten. **Top 10 Holiday Parks** führt Leistungen und Preise der besten Parks auf. Bei manchen Anbietern sind nur Plätze für Zelte und Caravans vorhanden, andere bieten auch Zimmer an oder sogar Apartments mit Kochgelegenheit und eigenem Bad. Viele Campingplätze verfügen über Kinderspielplätze, oft sind sie sehr schön am Meer, an Seen oder Flüssen gelegen. Es gibt Gemeinschaftsduschen und die Möglichkeit, Wäsche zu waschen. Gut ausgestattete Küchen gehören meist dazu, zum Teil kann man auch Lebensmittel einkaufen. In der Hauptreisezeit zwischen Weihnachten und Ende Januar sollten Sie zeitig vorher buchen. Im Allgemeinen kostet die Übernachtung auf dem Campingplatz 7 NZ$ pro Person, ein Doppelzimmer ist ab 30 NZ$ zu bekommen.

Wohnmobile

Um das Land zu erkunden, sind Wohnmobile (Campervans) sehr beliebt. Es gibt sie mit zwei, vier oder

Mit dem Caravan kann man an jedem schönen Ort eine Pause einlegen

The Boatshed, ein kleines Luxushotel auf Waiheke Island, Auckland *(siehe S. 302)*

sechs Betten und mit vielen Annehmlichkeiten *(siehe S. 359)*. Der Mietpreis ist saisonabhängig. Am besten übernachtet man mit dem Campervan auf einem Campingplatz mit Stromanschluss. In sehr abgelegenen Gegenden darf man auch auf Rastplätzen an der Straße über Nacht stehen. Die meisten Campingplätze haben »dump stations« zur Entsorgung des Abwassers.

Hinweisschild für Camper

Hotelkategorien

Neuseeland ist eine wunderbare Inselwelt, in der man niemals weit von der malerischen Küste entfernt ist. Vom Luxushotel bis zum Campingplatz – Besucher finden eine große Zahl an Unterkünften, um von dort aus die atemberaubenden Naturwunder des Landes zu erkunden. Die auf den folgenden Seiten 302 bis 307 aufgeführten Angebote heben sich in ihrer jeweiligen Kategorie von der Masse ab. Die verschiedenen Kategorien reichen von preiswerten Unterkünften über Bed and Breakfast und Hotelkette bis hin zu Apartments und Motels. Dazu kommen Luxus- und Boutiquehotels. Innerhalb der sieben Kategorien wurden Anbieter mit besonderem Preis-Leistungs-Verhältnis, außergewöhnlichem Service, toller Lage oder einer Kombination dieser Vorzüge ausgewählt. Auf einzigartige Leistungen weist der **Vis-à-Vis-Tipp** hin.

Auf einen Blick

Luxushotels und Lodges

New Zealand Lodge Association
41 Towey St, Oamaru.
(03) 434 7939.
lodgesofnz.co.nz

Southern Crossings
Private Bag 93-236, Parnell, Auckland.
(09) 309 5912.

Hotelketten

Best Western NZ
bestwestern.co.nz

Copthorne
millenniumhotels.co.nz

Heritage
heritagehotels.co.nz

Hyatt
hyatt.com

Millennium
millenniumhotels.co.nz

Novotel
novotel.com

Scenic Hotel Group
scenichotelgroup.co.nz

Sheraton
starwoodhotels.com

Sofitel
sofitel.com

Motels und Motor Lodges

Best Western NZ
0800 237 893.
bestwestern.co.nz

Golden Chain NZ
(03) 358 0821, 0800 804 653.
goldenchain.co.nz

Backpacker und Jugendherbergen

Budget Backpacker Hostels New Zealand
208 Kilmore St, Christchurch.
(03) 379 3014.
bbh.co.nz

Bauernhöfe und Privatzimmer

The New Zealand Bed & Breakfast Book
PO Box 6843, Wellington, 6141. (04) 385 2615. **bnb.co.nz**

Rural Holidays NZ Ltd
PO Box 2155, Christchurch, 8140.
(03) 355 6218.
ruralholidays.co.nz

VIP Backpacker Resorts New Zealand
PO Box 60177, Titirangi, Auckland.
(09) 816 8903.
vipbackpackers.com

Youth Hostel Association of New Zealand
PO Box 436, Christchurch.
(03) 379 9970, 0800 278 299.
yha.co.nz

Camping

Top 10 Holiday Parks
PO Box 9088, Tower Junction, Christchurch.
0800 867 836.
top10.co.nz

Hotelauswahl

Auckland

Best Western President Hotel $
Günstig SK E2
27–35 Victoria St West, 1010
(09) 303 1333
presidenthotel.co.nz
Ein Hotel mit komfortablen Einheiten – von Studios bis Suiten (alle mit Küchenzeile).

YWCA $
Günstig SK E2
103 Vincent St, 1010
(09) 377 8763
akywca.org.nz
Freundliche Herberge, mit drei Stockwerken nur für Frauen. Kochgelegenheiten und Café.

Heritage Hotel Auckland $$
Boutique SK E2
35 Hobson St, 1010
(09) 379 8553
heritagehotels.co.nz
Sehr gut ausgestattetes Hotel mit mehreren Pools, Fitness-Center, Tennisplatz und Sauna. Restaurant mit Palmen.

The Langham $$
Kette SK E2
83 Symonds St, 1140
(09) 379 5132
langhamhotels.com/auckland
Fünf-Sterne-Haus mit dem Charme vergangener Zeiten.

The Old Church Cottage $$
Bed and Breakfast SK E2
1 Hastings Parade, Devonport, 0624
(09) 445 9826
oldchurchcottage.co.nz
Übernachtung in einem ehemaligen Haus der Heilsarmee. Perfekt gelegen.

SKYCITY Hotel $$
Kette SK E2
Ecke Federal und Victoria St, 1010
(09) 363 6000
skycityauckland.co.nz
Hotel beim Sky Tower. Großzügig gestaltete, sehr gepflegte Zimmer. Mehrere Restaurants mit fantastischer Küche.

The Boatshed $$$
Bed and Breakfast SK E2
Ecke Tawa und Huia St, Little Oneroa, Waiheke Island, 1840
(09) 372 3242
boatshed.co.nz
Luxuriöse Unterkunft an einer sonnendurchfluteten Bucht. Von Auckland erreicht man das Hotel mit der Fähre in 35 Minuten. Wundervoller Meerblick.

The Great Ponsonby Arthotel $$$
Bed and Breakfast SK E2
30 Ponsonby Terrace, Ponsonby, 1011
(09) 376 5989
greatpons.co.nz
Eine Villa voller neuseeländischer und anderer pazifischer Kunst.

Vis-à-Vis-Tipp

Hilton $$$
Kette SK E2
Princes Wharf, 147 Quay St, 1010
(09) 978 2000
auckland.hilton.com
300 Meter ragt das Hotel ins Meer und bietet Ausblicke auf den Hafen von Auckland. Die Suiten sind luxuriösen Schiffskajüten nachempfunden. Chef des Restaurants ist der renommierte Simon Gault.

Latitude 37 $$$
Apartment SK E2
20 Pakenham St E, 1010
(09) 377 5649
latitude37.co.nz
Apartmenthaus im Stil eines Boutiquehotels. Toller Blick auf Hafen und Yachten. Gäste haben Zugang zu einem Pool und einem Fitness-Center in der Nähe.

Penthouse 3 $$$
Apartment SK E2
3P/148 Quay St, Central Auckland, 1010
(09) 377 5301
148quay.com
Geräumiges Apartment mit zwei Zimmern. Die großen Terrassen bieten schier atemberaubende Aussichten auf den Hafen von Auckland.

Die elegante Lobby im Kauri Cliffs, Matauri Bay

Preiskategorien
Die Preise beziehen sich auf ein Doppelzimmer pro Nacht während der Hochsaison inklusive Steuern und Service.

$	**bis 150 NZ$**
$$	**150–250 NZ$**
$$$	**über 250 NZ$**

Wainui Country Retreat $$$
Bed and Breakfast SK E2
990 Wainui Rd, Wainui, North Auckland 0933
(09) 420 4567
wainuicountryretreat.co.nz
Übernachtung mit Selbstversorgung auf dem Bauernhof mit eigenem Wasserfall.

Northland

KERIKERI:
Aroha Island Kiwi Lodge $
Günstig SK E1
177 Rangitane Rd, Kerikeri, Bay of Islands, 0294
(09) 407 5243
arohaisland.co.nz
Komfortable Ökohütte in einem Waldgebiet. Outdoor-Aktivitäten sind Strandspaziergänge, Kayakfahrten und Vogelbeobachtung.

KERIKERI: Pagoda Lodge $
Günstig SK E1
81 Pa Rd, Bay of Islands, 0230
(09) 407 8617
pagoda.co.nz
Hütte im chinesischen Stil der 1930er Jahre. Herrliche Gärten mit reicher Vogelwelt. Übernachtung im Wohnwagen oder im Safarizelt.

KOHUKOHU: The Treehouse $
Günstig SK D1
168 West Coast Rd, RD1, Hokianga, 0491
(09) 405 5855
treehouse.co.nz
In hübschen subtropischen Gärten gelegen mit Blick auf den Hokianga Harbour. Gemeinschaftsküchen und -bäder.

Vis-à-Vis-Tipp

MATAURI BAY: Kauri Cliffs $$$
Luxus SK E1
Matauri Bay Rd, 0478
(09) 407 0010
kauricliffs.com
Komplex von Blockhütten mit Strandzugang. In der Nähe 2000 Jahre alter Kauri-Bäume gelegen. Tolle Aussicht über den Golfplatz und auf den Pazifischen Ozean.

Hotelkategorien *siehe Seite 301*

OPUA:
Crows Nest Holiday Villas $$$
Luxus **SK** E1
20 Sir George Back St, Bay of Islands, 0200
(09) 402 7783
crowsnest.co.nz
Zwei exklusive Villas im maritimen Stil mit riesigen Balkonen oberhalb der Bucht. Sehr abgeschieden gelegen.

PAIHIA: Scenic Hotel $$
Boutique **SK** E1
MacMurray Rd Ecke Seaview Rd, Bay of Islands, 0200
(09) 402 7826
scenichotels.co.nz
Inmitten subtropischer Gärten gelegen. Hotel im Resort-Stil mit überaus geräumigen Zimmern und typisch neuseeländischer Architektur.

RUSSELL: Eagles Nest $$$
Luxus **SK** E1
60 Tapeka Rd, Russell, Bay of Islands, 0202
(09) 403 8333
eaglesnest.co.nz
Fünf luxuriöse Villen mit Jacuzzi und mit herrlichem Meerblick. Fabelhafte Köche. Gutes Spa- und Sportangebot.

WHANGAREI:
Little Earth Lodge $
Günstig **SK** E1
85 Abbey Caves Rd, 0175
(09) 430 6562
littleearthlodge.co.nz
Ein überaus gemütliches Hostel im Bali-Stil in der Nähe der Glowworm-Höhlen. Jeden Tag werden Tauch- und Schnorchelausflüge zu den Poor Knights Islands angeboten.

Zentrum der Nordinsel

COROMANDEL: Why Worry Bed and Breakfast $
Bed and Breakfast **SK** E2
150 Huihana Lane, Long Bay RD1
(07) 866 8221
coromandelaccommodation.net.nz
Große Zimmer. Guter Meerblick. Ein Spa gehört zum Angebot.

COROMANDEL:
Beachside Resort $$
Boutique **SK** E2
20 Eyre St, Whitianga, 3510
(07) 867 1356
beachsideresort.co.nz
Strandnahe Ein-Zimmer-Apartments. Tennisplatz und Swimmingpool im Angebot. Am Buffalo Beach ist man in einer Minute.

Eine luxuriöse Villa im Eagles Nest, Russell, mit Meerblick

COROMANDEL: Grand Mercure Puka Park Resort $$
Boutique **SK** E2
Pauanui Beach, 3546
(07) 864 8088
pukapark.co.nz
Eine Reihe romantischer Chalets, erbaut an den bewaldeten Hängen des Mount Pauanui. Restaurant mit Terrasse.

COROMANDEL:
Brenton Lodge $$$
Luxus **SK** E2
2 Brenton Place, Whangamata, 3691
(07) 865 8400
brentonlodge.co.nz
Luxuriöse Suiten in einem idyllischen Garten mit Blick auf Meer und Pool. Preisgekrönte Confiserie im Haus.

COROMANDEL:
Waihi Waterlily Gardens $$$
Luxus **SK** E2
441 Pukekauri Rd, Waihi, 3682
(07) 863 8267
waterlily.co.nz
Wasserlilien prägen die Umgebung. Luxushütten in romantischer Atmosphäre.

GISBORNE: Portside Hotel $
Boutique **SK** F3
2 Reads Rd, 4010
(06) 869 1000
portsidegisborne.co.nz
Modern eingerichtetes Hotel mit Pool und Fitness-Center.

HAMILTON: Shailers $
Bed and Breakfast **SK** E2
1447 Kakaramea Rd, RD 10, 3290
(07) 825 2729
shailers.co.nz
Urlaub auf einer Milchfarm in gastfreundlicher Umgebung.

HAVELOCK NORTH:
Mangapapa Petit Hotel $$$
Luxus **SK** F4
466 Napier Rd, Hawkes Bay, 4172
(06) 878 3234
mangapapa.co.nz
Boutiquehotel mit zwölf bezaubernden Suiten und perfekt ausgestattetem Spa. Auch die Lage inmitten von Gärten überzeugt.

NAPIER: Albatross Motel $
Günstig **SK** F4
56 Meeanee Quay, Westshore, 4110
(06) 835 5991
albatrossmotel.co.nz
Das Motel bietet Studios und Zweibettzimmer mit Blick auf das Ahuriri-Naturschutzgebiet.

OHOPE: Beachpoint Resort $
Apartment **SK** F3
5 West End Rd, Ohope Beach
(07) 312 6100
beachpoint.co.nz
Vollständig ausgestattete Strandapartments für Selbstversorger. Fitnessbereich vorhanden.

OTOROHANGA:
Kamahi Cottage $$$
Bed and Breakfast **SK** E3
229 Barber Rd, Rewarewa, RD5
(07) 873 0849
kamahi.co.nz
Romantische Hütte in einem ländlichen Garten. Probieren Sie das Farmerfrühstück.

ROTORUA: Alpin Motel $
Günstig **SK** E3
16 Sala St, 3010
(07) 348 4182
alpin.co.nz
Vier-Sterne-Apartments mit eigenem Garten. Auf den Zimmern Badetonnen.

ROTORUA: Econo Lodge $
Günstig **SK** E3
113 Lake Rd, 3010
(07) 348 2041
econolodgerotorua.co.nz
Ein familienfreundliches Motel in einer großen Gartenanlage. Komfortable Zimmer, Außenpool.

ROTORUA: Rydges Rotorua $
Kette **SK** E3
272 Fenton St, 3010
(07) 349 0099
rydges.com
Gut ausgestattete Zimmer mit Balkon. Pool auf dem Dach.

Die komfortable Lounge in der Huka Lodge, Taupo

ROTORUA: Utuhina Hot Springs Lodge $
Bed and Breakfast **SK** E3
99 Lake Rd, 3010
(09) 348 5785
utuhinahotsprings.com
Historische Hütte mit 14 Einheiten in ruhiger Gartenlage. Vier Pools, gespeist von heißen Quellen. Artenreiche Vogelwelt.

ROTORUA: YHA Rotorua $
Günstig **SK** E3
1278 Haupapa St, 3010
(07) 349 4088
yha.co.nz
Schnörkellose Herberge mit sauberen, luftigen Zimmern. Parken kostenlos.

ROTORUA: Blossom Cottage $$
Bed and Breakfast **SK** E3
62A Sunnex Rd, RD6, 3096
(07) 332 2720
blossom-cottage.com
Übernachtung und Frühstück in romantischer Umgebung. Reitmöglichkeit in der Nähe.

ROTORUA: Country Villa $$
Bed and Breakfast **SK** E3
351 Dalbeth Rd, RD2, 3072
(07) 357 5893
countryvilla.biz
Eine viktorianische Villa mit prachtvollen Gärten, geräumigen Zimmern und freundlichem Service. Gutes Frühstück. Abends sitzt man am Lagerfeuer.

ROTORUA: Paradise Valley Lodge $$
Boutique **SK** E3
1099 Paradise Valley Rd, RD2
(07) 538 311
paradisevalleylodge.co.nz
Charmante Hütte inmitten ausgedehnter Rasen- und Gartenflächen. Familienfreundlich. Der Fluss ist ideal für Angler.

ROTORUA: Peppers On The Point $$$
Luxus **SK** E3
214 Kawaha Point Rd, 3010
(07) 348 4868
peppers.co.nz
Das 1930 errichtete Anwesen verfügt über individuell gestaltete Zimmer, Gourmetrestaurant und Privatstrand. Spektakuläre Aussicht auf Mokoia Island.

Vis-à-Vis-Tipp

TAUPO: Huka Lodge $$$
Luxus **SK** E3
271 Huka Falls Rd, 3377
(07) 3785791
hukalodge.co.nz
Eine schöne Option auf sechs Hektar Grund inmitten unberührter Natur. Huka Lodge liegt 300 Meter flussaufwärts vor den Huka-Wasserfällen. 25 exklusive Zimmer erwarten den Gast. In Hotelnähe finden sich reizvolle Thermalquellen.

TAURANGA: Casa del Mare $$
Luxus **SK** E2
35 Monticello Key, Palm Springs Estate, Papamoa, 3118
(07) 542 2996
casadelmare.co.nz
Ein romantisches Hotel mit eleganten Zimmern im mediterranen Stil und einem schönen Innenhof.

TAURANGA: Sebel Trinity Wharf $$
Kette **SK** E2
51 Dive Crescent, 3110
(07) 577 8700
trinitywharf.co.nz
Ein modernes Hotel mit einem Privatsteg, direkt am Hafen gelegen. Swimmingpool. Man speist auf dem großen Balkon.

Wellington und Süden

FEATHERSTON: Wharekauhau Country Estate $$$
Luxus **SK** E4
Western Lake Rd, Palliser Bay, RD3, Wairarapa, 5710
(06) 307 7581
wharekauhau.co.nz
Ländliche Gastlichkeit in einem Haus aus der Zeit Edwards VII. Angebotene Aktivitäten sind Reiten, Wanderungen, Mountainbiken und Bogenschießen.

KAPITI COAST: Vista del Sol $$$
Luxus **SK** E4
20 Derham Rd, 5581
(06) 364 2173
vistadelsol.co.nz
Luxus-Lodge in schöner Umgebung mit Blick auf Sanddünen und hügeliges Farmland.

WELLINGTON: Comfort Hotel $
Günstig **SK** D5
213–223 Cuba St, Te Aro, 6141
(04) 385 2156
hotelwellington.co.nz
Das historische Hotel aus der Zeit Edwards VII an der lebhaften Cuba Street wurde vor Kurzem renoviert. Große Zimmer mit Küchenzeile und modernen Bädern.

WELLINGTON: Hotel St George $
Günstig **SK** D5
124 Willis St, Te Aro, 6011
(04) 470 7777
hotelstgeorge.co.nz
Komfortable Zimmer in einem Art-déco-Gebäude. Gemeinschaftsküchen.

WELLINGTON: Nomads Capital $
Günstig **SK** D5
118–120 Wakefield St, 6011
(04) 978 7800
Hotel in bester Lage mit unterschiedlichsten Zimmern. Frühstück und Abendessen ist im Preis inbegriffen.

WELLINGTON: Bolton Hotel $$
Boutique **SK** D5
12 Bolton St, Lambton Quay, 6011
(04) 472 9966
boltonhotel.co.nz
Dieses Hotel bietet luxuriöse, stilvolle Zimmer, Pool, Fitness-Center und Sauna.

WELLINGTON: Brandon Village $$
Apartment **SK** D5
22 Brandon St, Wellington Central, 6011
(04) 384 1070
villagegroup.co.nz
Luxusapartments mit komplett eingerichteter Küche und Waschmaschine. Auch die Lage in der Nähe des Geschäftszentrums überzeugt.

WELLINGTON: Rydges Wellington $$
Kette **SK** D5
75 Featherston St, Pipitea, 6011
(04) 499 8686
rydges.com
Suiten im Apartmentstil mit voll ausgestatteter Küchenzeile. Aussicht auf die Stadt oder den Hafen. Für Gäste stehen iPads und ein Pool zur Verfügung.

Hotelkategorien *siehe Seite 301* **Preiskategorien** *siehe Seite 302*

WELLINGTON: The Wellesley Boutique Hotel $$
Boutique SK D5
2–8 Maginnity St, 6011
(04) 474 1308
wellesleyboutiquehotel.co.nz
Eine Oase der Ruhe im umtriebigen Stadtviertel Lambton. Große, elegant eingerichtete Zimmer. Restaurants und Shopping-Meilen in Gehentfernung.

WELLINGTON: Boulcott Suites $$$
Apartment SK D5
5 O'Reily Ave, Te Aro, 6011
(04) 384 1070
villagegroup.co.nz
Geräumige Stadtwohnungen mit gut ausgestatteten Küchen und Designer-Möbeln.

Vis-à-Vis-Tipp

WELLINGTON: Museum Art Hotel $$$
Boutique SK D5
90 Cable St, Te Aro, 6011
(04) 802 8900
museumhotel.co.nz
Das nah am Wasser gelegene Hotel ist voll gepackt mit Kunstwerken. Die Zimmer sind luxuriös. Das Restaurant Hippopotamus bietet beste französisch beeinflusste Küche.

WELLINGTON: Ohtel $$$
Boutique SK D5
66 Oriental Parade, Oriental Bay, 6011
(04) 803 0600
ohtel.com
Ein wahrer Design-Tempel mit feinstem Dekor, eleganten Möbeln und großen Badezimmern. Die Lage nahe dem Yachthafen ist ein weiterer Pluspunkt. Kabel-TV und WLAN (gratis).

Marlborough und Nelson

Vis-à-Vis-Tipp

BLENHEIM: Old Saint Mary's Convent Vineyard Estate $$$
Luxus SK D5
776 Rapaura Rd, 7273
(03) 570 5700
convent.co.nz
In viktorianischer Zeit war das Haus inmitten von Weinbergen und Olivenhainen das Heim eines Frauenordens. Heute ist das restaurierte Anwesen (25 ha) ein Zufluchtsort für gestresste Großstädter.

BLENHEIM: Vintners Retreat $$$
Luxus SK D5
55 Rapaura Rd, 7273
(03) 572 7420
vintnersretreat.co.nz
Ruhige Ferienhäuser von beachtlicher Größe, umgeben von Weingärten. Komplett ausgestattete Küchen, grandiose Aussicht auf die Richmond Range.

KAIKOURA: Austin Heights $$
Bed and Breakfast SK D5
19 Austin St, 7300
(03) 319 5836
austinheights.co.nz
Apartments mit Küche. Genießen Sie die Ausblicke auf die Berge und das Wasser. Beobachten Sie während Ihres Aufenthalts Delfine, Seehunde und Wale.

KAIKOURA: Seaview Motel $$
Boutique SK D5
164 Esplanade, 7300
0800 456 000
seaviewmotel.co.nz
Ein Motel in schöner Strandlage. Komfortable Zimmer mit Küche. Bewachter Parkplatz.

KAIKOURA: Waves On The Esplanade $$$
Apartment SK D5
78 Esplanade, 7300
(03) 319 5890
kaikouraapartment.co.nz
Am Strand gelegen. Apartments mit Balkon und jeweils zwei Zimmern. Barbecue, Spa und WLAN (gratis).

MURCHISON: RiverSong Cottages $
Boutique SK C5
30 Fairfax St, 7007
(03) 523 9011
riversong.co.nz
Ruhige Hütten mit Terrassen am Fluss. Obst und Gemüse aus eigenem Garten.

Das historische McCormick House, Picton

MURCHISON: Lake Rotoroa Lodge $$$
Luxus SK C5
Gowan Valley Rd, RD3, 7077
(03) 523 9121
lakerotoroalodge.com
Eine historische Hütte der Forellenfischer in atemberaubender Umgebung.

MURCHISON: Owen River Lodge $$$
Luxus SK C5
173 Owen Valley East Rd, Owen River, 7073
(03) 523 9075
owenriverlodge.co.nz
Eine Fünf-Sterne-Lodge nahe dem Kahurangi National Park. Von hier erreicht man 25 fischreiche Flüsse innerhalb von 90 Fahrminuten – ein Traum für Angler.

NELSON: Trailways Hotel $
Boutique SK D4
66 Trafalgar St, The Wood, 7010
(03) 548 7049
trailwayshotel.co.nz
Das Hotel am Fluss bietet stilvolle, moderne Zimmer, einen Pool und ein exzellentes, preisgekröntes Restaurant.

NELSON: DeLorenzo's Studio Apartments $$
Apartment SK D4
43–55 Trafalgar St, The Wood, 7010
(03) 548 9774
delorenzos.co.nz
Ein-Raum-Apartments mit moderner technischer Ausstattung (WLAN gratis) und Pool.

NELSON: Stonefly Lodge $$$
Luxus SK D4
3256 Motueka Valley Hwy, Stanley Brook, 7096
(03) 522 4479
stoneflylodge.co.nz
Eine luxuriöse Lodge am Ufer des Motueka in einem Privatwald. Die vier Zimmer bieten eine fantastische Aussicht.

PICTON: Cnoc na Lear $$
Boutique SK D4
Queen Charlotte Track, Endeavour Inlet
(03) 579 8444
cnocnalear.co.nz
Komfortable Suiten in Strandnähe. Die Küche bietet gute Hausmannskost.

PICTON: McCormick House $$$
Bed and Breakfast SK D4
21 Leicester St, 7220
(03) 573 5253
mccormickhouse.co.nz
Luxuriöses, wunderschön möbliertes, historisches Haus. Gourmet-Frühstück.

SK = Straßenkarte *siehe hintere Umschlaginnenseiten*

Der Wintergarten in der Kapitea Ridge Lodge, Hokitika

PORTAGE: Peppers Portage $$$
Boutique **SK** D4
2923 Kenepuru Rd, 7282
(03) 573 4309
portage.co.nz
Am Wasser gelegener Rückzugsort in der Wildnis. Zu den Vorzügen gehören Spa und Terrassen mit Aussicht. Das Restaurant serviert feinstes Seafood.

Canterbury und Westküste

AORAKI/MT COOK: Hermitage $$
Boutique **SK** B6
Aoraki/Mt Cook Alpine Village, 8770
(03) 435 1809
hermitage.co.nz
Die vergletscherte Bergwelt bildet die Kulisse für dieses stimmungsvolle Hotel. Riesenangebot an Outdoor-Aktivitäten. Genießen Sie auch die kulinarischen Verführungen.

ARTHUR'S PASS: Wilderness Lodge Arthur's Pass $$$
Luxus **SK** C5
Arthur's Pass
(03) 318 9246
wildernesslodge.co.nz
Haus in einem Buchenwald. Gut ausgestattete Zimmer. Geführte Touren und andere Specials werden organisiert.

CHRISTCHURCH: Camelot Motor Lodge $
Günstig **SK** C6
28 Papanui Rd, Merivale, 8014
(03) 355 9124
camelot.co.nz
Eine große Auswahl an Zimmern. Dazu ein Spa und Pools. Schöne Gärten

CHRISTCHURCH: Dorset House $
Günstig **SK** C6
1 Dorset St, 8144
(03) 366 8268
dorset.co.nz
Das 2012 renovierte Haus bietet historischen Charme zu vernünftigen Preisen. Gemeinschaftsküche und -bäder.

CHRISTCHURCH: The Old Country House $
Günstig **SK** C6
437 Gloucester St, Linwood, 8011
(03) 381 5504
oldcountryhouse.co.nz
Herberge mit geräumigen Zimmern, Spa und Pool. Eigener Kräutergarten.

CHRISTCHURCH: Country Glen Lodge $$
Motel **SK** C6
107 Bealey Ave, 8013
(03) 365 9980
glenlodge.co.nz
Hotel im Stadtzentrum, nur fünf Gehminuten vom Hagley Park entfernt. Gut ausgestattete Zimmer mit Küche und stilvoller Einrichtung.

CHRISTCHURCH: Heartland Hotel Cotswold $$
Boutique **SK** C6
88/96 Papanui Rd, Merivale, 8540
(03) 355 3535
heartlandhotels.co.nz
Gastfreundliches Hotel im Tudor-Stil mit schönen Gärten, Bar und Restaurant.

CHRISTCHURCH: Orari Bed and Breakfast $$
Boutique **SK** C6
42 Gloucester St, 8013
(03) 365 6569
orari.co.nz
Geräumige Suiten in einem denkmalgeschützten, schön renovierten Haus.

CHRISTCHURCH: Clearview Lodge $$$
Bed and Breakfast **SK** C6
8 Clearwater Ave, Northwood, 8051
(03) 359 5797
clearviewlodge.com
Das Haus bietet Suiten mit Balkon und Blick auf idyllische Gärten.

FOX GLACIER: Heartland Hotel Glacier Country $
Boutique **SK** B6
39 Main Rd, 7859
(03) 751 0847
heartlandhotels.co.nz
Überaus einladendes Hotel, am Rand des Westland National Park (UNESCO-Welterbe) gelegen.

FRANZ JOSEF GLACIER: Te Waonui Forest Retreat $$$
Luxus **SK** B6
3 Wallace St, 7856
(03) 752 0555
tewaonui.co.nz
Versteckt in der Wildnis gelegenes Hotel. Große, ruhige Zimmer. Das fünfgängige Degustationsmenü im Canopy Restaurant ist fantastisch, man genießt es unter Bäumen.

Vis-à-Vis-Tipp

HANMER SPRINGS: Heritage Hanmer Springs $$
Boutique **SK** C5
1 Conical Hill Rd, 7334
(03) 315 0060
heritagehotels.co.nz
Ganz in der Nähe der heilkräftigen Thermalquellen von Hanmer Springs gelegen. Das gut ausgestattete Hotel bietet verschiedene Übernachtungsoptionen – von der Drei-Zimmer-Suite bis zum Gartenzimmer. Ein eigenes Restaurant, Pool und Tennisplätze gehören zum Angebot.

HOKITIKA: Shining Star Beachfront Accommodation $
Günstig **SK** C5
16 Richards Drive, 7810
(03) 755 8921
shiningstar.co.nz
Gute Auswahl an Zimmern und Blockhütten. Beeindruckender Meerblick.

HOKITIKA: Kapitea Ridge Lodge $$$
Luxus **SK** C5
Chesterfield Rd, State Hwy 6
(03) 755 6805
kapitea.co.nz
Suiten mit großartigen Ausblicken auf Regenwald und Strand. Wunderbares Jacuzzi im Garten.

RANGIORA: Pete's Farm Stay $$
Bed and Breakfast **SK** C6
45 Mairaki Rd, 7471
(03) 313 5180
petesfarm.co.nz
Urlaub auf dem Bauernhof inklusive Fütterung von Schafen und Alpakas. Lebensmittel aus eigenem Anbau. Frühstück ist gratis.

TIMARU: The Grosvenor $
Günstig **SK** C6
26 Cains Terrace, 7910
(03) 688 3129
thegrosvenor.co.nz
Renoviertes historisches Hotel. Stilvolle Zimmer (einige Themenzimmer). Großartige Bar.

WAIAU: The Gates Country Lodge $$$
Boutique **SK** D5
61 Gates Rd, North Canterbury, 7395
(03) 315 6162
thegateslodge.co.nz
Lodge mit historischem Charakter in idyllischer Farmlandschaft. Pool und Tennisplatz.

Otago und Southland

ARROWTOWN: Viking Lodge $
Günstig **SK** B6
21 Inverness Crescent, 9302
(03) 442 1765
vikinglodge.co.nz
Geräumige Chalets mit Küche und Pool. Familienfreundlich. Barbecue im Garten.

DUNEDIN: Scenic Hotel $
Kette **SK** B7
123 Princes St, 9016
(03) 470 1470
scenichotels.co.nz
Zentrumsnahes Hotel mit hellen, lichtdurchfluteten Zimmern, modernem Design und Werken einheimischer Künstler.

DUNEDIN: Brothers Boutique Hotel $$
Boutique **SK** B7
295 Rattray St, 9016
(03) 477 0043
brothershotel.co.nz
Charmantes, denkmalgeschütztes Haus. Ausblicke auf den Hafen. WLAN ist kostenlos.

Vornehmes Zimmer im Scenic Hotel, Dunedin

DUNEDIN: Scenic Hotel Southern Cross Dunedin City $$
Kette **SK** B7
118 High St, 9054
(03) 477 0752
scenichotels.co.nz
Dunedins größtes Hotel. Elegante Zimmer und superber Service.

Vis-à-Vis-Tipp

DUNEDIN: Camp Estate, Larnach Castle $$$
Luxus **SK** B7
100 Camp Rd, Larnach Castle, 9077
(03) 476 1616
larnachcastle.co.nz
Wunderschönes Landhaus neben Neuseelands einziger Burg. Fünf geräumige Zimmer, im neoklassischen Stil. Jedes mit Kamin und Ausblick auf die herrliche Umgebung.

DUNEDIN: Glendinning House Bed and Breakfast $$$
SK B7
222 Highgate, Roslyn, 9010
(03) 477 8262
glendinninghouse.co.nz
Denkmalgeschütztes Haus, nur wenige Minuten vom Stadtzentrum entfernt. Moderne Ausstattung und guter Service sind Markenzeichen des Hauses.

FIORDLAND: Possum Lodge $
Günstig **SK** A6
13 Murrell Ave, Manapouri, 9679
(03) 249 6623
possumlodge.co.nz
Motelzimmer, Blockhütten und Zeltplätze in schöner Natur am Ufer des Lake Manapouri.

HAAST: Heartland World Heritage Hotel $
Günstig **SK** B6
7844 State Hwy 6, 7886
(03) 3775767
heartlandhotels.co.nz
Ruhiges Hotel, versteckt in einem Naturpark. Ein idealer Standort, um die Umgebung mit Wäldern und Gletschern zu erkunden.

MILFORD SOUND: Milford Sound Lodge $
Günstig **SK** A6
State Hwy 94
(03) 249 8071
milfordlodge.com
Einfache, aber komfortable Zimmer. Blockhütten und Zeltplätze.

QUEENSTOWN: Nomads Queenstown $
Günstig **SK** A6
5/11 Church St, 9300
(03) 441 3922
nomadsworld.com
Herberge mit Schlafsälen. Dazu einige Einzelzimmer mit Bad. Zur Ausstattung gehören ein Billardtisch, eine Sauna und ein Kino.

QUEENSTOWN: YHA Queenstown Central $
Günstig **SK** A6
48 Shotover St, 9300
(03) 442 7400
yha.co.nz
Für Rucksacktouristen. Mehrbett- und Einzelzimmer mit Bad. In der Nähe vieler Restaurants und Bars.

QUEENSTOWN: The Ferry Bed and Breakfast $$
SK A6
92 Spence Rd, 9371
(03) 442 2194
ferry.co.nz
Hotel in einer Gartenanlage mit Blick über den Shotover River. Herrliche Lage. Hausmannskost und guter Service. Beliebt bei Anglern und Skisportlern.

QUEENSTOWN: Azur Luxury Lodge $$$
Luxus **SK** A6
23 Mackinnon Terrace, Sunshine Bay, 9300
(03) 409 0588
azur.co.nz
Neun traumhafte Villen sorgen für Frieden und Entspannung.

QUEENSTOWN: Forty Two $$$
Luxus **SK** A6
42 Man St, 9300
(03) 450 0855
touchofspice.co.nz
Tadelloses Drei-Zimmer-Apartment zwischen See und Bergen gelegen. Barbecue und Pool.

QUEENSTOWN: Oaks Shores $$$
Apartment **SK** A6
327–343 Frankton Rd, 9300
(03) 450 0005
oakshotelsresorts.com
Geräumige, stilvoll-modern eingerichtete Apartments mit Küche.

QUEENSTOWN: Queenstown Country Lodge $$$
Luxus **SK** A6
497 Frankton–Ladies Mile Hwy, 9371
(03) 441 8548
queenstowncountrylodge.co.nz
Lodge, abgeschieden gelegen inmitten von Gärten und Farmland.

QUEENSTOWN: Scenic Suites $$$
Apartment **SK** A6
27 Stanley St, 9348
(03) 442 4718
scenichotels.co.nz
Ein Haus mit luxuriösen Suiten und spektakulären Ausblicken.

Restaurants

Neuseelands Gastronomie erlebte in den letzten rund 30 Jahren eine wahre Revolution. Im Restaurant speiste man früher nur zu besonderen Anlässen, und dann gab es meist traditionelle britische Gerichte wie Lammbraten mit Gemüse. Heute findet man in Neuseeland eine breite Palette unterschiedlichster Restaurants für jeden Geschmack und jeden Geldbeutel. Auch wenn traditionelle Speisen noch zu bekommen sind, hat die multikulturelle Bevölkerung dafür gesorgt, dass besonders in den größeren Städten Kulinarisches aus der ganzen Welt angeboten wird. Asiatische und pazifische Einflüsse sind hierbei besonders prägend, aber in allen Kochstilen werden heimische Produkte verarbeitet, besonders frischer Fisch, Austern, Muscheln, Langusten, Rindfleisch, Lamm und Wild sowie Gemüse und Obst. Dazu kann man hervorragenden neuseeländischen Wein *(siehe S. 312f)* genießen. Beliebt bei vielen Besuchern des Landes ist darüber hinaus das Māori-Gericht *hangi*, das auf heißen Steinen unter der Erde gegart wird.

Bar im Herzog Winery and Restaurant in Blenheim ***(siehe S. 321)***

Restauranttypen

In den größeren Städten Neuseelands gibt es eine vielfältige Restaurant-Szene – von sehr formellen Häusern mit Haute Cuisine bis zu einer Vielzahl von Cafés, die preiswerte gute Gerichte anbieten. Unter den Restaurants mit Ethnoküche herrschen Chinesen, Malaysier und Kambodschaner vor, es gibt aber auch türkische und griechische Lokale. Den Winzerbetrieben sind oft Lokale angegliedert, in denen man entweder rustikal im Freien essen oder auch etwas formeller in malerischer Umgebung dinieren kann. Auch in Pubs bekommt man oft etwas zu essen, hier ist das Angebot einfacher und preisgünstiger. Typisch sind Steak oder gebackener Fisch mit Pommes frites.

Eine Mahlzeit in einem Café oder Ethnorestaurant kostet weniger als 15 NZ$ pro Person, in edleren Restaurants zahlt man zwischen 25 und 100 NZ$ pro Person für ein dreigängiges Menü. Fast-Food-Ketten wie McDonald's und Burger King haben Filialen in Neuseeland, die beliebten »Fish and Chip Shops« bieten oft einheimische Spezialitäten an.

Speisezeiten und Reservierung

Die meisten Restaurants servieren von 12 bis 14 Uhr Mittagessen und von 18 bis 22 Uhr Abendessen, in einigen kann man auch frühstücken. An den Wochenenden sind die Lokale manchmal schon zum Brunch geöffnet. Cafés bieten in den meisten Fällen Frühstück an. Einige schließen später als Restaurants, die meisten haben jedoch nur bis 16 Uhr geöffnet. Late-Night- und 24-Stunden-Cafés werden immer beliebter.

In guten Restaurants ist es immer empfehlenswert, einen Tisch zu reservieren, Cafés und Bars handhaben Buchungen unterschiedlich. Um Enttäuschungen zu vermeiden, sollten Sie vorher anrufen.

Bezahlung und Trinkgeld

Die Mehrheit der Restaurants und Cafés akzeptiert Kreditkarten. Steuer und Service sind im Preis inbegriffen. In der auf soziale Ausgewogenheit ausgerichteten Gesellschaft Neuseelands ist Trinkgeld nicht üblich, nur besonders gute Leistungen werden honoriert. Trinkgeld können Sie auf dem Tisch liegen lassen oder zum Rechnungsbetrag addieren.

Restaurant der Cable Bay Vineyards ***(siehe S. 315)***

Tische vor einem Café am Mount Maunganui

Mit Kindern essen

Auch wenn Kinder fast überall willkommen sind, sollten Sie für den Fall, dass Sie mit Kleinkindern reisen, bei der Reservierung darauf hinweisen. In gut besuchten Cafés empfiehlt es sich, etwas früher als die anderen Gäste zu essen, chinesische und griechische Lokale pflegen einen extrem lockeren, liebenswerten Umgang mit den Kleinen. Fast-Food-Ketten gibt es in den meisten Städten, und mit einem Picknick kann man Kindern immer eine große Freude machen. In zahlreichen Motels gibt es gut ausgestattete Küchen, für eine Reise mit Kindern kann das eine große Erleichterung sein.

Reisende mit besonderen Bedürfnissen

Ein Gesetz schreibt vor, dass neue und restaurierte öffentliche Gebäude für Rollstühle zugänglich sein müssen, oft weist ein Schild auf behindertengerechte Einrichtungen hin. Viele Lokale erfüllen dies, aber besonders bezüglich der behindertengerechten Toiletten sollte man sich bei der Reservierung erkundigen.

Vegetarische Gerichte

Im Fremdenverkehrsamt gibt es oft Listen mit vegetarischen Restaurants, die in den Städten und Ferienorten immer häufiger eröffnet werden. Im Allgemeinen ist es aber kein Problem, auf der Karte vegetarische Gerichte zu finden, ansonsten wird man in den meisten Lokalen gern ein Gericht an Ihre Wünsche anpassen, besonders dort, wo man frische Produkte verwendet. In den allermeisten asiatischen Restaurants steht Vegetarisches auf der Karte.

BYO-Restaurants

BYO ist die Abkürzung für »bring your own« und bedeutet, dass man alkoholische Getränke mitbringen und zum Essen konsumieren darf. Statt einer »full liquor licence« besitzen viele Restaurants eine billigere »BYO licence«. Für den Gast bedeutet das günstigere Preise, auch wenn für die Gläser eine kleine Gebühr (»corkage fee«) erhoben wird. In Restaurants ist Wein üblich, in weniger edlen Lokalen ist auch Bier akzeptabel. Auch einige Restaurants mit Alkohollizenz gestatten den Gästen das Mitbringen von Wein.

Getränke

Die sogenannten »Licensed Restaurants« und Bars servieren alle Arten von alkoholischen Getränken, darunter auch Wein, Bier und Spirituosen. Auch die meisten Cafés des Landes dürfen Alkohol ausschenken, haben allerdings ein kleineres Angebot. Neuseeländische Weine und Biere sind im ganzen Land weitverbreitet, in Weinanbaugebieten stehen häufig Weine aus der Region zur Auswahl. In den sogenannten BYO-Restaurants haben die Gäste die Möglichkeit, Alkohol selbst mitzubringen.

Mineralwasser mit und ohne Kohlensäure sowie frisch gepresste Fruchtsäfte sind überaus beliebt und werden in jedem Lokal angeboten, aber auch das Leitungswasser kann man beinahe überall unbesorgt trinken.

Kleidung

Die Kleiderordnung in Neuseeland ist – verglichen mit vielen anderen Ländern – überaus locker. Es bleibt Ihnen überlassen, ob Sie sich beim Essen mit Jackett und Krawatte oder im eleganten Kleid wohlfühlen. Allerdings sollten Sie in den edleren Restaurants nicht allzu freizeitmäßig gekleidet erscheinen, in Cafés dagegen ist legere Straßenkleidung durchaus üblich.

Rauchen

Ende 2004 trat in Neuseeland ein Gesetz in Kraft, das Rauchen in öffentlichen Räumen, darunter auch in Restaurants, Cafés und Bars, verbietet. Geraucht werden darf nur noch im Freien. Und viele Lokale verfügen auch über einen Außenbereich (Terrasse, Biergarten) oder zumindest eine bequeme Ecke, in die sich Raucher zurückziehen können. In der Regel werden Sie beim Eintreten gefragt, wo Sie sitzen möchten. Bei der Reservierung sollten Sie Ihren diesbezüglichen Wunsch angeben.

Restaurantkategorien

Die auf den Seiten 314 bis 325 ausgewählten Restaurants geben einen guten Überblick über die besten Lokale im ganzen Land: von Gourmetrestaurants bis zu einfachen, preisgünstigen Lokalen.

Viele Lokale in Neuseeland befinden sich in wunderschöner Landschaft und bieten Ausblicke auf Meer, Seen oder Berge. Vor allem in Auckland und Wellington existieren zahlreiche gute asiatische Restaurants.

Unter **Vis-à-Vis-Tipp** finden Sie herausragende Restaurants – sei es aufgrund ihrer fantastischen Küche, der Getränkeauswahl, des tadellosen Service, der gemütlichen Atmosphäre oder der einmaligen Lage.

Neuseelands Küche

Die Küche Neuseelands lässt sich am besten mit den Worten Frische und Vielfalt beschreiben. Die verhältnismäßig jugendliche Nation scheut sich nicht vor Experimenten mit Speisen und Aromen. Dem sauberen Meer und dem fruchtbaren Land hat Neuseeland qualitativ hochwertige Lebensmittel zu verdanken. Die Hersteller – viele arbeiten nach streng biologischen Prinzipien – halten diesen ökologischen Standard hoch. Den größten Einfluss auf Neuseelands Küche hat der Pazifikraum, doch auch Europa, Asien, Polynesien und natürlich die Māori hinterlassen deutliche Spuren. Neuseeländische Köche haben in der ganzen Welt einen exzellenten Ruf.

Avocado-Öl

Eine Herde neuseeländischer Weideschafe

Fleisch

Auf Neuseelands Weiden tummeln sich über 30 Millionen Schafe. Ihr Fleisch wird weltweit geschätzt und in Neuseeland aus gutem Grund häufig serviert, z. B. traditionell als Lammkarree oder marokkanisch als Lamm-*tagine*. Wer Lamm nur vom Grillabend als Lammkotelett kennt, wird hier neue Zubereitungsarten entdecken. Neben Lamm werden natürlich auch Rind, Wild oder Geflügel angeboten. Eine besondere Spezialität ist Cervena, das feine, magere Fleisch von in Neuseeland gezüchteten Rehen.

Fisch und Seafood

In Neuseeland gibt es Fisch und *kai moana* (Seafood) im Überfluss, z. B. Kabeljau von den Chatham Islands, Austern aus Bluff in Southland und Grünlippmuscheln aus den Marlborough Sounds bei Havelock. Snapper und *hapuku* (der Māori-Name für Zackenbarsch) sind die gängigsten Salzwasserfische. Lachs kommt überwiegend von den Lachsfarmen auf der Südinsel (Wildlachs darf nicht verkauft wer-

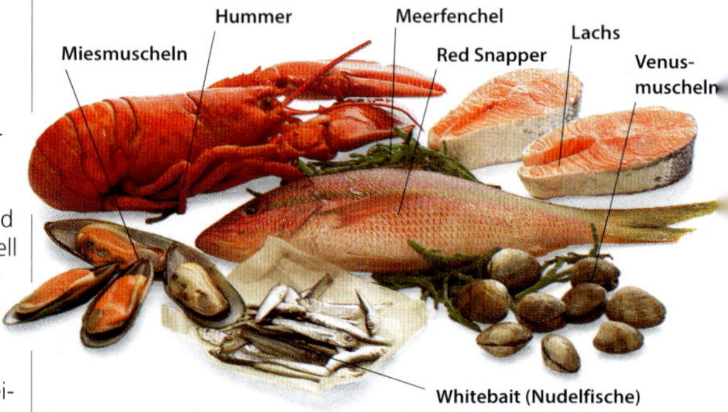

Seafood-Auswahl aus neuseeländischen Gewässern

Typische Gerichte

Die neuseeländische Küche ist mannigfaltig. Edle Abenddiners tragen deutlich französische Züge mit einer modernen Note. Großartige Bistros servieren Klassiker wie *bœuf bourguignon* und *tarte au citron*. Cafés zeichnen sich durch eine entspannte, mediterrane Atmosphäre aus. In den meisten Pubs spiegelt sich die konservative angelsächsische Vergangenheit wider. Hier stehen Braten und Ofengemüse auf der Karte. Neuseeland gehört zum asiatisch-pazifischen Raum, deshalb gibt es auch viele asiatische Einflüsse. Fish and Chips zählt in Neuseeland zu den beliebtesten Delikatessen. Probieren Sie auch Whitebait Fritters (frittierte Nudelfische). Deren Hauptsaison an der Westküste ist von August bis September. Außerdem zu empfehlen sind die Restaurants der Weingüter und Gerichte aus dem Māori-Erdofen *hangi*.

Manuka-Honig

Kumara Soup Die Suppe aus süßen Kartoffeln ist besonders schmackhaft, wenn sie mit Ziegenkäse garniert wird.

Korb mit Kumaras auf einem Bauernmarkt

den). Weitere beliebte Fische sind Terakihi, Kaiserbarsch und Whitebait. Die typische neuseeländische Muschel heißt *tuangi*, daneben gibt es *tuatua* und *pipi* genannte. Zudem werden gern Austern, Miesmuscheln und Krebse verzehrt.

Fish and Chips schmeckt am besten im Freien am Meer

Obst und Gemüse

Die landwirtschaftlichen Produkte sind dank der perfekten Bedingungen nicht nur in großer Vielfalt, sondern außerdem von hoher Qualität vorhanden. Hier werden alle gängigen Gemüsesorten und regionalen Spezialitäten angebaut. Die süße Kartoffel Kumara ist eine beliebte Zutat der traditionellen Māori-Küche, ob gebacken, gekocht, gebraten, frittiert oder in Milch gegart. Taros und Süßkartoffeln sind ebenfalls Bestandteil vieler Gerichte. In Neuseeland wachsen Tamarillos (Baumtomaten), Kiwis und Feijoa (Guave). Während der Erntezeit verkaufen Bauern an Ständen Obst und Gemüse zu sehr günstigen Preisen. Dem Honig von der Manuka-Pflanze – seines erdigen Aromas wegen überall geschätzt – wird sogar eine heilende Wirkung nachgesagt. Begehrt ist auch das schmackhafte Avocado-Öl der Nordinsel.

Milchprodukte

Auch die neuseeländische Milchwirtschaft profitiert von den guten Bedingungen im Land. In ganz Neuseeland produzieren kleine Betriebe köstlichen Käse, Joghurt und wundervolle Eissorten. Hokey-Pokey-Eis ist eine Spezialität Neuseelands – köstliches Vanilleeis mit vielen Karamellstückchen.

Māori-Küche *(Kai)*

Der Nahrungsreichtum in Neuseeland ist einer Māori-Legende nach ein Geschenk der Götter. Von Tane, dem Gott des Waldes, kam das Geflügel, von Tangaroa die Meeresfrüchte, von Haumia die essbaren Wildpflanzen und von Rongo das Gemüse.

Das traditionelle Festmahl ist das *hangi* (benannt nach dem Erdofen der Māori). Während die Männer im Feuer Steine erhitzen und ein Erdloch ausheben, bereiten die Frauen Fleisch und Gemüse vor. Die in ein Tuch gewickelten Zutaten kommen mit den heißen Steinen in das Erdloch. Dort garen sie schonend bis zu vier Stunden. Das Fleisch wird zart und saftig, das Gemüse erhält eine schmackhafte rauchige Note.

Gebratener Hapuku Geröstete Schalotten, Pancetta und Rucola geben dem beliebten Fisch die mediterrane Note.

Lamm vom Grill Sehr lecker mit einfachen Gewürzen und Beilagen wie Red-Pepper-Sauce und Polenta.

Pavlova Australier und Neuseeländer streiten, wer das Dessert aus Baiser, Sahne und Obst erfunden hat.

Getränke

Bis in die 1960er Jahre wurde in Neuseeland vor allem Bier getrunken, Weingenuss war kaum verbreitet. Der kometenhafte Aufstieg des Weinbaus hat seither diesbezüglich viel verändert. Neuseelands mildes Klima ist ideal für die Reife der Trauben, und so haben die geschmackvollen Premium-Weine international schon viele Preise gewonnen. Es gibt fast 700 Weingüter, die meisten liegen in der Nähe der Küste *(siehe S. 40f)*. Wer sich über die verschiedenen Rebsorten etwas genauer informieren will, bekommt auf den Weingütern, aber auch in den Buchhandlungen ausgezeichnete Weinführer. Auch unter der Internet-Adresse www.nzwine.com findet man viel Wissenswertes.

Weinprobe in der C. J. Pask Winery, Hastings ***(siehe S. 154f)***

Weißwein

Sauvignon Blanc ist Neuseelands berühmteste Weißweinsorte, viele Weinkenner halten den hiesigen für den weltbesten. Allgemein sind alle neuseeländischen Weine für ihr fruchtiges Aroma bekannt.

Huia Sauvignon Blanc

Palliser Sauvignon Blanc

Beim Chardonnay hat man ebenfalls eine große Auswahl: Billigere Chardonnays werden in Edelstahltanks produziert, jung abgefüllt und auch jung getrunken. Edlere Sorten gären und reifen in Eichenfässern und gewinnen durch lange Lagerung.

Riesling-Weine werden immer beliebter, dem neuseeländischen Riesling wird oft bescheinigt, dass er dem leichten deutschen Riesling ähnlich ist. Auch Pinot Gris ist verstärkt im Kommen.

Weißer Süßwein

Auch neuseeländische Süßweine finden zunehmend internationale Beachtung und erhalten regelmäßig Auszeichnungen. Die wohl interessantesten Süßweine werden aus Botrytis-Trauben gewonnen, die Region Marlborough gilt für diese Sorten als führend *(siehe S. 210f)*. Allerdings erweist sich das Klima für Süßweintrauben nicht jedes Jahr als ideal. So schwankt die Qualität, die Preise für gute Dessertweine liegen etwas höher als die für andere Weine.

Weinkeller bei Gibbston Valley Wines ***(siehe S. 282)***

Weinsorte	Region	Empfohlene Weingüter
Chardonnay	Alle Weinbauregionen	Church Road, Clearview, Cloudy Bay, Corbans, Hunters, Morton Estate Wines, Vavasour
Chenin Blanc	Gisborne, Hawke's Bay	Collard Brothers, The Millton Vineyard
Gewürztraminer	Central Otago, Gisborne, Hawke's Bay, Marlborough	Brookfields, Chifney Wines, Dry River, Eskdale, Gatehouse, Lawson's Dry Hills, Stonecroft
Müller-Thurgau	Gisborne, Hawke's Bay, Marlborough	Corbans Gisborne Winery, Pleasant Valley Wines, Vidal of Hawke's Bay, Villa Maria
Pinot Gris	Canterbury, Marlborough	Brookfields, Dry River, Margrain, Martinborough Vineyard
Riesling	Canterbury, Central Otago, Hawke's Bay, Marlborough, Nelson, Wairarapa	Allan Scott Wines and Estates, Collards, Cooper's Creek, Corbans, Framingham Wine Company, Grove Mill, Martinborough Vineyard, Neudorf, Stoneleigh
Sauvignon Blanc	Canterbury, Gisborne, Hawke's Bay, Marlborough	Cloudy Bay, Grove Mill, Hunters, Jackson Estate, Nautilus, Palliser, Selaks, Villa Maria
Sémillon	Gisborne, Hawke's Bay, Marlborough	Collards, Huntaway, Kim Crawford, Pleasant Valley, Vidal of Hawke's Bay
Süßweine	Central Otago, Gisborne, Hawke's Bay, Marlborough	Church Road, Cooper's Creek, Cottage Block, Dry River, Framingham Wine Company, Villa Maria

Sekt und Champagner

Neuseelands Schaumweine haben Weltruf und sind mit einer Reihe internationaler Auszeichnungen bedacht worden. Der Deutz Marlborough Cuvée wurde 1998 zum »Schaumwein des Jahres« gewählt. Sektsorten der unteren Preisklasse, »bubblies« genannt, sind einfach nur mit Kohlensäure versetzt und ziemlich süß. Qualität verspricht das Etikett *méthode traditionnelle*. Bei diesem Herstellungsverfahren gärt der Wein – wie der französische Champagner – in Flaschen. Die Region Marlborough ist für ihre »Champagner«-Sorten nach der *méthode traditionnelle* berühmt, aber auch andere Weinanbaugebiete ziehen in letzter Zeit nach und bekommen so langsam einen Ruf für ihre Qualitätsprodukte.

Huia Marlborough Brut

Weinanbau in Neuseeland	
Auckland	Cabernet Sauvignon, Chardonnay, Merlot, Pinot Noir
Northland	Cabernet Sauvignon, Chardonnay, Merlot
Waikato und Bay of Plenty	Cabernet Sauvignon, Chardonnay, Chenin Blanc, Sauvignon Blanc
Gisborne	Chardonnay, Müller-Thurgau, Muscat, Sémillon
Hawke's Bay	Cabernet, Chardonnay, Chenin Blanc, Merlot, Sauvignon Blanc, Sémillon, Shiraz
Wairarapa	Chardonnay, Pinot Noir, Riesling, Sauvignon Blanc
Nelson	Chardonnay, Pinot Noir, Riesling, Sauvignon Blanc
Marlborough	Chardonnay, Pinot Noir, Riesling, Sauvignon Blanc
Canterbury	Chardonnay, Pinot Gris, Pinot Noir, Riesling
Otago	Chardonnay, Pinot Noir, Riesling, Sauvignon Blanc

Rotwein

Auch wenn in Neuseeland hauptsächlich Weißweine angebaut werden, gewinnen die Rotweine nach und nach an Bedeutung. Pinot Noir ist die am meisten verbreitete Rebsorte, aber auch Cabernet Sauvignon, Merlot und Cabernet Franc gedeihen auf den Böden und im Klima Neuseelands prächtig. Noch mischen die Winzer oft die Reben verschiedener Regionen, aber man ist dabei, den Weinausbau zu verfeinern und immer bessere sortenreine Jahrgangsweine zu produzieren.

Alana Estate Pinot Noir

Clearview Estate, Hawke's Bay ***(siehe S. 154f)***

Weinsorte	Region	Empfohlene Weingüter
Cabernet Sauvignon	Auckland, Hawke's Bay, Northland, Waikato	Benfield, Brookfields, Church Road, Delamere Esk Valley, Goldwater, Morton Estate, Villa Maria
Merlot	Auckland, Gisborne, Hawke's Bay, Marlborough	Arahura, Babich, Church Road, C. J. Pask, Clearview Estate, Corbans, Delegates, Esk Valley, Villa Maria
Pinotage	Auckland, Gisborne, Hawke's Bay, Marlborough	Cottle Hill Winery, Kerr Farm Vineyard, Landmark Estate Wines, Ohinemuri Estate Wine, Pleasant Valley
Pinot Noir	Canterbury, Central Otago, Hawke's Bay, Marlborough, Nelson, Wairarapa	Ata Rangi, Black Ridge, Cloudy Bay, Cooper's Creek, Dry River, Martinborough Vineyard, Palliser, Rippon Vineyard

Bier

Bier ist bei den Neuseeländern ein beliebtes Getränk, und Biere wie Steinlager und Kiwi Lager haben auch internationale Beachtung gefunden. Es gibt rund 70 Brauereien im Land, die vom leichten Lager bis zu dunklen Malzbieren eine breite Auswahl produzieren. In Bars und Hotels bekommt man das Bier fast immer vom Fass. In Supermärkten, Bars und Restaurants sind auch alkoholfreie Biere und Importbiere erhältlich.

Steinlager

Andere Getränke

Neuseelands Klimazonen reichen von subtropisch bis alpin. Hier wird viel Obst angebaut, das zu ausgezeichneten Fruchtsäften verarbeitet wird. Aus den Äpfeln wird außer Saft auch Cidre produziert. Natürlich gibt es auch alle bekannten Softdrinks und viele Mineralwassersorten. Eine lokale Spezialität ist »Lemon and Paeroa«, ein Mineralwasser mit Zitronengeschmack aus Paeroa. Kaffee und Tee sind gleichermaßen beliebt.

Kiwis

Restaurantauswahl

Auckland

Art Gallery Café $
Café **SK** E2
Kitchener St, CBD, 1010
(09) 369 1149
Ein Café, dessen Gerichte nach Themen aus der Kunst benannt sind. Für Kinder gibt es ein Angebot für werdende Künstler. Gute vegetarische Alternativen.

Barilla Dumpling $
Chinesisch **SK** E2
571 Dominion Rd, Balmoral, 1446
(09) 638 8032
Hier gibt es alle Sorten von Knödeln und Klößen. Gekocht, gedünstet oder gebraten. Reich an Geschmack und preiswert.

Bikanervala $
Indisch **SK** E2
2 White Swan Rd, Mt Roskill, 1041
(09) 627 6400
Schwelgen Sie in der großen Auswahl an köstlichen, würzigen vegetarischen Gerichten. Dazu gehört eine exquisites Angebot an *dosas* (Reisteig und Pfannkuchen mit schwarzen Linsen).

Bird On A Wire $
Rotisserie **SK** E2
234 Ponsonby Rd, Ponsonby, 1011
(09) 378 6369
Saftige Grillhähnchen aus Freilandhaltung in diversen Variationen wie etwa paniert oder als Burgergericht.

Eden Noodles $
Chinesisch **SK** E2
105 Dominion Rd, Mt Eden, 1024
(09) 630 1899 ● So
Kleines, geschäftiges Restaurant mit treuer Stammkundschaft, die hier Sichuansuppe und Nudeln genießt.

Happy Japanese $
Japanisch **SK** E2
4038 Great North Rd, Kelston, 0602
(09) 813 1078
Dieses große Restaurant bietet eine Vielzahl an Gerichten à la carte oder als Menüs. Dazu gehören Sushi, aber auch Burger nach japanischem Geschmack.

Jai Jalaram Khaman $
Indisch **SK** E2
570 Sandringham Rd, Sandringham, 1025
(09) 845 5555 ● Mo
Nehmen Sie Platz und genießen Sie Gerichte nach Art der Küche Südindiens. Probieren Sie das herrliche *pau bhaji* (Brot mit dicker, scharfer Currysauce).

Jolin Shanghai $
Chinesisch **SK** E2
248 Dominion Rd, Mt Eden, 1024
(09) 631 5575
Hier gibt es preiswerte chinesische Küche. Die marinierten Schweinerippchen und die Klöße sind fantastisch.

Kati Grill $
Ostindisch **SK** E2
146 Karangahape Rd, CBD,1010
(09) 302 5284
Probieren Sie die köstlichen Kati Rolls, indisches Paratha-Brot, das mit Hühnchenfleisch, Lamm oder würzigen Gemüsen belegt und dann zusammengerollt wird.

Kokako $
Café **SK** E2
537 Great North Rd, Grey Lynn, 1021
(09) 379 2868 ● So
Ein Café, spezialisiert auf frische und vegetarische Küche. Die Salate sind Hauptmahlzeiten, der Kaffee ist himmlisch.

Zeitgenössisches Interieur, Biokühe: Kokako, Auckland

Preiskategorien
Die Preise gelten pro Person für ein Drei-Gänge-Menü, inklusive Steuern und Service, ohne Getränke.

$	bis 50 NZ$
$$	50–150 NZ$
$$$	über 150 NZ$

Mamak Malaysian $
Malaysisch **SK** E2
Ecke Kitchener und Wellesley St, CBD, 1010
(09) 948 6479 ● Mo
Eines der besten Lokale Aucklands mit malaysischer Küche. Probieren Sie das unglaubliche *laksa*, würzige Nudeln mit Curry.

Original California Burrito Company $
Texmex **SK** E2
350 Queen St, CBD, 1010
(09) 302 3345
Ein Franchise-Unternehmen mit vielen Filialen. Herzhaftes Essen in zuverlässiger Qualität.

Sanchun Bamboo House $
Koreanisch **SK** E2
9 Commerce St, CBD, 1010
(09) 377 8377 ● So
Die Gerichte in diesem kleinen koreanischen Restaurant schmecken so gut wie hausgemacht.

Seafood Central $
Seafood **SK** E2
22 Jellicoe St, Westhaven, 1011
(09) 303 0262
Für Liebhaber bester Fischküche. Das Restaurant liegt direkt am Hafen, und der Fisch kommt fangfrisch von den Booten.

Takapuna Beach Café $
Café **SK** E2
22 The Promenade, Takapuna, 0622
(09) 484 0002
Das exzellente Strandcafé bietet eine zwanglose Atmosphäre und selbst gemachtes Eis.

Basque Kitchen and Bar $$
Spanisch **SK** E2
61 Davis Crescent (Eingang in Short St), Newmarket, 1023
(09) 523 1057 ● So
Gäste genießen hier exzellente spanische Tapas und Weine.

Café Hanoi $$
Vietnamesisch **SK** E2
Ecke Galway und Commerce St, Britomart, 1010
(09) 302 3478
Authentische vietnamesische Küche. Fleisch aus Freilandhaltung garantiert gastronomische Qualität.

Restaurantkategorien *siehe Seite 309*

Casita Miro $$
Mediterran **SK** E2
3 Brown Rd, Onetangi, Waiheke Island, 1081
(09) 372 7854
Spezialisiert auf spanische und mediterrane Küche. Auf der Karte dominieren Tapas und Platten für mehrere Personen.

Coco's Cantina $$
Italienisch **SK** E2
376 Karangahape Rd, Newton, 1010
(09) 300 7582 ● So, Mo
Coco's ist ein Bistro im italienischen Stil, zwanglos und ideal zum Entspannen. Probieren Sie die saftigen Steaks.

Vis-à-Vis-Tipp

Depot Eatery and Oyster Bar $$
Seafood **SK** E2
86 Federal St, CBD, 1010
(09) 363 7048
Erlesenes Essen in informeller Atmosphäre, in einem preisgekrönten Restaurant. Einfache Gerichte mit den Zutaten der Saison. Gekocht wird auf Holzkohle oder im Holzofen. Wählen Sie die kleinen Probierangebote. Guter Service.

The Engine Room $$
Bistro **SK** E2
115 Queen St, Northcote Point, 0627
(09) 480 9502 ● So, Mo
Vornehmes Restaurant, das schon mehrfach für seine klassischen Bistrogerichte prämiert wurde.

Moochowchow $$
Thailändisch **SK** E2
23 Ponsonby Rd, Ponsonby, 1010
(09) 360 6262 ● So
Das Thai-Restaurant bietet köstliche Gaumenfreuden. Der geräucherte Lachs mit Jasminaroma ist eine spezielle Empfehlung wert.

Antoine's $$$
Gehoben **SK** E2
333 Parnell Rd, Parnell, 1052
(09) 379 8756 ● So
Seit 1973 wird im Antoine's französisch-europäische Küche serviert. Probieren Sie die zeitlosen Favoriten wie etwa gebratene Ente in Grand-Marnier-Sauce.

Botswana Butchery $$$
Gehoben **SK** E2
99 Quay St, CBD, 1010
(09) 307 6966
Lammschulter oder das klassische Rib-Eye-Steak gehören hier zu den Spezialitäten. Herrliche Lage im Ferry Building am Hafen.

Das schöne Gelände des Restaurants Cable Bay, Auckland

Cable Bay $$$
Weingut **SK** E2
12 Nick Johnstone Drive, Oneroa, Waiheke Island, 1971
(09) 372 5889
Genießen Sie herrliche Ausblicke auf den Hauraki-Golf. Die Karte des Restaurants wird bestimmt von frischen Zutaten aus der Region. Die Weinbar bietet kleine Appetithappen.

Cibo $$$
Gehoben **SK** E2
91 St Georges Bay Rd, Parnell, 1149
(09) 303 9660 ● So
Das Cibo ist ein preisgekröntes Restaurant in einer alten Schokoladenfabrik. Geboten werden saisonal wechselnde Gerichte. Im Sommer wird auch im Innenhof serviert.

Clooney $$$
Gehoben **SK** E2
33 Sale St, Freemans Bay, 1010
(09) 358 1702 ● Mo
Das Clooney hat bereits mehrere Preise gewonnen. Darunter den begehrten Metro-Preis als bestes Restaurant 2012. Den Gast erwarten klassische Gerichte mit einem zeitgenössischen Dreh.

Cocoro $$$
Japanisch **SK** E2
56A Brown St, Ponsonby, 1021
(09) 360 0927 ● So, Mo
Besondere japanische Küche. Die exquisiten Gerichte haben mit herkömmlichen Fast-Food-Sushis nichts gemein. Sehr beliebt ist das Tintenfisch-Sashimi.

Euro $$$
Modern **SK** E2
Shed 22, Princes Wharf, Viaduct
(09) 309 9866
Küchenchef Simon Gault bietet eine außergewöhnliche Karte mit großer Vielfalt. Probieren Sie die Pizzas oder die Bluff-Austern.

Sugar Club $$$
Fusion **SK** E2
90 Federal St, CBD, 1010
(09) 363 6000
In dieser vierten Version des berühmten Sugar Club verbindet Küchenchef Peter Gordon gekonnt asiatische und europäische Küche – 57 Stockwerke über Auckland im Sky Tower.

Northland

DARGAVILLE: Funky Fish Café $
Café **SK** E1
34 Sea View Rd, Baylys Beach, 0377
(09) 439 8883 ● Mo
Restaurant, Café und Bar in einem. Hier gibt es klassische neuseeländische Fish and Chips, Live-Musik und viel Natur.

KAIPARA: Dragon's Rest Café $
Café **SK** E1
11 Oruawharo Rd, Topuni, 0975
(09) 431 2893
Ein Café auf dem Land, eingerichtet in einer ehemaligen Bahnstation. Angeboten wird Hausmannskost diverser Kochstile. Am Wochenende Live-Musik.

KAITAIA: Bushman's Hut $$
Steakhouse **SK** D1
5 Bank St, 0410
(09) 408 4320 ● So
Entspanntes Abendessen in rustikaler Atmosphäre. Das Steak ist legendär, und die Portionen sind großzügig.

KERIKERI: Ake Ake Vineyard and Restaurant $
Weingut **SK** E1
165 Waimate North Rd, 0293
(09) 407 8230
Ein Restaurant im Bistrostil. Verwendet werden frische Produkte aus der Region. Dazu Weine aus nachhaltigem Anbau.

Speisen im subtropischen Garten: Food At Wharepuke

Vis-à-Vis-Tipp

KERIKERI: Food At Wharepuke $
Fusion **SK** E1
190 Kerikeri Rd, 0230
(09) 407 8936 Mo
Das Food At Wharepuke gewinnt alljährlich Preise und neues Lob von Kritikern. Serviert werden typische Gerichte der europäischen Küche, angereichert mit Inspirationen aus der Kochkunst Thailands. Für diese Mischung werden auch Zutaten aus dem eigenen Biogarten verwendet.

KERIKERI: The Black Olive $$
Mediterran **SK** E1
380 Kerikeri Rd, 0230
(09) 407 9693 Mo
Mediterran orientierte Küche, inklusive Pizzas, Seafood und Salaten. Es gibt auch eine Auswahl an Kindergerichten.

KERIKERI: Marsden Estate $$
Café **SK** E1
56 Wiroa Rd, 0293
(09) 407 9398
Hier genießen Gäste exquisite Mahlzeiten aus frischen Zutaten und dazu sehr gute Weine. Die Terrasse bietet Ausblicke auf Weinberg und See.

KOHUKOHU: Koke Pub and Café $
Café **SK** D1
1372 Kohukohu Rd, 0491
(09) 405 5808
Herzhafte Mahlzeiten wie etwa sahnige Pilzgerichte oder Fish and Chips werden in diesem Café und Pub serviert. Der Kaffee ist geradezu superb und die Preise in diesem abgelegenen Dorf absolut erschwinglich.

MANGAWAHI: Blue Café and Bistro $
Café **SK** E1
198 Molesworth Drive, 0505
(09) 431 4111
Großartiges Café mit zuverlässig gleichbleibender Qualität. Donnerstag bis Samstag auch abends geöffnet. Vielfältige Karte. Probieren Sie die Eier Benedikt.

MANGAWHAI: Sail Rock Café $$
Café **SK** E1
12A Wood St, Mangawhai Heads, 0505
(09) 431 4051
Mi abends im Winter
Das Sail Rock Café ist zu Recht eine Institution in Mangawhai. Das Markenzeichen ist der Tintenfisch in Salz und Pfeffer.

MANGAWHAI: Sandbar and Grill $$
Pub **SK** E1
7 Wood St, Mangawhai Heads, 0505
(09) 431 5587
Das Essen wird vornehmlich mit Produkten aus der Region zubereitet, die gut zu den lokalen Weinsorten passen. Ein guter Ort für ein leckeres Essen oder zum Entspannen bei einem Kaffee.

MANGAWHAI: Frog and Kiwi $$$
Französisch **SK** E1
6 Molesworth Drive, 0505
(09) 431 4439
Intimes charmantes Restaurant, das originale französische Küche anbietet. Guter Service.

MANGONUI: Waterfront Café and Bar $
Modern **SK** D1
1A Waterfront Drive, 0420
(09) 406 0850
Das Café bietet schöne Ausblicke auf das Wasser und ein exzellentes Brunch-Angebot, bei dem frische Erzeugnisse dominieren. Zu jedem Gericht gibt es die passenden Weine.

MATAKANA: Ascension Wine Estate $$$
Bistro **SK** E2
480 Matakana Rd, 0982
(09) 422 9601 Di
Die berühmten Ascension-Weinberge liefern erlesene Weine. Im Bistro gibt es wunderbar zubereitete italienische Gerichte.

MATAKANA: Plume $$$
Gehoben **SK** E2
49A Sharp Rd, 0982
(09) 422 7915 Mo
Ein Mix verschiedener Kochstile und die Verwendung lokaler Zutaten erwarten den Gast in diesem hervorragenden Restaurant.

MOEREWA: Lori's Cookery $
Café **SK** E1
63 State Hwy 1, 0211
(09) 404 1818 So
Diese Bäckerei rühmt sich ihrer 18 verschiedenen Kuchensorten. Dazu sollten Sie einen Milkshake probieren.

OMAPERE: Bryers Room Restaurant $
Modern **SK** D1
State Hwy 12, 0473
(09) 405 8737
Das Restaurant liegt in einem Hotel. Es ist spezialisiert auf Krebsgerichte. Gute Auswahl an Northland-Weinen.

OPUA: Marina Café $
Seafood **SK** E1
Opua Marina Bldg, Baffin St, 0200
(09) 402 6991
Ein Familienbetrieb, spezialisiert auf Fischgerichte. Großartiger Blick auf den Kawakawa River. Im Sommer Live-Musik.

PAIHIA: Alfresco's Restaurant and Bar $
Modern **SK** E1
6 Marsden Rd, 0200
(09) 402 6797
Genießen Sie einfallsreiche Gerichte aus frischen Zutaten und herrliche Ausblicke.

Essen unter Blätterdach im Marsden Estate, Kerikeri

PAIHIA: Jimmy Jack's Rib Shack $
Amerikanisch **SK** E1
9 Williams Rd, 0200
(09) 402 5002
Eine unprätentiöse Gaststätte. Die Spezialität sind Prime-Rib-Steaks. Große Portionen und vernünftige Preise.

RUSSELL: The Gables $$$
Gehoben **SK** E1
19 The Strand, 0202
(09) 403 7670
Das Gables serviert perfekt gekochte Stücke vom Rind oder vom Lamm aus regionaler Herkunft. Dazu gibt es ein gutes Angebot an Fischgerichten.

WHANGAREI: Killer Prawn $$
Seafood **SK** E1
26–28 Bank St, 0110
(09) 430 3333 So
Ein hervorragendes Fischrestaurant. Zu empfehlen ist die Platte für mehrere Personen mit Fisch und Meeresfrüchten.

Zentrum der Nordinsel

GISBORNE: Bookstore Café $
Café **SK** F3
62 Gladstone Rd, 4010
(06) 867 9742
Das hübsche Café ist über einem gut sortierten Buchladen untergebracht. Neben Kaffeespezialitäten genießt man Kuchen und anderes Gebäck sowie Salate.

GISBORNE: Cantina Caliente $
Mexikanisch **SK** F3
7 Oneroa Rd, 4010
(06) 868 6828 Mo
Lebhaftes mexikanisches Restaurant am Strand. Die großen Portionen sind berühmt. Gute Auswahl seltener Tequilas.

GISBORNE: Works Café $
Café **SK** F3
41 Esplanade, Kaiti, 4010
(06) 868 9699
Im Works Café werden in einem alten Gebäude typische Pub-Mahlzeiten serviert. Im Sommer auch draußen. Großes Angebot an Bier und Wein.

GISBORNE: Colosseum Banquet and Bistro $$
Mediterran **SK** F3
10 Riverpoint Rd, 4071
(06) 867 4733 Mo, Di
Das Colosseum bietet mediterrane Küche mit neuseeländischem Dreh. Alle Zutaten stammen aus dem eigenen Garten oder aus der Region.

Die gut ausgestattete Bar im The Gables, Russell

GISBORNE: Marina Restaurant $$
Französisch **SK** F3
Vogel St, Whataupoko, 4010
(06) 868 5959 So, Mo
Das Marina serviert erlesene französische Küche, gekocht von hervorragenden Köchen. Elegante Umgebung in einem ehemaligen Ballsaal.

GISBORNE: Ussco Bar and Bistro $$
Bistro **SK** F3
16 Childers Rd, 4010
(06) 868 3246
In Usscos preisgekrönter Küche dreht sich alles um saisonale Produkte aus der Region. Das Bistro liegt am Hafen im Gebäude einer ehemaligen Reederei.

GISBORNE: Bushmere Arms $$$
Gehoben **SK** F3
Main Rd, Waerenga-a-Hika, Gisborne, 4071
(06) 862 5820 Mo
In jedem Jahr seit 1999 hat das Bushmere Arms einen neuseeländischen Preis für seine exzellenten Rind- und Lammgerichte erhalten.

HAMILTON: The River Kitchen $
Café **SK** E2
237 Victoria St, 3204
(07) 839 2906
Dieses gemütliche Café wurde für seine Gerichte mit Produkten aus nachhaltigem Anbau ausgezeichnet.

HAMILTON: Vegan Buffet $
Chinesisch **SK** E2
148 Ward St, Hamilton Central, 3204
(07) 838 0805 Sa, So
Das Restaurant ist nicht nur bei Veganern und Vegetariern beliebt. Fleischesser schätzen auch die hier angebotenen chinesischen Gerichte.

HAMILTON: Gothenburg Restaurant $$
Tapas **SK** E2
21 Grantham St, 3204
(07) 834 3562 So, Mo
Das Gothenburg ist zwar spezialisiert auf Tapas, es offeriert aber auch eine kleine Auswahl an internationalen Hauptgerichten. Dazu gibt es eine umfangreiche Auswahl an belgischen Bieren und eine große Käsetheke.

HAMILTON: Jaipur Indian $$
Indisch **SK** E2
793 Victoria St, 3204
(07) 839 3400
Das Restaurant serviert indische Köstlichkeiten. Besonders zu empfehlen: Geflügel und *biryani*, ein würziges Reisgericht mit Fleisch, Fisch oder Gemüse.

HASTINGS: Taste Cornucopia Organic Café $
Café **SK** F4
219 Heretaunga St East, 4122
(06) 878 8730 Sa, So
Die Zutaten kommen aus nachhaltiger regionaler Produktion. Für Kinder gibt es besondere Angebote und einen Spielplatz.

HASTINGS: TeAwa Restaurant and Winery $$$
Weingut **SK** F4
2375 State Hwy 50, Rd 5 Hawke's Bay
(06) 879 7602 Mo, Di
In dem alteingesessenen Restaurant im Herzen des Weinlandes sollten Sie unbedingt den Schweinebauch probieren.

HAVELOCK NORTH: Deliciosa Tapas and Wine Bar $
Spanisch **SK** F4
21 Napier Rd, Hawke's Bay, 4130
(06) 877 6031 So
Hier können Gäste frei zwischen Innen- und Außenbereich umherschlendern und ihre Tapas genießen.

Terrasse des Terrôir Restaurant at Craggy Range, Havelock North

HAVELOCK NORTH: Namaskar India $
Indisch **SK** F4
10 Joll Rd, Hawke's Bay, 4130
(06) 877 7208
Indische Spitzenköche arbeiten hier mit frischesten Zutaten und selbst zubereiteten Gewürzmischungen. Geboten werden traditionelle Gerichte. Glutenfrei.

HAVELOCK NORTH: Terrôir Restaurant at Craggy Range $$$
Weingut **SK** F4
253 Waimarama Rd, 4292
(06) 873 0143
Französische Köstlichkeiten in der herrlichen Umgebung der Hawke's Bay. Die Karte des Weinguts wechselt je nach der Saison.

NAPIER: Groove Kitchen Espresso $
Café **SK** F4
112 Tennyson St, Hawke's Bay, 4110
(06) 835 8530
Allein schon der Kaffee lohnt einen Besuch dieses Cafés. Aber die Küche des Groove Kitchen Espresso bietet darüber hinaus großartige Brunch-Angebote.

NAPIER: Indigo $
Indisch **SK** F4
24A Hastings St, Hawke's Bay, 4110
(06) 834 4085
Die Köche haben in Fünf-Sterne-Hotels gelernt. Die Weinkarte ist umfangreich und exzellent. Geboten wird authentische indische Kochkunst, zubereitet auf dem Holzkohlerost.

NAPIER: Restaurant Indonesia $
Indonesisch **SK** F4
409 Marine Parade, Hawke's Bay, 4110
(06) 835 8303 ● Mo
Hier gibt es original indonesische Gerichte im Tapas-Stil mit diversen Köstlichkeiten. Einladende Atmosphäre. Sehr aufmerksamer Service.

NAPIER: Trattoria alla Toscana $
Italienisch **SK** F4
180 Emerson St, Hawke's Bay, 4110
(06) 834 1988 ● Mo
Ein familienbetriebenes italienisches Restaurant. Hausgemachte Pasta und Salsa sind die Spezialitäten des Hauses.

NAPIER: Wild Roses Café $
Café **SK** F4
10A West Place, Hawke's Bay, 4112
(06) 844 6856
Großartiger Kaffee und gutes Essen. Serviert wird sowohl draußen als auch drinnen in herrlicher Umgebung voller Rosen.

NAPIER: Caution Dining Lounge and Shed 2 $$
Modern **SK** F4
56 West Quay, Ahuriri, 4110
(06) 835 2202 ● Mo
Das Restaurant liegt in einem eleganten historischen Gebäude, einem ehemaligen Lagerhaus. Hier gibt es Napiers beste Pizzas aus einem Holzofen. Die Cocktails sind erstklassig.

NAPIER: Crab Farm Restaurant $$
Weingut **SK** F4
511 Main Rd, Bay View, 4104
(06) 836 6678 ● Mo–Mi
Das Restaurant des Weingutes präsentiert eine kleine, aber hochwertige Karte. Die Fischgerichte sind ebenso fabelhaft wie die saisonalen Spezialitäten.

Vis-à-Vis-Tipp

NAPIER: Mission Estate Restaurant $$$
Weingut **SK** F4
198 Church Rd, Taradale
(06) 845 9350
Ein preisgekröntes Restaurant, im historischen Gebäude eines ehemaligen Priesterseminars. Hier wird feinste Küche mit europäischen Einflüssen unter Verwendung saisonaler Zutaten geboten. Zu bestem Rindfleisch oder Lamm gibt es herausragende Weine. Herrlicher Blick auf die Weinberge.

NAPIER: The Old Church Restaurant $$$
Gehoben **SK** F4
199 Meeanee Rd, 4112
(06) 844 8866
Gehobenes Restaurant, eingerichtet in einer restaurierten Kirche. Bestellen Sie ein Probiermenü.

ROTORUA: The Pizza Library Co $
Italienisch **SK** E3
54 Springfield Rd, 3015
(07) 349 2328 ● Mo
Ein familienbetriebenes rustikales Pizzarestaurant, das den Gast nach Italien entführt. Erstklassige Köche und kreative Küche mit treuen Stammkunden.

ROTORUA: Aorangi Peak Restaurant $$
Europäisch **SK** E3
353C Mountain Rd, Ngongotaha, 3015
(07) 347 0036
Eine malerische Kulisse für ein mit Preisen ausgezeichnetes Restaurant. Europäische Küche zu vernünftigen Preisen.

ROTORUA: Mokoia Restaurant $$$
Gehoben **SK** E3
77 Robinson Ave, 3010
(07) 343 5100
Die Rind- und Lammgerichte dieses Restaurants wurden mit Preisen ausgezeichnet. Vegetarische und glutenfreie Gerichte sind ebenfalls im Angebot. Herrliche Ausblicke auf den Roturua-See.

Garten des Mission Estate Restaurant, Napier

Moderne Einrichtung der Satori Lounge, Tauranga

TAURANGA: Satori Lounge $$
Japanisch **SK** E2
309 Maunganui Rd, Mt Maunganui, 3116
(07) 575 0979 ● Mo
Die Lounge ist eine einzigartige Mischung aus Sushi- und Cocktailbar. Die Sushi werden nach Bestellung frisch gerollt.

TAURANGA: Mount Bistro Restaurant $$$
Bistro **SK** E2
6 Adams Ave, Mt Maunganui, 3010
(07) 575 3872 ● Mo
Frische lokale Produkte und der Mix diverser Kochkulturen prägen das Mount Bistro.

TURANGI: River Restaurant and Vineyard $$
Weingut **SK** E3
2/134 Grace Rd, 3382
(07) 386 6704 ● So
Die Lage am wunderschönen Tongariro River, die köstlichen Gerichte und bemerkenswerten Weine lohnen einen Besuch.

Wellington und Süden

NEW PLYMOUTH: Flame $
Indisch **SK** D3
151 Devon St East, Taranaki, 4310
(06) 758 0030
Großzügige Portionen und eine gute Auswahl an neuseeländischen Weinen sind die Stärken dieses indischen Restaurants.

NEW PLYMOUTH: Sushi Ninja $
Japanisch **SK** D3
89 Devon St East, Taranaki, 4310
(06) 759 1392 ● So
Tagsüber ein authentisches Sushi-Restaurant, abends eine gemütliche Sake-Bar.

NEW PLYMOUTH: Gusto Restaurant $$
Modern **SK** D3
Ocean View Parade, 4310
(06) 759 8133
Das Gusto liegt oberhalb des Hafens. Es bietet kultivierte Küche und schöne Ausblicke.

PALMERSTON NORTH: The Bean Café $
Asiatisch **SK** E4
16 Broadway Ave, 4410
(06) 353 6556 ● So, Mo
Sympathische Gastwirtschaft in charmantem altem Gemäuer. Die Spezialität ist Huhn mit Knoblauch aus dem Tontopf.

PALMERSTON NORTH: Moxies Café $
Café **SK** E4
67 George St, 4410
(06) 355 4238
Das Moxies serviert den ganzen Tag Frühstück. Für Allergiker gibt es besondere Speisen.

PALMERSTON NORTH: Roma The Grand Fire Barbecue $$
Barbecue **SK** E4
44 The Square, 4410
(06) 952 5579 ● So, Mo
Ein Restaurant in einem Grandhotel. Probieren Sie allerbeste Fleischqualität in köstlichen Marinaden.

PALMERSTON NORTH: Yatai Japanese Izakaya $$
Japanisch **SK** E4
316 Featherston St, 4410
(06) 356 1316 ● So
Genießen Sie authentische japanische Küche und dazu japanisches Bier oder Sake in einem schönen alten Gebäude.

TARANAKI: Volcanoview Grand Café and Restaurant $
Familienfreundlich **SK** D3
1917 Egmont Rd, Inglewood, 4386
(06) 756 6112 ● Di
Alpines Restaurant mit sehr umfangreicher Karte. Nahe an einem Campingplatz und einem Kinderspielplatz gelegen.

WAIPAWA: Misty River Café $
Café **SK** E4
12 High St, Hawke's Bay 4210
(06) 857 8911 ● Mo, Di
Hier wird fast alles hausgemacht und auf dem eigenen Gelände angebaut. Bekannt für Qualität und guten Service.

WELLINGTON: Cinta Malaysian Kitchen $
Malaysisch **SK** D5
119 Manners St, Wellington Central, 6011
(04) 385 8622
Beliebt bei Einheimischen. Einfaches malaysisches Restaurant. Gutes Essen, riesige Portionen.

WELLINGTON: Memphis Belle Coffee House $
Café **SK** D5
38 Dixon St, Wellington Central, 6011
(04) 244 8852
Das Essen ist gut. Aber das Memphis Belle ist berühmt für seinen Kaffee. Regelmäßiger Gewinner des »Best Café«-Preises.

WELLINGTON: Saigon Taste $
Vietnamesisch **SK** D5
17 Majoribanks St, Mt Victoria, 6011
(04) 801 6866
Authentische vietnamesische Küche zu erschwinglichen Preisen. Einladendende Umgebung.

WELLINGTON: Ti Kouka Café $
Café **SK** D5
76 Willis St, Wellington Central, 6011
(04) 472 7682 ● So
Das Ti Kouka Café serviert frische Kost mit Zutaten aus biologischem Anbau. Guter Service. Nur tagsüber geöffnet.

WELLINGTON: Viva Mexico $
Mexikanisch **SK** D5
210C Left Bank, Wellington Central, 6011
(04) 382 9913 ● Mo
Rustikales Restaurant mit herzhafter mexikanischer Kost. Auch vegetarische Angebote.

Garten des River Restaurant and Vineyard, Turangi

Bar im Arbitrageur Wine Room and Restaurant, Wellington

WELLINGTON: Arbitrageur Wine Room and Restaurant $$
Europäisch **SK** D5
125 Featherston St, Wellington Central, 6011
(04) 499 5530 ● So
Ein kultiviertes Restaurant mit vernünftigen Preisen. Gute Weine und mediterrane Küche.

WELLINGTON: Arthur's $$
Bistro **SK** D5
272 Cuba St, Wellington Central, 6011
(04) 385 7227 ● Mo
Arthur's offeriert heimische Kost wie perfekt zubereitete Braten und Pasteten. Probieren Sie den Lamm-Schmorbraten.

WELLINGTON: Boulcott St Bistro and Winebar $$
Bistro **SK** D5
99 Boulcott St, Wellington Central, 6011
(04) 499 4199
Reizendes Bistro mit zwangloser Atmosphäre. Serviert werden klassische Gerichte mit innovativem Dreh. Die Braten sind zu empfehlen.

WELLINGTON: Café Polo $$
Bistro **SK** D5
82 Rotherham Terrace, Miramar, 6022
(04) 380 7273 ● So, Mo
Hier wird Wert gelegt auf Zutaten aus biologischem Anbau. Nur das Fleisch von Tieren aus Freilandhaltung wird verwendet. Der Kaffee ist aus Fair-Trade-Lieferung.

WELLINGTON: Capitol $$
Italienisch **SK** D5
10 Kent Terrace, Wellington Central, 6011
(04) 384 2855
Beliebtes Restaurant mit klassischer italienischer Kost mit neuseeländischem Dreh.

WELLINGTON: The General Practitioner $$
Pub **SK** D5
100 Willis St, Wellington Central, 6011
(04) 499 6001
Gastro-Pub in früherer Arztpraxis. Die Karte wechselt täglich.

WELLINGTON: The Green Man $$
Pub **SK** D5
25 Victoria St, Wellington Central, 6011
(04) 499 5440 ● So
Eine Gastwirtschaft, in der immer etwas los ist. Die würzigen Chicken Wings sind zu empfehlen.

WELLINGTON: Havana Bar and Restaurant $$
Kubanisch **SK** D5
32A–34 Wigan St, Wellington Central, 6011
(04) 384 7039 ● So
Kubanische und spanische Kost bestimmen die Karte. An den meisten Abenden Live-Musik.

WELLINGTON: Hummingbird Eatery and Bar $$
Bar **SK** D5
22 Courtenay Place, Wellington Central, 6011
(04) 801 6336 ● Mo
Gäste schätzen hier das gute Essen, gute Cocktails und die umfangreiche Weinkarte.

WELLINGTON: The Larder $$
Café **SK** D5
133 Darlington Rd, Miramar, 6022
(04) 891 0354 ● Mo
Ein großartiges Café nahe am Zentrum. Gekocht wird mit saisonalen Produkten aus der Region.

WELLINGTON: Marrakech $$
Café **SK** D5
307 Evans Bay Parade, Wellington Central, 6011
(04) 386 2884
Bunte Fenster, vergoldete Lampen und afrikanische Musik bilden den Rahmen für den Genuss marokkanischer Spezialitäten.

WELLINGTON: Muse On Allen $$
Fusion **SK** D5
18/24 Allen St, Wellington Central, 6011
(04) 384 1181 ● So, Mo
Hier gibt es Fusion-Küche. In diesem Fall werden Neuseeland und Europa auf dem Teller vereint.

WELLINGTON: Ortega Fish Shack and Bar $$
Seafood **SK** D5
16 Majoribanks St, Wellington Central, 6011
(04) 382 9559 ● So, Mo
Ortega Fish ist ein überaus beliebtes Restaurant bei allen Gästen, die hervorragende Fischgerichte schätzen. Entspannte, lässige Atmosphäre.

WELLINGTON: Shed 5 Restaurant and Bar $$
Seafood **SK** D5
3 Queens Wharf, Wellington Central, 6011
(04) 499 9069
Eines der führenden Fischrestaurants in Wellington. Der superfrische Fisch stammt aus dem eigenen Fischhandel. Beste einheimische Weine und eine fantastische Lage am Wasser.

WELLINGTON: Two Souls Bistro $$
Bistro **SK** D5
290 Wakefield St, Wellington Central, 6011
(04) 803 3137
Das Bistro bietet ausgezeichnete Küche, eine entspannte Atmosphäre und einen exzellenten Service. Insgesamt ein gutes Preis-Leistungs-Verhältnis.

WELLINGTON: Charlie Bill $$$
Bistro **SK** D5
241 Tinakori Rd, Thorndon, 6011
(04) 499 8464 ● Mo, Di
Ein intimes Bistro, in dem kultiviert und gesundheitsbewusst gekocht wird. Das Charlie Bill ist der perfekte Ort für ein romantisches Abendessen.

Sehr gemütlich: Hummingbird Eatery and Bar, Wellington

Restaurantkategorien *siehe Seite 309* **Preiskategorien** *siehe Seite 314*

Luxuriöses Interieur des Restaurants Logan Brown, Wellington

WELLINGTON: Hippopotamus $$$
Europäisch **SK** D5
Museum Art Hotel, 90 Cable St, Wellington Central, 6011
(04) 802 8935
Gute Lage im Museum Art Hotel *(siehe S. 305)* und französisch beeinflusste Küche. Genießen Sie atemberaubende Blicke über den Hafen und superbe Gerichte.

Vis-à-Vis-Tipp

WELLINGTON: Logan Brown $$$
Europäisch **SK** D5
Ecke Cuba und Vivian St, Wellington, 6011
(04) 801 5114
Seit der Eröffnung 1996 hat das Logan Brown zahlreiche Preise gewonnen. Zeitgenössische Küche, vereint mit klassischer Kochkunst. Die elegante Atmosphäre, die umfangreiche Weinkarte und exzellenter Service tun ein Übriges, um dem Gast ein exquisites kulinarisches Erlebnis zu bereiten.

WELLINGTON: MariLuca Ristoro $$$
Italienisch **SK** D5
55 Mulgrave St, Thorndon, 6011
(04) 499 5590 ● So
Hier stehen einfache frische Gerichte im Vordergrund. Probieren Sie auf jeden Fall die hausgemachten Pasta-Gerichte.

WELLINGTON: Martin Bosley's Restaurant $$$
Gehoben **SK** D5
103 Oriental Parade, Mt Victoria, 6011
(04) 920 8302 ● Mo
Eine Institution in Wellington. Das Restaurant eines mit Preisen ausgezeichneten Meisterkochs.
Gäste genießen hier wundervoll zubereitete Fischgerichte und Panoramablicke über den Hafen.

WELLINGTON: Portlander Bar and Grill $$$
Steakhouse **SK** D5
75 Featherston St, Wellington Central, 6011
(04) 498 3762
Das Steakhaus behauptet von sich, das beste in Wellington zu sein. Dem kann man zustimmen. Das exzellente Essen wird in entspannter Atmosphäre serviert.

WELLINGTON: The White House $$$
Gehoben **SK** D5
232 Oriental Parade, 6011
(04) 385 8555
Die Gerichte dieses viel gelobten Restaurants werden vornehmlich mit saisonalen Zutaten aus der Region zubereitet. Auf der Weinkarte finden sich einige seltene Jahrgänge.

Marlborough und Nelson

BLENHEIM: Raupo Riverside Café and Restaurant $$
International **SK** D5
6 Symons St, 7201
(03) 577 8822
● Ende Juni–Aug
Das Restaurant bietet frische innovative Cuisine. Schöne Lage in einem Gebäude mit viel Ökotechnik oberhalb des Flusses.

BLENHEIM: Twelve Trees $$
Weingut **SK** D5
229 Jacksons Rd, Marlborough, 7273
(03) 572 7123
Der Name bezieht sich auf die zwölf Walnussbäume, die einst den Zugang zum Weingut gesäumt haben. Das Restaurant ist besonders beliebt wegen der guten Mittagsangebote. Die Karte ist saisonal ausgerichtet.

BLENHEIM: Wither Hills $$
Weingut **SK** D5
211 New Renwick Rd, Marlborough, 7272
(03) 578 4036
Dieses wunderschöne Restaurant trägt seinen Namen nach Wither Hills, die die Kulisse für eines der berühmtesten Weingüter des Landes bilden. Auf der Karte findet sich nur Hausgemachtes.

Vis-à-Vis-Tipp

BLENHEIM: Herzog Winery and Restaurant $$$
Weingut **SK** D5
81 Jeffries Rd, RD3 Marlborough, 7273
(03) 572 8770 ● Mo
Ein berühmtes Restaurant in einem Weingut. Das Herzog ist spezialisiert auf Probiermenüs mit vielen Gängen, zu denen pro Gang jeweils der passende Wein empfohlen wird. Der Gast kann aus 500 Weinen auswählen. Im Sommer wird auch draußen serviert. Zum Restaurant gehört ein Garten im mediterranen Stil mit Blick auf den Weinberg.

HAVELOCK: Mussel Pot $$
Seafood **SK** D4
73 Main Rd, 7100
(03) 574 2824
● Ende Juni–Aug
Muscheln sind die große Spezialität dieses Kult-Restaurants. Zum Frühstück, Mittag- und Abendessen gibt es jeweils spezielle Angebote an Fisch und Meeresfrüchten.

KAIKOURA: The Whaler $$
Bar **SK** D5
49 West End, 7300
(03) 319 3333
Probieren Sie das Tapas-Menü oder genießen Sie ein großes Steak und trinken Sie dazu eines der Biere aus der lokalen Brauszene. Vom Oberdeck hat man einen herrlichen Blick auf Berge und Meer.

MARLBOROUGH: East Coast Inn Café & Bar $
Café **SK** D5
7364 State Hwy 1, Ward, 7285
(03) 575 6414
Köstliche hausgemachte Gerichte mit Schwerpunkt auf Fisch- und Meeresfrüchten werden hier geboten. Die Atmosphäre ist anheimelnd und typisch für ein Pub.

Die elegante Inneneinrichtung des Drylands, Marlborough

MARLBOROUGH: Drylands $$
Weingut **SK** D5
237 Hammerichs Rd, Rapaura, 7273
(03) 570 5671 Mo, Di
Die besten Erzeugnisse der Südinsel, serviert mit einigen der erlesensten Marlborough-Weine. Dazu gibt es einen herrlichen Blick auf einen der ältesten Weinberge Neuseelands. Alles zusammen ergibt perfekten Genuss.

NELSON: East St Vegetarian Café Bar $
Café **SK** D4
335 Trafalgar Square, 7010
(03) 238 1234 Mo
Frisch zubereitete schmackhafte vegetarische Mahlzeiten. Für Veganer gibt es alternative Angebote.

NELSON: Istanbul Kebab & Café $
Türkisch **SK** D4
136 Hardy St, 7010
(03) 546 8304
Authentische türkische Küche mit *meze*, Salaten und Kebabs. Das Brot kommt aus dem Steinofen. Auch spezielle Kindermenüs werden zubereitet.

NELSON: La Gourmandise $
Französisch **SK** D4
276 Hardy St, 7010
(03) 546 6348 Mo
Nur Produkte aus nachhaltigem lokalem Anbau finden in dieser Crêperie Verwendung. Die Hälfte der Angebote auf der Karte ist glutenfrei. Neben Crêpes gibt es auch Sandwiches.

NELSON: Morrison Street Café $
Café **SK** D4
244 Hardy St, 7010
(03) 548 8110
Das Morrison Street Café hat einige Preise gewonnen. Hier wird sowohl exzellenter Kaffee geboten als auch eine Vielzahl diverser Gerichte im Fusion-Stil. Zum Haus gehören zwei Galerien.

NELSON: Ford's Restaurant & Bar $$
Fusion **SK** D4
276 Trafalgar St, 7010
(03) 546 9400
Ein Geheimtipp in einer historischen Villa in Nelson. Das familienbetriebene Restaurant bereitet sowohl Tapas-Menüs als auch europäische Küche, angereichert mit einem neuseeländischen Dreh, zu. Serviert wird Frühstück, Mittag- und Abendessen.

NELSON: Hopgoods $$
Modern **SK** D4
284 Trafalgar St, 7010
(03) 545 7191 So
Das Hopgoods verbindet großartigen Service mit entspannter Atmosphäre. Die saisonal wechselnde Karte wird bestimmt vom jeweiligen Angebot an regionalen Erzeugnissen. Auf der Weinkarte stehen Nelson-Weine im Vordergrund.

Das helle Innere des Morrison Street Café, Nelson

NELSON: Mint Dining Room $$
International **SK** D4
20 Harley St, 7010
(03) 546 7092 So
Der Mint Dining Room ist der Gewinner des Best-Restaurant-in-Nelson-2012-Preises. Gelegen in einem Landhäuschen aus dem 19. Jahrhundert, werden hier einfache Gerichte mit lokalen Zutaten gekocht. Die Weinkarte offeriert auch internationale Namen.

NELSON: Tides Restaurant & Bar $$
Seafood **SK** D4
66 Trafalgar St, 7010
(03) 548 7049
Der Schwerpunkt der Speisekarte liegt auf Fischgerichten. Es werden aber auch Wild, Rind und Lamm geboten. Alles so weit wie möglich aus regionalen Quellen. Schöner Blick auf den Fluss.

NELSON: Cortado Restaurant, Bar & Café $$
Europäisch **SK** D4
Ecke High Street & London Quay, Marlborough, 7220
(03) 573 9100 Mo, Di
Das Cortado ist inspiriert von europäischer Küche. Fisch nach europäischen Rezepten und italienische Pizza, zubereitet mit lokalen Zutaten, gehören dazu. Zu empfehlen sind auch die Biere aus kleinen lokalen Brauereien.

PICTON: Le Café $$
Europäisch **SK** D4
12 London Quay, Marlborough, 7220
(03) 573 5588
Geteilt in zwei Bereiche, einen formellen und einen eher lockeren. In beiden wird europäisch inspirierte Küche angeboten. Ganztägig geöffnet. Abends gibt es regelmäßig Live-Musik. Großartiger Blick auf das Meer.

Canterbury und Westküste

AORAKI/MT COOK:
Alpine Restaurant $$$
International **SK** B6
The Hermitage Terrace Rd, Aoraki/Mt Cook Village, 8770
(03) 435 1809
Frühstück, Mittag- und Abendessen werden hier in riesigen Buffets angeboten. Dazu genießt man die grandiose Sicht auf die vergletscherte Bergwelt. Probieren Sie Suppen, Salate, Seafood, Fleischgerichte und Desserts.

CHRISTCHURCH:
Bamboozle Oriental Fusion $
Asiatisch **SK** C6
6 Wakefield St, Sumner, 8081
(03) 326 7878 ● So, Mo
Küchenchef Phillip Kraal ist spezialisiert auf orientalische Küche mit einigen Anleihen beim Fusion-Trend. So füllt er etwa chinesische Dampfbrötchen mit den klassischen Zutaten zu einem Ceasar's Salad.

CHRISTCHURCH:
Beat Street Café $
Café **SK** C6
324 Barbadoes St, 8011
(03) 366 6324
Das Café bietet eines der besten Frühstücke in Christchurch. Alle Zutaten stammen aus lokaler Produktion. Gekocht wird in offener Küche.

CHRISTCHURCH:
Dimitri's Greek Food $
Griechisch **SK** C6
79 Cashel St, 8011
(03) 377 7110
Ein geschäftiges Restaurant, in dem Fleisch oder Gewürze niemals knapp werden. Probieren Sie das Souvlaki.

CHRISTCHURCH: Mrs Hucks Eatery and Events $
Café **SK** C6
12 Show Place, Addington, 8024
(03) 982 5471
Modern eingerichtetes Café mit schönem Ambiente. Zur Auswahl stehen Sandwiches und Salate, die Auswahl an Wein und Bier ist groß.

CHRISTCHURCH:
Mum's 24 Restaurant $
Asiatisch **SK** C6
62 Manchester St, 8011
(03) 365 2211
Das beliebte Restaurant bietet traditionelle koreanische und japanische Speisen, gekocht mit frischen Gewürzen und Zutaten. Kein Glutamat.

Vis-à-Vis-Tipp

CHRISTCHURCH:
The Thai Kitchen $
Thailändisch **SK** C6
239 Colombo St, 8023
(03) 332 8280
Frische thailändische Kost, vielleicht eine der besten Adressen für Thaigerichte in Christchurch. Die Portionen sind großzügig. Es gibt alternative Angebote für Vegetarier und auch glutenfreie Speisen. Angenehme, sehr einladende Atmosphäre.

CHRISTCHURCH: 50 Bistro $$
Bistro **SK** C6
50 Park Terrace, 8013
(03) 371 0250
Klassische Bistrogerichte mit Pfiff und gute Weine werden in stilvoller Umgebung serviert. Im Sommer großer Außenbereich. Saisonal wechselnde Karte.

CHRISTCHURCH: Casa Nostra Italian Restaurant $$
Italienisch **SK** C6
2 Waterman Place, Woolston, 8013
(03) 384 3186
Familiengeführtes Restaurant mit italienischer Küche (Salate, Pasta, Risotto). Auch zum Mitnehmen.

CHRISTCHURCH:
Cook 'N' With Gas $$
Bistro **SK** C6
23 Worcester St Boulevard, 8013
(03) 377 9166 ● So
Gehobene Kochkunst zu günstigen Preisen. Die Karte bietet moderne neuseeländische Küche. Dazu 200 Biere und Weine.

CHRISTCHURCH:
Curator's House Restaurant $$
Spanisch **SK** C6
7 Rolleston Ave, Botanic Gardens, 8013
(03) 379 2252
Schmackhafte spanische Küche. Genießen Sie den Blick auf den Botanischen Garten.

CHRISTCHURCH:
Dine Divine $$
Europäisch **SK** C6
355 Buchanans Rd, Yaldhurst, 7676
(03) 348 8038 ● So, Mo
Das moderne Restaurant in ländlicher Umgebung bietet europäische Küche vom Feinsten. Brunch und Kindermenüs.

CHRISTCHURCH:
The Station Restaurant $$
Koreanisch **SK** C6
1 Restell St, Papanui, 8053
(03) 354 9003
Genießen Sie würzige, köstliche koreanische Gerichte – und Karaoke im Garten.

CHRISTCHURCH:
Misceo Café & Bar $$$
Café **SK** C6
Ecke Ilam & Clyde Rd, Ilam, 8041
(03) 351 8011
Eine Gastwirtschaft in der Vorstadt. Sehr beliebt und lebhaft. Einfache Gerichte auf der Karte.

CHRISTCHURCH:
The Old Vicarage Café, Restaurant and Bar $$$
Gehoben **SK** C6
335 Halswell Rd, Halswell, 8025
(03) 322 1224
Herzliches einladendes Restaurant. Das Old Vicarage offeriert gehobene europäische und neuseeländische Küche.

CHRISTCHURCH:
Pescatore Restaurant $$$
Seafood **SK** C6
50 Park Terrace, 8011
(03) 371 0257 ● So, Mo
Das Pescatore ist ein Premium-Restaurant, das gehobene zeitgenössische Küche bietet.

CHRISTCHURCH:
Saggio di Vino $$$
Italienisch **SK** C6
179 Victoria St, 8014
(03) 379 4006
Die italienisch inspirierte Küche ist einfach, aber kultiviert. Große Auswahl an exquisiten Weinen.

Der moderne, stylishe Speiseraum des Pescatore, Christchurch

Die Fishbone Bar & Grill, Queenstown, ist maritim eingerichtet

FOX GLACIER:
The Salmon Farm Café $$
Café **SK** B6
State Hwy 6, Paringa River, Westland, 7834
☎ (03) 751 0837
Vor der wunderbaren Kulisse eines Waldes finden Gäste auf dieser abgelegenen Lachsfarm köstliche, frische Fischgerichte.

HAAST: The Cray Pot $$
Seafood **SK** B6
Jackson Bay Rd, Westland, 7810
☎ (03) 750 0035
Ein Restaurant mit perfekter Aussicht. Frisches Seafood und zarte Filets sind Markenzeichen des Hauses. Bestes Preis-Leistungs-Verhältnis.

HOKITIKA:
Ocean View Restaurant $$
Seafood **SK** C5
111 Revell St, Westland, 7810
☎ (03) 755 8344
Der Fang des Tages wird für Sie zubereitet, während Sie den wunderbaren Blick vom Strandhotel auf das Meer genießen.

HURUNUI: The Mud House Winery Café $$
Weingut **SK** C5
780 Glasnevin Rd, Waipara, 7447
☎ (03) 314 6900
Das Mud House ist spezialisiert auf klassische neuseeländische Kost wie Wildpasteten und Fish and Chips.

KARAMEA:
Riverstone Karamea $$$
Modern **SK** C4
2 Arapito Rd RD3, West Coast, 7893
☎ (03) 782 6640
Ein Restaurant in der Wildnis mit Blick auf den Kahurangi-Nationalpark. Abwechslungsreiche, einfache Karte, die sich am Angebot der Saison ausrichtet. Probieren Sie die Rind- und Lammgerichte.

Otago und Southland

DUNEDIN: San $
Kambodschanisch **SK** B7
2 Dowling St, 9016
☎ (03) 479 0955 ● So, Mo
Das San bietet frische, schmackhafte und authentisch kambodschanische Kost zu vernünftigen Preisen.

DUNEDIN: Salt Restaurant $$
International **SK** B7
240 Forbury Rd, Saint Clair, 9012
☎ (03) 455 1077 ● Di, Mi
Tagsüber ein Café und abends ein Restaurant. Das Salt offeriert eine große Bandbreite an kulinarischen Variationen.

DUNEDIN:
Speights Ale House $$
Neuseeländisch **SK** B7
200 Rattray St, Dunedin, 9016
☎ (03) 471 9050
Eine der ältesten Brauereien Neuseelands. Das Speights Ale House ist spezialisiert auf Klassiker wie Fischsuppe, Kabeljau, Lamm, Steak oder Hirsch. Zusätzlich gute Angebote für Vegetarier. Brauereiführung möglich.

Frisches Brot in der Riverstone Kitchen, Oamaru

DUNEDIN: Luna Bar $$$
Bar **SK** B7
314 Highgate, Roslyn, 9010
☎ (03) 477 2227
Genießen Sie die wunderschöne Küstenlandschaft und einen der vielen guten Weine. Spektakulärer Blick auf Dunedin.

INVERCARGILL: Level One Restaurant and Bar $$
Neuseeländisch **SK** A7
20 Kelvin St, 9810
☎ (03) 218 2829
Das Restaurant liegt im ersten Stock des Kelvin Hotel. Sehr kultivierte und vielfältige alternative Angebote der neuseeländischen Küche. Probieren Sie die Jakobsmuscheln.

OAMARU: Riverstone Kitchen $$
Neuseeländisch **SK** B7
1431 State Hwy 1, RD5, 9493
☎ (03) 431 3505
Das Motto des Küchenchefs lautet: »Immer saisonal und immer lokal.« Mit den so zubereiteten Gerichten hat er viele Preise gewonnen. Das täglich wechselnde Probiermenü des Chefs sei besonders empfohlen.

QUEENSTOWN: Eichardt's Bar $
Tapas **SK** A6
2 Marine Parade, 9348
☎ (03) 441 0450
Hier werden auf Platten viele kleine Appetithappen aus nachhaltig erzeugten Zutaten angeboten. Der Kamin im Speiseraum sorgt für eine sehr gemütliche Atmosphäre. Die Cocktails sind hervorragend.

QUEENSTOWN: 1876 $$
Tapas **SK** A6
45 Ballarat St, 9300
☎ (03) 409 2178
Das Restaurant, gelegen in einem ehemaligen Gerichtsgebäude, offeriert Tapas-Platten für mehrere Personen, Salate, Steaks und Hamburger. Im Sommer wird auch im Innenhof serviert.

QUEENSTOWN:
Fishbone Bar & Grill $$
Seafood **SK** A6
7 Beach St, 9300
☎ (03) 442 6768
Wählen Sie aus dem großen Angebot an frischen Fischgerichten, wie etwa dem panierten Kabeljau mit Tatarsauce. Das Restaurant verwendet ausschließlich Produkte aus nachhaltiger Fischerei oder Zucht.

QUEENSTOWN: Lombardi $$
International **SK** A6
10 Brunswick St, 9300
(03) 442 4990
Das Lombardi bietet drei verschiedene Speisebereiche: gehobene Küche in der Bibliothek, Pizza im Speisesaal und Tapas in der Bar. Alle Räume mit herrlichem Blick.

QUEENSTOWN: Birches Restaurant $$$
Gehoben **SK** A6
146 Arthurs Point Rd, Queenstown-Lakes, 9371
(03) 441 0288
Das Birches offeriert kultivierte Küche unter Verwendung bester lokaler Zutaten. Fantastischer Ausblick auf die Berge.

QUEENSTOWN: The Bunker Restaurant and Bar $$$
Gehoben **SK** A6
Cow Ln, 9300
(03) 441 8030
Ein intimes, rustikales Restaurant mit umfangreichem Angebot an Weinen und Cocktails. Die Speisekarte hält neuseeländische Spezialitäten wie Wild und Lamm bereit. Exzellentes Probiermenü.

QUEENSTOWN: Gantleys Restaurant $$$
Gehoben **SK** A6
172 Arthurs Point Rd, Arthurs Point 9371
(03) 442 8999
Ein historisches Gebäude, in dem früher eine Schenke für Goldsucher untergebracht war. Sehr gute neuseeländische Küche.

QUEENSTOWN: Public Kitchen $$$
Gehoben **SK** A6
Beach St, 9300
(03) 442 5969
Spitzenrestaurant mit exzellenter Weinauswahl und tollem Blick auf den See. Die Speisen werden aus lokalen Zutaten kreiert.

Gemütliches Interieur des Gantleys Restaurant, Queenstown

QUEENSTOWN: Rata $$$
Gehoben **SK** A6
43 Ballarat St, 9300
(03) 442 9393
Sternekoch Josh Emmet ist der Mann, der das Rata prägt. Die Gerichte sind »slow cooked«, also lange und schonend gegart, und herrlich aromatisch. Je nach Wetter wird im Innenhof serviert.

Vis-à-Vis-Tipp

QUEENSTOWN: Roaring Meg's Restaurant $$$
Gehoben **SK** A6
53 Shotover St, Queenstown, 9300
(03) 442 9676 Mo
Zahlreiche Preise für die Rind- und Lammgerichte sprechen eine deutliche Sprache. Probieren Sie das Canterbury-Lamm. Genießen Sie auch die romantische Atmosphäre.

QUEENSTOWN: True South Dining Room $$$
Gehoben **SK** A6
377 Frankton Rd, 9300
(03) 450 1100
Das True South bietet elegante Gastronomie, verbunden mit wunderschönen Blicken auf den See und die Berge. Der Weinkeller ist international preisgekrönt. Auf Nachfrage vegetarische Gerichte oder spezielle Angebote für Kinder.

STEWART ISLAND: Church Hill Restaurant and Oyster Bar $$$
Seafood **SK** A7
36 Kamahi Rd, Oban, Southland, 9846
(03) 219 1323
Ein fantastisches Restaurant. Zu den Spezialitäten, die hier serviert werden, gehört die berühmte Stewart-Island-Auster.

WANAKA: Amigos Mexican Grill $
Mexikanisch **SK** B6
71 Ardmore St, Queenstown-Lakes, Otago, 9305
(03) 443 7872
Das familienbetriebene Amigos bietet eine Auswahl an traditionellen mexikanischen Speisen für preisbewusste Gäste. Die Mais-Chips werden jeden Tag frisch zubereitet. Die Margaritas sind köstlich. Für Kinder gibt es eine eigene Speisekarte.

WANAKA: Wanaka Bullock Bar – The Grill Restaurant $$
Steakhouse **SK** B6
71 Ardmore St, 9305
(03) 443 7148
Die pure Freude für Liebhaber großer Fleischportionen. Die Barbecue-Platte mit einem Kilo Ribs ist berühmt. Dazu wird eine Auswahl lokaler Weine geboten. Sehr kinderfreundliches Restaurant.

Fassade des Wai Waterfront Restaurant, Queenstown

Shopping

Wer nach Neuseeland reist, kann Mitbringsel und Souvenirs finden, die man kaum woanders auf der Welt bekommt, von traditionellen Māori-Schnitzereien aus Knochen oder Jade über Schaffelle bis hin zu handgestrickten Schafwollpullovern. Besonders in den Urlaubsgegenden findet man viele kleine Galerien, die Kunsthandwerk verkaufen. In Auckland, Christchurch und Nelson finden große Kunsthandwerksmärkte statt, auf denen diese handgearbeiteten Einzelstücke angeboten werden. Da Neuseeland niedrige Importsteuern hat, sind auch Produkte wie Kameras, Hightech- und Hi-Fi-Geräte relativ preiswert. Auch für neuseeländische Weine *(siehe S. 312f)* und viele landwirtschaftliche Produkte kann sich der Transport nach Hause lohnen.

Kirkcaldie and Stains, Wellingtons größtes Kaufhaus

Öffnungszeiten

Die meisten Läden in Neuseeland haben montags bis samstags von 9 bis 17 oder 17.30 Uhr geöffnet, viele auch sonntags für einige Stunden. Am Donnerstag oder Freitag schließen die Läden in großen Städten oft erst um 21 Uhr.

Supermärkte und Einkaufszentren in Städten öffnen sieben Tage die Woche, viele davon an mehreren Tagen bis 20 oder 21 Uhr, einige rund um die Uhr. In Kleinstädten und Dörfern kann man in sogenannten »Dairies« meist noch abends etwas einkaufen.

Bezahlung und Steuer

Kreditkarten werden in den meisten Läden akzeptiert, allerdings manchmal erst ab einem bestimmten Mindestbetrag. Mit Kreditkarte und PIN können Sie an einem der vielen Geldautomaten in Banken und Einkaufszentren Bargeld abheben. Wenn Sie Reiseschecks einlösen wollen, müssen Sie sich ausweisen – mit einem Pass, Personalausweis oder auch Führerschein. Vereinzelt werden auch Schecks akzeptiert, obwohl Bargeld immer noch am willkommensten ist. Den Preis auszuhandeln ist in neuseeländischen Läden unüblich.

Auf alle in Neuseeland gehandelten Waren wird eine Steuer erhoben: Die Goods and Services Tax (GST; Umsatzsteuer) beträgt 15 Prozent und ist im Preis enthalten. Die GST wird bei der Ausreise nicht erstattet.

Rechte und Umtausch

Das Verbraucherinstitut (Consumers' Institute, Tel. (04) 384 7963) versorgt Sie mit Informationen über Ihre Rechte als Käufer. Falls die gekaufte Ware defekt ist, kann sie umgetauscht werden. Aber auch falls Ihnen Ihr Einkauf hinterher nicht mehr gefällt, werden die meisten Läden die Ware gegen Vorlage der Quittung umtauschen oder das Geld zurückerstatten.

Kaufhäuser

Jede der vier großen neuseeländischen Städte hat ein Kaufhaus, in dem man fast jeden Artikel in guter Qualität bekommt: in Auckland das **Smith & Caughey's**, in Wellington **Kirkcaldie and Stains**, in Dunedin **Arthur Barnett** und in Christchurch **Ballantynes**. Farmers, Kmart und The Warehouse haben in ganz Neuseeland viele Filialen. Diese Ketten verkaufen vor allem eine riesige Auswahl an Billigware.

Einkaufszentren

Große Einkaufszentren befinden sich vor allem in den größeren Städten. Die meisten Shopping Malls liegen am Stadtrand, meist ist unter der Vielzahl von Läden mit Kleidung und allem Möglichen auch ein großer Supermarkt. In vielen Zentren befindet sich auch eine *Food Hall*, in der man preiswert und oft sehr lecker essen kann.

Schaufensterdekoration bei Zambesi

Dairies

Sogenannte *Dairies* sind kleine Läden, die es überall in Neuseeland gibt. Sie haben meist sieben Tage die Woche von 7 bis 20 Uhr geöffnet. Hier bekommt man viele Grundnahrungsmittel, Snacks, Drinks, Zeitungen und Zeitschriften sowie Zigaretten.

Straßenverkauf

In Obstanbaugebieten wie der Bay of Plenty, Marlborough oder Central Otago werden Obst und Gemüse an Straßenständen verkauft. Oft kann man das Obst in den Anlagen selbst pflücken (»pick your own«), es kostet dann weniger. Erdbeeren gibt es im Frühling und im Frühsommer überall, Kirschen sind in Marlborough zur Weihnachtszeit reif, Aprikosen, Nektarinen und Pfirsiche in Otago im Januar und Februar, Kiwis in der Bay of Plenty und Tasmanien von April bis September. Besucher sollten besonders auf die Käsereien in Waikato, Taranaki, Marlborough und Canterbury achten: Dort werden frische Milchprodukte aller Art verkauft.

Schild zu einem Straßenstand

Märkte

Viele Märkte in Neuseeland handeln eher mit Kunsthandwerk als mit Lebensmitteln. Der Otara Market in South Auckland *(siehe S. 95)* bietet dagegen frische Spezialitäten aus dem Pazifikraum. Außerdem gibt es immer mehr Bauernmärkte wie etwa in Hastings oder Dunedin. In Auckland, Christchurch und Nelson verkaufen die Kunsthandwerker an eigenen Ständen ihre Waren. Der Victoria Park Market in Auckland *(siehe S. 95)* hat täglich geöffnet, der Markt im Arts Centre von Christchurch *(siehe S. 230)* und der Nelson Market *(siehe S. 215)* nur am Wochenende.

Kunsthandwerk und Souvenirs in einem Laden in Blenheim

Kunsthandwerk

In großen Städten und den Urlaubszentren findet man überall individuelles Kunsthandwerk in den Läden. In Coromandel *(siehe S. 131)* und Nelson *(siehe S. 217)* säumen Galerien, die oft von den Künstlern selbst betrieben werden, die Straßen. Auch Museumsläden wie der im Museum of New Zealand Te Papa Tongarewa in Wellington *(siehe S. 170f)* und der im Auckland War Memorial Museum *(siehe S. 82f)* bieten eine ganze Reihe hochwertiger handgefertigter Produkte an.

Die Auswahl und die Qualität der Produkte wachsen ständig. Etwas ganz Besonderes sind beispielsweise die traditionellen Flachskörbe der Māori, Schmuck aus Knochen und Jade sowie aus den Schalen der *Paua*-Muschel (Abalone), Keramik, verschiedene mundgeblasene Glasartikel, Holzprodukte aus den ungewöhnlichen einheimischen Hölzern sowie alle Artikel aus Schaffell und Schafwolle *(siehe S. 328f)*.

Farbenfroher Kunsthandwerksmarkt in Nelson

Designer-Labels

Neuseeland hat eine Reihe international erfolgreicher Modedesigner, deren Kreationen man in kleinen Läden in den Städten kaufen kann. Besonders bekannt sind Trelise Cooper, Karen Walker, World, Zambesi und NomD. Hochwertige Ware aus Wolle bekommt man von vielen Herstellern, darunter auch das Label Untouched World.

Gute Freizeit- und Sportbekleidung sowie Sportausrüstung ist erhältlich von Canterbury, Heritage und Macpac *(siehe S. 329)*. Arthur Ellis stellt Top-Qualität unter der Marke Fairydown her.

Auf einen Blick

Kaufhäuser

Arthur Barnett
285 George St, Dunedin.
(03) 477 1129.

Ballantynes
City Mall, Christchurch.
(03) 379 7400.
ballantynes.co.nz

Kirkcaldie and Stains
165–177 Lambton Quay, Wellington. (04) 472 5899.
kirkcaldies.co.nz

Smith & Caughey's
261 Queen St, Auckland.
(09) 377 4770.
smithandcaugheys.co.nz

Museumsläden

Auckland Museum Store
Auckland Domain.
(09) 309 2580.

Te Papa Store
Cable St, Wellington.
(04) 381 7000.

Souvenirs

In Neuseeland bekommt man viele Produkte, die ganz individuell sind. Schnitzarbeiten und Schmuck aus Knochen und Jade sowie *harakeke* (Geflochtenes aus Flachs) spiegeln das Erbe der Māori wider, Schaffelle und Artikel aus Schafwolle die landwirtschaftliche Basis des Landes. Besonders interessant sind die Produkte, die aus einheimischen Hölzern hergestellt werden, außerdem gibt es schöne Keramik sowie gute Outdoor-Bekleidung und -Ausrüstung. Viele »Gift and Craft Shops« sowie Kaufhäuser und Museumsläden überall im Land bieten hochwertiges, individuelles Kunsthandwerk an.

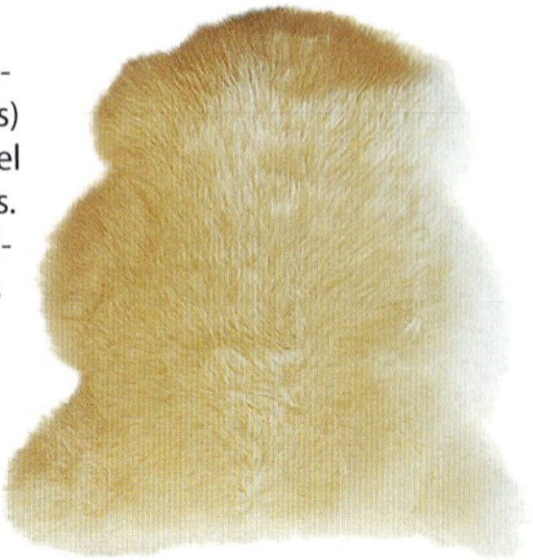
Schaffellteppich mit dicker, gekämmter Wolle

Woll- und Schaffellprodukte sind typisch für Neuseeland und ein sehr beliebtes Mitbringsel. Ein Großteil der exportierten Wolle wird zu Teppichen verarbeitet, für Kleidung benutzt man meist die feinere Merinowolle vom Lamm. Die Wolle ist oft von Hand gesponnen und gefärbt, die Pullover sind von Hand gestrickt. Schaffelle werden zu Teppichen, Autositzen, Jacken, Stiefeln, Pantoffeln, Handschuhen und vielem mehr verarbeitet.

Handgestrickter Pullover

Pantoffeln aus Schaffell

Muff aus Lammwolle

Warme Handschuhe

Schüssel aus einem Baumstamm

Holzartikel aus einheimischen Hölzern haben oft interessante Strukturen und sind außerordentlich schön gearbeitet. Die häufigsten Holzarten sind Rimu, Kauri, Matai und Buche. Häufig werden auch exotische Arten wie Macrocarpa verarbeitet.

Holzuntersatz mit *Paua*-Schale

Schmuckkästchen aus Kauri-Holz

Māori-Figur mit Augen aus *Paua*-Schale

Fein geschnitzter Māori-Knüppel

Anhänger aus Jade

Greenstone (Jade) ist der wertvollste Stein Neuseelands. Künstler verarbeiten ihn zu Schmuck und kombinieren dabei oft traditionelle Māori-Ornamente und modernes Design *(siehe S. 241)*.

Knochen war ursprünglich das Material, aus dem die Māori Angelhaken fertigten. Heute sind die schön geformten und kunstvoll verzierten Gegenstände eine hübsche Dekoration.

Paua (Abalone) ist ein Schalentier, das an der Küste Neuseelands vorkommt. Man sucht die *Paua*-Muschel mehr wegen ihrer vielfarbig schimmernden Schale als wegen ihres Fleisches. Schon früher verwendeten die Māori die Schalen zur Dekoration.

Anhänger aus *Paua*-Schale und Silber

Kästchen mit *Paua*-Schale

Weinglas

Glasvase

Handbemalte Schale

Becher aus Ton

Originelle Kaffeekanne

Parfümflakon

Keramik und Glas sind in Neuseeland fast überall zu bekommen. Keramikartikel sind oft rustikal, aber auch fein geformt und individuell bemalt erhältlich. Handgefertigte Glaswaren sind von hoher Qualität. Bei vielen Künstlern kann man zusehen, wie das Glas geblasen wird *(siehe S. 217)*.

Outdoor-Ausrüstung »made in New Zealand« gehört zu der besten auf der Welt. Eine der führenden Marken ist Macpac, das seine Ausrüstung regelmäßig in den Bergen der Südinsel testet. In den größeren Städten findet man überall Spezialläden mit Kleidung und Ausrüstung für draußen.

Windjacke

Rucksack

Leichtes Zelt

Lebensmittel aus den vielfältigen landwirtschaftlichen Produktionsstätten Neuseelands kann man zum Teil mitnehmen. Zum Exportieren eignen sich die Weine, die inzwischen auch einen internationalen Ruf genießen *(siehe S. 40f und S. 312f)*, aber auch Obst, konserviertes Fleisch vom Rind, Schaf, Strauß oder Wild sowie Käse. Neuseeländische Honigsorten aus den einheimischen Pflanzen sind eine besondere Delikatesse.

Verschiedene Kapiti-Käse

Sauvignon Blanc aus Marlborough

Schokolade mit Kiwi-Füllung

Leckere Honigsorten

Unterhaltung

Die Bandbreite an Entertainment ist in Neuseeland überaus vielfältig und reicht von Theater, klassischer Musik, Oper und Ballett über Aufführungen von traditionellen Māori-Tänzen und Kultur aus dem pazifischen Raum bis hin zu bewährter Rockmusik aus *Down Under*. Am meisten ist natürlich in den größeren Städten los, aber auch die kleineren Städte verfügen zumeist über Musikgruppen und Theaterensembles, die regelmäßig auftreten. Ausländische Musikgruppen gastieren überwiegend in Auckland und Wellington. Die Traditionen der Māori sind in ganz Neuseeland ein sehr wichtiger Bestandteil des kulturellen Lebens, was man vor allem auf Festivals und an Veranstaltungsorten wie dem Te Puia (dem früheren New Zealand Māori Arts and Crafts Institute) in Rotorua erleben kann. Im Sommer finden viele Veranstaltungen unter freiem Himmel statt.

Information

Die Tourismusagentur Tourism New Zealand gibt auf ihrer Internet-Seite einen umfangreichen Veranstaltungskalender mit den unterschiedlichsten Events im ganzen Land heraus. In einigen Tageszeitungen und Magazinen wie *North and South*, *The Listener* und *Metro* findet man die aktuellen Termine und Zeiten.

Auckland Live, Aucklands größter Veranstaltungskomplex

Veranstaltungsorte

Die großen Aufführungsstätten Neuseelands liegen in den vier großen Städten. **Auckland Live** in Auckland umfasst das Aotea Centre, die Town Hall sowie das Civic Theatre, in Wellington finden Veranstaltungen im **Michael Fowler Centre** und in der **TSB Bank Arena** statt, in Christchurch in der **Town Hall** und im **Isaac Theatre Royal**, in Dunedin in der **Town Hall**.

Tickets

Für die meisten Veranstaltungen empfiehlt es sich, im Voraus zu buchen. Am einfachsten geht das über die landesweiten Systeme **Ticketek** und **Ticketmaster** entweder via Internet oder telefonisch in einer der vielen Filialen, die es im gesamten Land gibt. Bei den meisten Veranstaltungen kann man es auch vor Ort an der Abendkasse versuchen.

Theater

Professionelle Theater gibt es nur in den vier großen neuseeländischen Städten, in der Provinz spielen vor allem Laiengruppen. Wellington hat die lebendigste Theaterszene des Landes mit zwei professionellen Ensembles *(siehe S. 160f)*: **Downstage**, **Circa**, eine Gruppe, die in den 1970er Jahren gegründet wurde und seitdem kontinuierlich Aufführungen auf hohem Niveau produziert, und **Bats**, das vor allem für experimentelle Theateraufführungen bekannt ist.

Das einzige staatlich subventionierte Māori-Theater, **Taki Rua**, hat seinen Sitz in Wellington, spielt Volkstheater und tourt regelmäßig mit seinen neuen Produktionen durch das ganze Land.

Weitere professionelle Truppen sind die **Auckland Theatre Company**, die in den Theatern Maidment, Herald und Sky City spielt, das **Court Theatre** im historischen Arts Centre von Christchurch und das **Fortune Theatre**, dessen Aufführungen in einer alten Kirche in Dunedin stattfinden.

Klassische Musik, Oper und Tanz

Das **New Zealand Symphony Orchestra** hat seinen Sitz in Wellington *(siehe S. 160f)*, auf seinen Tourneen durch das Land legt es aber jährlich etwa 50 000 Kilometer zurück. Im Sommer finden in verschiedenen Städten auch Freilichtkonzerte statt.

Die regionalen Orchester haben meist einen hohen Standard und spielen regelmäßig. Die Hauptoper ist die **National Business Review New Zealand Opera**, die Aufführun-

Das New Zealand Symphony Orchestra in der Town Hall von Wellington

Saxcess, das führende Saxofon-Quartett Neuseelands

gen finden zum größten Teil im Aotea Centre in Auckland und in Wellington statt. In Canterbury ist die Southern Opera beheimatet.

Das **New Zealand Ballet** ist das älteste professionelle Tanzensemble in ganz Australasien. Es zeigt die gesamte Bandbreite seiner verschiedenen Produktionen *(siehe S. 160f)* im ganzen Land. Neuseelands einziges staatlich subventioniertes Ensemble für modernen Tanz, die **Footnote Dance**, reist ebenfalls durchs Land und führt Werke und Inszenierungen von neuseeländischen Choreografen und Komponisten auf.

Veranstaltungsplakate

Rock, Jazz und Country Music

Kiwi-Rockmusik besitzt einen ganz besonderen Charme, der Fans aus der ganzen Welt anzieht. Zu den erfolgreichsten Gruppen zählen die Mutton Birds, Dave Dobbyn, Neil Finn und The Datsuns. Eine Vielzahl lokaler Bands spielt in Kneipen, aber auch an beliebten Veranstaltungsorten wie etwa im **Auckland Live** (Auckland). Bei Veranstaltungen wie dem International Arts Festival in Wellington treffen sich lokale und internationale Jazzgrößen *(siehe S. 160f)*, im August gibt es vielerorts Festivals wie das Bay of Islands Jazz and Blues Festival.

Country- und Westernmusik hat in Neuseeland viele Anhänger, und so gibt es einige ausgezeichnete Sänger und Bands. Für Liebhaber klassischer Country Music sind die Gold Guitar Awards in Gore im Mai/Juni ein Highlight.

Māori-Musik und -Tanz

Traditionelle Māori-Aufführungen gibt es an einigen Orten, z. B. am berühmten **Te Puia**, einem Institut für Māori-Kunst und -Handwerk in Rotorua *(siehe S. 142f)*, und im **Auckland War Memorial Museum** *(siehe S. 82f)*, wo täglich Konzerte gegeben werden. Alle zwei Jahre findet das dreitägige Aotearoa Traditional Māori Performing Arts Festival statt. Dabei werden an mehreren Orten Aufführungen mit Musik und Tanz geboten. Es gibt die Möglichkeit, eine spezielle Māori-Tour zu buchen *(siehe S. 339)*. Dabei stehen immer Aufführungen im Mittelpunkt.

Māori-Aufführung während des Festivals in Wellington

Auf einen Blick

Information

Ticketek
(09) 307 5000.
ticketek.co.nz

Ticketmaster
(09) 970 9700.
ticketmaster.co.nz

Tourism New Zealand
(04) 917 5400.

Veranstaltungsorte

Auckland Live, Auckland
(09) 309 2677.

Isaac Theatre Royal, Christchurch
(03) 366 6326.

Michael Fowler Centre, Wellington
(04) 801 4231.

Town Hall, Christchurch
(03) 366 8899.

Town Hall, Dunedin
(03) 474 3614.

TSB Bank Arena, Wellington
(04) 801 4231.

Wellington Town Hall
0800 202 324.

Theater

Auckland Theatre Company
(09) 309 0390.

Bats Theatre, Wellington
(04) 802 4175.

Circa Theatre, Wellington
(04) 801 7992.

Court Theatre, Christchurch
0800 333 100.

Downstage Theatre, Wellington
(04) 801 6946.

Fortune Theatre, Dunedin
(03) 477 8323.

Taki Rua
(04) 385 3110.

Klassische Musik, Oper, Tanz

Footnote Dance
(04) 384 7285.

New Zealand Opera
(09) 379 4068.

New Zealand Symphony Orchestra
(04) 801 3890.

Royal New Zealand Ballet
(04) 381 9000.

Māori-Musik und Tanz

Te Puia, Rotorua
(07) 348 9047.

Film und Musik

Neuseelands Kunst- und Unterhaltungsszene erlebt eine kleine Renaissance, da die Regierung viel in Kultur investiert. Einheimische Musik wird von einer Kommission im In- und Ausland vermarktet, weshalb neuseeländische Bands öfter im Radio zu hören sind. Die großen Theater und Kinos konzentrieren sich auf die größeren Städte, doch auch in kleineren Orten existieren Spielstätten. Viele sind Gastgeber bei internationalen Festivals.

Film und Festivals

Seit 2001 bestimmte die neuseeländische Produktion der Trilogien *Der Herr der Ringe* und *Der Hobbit* die Schlagzeilen. Doch neben Peter Jackson arbeiten noch viele andere Regisseure an Kurz- und Spielfilmen. Neuseeländer lieben das Kino, und die Vorzüge der digitalen Technik sorgten in den Vorstädten für eine Wiederbelebung der Lichtspielhäuser. Nicht nur in den größeren Städten entstanden zahllose Kinos.

Mit der steigenden Anzahl der Kinos wurden auch viele neue Filmfestivals ins Leben gerufen. Das größte von allen, das **International Film Festival**, gibt es nun schon seit 40 Jahren. Hier werden von der Kritik gefeierte Filme und Klassiker sowie Weltpremieren von Produktionen aufstrebender und etablierter neuseeländischer Filmemacher präsentiert. Daneben stellen Regisseure ihre neuen Projekte vor. Das Festival startet im Juli in Auckland und macht bis Ende des Jahres in 15 weiteren Orten Station. Das prächtig renovierte **Embassy Theatre** in Wellington ist eines der Häuser, die von der Popularität des Festivals profitieren konnten. Dunedins unabhängiges Kino **Metro** und das **Academy Gold** in Christchurch sind auch Gastgeber des Festivals.

Das Festival Out Takes widmet sich dem Schwulen- und Lesbenfilm. Es steigt im Mai und Juni in Auckland, Wellington und Christchurch. Das Date Palm Film Festival im September zeigt Filme aus dem Mittleren Osten. Wellington und Auckland (u. a. das dortige unabhängige **Academy Cinema**) sind Veranstaltungsorte des Documentary Edge Festival im Februar und März. Das Italian Film Festival bereist zwischen Oktober und November mehrere größere Städte und kleinere Orte des Landes.

Musik

Den typischen Neuseeland-Sound gibt es nicht, doch Künstler, die es schaffen, Neuseeländisches in welches Genre auch immer einfließen zu lassen, heben sich von der Masse ab. Ein gutes Beispiel hierfür ist die Dub-Soul-Funk-Band Fat Freddy's Drop aus Wellington: 2005 erhielt sie für ihr Album *Based on a True Story* einen New Zealand Music Award.

Die Hip-Hop-Szene in Neuseeland wird von Produzent P Money bestimmt. Ganz oben in den Charts tauchen MC Scribe und MC Ladi 6 auf. Der einheimische Hip-Hop vermischt häufig US-Gangsta-Rap mit Rhythmen und Geschichten der pazifischen Inseln. Dub, Roots und Reggae sind auch sehr populär. Zu den bekanntesten Bands gehören The Black Seeds, Katchafire und Kora.

The Datsuns, eine dreiköpfige Band aus dem Provinzort Cambridge, touren mit ihrem AC/DC-ähnlichen Rock durch die Welt. Der ehemalige Led-Zeppelin-Bassist John Paul Jones produzierte ihr zweites Studioalbum. Gruppen wie die Sneaks und die Checks reiten auf der gleichen Welle. Stereogram, Pluto und Elemeno P machen Mainstream-Pop-Rock und profitieren davon, dass die Radiosender derzeit alles daransetzen, das kommerzielle Potenzial dieser Musik auszuschöpfen.

Live-Musik wird meistens in Kneipen und Clubs gespielt. Künstler wie Neil Finn, Dave Dobbyn und Bic Runga treten auch in großen Häusern auf, z.B. im Opera House in Wellington und im Auckland Live *(siehe S. 78)*.

Jazzfestivals gibt es in Wellington, Nelson und auf Waiheke Island. Die jährlichen Country Music Awards werden auf der Südinsel in Gore vergeben.

Clubs, Bars und Cafés

Im Umland gibt es noch immer das traditionelle neuseeländische Pub mit mindestens drei Bars und Fremdenzimmern. In den Städten verschwindet diese »Institution« zusehends. Hier legen kleinere Bars und Cafés viel Wert auf eine gute Speise- und Getränkekarte sowie auf Live-Unterhaltung. Später am Abend dämpfen viele Bars und Cafés das Licht und drehen die Musik auf. Essen und Unterhaltung sind oft strikt getrennt, deshalb sollten Sie sich vor einem Besuch vergewissern, dass Sie noch etwas zu essen bekommen. In den meisten Städten gibt es Irish Pubs mit Guinness vom Fass und irischer Musik.

Manche behaupten, in Wellington gebe es mehr Bars, Cafés und Restaurants pro Kopf als in New York. Die lebhaftesten Gegenden sind Courtenay Place und Cuba Street. Bars wie **San Francisco Bathhouse**, **Refuel** und **Bar Bodega** sprechen Live-Musik-Fans an, während sich Clubs wie **Garden Club** und **Sandwiches** an das Tanzvolk wenden. **The Matterhorn**, **Bluenote** und **Lagerfield** bieten gutes Essen und fähige DJs.

In Auckland verteilt sich das Nachtleben auf mehrere Orte. Viaduct Harbour *(siehe S. 76)* wurde in den späten 1990er Jahren für die Rennen zum America's Cup angelegt. Der Cup wurde wieder verloren, doch Locations wie **Soul Bar & Bistro** und **Chic Lounge** gibt es noch immer. Die meisten Dance-Clubs befinden sich in der High Street, der Ponsonby und der Karangahape Road.

Im **Cassette Number Nine** treten oft Live-Bands und DJs auf. In der High Street ist der Club **Cube** empfehlenswert. Das **Occidental Belgian Beer Café** ist eine Institution, und die **Tyler Street Garage** in der Quay Street ist auf dem besten Weg dorthin. In der Albert Street befindet sich mit der **Fu Bar** Aucklands Nr. 1 der Underground-Dance-Music. Angesagte Bands treten häufig im **Kings Arms** und im **Dogs Bollix** auf. **Galatos** steht schon seit Langem für Reggae und Dub. Weitere solcher Clubs sind in der Karangahape Road zu finden, z. B. **K'Road Ballroom**, **Charlies Bar** und **Rising Sun**.

Christchurch ist die Heimat des Drum 'n' Bass in Neuseeland. Die besten Konzerte steigen im **Dux de Lux**, doch auch **Churchills**, **The Physics Room** und **Mashina Lounge** engagieren einheimische und auswärtige Bands. Im **Smash Palace** wird getanzt, die **Wunderbar** in Lyttelton bietet Live-Musik.

Dunedins musikalische Traditionen erlebt man am besten bei einem Spaziergang zu Meilensteinen von »Dunedin's Sound of the 1980s«. Die Tour verläuft von der Empire Tavern an der Princes Street über die Coronation Hall auf dem Māori Hill bis Lovers Leap auf der Halbinsel Otago. Aus Dunedin kommen Gitarrenbands wie The Chills.

Chicks Hotel ist ein Sammelbecken für Dunediner Künstler. Die Atmosphäre ist grandios, wenn Musiker aus Dunedin Musik machen. Einige von ihnen treten an Wochenenden im **Refuel** auf. **Crown Hotel** und **10 Bar** engagieren DJs und Live-Bands.

Auf einen Blick

Film und Festivals

Academy Cinema
City Library Building, 44 Lorne St, Auckland.
(09) 373 2761.

Academy Gold Cinema
Arts Centre, 36 Colombo St, Christchurch.
(03) 377 9911.

Embassy Theatre
10 Kent Tce, Wellington.
(04) 384 7657.

International Film Festival
nziff.co.nz

Metro
Town Hall, Moray Place, Dunedin.
(03) 471 9635.

Pubs und Bars

10 Bar
10 The Octagon, Dunedin. (03) 477 6310.

Bar Bodega
101 Ghuznee St, Wellington.
(04) 384 8212.

Charlies Bar
368 Karangahape Rd. Auckland.
(03) 369 1153

Chicks Hotel
2 Mount St, Port Chalmers.
(03) 472 8736.

Crown Hotel
179 Rattray St, Dunedin.
(03) 477 0132.

Dogs Bollix
2 Newton Rd (K Rd End), Auckland.
(09) 376 4600.

Kings Arms
59 France St, Auckland.
(09) 373 3240.

Occidental Belgian Beer Café
6–8 Vulcan Lane, Auckland.
(09) 300 6226.

Refuel
640 Cumberland St, Dunedin.
(03) 479 3875.

Rising Sun
373 Karangahape Rd, Auckland.
(027) 358 5643.

San Francisco Bathhouse
171 Cuba St, Wellington.
(04) 801 6797.

Southern Cross
39 Abel Smith St, Wellington.
(04) 384 9085.

The Twisted Hop
616 Ferry Rd, Christchurch.
(03) 943 4681.

Wunderbar
19 London St, Lyttelton.
(03) 328 8818.

Cafés

Bluenote
191–195 Cuba St, Christchurch.
(04) 801 5007.

Cassette Number Nine
9 Vulcan Lane, Auckland.
(03) 366 0196.

Dux de Lux
Ecke Montreal St u. Hereford St, Christchurch.
(03) 366 6919.

Lagerfield
21 Blair St, Wellington.
(04) 801 5212.

Soul Bar & Bistro
Viaduct Harbour Ave, Auckland.
(09) 356 7249.

The Matterhorn
106 Cuba St, Wellington.
(04) 384 3359.

Tyler Street Garage
120 Quay St, Auckland.
(09) 300 5279.

Clubs

Chic Lounge
201 Quay St, Auckland.
(09) 377 5360.

Churchills
441 Colombo St, Sydenham.
(03) 379 0503.

Cube
5 High St, Auckland.
(09) 379 9091.

Foam Lounge
30 Bedford Row, Christchurch.
(03) 365 2926.

Fu Bar
17 Albert St, Auckland.
(03) 309 3079.

Galatos
17 Galatos St, Auckland.
(09) 303 1928.

Garden Club
13 Dixon St, Wellington.
(04) 381 2341.

K'Road Ballroom
214 Karangahape Rd, Auckland.
(09) 366 0340.

Live Bar
68 Hobson St, Auckland.
(06) 307 5975.

Mashina Lounge
30 Victoria St, Christchurch.
(03) 365 9999.

Sandwiches
Ecke Kent Terrace und Marjoribanks St, Wellington.
(04) 385 7698.

Smash Palace
185 Victoria St, Christchurch.
(03) 371 7496.

The Physics Room
209 Tuam St, Christchurch.
(03) 379 5583.

Sport und Aktivurlaub

Wer gern etwas im Freien unternimmt, findet in Neuseeland geradezu das Paradies vor. Hier hat man die Möglichkeit, Outdoor-Aktivitäten nachzugehen, die man noch nie zuvor versucht hat. Schneller Nervenkitzel ist beim Bungee-Jumping, Jetbootfahren oder bei einem Hubschrauberflug angesagt. Man kann darüber hinaus auch klettern, sich abseilen, Wildwasser raften oder Ski fahren. Auf der Nord- wie auf der Südinsel gibt es ein sehr dichtes Netz an Wanderwegen. Auch Radfahrer finden sowohl im Flachland als auch in den bergigeren Regionen ein geeignetes Terrain. Über aktuelle Angebote können Sie sich bei Tourism New Zealand, in den Büros des Department of Conservation (DOC), in den Besucherzentren und Reiseagenturen informieren.

Wandern

Mit seinen 14 Nationalparks und den vielen Naturschutzgebieten ist Neuseeland ideal, um spazieren zu gehen, zu wandern oder Touren zu unternehmen. Letzteres wird in Neuseeland »Tramping« genannt. Ein riesiges Netzwerk von Wanderwegen bietet für jeden Geschmack und jede Kondition etwas. Kurze Spaziergänge, einfache Bergwanderungen, aber auch schwierige alpine Bergrouten – die Möglichkeiten, die wunderbare Landschaft zu erleben, sind fast grenzenlos.

Die besten Wanderrouten liegen in den Nationalparks, wo man an den *tracks* Hütten findet. Die Ausstattung der Hütten ist unterschiedlich, eine Übernachtung kostet zwischen 10 und 45 NZ$ pro Nacht. Neun Tracks sind wegen ihrer landschaftlichen Schönheit weltberühmt und wurden als »Great Walks« ausgewiesen. Man kann die Touren mit oder ohne Führer machen, falls man sich allein auf den Weg macht, sollte man eine gute Ausrüstung (inkl. Schlafsack) und vor allem genug Verpflegung dabeihaben. Unabdingbar ist es, sich zuvor beim DOC über die Ausstattung der Hütten und vor allem über die Wetterbedingungen zu informieren. Am Startort einer Tour lässt man sich in einem DOC-Büro registrieren. Denn auch wenn das Rettungssystem in Neuseeland sehr gut organisiert ist, muss es wissen, wer wohin unterwegs ist. Beliebte Touren wie den Abel Tasman Coastal Track und die Routeburn und Milford Tracks muss man vorher buchen.

Wanderweg

Tour mit Führer am Franz Josef Glacier ***(siehe S. 242f)***

Bergsteigen und Klettern

Die Southern Alps bieten 30 Gipfel über 3000 Meter und damit eine Unzahl technisch anspruchsvoller Touren für Bergsteiger. Die Hauptregionen zum Bergsteigen und Klettern sind die Nationalparks von Aoraki/Mount Cook, Westland/Tai Poutini, Tititea Mount Aspiring, Arthur's Pass und Fiordland, auf der Nordinsel bietet das Central Plateau das beste Kletterareal. Hauptsaison ist von November bis März. Das Wetter in den Bergen kann extrem schnell umschlagen. Es ist lebenswichtig, sich vor Ort nach dem Wetterbericht zu erkundigen, eine gute Ausrüstung dabeizuhaben und die Tour vorher beim DOC anzumelden. Erfahrene Bergführer wie die Vereinigung **Alpine Guides (Aoraki) Ltd** am Aoraki/Mount Cook kann man in vielen Bergregionen buchen.

Die besten Orte zum Klettern sind die Vulkane der Port Hills bei Christchurch *(siehe S. 234)* und die Sandsteinformationen von Castle Hill in Canterbury *(siehe S. 247)*.

Höhlenexpeditionen und Abseiling

Neuseeland hat viele Höhlen, die bekanntesten sind die Waitomo Caves im Zentrum der Nordinsel *(siehe S. 124f)* und die Höhlen der Takaka-Region im Nordwesten von Nelson *(siehe S. 220)*. Manche Höhlen sind leicht zugänglich, für andere sollte man schon